Questions Réponses !

L'encyclopédie de la Terre

QUESTIONS RÉPONSES !

L'encyclopédie de la Terre

Nathan

DK | Penguin Random House

Auteur : Devin Dennie
Consultants : Jonathan Dale, David M. Schultz, Richard Worden
Illustrateur : Dan Crisp

DK LONDRES
Direction éditoriale : Sarah Larter, Kathleen Teece
Édition : Olivia Stanford, Katie Lawrence, Laura Gilbert, Francesca Young (couverture)
Direction artistique : Diane Peyton Jones, Fiona Macdonald
Maquette : Steven Marsden, Helen Senior
Fabrication : Nikoleta Parasaki, Isabell Schart

DK DELHI
Édition : Alka Thakur Hazarika, Anwesha Dutta, Shambhavi Thatte
Direction artistique : Romi Chakraborty
Maquette : Kartik Gera, Shipra Jain, Jaileen Kaur, Nidhi Mehra, Nehal Verma, Mohd Zishan, Mohammad Rizwan, Dheeraj Singh
Fabrication : Pankaj Sharma, Balwant Singh, Malavika Talukder
Iconographie : Aditya Katyal

Cet ouvrage a été publié pour la première fois en 2019, sous le titre *Why does the Earth needs the Moon*, par Dorling Kindersley Limited, Londres

Édition française

25, avenue Pierre de Coubertin, 75013 Paris
Canada exclu

Traduction : Isabelle Meschi
Réalisation : PHB / Philippe Brunet

N° éditeur : 10253850
ISBN : 978-2-09-259094-2
Dépôt légal : octobre 2019

Loi n° 49-956 du 16 juillet 1949 sur les publications destinées à la jeunesse, modifiée par la loi n° 2011-525 du 17 mai 2011

Achevé d'imprimer en Chine en juin 2019 par RR Donnelley Asia Printing Solutions Limited Units 2010-11, 20/F, C-Bons International Center 108 Wai Yip Street, Kwun Tong, Kowloon, Hong Kong

www.nathan.fr
mes-questions-reponses.fr

Sommaire

Notre planète

La surface de la Terre

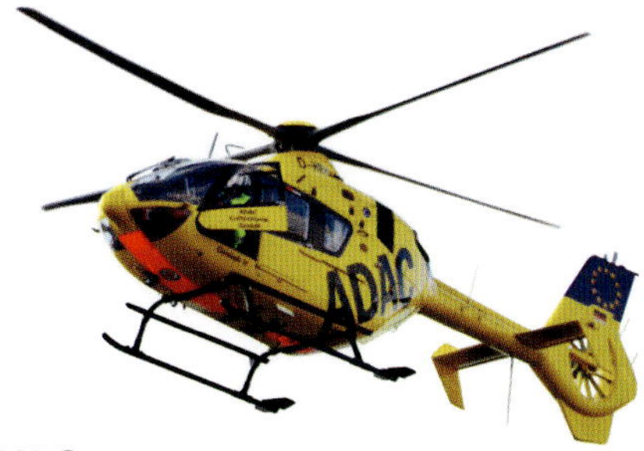

Planète bleue

Dans l'air

Vivre sur Terre

Découvre pourquoi j'ai disparu à la page 112 !

Découvre les petites créatures de la mousse à la page 60 !

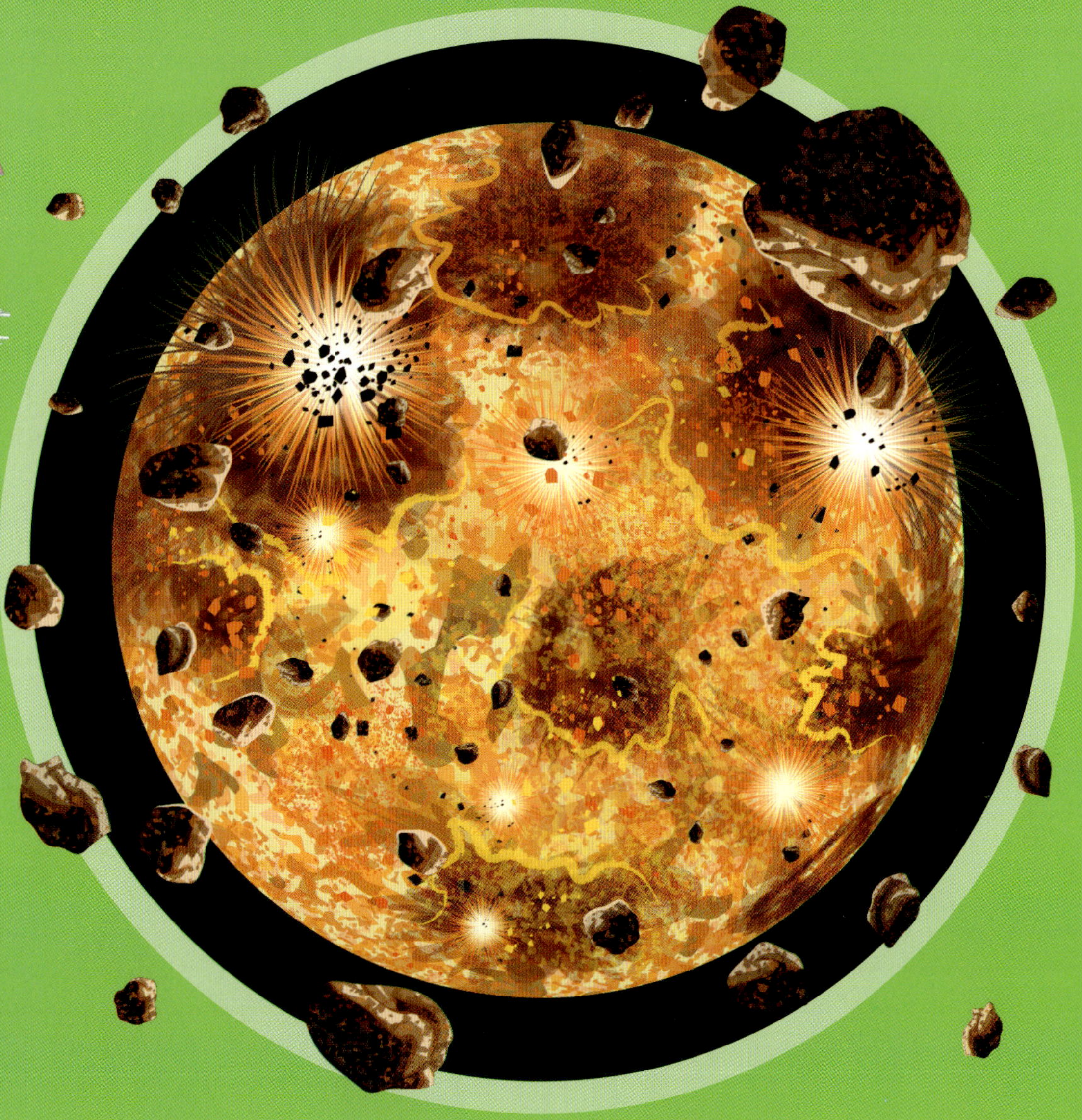

Notre planète

Nous flottons dans l'espace sur une planète rocheuse, la Terre, qui fait partie d'un système solaire composé de 8 planètes tournant autour du Soleil (une étoile). La Terre est à la bonne distance du Soleil pour que la vie existe, et en cela elle est unique.

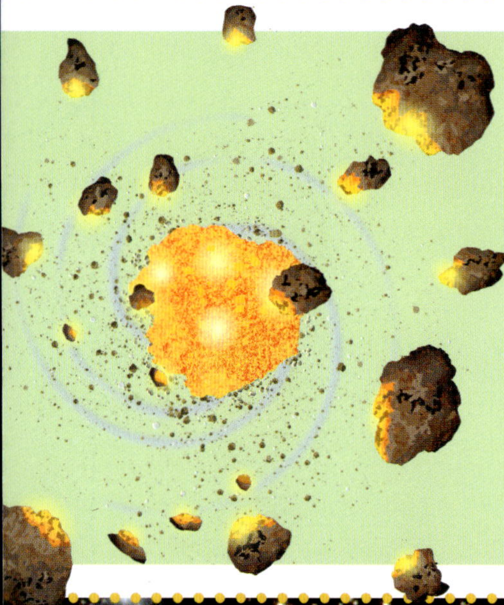

Débris

Les roches, gaz et blocs de glace sale remplissaient l'espace où la Terre allait se former. Il y a 4,5 milliards d'années, une force (la gravité) a commencé à rassembler ces débris pour former une mini-planète (un planétoïde).

Expansion

Durant des millions d'années, la Terre a grossi car de plus en plus de débris s'écrasaient sur elle. Ces impacts explosifs ont provoqué la fonte de la surface de la Terre. Les métaux lourds sont tombés au centre, pour former le noyau terrestre.

Comment est née la Terre ?

La Terre était de la poussière cosmique. Le Soleil a vu le jour il y a 4,6 milliards d'années et les gaz, la glace et les roches ont commencé à orbiter (tourner) autour de lui. Ces débris sont entrés en collision et ont formé les planètes de notre système solaire, dont la Terre.

La Terre est-elle ronde ?

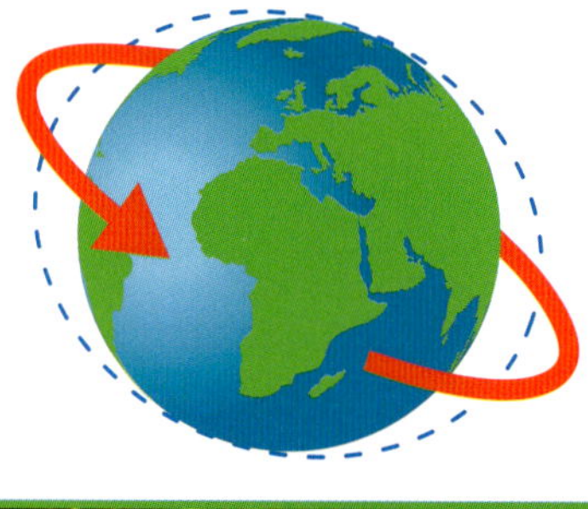

Oui, mais ce n'est pas une sphère parfaite. Elle est légèrement en forme d'œuf ! Pourquoi ? Parce que la Terre tourne. La grande force de rotation la fait gonfler au milieu.

? Quiz express

1. Qui est le plus vieux, le Soleil ou la Terre ?
2. Quand la Terre est-elle née ?
3. Quel type de planète la Terre est-elle ?

Voir réponses pages 132-133.

Aujourd'hui

Les roches fondent encore au centre de la Terre et modifient sa surface. Les continents ont beaucoup changé depuis des milliards d'années.

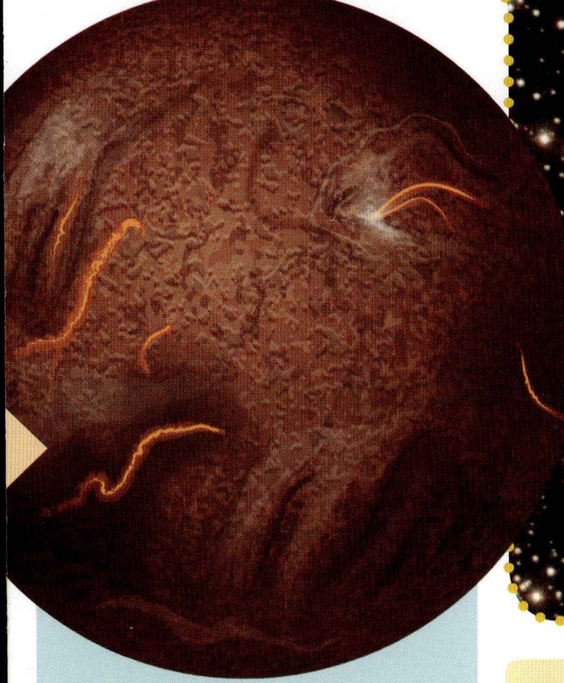

Refroidissement

Il y a 4 milliards d'années, les objets sur la trajectoire de la Terre l'ont percutée. Grâce à la pression des couches externes, le noyau est resté chaud. La surface a refroidi en formant une croûte solide.

Océans

Les océans se sont formés il y a 3,8 milliards d'années. Les roches les plus légères, à la surface de la croûte, ont créé les continents.

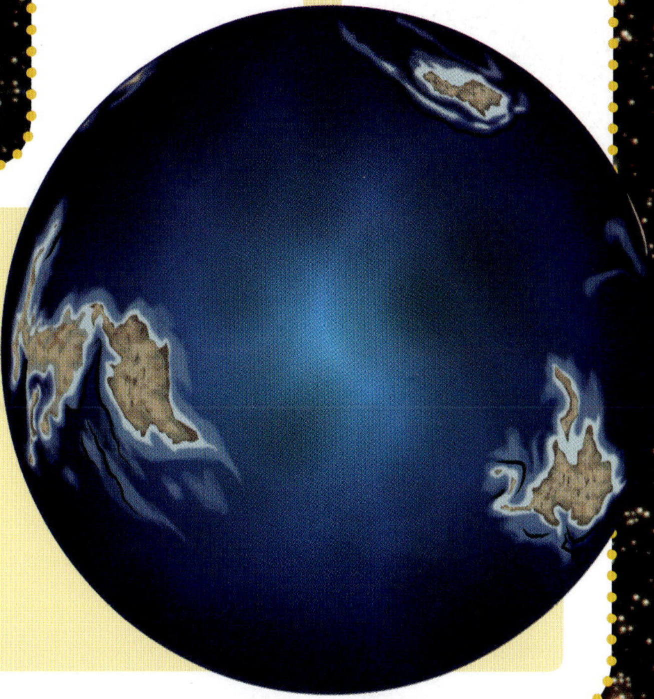

Comment l'atmosphère nous protège ?

Les différentes couches de l'atmosphère sont comme une couverture de protection. Celle-ci nous réchauffe, nous fournit du gaz à respirer et bloque les radiations nocives du Soleil. Il tomberait plus de roches de l'espace sur Terre si elles ne se désintégraient pas en traversant l'atmosphère.

Quelle chaleur a le Soleil ?

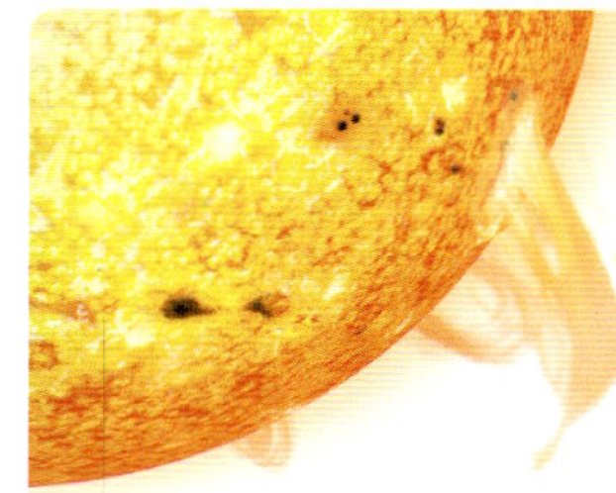

La couronne est la couche la plus à l'extérieur de l'atmosphère solaire. Elle peut atteindre près de 1,7 million de degrés. Le noyau solaire est encore plus chaud, avec des températures qui peuvent atteindre 16 millions de degrés.

L'espace commence à la Ligne de Kármán, 100 km au-dessus de la Terre.

Exosphère

Cette zone est juste avant l'espace. Les satellites et la Station spatiale internationale s'y trouvent. Elle commence à près de 500 km au-dessus de la Terre.

Thermosphère
Ici, il peut faire très chaud, car les particules de gaz absorbent beaucoup d'énergie solaire.

Mésosphère
Les météores s'y réchauffent et s'y désintègrent en entrant en contact avec les particules de gaz.

Stratosphère
Cette zone contient une couche de gaz d'ozone qui absorbe les rayons ultraviolets nocifs du Soleil.

Troposphère
C'est la couche la plus basse de l'atmosphère, où se forme le temps (la météo). Elle atteint près de 20 km de haut.

Quiz photo

Comment s'appelle ce jeu de lumière qui se produit dans l'atmosphère ?

Voir réponse pages 132-133.

Troisième planète à partir du Soleil
La Terre est une planète rocheuse et chaude, proche du Soleil et située après Mercure et Vénus. La planète la plus éloignée, Neptune, est à 4,3 milliards de km de la Terre.

Soleil caché

Le Soleil brille toujours la nuit, mais de l'autre côté de la Terre. Notre planète bloque sa lumière.

Axe de la Terre

La Terre tourne autour d'une ligne imaginaire, un axe. Il passe entre les deux pôles.

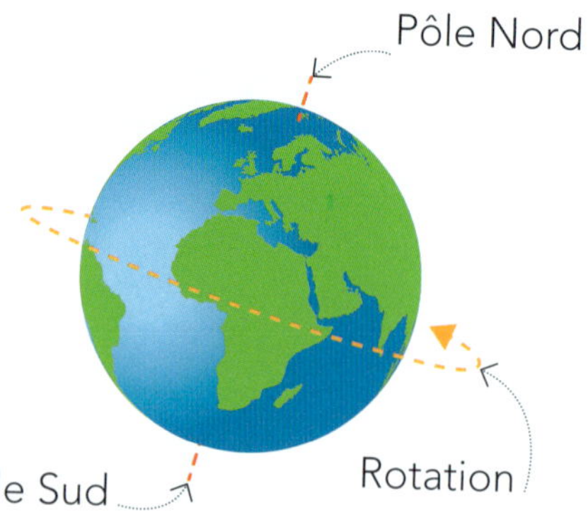

La Terre tourne sur son axe.

La Terre

La Terre tourne sur elle-même dans l'espace, comme une toupie, autour du Soleil.

Où va le Soleil durant la nuit ?

Il ne va nulle part ! Tu ne peux pas le voir la nuit parce que la Terre tourne. Tandis que la journée passe, ton pays tourne peu à peu le dos au Soleil.

Quiz express

1. Qu'est-ce qu'une météorite ?
2. Le Soleil tourne-t-il autour de la Terre ?

Voir réponses pages 132-133.

Soleil visible

Tu peux voir le Soleil quand ton pays est face à lui. Parfois, la Lune se déplace et bloque le Soleil lors d'une éclipse.

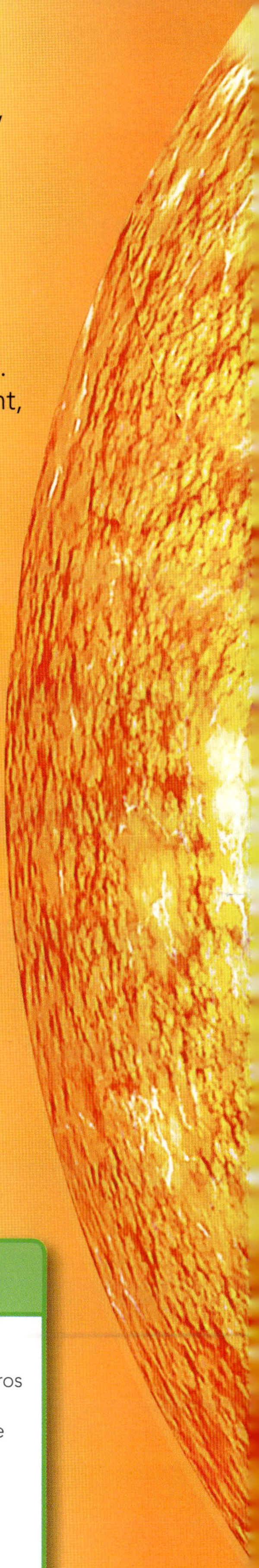

Le Soleil

Il est notre étoile. Énorme et brûlant, il procure lumière et chaleur.

Lumière solaire

Elle traverse l'espace jusqu'à la Terre, en nous donnant la lumière du jour.

Qu'est-ce qu'une étoile filante ?

Météore

Corps de roche ou de glace dans l'espace datant de la formation du système solaire, il y a 4,5 milliards d'années. Certaines étoiles filantes sont aussi petites qu'un grain de sable !

Météorite

Quand un plus gros météore tombe sur Terre, la roche que l'on trouve s'appelle une météorite.

Pourquoi la Terre ressemble à un oignon ?

Comme lui, elle est faite de couches ! Les roches et métaux lourds tombent à l'intérieur de la Terre et les matériaux plus légers remontent, créant des couches. La chaleur et la pression internes en font fondre certaines.

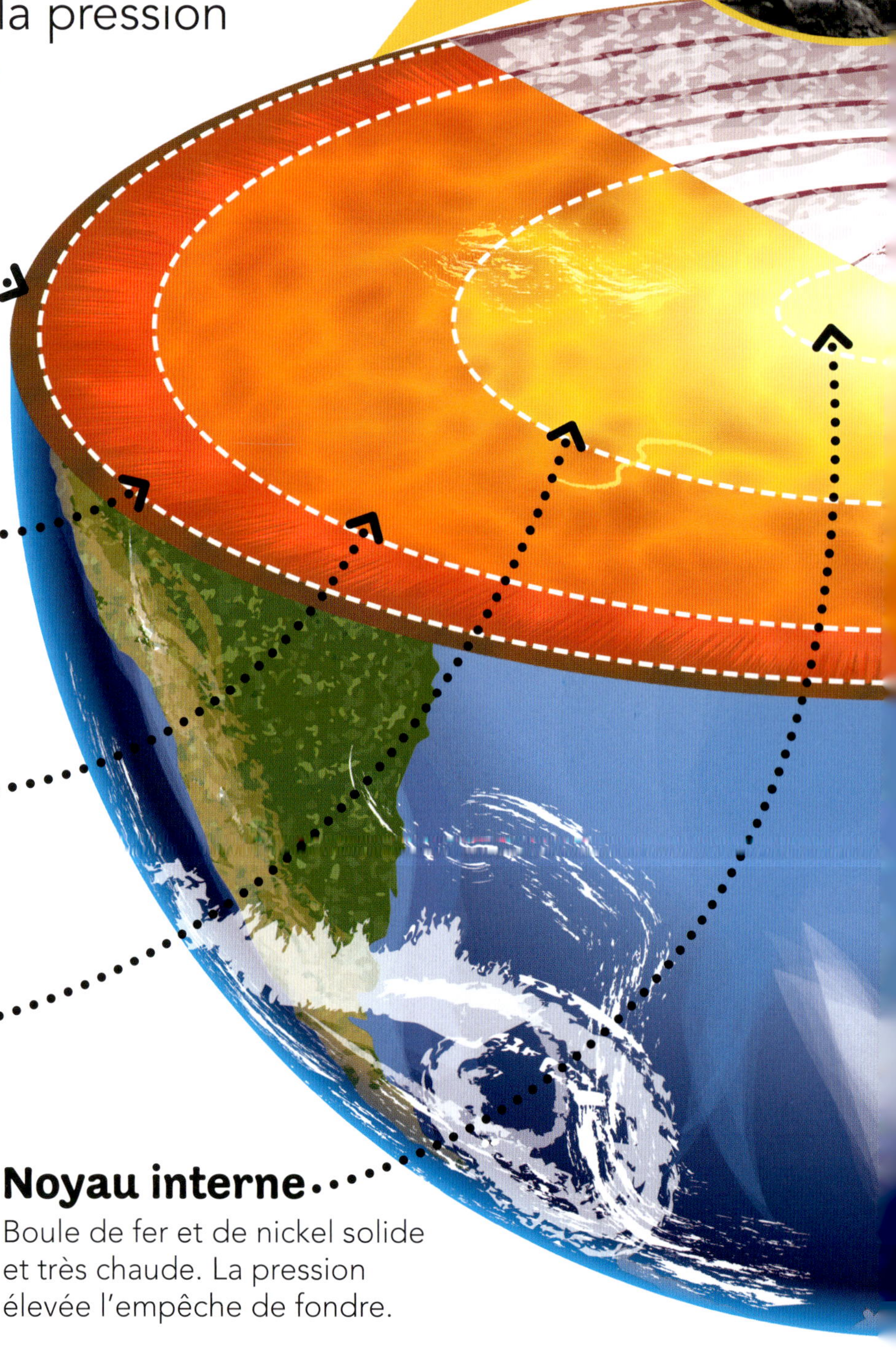

Croûte
Couche solide faite de roches froides. Fragile, elle peut se casser. L'asthénosphère et la croûte forment la lithosphère.

Manteau supérieur
Couche chaude à la pression plus faible que les couches basses. Elle coule lentement, comme du dentifrice.

Manteau inférieur
Couche rigide de roche chaude sous une pression extérieure si élevée qu'elle ne peut fondre ou couler.

Noyau externe
Zone métallique si chaude qu'elle fond et donne du liquide. Le métal tourne autour du noyau interne de la Terre.

Noyau interne
Boule de fer et de nickel solide et très chaude. La pression élevée l'empêche de fondre.

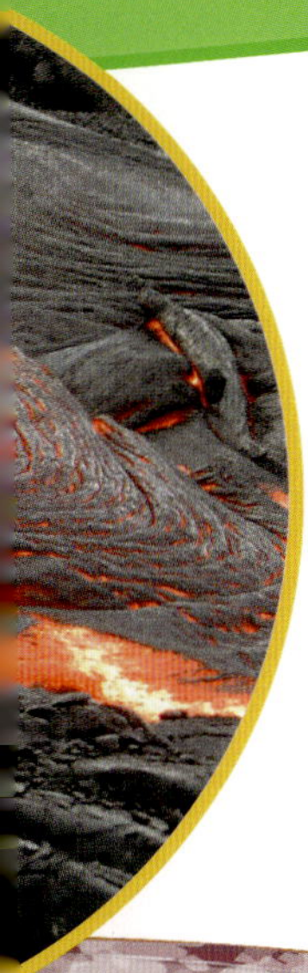

Asthénosphère

Couche gluante juste sous la croûte. Chaude et à faible pression, les roches y fondent et donnent du magma.

Types de croûtes

Il y a deux types de croûte. La croûte océanique sous les océans est mince et dense. La croûte continentale est plus épaisse, moins dense et plus légère.

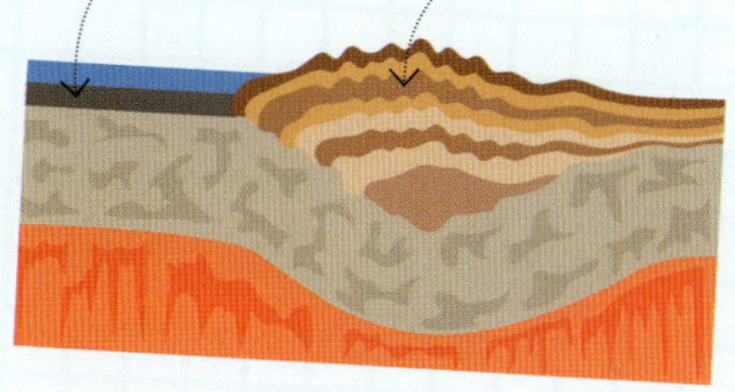

Jusqu'où a-t-on creusé ?

Le forage SG3 dans la péninsule de Kola, en Russie, est le puits le plus profond jamais creusé. Il fait 12 km de profondeur : plus de 15 fois la hauteur du Burj Khalifa de Dubaï, le plus haut bâtiment du monde !

Oignon

Il se développe par couches. Comme la Terre, elles sont plus fines en se rapprochant de l'extérieur.

Quiz express

1. Le noyau interne est-il solide ?
2. Comment s'appelle la couche de magma sous la croûte terrestre ?
3. La croûte est-elle faite d'un seul morceau ?

Voir réponses pages 132-133.

Pourquoi restons-nous fixés à la Terre ?

Une force, la gravité, nous colle à la Terre. Elle y maintient aussi tous les objets. La gravité du Soleil garde la Terre près de lui. Sans la gravité terrestre, nous nous envolerions, et tout autour de nous !

Force plus faible
Un objet reste collé aux autres par la gravité, mais les objets légers ont une force plus faible.

Y a-t-il de la gravité partout dans l'espace ?

À proximité de la Terre
La Terre fait graviter les engins spatiaux autour d'elle. Ils tombent dans l'espace, comme les astronautes, et semblent flotter.

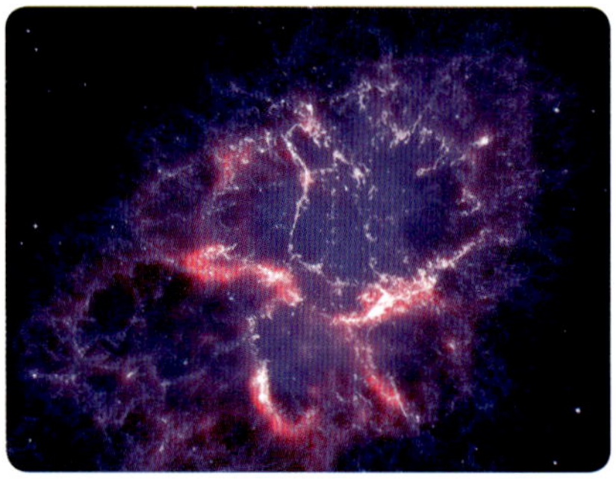

Espace lointain
La gravité est présente même aux confins de l'espace. La gravité des étoiles lointaines agit autour d'elles sur de grandes distances.

? Vrai ou faux ?

1. La gravité attire la Terre vers le Soleil.
2. Les chiens ont une faible force de gravité.
3. Il n'y a pas de gravité dans l'espace.

Voir réponses pages 132-133.

Gravité orbitale

Les gros objets de l'espace attirent les autres sur des trajectoires circulaires, les orbites. Ils ne peuvent échapper à l'attraction.

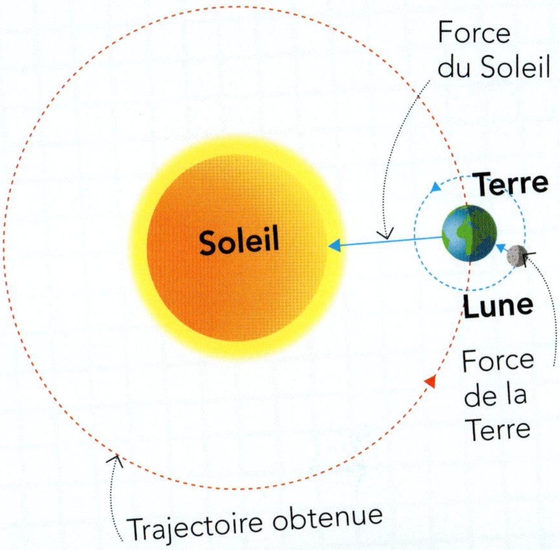

Gravité terrestre

Plus un objet est proche, plus la gravité est forte. Quand tu es debout à la surface de la Terre, la gravité est maximale.

Pourrait-on vivre sur Mars ?

Nous avons besoin d'eau liquide et d'air chargé en oxygène pour survivre. Et l'on n'en trouve que sur Terre. Des scientifiques projettent de créer une colonie humaine sur Mars, mais l'on ne pourrait pas vivre à la surface sans air, sans nourriture, sans eau.

Zone *Boucles d'or*

La Terre n'est ni trop froide, ni trop chaude, comme la soupe dans *Boucles d'or et les Trois Ours*. Toute l'eau ne gèle pas ou ne s'évapore pas. Les plantes peuvent donc pousser et produire de l'oxygène que nous respirons.

Trop chaud

Planètes les plus proches du Soleil, Mercure et Vénus sont trop chaudes. Les gaz dans l'atmosphère de Vénus retiennent la chaleur et la rendent encore plus chaude. Sans gaz, Mercure est glaciale la nuit.

Vénus

Mercure

Soleil

Il produit de l'énergie qui touche les planètes (en quantité différente) sous forme de lumière et crée de la chaleur.

Terre

Trop froid

Mars est trop froide car elle est loin du Soleil. Toute l'eau est gelée aux pôles ou sous la surface.

Mars

Y a-t-il d'autres planètes habitables ?

Il y a des milliards de planètes dans l'Univers. Nous en avons récemment trouvé qui sont susceptibles de ressembler à la Terre, dont Kepler-62f.

Quiz photo

Quelle planète y a-t-il après Mars ?

Voir réponse pages 132-133.

Qui vient en premier : la poule ou l'œuf ?

La toute première poule sortit de l'œuf d'une espèce primitive. La vie sur Terre se confronte à de nombreux défis. Au fil du temps, les bébés développent des caractéristiques pour mieux survivre. Ce processus s'appelle l'évolution.

L'estomac des poules s'appelle un gésier ; or les dinosaures avaient eux aussi un gésier !

Œuf de dinosaure

Comme l'oiseau, le dinosaure sortait d'un œuf. En effet, l'oiseau descend du dinosaure.

Plumes duveteuses

Velociraptor avait des plumes et faisait la taille d'une poule. Les deux espèces descendent du même dinosaure inconnu.

Comment connaît-on l'évolution ?

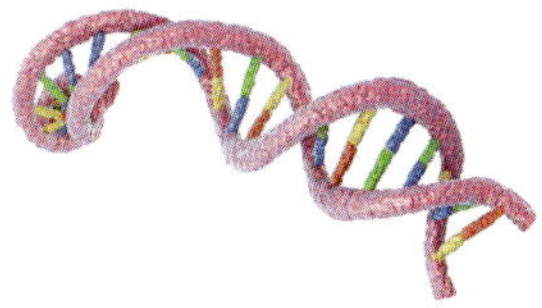

ADN
Notre ADN détermine notre aspect. Un même ADN prouve que des espèces sont apparentées.

Fossiles
Ce sont des restes d'anciennes créatures. Les caractéristiques de certains fossiles se retrouvent chez des animaux actuels.

Phalène du bouleau
Pour se cacher de ses prédateurs, la couleur de cet insecte est devenue plus sombre au fil des générations.

? Quiz express

1. Quel âge a la plus ancienne bactérie ?
2. Le crocodile descend-il du dinosaure ?
3. Quand les dinosaures ont-ils disparu ?

Voir réponses pages 132-133.

Première vie sur Terre
Les amibes et bactéries furent les premiers êtres vivants. La plus vieille bactérie se trouve dans des roches de 4 milliards d'années.

Amibe

Descendants
Une grande extinction anéantit les dinosaures il y a 65 millions d'années. De petits descendants survécurent, et devinrent des oiseaux.

Serres
Les poules ont beaucoup en commun avec les dinosaures : un squelette creux et léger, des poumons semblables, un cœur et des serres.

Les continents se déplacent-ils ?

La surface de la Terre bouge sans cesse, mais en général si doucement qu'on ne le sent pas. Dans le passé, ce mouvement causa la collision des continents, qui formèrent un supercontinent. Cela pourrait se reproduire dans plusieurs millions d'années.

Supercontinent

Les créatures vivant sur Terre il y a 330 à 175 millions d'années pouvaient passer de l'Amérique à l'Afrique en traversant un seul continent, la Pangée.

Transformation

Le nord de la Pangée devint l'Amérique du Nord, l'Europe et l'Asie. Le sud donna l'Amérique du Sud, l'Afrique, l'Australie, l'Antarctique et l'Inde.

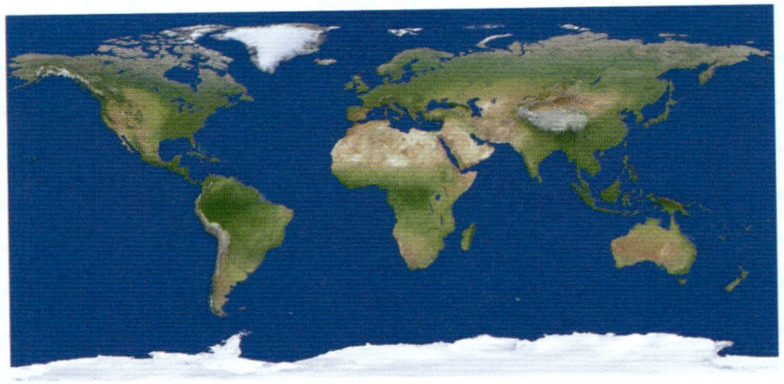

Les sept continents aujourd'hui

Puzzle

L'Amérique du Sud actuelle s'emboîterait parfaitement à l'Afrique de l'Ouest si on rassemblait les deux continents comme dans un puzzle. C'est la preuve qu'ils étaient autrefois unis.

Océan unique

Au temps de la Pangée, un océan recouvrait la plupart du reste de la Terre. Appelé Panthalassa, il a donné nos océans Pacifique, Atlantique et Indien actuels.

Quiz photo

Les restes de quel animal africain a-t-on retrouvé dans le Derbyshire, en Angleterre ?

Voir réponse pages 132-133.

Quels indices suggèrent que les continents étaient autrefois unis ?

Fossiles végétaux

Une plante ne peut propager ses graines à travers les océans. Des fossiles similaires trouvés sur les continents suggèrent ainsi une terre unie.

Fossiles de dinosaures

Des restes semblables de dinosaures trouvés sur différents continents suggèrent qu'ils pouvaient passer d'un continent à l'autre.

Tout gela-t-il pendant l'ère glaciaire ?

Une ère glaciaire, c'est quand la Terre refroidit et que la glace la recouvre en grande partie. La dernière a eu lieu entre 108 000 et 10 000 ans av. J.-C. Beaucoup de villes actuelles auraient été sous la glace, mais pas l'équateur.

Dernière ère glaciaire

Elle dura 100 000 ans : d'immenses couches de glace, ou glaciers, recouvraient de nombreux endroits, où sont désormais des villes.

Amérique du Nord

New York et d'autres villes du Nord auraient été recouvertes d'une glace épaisse de 1,6 km.

Amérique du Sud

Il faisait trop chaud à Caracas (Venezuela) pour que la glace se forme à l'époque.

Le mammouth peut-il revenir à la vie ?

Une molécule dans le corps des animaux, l'ADN, contient des instructions sur la naissance de l'animal. On étudie l'ADN d'un mammouth congelé pour tenter de recréer cet énorme animal.

Arctique

C'était un épais et immense glacier à cette époque. Aujourd'hui, la glace le recouvre toujours en partie.

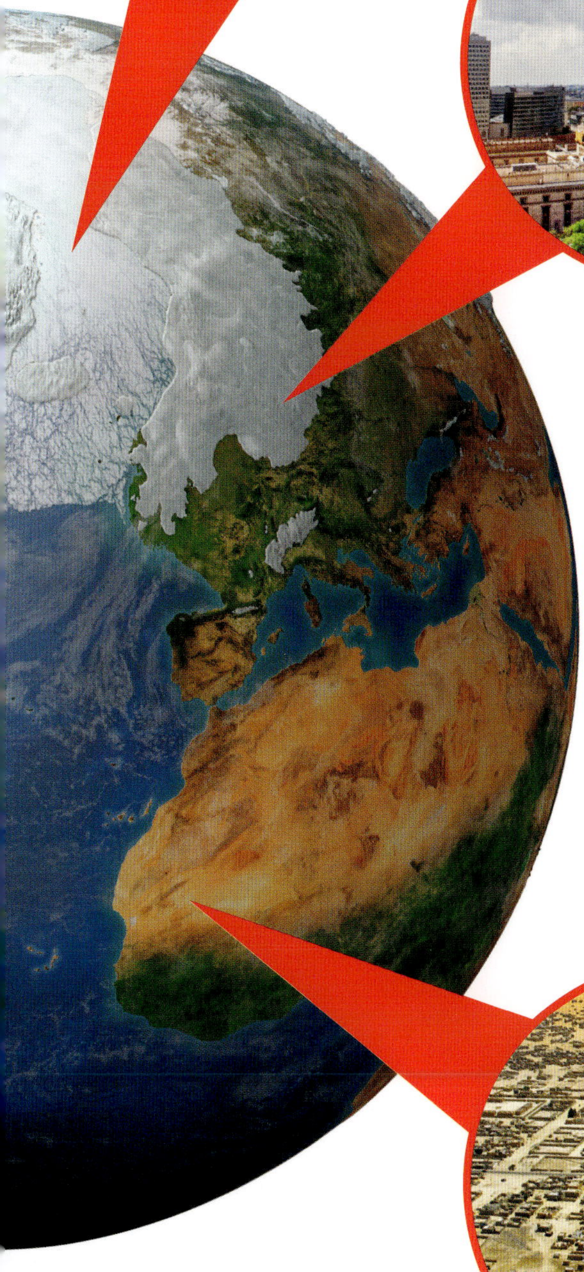

Europe

Varsovie et des villes d'Europe du Nord auraient été sous la glace. Le Sud était froid, mais sans glace.

Afrique

Nouakchott, en Mauritanie, et une grande partie de l'Afrique sont près de l'équateur. Elles n'auraient donc pas été gelées.

? Quiz express

1. Quelle était l'épaisseur d'un glacier pendant la dernière ère glaciaire ?
2. Quand la dernière ère glaciaire a-t-elle pris fin?
3. L'emplacement de New York était-il sous la glace ?

Voir réponses pages 132-133.

Période interglaciaire

Période de fonte entre deux ères glaciaires. Nous en vivons une. Il fait plus chaud, et la plupart des glaciers de la dernière ère glaciaire ont fondu.

La surface de la Terre

Elle change sans cesse. L'eau, le vent et la glace abîment les roches et le sol, créant de nouveaux reliefs. À l'intérieur, la chaleur fait fondre les roches, les transformant en lave qui jaillit des volcans et en magma, qui fait naître des continents tout entiers.

Une montagne grandit-elle ?

Oui, mais il faudrait l'observer longtemps pour le voir ! Sous le sol, la Terre se divise en segments rocheux, ou plaques, qui bougent. Ces plaques entrent en collision ; elles se soulèvent, pour former des chaînes de montagnes, comme l'Himalaya.

Jeunes montagnes

L'Himalaya est relativement jeune. Certaines chaînes de montagnes ont plus d'un milliard d'années.

Comment est né l'Himalaya ?

Il s'est formé il y a 40 à 50 millions d'années, quand la plaque continentale sous l'Inde entra en collision avec la plaque eurasienne.

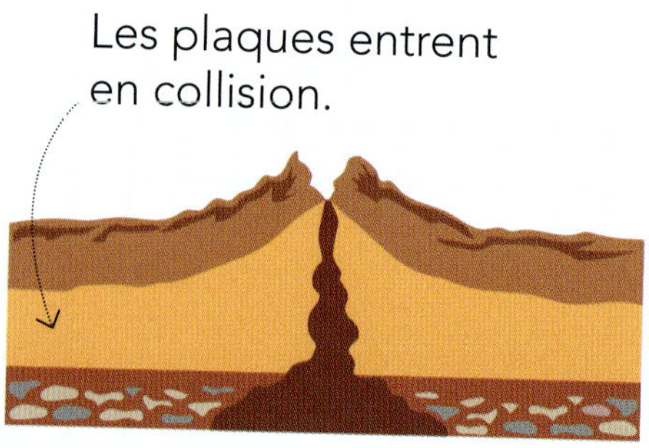

Collision

Quand l'Inde percuta le bord sud de l'Eurasie, la roche se souleva et sortit de terre.

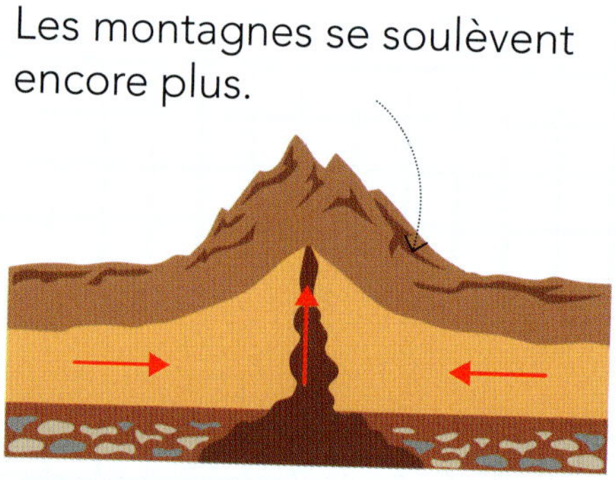

Croissance

De nos jours, les plaques se poussent encore lentement, ce qui fait grandir les montagnes.

Pics grandissants

Les pics de l'Himalaya grandissent d'environ 5 mm par an.

Mur de montagnes

Les jeunes montagnes sont comme de solides murs de roche car ni l'eau, ni le vent ne les ont beaucoup usées.

? Vrai ou faux ?

1. Le Mauna Kea est né d'une collision.
2. Une montagne grandit.
3. L'Himalaya est la chaîne de montagnes la plus vieille.

Voir réponses pages 132-133.

Autres modes de formation

Une montagne peut naître d'un volcan. Au fil du temps, la roche en fusion (la lave) jaillit du volcan et durcit pour former des roches dites ignées. Ces dernières peuvent s'accumuler et créer des montagnes volcaniques, comme le Mauna Kea à Hawaii.

À quelle vitesse la lave coule-t-elle ?

La plupart des coulées de lave ne menacent pas les humains. Mais toutes les éruptions ne se ressemblent pas. Certaines peuvent couler jusqu'à 64 km/h, et d'autres exploser violemment.

Lave

Le magma qui jaillit en surface es de la lave. Épaisse et très chaude, elle coule lentement. La lave plus froide et plus légère qui contient du gaz peut exploser en colonnes de cendres.

Éruption

La roche en fusion (le magma) se trouve dans les profondeurs de la Terre. Elle peut remonter et jaillir à travers les fissures du sol. Quand chaque couche de lave refroidit, elle forme un stratovolcan escarpé qui grossit au fil des éruptions.

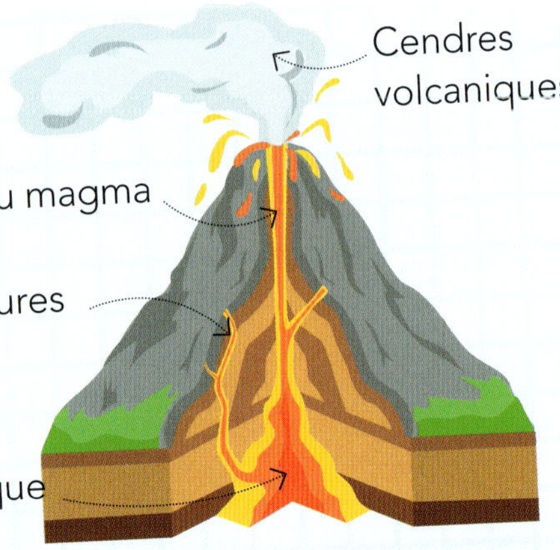

Stratovolcan

Y a-t-il différents types de volcans ?

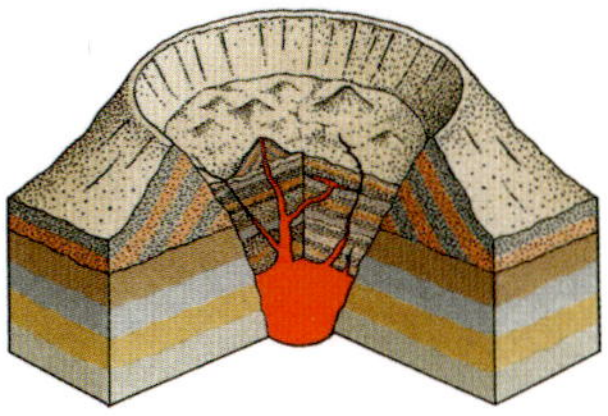

Caldeira

Grande dépression cônique, contenant souvent des vallées ou des lacs. Elle se forme quand le volcan s'effondre après la sortie du magma des chambres souterraines.

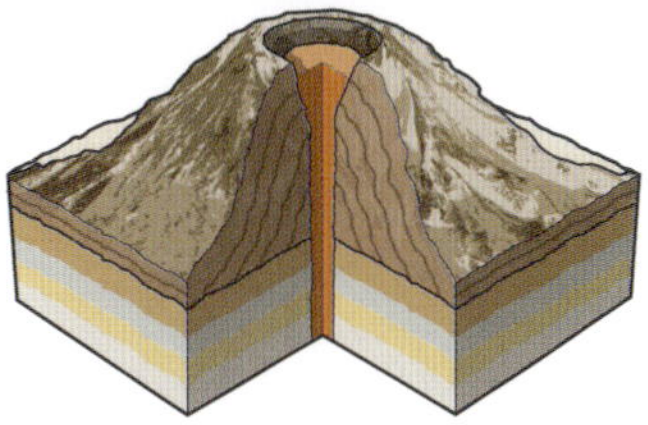

Cône de cendres

Ce relief naît quand de la lave chaude est expulsée du sol et durcit en cendres ou petits morceaux de roche. Les cendres s'accumulent pour former un cône.

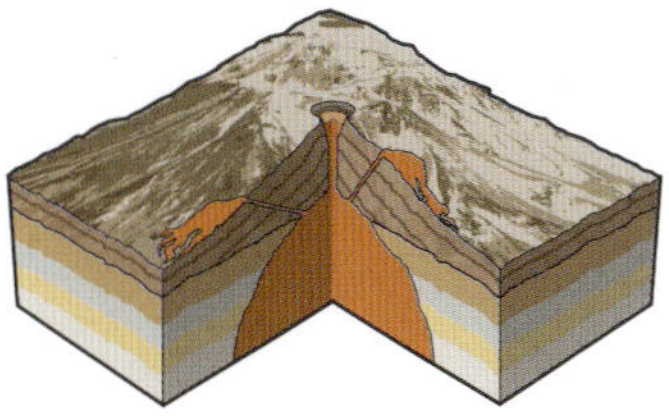

Volcan bouclier

Il est composé d'empilement de couches de lave durcie. Le Mauna Loa, sur l'île d'Hawaii, est un volcan bouclier géant.

Nuage de cendres

Une matière brûlante, les cendres, jaillit du volcan. Certains nuages brûlants et gazeux peuvent jaillir à 322 km/h.

? Vrai ou faux ?

1. Certaines laves peuvent atteindre plus de 1 500 °C.
2. La lave est de la roche.

Voir réponses pages 132-133.

Que se passe-t-il quand l'eau surchauffe ?

L'eau se trouve parfois dans des chambres souterraines. Elle peut y atteindre des températures élevées à cause de la chaleur issue des profondeurs de la Terre. L'eau chaude peut gagner la surface, donnant naissance à des reliefs uniques.

Vapeur

L'eau souterraine surchauffée bout et s'évapore. Cela fournit de l'énergie au geyser qui explose.

Roche poreuse

L'eau de surface peut traverser des trous et fissures dans la roche et se réchauffer en descendant.

Autres aspects de l'eau chaude naturelle

Source chaude

Dans une source chaude, l'eau chaude sort du sol. Elle est réchauffée sous terre par des roches chaudes.

Mare de boue

Quand une source chaude est dans une zone avec des cendres ou de la boue volcaniques, elle se mélange pour former une boue épaisse et gluante, ou mare de boue.

Geyser

L'eau souterraine remonte rapidement en s'évaporant. La vapeur s'élève en volutes, en poussant l'eau vers la surface à plus de 80 km/h.

Chaleur souterraine

Le noyau brûlant de la Terre chauffe les roches en profondeur. L'eau présente dans les roches contribue à les faire fondre.

Quiz express

1. De quoi se compose une mare de boue ?
2. Où se trouve le plus grand geyser ?
3. Jusqu'où peut s'élever l'eau du geyser Steamboat ?

Voir réponses pages 132-133.

Le geyser Steamboat, dans le parc de Yellowstone, aux États-Unis, est le plus grand du monde.

La partie avant du geyser a été coupée pour montrer le chemin de l'eau chaude à l'intérieur.

Le sol contient-il des animaux ?

C'est un mélange de différents matériaux, dont des restes d'animaux ! La composition du sol dépend des types de roches et de plantes d'une région, ainsi que du climat, de sa pente et de son âge.

Horizons du sol

Le sol se divise en couches horizontales ou obliques, les horizons. Ils se développent quand les matériaux de surface sont affectés par l'air, l'eau et les êtres vivants. Chaque couche se forme différemment et possède un type de sol unique.

Minéraux

De petits matériaux naturels, les minéraux, se mêlent aux roches du sol.

Restes d'animaux

Quand un animal meurt, son corps se divise en de plus petits morceaux dans le sol : c'est la décomposition.

? Vrai ou faux ?

1. La couche éluviale est à la surface du sol.
2. En brûlant, la tourbe fournit chaleur et énergie fossile.
3. La pluie emporte la terre meuble.

Voir réponses pages 132-133.

Sol sableux

Les grains de sol sableux peuvent mesurer jusqu'à 2 mm. Des intervalles entre les grains permettent au sol de stocker beaucoup d'air et d'eau.

Couches d'horizons

Les sols sont-ils en danger ?

Ils peuvent être érodés par la pluie. Les racines des arbres aident à maintenir le sol en place pour éviter l'érosion. Quand on coupe des arbres pour le bois ou pour exploiter le terrain, la pluie emporte la terre meuble.

Sol tourbeux

Certains sols sont riches en matières végétales décomposées, la tourbe, comme les marécages et les tourbières.

Ver de terre

Il aide à remuer, digérer et retourner le sol, ce qui décompose les plantes plus vite.

Réserve d'air et d'eau

Le sol stocke de l'air et de l'eau. Cette humidité du sol est importante pour les plantes et pour maintenir le sol en place.

Plantes

Les feuilles et autres parties végétales se décomposent et se fondent dans le sol.

Ai-je des minéraux dans mon corps ?

Les minéraux sont des solides naturels, pas des organismes vivants. On les trouve partout, même dans nos aliments et notre corps. Il en existe plusieurs sortes, dont les pierres précieuses et les minerais métalliques.

Du calcium dans les dents

Sais-tu que ta tête contient des pierres ? Tes dents contiennent le minéral hydroxyapatite, composé de calcium. Le calcium dans les aliments et boissons renforce les dents.

Légumes

Quand ils poussent, leurs racines absorbent des minéraux et de l'eau du sol. Ces minéraux aident la plante à pousser.

Structure cristalline

Les minéraux se développent sous forme de cristaux. La plus petite partie d'un objet est un atome. Les atomes bien alignés créent les différentes formes de cristaux.

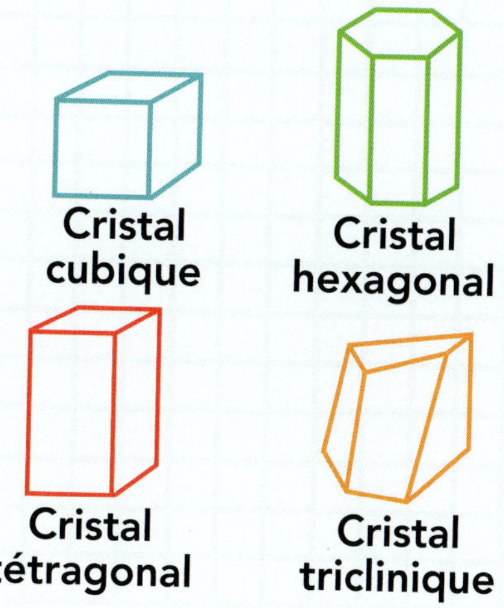

? Vrai ou faux ?

1. La glace est un minéral.
2. Une dent a des minéraux.
3. Les minéraux sont vivants.

Voir réponses pages 132-133.

Minéraux

Les pierres précieuses et autres minéraux possèdent des formes cristallines spéciales. Chaque minéral a une couleur et une texture uniques.

Silicate

De nombreux minéraux, dont l'améthyste, contiennent un matériau naturel, la silice. On les appelle des silicates.

Où utilise-t-on les minéraux ?

Les minéraux sont utilisés pour différents usages. Les dentifrices contiennent de la silice, qui aide à nettoyer tes dents. Des médicaments comme les antiacides, qui éliminent les gaz dans ton ventre, contiennent aussi des minéraux.

Quels sont les usages des roches ?

On utilise les roches pour sculpter et construire depuis des milliers d'années, en raison de leur dureté, solidité et résistance globale. Le degré de dureté varie en fonction du type de roche.

Granit
C'est l'une des pierres les plus solides sur Terre. Il est composé de minéraux durs (comme le quartz et le feldspath), qui le rendent résistant.

Marbre blanc
Le marbre est du calcaire qui a été écrasé sous terre. Il est plus solide que le calcaire, car ses minéraux sont plus tassés.

Quel minéral est le plus solide ?

Les roches comportent des minéraux. L'échelle de Mohs classe les minéraux par dureté : le diamant atteint la note de 10. C'est donc le minéral le plus dur. On trouve les diamants sous terre. L'homme peut aussi les créer.

Tête colossale en granit d'Amenhotep III, Égypte

Roche ignée

Les roches ignées, comme le granit, refroidissent et durcissent à partir de roches fondues sous terre. En se développant, leurs cristaux minéraux se collent et forment des roches très solides.

? Quiz express

1. Que mesure l'échelle de Mohs ?
   a) l'humidité
   b) la dureté
   c) la taille

2. Qu'a subi une roche métamorphique ?
   a) la chaleur et la pression
   b) l'usure du temps
   c) la découpe de l'homme

Voir réponses pages 132-133.

Buste de Vénus, Italie

Roche métamorphique

Ce type de roche a subi une chaleur et une pression intenses en raison de son enfouissement profond sous Terre ou de son réchauffement extrême.

Calcaire et béton

Le calcaire comporte un minéral tendre, la calcite. Mais il forme la base du béton, l'un des matériaux de construction les plus utilisés. Le béton ne s'use pas facilement, contrairement au calcaire naturel.

Buste d'homme, Chypre

Roche sédimentaire

Ce type de roche est souvent tendre et le temps l'use plus vite que d'autres. Elle se compose de sédiments écrasés (comme le sable) ou de restes de plantes et d'animaux anciens.

Une falaise peut-elle s'émietter ?

Elle semble solide, mais des morceaux de roche se détachent sans cesse. L'eau, le vent et la glace décomposent la roche en sable. Ce phénomène est appelé « érosion ». Des parties de ce canyon dans le parc national de Yellowstone, aux États-Unis, se sont érodées au fil du temps.

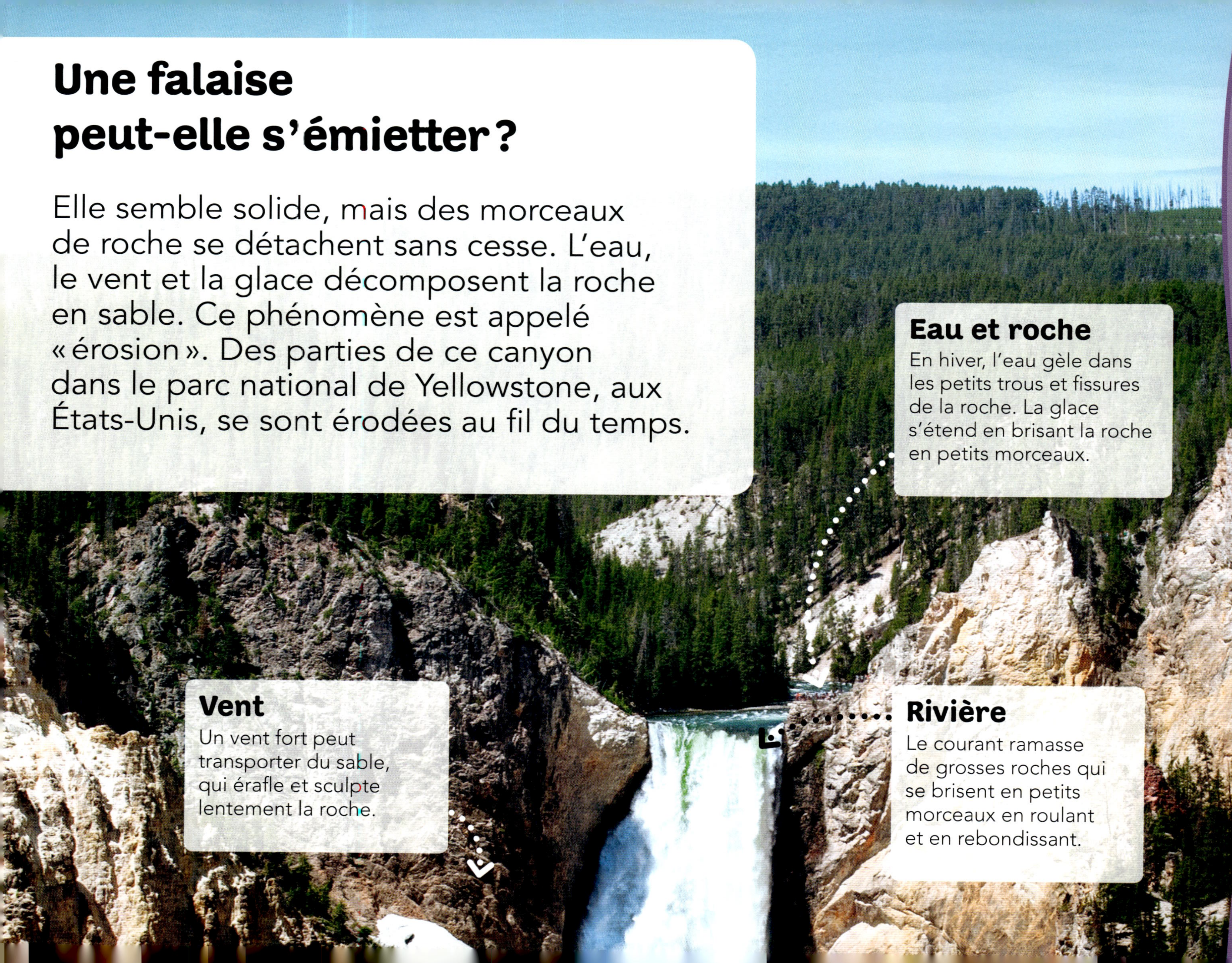

Eau et roche

En hiver, l'eau gèle dans les petits trous et fissures de la roche. La glace s'étend en brisant la roche en petits morceaux.

Vent

Un vent fort peut transporter du sable, qui érafle et sculpte lentement la roche.

Rivière

Le courant ramasse de grosses roches qui se brisent en petits morceaux en roulant et en rebondissant.

Sable

Ce sable faisait autrefois partie des roches de ces falaises. La roche a été emportée et décomposée par la rivière.

Y a-t-il des plages en roche du Grand Canyon ?

Le fleuve Colorado transporte du sable du Grand Canyon, en Arizona (États-Unis), à l'océan Pacifique. Les courants et les vagues amènent le sable sur des plages comme Big Sur, en Californie.

Quiz express

1. Quand le Grand Canyon de Yellowstone est-il né ?
2. Quel processus décompose les roches ?
3. Peut-on user la roche en marchant dessus ?

Voir réponses pages 132-133.

Qu'est-ce qui sculpte la roche ?

L'eau, le vent et la glace transforment les paysages lors du processus d'érosion. Ils créent des reliefs remarquables comme la Vague, qui ondule à travers une vallée en Arizona, aux États-Unis.

Ruissellement

Une ancienne mer cassa des morceaux de ces rochers en grès en s'écoulant sur eux il y a des millions d'années.

Érosion par l'eau

L'eau emporte des morceaux de roches d'un endroit, les sédiments, et les dépose ailleurs. En enlevant des parties, la forme de la roche touchée est modifiée.

Quelques types de reliefs rocheux

Pont naturel
Il se forme quand un ruisseau ou une rivière érode une roche plus tendre située au-dessous d'une roche plus solide.

Canyon
L'érosion emportant les sédiments, un fossé appelé canyon se forme. Cela a créé le Grand Canyon, aux États-Unis, sur des millions d'années.

Tour
Ces formations rocheuses verticales sont les restes d'une grande érosion. Il y a d'autres formes, comme les flèches et les cheminées de fée.

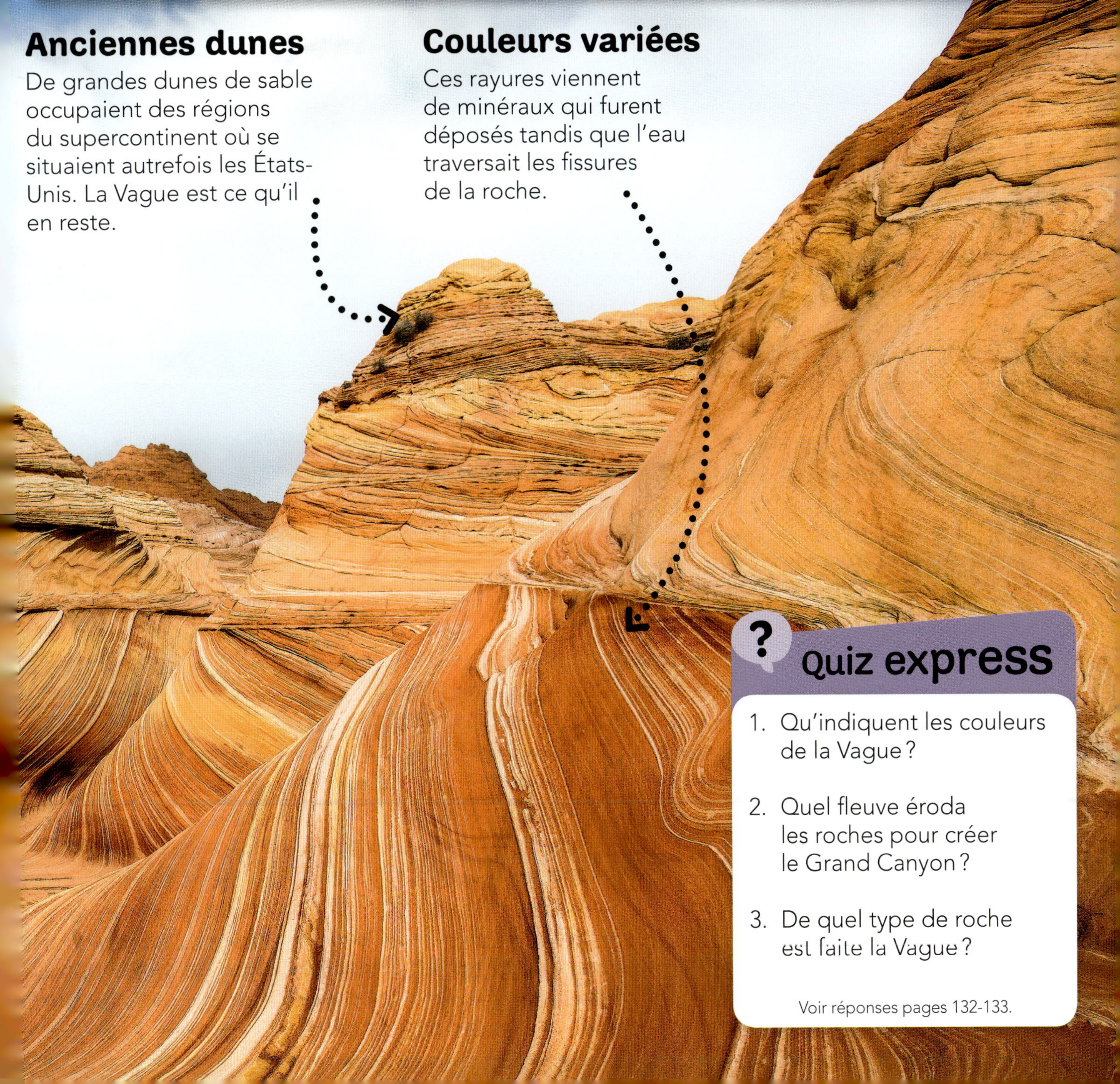

Anciennes dunes

De grandes dunes de sable occupaient des régions du supercontinent où se situaient autrefois les États-Unis. La Vague est ce qu'il en reste.

Couleurs variées

Ces rayures viennent de minéraux qui furent déposés tandis que l'eau traversait les fissures de la roche.

Quiz express

1. Qu'indiquent les couleurs de la Vague ?
2. Quel fleuve éroda les roches pour créer le Grand Canyon ?
3. De quel type de roche est faite la Vague ?

Voir réponses pages 132-133.

Deviendrai-je un fossile ?

Les fossiles sont les restes de plantes et d'animaux très anciens qui se sont transformés en roche. Les plus célèbres sont les os de dinosaures, mais il en existe bien d'autres. Toi aussi, tu pourrais devenir un fossile un jour, si tu étais enterré(e) assez profondément !

Les coprolithes sont des excréments fossilisés !

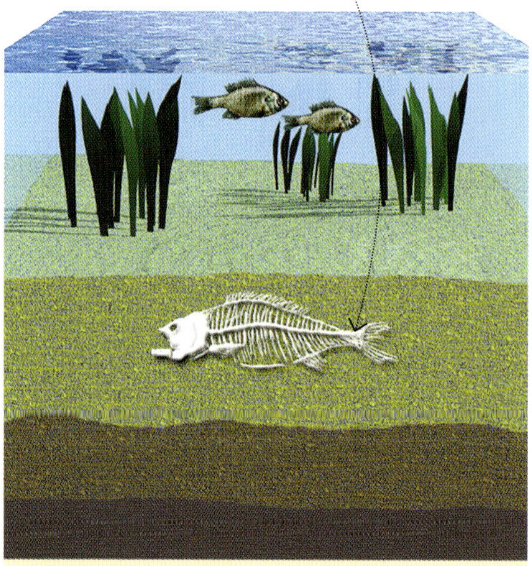

Mort

Les fossiles sont d'abord des êtres vivants. Après leur mort, les parties molles du corps (comme la peau et les organes) sont mangées par des vers et des animaux.

Décomposition

Les os restent intacts. Les sédiments commencent à les recouvrir (comme le sable et la boue). Au fil du temps, les couches de sédiments recouvrent le squelette.

Roche

Les sédiments ensevelissent le squelette en profondeur. Les fluides et la pression de la terre durcissent les sédiments et transformen le poisson en roche.

Autres exemples de fossiles

Moule
Quand un être vivant meurt et pourrit, il peut laisser les contours de sa forme, comme une coquille, au sol. On appelle cela un moule.

Dans de l'ambre
L'ambre est de la résine d'arbre fossilisée. Les insectes se collent au liquide qui durcit autour d'eux et conserve leur corps.

? Vrai ou faux ?

1. Un animal marin devient souvent un fossile.
2. Un ichnofossile est un os ou une coquille.
3. Le mot « fossile » vient du latin *fodere* (creuser).

Voir réponses pages 132-133.

Les poissons et animaux marins sont les fossiles les plus courants.

Des scientifiques, les paléontologues, déterrent les fossiles.

Découverte
Des millions d'années plus tard, le fond océanique s'est élevé en une chaîne de montagnes ou s'est exposé à la suite de la baisse du niveau de la mer.

Corps fossilisé
Un corps fossilisé est un os ou une coquille dure devenus de la roche. Un ichnofossile est une trace fossilisée, comme des empreintes.

La pierre entourant le fossile indique l'époque à laquelle l'organisme a vécu.

Peut-on geler dans le désert ?

Le désert est connu pour être étouffant, mais il est parfois si froid qu'une personne peut y geler ! Il reçoit moins de 25 cm de pluie par an. Il n'y a donc pas assez d'eau dans l'air pour retenir la chaleur une fois le soleil couché.

Désert froid

Le désert de Gobi, en Asie, est froid toute l'année. C'est quand même un désert, car il reçoit très peu de précipitations. Mais le vent de Sibérie peut amener de la poussière de neige.

L'Antarctique est le plus grand désert du monde. Il s'étend sur 14 millions de km².

Haute altitude

Un désert alpin se forme où l'air est froid et rare et où il y a peu de précipitations (pluie et neige). Très peu de végétaux poussent à cette hauteur.

Qui survit dans un désert froid ?

Chameau de Bactriane

Adapté à la vie dans les déserts secs, il peut passer des mois sans boire et il stocke des réserves de graisse dans ses deux bosses pour avoir de l'énergie.

Batis maritima

Cette herbe consomme l'eau salée de nombreux déserts. Les animaux ne la mangent pas et son point de congélation bas lui permet de survivre à des températures extrêmes.

? Vrai ou faux ?

1. Le sommet du mont Everest est le lieu le plus froid sur Terre.
2. Un désert reste chaud pendant la nuit.

Voir réponses pages 132-133.

Comment naît une doline ?

Certains types de roche peuvent se dissoudre ou s'user sous la surface de la Terre. Cela crée une cavité (espace vide). La surface finit parfois par s'enfoncer vers l'intérieur et former une doline.

Formation d'une doline

Un liquide acide peut dissoudre certains types de roche comme le calcaire. L'eau de pluie est légèrement acide et commence à dissoudre une partie de la roche dans le sol.

Avec la roche qui se dissout toujours plus, une caverne se forme et s'agrandit lentement. La roche qui la recouvre s'amincit. Des crevasses apparaissent.

Le toit de la caverne finit par s'écrouler, ce qui la rend désormais visible. Il laisse un trou presque circulaire à la surface de la Terre : une doline.

Soubassement

La pluie acide dissout facilement le calcaire, très présent en Floride, aux États-Unis. Les dolines y sont fréquentes.

Quelle profondeur peut atteindre une doline ?

Certaines des plus grandes dolines sont sous l'eau : ce sont des trous bleus. Le Trou du Dragon, en mer de Chine méridionale, fait plus de 300 m de profondeur.

Effondrement

Des trous peuvent se former sous le sol sans qu'on le sache. C'est donc une vraie surprise quand le sol s'effondre pour former une doline !

Roche trouée

L'eau de pluie acide dissout certaines roches en les trouant, ce qui les rend plus fragiles.

? Quiz photo

Comment sont nés ces paysages en Thaïlande ?

Voir réponse pages 132-133.

Comment se forment les grottes ?

Lorsqu'il pleut, une partie du gaz carbonique de l'air se dissout dans les gouttes de pluie, qui deviennent légèrement acides. Au contact de certaines roches, comme le calcaire, l'eau les érode en les trouant. Ces trous grandissent et deviennent des grottes.

Stalactite

Les gouttes qui s'écoulent du plafond d'une grotte se transforment peu à peu en roche. Au fil du temps, la roche s'allonge et donne une stalactite.

Stalagmite

Quand l'eau tombe sur le sol de la grotte, ses minéraux dissous se transforment en roche solide, qui grandit et donne des stalagmites pointues.

Une grotte peut-elle se former autrement ?

Érosion

Une roche peut être brisée, par exemple quand la glace gèle et pénètre les fractures. La roche tendre au-dessous d'une roche plus dure se dissout et forme une grotte.

Tunnel de lave

Il naît quand la lave se solidifie autour des bords. La lave au centre reste chaude, finit par s'écouler et donne naissance à une grotte.

Colonne

Quand une stalactite rencontre une stalagmite, elles forment une colonne reliant le sol au plafond.

Fractures

L'eau acide s'infiltre dans les crevasses du sol (fractures) et atteint les roches en dessous.

Quiz express

1. Une stalagmite naît-elle du sol ou du plafond ?
2. La pluie acide est-elle dangereuse pour nous ?
3. Quel relief forme la réunion d'une stalactite et d'une stalagmite ?

Voir réponses pages 132-133.

Mare

Les fleuves et les ruisseaux souterrains continuent à dissoudre la roche et l'eau forme parfois des mares.

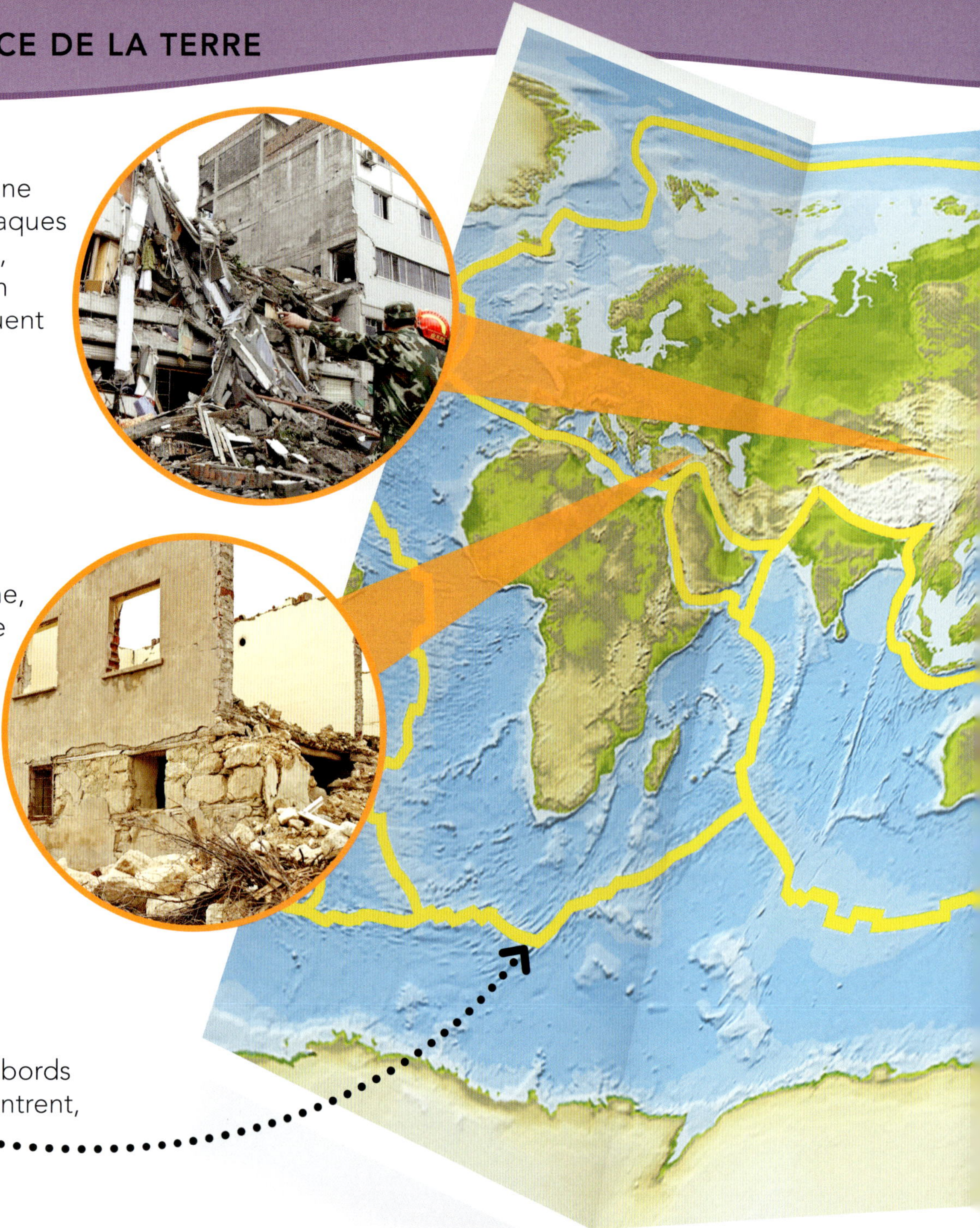

Chine

La plaque sous la Chine est bordée par les plaques Pacifique et Indienne, qui en se frôlant et en se poussant, provoquent des tremblements de terre.

Turquie

La plaque Anatolienne, sur laquelle est située la Turquie, est coincée entre les plus grandes plaques Eurasienne et Africaine, qui l'écrasent et causent des tremblements de terre.

Frontière de plaque

C'est l'endroit où les bords des plaques se rencontrent, causant souvent des séismes.

Où a lieu un tremblement de terre ?

Sous le sol, la croûte rocheuse de la Terre se divise en plusieurs immenses plaques, les plaques tectoniques, qui se déplacent sans cesse et se frôlent parfois, se séparent ou se heurtent, provoquant alors un tremblement de terre.

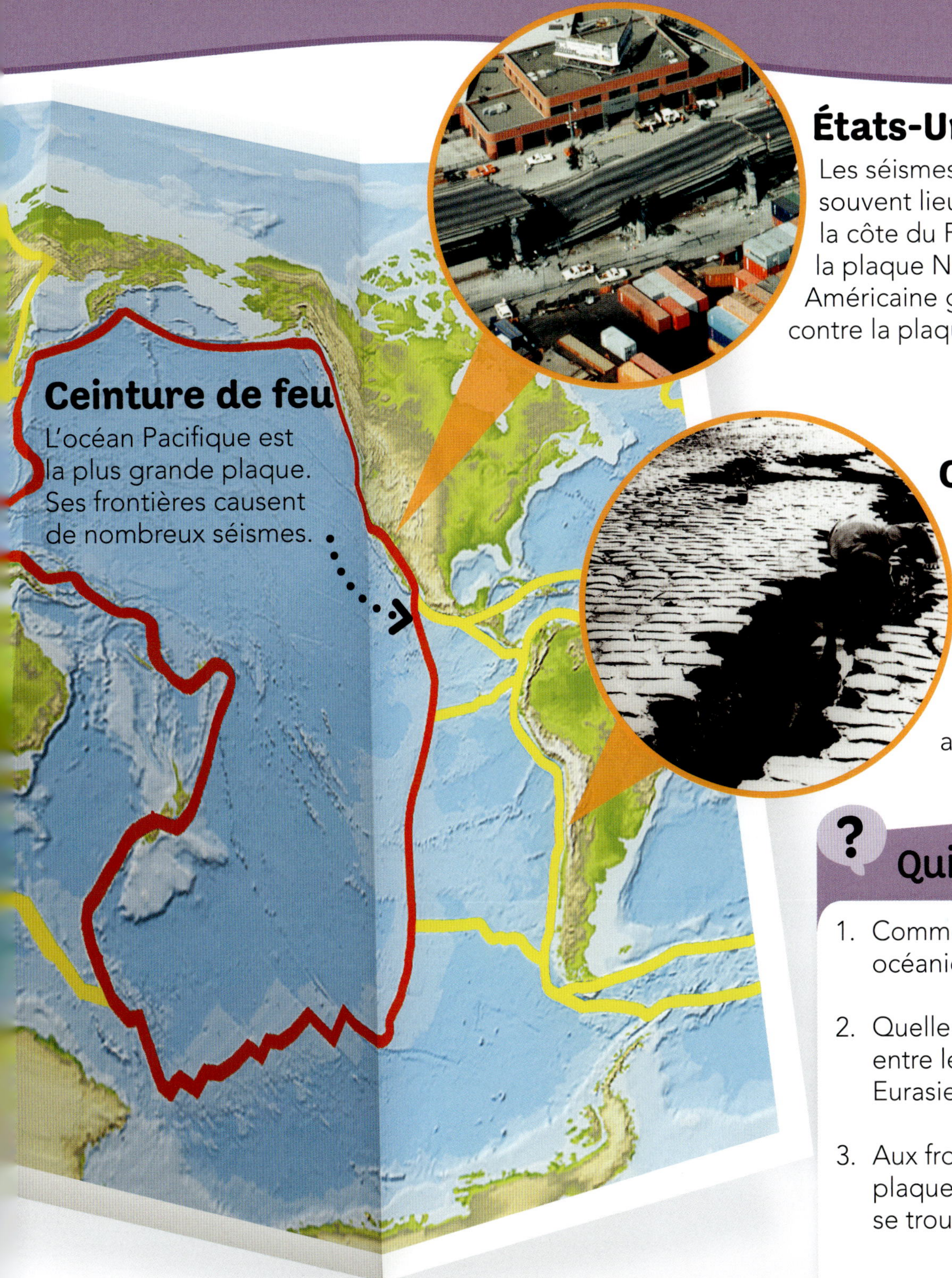

États-Unis

Les séismes ont le plus souvent lieu le long de la côte du Pacifique, où la plaque Nord-Américaine glisse contre la plaque Pacifique.

Ceinture de feu

L'océan Pacifique est la plus grande plaque. Ses frontières causent de nombreux séismes.

Chili

La plaque de Nazca glisse sous la plaque Sud-Américaine. Le séisme le plus puissant jamais enregistré a eu lieu au Chili en 1960.

? Quiz express

1. Comment naît une dorsale océanique ?
2. Quelle plaque est coincée entre les plaques Eurasienne et Africaine ?
3. Aux frontières de quelle plaque la Ceinture de feu se trouve-t-elle ?

Voir réponses pages 132-133.

Comment les plaques provoquent les séismes ?

Convergentes
Volcans et montagnes naissent là où les plaques continentales et océaniques entrent en collision.

Transformantes
Quand deux plaques se frôlent par coulissement, cela provoque de puissants séismes.

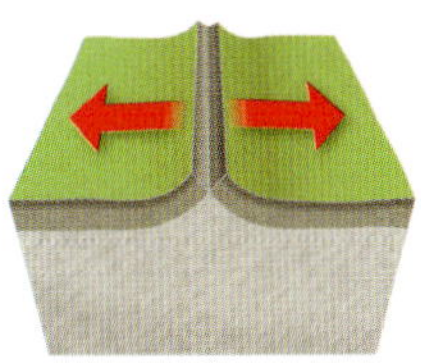

Divergentes
Lorsque des plaques s'écartent sous les océans, la roche fondue remonte et forme le fond marin.

Une île flotte-t-elle ?

Non, une île ne flotte pas, elle est solidement fixée au fond océanique. Elle résulte parfois d'une accumulation de récifs coralliens sur le fond marin. D'autres fois, elle est le sommet d'un volcan ou d'un mont sous-marin.

Île
Étendue de terre entourée d'eau. Une île est toujours plus petite qu'un continent.

Naissance d'une île volcanique

La lave des volcans sous-marins durcit en roche, qui peut s'accumuler en couches sur les côtés du volcan. Le volcan finit par faire surface.

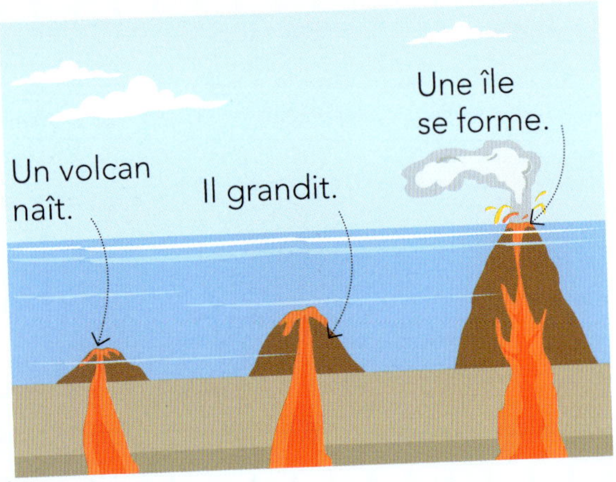

Une île rocheuse peut-elle flotter ?

La pierre ponce (type de roche volcanique) est plus légère que l'eau. Donc, elle flotte ! Produites par les volcans sous-marins, ces pierres agglomérées forment une île flottante !

Vrai ou faux ?

1. Un chapelet d'îles est un archipel.
2. La pierre ponce est la seule roche flottant sur l'eau.

Voir réponses pages 132-133.

Roche

Une île est profondément ancrée au fond océanique par une colonne de roche.

Île qui coule

Des plaques géantes sous le fond océanique peuvent s'enfoncer dans la Terre, engloutissant l'île !

Désert

Ce biome reçoit peu ou pas de pluie. Ses plantes et animaux stockent de l'eau dans leur corps et peuvent supporter la forte chaleur.

La forêt boréale, ou taïga, est le plus grand biome sur Terre. Près de 30 % des arbres du monde s'y trouvent.

Forêt pluviale

Il y pleut parfois presque sans cesse (jusqu'à 250 cm par an). La moitié des plantes et animaux de la planète y vivent.

Qu'ont en commun le cactus et le dromadaire ?

Comme le dromadaire, le cactus peut se passer d'eau longtemps. Seule façon pour survivre dans le désert ! Ils font partie du même biome, le désert.

Prairie

Les vastes prairies sans arbres ont des plantes adaptées aux divers changements saisonniers.

Régions polaires

Les terres proches du pôle Nord et Sud sont froides toute l'année et peuvent être sèches et sans vie. Là-bas, la vie est adaptée au temps froid et au peu de nourriture.

Forêt de conifères

Froide et semi-sèche, elle a des arbres à aiguilles pour empêcher l'humidité de s'échapper et pour réduire l'effet des températures glaciales.

Toundra

Semi-gelée, elle a peu d'arbres. La glace au sol ne fond que pendant les courts mois d'été.

Forêt tempérée

Les arbres feuillus bénéficient d'une plus grande humidité, de sols riches et d'un climat ni trop chaud, ni trop froid.

Marécage

Il est recouvert d'eau en permanence ou une partie de l'année. Les animaux doivent s'adapter à l'eau, mais aussi pouvoir vivre sur terre.

Quels sont les autres types de biomes ?

Terres agricoles

Seul biome créé par l'homme, ses zones adaptées servent à cultiver des récoltes ou à élever des animaux.

Biomes aquatiques

La terre ne constitue que 29 % de la surface terrestre. Les 71 % restants sont les océans et autres eaux, que l'on appelle les biomes aquatiques.

? Quiz express

1. Quel est le seul biome créé par l'homme ?
2. Dans quel biome le dromadaire vit-il ?
3. Quelle est la plus grande forêt pluviale tropicale du monde ?

Voir réponses pages 132-133.

Les monstres des marais existent-ils ?

Les marais et les marécages (forêts totalement ou partiellement immergées dans l'eau) abritent des créatures étranges et merveilleuses. En Floride, aux États-Unis, ces créatures possèdent des particularités pour vivre dans l'eau.

Les plantes des marécages sont parfois carnivores : elles se nourrissent d'insectes et d'animaux.

Mangroves

Arbres situés dans des marais salés côtiers. Certains ont des racines qui sortent de l'eau pour respirer.

Tortue molle de Floride

Quand elle est sous l'eau, elle se sert de son long cou pour sortir la tête et respirer.

Peut-on vivre dans un écosystème aquatique ?

Oui, en construisant des maisons sur pilotis. Pour se déplacer, on utilise des hydroglisseurs à hélice aérienne plutôt qu'à hélice sous-marine qui pourrait se prendre dans les plantes aquatiques peu profondes.

Lamantin d’Amérique

Également appelé « vache de mer », ce gros animal broute sous l’eau dans certains marécages. Ses nageoires lui permettent de nager.

? Vrai ou faux ?

1. *Siren intermedia* est un type d’anguille.
2. La mangrove est aussi appelée vache de mer.
3. L’alligator est le même animal que le crocodile.

Voir réponses pages 132-133.

Alligator d’Amérique

Il mesure jusqu’à 4,3 m de long. Très rapide, il plonge sa proie sous l’eau avec ses énormes mâchoires.

Siren intermedia

Salamandre à deux pattes et branchies qui respire sous l’eau comme un poisson.

Qui se cache dans la mousse ?

Des animaux si petits qu'il faut un microscope pour les voir. Ce végétal forme un habitat qui offre un refuge à certains types d'animaux et leur permet de survivre de plusieurs façons.

Mousse

Elle offre aux petites créatures des feuilles à manger et sous lesquelles se cacher des prédateurs, et plein d'eau à boire.

Habitat moussu

La mousse pousse dans des zones avec beaucoup d'eau, par exemple près d'un ruisseau forestier. Elle retient l'eau et rend la zone humide.

Nématodes

Ces petits vers se trouvent presque partout sur Terre (même sous le sol des déserts arides).

Rotifères bdelloïdes

Ils existent depuis la nuit des temps. Ils peuvent s'assécher et sombrer dans une sorte de sommeil pour survivre sans eau.

Tardigrades

Ces petits animaux ont beau être mignons, ils mangent des rotifères, nématodes et autres tardigrades ! Ils font en général 0,5 mm de long et peuvent vivre plusieurs années sans manger ni boire.

Quel est le plus grand organisme vivant sur Terre ?

C'est un groupe de peupliers faux-trembles vieux de 80 000 ans, situé dans l'Utah, aux États-Unis. Ces arbres partagent un seul et unique système radiculaire et chaque individu est génétiquement identique au suivant.

? Quiz express

1. Comment s'appelle une zone où vit un animal ?
2. Quel est le plus grand organisme vivant sur Terre ?
3. Quelle petite créature est appelée ourson d'eau ?

Voir réponses pages 132-133.

Planète bleue

La plus grande partie de la Terre est recouverte d'eau. Les océans, mers, lacs et glaciers massifs contiennent tous de l'eau. L'eau souterraine remonte pour rejoindre les fleuves et jaillit parfois du sol sous forme de vapeur.

Pourquoi tout revient-il toujours à la mer ?

Les eaux océaniques coulent autour de la Terre sous forme de grands courants, comme des fleuves. La gravité de la Lune et du Soleil fait bouger l'eau des mers. Les courants de surface sont dus au vent et entraînent les bateaux sur la mer.

Mer balayée par le vent

Une vague, naissant de vents forts et persistants ou de séismes sous-marins, peut faire le tour du monde !

Courants dus au vent

Le vent souffle dans différentes directions à la surface de la Terre, comme les vents d'ouest ou les vents d'est polaires. Ces courants entraînent l'eau de surface de l'océan, créant un mouvement.

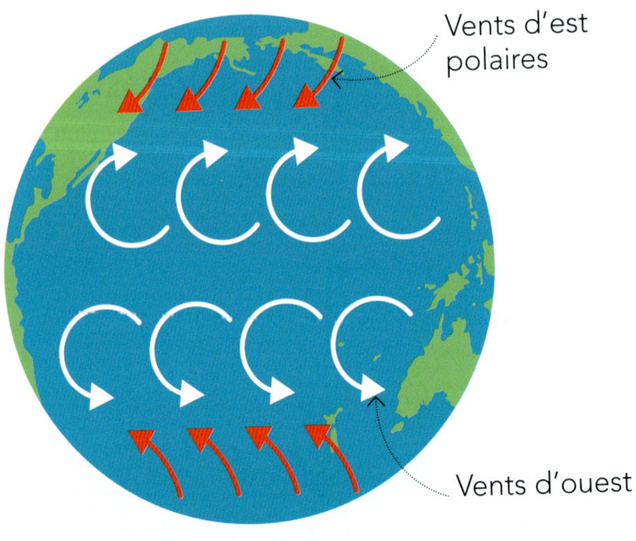

Comment naît un tourbillon ?

Quand des courants de surface se rencontrent, ils se mettent à tourner. L'eau se déplace rapidement pour remplir le vide, ce qui grossit le tourbillon. Plus les courants sont forts, plus le tourbillon tourne vite.

Direction du courant

Les courants froids et salés partent des pôles Nord et Sud. Les courants chauds partent de l'équateur, qui passe au milieu de la Terre.

? Vrai ou faux ?

1. Les courants océaniques sont dus au vent.
2. Ils transportent de l'eau chaude depuis les pôles Nord et Sud.
3. Le vent d'ouest est un courant d'eau.

Voir réponses pages 132-133.

Sur quelles vagues surfer ?

Les vagues océaniques sont des zones où l'eau tourne. Les surfeurs attendent souvent les grandes vagues qui se brisent ou tombent en avant. Elles révèlent une paroi lisse d'eau en ascension, pouvant porter le surfeur et sa planche.

? Vrai ou faux ?

1. Une vague est une colonne d'eau.
2. Une déferlante est une vague qui se brise.
3. Un tsunami est une vague géante due à un séisme.

Voir réponses pages 132-133.

Toutes les vagues se brisent-elles de la même façon ?

Déferlante
Quand la marée se retire, ou que le vent du large souffle, une petite vague se forme avec de l'écume au sommet.

Plongeante
Quand l'eau heurte un obstacle ou une pente sous-marin(e), le sommet de la vague s'élève et bascule.

Déversante
C'est une vague plongeante qui ne se brise pas dans un mouvement circulaire, mais s'écrase.

Gonflante
Large et basse, cette vague se déplace plus vite en bas qu'en haut.

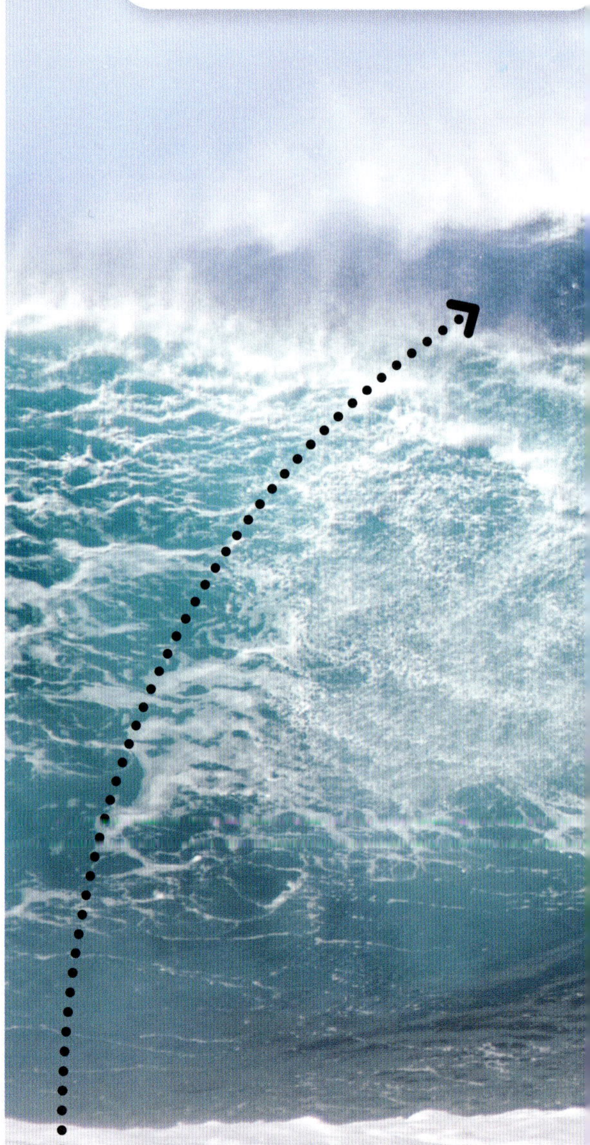

Vague se brisant
En s'approchant de la rive, les vagu glissent sur le fond océanique qui s'élève, elles s'inclinent et s'écrasen

Comment se forme une vague ?

Les vagues naissent du vent qui fait bouger l'eau. L'eau se déplace en colonnes de cercles verticaux. Les colonnes s'élèvent tandis que le fond de la mer monte. Les vagues basculent en avant pour se briser.

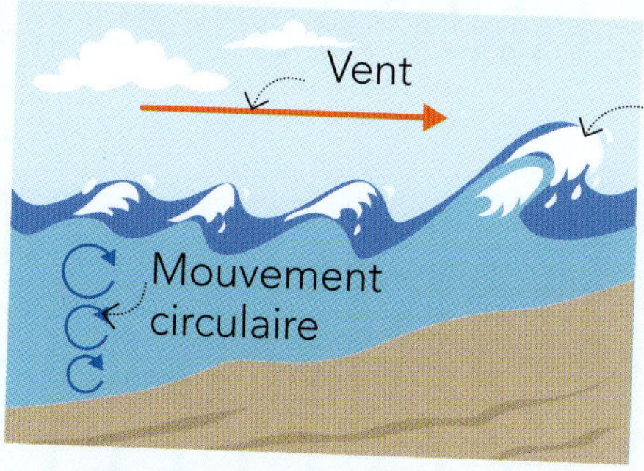

Formation d'une vague

Direction du vent

Les vagues suivent la direction du vent à l'origine du mouvement de l'eau.

Surf

Les surfeurs surfent à la surface de la vague déferlante. Les vagues qui viennent de loin sont les plus puissantes.

L'eau de mer est-elle potable ?

L'eau de mer est abondante : plus de 71 % de l'eau sur Terre est dans les océans. Mais il n'est pas prudent de la boire, car elle contient beaucoup de sels et de minéraux dissous, qui sont mauvais pour nous en grande quantité. Les usines de dessalement peuvent l'en débarrasser pour la rendre potable.

Filtration

Elle sert à enlever les particules de sable et d'algues, sans toucher aux minéraux dissous.

Enlèvement des débris

L'eau de mer est aspirée par des tuyaux. Chaque débris, comme les algues, doit d'abord être enlevé.

Eau de mer

De nombreux sels et minéraux de l'eau de mer sont rejetés dans les océans depuis la terre. L'eau de mer contient beaucoup de chlorure de sodium (sel de table).

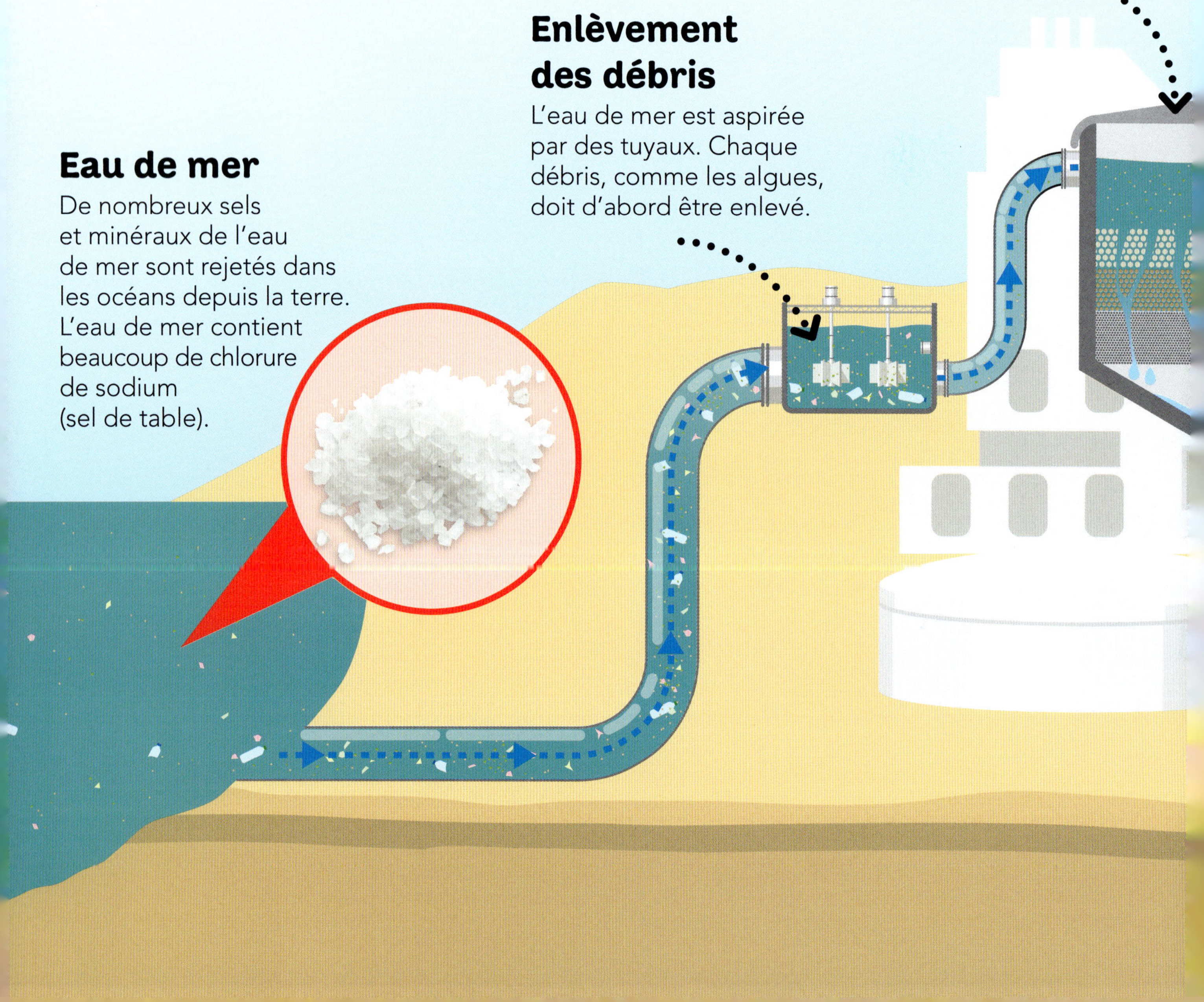

Qui peut vivre dans les océans salés ?

Poissons

Les océans en abritent plus de 30000 espèces. Ils avalent l'eau de mer et éliminent le sel par leurs branchies.

Algues

Le varech, une algue marine, stocke le sel en trop dans des parties spéciales de ses cellules afin qu'il ne l'abîme pas.

Étoile de mer

Elle utilise l'eau de mer au lieu du sang. L'intérieur de ses cellules est aussi salé que l'eau qui l'entoure !

De salée à douce

Puis, l'eau traverse une membrane spéciale qui la laisse passer à travers, mais retient les minéraux dissous.

? Quiz express

1. Qu'est-ce que le chlorure de sodium ?
2. Le sel se trouve dans l'eau douce ou de mer ?
3. L'eau de mer gèle-t-elle ?

Voir réponses pages 132-133.

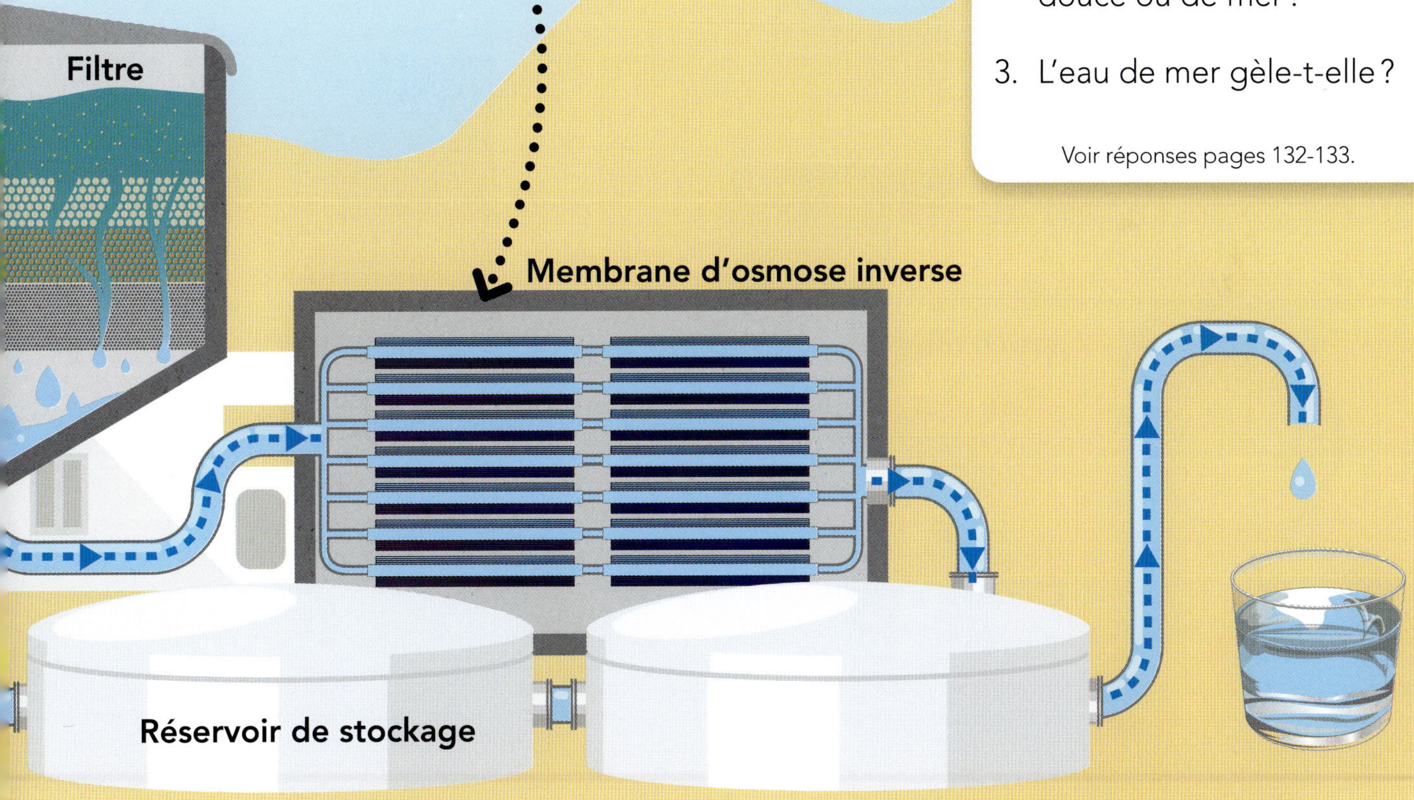

Eau potable

Enfin, des produits chimiques sont ajoutés pour purifier l'eau et la rendre potable. L'eau douce est acheminée vers les maisons, les usines et les fermes.

La Terre a-t-elle besoin de la Lune ?

La Lune est aux côtés de la Terre depuis 4,5 milliards d'années. Elle est née de débris qui se sont détachés de la Terre quand un météore s'y écrasa. Sans la Lune, la Terre serait très différente !

Météorites fréquentes

La Lune attire les débris spatiaux. Cela protège la Terre de certaines météorites. Sans la Lune, la Terre serait plus frappée.

Que se passerait-il sans la Lune ?

Jours plus courts

La Lune freine la rotation de la Terre. Sans elle, la Terre tournerait plus vite et les journées ne dureraient que cinq heures !

Climat extrême

La Lune aide à contrôler les saisons. Sans elle, elles pourraient rapidement passer de la canicule au froid glacial.

Pas de vie

Sans la Lune, la Terre connaîtrait un climat extrême et des chutes de météorites fréquentes. Cela aurait probablement empêché la vie de s'y développer.

Plus de lumière

La Lune réfléchit la lumière du Soleil et éclaire le ciel. Les étoiles peu lumineuses sont invisibles dans la lumière. Sans Lune, on verrait des milliards d'étoiles.

Moins d'animaux la nuit

Sans rien pour réfléchir le Soleil, les animaux vivant la nuit ne pourraient rien voir.

Formation de la marée

La Lune attire les océans, qui gonflent, ce qui provoque les marées.

Océans face à la Lune

Océans de l'autre côté

Plus petites marées

La Lune est le principal facteur qui fait monter et se retirer les marées. Sans elle, les côtes seraient moins usées par les marées.

? Quiz express

1. Quel âge a la Lune ?
2. L'inclinaison de la Terre varie-t-elle ?
3. Quel autre astre provoque les marées en attirant les océans ?

Voir réponses pages 132-133.

Où un fleuve naît-il ?

Un fleuve naît d'une source d'eau telle que de la neige fondue de montagne, un courant souterrain ou un lac d'altitude. Puis, il descend vers un lac, la mer ou l'océan. Un fleuve peut traverser un continent entier !

On a découvert des preuves de fleuves asséchés sur la planète Mars !

Le Rhin

Deuxième plus grand fleuve d'Europe, il part des Alpes et traverse l'Autriche, l'Allemagne, la Suisse, la France, le Liechtenstein et les Pays-Bas.

Quel est le plus long fleuve du monde ?

L'Amazone, en Amérique du Sud, est le plus long fleuve qui existe sur Terre. Il transporte presque deux fois plus d'eau que le deuxième plus long fleuve du monde, le Nil, en Afrique !

Amont

La source d'un fleuve est son amont. L'endroit où il rejoint un lac, la mer ou l'océan est son embouchure.

Lac Toma

C'est un lac de montagne dans les Alpes suisses. On pense qu'il s'agit de la source du Rhin. De nombreux lacs et ruisseaux mènent au Rhin, mais le lac Toma est au début du fleuve.

? Vrai ou faux ?

1. L'amont est au début d'un fleuve.
2. On estime que le Rhin débute au lac Toma.
3. Le plus long fleuve du monde est le Mississippi.

Voir réponses pages 132-133.

Un lac peut-il être plus grand que la mer ?

Le lac Baïkal, en Sibérie, est plus grand que la Bretagne et trois fois plus grand que la plus petite mer, la mer de Marmara, en Turquie. Les lacs et les mers sont entourés de terres. Mais les mers sont reliées aux océans.

Lac d'eau douce

Les lacs sont souvent d'eau douce (eau sans sel issue de sources à l'intérieur des terres, comme un fleuve).

En quoi la mer diffère-t-elle de l'océan ?

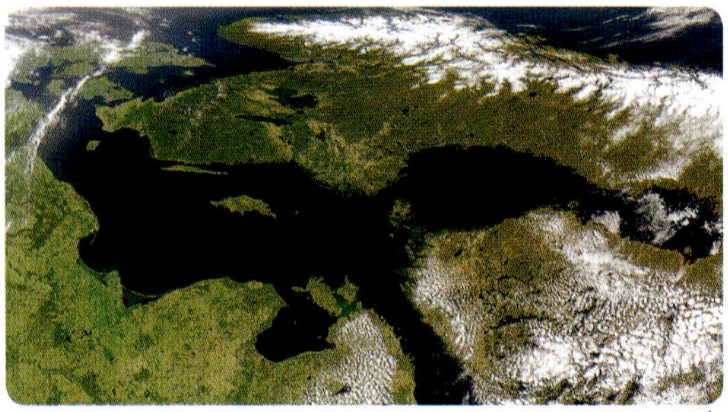

La mer est salée car elle est reliée à l'océan. L'océan est une énorme masse d'eau qui n'est pas entourée de terres.

Enclavé

Les lacs, dont le lac Baïkal, sont souvent enclavés (entourés de terres).

Lac ou mer ?

Les masses d'eau comme la mer Morte au Moyen-Orient sont salées, mais sont des lacs, car elles ne sont pas reliées à un océan. La mer Caspienne est un lac en Asie de l'Ouest, autrefois relié à un océan.

La mer Caspienne

Le lac Baïkal contient plus de 22 % de l'eau douce sur Terre.

Quiz express

1. La mer Morte est-elle une mer ?
2. Les lacs sont-ils reliés à un océan ?
3. Quelle est la plus petite mer ?

Voir réponses pages 132-133.

Où se trouve la plus haute cascade ?

La plus haute cascade est située sous l'océan ! Toute l'eau à la surface de la Terre coule vers le bas, à cause de la gravité. La cataracte du détroit du Danemark fait plus de trois fois la taille de la plus haute cascade en surface !

Où est-ce ?

Le détroit du Danemark est un bras de mer de l'océan Atlantique, situé entre le Groenland et l'Islande.

Eau de surface

L'eau proche de la surface de l'océan est réchauffée par le Soleil. Cela la rend moins dense, ou plus légère, que l'eau du dessous, plus froide.

Fort courant

Le mouvement rapide du courant de fond plus lourd sculpte et refaçonne le fond océanique de l'Atlantique.

? Quiz express

1. Dans quel océan est situé le détroit du Danemark ?
2. Quelle est la plus haute cascade terrestre ?
3. Quelle est la plus haute cascade du monde ?

Voir réponses pages 132-133.

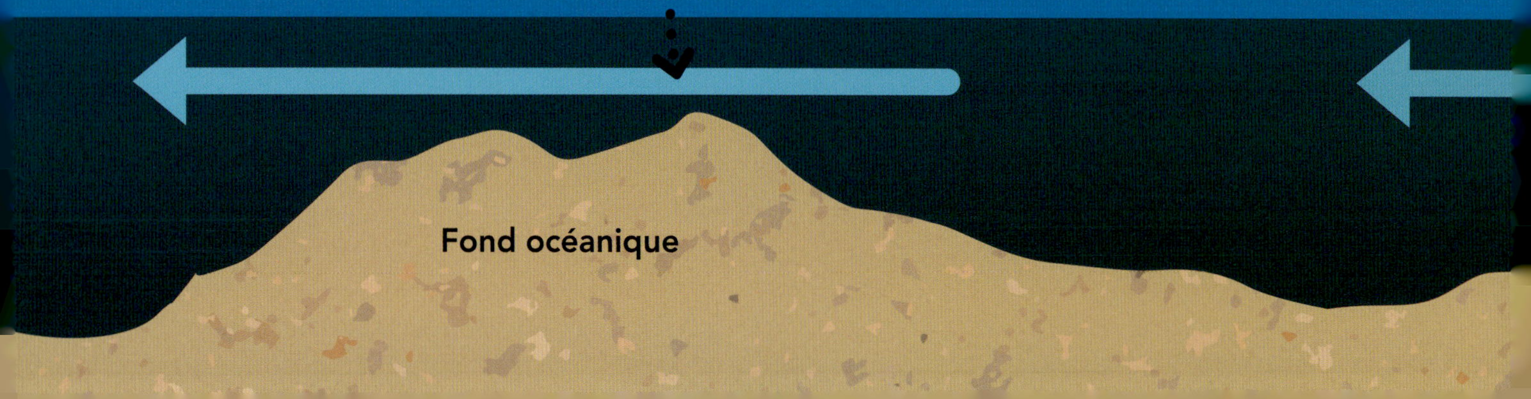

Les plus hautes cascades terrestres

Chutes de l'Ange
Cette cascade au Venezuela est la plus haute. Ses deux chutes tombent dans la vallée depuis une hauteur de 979 m.

Chutes de Khone
La plus large cascade au monde se trouve au Laos. Elle mesure 10,783 km de large.

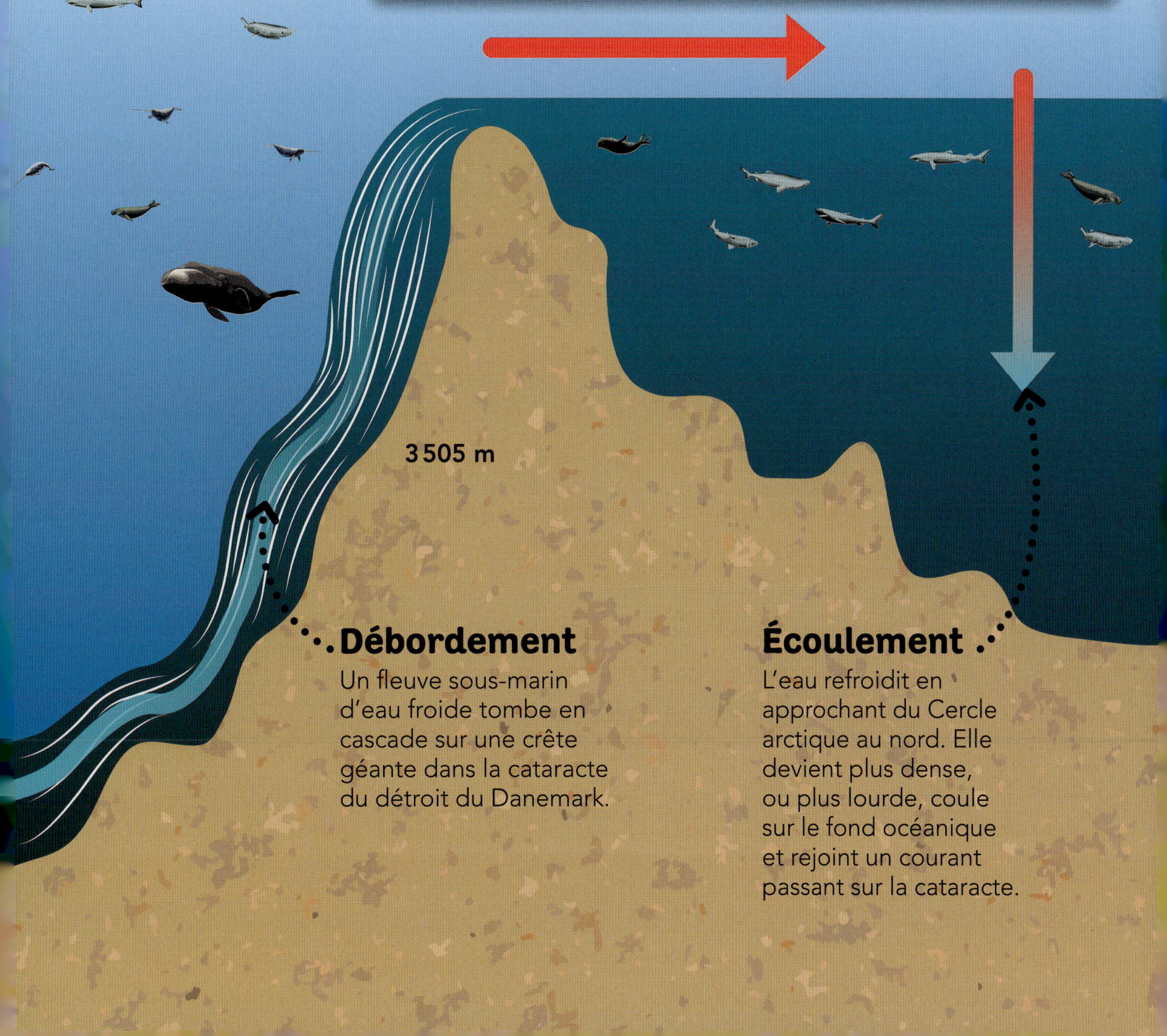

Débordement
Un fleuve sous-marin d'eau froide tombe en cascade sur une crête géante dans la cataracte du détroit du Danemark.

Écoulement
L'eau refroidit en approchant du Cercle arctique au nord. Elle devient plus dense, ou plus lourde, coule sur le fond océanique et rejoint un courant passant sur la cataracte.

Quelle est la taille d'un iceberg ?

La partie de l'iceberg visible au-dessus de l'eau n'est qu'une petite portion du tout. Un iceberg est un bloc de glace flottant qui s'est détaché d'un glacier ou d'un grand plateau de glace et qui peut faire la taille d'une montagne !

Quelle est la plus grosse masse de glace sur Terre ?

Nappe de glace

Celle de l'Antarctique est une couche de glace recouvrant le continent de l'Antarctique. C'est la plus grosse masse de glace sur Terre. Elle rejoint la rivière de glace lente Fisher du glacier Lambert.

Glace flottante

La plus grosse masse de glace flottante sur Terre est la barrière de Ross. Elle mesure plus de 800 000 km de large, ce qui équivaut environ à la même taille que la Californie, aux États-Unis !

Localisation

L'iceberg se détache d'un glacier du Groenland ou d'un plateau de glace en Antarctique. Il peut parcourir des centaines de kilomètres.

Taille

On appelle « iceberg » un bloc de glace de plus de 5 m de large. Les plus petits blocs de glace sont des fragments d'iceberg, ou bourguignons.

Masse sous-marine

Près de 90 % d'un iceberg est caché sous l'eau. C'est parce qu'il est trop lourd pour flotter entièrement à la surface. La glace est environ 10 % moins dense que l'eau.

Le plus gros iceberg jamais enregistré mesurait 295 km de large !

Quiz express

1. Quelle est la plus grande masse de glace sur Terre ?
2. Quelle masse d'un iceberg est située sous l'eau ?
3. Qu'est-ce qu'un bourguignon ?

Voir réponses pages 132-133.

Un glacier est-il aussi une râpe ?

Un glacier est une rivière de glace qui s'écoule très lentement. Il érode le sol et le sculpte comme le feraient les pointes tranchantes d'une râpe. Les plus gros glaciers se trouvent en Antarctique et au Groenland.

Cannelures

Quand les roches prisonnières du glacier raclent le sol, elles créent une cannelure. Comme une râpe dessinant des stries sur le fromage !

Formation

Rivière de glace qui se forme quand la neige s'accumule plus vite qu'elle ne fond. La neige se tasse et forme un bloc de glace.

Vitesse

Les glaciers s'écoulent à différentes vitesses : de 0,5 m à 30 m par jour.

Roches brisées

De petites roches ou de gros rochers sont parfois transportés par les glaciers. Ce sont des blocs erratiques.

Qu'abandonnent les glaciers en fondant ?

Eskers

Longues crêtes sinueuses de sable et de gravier issues de la fonte des glaciers.

Moraines

Dépôts de till (roche et sol) sur les bords d'un glacier qui fond.

Till

Sédiment issu de la fonte des glaciers. Il se compose de fine poussière et de petites roches.

? Quiz express

1. Qu'est-ce qu'un esker ?
2. Un glacier se déplace-t-il ?
3. Quel est le plus gros glacier sur Terre ?

Voir réponses pages 132-133 .

Qu'y a-t-il au fond de l'océan ?

Certaines parties de l'océan sont moins explorées que les zones proches de notre système solaire ! Mais certaines zones ont été atteintes par des robots ou des équipages humains. Que peuvent-elles bien cacher ?

? Quiz express

1. Comment s'appelle une montagne sous-marine ?
2. Comment appelle-t-on la zone la plus profonde de l'océan ?
3. Quelle roche compose le squelette du corail ?

Voir réponses pages 132-133.

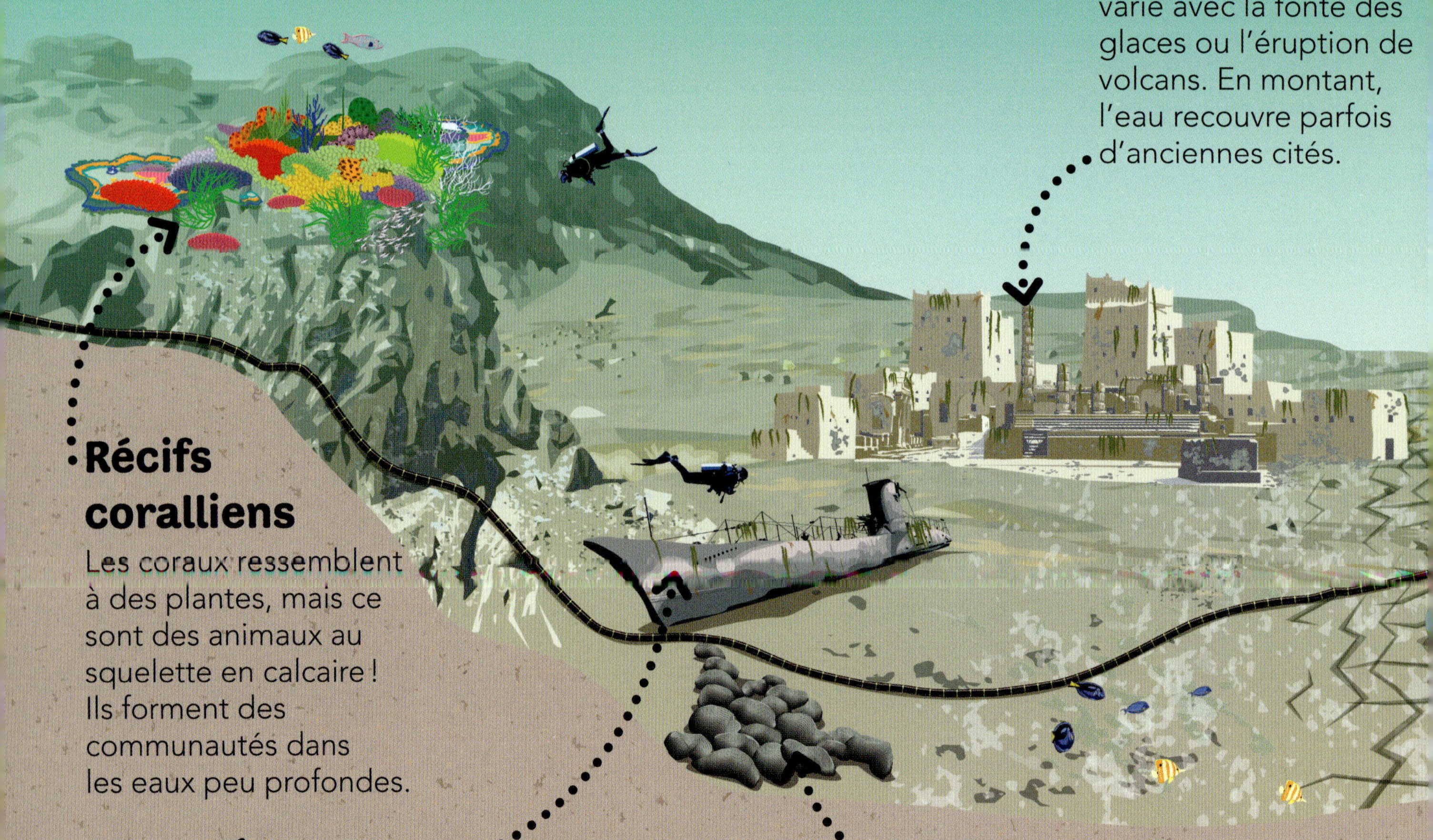

Cité engloutie

Le niveau de l'océan varie avec la fonte des glaces ou l'éruption de volcans. En montant, l'eau recouvre parfois d'anciennes cités.

Récifs coralliens

Les coraux ressemblent à des plantes, mais ce sont des animaux au squelette en calcaire ! Ils forment des communautés dans les eaux peu profondes.

Épaves

Les tempêtes ou la guerre peuvent faire couler des navires. Les créatures marines s'y logent souvent.

Coussins de basalte

On trouve des coussins de basalte sur le fond océanique. Cette roche est l'une des plus jeunes de la planète.

Le point le plus profond de l'océan est à 10 916 m, soit près d'un mont Everest et quart !

Les cinq océans

Une grande masse d'eau recouvre plus de 70 % de la surface de la Terre et comprend cinq océans. L'océan Atlantique, Pacifique, Indien, Arctique et Antarctique.

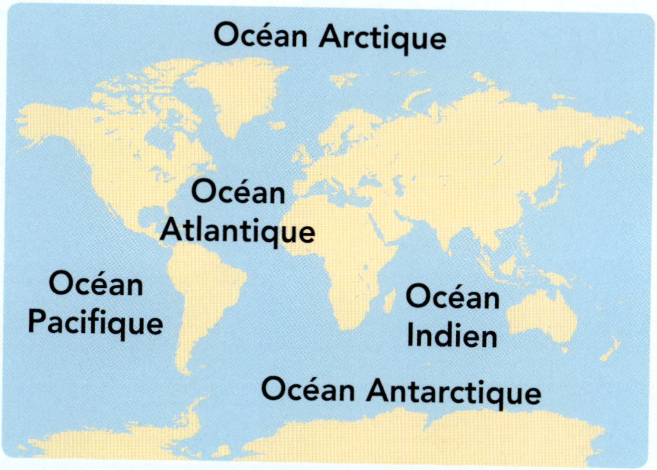

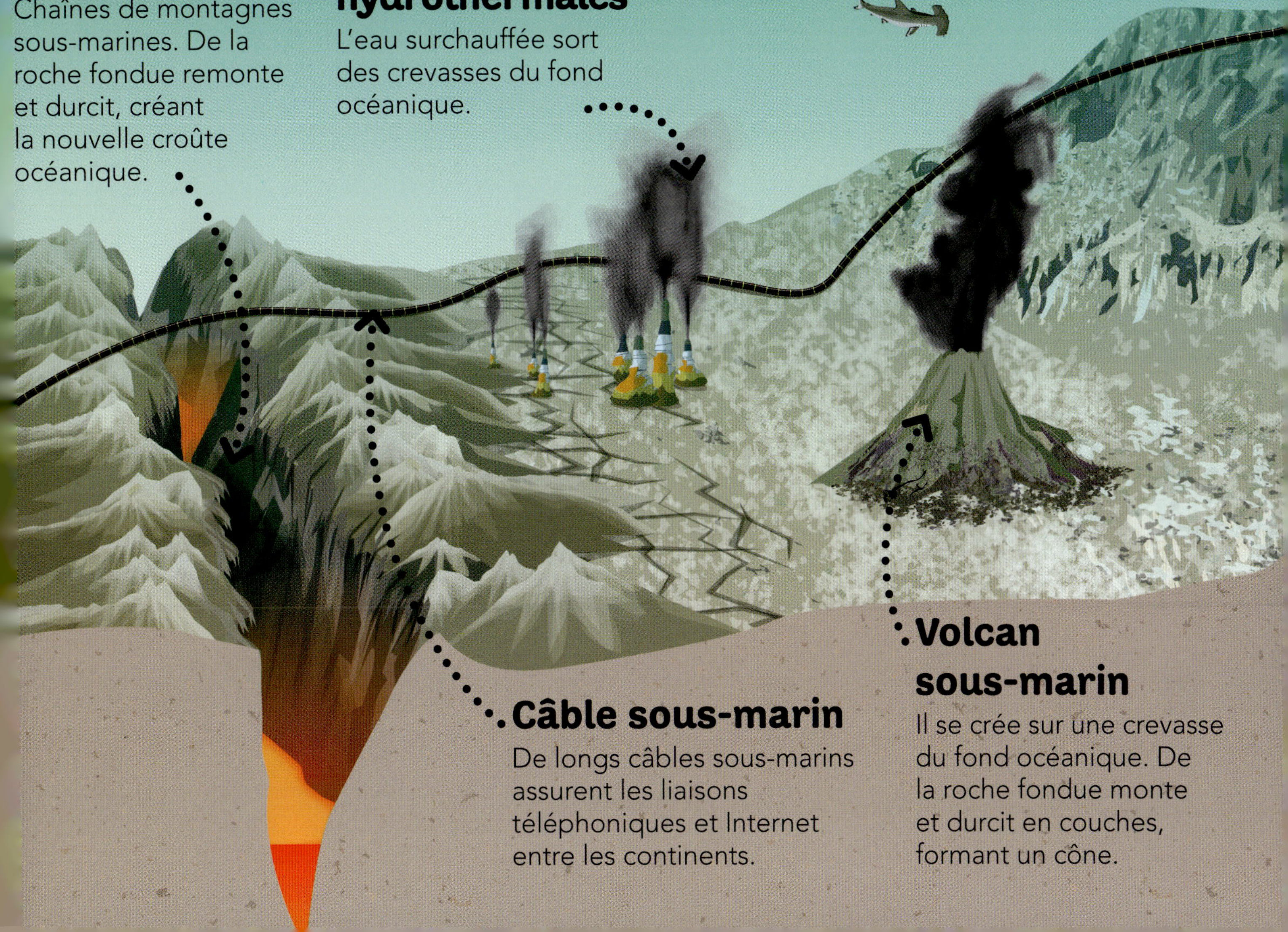

Dorsale océanique

Chaînes de montagnes sous-marines. De la roche fondue remonte et durcit, créant la nouvelle croûte océanique.

Cheminées hydrothermales

L'eau surchauffée sort des crevasses du fond océanique.

Câble sous-marin

De longs câbles sous-marins assurent les liaisons téléphoniques et Internet entre les continents.

Volcan sous-marin

Il se crée sur une crevasse du fond océanique. De la roche fondue monte et durcit en couches, formant un cône.

Où se trouve la zone crépusculaire ?

Sous la surface de l'océan, on trouve des zones (ou couches) d'eau. Plus elles sont profondes, plus elles sont sombres et froides. La zone crépusculaire est la deuxième couche. Chaque zone abrite des êtres différents.

Quiz express

1. Qu'appelle-t-on bioluminescence ?
2. Où vit l'hippocampe ?
3. Le calmar géant existe-t-il ?

Voir réponses pages 132-133.

Zone ensoleillée
De 0 à 200 m
Le soleil atteint les créatures de cette zone peu profonde.

Zone crépusculaire
De 200 à 1 000 m
Le soleil pénètre moins l'eau de cette zone, qui est donc plus sombre et plus froide que la zone au-dessus.

Comment se nourrir ?

Bioluminescence
Certains poissons produisent de la lumière avec leur corps : on appelle cela la bioluminescence.

Estomac extensible
D'autres poissons ont de grandes mâchoires et un estomac qui s'élargit pour manger plus gros qu'eux.

Zone de minuit

De 1 000 à 4 000 m
Zone sombre et froide où toute la lumière est absorbée par l'eau du dessus. Certains animaux produisent leur propre lumière.

Abysses

De 4 000 à 6 000 m
L'eau du dessus exerce une pression sur les poissons. Il y règne un froid glacial.

Zone hadale

Au-delà de 6 000 m
Peu de créatures y vivent en raison de l'obscurité totale et d'une forte pression de l'eau du dessus.

Dans l'air

Le temps varie autour du globe et change d'une saison à l'autre. La pluie et la foudre se forment dans les nuages qui flottent dans le ciel. Les vents puissants causent de terribles catastrophes, comme les microrafales, les ouragans et les tornades.

Y a-t-il de l'air dans l'espace ?

Dans l'atmosphère, l'air contient de petites particules de gaz. Tu en inspires des milliards à chaque fois. Plus tu t'éloignes de la Terre, moins ces particules sont présentes et plus elles sont éloignées pour créer de l'air : c'est l'espace.

Le vent solaire traverse l'espace depuis le Soleil. C'est un plasma (gaz chaud) qui rayonne d'énergie.

Quelle différence entre l'air et l'espace ?

Les particules de gaz sont plus proches dans l'air que dans l'espace. Nous inspirons de l'oxygène, un gaz qui compose environ 21 % de l'air.

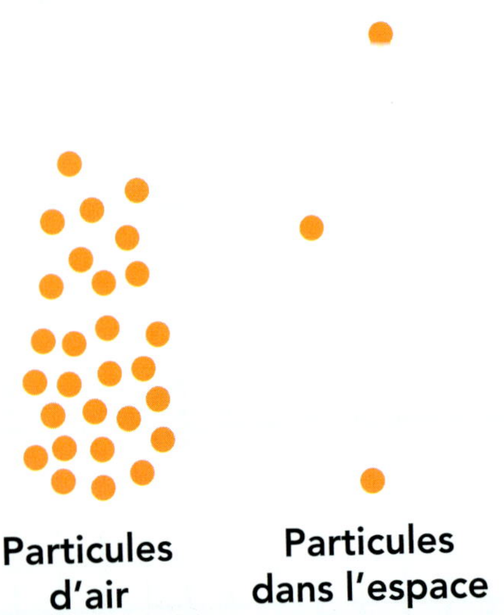

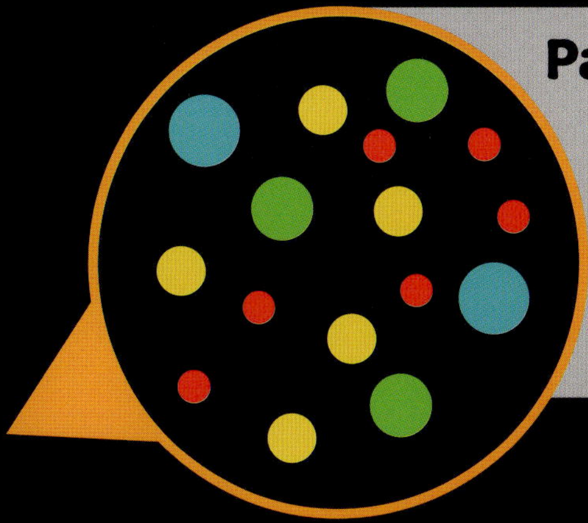

Particules de gaz

Elles sont si éloignées dans l'espace qu'elles forment un vide.

Drapeau au vent

On dirait que le vent souffle sur le drapeau, mais il est simplement tendu sur une tige en haut ! En effet, la Lune n'a pas d'atmosphère, comme l'espace.

Comment un engin spatial vole-t-il ?

Fusées actuelles

En brûlant du combustible dans la fusée, les gaz surchauffés se dilatent, ce qui la propulse.

Fusées du futur

Elles pourraient utiliser la lumière comme combustible et la convertir en énergie pour être propulsées.

? Quiz express

1. Qu'appelle-t-on vent solaire ?
   a) L'air soufflant dans l'espace
   b) Du plasma solaire
   c) Un engin spatial alimenté par le Soleil

2. Comment le drapeau flotte-t-il sur la Lune ?
   a) Il flotte au vent.
   b) L'astronaute l'agite.
   c) Il est suspendu à une tige.

Voir réponses pages 132-133.

Pourquoi le ciel a-t-il des couleurs ?

Le ciel peut passer du bleu au rouge en fonction de la lumière du soleil, composée de plusieurs couleurs. L'air décompose la lumière, ou la disperse, en différentes couleurs dans le ciel.

? Quiz express

1. Quelle couleur se disperse le plus facilement ?
2. Combien de couleurs a un arc-en-ciel ?
3. Quelle est la couleur d'un ciel poussiéreux ?

Voir réponses pages 132-133.

Ciel bleu

Un ciel bleu clair est la couleur normale de la lumière qui entre dans l'atmosphère. C'est parce que la lumière bleue est la plus facilement dispersée par l'air.

Ciel jaune

Lorsque le ciel est enfumé, brumeux ou poussiéreux, la lumière se disperse dans des tons orange jaunâtre.

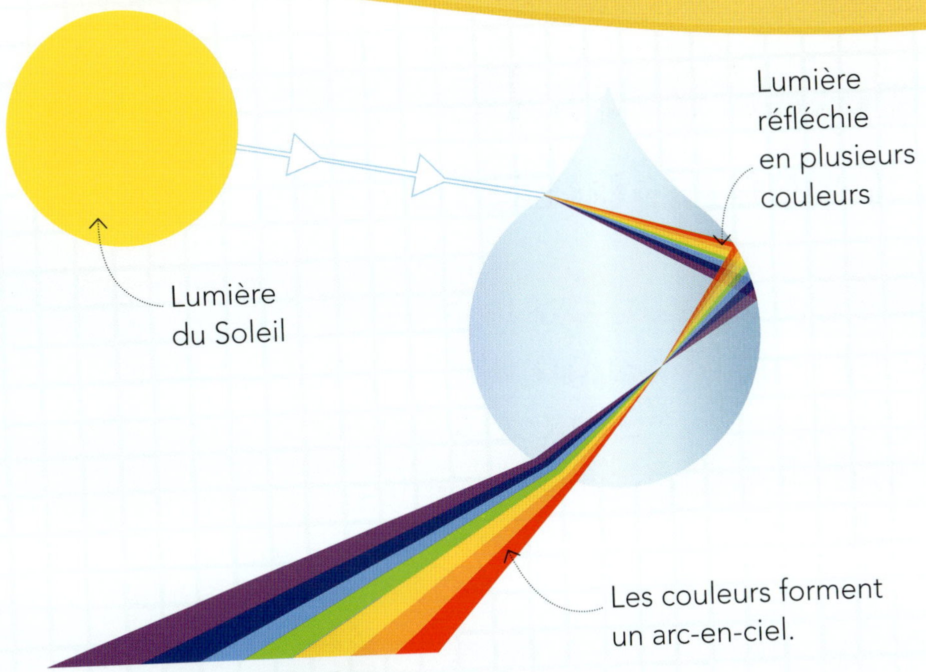

Lumière réfléchie à travers une goutte

Comment se forme un arc-en-ciel ?

La lumière du soleil contient les sept couleurs de l'arc-en-ciel. Quand il pleut, les gouttes d'eau dans l'air réfléchissent la lumière, qui éclate en plusieurs couleurs.

Coucher de soleil

Quand le soleil se couche, sa lumière doit traverser les bords de l'atmosphère et elle se disperse dans des tons éclatants de rouge, jaune et orange.

Pourquoi y a-t-il des saisons différentes ?

La Terre met un an pour orbiter (tourner) autour du Soleil. Entre-temps, l'énergie du Soleil nous réchauffe et nous éclaire. Mais la Terre est inclinée. Ses zones reçoivent plus ou moins d'énergie selon leur inclinaison par rapport au Soleil. C'est cette particularité qui crée les saisons.

Été

Pendant l'été, la moitié de la Terre est inclinée vers le Soleil. Il fait souvent chaud et les journées sont longues.

? Quiz express

1. Combien de jours la Terre met-elle pour orbiter autour du Soleil ?
2. Tous les animaux hibernent-ils ?
3. Les saisons ont-elles lieu au même moment sur Terre ?

Voir réponses pages 132-133.

Automne

L'automne arrive quand ta moitié de la Terre commence à s'incliner en s'éloignant du Soleil. Les feuilles changent de couleur.

Printemps

Le printemps débute quand la moitié de la Terre commence à s'incliner vers le Soleil. Le temps se réchauffe et les plantes fleurissent.

Hiver

Quand la moitié de la Terre est éloignée du Soleil, c'est l'hiver. Il fait froid et les journées sont courtes.

Comment les animaux ressentent-ils les saisons ?

Hibernation

Beaucoup d'animaux ne trouvent plus à manger pendant l'hiver. Ils dorment profondément, ou hibernent, jusqu'au printemps.

Migration

D'autres animaux s'en vont quand il commence à faire froid ! Certains oiseaux entreprennent de grandes traversées vers des contrées plus chaudes en hiver.

Pelage d'hiver

Le pelage de nombreux animaux devient plus épais et chaud en hiver. Le lièvre arctique devient blanc pour se cacher dans la neige !

Pourquoi y a-t-il des climats différents ?

Le Soleil n'atteint pas la Terre uniformément. Certains lieux reçoivent plus de chaleur que d'autres. Cela crée des zones chaudes ou froides, les zones de climat. D'autres phénomènes affectent les températures.

Boréal

Le climat boréal, ou la taïga, a de très longs hivers froids et de courts étés frais. Il se trouve généralement vers le haut de la Terre, comme au Canada ou en Sibérie, en Russie.

Tropical

Les tropiques sont au nord et au sud de l'équateur, dans la zone équatoriale. Régions chaudes, pouvant être très sèches ou humides.

Équateur

C'est la zone autour du centre de la Terre. Elle reçoit le plus de lumière directe et est l'une des zones les plus chaudes de notre planète.

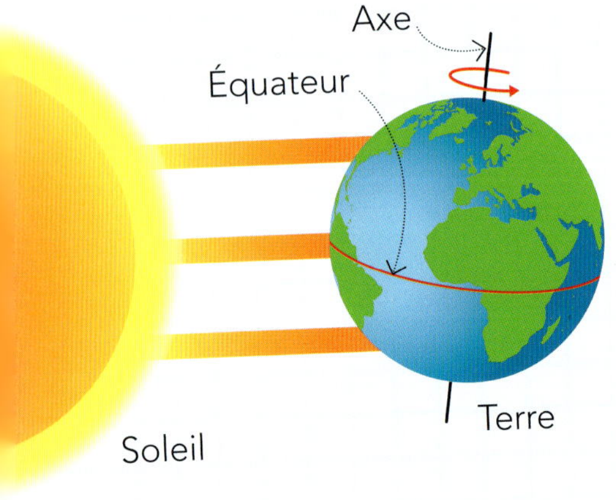

De montagne

Les endroits élevés, comme les montagnes, sont froids. L'air devient plus rare et froid en montant dans l'atmosphère.

Tempéré

Climat des régions situées entre les tropiques et les régions polaires. Les températures passent du chaud au froid selon les saisons.

Comment le Gulf Stream affecte-t-il le climat ?

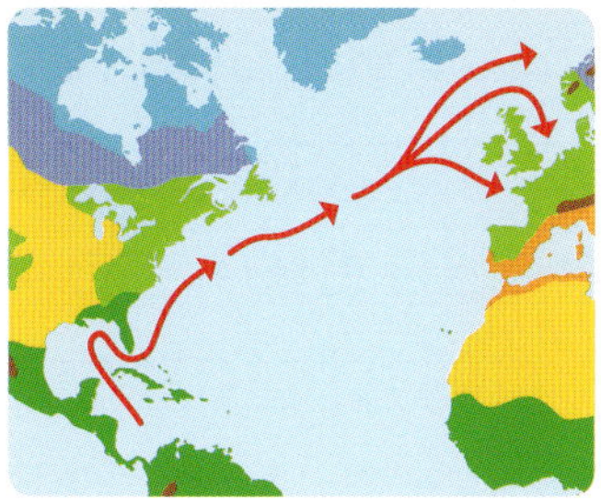

C'est un courant d'eau chaude qui circule dans l'océan Atlantique Nord. Il amène des eaux tropicales chaudes vers le nord.

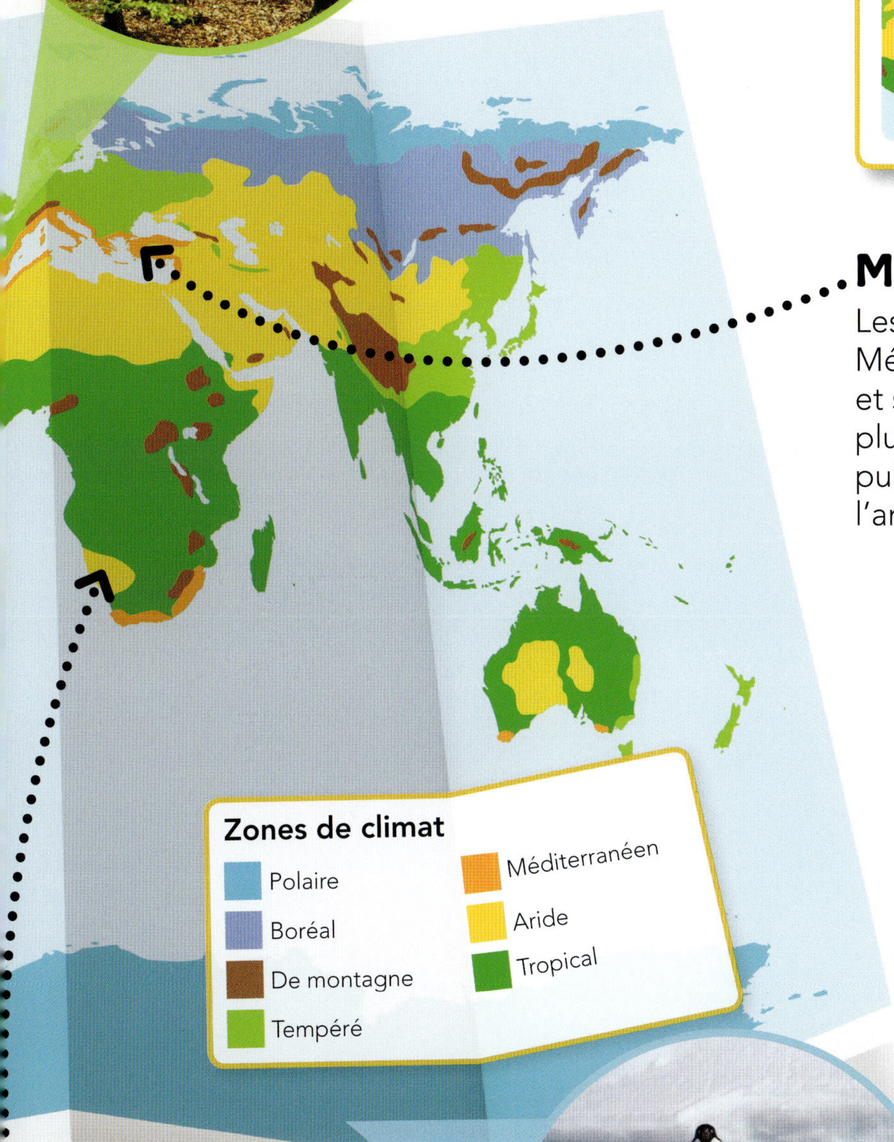

Méditerranéen

Les terres entourant la mer Méditerranée ont des étés chauds et secs et des hivers frais, souvent pluvieux. Il y fait rarement très froid, puisque la mer les réchauffe toute l'année.

? Quiz photo

Pourquoi le Kilimandjaro est-il glacial, puisqu'il est situé en Tanzanie, le long de l'équateur ?

Voir réponse pages 132-133.

Aride

Le climat aride, ou sec, correspond à des prairies ou des déserts où il pleut très peu. Dans un désert, il peut faire très chaud le jour et froid la nuit.

Polaire

Ces zones en haut et en bas de la Terre sont les plus froides. Elles reçoivent le moins de soleil sur la planète.

Pourquoi l'eau tombe-t-elle du ciel ?

Le Soleil chauffe l'eau liquide au sol : l'eau se transforme en gaz qui s'élève. En haut dans le ciel, ce gaz refroidit pour former des gouttelettes d'eau et des cristaux de glace qui retombent sur Terre quand ils sont trop lourds.

Qu'est-ce que l'évaporation ?

L'eau liquide devient un gaz, la vapeur d'eau, quand elle chauffe ou change de pression. C'est l'évaporation. Dans la nature, la chaleur du Soleil transforme l'eau en vapeur.

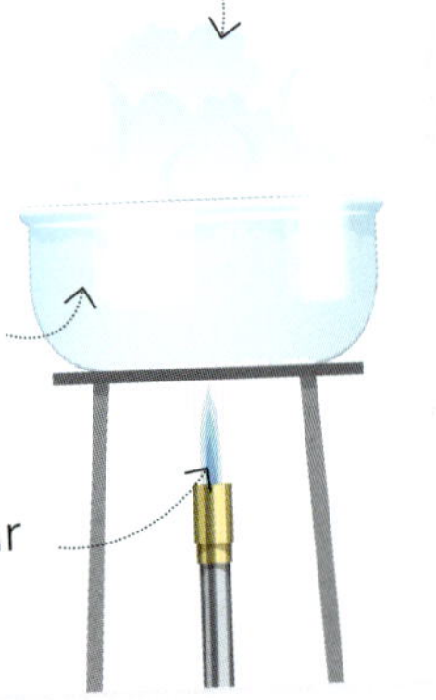

Vapeur d'eau

L'eau liquide devient du gaz à la chaleur du soleil ou quand le vent fait diminuer la pression de l'air. La vapeur d'eau intègre l'air.

Eau

La pluie remplit les sources d'eau, comme les rivières.

Étude de la pluie et de la neige

Les météorologues étudient le temps. Ils utilisent des radars pour analyser l'eau liquide et la glace dans les nuages, et ainsi prévoir les précipitations.

Nuages

En altitude, l'air est froid. La vapeur d'eau se condense, ou refroidit, et forme des gouttelettes d'eau, qui créent les nuages.

Pluie

Les gouttelettes d'eau dans les nuages grossissent à mesure qu'elles s'accumulent. Elles deviennent trop lourdes et tombent sous forme de pluie.

Il y a la même quantité d'eau sur Terre qu'il y a 3,8 milliards d'années, à la naissance des océans.

Quiz express

1. Quel processus transforme un liquide en gaz en le chauffant, sans qu'il bouille ?
2. Qu'est-ce que la vapeur d'eau ?
3. Comment s'appellent les scientifiques qui étudient le temps ?

Voir réponses pages 132-133.

Quels sont les différents nuages ?

Les nuages naissent quand la vapeur d'eau dans le ciel refroidit et se condense, ou se transforme en glace ou en gouttelettes d'eau. Gris ou blancs, ils ont différents noms et formes.

12 000 m

11 000 m

10 000 m

9 000 m

8 000 m

Cirrocumulus

Type de nuage cirrus, il forme des motifs rapprochés, souvent en filaments.

Cirrus

Fin et clairsemé, c'est le nuage le plus haut. Il est issu de fines couches de cristaux de glace.

Altostratus

Mélange d'eau liquide et de cristaux de glace, cette fine couche de nuage se trouve à moyenne altitude.

Pourquoi les nuages sont-ils différents ?

Structure

Le nuage est-il grand et agité ou fin et clairsemé ? Sa structure, ou composition, nous aide à prévoir le temps.

Altitude

La vitesse, la température et la force du vent changent selon l'altitude, ou hauteur, et modifient le nuage.

Précipitations

Un nuage transportant de l'eau qui tombe sous forme de neige, pluie ou grêle est différent.

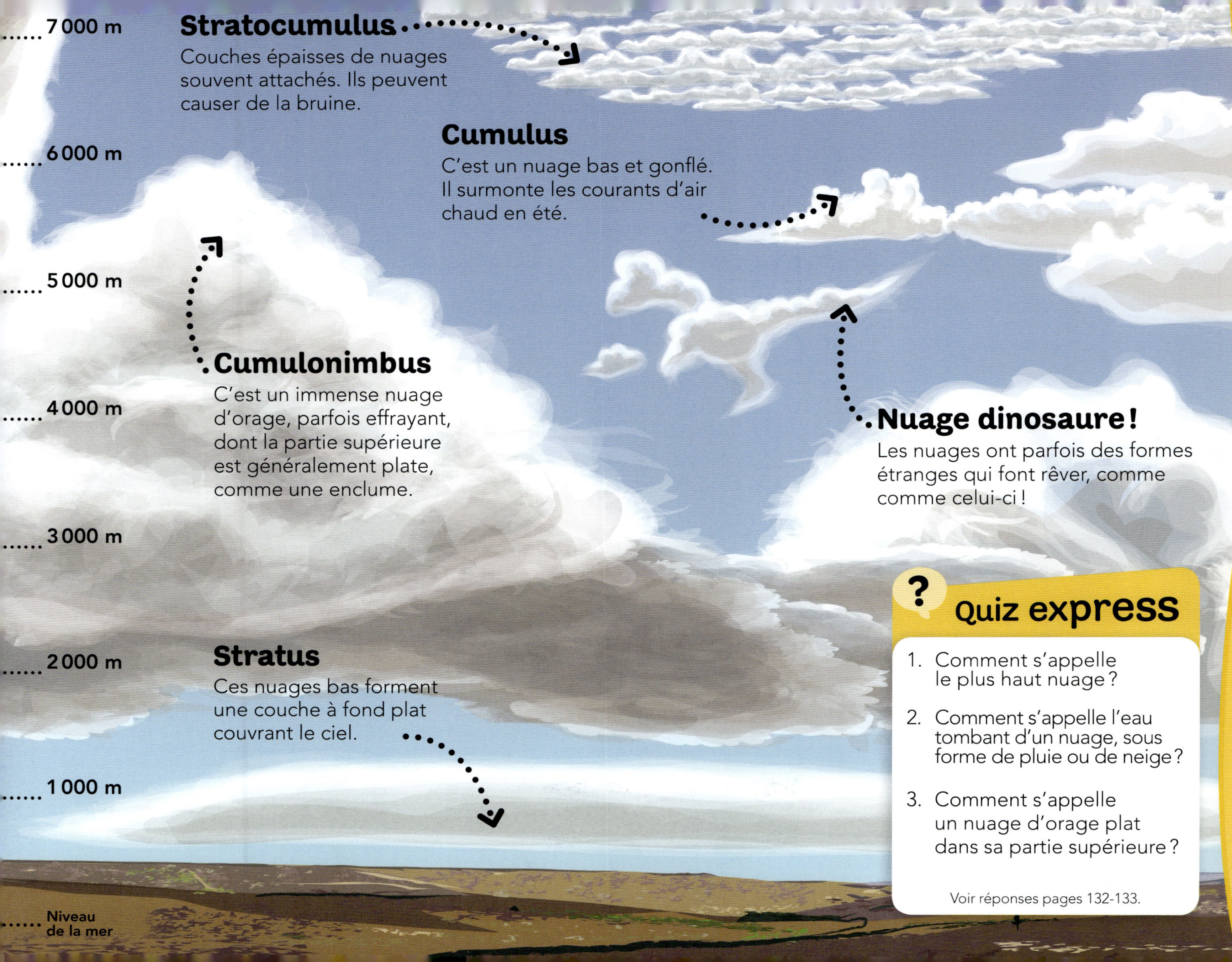

Stratocumulus

Couches épaisses de nuages souvent attachés. Ils peuvent causer de la bruine.

Cumulus

C'est un nuage bas et gonflé. Il surmonte les courants d'air chaud en été.

Cumulonimbus

C'est un immense nuage d'orage, parfois effrayant, dont la partie supérieure est généralement plate, comme une enclume.

Nuage dinosaure !

Les nuages ont parfois des formes étranges qui font rêver, comme comme celui-ci !

Stratus

Ces nuages bas forment une couche à fond plat couvrant le ciel.

? Quiz express

1. Comment s'appelle le plus haut nuage ?
2. Comment s'appelle l'eau tombant d'un nuage, sous forme de pluie ou de neige ?
3. Comment s'appelle un nuage d'orage plat dans sa partie supérieure ?

Voir réponses pages 132-133.

La foudre frappe-t-elle toujours le point le plus haut ?

La foudre est une charge électrique se formant dans les nuages d'orage. Le toit des grands bâtiments est proche des nuages, où il y a beaucoup d'électricité. La foudre peut les frapper, mais pas forcément !

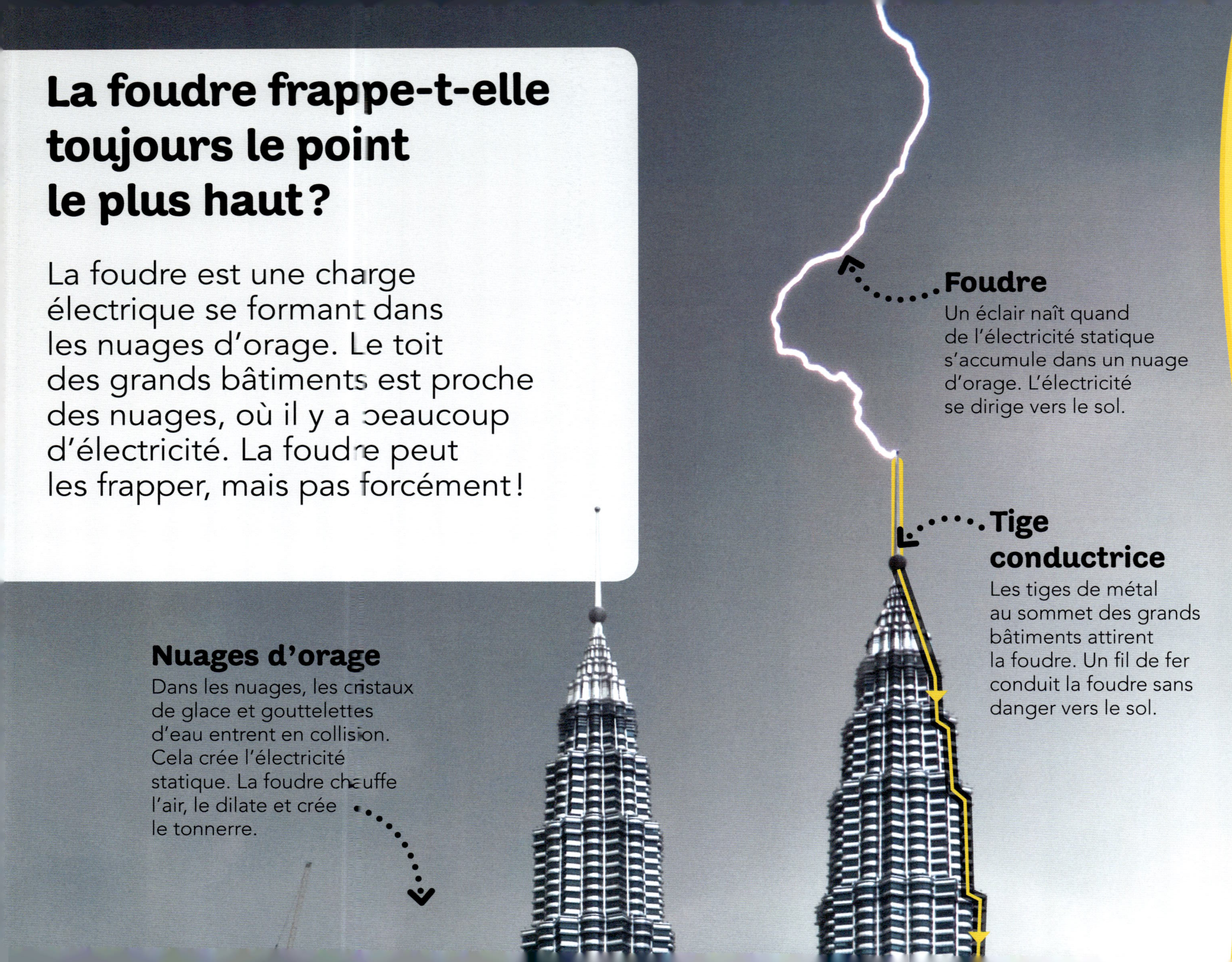

Comment la foudre transforme-t-elle la roche ?

Quand la foudre frappe des grains de sable, ils fondent en donnant du verre et de très belles formes qu'on appelle des fulgurites.

Vrai ou faux ?

1. La foudre peut frapper partout.
2. Le tonnerre est le son de l'air chauffé par la foudre.
3. La foudre provient de l'électricité statique accumulée.

Voir réponses pages 132-133.

Mise à la terre
La foudre est acheminée vers une tige au sol, ce qui l'empêche d'endommager le bâtiment.

Peut-on faire pleuvoir ?

L'ensemencement des nuages est une technique pour transformer les gouttelettes d'eau et cristaux de glace en pluie ou en neige. Elle est parfois utilisée pour augmenter les chutes de neige. Mais des scientifiques ont des doutes sur son efficacité.

Ensemenceur aérien

Les avions transportent des machines injectant des produits chimiques dans les nuages. Mais ils peuvent nuire à l'environnement.

Le sel de table ensemence les nuages et rassemble les gouttelettes d'eau en gouttes de pluie.

Qu'est-ce qu'une microrafale ?

C'est un grand courant d'air naturel descendant dû au refroidissement soudain de l'air dans la haute atmosphère. Les coups de vent peuvent endommager les avions.

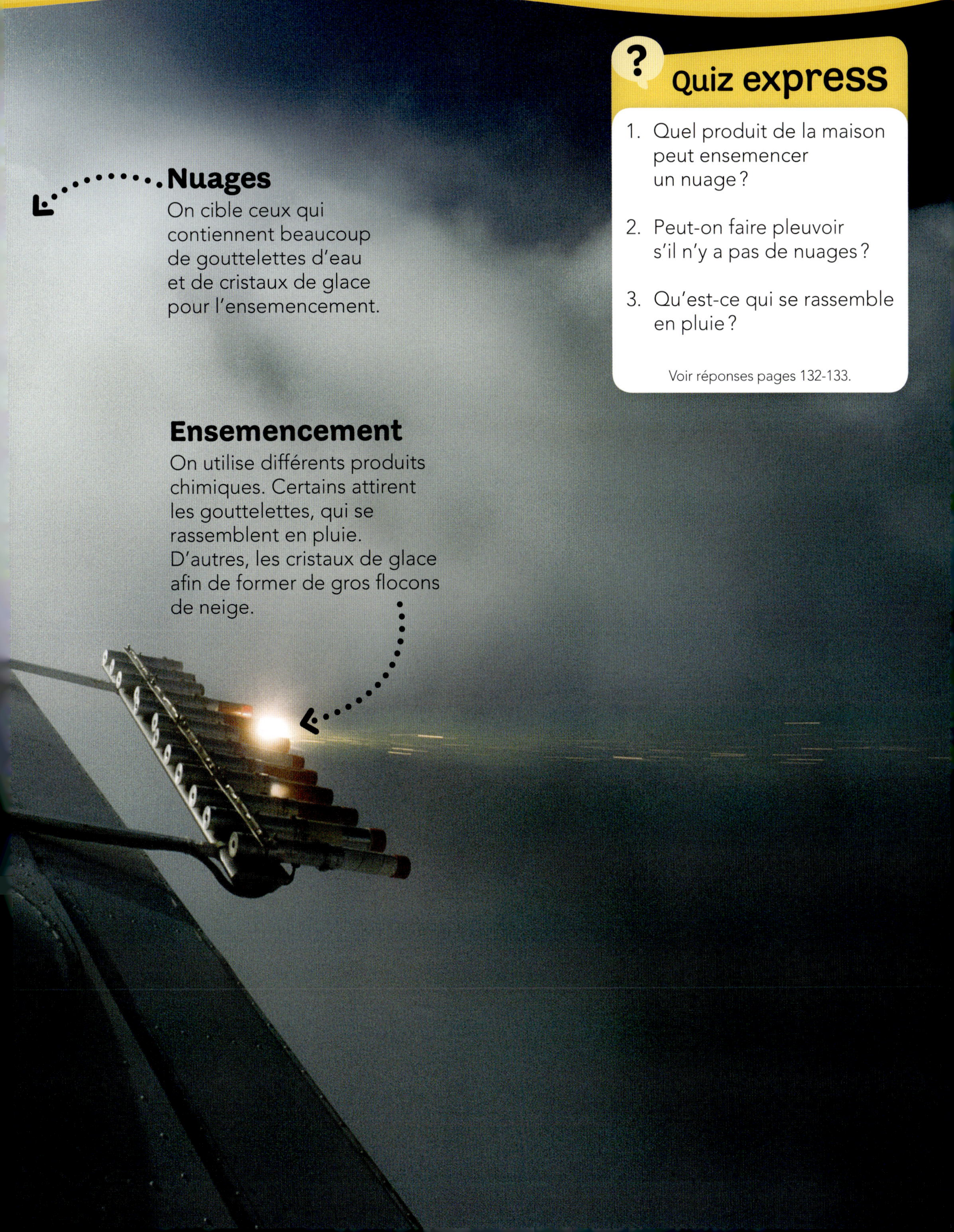

Nuages

On cible ceux qui contiennent beaucoup de gouttelettes d'eau et de cristaux de glace pour l'ensemencement.

Ensemencement

On utilise différents produits chimiques. Certains attirent les gouttelettes, qui se rassemblent en pluie. D'autres, les cristaux de glace afin de former de gros flocons de neige.

Quiz express

1. Quel produit de la maison peut ensemencer un nuage ?
2. Peut-on faire pleuvoir s'il n'y a pas de nuages ?
3. Qu'est-ce qui se rassemble en pluie ?

Voir réponses pages 132-133.

Comment se forme une tornade ?

Une tornade est une colonne d'air qui peut tourner à plus de 482 km/h ! L'air situé en dessous de certains orages peut commencer à s'élever et tourner pour former un mésocyclone. Si un flux d'air descendant se forme près du mésocyclone, une tornade peut naître.

Tornade
Un courant d'air descendant peut se former près de l'air qui monte. Quand cela arrive, une tornade se forme souvent.

Comment mesure-t-on la puissance d'une tornade ?

Aux États-Unis, on classe les tornades de zéro à cinq sur l'échelle de Fujita améliorée (EF).

Tornade EF-0
C'est la plus faible, causant le moins de dégâts. Sa vitesse de vent est la plus faible de toutes les tornades.

Tornade EF-5
C'est la plus puissante. Elle peut faire 1,6 km de large et tout détruire sur son passage.

Air en rotation

Une tornade se forme sous un nuage-origine d'orage. L'air qui monte commence à tourner bien au-dessus du sol.

Base poussiéreuse

La tornade aspire la poussière, les débris et d'autres objets sur son passage : elle devient donc marron ou grise.

Quiz express

1. Quelle échelle mesure la puissance des tornades ?
2. Sous quel type de nuage d'orage peut se former une tornade ?
3. Comment s'appelle le centre d'un ouragan ?

Voir réponses pages 132-133.

Qu'est-ce qu'un ouragan ?

L'ouragan, ou cyclone tropical, est un nuage d'orage qui se forme et tourne au-dessus de l'océan. S'il atteint la terre, il peut causer d'énormes dégâts.

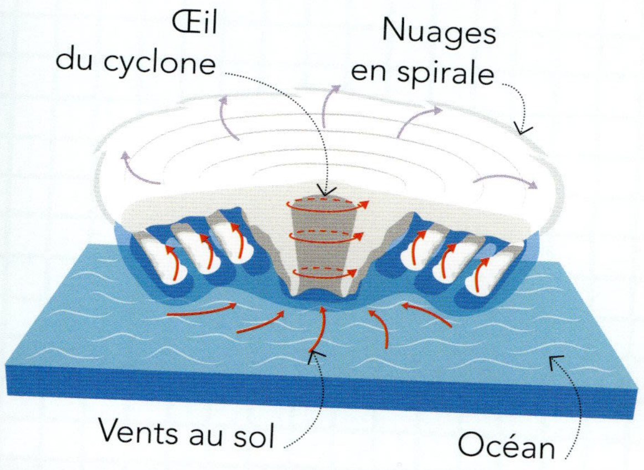

Vivre sur Terre

La population sur Terre n'a cessé de croître à travers les siècles. Notre planète nous offre de l'eau, de la nourriture, de l'air à respirer et du carburant pour l'énergie. Nous avons beaucoup changé son aspect et devons veiller sur elle.

Combien sommes-nous sur Terre ?

Au dernier recensement, nous étions plus de 7,5 milliards. Si nous nous alignions tous les uns à côté des autres, en restant debout, nous ferions plus de 88 fois le tour de la Terre ! Notre devoir est de veiller à ce qu'il y ait assez de ressources, comme la nourriture et l'eau, pour chacun.

Surpopulation

La population mondiale augmente. Il n'y a assez de ressources naturelles que pour 10 milliards d'habitants.

Quelles ressources naturelles sont indispensables à notre survie ?

Nourriture

Cultivée dans des fermes, puis transportée en magasin. On cherche d'autres techniques en cas de manque d'espace pour cultiver.

Eau

L'eau potable est rare dans les zones sans lacs ou fleuves. On ne peut pas la créer : il faut donc la partager.

Tokyo

La capitale du Japon est l'une des plus grandes villes du monde, avec près de 15 000 habitants par kilomètre carré.

Population mondiale

Chaque pays a une population de taille différente. Certaines augmentent rapidement. D'autres au contraire, comme au Japon, diminuent.

Population mondiale par continent

Légende

Très peuplé — Peu peuplé

Quiz express

1. Combien de personnes les ressources naturelles peuvent-elles nourrir ?
2. La population mondiale augmente-t-elle ?
3. Quelle est la capitale du Japon ?

Voir réponses pages 132-133.

Comment les pays sont-ils nés ?

Depuis toujours, les humains vivent en tribu. Avec le temps, ces groupes se sont agrandis et mélangés. Les gens sont partis ailleurs et ont développé leur propre culture et leur façon de se gouverner, formant ainsi des pays.

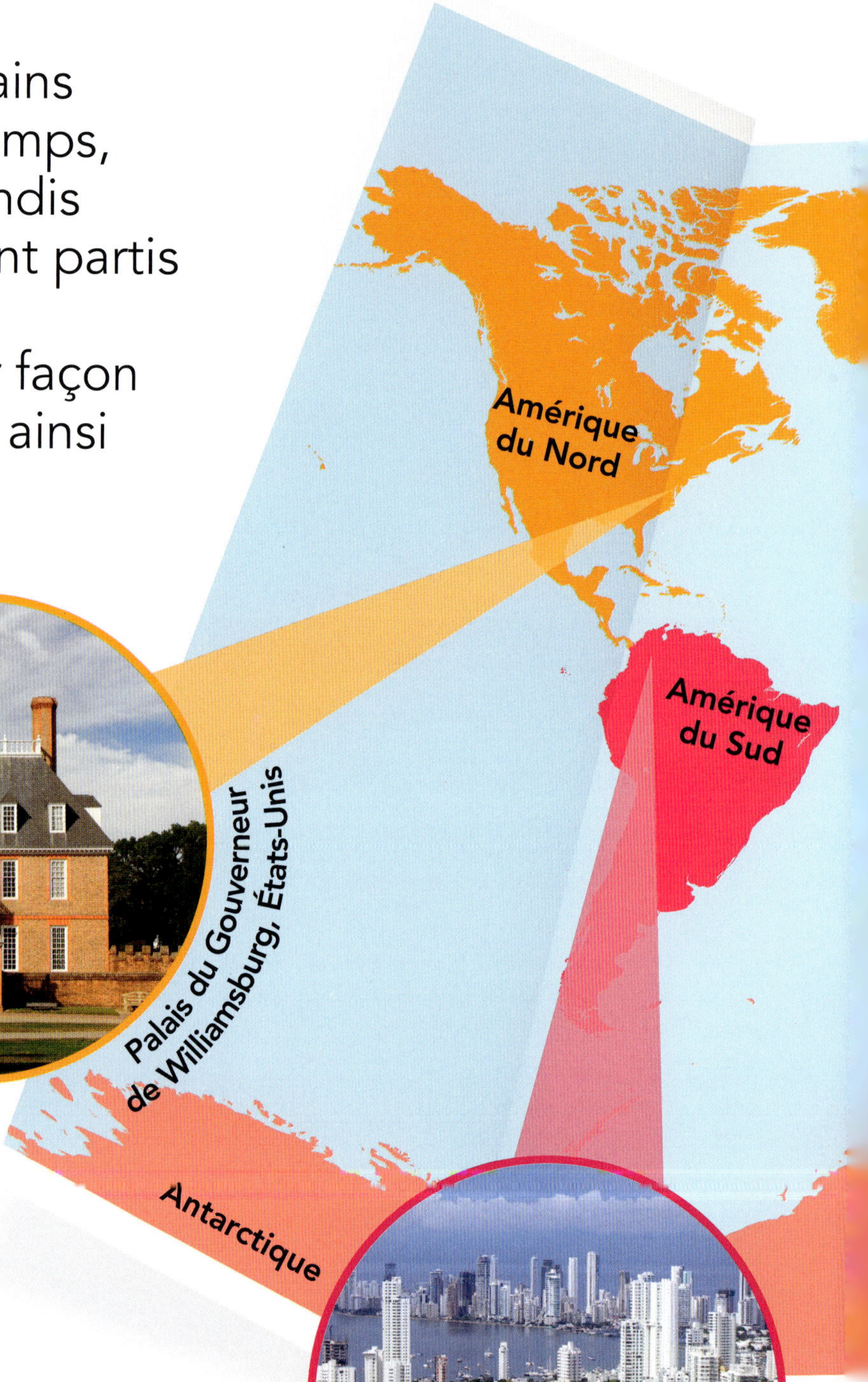

Colonies

Les gens ont toujours voyagé d'un pays à l'autre. Ils revendiquaient parfois de nouvelles terres, mais ils les volaient souvent à des gens qui y vivaient déjà.

Palais du Gouverneur de Williamsburg, États-Unis

Quiz express

1. Quel est le plus vieux pays du monde ?
2. Quelle chaîne de montagnes sépare la France de l'Espagne ?
3. Quel pays contrôlait près d'un quart du monde au 20e siècle ?

Voir réponses pages 132-133.

Exploration

Les premiers hommes ont exploré la planète par la mer et la terre. L'Amérique du Sud était déjà peuplée il y a plus de 15 000 ans.

Carthagène, Colombie

Terres conquises

Des guerres ont éclaté pour s'emparer des terres ou des ressources d'autres pays. Au début du 20e siècle, la Grande-Bretagne contrôlait un quart du monde.

Pyrénées, France

Frontières naturelles

Les reliefs, comme les montagnes, les déserts, les fleuves et les mers, peuvent séparer des cultures différentes. Ils servent souvent de frontières entre les pays.

Fermes le long du Nil, Égypte

Agriculture

Les premiers hommes vivaient en groupes pour la nourriture. L'agriculture leur a permis de rester au même endroit, sans devoir se déplacer.

Pays insulaires

Une île, isolée par la mer, devient souvent un pays. L'Australie et la Nouvelle-Zélande sont des pays insulaires.

Qu'est-ce qui rend un pays unique ?

Langues

Elles permettent aux humains de communiquer. Elles évoluent au fil du temps avec l'invention de nouveaux mots.

Religions

Elles sont fondées sur des croyances qui réunissent les gens. Un pays peut avoir une religion principale ou plusieurs religions.

Culture

On appelle culture l'art, les croyances, la langue et les traditions d'un peuple. Elle rend chaque pays unique.

Qu'avons-nous fait à la Terre ?

Les humains ont à jamais changé la surface de la Terre. Nous utilisons beaucoup de ressources naturelles, façonnons les terres et bâtissons de grandes villes.

? Quiz photo

Quelle est cette ancienne créature chassée jusqu'à l'extinction par les humains ?

Voir réponse pages 132-133.

Lac de barrage

Le barrage O'Shaughnessy en Californie, aux États-Unis, a créé le réservoir Hetch Hetchy qui a inondé toute une vallée.

Vallée fluviale

Endiguer un fleuve change radicalement le paysage. Le lac créé derrière un barrage inonde le sol et recouvre les arbres.

Comment transformons-nous encore la Terre ?

Agriculture

Nous avons construit beaucoup de fermes pour élever des animaux et cultiver des aliments. On défriche souvent les forêts pour faire de la place aux fermes et on détourne les fleuves pour arroser les cultures.

Déforestation

On abat les forêts pour faire de la place aux fermes et aux villes. Le bois sert de combustible ou de matériau de construction. Sans arbres, le sol s'érode et la terre se transforme en désert.

Plus de 83 % des terres de la planète ont été modifiées par les humains.

Ville moderne

Une ville produit beaucoup de déchets. Les gratte-ciel changent l'horizon, comme ceux de Panamá, au Panamá.

Ville tentaculaire

On construit des fermes pour l'agriculture, on modifie le cours des fleuves pour fournir de l'eau et on abat les forêts pour faire de la place aux maisons.

Avant

Après

Qu'est-ce qu'une ville ?

Une ville est un lieu où de grands groupes d'humains vivent côte à côte. Ils ont souvent accès à des services communs (hôpitaux, écoles et magasins).

Instruction

La mairie se charge de l'école primaire. Les universités assurent l'instruction des étudiants plus âgés.

Religion

Les endroits où les gens pratiquent leur religion, tels que les églises, ont toujours été importants.

Magasins

Les villes sont nées avec le commerce. Une ville moderne a des magasins vendant des marchandises de toutes sortes.

Berlin, Allemagne

Quelle hauteur peut atteindre un bâtiment ?

Actuellement en construction en Arabie Saoudite, la tour Jeddah ouvrira en 2020. Elle sera le bâtiment le plus haut du monde (plus de 1 000 m de haut).

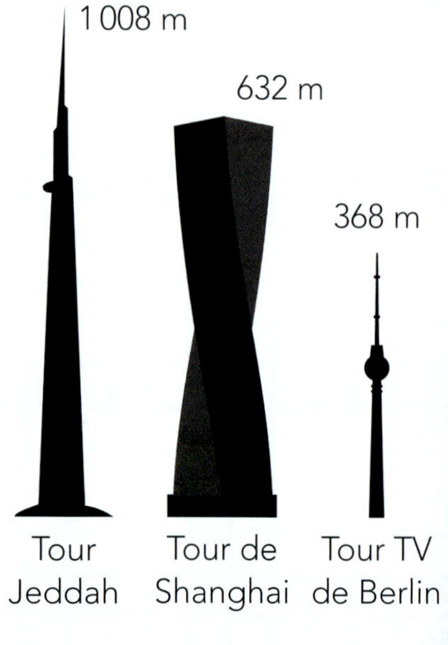

Santé et sécurité

Les hôpitaux offrent des services de santé aux gens. Les ambulances filent dans le ciel et sur terre pour emmener les gens à l'hôpital.

Tour TV de Berlin

Transports publics

Plusieurs transports, comme les bus, vélos de location, métros et tramways, permettent aux gens de se déplacer facilement dans la ville.

Mairie

Le maire administre la ville. Sa mission consiste à assurer la sécurité des citadins et leur permettre une vie agréable.

Comment les villes sont-elles nées ?

Il y a plus de 10 000 ans, elles se sont développées à partir de villages, probablement formés afin que les humains soient mieux protégés et puissent commercer ou échanger des marchandises.

Quiz photo

Selon la légende, quels jumeaux bâtirent la ville de Rome en Italie ?

Voir réponse pages 132-133.

Comment nourrir tout le monde?

Pour nourrir les milliards d'habitants de notre planète, il faut beaucoup de nourriture ! Des milliards de gens dépendent du blé pour faire du pain et des pâtes, ou bien du riz. Il faut le climat et le sol adaptés pour les cultiver, puis ils sont envoyés dans le monde.

Blé

On sépare les grains des tiges. Le grain est stocké dans des bâtiments, les silos, pour le protéger des insectes et de la pluie.

Céréales

Le blé, le maïs, le soja et le riz sont des céréales cultivées dans plusieurs régions du monde. Elles sont la base de l'alimentation.

Maïs

Graine de soja

Riz

Moissonneuse-batteuse

Les machines épargnent beaucoup de travail. La moissonneuse-batteuse récolte bien plus de blé que les paysans à la main.

Quiz express

1. Avec quelle céréale fait-on le pain ?
2. Quelle machine sert à récolter le blé ?
3. Quel est l'autre nom de l'élevage d'animaux ?

Voir réponses pages 132-133.

La Chine, l'Inde, la Russie et les États-Unis sont les plus gros producteurs de céréales.

Champ de blé

On trouve de vastes champs de blé dans le Kansas, aux États-Unis. Le blé sert à faire de la farine pour les pâtes, le pain et les gâteaux.

Autres sources de nourriture

Pêche

Source majeure de nourriture pour les régions en bord d'eau. On élève les poissons, crevettes et autres produits de la mer dans les océans, les lacs et les fleuves.

Élevage d'animaux

La zootechnie est l'élevage d'animaux pour les stocks alimentaires. Les vaches, cochons et poules sont élevés pour leur viande.

Cueillette

Les premiers hommes cueillaient des baies et des fruits dans la nature. Cela se fait encore de nos jours.

Comment retrouve-t-on sa route ?

Pour nous orienter dans un lieu inconnu, nous devons connaître notre emplacement et les alentours. Une carte décrit la zone autour de nous. Les images correspondent aux éléments réels sur notre route.

Routes

Une ligne noire ou blanche indique en général une route. Plus elle est épaisse, plus la route est grande.

Rivières

Une ligne bleue indique un cours d'eau. Si tu dois aller près d'une ligne bleue, cherche une rivière !

Boussole

Une boussole indique la direction prise (nord, est, sud ou ouest). La flèche nord est orientée vers le pôle Nord magnétique de la Terre.

Relief

La forme d'un paysage est son relief. Une ligne courbe, appelée courbe de niveau, indique une colline.

Couleurs

Les couleurs correspondent souvent aux éléments qu'elles indiquent. Si tu es près d'une zone herbeuse, cherche du vert !

Longitude et latitude

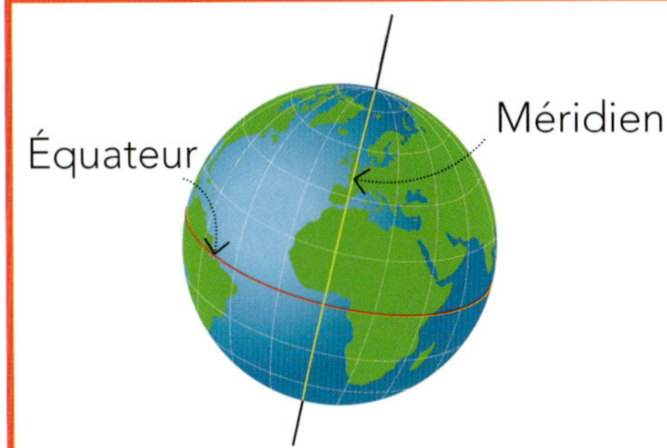

La latitude est la distance qui te sépare (au nord ou au sud) de l'équateur.
La longitude est la distance qui te sépare (à l'est ou à l'ouest) du méridien de l'Europe (méridien de Greenwich).

Symboles

Des images, ou symboles, indiquent les éléments importants. Par exemple, une gare peut être indiquée par un train.

Repères

Chaque lieu a ses places ou repères. Une carte les indique pour que tu puisses les retrouver facilement.

? Vrai ou faux ?

1. Le méridien d'origine traverse l'Europe.
2. Le nord est la direction allant vers le bas de la Terre.
3. Un relief est indiqué par un train.

Voir réponses pages 132-133.

Déchets
L'eau de pluie transporte du plastique des décharges aux fleuves, qui se jettent dans les océans.

On pense que d'ici 2050, il y aura plus de plastique que de poissons dans les océans !

L'océan contient-il du plastique ?

Des millions de tonnes de plastique finissent dans nos océans chaque année. Ces déchets proviennent des emballages alimentaires. Nous pouvons réduire cette quantité en utilisant moins d'articles en plastique ou en les recyclant.

Pollution
On utilise le plastique pour tout, des pièces d'avion aux emballages alimentaires. Beaucoup de plastique finit dans les océans.

Microplastiques

Dans l'océan, le plastique se décompose en de plus petits morceaux. L'eau de mer en contient des milliards.

Plastique nocif pour les océans

Animaux sauvages

Ils peuvent se prendre dans du plastique. L'animal est alors incapable de se nourrir ou d'échapper à ses prédateurs.

Nourriture plastique

Un poisson peut avaler des microplastiques (petits morceaux de plastique). Ce plastique est nocif pour les hommes qui mangent ce poisson.

Grande plaque de déchets

On trouve une grande plaque de plastique dans l'océan Pacifique. Elle fait trois fois la superficie de la France et contient près de 80 000 tonnes de déchets flottants !

Les déchets sont entraînés par des courants tournants (tourbillons).

? Quiz express

1. Combien pèse le plastique de la grande plaque de déchets ?
2. Quel nom un courant océanique tournant porte-t-il ?

Voir réponses pages 132-133.

Que recycle-t-on ?

Recycler, c'est transformer en un nouvel objet. De nombreux matériaux naturels que l'on utilise s'épuiseront un jour. Recycler des objets que nous fabriquons, c'est éviter le gaspillage. Mais comment cela se passe-t-il ?

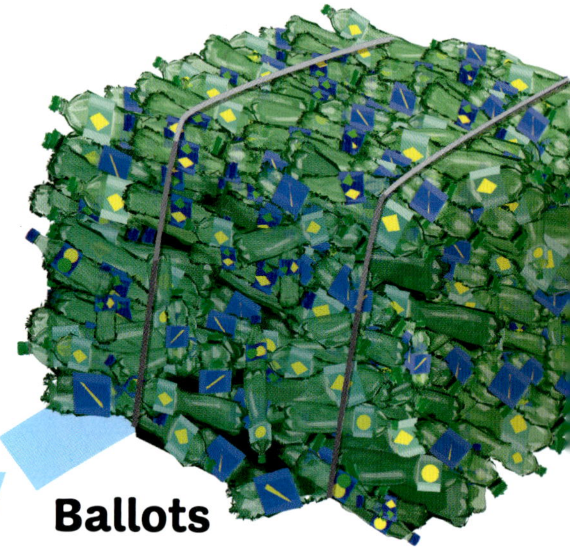

Ballots

On écrase le plastique et on en fait des blocs, les ballots.

Tri

Les matériaux recyclables doivent d'abord être triés selon leur type. Le plastique, le verre et le carton sont tous recyclés séparément.

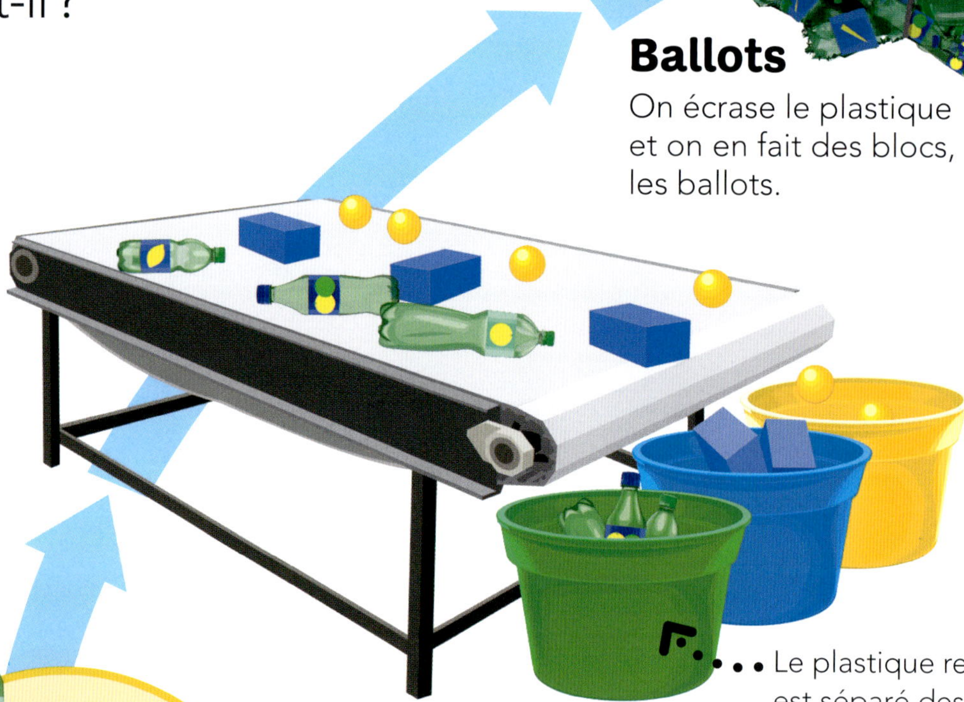

Le plastique recyclable est séparé des autres types de recyclage.

Certains plastiques (pas tous) peuvent être recyclés.

Boulettes de PET

Elles peuvent être fondues et versées dans des moules pour créer de nouveaux objets.

Bouteille plastique

Une bouteille en plastique contient souvent un matériau, du polytéréphtalate d'éthylène (ou PET), qui peut être réutilisé.

Flocons

Les ballots sont coupés en petits flocons de plastique.

Le PET fondu durcit en bloc qui est découpé en boulettes.

Nettoyage

L'eau sépare le PET des parties de la bouteille non recyclables. Le PET, lourd, coule. Les étiquettes et autres morceaux non recyclables flottent à la surface.

Fonte et découpage

Les flocons de PET sont fondus. Le plastique liquide durcit en un bloc, qui est coupé en boulettes.

? Vrai ou faux ?

1. On peut recycler tous les matériaux.
2. Les matériaux recyclables doivent être triés par type.
3. Le PET est un matériau recyclable du plastique.

Voir réponses pages 132-133.

Que peut-on recycler d'autre ?

Papier

Il est broyé, dissout dans de l'eau, puis chauffé. Ce mélange est filtré, puis étalé pour faire du nouveau papier.

Métal

Le métal recyclable est nettoyé, puis fondu. On verse ensuite le métal liquide dans des moules en forme de barres. Il refroidit et durcit. Il sera réutilisé pour fabriquer de nouveaux objets.

Que provoque la sécheresse ?

La sécheresse est une longue période sans pluie. Elle peut causer des dommages aux plantes, aux animaux comme aux humains. Fréquente dans les zones sèches, elle peut durer plusieurs années.

Feu de forêt

Le vent sec alimente ces feux qui se propagent vite à travers les arbres desséchés des forêts.

Il n'a pas plu pendant 14 ans à Arica, au Chili, entre 1903 et 1918 !

Tempête de poussière

La pluie tasse le sol et l'empêche de s'envoler. Sans elle, le sol devient de la poussière que le vent souffle en grands nuages.

Terre aride

Sans l'humidité de la pluie, le sol se fissure et durcit au soleil. La terre devient un désert aride presque sans vie.

Mauvaise récolte

Toutes les plantes ont besoin d'eau pour se développer. Lors d'une sécheresse, les sources d'eau s'épuisent, car elles ne sont pas remplies. Les agriculteurs ne peuvent donc pas sauver leurs récoltes.

Tourbillon de poussière

L'air s'élevant rapidement depuis la terre desséchée, chauffée par le Soleil, ramasse la poussière. Il forme des mini-cyclones : les tourbillons de poussière.

? Quiz express

1. Qu'était le Dust Bowl ?
   a) Une trombe de poussière
   b) Une sécheresse en Australie
   c) Une vague de sécheresse aux États-Unis dans les années 1930

2. Qu'est-ce qu'un tourbillon de poussière ?
   a) Une espèce de coyote
   b) Un mini-cyclone
   c) La fumée d'un feu de forêt

Voir réponses pages 132-133.

Comment économiser l'eau pendant la sécheresse ?

Douche plus courte
Une douche moyenne utilise la même quantité d'eau que 270 verres !

Moins d'élevage
Une vache boit 20 fois plus d'eau que nous. Si nous élevions moins de vaches, nous économiserions beaucoup d'eau.

La Terre se réchauffe-t-elle ?

Son climat change naturellement au fil du temps. La planète a autrefois été plus chaude ou plus froide. Notre période est relativement froide, mais nos activités font hausser les températures.

Il y a 56 millions d'années

La Terre était plutôt chaude autrefois ! Il y a 56 millions d'années, elle était si chaude qu'il n'y avait pas de glace au pôle Nord.

Il y a 20 000 ans

Il y a 2,6 millions d'années, la Terre se refroidit. La glace la recouvrant ne commença à fondre qu'il y a 20 000 ans.

Il y a 120 ans

Les usines se multipliant, les gaz à effet de serre libérés dans l'air augmentent, réchauffant la Terre.

Aujourd'hui

La Terre se réchauffe. Les gaz à effet de serre (véhicules et centrales électriques) accélèrent le réchauffement. Nous avons besoin d'air plus pur.

Gaz à effet de serre

L'atmosphère est comme une serre. Le Soleil réchauffe la Terre et l'atmosphère piège un peu de chaleur. Certains gaz, ceux à effet de serre, piègent davantage de chaleur.

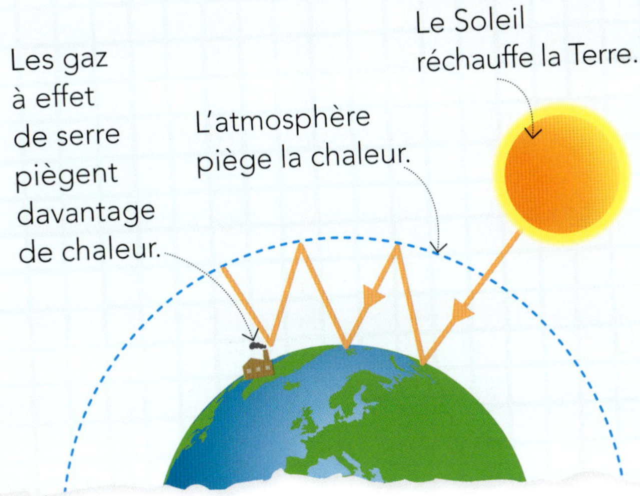

Quiz photo

Quelle planète possède une épaisse atmosphère de gaz à effet de serre ?

Voir réponse pages 132-133.

Dans 80 ans

La Terre pourrait être encore plus chaude. Des zones de glace pourraient avoir fondu dans les océans, inondant ainsi les zones côtières.

Oxygène

Nous avons besoin de respirer un gaz, l'oxygène, pour vivre. Les arbres en libèrent dans l'air.

Gaz carbonique

Les arbres absorbent un gaz qui piège la chaleur, le gaz carbonique, ou dioxyde de carbone. Trop présent, il peut réchauffer la Terre.

Pourquoi les arbres sont-ils si utiles ?

Les arbres fabriquent de l'oxygène, essentiel à notre survie. Leurs racines absorbent l'eau du sol, limitant les inondations. Ils peuvent même faire augmenter la pluie dans une région, car de l'eau s'évapore de leurs feuilles.

Quiz express

1. Quel gaz un arbre libère-t-il dans l'air ?
2. Comment une plante crée-t-elle du glucose ?

Voir réponses pages 132-133.

Manger des insectes peut-il sauver les arbres ?

On abat des forêts pour faire de la place aux terres agricoles, servant à élever des animaux pour leur viande. Certaines personnes mangent des aliments produits sans utiliser beaucoup de terres, comme les insectes.

Photosynthèse

Une plante crée sa nourriture par la photosynthèse. Elle utilise le soleil, le dioxyde de carbone et l'eau pour créer du sucre (le glucose), et elle libère de l'oxygène dans l'air.

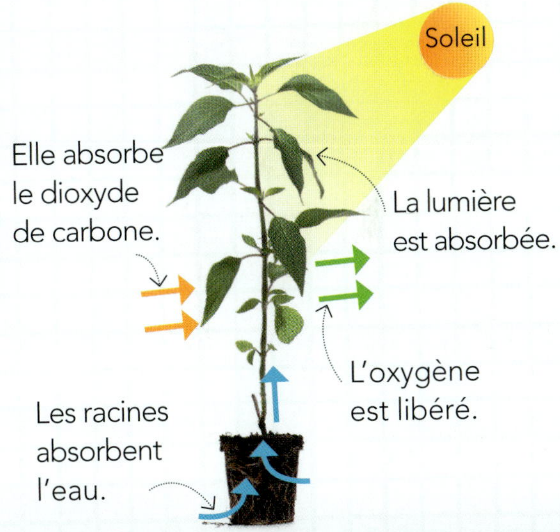

Responsabilité humaine

Le combustible brûlé par les voitures ou les centrales électriques produit du dioxyde de carbone.

Quelles sont les énergies de l'avenir ?

Les centrales électriques brûlent essentiellement des combustibles fossiles pour faire de l'électricité. Ces combustibles se feront plus rares et produisent du dioxyde de carbone en brûlant, ce qui réchauffe la Terre. On passe lentement à d'autres façons, moins destructrices, de produire de l'électricité.

Énergie éolienne

Les éoliennes abritent des turbines produisant de l'électricité. Souvent sur terre, elles peuvent aussi être dans l'océan.

Énergie marémotrice

Le mouvement des marées de l'océan peut générer (créer) de l'énergie.

Eau

Elle coule vers le bas. Une centrale hydroélectrique utilise ce mouvement pour créer de l'électricité.

Toutes les 10 secondes, on extrait assez de pétrole brut pour remplir une piscine olympique.

Énergie solaire

Elle vient de la lumière du Soleil. On peut installer des panneaux solaires presque partout, mais ils ne produisent de l'énergie que pendant le jour.

Comment économiser l'énergie ?

Vélo

En faisant du vélo, tu n'utilises que de l'énergie humaine, mais aucune ressource énergétique naturelle de la Terre. C'est bon pour l'environnement et ta santé !

Moins d'énergie

En utilisant moins d'énergie, on fait durer nos ressources d'énergie plus longtemps. Éteindre la lumière nous permet de prendre soin de notre planète !

Énergie nucléaire

On produit beaucoup d'énergie en séparant de petites particules. Les matières radioactives utilisées dans les centrales nucléaires doivent être stockées en toute sécurité.

Biocarburant

Il provient de plantes, comme le maïs et la canne à sucre. On peut le brûler dans des centrales électriques ou dans le moteur des voitures.

? Quiz express

1. Qu'est-ce que le biocarburant ?
2. Quel type d'énergie le Soleil offre-t-il ?
3. Où sont utilisées les matières radioactives ?

Voir réponses pages 132-133.

Réponses

Page 9 1) Le Soleil. 2) Il y a 4,5 milliards d'années. 3) Une planète rocheuse.

Page 11 Une aurore.

Page 12 1) Un météore qui est tombé sur Terre. 2) Non. La Terre tourne autour du Soleil.

Page 15 1) Oui. Il s'agit de fer et de nickel solides. 2) L'asthénosphère. 3) Non. Elle est divisée en segments, ou plaques.

Page 17 1) Vrai. 2) Vrai. 3) Faux. Il y a une certaine gravité dans l'espace.

Page 19 Jupiter.

Page 21 1) 4 milliards d'années. 2) Oui. Il est apparenté au dinosaure. 3) Il y a 65 millions d'années.

Page 23 L'hippopotame.

Page 25 1) Plus de 3,5 km d'épaisseur. 2) Vers 10000 AEC. 3) Oui. L'emplacement de New York était sous la glace lors de la dernière ère glaciaire.

Page 29 1) Faux. Il s'est formé à partir de lave issue de volcans. 2) Vrai. 3) Faux. Ce serait la ceinture de roches vertes de Barberton, en Afrique du Sud.

Page 31 1) Vrai. 2) Faux. Elle devient de la roche en refroidissant et durcissant.

Page 33 1) De cendres ou de boues volcaniques et d'eau chaude. 2) Au parc national de Yellowstone, États-Unis. 3) 116 m.

Page 34 1) Faux. L'humus est la couche supérieure. 2) Vrai. 3) Vrai.

Page 37 1) Vrai. 2) Vrai. 3) Faux. Ils ne sont pas vivants.

Page 39 1) b. 2) a.

Page 41 1) Il y a 18000 ans. 2) L'érosion. 3) Oui.

Page 43 1) Des dépôts de minéraux. 2) Le fleuve Colorado. 3) De grès.

Page 45 1) Vrai. 2) Faux. Il indique les mouvements des êtres vivants. 3) Vrai.

Page 47 1) Faux. C'est en Antarctique. 2) Faux. Certains sont très froids la nuit.

Page 49 La surface de la Thaïlande est constituée de nombreuses grottes et dolines.

Page 51 1) Elle naît au sol. 2) Non. Elle est légèrement acide et n'érode que les roches. 3) Une colonne.

Page 53 1) La roche fondue sort des crevasses du fond marin et durcit. 2) La plaque Anatolienne. 3) La plaque Pacifique.

Page 55 1) Vrai. 2) Vrai.

Page 57 1) Les terres agricoles. 2) Le désert. 3) La forêt amazonienne.

Page 59 1) Faux. C'est un type de salamandre. 2) Faux. C'est le lamantin. 3) Faux. Ce sont des espèces différentes.

Page 61 1) Un habitat. 2) Un bosquet de peupliers faux-trembles dans l'Utah, aux États-Unis. 3) Le tardigrade.

Page 65 1) Vrai. 2) Faux. C'est de l'eau froide qui vient des pôles Nord et Sud. 3) Faux. C'est un courant de vent.

Page 66 1) Vrai. 2) Vrai. 3) Vrai.

Page 69 1) Du minéral halite, ou sel. 2) Eau de mer. 3) Oui. Elle gèle à une température plus basse que l'eau douce.

Page 71 1) Près de 4,5 milliards d'années. 2) Oui. La Terre oscille sur de longues périodes : tous les 26000 ans. 3) Le Soleil.

Page 73 1) Vrai. 2) Vrai. 3) Faux. C'est l'Amazone, en Amérique du Sud.

Page 75 1) Non. C'est un lac. 2) Non. Les mers, si. 3) La mer Marmara est la plus petite au monde.

Page 76 1) Dans l'océan Atlantique. 2) Chutes de l'Ange. 3) La cataracte du détroit du Danemark.

Page 79 1) Le glacier continental antarctique. 2) Près de 90 %. 3) Bloc de glace dans l'océan plus petit qu'un iceberg et fragment d'iceberg.

Page 81 1) Une longue crête de sédiment sinueuse laissée par un glacier. 2) Oui. Comme une rivière de glace. 3) Le glacier Lambert-Fisher en Antarctique.

Page 82 1) Une dorsale médio-océanique. 2) Challenger Deep. 3) Le calcaire.

Page 84 1) De la lumière créée par les animaux à l'aide de produits chimiques. 2) Zone ensoleillée. 3) Oui. Il existe.

Page 89 1) b. 2) c.

Page 90 1) Lumière bleue. 2) Sept couleurs distinctes. 3) Jaune.

Page 92 1) 365 jours. 2) Non. Seuls certains animaux vivant où les hivers sont très froids hibernent. 3) Non. Les différentes zones s'inclinent vers le Soleil ou en s'éloignant de lui tout au long de l'année. Elles ont donc différentes saisons.

Page 95 Le Kilimandjaro est une montagne avec un climat de montagne, ce qui signifie qu'il y fait froid même s'il est près de l'équateur.

Page 97 1) L'évaporation. 2) La version gazeuse de l'eau. 3) Météorologues.

Page 99 1) Un cirrus. 2) Les précipitations. 3) Un cumulonimbus.

Page 101 1) Vrai. Il lui arrive de frapper le point le plus haut. 2) Vrai. 3) Vrai.

Page 103 1) Sel de table. 2) Non. Il faut des nuages pour obtenir de la pluie. 3) Gouttelettes d'eau.

Page 105 1) L'échelle de Fujita améliorée (EF). 2) Un cumulonimbus. 3) L'œil du cyclone.

Page 109 1) Environ 10 milliards. 2) Oui. Elle augmente. 3) Tokyo.

Page 110 1) La Chine. 2) Les Pyrénées. 3) La Grande-Bretagne.

Page 112 Le mammouth laineux.

Page 115 Romulus et Rémus.

Page 117 1) Le blé. 2) La moissonneuse-batteuse. 3) La zootechnie.

Page 119 1) Vrai. 2) Faux. Le Nord indique le sommet de la Terre. Le Sud va vers le bas. 3) Faux. Il est indiqué par des lignes, les courbes de niveau.

Page 121 1) Environ 80 000 tonnes. 2) Tourbillon.

Page 123 1) Faux. Seuls certains types de matériaux sont recyclables. 2) Vrai. 3) Vrai.

Page 125 1) c. 2) b.

Page 127 Vénus.

Page 129 1) L'oxygène. 2) La photosynthèse.

Page 131 1) Source d'énergie provenant de plantes. 2) Énergie solaire. 3) Centrale nucléaire.

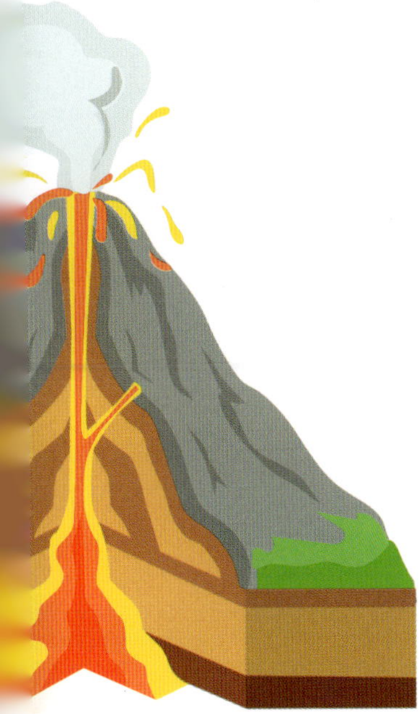

Joue avec tes amis !

Lequel en connaît le plus sur la Terre ? Joue avec tes amis et ta famille avec ces questions pas si simples.
Regarde p. 136-137 pour connaître les réponses.

Questions

1. Comment appelle-t-on le **supercontinent** qui existait il y a **330 millions d'années** ?

5. Comment appelle-t-on des excréments fossilisés ?

9. Combien de degrés **de plus** y avait-il sur Terre il y a **56 millions** d'années ?

10. Quel type de roche crée la foudre ?

2. Comment appelle-t-on la **ligne imaginaire** entourant le **centre** de la Terre ?

3. Combien durerait une journée sur Terre sans la Lune ?

4. Quelle est la zone la plus **profonde** de l'océan ?

6. Comment appelle-t-on un nuage **bas** et **cotonneux** ?

7. Quel terme désigne l'**abattage** de zones de **forêts** ?

8. Quel lieu détient le **record** de la **température la plus élevée** sur Terre ?

11. Comment s'appelle la ligne où **commence l'espace** ?

12. Quel est le plus **grand désert** du monde ?

13. Comment appelle-t-on un **fragment** de **plastique** décomposé ?

14. Comment appelle-t-on le relief qui crache de l'eau chaude ?

15. Quelle quantité d'un iceberg est **sous l'eau** ?

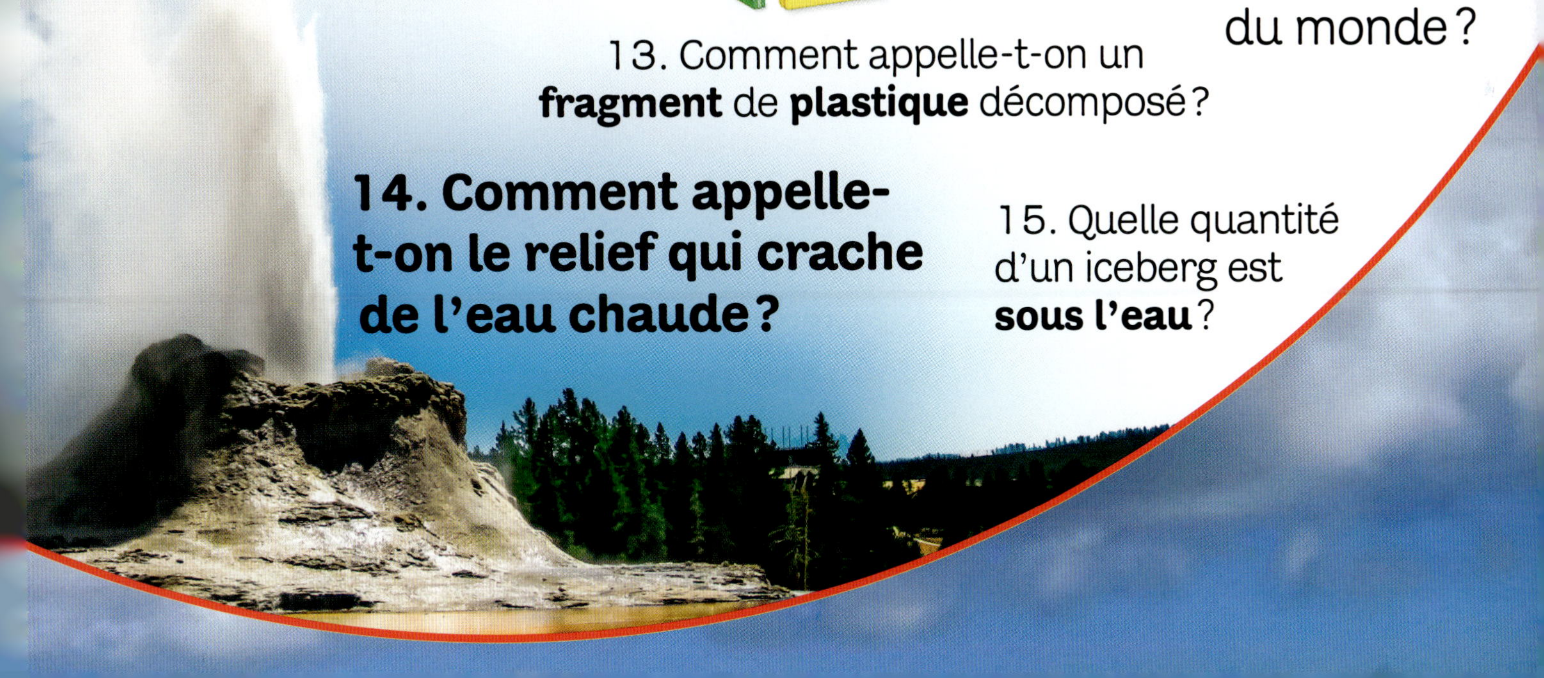

Réponses

1. **Pangée**

8. La température la **plus élevée** a été enregistrée dans la **vallée de la Mort, aux États-Unis**.

13. **Microplastique**

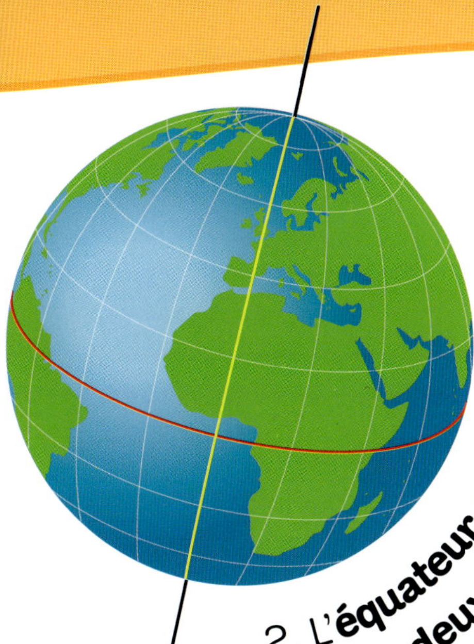

2. L'**équateur** divise la Terre en **deux hémisphères.**

3. Sans la Lune, une journée sur Terre ne durerait que 5 à 6 heures.

4. La **zone hadale**

5. Coprolithe

6. Un cumulus

7. **Déforestation**

9. **7 °C de plus** qu'aujourd'hui

10. Fulgurite

11. La **ligne de Kármán**

12. L'Antarctique

14. Un geyser (eau chaude et vapeur)

15. **90 %** d'un iceberg sont sous l'eau.

Glossaire

acide
Qui contient un produit chimique pouvant éroder des matériaux

adaptation
Quand un animal se transforme pour survivre dans une certaine zone

air
Gaz formant l'atmosphère de la Terre

artificiel
Créé par l'homme

atmosphère
Couche de gaz entourant la Terre

atomes
Petites particules composant les gaz, liquides et solides

axe
Ligne imaginaire au centre de la Terre, autour de laquelle la planète tourne

bactérie
Petit être vivant qu'on ne peut voir qu'au microscope

biome
Zone où les animaux et les plantes se sont adaptés pour survivre au climat

cendre
Fragments de roche sortant de volcans

climat
Température et quantité de précipitations normales d'une région donnée

continent
Grande zone de terre comprenant souvent plusieurs pays

courant
Flux d'eau, d'air ou d'électricité

croûte
Couche rocheuse extérieure de la Terre

désert
Zone avec très peu de précipitations, comme la pluie ou la neige

dioxyde de carbone
Gaz dans l'atmosphère qui réchauffe la Terre

écosystème
Communauté d'êtres vivants d'une région

énergie
Force déclenchant des réactions, comme le mouvement

équateur
Ligne imaginaire traversant le centre de la Terre

érosion
Quand le vent, la pluie ou l'eau détache des fragments de roche de plus gros rochers

espèce
Type d'animal ou de plante

étoile
Grand astre de gaz brûlant dans l'espace

évaporation
Processus où l'eau liquide est chauffée pour devenir du gaz

extinction
Quand une espèce disparaît à jamais

forêt boréale
Biome froid aux températures glaciales la moitié de l'année, aussi appelé taïga

fossile
Restes de plante ou d'animal, ou de ses activités, transformés en pierre

foudre
Charge électrique se formant dans les nuages, par collision des cristaux de glace et de gouttelettes d'eau

glacier
Grand bloc de glace descendant lentement une vallée

gravité
Force qui attire les objets

habitat
Zone où vit généralement un type d'animal

lave
Roche fondue d'un volcan s'écoulant en surface

ligne de Kármán
Ligne imaginaire marquant la fin de l'atmosphère terrestre et le début de l'espace

Lune
Astre naturel tournant autour de la Terre

magma
Roche fondue sous le sol

marées
Mouvement des océans dû à la force de gravité de la Lune et du Soleil

méditerranéen
Zone autour de la mer Méditerranée avec des étés chauds et des hivers froids

minéral
Solide naturel composé de formes cristallines

noyau
Centre de la Terre extrêmement chaud

nuage
Masse flottante de gouttelettes d'eau ou de cristaux de glace

océan
Grande masse d'eau non bordée de terres

orbite
Trajectoire d'un objet tournant autour d'un autre par gravité

oxygène
Gaz de l'atmosphère respiré par les animaux terrestres et les poissons

pétrole
Liquide naturel issu de restes de plantes et d'animaux enterrés

pierre précieuse
Type de minerai rare et de valeur

planète
Immense objet sphérique dans l'espace

plaque
Gros segment de roche sous le sol, formant la croûte terrestre

plastique
Matériau artificiel servant à fabriquer des objets, qui ne se décompose pas facilement

polaire
Région gelée près du pôle Nord ou Sud, où il fait froid toute l'année

pôles
Points imaginaires en haut et en bas de la Terre

population
Nombre d'habitants d'une région

précipitations
Eau (liquide ou glace) tombant des nuages

pression
Force d'un objet appuyant sur un autre objet

relief
Élément rocheux naturel sur terre ou au fond de l'océan

roche de fond
Couche de roche sous le sol

saison
Période au climat constant à un moment donné de l'année

sédiment
Petits morceaux de roche, comme le sable

séisme
Tremblement sur la Terre dû à l'activité de plaques souterraines

solaire
En lien avec le Soleil

système solaire
Soleil et astres orbitant autour de lui

tempéré
Zone de climat doux aux étés chauds et aux hivers froids

tonnerre
Son produit par l'air se dilatant dans les nuages car il a été chauffé par la foudre

tornade
Colonne de vent qui tourne allant des nuages d'orage au sol

tropical
Zone de climat chaud près de l'équateur

volcan
Fissure à la surface de la Terre d'où sort de la roche fondue

Index

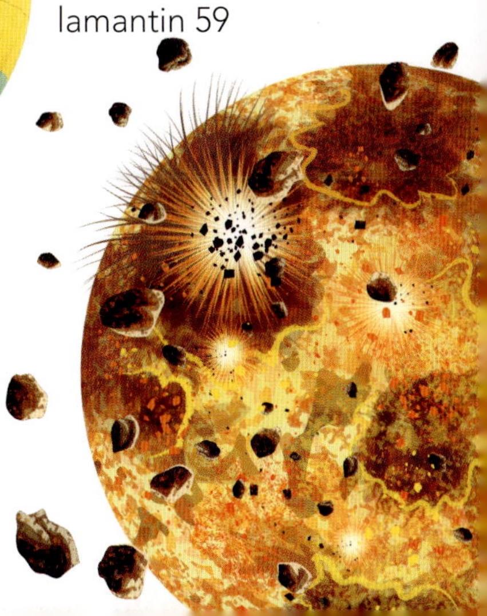

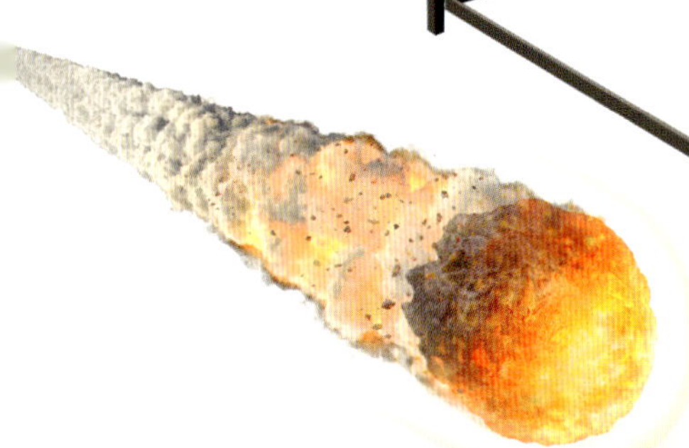

Remerciements

L'éditeur remercie particulièrement les personnes et organismes suivants pour leur autorisation de reproduire les photographies de ce livre :

Légendes : *a* (arrière-plan), *b* (en bas), *c* (au centre), *d* (à droite), *g* (à gauche), *h* (en haut).

1 123RF.com : Wilfred Marissen *(bd)*; tebnad *(abg/*éolienne); Dr Ajay Kumar Singh *(cdb*/tournesols). **Dorling Kindersley :** 01253854 *(cgb)*; Suhas Asnikar / Mangala Purushottam *(cgb*/bonsaï, *bd*/bonsaï); The Natural History Museum, Londres *(cdb*/papillons). **Dreamstime.com :** Adambowers *(cb)*; Cyberfyber *(abg, cgb*/bâtiments, *cdb*/bâtiments); Igor Dymov *(cgb*/Copenhague); Sergey Uryadnikov / Surz01 *(cgb*/goéland); Deymos *(cdb*/bâtiment); Tetiana Zbrodko / Ta *(bg, cdb*/chrysanthème); Demerzel21 *(bd*/tour). **NASA :** NOAA / GSFC / Suomi NPP / VIIRS / Norman Kuring *(bc*/Terre). **2 Dorling Kindersley :** The Natural History Museum, Londres *(bg, bc)*. **3 123RF.com :** Wilfred Marissen *(cdb*/spatule); tebnad *(cgb*/éolienne); Dr Ajay Kumar Singh *(bc*/tournesols, *cdb*/tournesols). **Alamy Stock Photo :** Simon Belcher *(bd)*. **Dorling Kindersley :** 01253854 *(cb*/grenouille); The Natural History Museum, Londres *(cb*/papillons); Suhas Asnikar / Mangala Purushottam *(cb*/bonsaï, *cdb)*; Twan Leenders *(bc*/serpent). **Dreamstime.com :** Adambowers *(cb*/Krakatoa); Sergey Uryadnikov / Surz01 *(cb)*; Deymos *(cb*/bâtiment); Igor Dymov *(cb*/Copenhague); Cyberfyber *(cb*/bâtiments, *cb*/bâtiments gauche, *cgb*/bâtiments, *bc*/bâtiments); Tetiana Zbrodko / Ta *(cgb*/chrysanthème, *cdb*/chrysanthème); Steve Byland / Stevebyland *(bc)*; Ongchangwei *(bc*/montagne); Demerzel21 *(bc*/tour). **NASA :** NOAA / GSFC / Suomi NPP / VIIRS / Norman Kuring *(bc*/Terre). **4 Dorling Kindersley :** Simon Mumford / NASA *(cdh)*. **5 123RF.com :** Irina Pommer *(hd)*. **Alamy Stock Photo :** World History Archive *(c)*. **Science Photo Library :** Eye Of Science *(bg)*. **6 123RF.com :** Dr Ajay Kumar Singh *(cdh*/tournesols); tebnad *(hg*/éolienne, *cgh*/éolienne). **Dorling Kindersley :** Twan Leenders *(cdh*/serpent); Suhas Asnikar / Mangala Purushottam *(hg*/bonsaï, *hd*/bonsaï). **Dreamstime.com :** Cyberfyber *(hg*/bâtiments, *cgh*/bâtiments, *cd*/bâtiments); Steve Byland / Stevebyland *(acg)*; Ongchangwei *(cdh*/montagne); Demerzel21 *(cdh*/tour); Tetiana Zbrodko / Ta *(cgh*/chrysanthème, *hd*/chrysanthème). **NASA :** NOAA / GSFC / Suomi NPP / VIIRS / Norman Kuring *(h*/Terre). **6-7 123RF.com :** Russ McElroy / russ9358 *(b)*. **7 123RF.com :** Wilfred Marissen *(hg*/spatule). **8-9 ESA :** NASA *(arrière-plan)*. **10-11 Dreamstime.com :** Serge Bogomyako / Sergebogomyako *(c)*. **10 NASA :** *(bc)*. **U.S. Air Force :** *(c)*. **11 123RF.com :** filmfoto *(cb)*; Russ McElroy / russ9358 *(cd)*. **Dreamstime.com :** Lars Christensen / C-foto *(c)*; Ulkass *(cb*/nuages). **12 Dreamstime.com :** Andras Csontos *(cdh)*. **12-13 Alamy Stock Photo :** NASA / NOAA / SPL *(c)*. **13 Getty Images :** Barcroft *(bg)*. **14-15 Dreamstime.com :** Gardendreamer *(hc)*. **16 Dreamstime.com :** Andygaylor *(cg)*. **ESA :** Herschel / PACS / MESS Key Programme Supernova Remnant Team; NASA, ESA et Allison Loll / Jeff Hester (Arizona State University) *(bc)*. **NASA :** *(bg)*. **16-17 123RF.com :** swavo *(arrière-plan)*. **17 Dreamstime.com :** Dio5050 *(cg)*; Alexander Pladdet / Pincarel *(cb)*. **Fotolia :** robynmac *(cb*/ballon). **18 123RF.com :** tebnad *(cd)*. **Dorling Kindersley :** Suhas Asnikar / Mangala Purushottam *(cdh*/bonsaï). **Dreamstime.com :** Cyberfyber *(cdh, cdb)*; Tetiana Zbrodko / Ta *(cdb*/chrysanthème); Steve Byland / Stevebyland *(cdb*/colibri). **NASA :** JPL *(cdb*/Vénus). **18-19 NASA :** NOAA / GSFC / Suomi NPP / VIIRS / Norman Kuring *(c*/Terre). **19 123RF.com :** Wilfred Marissen *(cd)*; Dr Ajay Kumar Singh *(ch, cb*/tournesols). **Dorling Kindersley :** Twan Leenders *(cb*/serpent); The Natural History Museum, Londres *(hc)*; Suhas Asnikar / Mangala Purushottam *(c*/bonsaï). **Dreamstime.com :** Adambowers *(hg*/Krakatoa); Igor Dymov *(acgh)*; Sergey Uryadnikov / Surz01 *(hg*/goéland); Deymos *(hc*/bâtiment); Cyberfyber *(ch*/bâtiments, *cb*/bâtiments); Tetiana Zbrodko / Ta *(ch*/chrysanthème); Demerzel21 *(c*/tour); Ongchangwei *(cb)*. NASA AMES Research Centre: JPL-Caltech / T. Pyle *(bc*/Kepler). **NASA :** JPL / University of Arizona *(bd)*. **21 Dorling Kindersley :** The Natural History Museum, Londres *(ch)*. **Getty Images :** Science Photo Library - Steve Gschmeissner *(cdh)*. **22 Dreamstime.com :** Vhcreative *(cgh)*. **23 123RF.com :** tritooth *(bd)*. **Alamy Stock Photo :** Universal Images Group North America LLC / De Agostini Picture Library *(cdh)*. **Getty Images :** Wild Horizon *(cd)*. **24 123RF.com :** jupiter8 *(bc)*. **Dreamstime.com :** Songquan Deng / Rabbit75 *(ch)*. **24-25 Dorling Kindersley :** Simon Mumford / NASA *(c)*. **25 123RF.com :** Michal Bednarek *(ch)*; Vadim Nefedov *(hg)*. **Alamy Stock Photo :** Overflightstock Ltd *(bc)*. **Dorling Kindersley :** Simon Mumford / NASA *(cd)*. **26 Dreamstime.com :** Anna Dudko. **26-27 Dreamstime.com :** Bennymarty *(hc)*. **27 Getty Images :** Ed Reschke (cra). **28-29 Depositphotos Inc :** prudek. **29 Alamy Stock Photo :** WaterFrame *(bd)*. **30-31 Getty Images :** Handout / U.S. Geological Survey. **32-33 Dreamstime.com :** Bennymarty. **33 Dreamstime.com :** Lusenby *(bg)*; Minyun Zhou / Minyun9260 *(cgb)*. **34 Dorling Kindersley :** The Natural History Museum, Londres *(cdb)*. **35 Dreamstime.com :** Pklimenko *(ch)*. **36 Dorling Kindersley :** The Natural History Museum, Londres *(cb)*. **Dreamstime.com :** Kurhan *(g)*. **36-37 123RF.com :** donatas1205 (table). **37 Dorling Kindersley :** The Natural History Museum, Londres *(cdb)*. **Dreamstime.com :** Showface *(bg)*. **38 Alamy Stock Photo :** Adam Eastland *(cg)*. **Dorling Kindersley :** The Natural History Museum, Londres *(hg)*. **Dreamstime.com :** Igor Kaliuzhny / Igorkali *(cdb)*. **38-39 Alamy Stock Photo :** Marshall Ikonography *(c)*. **39 Alamy Stock Photo :** agefotostock Art Collection *(cd)*. **40-41 Dreamstime.com :** Baluzek. **41 Alamy Stock Photo :** caia image / David Henderson *(cgh)*. **Dreamstime.com :** Lunamarina *(cd)*. **42-43 Getty Images :** Aaron Meyers. **43 Dreamstime.com :** Josemaria Toscano / Diro *(ch)*; Anna Dudko *(cgh)*. **Getty Images :** Arterra *(cdh)*. **45 Alamy Stock Photo :** Stefan Sollfors *(ch)*. **Dorling Kindersley :** The Natural History Museum, Londres *(cdb, cgh)*. **46-47 Getty Images :** Timothy Allen. **47 Alamy Stock Photo :** Pavel Filatov *(cd)*; Thomas Lehne *(cdh)*. **48-49 Getty Images :** Marianna Massey / Stringer. **48 Getty Images :** China News Service *(bd)*. **49 Alamy Stock Photo :** Organica *(cgb)*. **Getty Images :** Pone Pluck *(bd)*. **50-51 Dreamstime.com :** Mkos83. **50 Alamy Stock Photo :** imageBROKER / Michael Szönyi *(bg)*; Andrey Nekrasov *(cgb)*. **52 Alamy Stock Photo :** Newscom / BJ Warnick *(ch)*. **Getty Images :** 1001nights *(cg)*. **53 Alamy Stock Photo :** Everett Collection Inc *(hc)*; KEYSTONE Pictures USA *(ch)*. **54-55 Dreamstime.com :** Suwat Sirivutcharungchit. **55 Alamy Stock Photo :** David Fleetham *(ch)*. **56 Dreamstime.com :** Alextara *(cdb*/Savannah); David Steele *(hd)*; Demerzel21 *(cdb)*; Jonmanjeot *(ch)*. **56-57 Dreamstime.com :** Christopher Wood / Chriswood44 *(ch)*. **57 123RF.com :** SHS PHOTOGRAPHY *(cgb)*. **Dreamstime.com :** Naturablichter *(c)*; Seaphotoart *(cd)*. **58 Dreamstime.com :** Alessandro Zappalorto *(cgb)*. **Getty Images :** Ed Reschke *(bc)*. **58-59 Dreamstime.com :** Littleny. **59 Getty Images :** Joel Sartore, National Geographic Photo Ark *(bd)*; Reinhard Dirscherl / ullstein bild *(cgh)*. **60 123RF.com :** Songdech Kothmongkol *(bg)*. **60-61 iStockphoto.com :** peeravit18 *(c)*. **61 Alamy Stock Photo :** Nature in Stock / Jan van Arkel *(ch)*. **Getty Images :** "Diane Cook, Len Jenshel" *(bg)*. **Science Photo Library :** Dr. Richard Kessel & Dr. Gene Shih, Visuals Unlimited *(hg)*; Eye Of Science *(cb)*. **62 Alamy Stock Photo :** mauritius images GmbH / Reinhard Eisele *(h)*. **Dreamstime.com :** Tamara Kulikova *(b)*. **63 Dreamstime.com :** Natursports. **64-65 Alamy Stock Photo :** Bluegreen Pictures. **65 Dreamstime.com :** Andrey Armyagov *(cdh)*. **66-67 Alamy Stock Photo :** Grant Taylor. **66 Alamy Stock Photo :** Jason Wood Nature Photography *(acgb)*; National Geographic Creative / Josh Humbert *(cgb)*. **Dreamstime.com :** Tamara Kulikova *(abg)*. **Getty Images :** Kryssia Campos *(bg)*. **69 Dorling Kindersley :** Linda Pitkin *(cdh)*. **Dreamstime.com :** jeff waibel / Jfybel *(ch)*; Natursports *(cgh)*. **70-71 Dreamstime.com :** Oleksandr Kotenko. **70 123RF.com :** Galyna Andrushko *(cgb)*; Łukasz Olszowiak *(bg)*. **Dreamstime.com:** Eraxion *(hc)*. **72-73 Alamy Stock Photo :** Loetscher Chlaus. **72 Alamy Stock Photo :** imageBROKER / Hans Blossey *(cgb)*; mauritius images GmbH / Reinhard Eisele *(bg)*. **74-75 Dreamstime.com :** Iuliia Kuzenkova. **74 NASA :** Provided by the SeaWiFS Project, NASA / Goddard Space Flight Center, et ORBIMAGE *(cgb)*. **75 NASA :** Jeff Schmaltz, MODIS Rapid Response Team *(cdh)*. **77 Alamy Stock Photo :** Alice Nerr *(ch)*. **iStockphoto.com :** 13160449 *(cdh)*. **78-79 Getty Images :** Jeff Vanuga. **78 Dreamstime.com :** Achim Baqué *(cdh*/Antarctique). **Getty Images :** Rick Price *(cdh*/Ross). **80-81 Alamy Stock Photo :** Colin Harris / era-images. **80 Dreamstime.com :** Peregrinext *(bg)*. **81 Alamy Stock Photo :** Tom Bean *(cgh)*; Ashley Cooper *(cd)*. **Dreamstime.com :** Viktor Nikitin *(cgh*/crête). **84 Alamy Stock Photo :** Solvin Zankl *(cb*/poisson-lanterne). **Dreamstime.com :** 111camellia *(cb*/requin-marteau); Musat Christian *(c)*; Harvey Stowe *(bc)*. **Getty Images :** Joel Sartore / National Geographic *(bd)*. **85 123RF.com :** Reto Kunz *(cgh*/noctiluque). **Alamy Stock Photo :** Nature Picture Library / David Shale *(cdh)*; NOAA *(ch)*; Kelvin Aitken / VWPics *(hc)*; Paulo Oliveira *(cgh*/vise-en-l'air); Science History Images *(bc)*. **Dreamstime.com :** Ppaula09 *(hc*/méduse). **FLPA :** Norbert Wu / Minden Pictures *(c, acg*/grand avaleur). **Science Photo Library :** British Antarctic Survey *(cg*/cochon de mer); Dante Fenolio *(bg)*. **86 Getty Images :** JC Patricio *(b)*. **86-87 Science Photo Library :** Sputnik *(h)*. **87 Alamy Stock Photo :** Gary Dublanko *(cdh)*. **88-89 NASA**. **89 Alamy Stock Photo :** NASA Photo (cr). **NASA :** Tony Gray and Sandra Joseph *(cdh)*. **90-91 Alamy Stock Photo :** Nawadoln Siributr (tracé). **92 Alamy Stock Photo :** Mihai Andritoiu *(cdh, bd)*. **93 Alamy Stock Photo :** All Canada Photos / Michelle Valberg *(cdb)*; Mihai Andritoiu *(cgh, cgb)*. **Dreamstime.com :** Chuyu *(cd)*. **FLPA :** Ingo Arndt / Minden Pictures *(cdh)*. **94 Dreamstime.com :** Toniflap *(bc)*. **iStockphoto.com :** narvikk *(c)*. **95 Dreamstime.com :** Steve Gould / Stevegould *(bc)*. **96-97 Alamy Stock Photo :** WILDLIFE GmbH. **96 Alamy Stock Photo :** World History Archive *(bg)*. **98 Dreamstime.com :** Les Cunliffe *(hd)*; Jin Peng *(cd)*; Isselee *(cdb)*. **100-101 Alamy Stock Photo :** Gary Dublanko. **102 Getty Images :** JC Patricio *(cgb)*. **102-103 FLPA :** Jim Brandenburg / Minden Pictures. **104-105 Getty Images :** Cultura RM Exclusive / Jason Persoff Stormdoctor. **104 Alamy Stock Photo :** US Air Force Photo *(cdb)*. **Dreamstime.com :** Sherah Martin *(cdh)*. **106 Dreamstime.com :** Narathip Ruksa / Narathip12 *(hg)*. **106-107 Depositphotos Inc :** sunsinger *(b)*. **107 Alamy Stock Photo :** Simon Belcher. **108-109 iStockphoto.com :** Starcevic. **108 123RF.com :** jpchret *(cgb)*. **Dreamstime.com :** Alena Shchipkova *(bg)*. **110 Depositphotos Inc :** sunsinger *(bd)*. **Dreamstime.com :** Wilsilver77 *(c)*. **111 Dreamstime.com :** Janine Jeffery *(c)*; Sufi70 *(bc)*. **112 Alamy Stock Photo :** Patrick Civello *(c)*; Historic Images *(bg)*; Jamie Pham *(bd)*. **113 Dreamstime.com :** Narathip Ruksa / Narathip12 *(cgh*/rizières). **iStockphoto.com :** OGphoto *(bd)*. **Library of Congress, Washington, D.C. :** LC-USZ62-128561 *(bg)*. **114-115 Alamy Stock Photo :** Scott Wilson. **114 123RF.com :** Irina Pommer *(hd)*. **115 Alamy Stock Photo :** Les Gibbon *(cdh)*. **116-117 Dreamstime.com :** Stockr. **116 123RF.com :** Carolyn Franks *(cgb)*. **Dreamstime.com :** Tropper2000 *(bg)*. **117 Alamy Stock Photo :** Avalon / Photoshot License *(bd)*; B Christopher *(cd)*. **118 Alamy Stock Photo :** Craig Leggat *(c)*. **iStockphoto.com :** georgeclerk *(cdb)*. **118-119 Dreamstime.com :** Andrii Hrytsenko *(c)*. **119 Alamy Stock Photo :** Ian Rutherford *(hg)*. **120-121 iStockphoto.com :** luoman. **121 Alamy Stock Photo :** Paulo Oliveira *(cdh)*. **Dreamstime.com :** Aquanaut4 *(cd)*. **123 Getty Images :** J J D *(bd)*; jayk7 *(cd)*. **124 Alamy Stock Photo :** Daniel Dreifuss *(c)*. **Getty Images :** Chris Johns / National Geographic *(cb)*. **124-125 Alamy Stock Photo :** Tomasz Kowalski *(bc)*; Genevieve Vallee *(ch)*. **125 Alamy Stock Photo :** inga spence *(cg)*. **Dreamstime.com :** Eric Isselee / isselee *(bd)*; Piotr Marcinski *(cdb)*. **128-129 Dreamstime.com :** Welcomia. **129 Dreamstime.com :** Stockphototrends *(cdh)*. **130 Alamy Stock Photo :** Simon Belcher *(cdh)*. **Dreamstime.com :** Vanja Terzic *(bd)*. **Getty Images :** Maher Attar / Sygma *(cd)*. **131 Alamy Stock Photo :** Stuart Aylmer *(bg)*; View Stock *(cgh)*. **Dreamstime.com :** Artranq *(cdh*/fillette); Daniel Prudek *(cg)*; Magomed Magomedagaev / Forsterforest *(cdh*/cycliste). **132 123RF.com :** tritooth *(bc)*. **Dorling Kindersley :** The Natural History Museum, Londres *(bg)*. **133 Dorling Kindersley :** The Natural History Museum, Londres *(bd)*. **134 Dorling Kindersleyv :** autorisation du Dorset Dinosaur Museum *(cd)*. **134-135 Dreamstime.com :** Glasshoppah. **135 Dreamstime.com :** Bennymarty *(b)*; Scol22 *(hc)*. **iStockphoto.com :** lucentius *(cb)*. **NASA :** NOAA / GSFC / Suomi NPP / VIIRS / Norman Kuring *(cdh)*. **136 Alamy Stock Photo :** Marshall Ikonography *(g)*. **136-137 Dreamstime.com :** Glasshoppah. **137 Dreamstime.com :** Elena Duvernay *(cdb)*; Franz1212 *(ch)*. **Getty Images :** by wildestanimal *(bg)*. **140 Alamy Stock Photo :** Stefan Sollfors *(cdb)*. **U.S. Air Force :** *(bd)*. **143 Dorling Kindersley :** The Natural History Museum, Londres *(bc)*. **Dreamstime.com :** David Steele *(bd)*

Couverture : *plats 1 et 4 :* **123RF.com :** Russ McElroy / russ9358 *(arrière-plan)*; U.S. Air Force; *devant :* **Dorling Kindersley :** The Natural History Museum, Londres *(cgh)*; **Dreamstime.com :** 111camellia *(cdb)*, Atorn Buaksantiah (texture), Phanthit Malisuwan *c/* (texture), Tetiana Zbrodko / Ta *(cg)*; **U.S. Air Force :** *(bd)*; *dos :* **Dorling Kindersley :** The Natural History Museum, Londres *(ch)*; **Dreamstime.com :** Atorn Buaksantiah (texture), Jan Kranendonk *(cdh)*, Phanthit Malisuwan *c/* (texture); **Science Photo Library :** Eye Of Science *(cdb)*; *tranche :* **NASA :** NASA Goddard *(ch)*

Toutes les autres images © Dorling Kindersley

Le 3 septembre 1939, en réponse à l'attaque de la Pologne par l'Allemagne, le Royaume-Uni, l'Australie, la Nouvelle-Zélande et la France lui déclarent la guerre.
Jusqu'en mai 1940, hormis quelques actions dispersées, la stratégie choisie par la France est d'attendre que l'Allemagne agisse la première. Hitler se garde bien de bouger, trop occupé avec la Pologne.
Cette période appelée la « drôle de guerre », la France l'utilise pour s'armer massivement et rassembler ses troupes.
ORDRE
MOBILISATION GENERALE
Pendant cette période, ce sont 178 000 Africains et Malgaches ainsi que 320 000 Maghrébins qui sont appelés sous les drapeaux.
Le 10 mai 1940, Hitler lance son offensive à travers la Belgique, les Pays-Bas, le Luxembourg pour arriver à la France. La stratégie de la guerre éclair stupéfie ses adversaires et, à peine un mois plus tard, le gouvernement français doit quitter Paris pour s'installer à Bordeaux.

Le 16 juin 1940, le président du Conseil et ministre des Affaires étrangères Paul Reynaud démissionne et le président Albert Lebrun désigne Philippe Pétain pour le remplacer.
De Gaulle s'envole pour Londres le 17 juin 1940.
FRANÇAIS!
vous n'êtes ni vendus
ni trahis
ni abandonnés
Le lendemain, en réponse à Pétain qui vient de demander l'arrêt des combats, il lance son célèbre « appel du 18 juin ». Dans cette allocution, il annonce : « Il faut que quelque part brille et brûle la flamme de la résistance française. »

Fin juin 1940, une majorité du million et demi de soldats français que les Allemands ont faits prisonniers est envoyée vers l'Allemagne.
En chemin, nombre d'entre eux vont choisir de s'évader avec l'aide de la population civile.
Les soldats coloniaux ne sont pas ou peu envoyés vers l'Allemagne pour ne pas importer de « races inférieures ». Ils restent dans des camps de prisonniers, les « Frontstalags », en zone occupée. Les évasions sont ici aussi monnaie courante.
En quelques mois, des dizaines de filières pour passer en zone libre s'improvisent. À l'automne 1940, environ 80 000 soldats auront retrouvé la liberté.
Ces filières d'évasion seront déterminantes pour les réseaux de résistance qui vont se structurer par la suite.
Parmi les soldats évadés, certains choisissent de rester en zone occupée plutôt que de filer en zone libre, pour aider à la constitution et à l'entretien des filières d'évasion. C'est le cas du soldat Addi Bâ Mamadou, qui participera très activement à la mise en place du premier maquis des Vosges.

Mamadou Addi Bâ est un jeune Guinéen qui débarque en France au milieu des années 30.
JE SUIS CUISINIER ET JE SENS QUE JE VAIS FAIRE MA VIE ICI.

Après un passage à Langeais (Indre-et-Loire), on le retrouve à Paris où il s'est installé près de la Grande Mosquée qu'il fréquente régulièrement.
IL EST IMPORTANT DE SAVOIR QU'ELLE A ÉTÉ CONSTRUITE EN HOMMAGE À TOUS LES MUSULMANS MORTS POUR LA FRANCE PENDANT LA GRANDE GUERRE.
Début septembre 1939, la guerre est déclarée à l'Allemagne. Deux mois plus tard, Addi Bâ s'engage sous les drapeaux.
ON ATTAQUE MON PAYS, MON DEVOIR C'EST DE LE DÉFENDRE...
MAMADOU HADY BAH, MATRICULE 1033.
LES ALLEMANDS ONT PASSÉ LA MEUSE, ON NOUS ENVOIE POUR LES STOPPER. J'AI PEUR COMME TOUS LES AUTRES ICI, MAIS JE SUIS UN SOLDAT À PRÉSENT.
Au printemps 1940, il est envoyé sur le front et rejoint le 12e régiment des tirailleurs sénégalais dans les Ardennes.
Les combats sont terribles, la moitié du régiment est décimé, nous sommes le 19 mai 1940.
ILS NOUS ONT ATTAQUÉS AVEC DES BLINDÉS ET DES AVIONS, L'ARTILLERIE LOURDE... ON A MÊME DÛ SE BATTRE AU CORPS À CORPS...
J'AI PERDU BEAUCOUP DE MES FRÈRES MAIS ON A TENU LE COUP...
Le 18 ou le 19 juin, du côté de Neufchâteau dans les Vosges, Addi Bâ est capturé avec le reste du régiment.
ON NOUS A ORDONNÉ DE NOUS REPLIER... ON N'A PAS COMPRIS POURQUOI. LES ALLEMANDS EN ONT PROFITÉ ET NOUS SONT TOMBÉS DESSUS...
Profitant de l'euphorie de leurs gardiens qui fêtent la victoire au champagne, Addi Bâ s'évade le soir même en compagnie d'autres tirailleurs.
HAHAHA !
FAUDRA QUE JE REMERCIE UN DE CES JOURS LES VIGNERONS QUE LES ALLEMANDS ONT PILLÉS !
QU'EST-CE QU'ON VA DEVENIR, ADDI ?
VOUS INQUIÉTEZ PAS, LES GARS, ON SE DÉBROUILLERA.
Ensemble ils se réfugient dans la forêt de Saint-Ouen-lès-Parey.

À cette période, la France est en pleine débâcle. La population est sur les routes.
Ce sont huit à dix millions de personnes qui fuient aux côtés de l'armée en déroute.
POURQUOI VOUS NE NOUS DÉFENDEZ **PAS** ? POURQUOI VOUS **FUYEZ** ? VOUS N'AVEZ DONC **AUCUN** HONNEUR ?
L'HONNEUR, ON S'EN FOUT. FAUT SAUVER SA PEAU, C'EST TOUT !
... et rapidement les troupes allemandes occupent villes et villages.
Dans les Vosges, du côté de Neufchâteau, Harréville ou Bourmont, les forêts sont pleines de tirailleurs en fuite.
TIREZ À VUE, SOLDATS !
Ils essaient d'échapper à la « chasse aux nègres » qu'organise l'occupant.
Finalement, c'est grâce à l'aide apportée par des habitants de la région...
PAPA ! IL Y A DES HOMMES LÀ-BAS !
C'EST PAS BANAL, ÇA ! D'OÙ VOUS SORTEZ COMME ÇA, VOUS DEUX ?
MOI C'EST ZANA, MONSIEUR, ET LUI C'EST ADDI BÂ.
LES ALLEMANDS NOUS CHERCHENT... ET ON A FAIM...
... qu'Addi Bâ et ses camarades parviendront à en réchapper...

C'est Pauline Mallière, institutrice qui connaît bien les commerçants du coin, qui organise le ravitaillement d'Addi Bâ et de tous ceux qui l'accompagnent.
MERCI BEAUCOUP...
C'EST BIEN NORMAL, ILS SE SONT BATTUS POUR NOUS...
J'AI À MANGER !
J'AI À MANGER !
Ils sont probablement une quarantaine à se cacher dans la forêt à ce moment-là.
BIEN LE BONJOUR, MES-SIEURS.
BONJOUR MADAME MALLIÈRE, SOYEZ PRUDENTE !
La gendarmerie ferme les yeux mais dans le même temps s'inquiète de la présence de tous ces hommes. Cette situation ne peut durer éternellement.
NOUS VIENDRONS VOUS CHERCHER DANS LA NUIT, PLUSIEURS PASSEURS VOUS EMMÈNERONT PAR PETITS GROUPES...
Addi Bâ va ainsi participer à l'organisation d'une filière d'évasion...
... et tous les Africains sont ainsi évacués par « la route de la liberté » vers la Suisse puis en zone libre.
T'ES SÛR DE TOI, ADDI ? PAS DE REGRETS ?
J'AI JAMAIS DE REGRETS QUAND JE FAIS CE QUE JE DOIS FAIRE.
... Mais lui va décider de rester sur place.

Nous sommes à la fin de l'année 1940. Progressivement, la présence allemande se réduit, Addi Bâ en profite pour s'installer à Tollaincourt...
VOILÀ, C'EST CELLE-CI ...
C'est le maire du village, Louis Dormois, qui a décidé de mettre une maison à sa disposition.
C'EST PAS UN PALACE MAIS ÇA DEVRAIT CONVENIR, NON ?
CE SERA PARFAIT, MONSIEUR DORMOIS.
Il sera présenté dorénavant comme simple commis agricole aux yeux des quelques Allemands de passage.
ET C'EST QUI, CELUI-LÀ, D'OÙ EST-CE QU'IL VIENT ?
C'EST UN PETIT GARS QU'EST LÀ DEPUIS UN MOMENT, IL NOUS AIDE AUX CHAMPS, MON MARI ET MOI.
FAUT PAS LUI CRÉER D'ENNUIS PARCE QU'ON A BIEN BESOIN DE LUI !
FAUDRAIT PEUT-ÊTRE POUSSER LA BROUETTE DE TEMPS À AUTRE, MON PETIT ADDI ! HISTOIRE DE PAS AVOIR D'ENNUIS...
C'EST PAS MON MÉTIER DE CREUSER LA TERRE OU DE FAIRE POUSSER DES CAROTTES, MOI JE SUIS UN SOLDAT !
Même si, en fin de compte, il ne travaillera jamais dans aucun champ...
Mais derrière cette façade discrète, Addi Bâ va surtout occuper ses nuits à parcourir le pays à vélo...
Il participe activement à la création d'un réseau naissant de résistants.
MERCI LES GARS. JE REVIENS VOUS VOIR LA SEMAINE PROCHAINE...
Il multiplie les contacts et les activités clandestines dans tous les environs.
JE FAIS BIEN TRENTE À QUARANTE KILOMÈTRES PAR NUIT EN CE MOMENT...

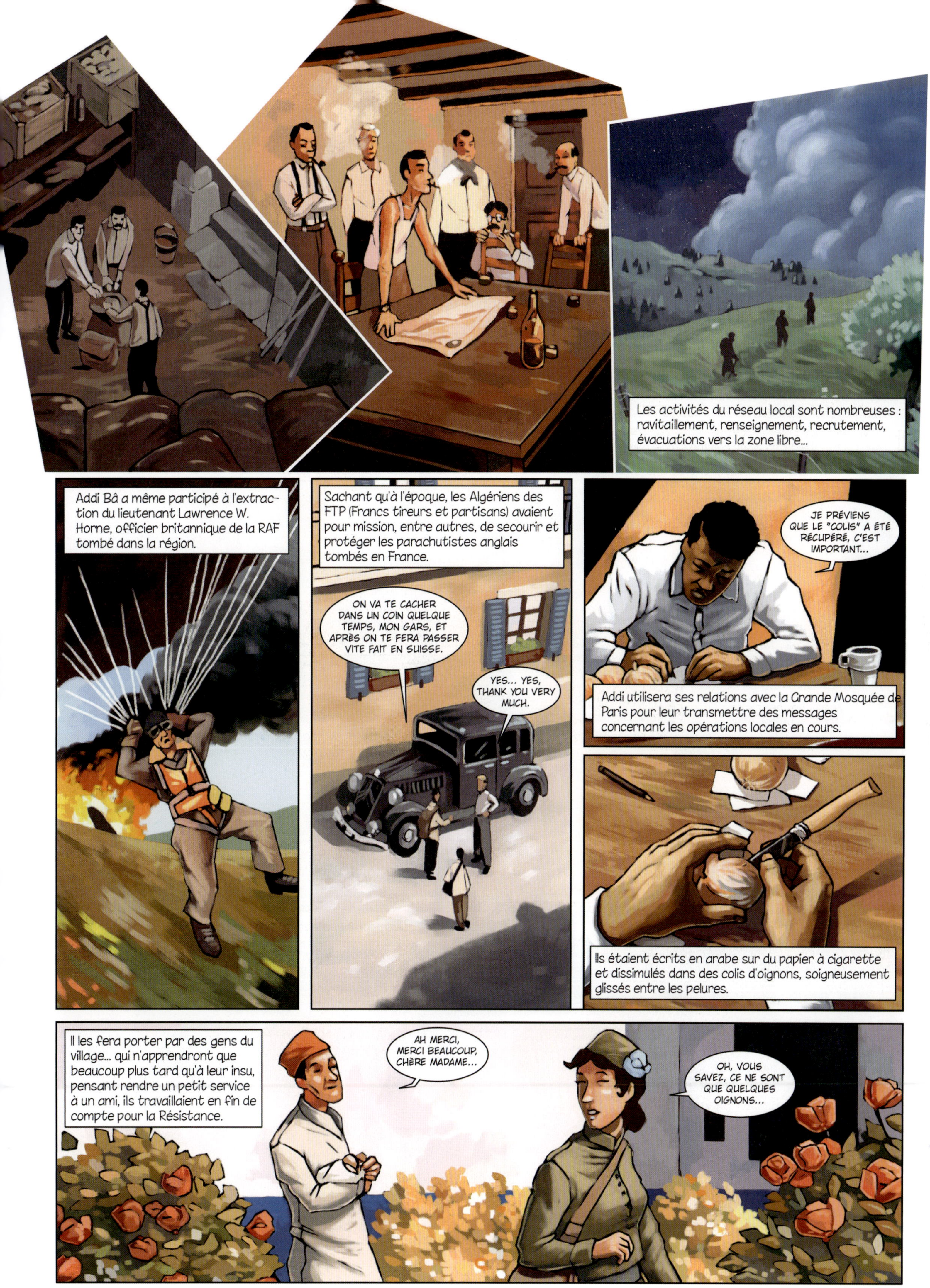
Les activités du réseau local sont nombreuses : ravitaillement, renseignement, recrutement, évacuations vers la zone libre...
Addi Bâ a même participé à l'extraction du lieutenant Lawrence W. Horne, officier britannique de la RAF tombé dans la région.
Sachant qu'à l'époque, les Algériens des FTP (Francs tireurs et partisans) avaient pour mission, entre autres, de secourir et protéger les parachutistes anglais tombés en France.
ON VA TE CACHER DANS UN COIN QUELQUE TEMPS, MON GARS, ET APRÈS ON TE FERA PASSER VITE FAIT EN SUISSE.
YES... YES, THANK YOU VERY MUCH.
JE PRÉVIENS QUE LE "COLIS" A ÉTÉ RÉCUPÉRÉ, C'EST IMPORTANT...
Addi utilisera ses relations avec la Grande Mosquée de Paris pour leur transmettre des messages concernant les opérations locales en cours.
Ils étaient écrits en arabe sur du papier à cigarette et dissimulés dans des colis d'oignons, soigneusement glissés entre les pelures.
Il les fera porter par des gens du village... qui n'apprendront que beaucoup plus tard qu'à leur insu, pensant rendre un petit service à un ami, ils travaillaient en fin de compte pour la Résistance.
AH MERCI, MERCI BEAUCOUP, CHÈRE MADAME...
OH, VOUS SAVEZ, CE NE SONT QUE QUELQUES OIGNONS...

En mars de l'année 1942, la déportation de 350 000 travailleurs européens vers l'Allemagne est organisée pour fournir de la main-d'œuvre à l'industrie nazie.
EN TRAVAILLANT EN ALLEMAGNE
tu seras l'Ambassadeur de la
QUALITÉ FRANÇAISE
Le régime de Vichy fait d'abord appel au volontariat, mais rapidement décide de mettre en place le STO (Service du travail obligatoire).
VOUS AVEZ UNE IDÉE D'OÙ VOUS ALLEZ POUVOIR LES INSTALLER ?
DANS LES BOIS QUI ENTOURENT LAMARCHE, ÇA DEVRAIT ALLER...
Au mois d'octobre 1942, pour assister les nombreux hommes qui refusent de partir, Marcel Arburger est chargé par le réseau CDLR (Ceux de la Résistance) de mettre en place un camp de refuge.
VA FALLOIR SE SOUVENIR COMMENT VIVAIENT NOS LOINTAINS ANCÊTRES !
C'EST NOUS, LES AFRICAINS, VOS LOINTAINS ANCÊTRES !
JE VAIS VOUS EXPLIQUER COMMENT FAIRE.
Au printemps 1943, le premier maquis appelé « Le camp de la Délivrance » commence à s'installer et c'est Addi Bá qui est chargé d'organiser le ravitaillement et l'encadrement du quotidien des réfugiés.
Ce n'est pas un camp de combat mais un lieu destiné à cacher ces réfractaires aux yeux de l'occupant...
POUR L'INSTANT, PAS QUESTION DE FAIRE QUOI QUE CE SOIT D'AUTRE QUE SE PLANQUER. MAIS Y A SUFFISAMMENT DE TRAVAIL À FAIRE POUR QUE PERSONNE N'AIT LE TEMPS DE S'ENNUYER.
VOUS CROYEZ QU'ON POURRA UN JOUR REPRENDRE LE COMBAT ?
QUAND LE MOMENT SERA VENU, J'ESPÈRE QU'ILS NOUS ENVERRONT CE QU'IL FAUT POUR QU'ON FASSE NOTRE PART DU BOULOT...
... en attendant un éventuel encadrement militaire et des parachutages alliés.

En juin 1943, ce sont près de 120 hommes qui ont rejoint le maquis dirigé par Addi Bâ.
ADDI, IL Y A UN GROUPE DE NOUVEAUX QUI ARRIVE...
BON...
ON VA AVOIR DU TRAVAIL...
Ils viennent de Lorraine, de Champagne, de Franche-Comté et rapidement, ce premier camp devient trop petit pour tous les accueillir.
Il faut créer deux camps secondaires dans les forêts alentour, construire des abris et trouver de nouvelles sources de nourriture.
ÇA VA ALLER ? C'EST PAS TROP LOURD ?
ÇA VA, J'AI DE BONNES JAMBES !
Addi Bâ a tissé son réseau de ravitaillement dans toute la région et file d'un point à un autre sur son vélo pour assurer sa mission.
Il faut aussi trouver de quoi occuper tous ces jeunes gens. Instruction militaire, entretien du camp, braconnage, jeux, etc.

En juillet 1943, le secret est éventé, les Allemands informés de la présence de ces maquis passent à l'attaque.
SAUVEZ-VOUS, LES ALLEMANDS ARRIVENT !
ILS SONT DÉJÀ AU VILLAGE, PARTEZ VITE !
Prévenus de l'arrivée des soldats par des habitants, les maquisards s'éparpillent dans la nature.
Addi Bâ est capturé chez lui à Tollaincourt, fauché par une rafale de mitraillette alors qu'il tente de s'enfuir.
Il est transporté à la prison de la Vierge à Épinal, où il sera torturé plusieurs mois.
Il ne lâchera aucun nom.
Un mois plus tard à Dijon, Marcel Arburger est également arrêté alors qu'il essaie de passer en zone libre. Il rejoint Addi en détention.
L'un et l'autre sont jugés et condamnés à mort pour « actes de francs-tireurs ». Ils seront fusillés le 18 décembre 1943. Addi ne recevra les honneurs que soixante ans plus tard.

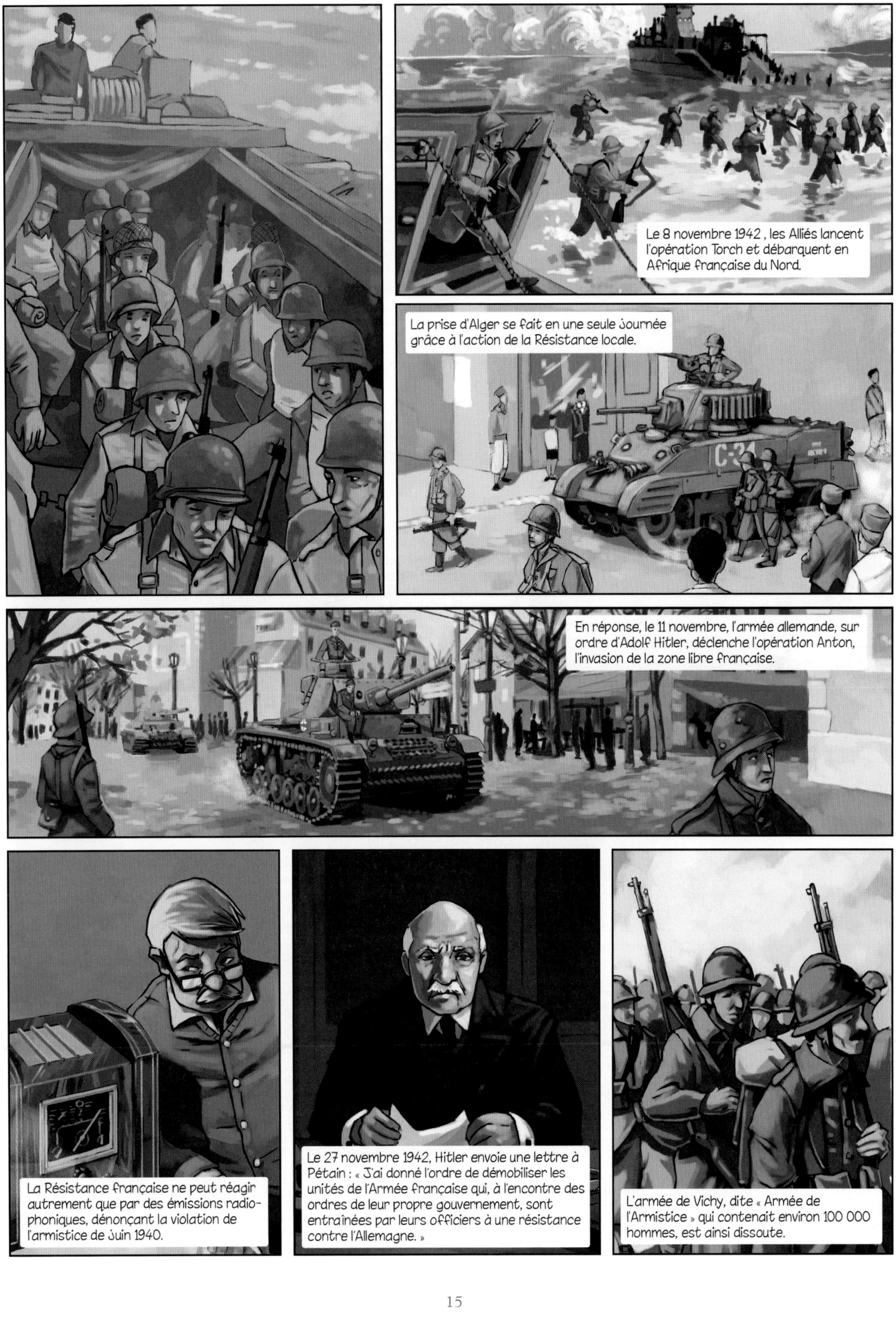
Le 8 novembre 1942 , les Alliés lancent l'opération Torch et débarquent en Afrique française du Nord.
La prise d'Alger se fait en une seule journée grâce à l'action de la Résistance locale.
En réponse, le 11 novembre, l'armée allemande, sur ordre d'Adolf Hitler, déclenche l'opération Anton, l'invasion de la zone libre française.
La Résistance française ne peut réagir autrement que par des émissions radio-phoniques, dénonçant la violation de l'armistice de juin 1940.
Le 27 novembre 1942, Hitler envoie une lettre à Pétain : « J'ai donné l'ordre de démobiliser les unités de l'Armée française qui, à l'encontre des ordres de leur propre gouvernement, sont entraînées par leurs officiers à une résistance contre l'Allemagne. »
L'armée de Vichy, dite « Armée de l'Armistice » qui contenait environ 100 000 hommes, est ainsi dissoute.

Beaucoup de soldats profitent de ce démantèlement pour rejoindre les Alliés en Afrique du Nord.
Les soldats « coloniaux » eux, sont regroupés en GMICR (Groupements militaires d'indigènes coloniaux rapatriables)...
En 1943, ces GMICR comptent 72 compagnies composées de 1 757 Africains, 6 105 Indochinois, 8 016 Malgaches.
... Ils sont assignés à des travaux divers, au profit d'employeurs privés ou pour des tâches d'utilité publique (routes, travaux forestiers, etc.)
Ils sont également forcés de se mettre au service de la Wehrmacht près des côtes méditerranéennes au bénéfice de l'organisation Todt, un groupe de génie civil et militaire nazi.
Même si leur situation ne leur permet pas une résistance active, beaucoup d'entre eux entrent en contact avec les maquis locaux.

Dès lors, profitant de situations favorables, nombre de ces prisonniers de guerre finiront par s'évader pour rejoindre la Résistance.
C'EST POUR DEMAIN SOIR, LES GARS. JE SAIS OÙ ON POURRA RÉCUPÉRER UNE VOITURE…
Ils gagneront notamment le maquis du Vercors et trouveront refuge dans les différents groupes de combattants qui occupent les lieux.
NOUS NOUS SOMMES ÉVADÉS…
ON VIENT SE BATTRE AVEC VOUS…
Ce massif escarpé est le lieu choisi, au début de l'année 1943, par des résistants tels que Pierre Dalloz et Jean Prévost pour servir de base au plan « Montagnards ».
Ce plan propose l'établissement d'une base arrière de combattants qui viendrait en soutien aux forces alliées au moment du débarquement.
Début 1944, le maquis s'est organisé en une douzaine de camps regroupant près de 500 civils et militaires.
Le débarquement du 6 juin est un signal pour des centaines de volontaires qui affluent dans les camps. Ils se retrouveront près de 4 000 à faire flotter le drapeau tricolore sur ce territoire déclaré « libre ».
ICI COMMENCE LE PAYS DE LA LIBERTÉ

Nous sommes à Lyon, au mois de juin 1944, dans le quartier de la Doua.
Ici, quelque 165 prisonniers coloniaux travaillent sous la contrainte pour l'organisation Todt.

Ces prisonniers sont là depuis plusieurs années et les conditions de leur détention sont rudes.
Ils savent qu'au dehors la Résistance s'organise et la plupart ne supportent plus d'être en captivité sans pouvoir participer au combat qui continue.
BAM !
Le sergent Vilchèse, seul Européen à partager la captivité des soldats sénégalais, veut organiser une évasion collective pour rejoindre le maquis.
Il parvient à entrer en contact avec un réseau local. Ensemble, ils se mettent d'accord sur les modalités de l'opération.
IL M'A DIT QU'IL ALLAIT FAIRE SORTIR UNE BONNE CINQUANTAINE DE GARS,
FAUT QU'ON ENVOIE DES CAMIONS POUR LES RÉCUPÉRER ET LES METTRE À L'ABRI.
Ce seront les maquisards du Vercors qui se chargeront de l'opération.
Le 22 juin 1944, trois camions quittent Saint-Agnan-en-Vercors et s'engagent sur la route des Grands Goulets en direction de Lyon.
Les camions sont pilotés par Pierre Rangheard, Léonce Lenoir et les frères Pierre et André Grosset.

15 kilomètres après être partis, les freins du camion des frères Grosset lâchent dans la descente. Mais les deux hommes, conducteurs expérimentés, réussissent à éviter la catastrophe en plaquant le véhicule contre la paroi.
Léonce Lenoir cède son camion aux deux frères et le convoi poursuit sa route en direction de Lyon.
BONNE ROUTE, LES GARS !
Une fois sur place, Rangheard se gare rue du Pensionnat pendant que les frères Grosset planquent leur camion chez leur père, transporteur à Villeurbanne.
Dans la soirée, un membre de la Résistance locale vient les voir pour leur donner les instructions pour le lendemain.
RENDEZ-VOUS RUE MARGUERITE, UN PEU AVANT CINQ HEURES DU MATIN, CE SERA LA FIN DU COUVRE-FEU.
Pendant ce temps, le sergent Vilchèse et ses camarades parviennent à sortir du camp après avoir malheureusement dû tuer deux gardiens, les soldats Lorez Hell et Iwan Schewschenko.
Une fois les camions positionnés, c'est le sergent Vilchèse qui arrive en éclaireur. Il fait venir les 52 fugitifs qui se sont évadés avec lui, ainsi que son épouse qui a tenu à l'accompagner.
ALLEZ, ALLEZ, ON S'ENTASSE ET ON VERRA PLUS TARD POUR LE CONFORT.

Les camions reprennent leur route en passant par le boulevard de ceinture et les frères Grosset font au passage un signe à leur père venu les guetter pour lui indiquer que tout s'est bien passé.
C'EST BIEN, LES PETITS !
À la sortie de Lyon, le convoi retrouve deux camionnettes avec six hommes en armes venus les escorter sur le chemin.
ON OUVRE DEVANT ET ON VOUS SUIT DERRIÈRE AU CAS OÙ ÇA CHAUFFE, D'ACCORD ?
ÇA MARCHE, MERCI LES GARS.
L'arrivée de la troupe dans le Vercors fait sensation, l'accueil est fraternel et, désormais, ces hommes formeront l'escadron colonial du 11e régiment de cuirassiers FFI.
Ils se mêleront avec enthousiasme aux milliers d'hommes qui forment ce maquis. Des Français mais aussi des Polonais, Espagnols, Maghrébins, Italiens, Indochinois, etc.
Des hommes qui ont conscience qu'il ne sert à rien de fuir quand la barbarie frappe partout et qui ont décidé de se battre.

La suite est malheureusement moins réjouissante. Si, de leur côté, les maquisards se sentent en confiance dans leur forteresse et s'affichent au grand jour, les Allemands, eux, prennent cette attitude pour une provocation.
L'occupant craint aussi que le développement de ce foyer de résistance ne pose problème pour le retrait des troupes basées dans le sud de la France.
IL VA FALLOIR CREVER CET ABCÈS...
Pour les combattants du Vercors, le débarquement de Normandie ayant eu lieu, celui de Provence ne devrait pas tarder et les parachutages d'armes et de troupes également.
ON A DÉJÀ REPÉRÉ PLUSIEURS TERRAINS POUR LES LARGAGES, DU CÔTÉ DE VASSIEUX, LA CHAPELLE ET SAINT-MARTIN...
IL N'Y A QUE DU PETIT CALIBRE ! IL FAUT ABSOLUMENT QU'ON NOUS ENVOIE DES MORTIERS ET DES MITRAILLEUSES LOURDES, SINON ON NE TIENDRA PAS !
Seulement, ces parachutages ne viendront pas dans les proportions attendues et le débarquement de Provence n'aura lieu que le 15 août.
Dès le 19 juillet, tout le plateau du Vercors se retrouve encerclé par les forces allemandes. Les entrées et sorties sont bloquées et des unités spécialisées sont prévues pour l'assaut du plateau
Le 21 juillet, des planeurs remplis de soldats parviennent à atterrir du côté de Vassieux. La surprise est totale pour les maquisards et les habitants qui pensent un instant voir arriver des renforts.

Les combats qui s'engagent sont rudes et les exactions se multiplient, à Valchevrières au Pas de l'Aiguille, à La Chapelle-en-Vercors...
Le commandant Huet, chef militaire du Vercors, se résout à disperser les troupes. Les combattants doivent fuir les agglomérations pour s'enfoncer dans les bois et adopter les tactiques de la guérilla.
Les Allemands veulent faire du Vercors une terre brûlée et investissent toutes les zones habitées, toutes les voies de communication pour débusquer tous les foyers de résistance.
Le docteur Ganimède, médecin-chef du Vercors, décide l'évacuation des blessés des hôpitaux de Tourtres et de Saint-Martin qui risquent l'exécution sommaire si les Allemands les trouvent.
C'est de cette manière qu'une trentaine de personnes trouveront refuge dans la grotte de la Luire.
28 maquisards, un officier américain, deux femmes blessées à Vassieux, quatre prisonniers de la Wehrmacht, trois médecins et sept infirmières.

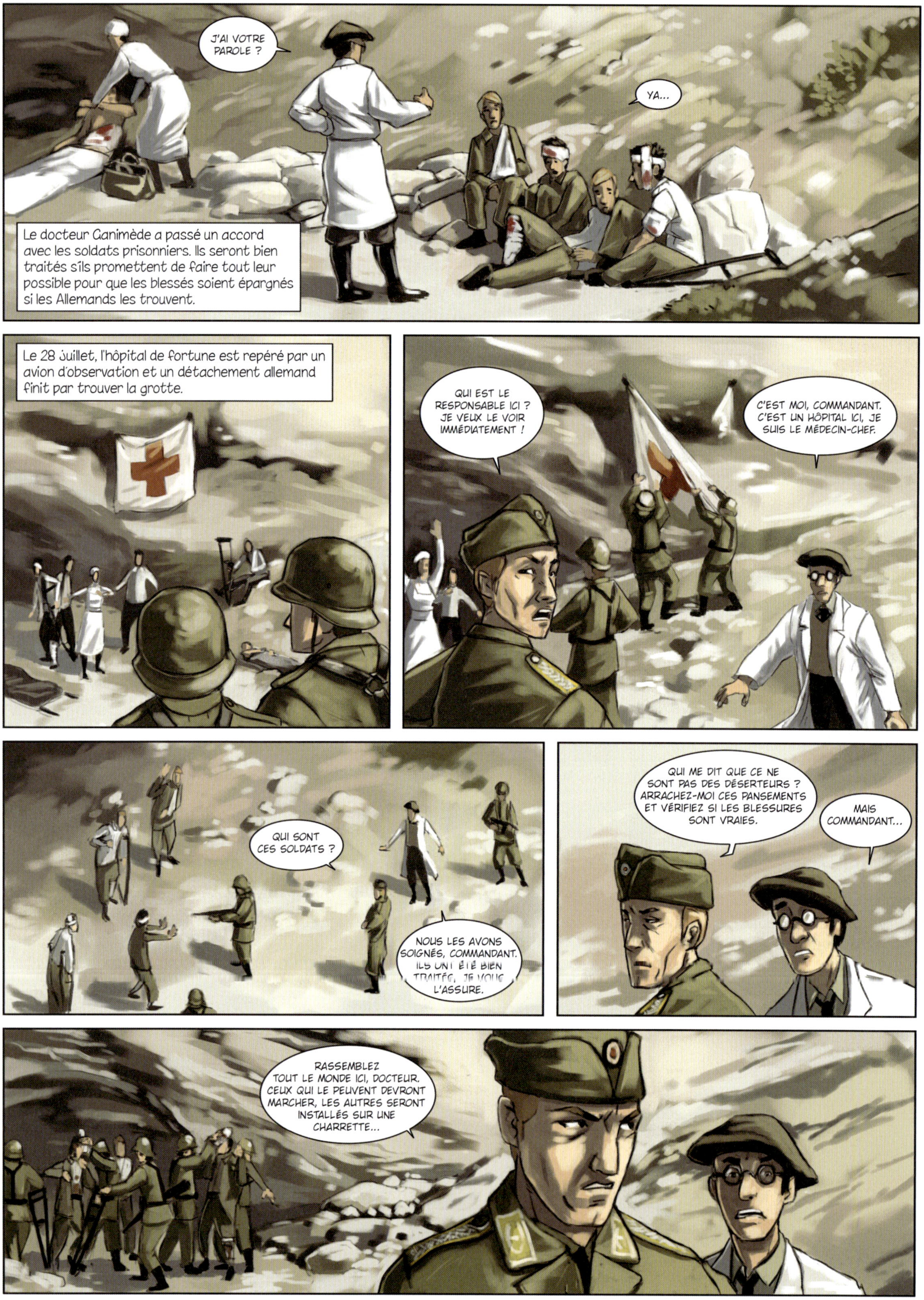
J'AI VOTRE PAROLE ?
YA...
Le docteur Ganimède a passé un accord avec les soldats prisonniers. Ils seront bien traités s'ils promettent de faire tout leur possible pour que les blessés soient épargnés si les Allemands les trouvent.
Le 28 juillet, l'hôpital de fortune est repéré par un avion d'observation et un détachement allemand finit par trouver la grotte.
QUI EST LE RESPONSABLE ICI ? JE VEUX LE VOIR IMMÉDIATEMENT !
C'EST MOI, COMMANDANT. C'EST UN HÔPITAL ICI, JE SUIS LE MÉDECIN-CHEF.
QUI SONT CES SOLDATS ?
NOUS LES AVONS SOIGNÉS, COMMANDANT. ILS ONT ÉTÉ BIEN TRAITÉS, JE VOUS L'ASSURE.
QUI ME DIT QUE CE NE SONT PAS DES DÉSERTEURS ? ARRACHEZ-MOI CES PANSEMENTS ET VÉRIFIEZ SI LES BLESSURES SONT VRAIES.
MAIS COMMANDANT...
RASSEMBLEZ TOUT LE MONDE ICI, DOCTEUR. CEUX QUI LE PEUVENT DEVRONT MARCHER, LES AUTRES SERONT INSTALLÉS SUR UNE CHARRETTE...

LA NUIT NE VA PAS TARDER À TOMBER, JE CROIS QU'ON NE DEVRAIT PAS S'ENCOMBRER DES BLESSÉS LOURDS. MIEUX VAUT NOUS EN DÉBARRASSER SUR PLACE...
OUI, JE SUIS D'ACCORD.
COMMANDANT, OÙ VA CETTE CHARRETTE ?
OÙ EMMENEZ-VOUS MES PATIENTS ?
ÇA NE VOUS REGARDE PAS, METTEZ-VOUS EN MARCHE !
OÙ EST-CE QU'ILS LES EMMÈNENT, DOCTEUR ? QU'EST-CE QU'ILS VONT LEUR FAIRE ?
JE NE SAIS PAS, JE CRAINS LE PIRE.
RUHE ! VOUS PARTIR, MAINTENANT !
ARRÊTEZ, BON DIEU, VOUS ALLEZ LES TUER !
TACATACATACATACATA

VOUS AVEZ ENTENDU, DOCTEUR ? VOUS AVEZ ENTENDU ?
OUI, ABDESSELEM, MALHEUREUSEMENT NOUS AVONS TOUS ENTENDU...
LES SALAUDS, ILS LES ONT ABATTUS COMME DES CHIENS !
MARCHER PLUS VITE ! PAS PARLER !
PAF
TOI TU ME FOUS LA PAIX, SALE BOCHE !
VOUS ÊTES DES SALAUDS, VOUS N'AVIEZ PAS LE DROIT !
NON, ARRÊTE !
PAC
Cet homme qui se révolte est un maquisard marocain de trente ans. Il s'appelle Abdesselem Ben Ahmed.
COMMANDANT, PITIÉ, VOUS N'ALLEZ PAS...
TENEZ-VOUS TRANQUILLE, DOCTEUR, SI VOUS NE VOULEZ PAS CONNAÎTRE LE MÊME SORT...
Parmi les autres prisonniers, plusieurs seront à leur tour abattus le long du chemin, exécutés sur le lieu de leur détention ou encore déportés.
Le massacre de la grotte de la Luire restera dans les mémoires comme un symbole des atrocités commises par la répression allemande.

Le 21 avril 1944, le Gouvernement provisoire de la République française est créé et regroupe sous son autorité les territoires de l'Empire français, les forces armées extérieures et la Résistance intérieure. De Gaulle en est le président.

Des cours de justice sont créées avec la participation de résistants, afin d'éviter, si possible, les exécutions sommaires et les règlements de comptes au profit d'une « épuration légale » des collaborateurs.

E GAULLE
Le 25 août, Paris est libéré et la première compagnie qui pénètre dans la capitale est « La Nueve », la neuvième compagnie de la fameuse deuxième DB du général Leclerc, une compagnie de républicains espagnols.
Le 2 septembre, les troupes alliées entrent en Belgique et le 10 septembre, elles atteignent l'Allemagne.
Le 16 décembre, Hitler lance une contre-attaque dans les Ardennes pour stopper l'avancée des forces alliées mais c'est un échec dévastateur pour la Wehrmacht.
Le 30 avril 1945, Hitler se donne la mort et le 8 mai, l'Allemagne signe l'acte définitif de capitulation.
Quant à la Résistance, quelle que soit l'appréciation que l'on peut porter sur son efficacité militaire, son action politique fut déterminante pour l'après-guerre.

Ainsi, la déclaration par les maquisards de la République libre du Vercors dès juin-juillet 1944, malgré sa répression ultérieure par les forces allemandes, signalait-elle la volonté partagée de ces résistants de garder fidélité à la démocratie contre l'autoritarisme et la répression.

De même, plus au sud, dans les reliefs de la Montagne noire, le corps franc de plus de 900 hommes réunis pour harceler les troupes allemandes a permis à la population locale de se souvenir que certains d'entre eux n'avaient pas baissé les bras et croyaient encore à la libération du pays.

Leur engagement au côté de nombreux combattants de toutes nationalités a servi et doit servir encore aujourd'hui à nous rappeler que la survie de la nation française est le résultat de la coopération entre différentes cultures, rassemblées au nom de la défense de la liberté contre la barbarie.

La Montagne noire est une région assez montagneuse qui borde le Massif central au sud, à cheval sur la Haute-Garonne, le Tarn et l'Aude.

Comme dans toutes les régions fortement boisées et accidentées, plusieurs maquis y trouvent refuge au moment de l'invasion de la zone libre par les Allemands en 1942.
C'EST BIEN BEAU DE SE PLANQUER, MAIS QU'EST-CE QU'ON FAIT MAINTENANT ?
SANS ARMES ET SANS ORGANISATION, ON N'IRA PAS LOIN...
IL Y A DÉJÀ DES PETITS GROUPES DISPERSÉS DANS PLUSIEURS COINS. ON DEVRAIT POUVOIR RAPIDEMENT MONTER UNE PREMIÈRE UNITÉ...
OK. JE CONTACTE LE WAR OFFICE...
Un maquis est généralement composé de vingt à quarante hommes en moyenne. Le but du corps franc est de rassembler les maquis sous une seule autorité pour constituer une unité militaire.
TRÈS BIEN, J'ATTENDS L'ENVOI DES RENFORTS ET JE DÉMARRE LA MISSION ...
Ainsi, le corps franc de la Montagne noire sera créé en avril 1944 de l'initiative d'un résistant de la première heure, Roger Mompezat.
Sa démarche est appuyée par Londres qui lui envoie en renfort le chef de bataillon Henri Sevenet et un opérateur radio, le major Richardson.
LONDRES A PRÉVU PLUSIEURS AUTRES PARACHUTAGES, VOUS SEREZ TOUS CORRECTEMENT ÉQUIPÉS...
Ce corps franc comptera plus de 900 combattants et sa particularité sera de réunir des hommes de toutes origines, croates ou polonais, algériens ou marocains, italiens et espagnols...
... et de toutes confessions, juifs, musulmans, catholiques, protestants, athées.

L'objectif du corps franc, c'est de faire savoir qu'il est là et que l'occupant va devoir en tenir compte.
NOTRE TRAVAIL, C'EST DE FAIRE DIVERSION.
PENDANT QU'ON LES OCCUPE ICI, ILS FOUTRONT LA PAIX À NOS CAMARADES QUI DOIVENT VENIR EN RENFORT !
En prévision des prochains débarquements, il faut obliger les Allemands à concentrer leurs forces dans le secteur pour permettre à d'autres d'agir ailleurs et pour gêner les mouvements de troupes.
Les maquisards commenceront par réquisitionner les chantiers de jeunesse locaux. Ce sont des camps de travail installés par Pétain pour remplacer le service militaire.
Ils s'installeront ainsi sur cinq sites : Plô del May, Fontbruno, Le Riedgé, Co de David et La Galaube.
Entre les drapeaux fièrement affichés au regard des avions de reconnaissance et les parachutages d'armes et de matériel...
... les Allemands sont rapidement au courant qu'une force armée est en train de se structurer dans la région.
ON NE PEUT PAS LAISSER S'INSTALLER UNE BASE ARRIÈRE ICI, EN PLEIN COEUR DU PAYS. IL FAUT ABSOLUMENT NETTOYER TOUT ÇA !

Le 5 juin 1944, à 21 heures, Radio Londres donne le signal de la guérilla.
« ON A TROUVÉ DE QUOI SE RAFRAÎCHIR DANS LE JARDIN », JE RÉPÈTE : « ON A TROUVÉ DE QUOI SE RAFRAÎCHIR DANS LE JARDIN. »
Les volontaires affluent en nombre dans les jours suivants, provoquant même des encombrements dans des lieux plutôt habitués au calme...
Dans le journal du corps franc, on trouvera plus tard cette phrase : « C'est ridicule et c'est magnifique. »
À la mi-juin, le corps franc de la Montagne noire regroupe déjà environ 600 hommes répartis sur les camps. Début juillet, ce nombre se portera à plus de 900 hommes.
Le 12 juin 1944. Le corps franc apprend qu'une colonne allemande doit passer sur la route entre Mazamet et Les Martyrs, on craint une offensive et une attaque préventive est décidée.
BRAVO
HOURRA
HOURRA
BRAVO
CLAP
CLAP CLAP
Les pertes allemandes sont importantes, le corps franc n'a qu'un blessé léger.

« ET PENSANT À NOS MORTS, À NOS PRISONNIERS, À NOS RUINES, À NOS ESPOIRS, VOUS SAUREZ FAIRE DE CETTE FÊTE UNE JOURNÉE DE RECUEILLEMENT ET DE MÉDITATION.
VOTRE REPOS NE SERA TROUBLÉ NI PAR LES AGITATIONS DE LA RUE, NI PAR LES DIVERTISSEMENTS DES SPECTACLES. »
Si le maréchal Pétain avait interdit toute réjouissance pour les commémorations du 14 juillet...
ALORS ? ON VA DÉFILER OU ON SE PLANQUE COMME DES RATS ?
ON VA DÉFILER !!!
... pour les membres du corps franc, il était impensable de rester en forêt ce jour-là.
Là encore, l'objectif était de défier l'ennemi, l'agacer, lui montrer que le corps franc n'avait pas peur.
Le 14 juillet 1944, 400 hommes investissent la commune de Revel et font fuir les quelques unités allemandes en poste.
HA HA ! ALLEZ, TAILLEZ-VOUS, LES BOCHES, C'EST PAS CHEZ VOUS ICI !
Ils défilent ensuite sous les regards ébahis de la population locale qui applaudit.
Non contents d'avoir fait un premier coup d'éclat, les hommes du maquis répéteront l'opération le même jour, sur le chemin du retour, dans la ville de Dourgne.

La réaction des Allemands ne tardera pas.
Le 20 juillet, six Junkers 88 et deux avions mouchards approchent du camp de la Galaube à 6 h 45 du matin…
La première bombe tombe sur le camp, la liaison avec Londres est coupée et le commandant Henri Sevenet est tué sur le coup, décapité par un éclat.
Les six bombardiers pilonnent le camp à coups de bombes de près de 300 kilos qui contiennent de nombreuses sous-munitions explosives.
Les avions passent et repassent en mitraillant tout le périmètre.
Les maquisards réussissent malgré tout à toucher trois avions avec leurs mitrailleuses depuis les camps du Riedgé et de Plô del May.
Les camps sont rapidement détruits et les hommes du corps franc doivent se battre contre le premier assaut de l'infanterie allemande…

ON VA PAS POUVOIR TENIR LONGTEMPS, FAUT QU'ON DÉCANILLE VITE FAIT !
Ce sont plus de 5 000 soldats lourdement armés, accompagnés de chars qui commencent à encercler les camps.
ALLEZ, ALLEZ, ON SE REMUE LES MICHES, LES GARS !
Sur les coups de 16 h, Mompezat ordonne la retraite générale de l'ensemble des combattants en direction du pic de Nore.
Du côté des résistants, quatre hommes ont trouvé la mort quand, du côté allemand, c'est plus d'une centaine de soldats qui ont été tués.
Mais les Allemands préparent une seconde attaque avec l'arrivée de plusieurs divisions de renfort.
Pour éviter un massacre, l'ordre de dispersion est donné le 24 juillet.
Les groupes de maquisards rejoignent d'autres maquis dans les départements adjacents.
Dans toute la Montagne noire, l'armée allemande patrouille à la recherche des résistants...

Par la suite, la fracture entre la France et ses colonies se renforce et s'étend.
VOTEZ
L'INDÉPE
OUR
Un par un, les pays de l'ancien empire obtiennent leur indépendance, souvent à l'occasion de conflits sanglants. Algérie, Indochine, Madagascar...
C'est ainsi que des résistants qui avaient lutté contre l'occupation allemande dans les maquis de France, se retrouvent dans des affrontements qui les opposent à leurs anciens compagnons d'armes.
À partir de 1960, l'État français vote la « cristallisation ». C'est-à-dire le gel du montant des pensions versées aux anciens combattants de ses ex-colonies à la date de l'indépendance. Elles ne seront plus jamais revalorisées.
OFFICE NATION
DES ANCIEN
COMBATTANT
DU SENEGAL
JE CROIS QUE JE VIENS DE COMPRENDRE L'EXPRESSION « DEUX POIDS, DEUX MESURES ».
Il faudra attendre les années 2000 pour que le processus de « décristallisation » soit entamé. De nombreuses inégalités persistent encore aujourd'hui.
SI JE VEUX TOUCHER UNE PENSION CORRECTE, JE DOIS VIVRE NEUF MOIS PAR AN ICI EN FRANCE, LOIN DE MA FAMILLE ET DE MES ENFANTS...
Dans le même temps, le rôle des étrangers dans la Résistance sera de plus en plus nié, puis progressivement oublié. Principalement pour les étrangers de nos anciennes colonies.
Aujourd'hui ne subsistent que les noms de ces combattants sur les monuments aux morts qui parsèment notre pays.
MATUSSI ALDO
MAYER ANDRE
MCHEDINE AZOUZ
MELMAN SAMUEL
MEUNIER

Et ils étaient nombreux...
LE
MAQUIS
DE
L'OISANS
A SES MORTS
1944
A SES
HEROS
A SES
MARTYRS
Et la place manque dans ce seul album pour parler de tous...

À Paris, c'est le groupe de Missak Manouchian qui œuvre avec trois détachements sous ordres, comprenant au total une cinquantaine de combattants.

Il aura fallu une collaboration serrée entre la Gestapo et les renseignements généraux de la police parisienne pour faire tomber le réseau.
Sachant que ce sont plus de deux cents policiers qui furent affectés à cette seule traque...
Au matin du 16 novembre 1943, Manouchian est arrêté. Il sera livré avec plusieurs de ses camarades à l'occupant.
En février 44, le tribunal militaire allemand du Grand-Paris prononcera 23 condamnations à mort. Les 22 hommes du groupe seront fusillés le jour même.
Olga Bancic, parce qu'elle est une femme et que le code militaire de la Wehrmacht interdit de la fusiller, sera décapitée au mois de mai à Stuttgart.
DES LIBÉRATEURS?
LA LIBÉRATION!
PAR L'ARMÉE DU CRIME
Dans sa dernière lettre écrite quelques heures avant son exécution, Manouchian disait : « Le peuple allemand et tous les autres peuples vivront en paix et en fraternité après la guerre qui ne durera plus longtemps. Bonheur à tous... »

Du côté de Toulouse, c'est Marcel Langer, juif, polonais, militant communiste et ancien des Brigades internationales qui dirigea la branche locale des FTP-MOI.
En 1939, après la défaite des républicains durant la guerre d'Espagne, il dut fuir et connut le camp de concentration d'Argelès-sur-Mer avant de s'évader et de trouver refuge à Toulouse.
ON N'A QUE CELUI-LÀ, ALORS TU FAIS GAFFE, OK ?
Nommé dirigeant du groupe local des FTP-MOI qu'il appelle la « 35e brigade », les actions qu'il mène sont nombreuses et courageuses au vu des très faibles moyens à sa disposition.
Le 5 février 1943, Marcel Langer est arrêté près de la gare Saint-Agne, en possession d'une valise pleine d'explosifs.
VIVE LA FRANCE !
À BAS LES BOCHES !
VIVE LE PARTI COMMUNISTE !
Il sera guillotiné le 23 juillet 1943 à la prison Saint-Michel, mais les actions de la brigade se poursuivront.
Lors de son procès, le juge a déclaré : « Vous êtes juif, étranger et communiste, trois raisons pour moi de réclamer votre tête. »

Dans la région de Lyon et de Grenoble, c'est le groupe FTP-MOI « Carmagnole-Liberté » qui œuvre dès mars-avril 1942 sous le commandement de Joseph Kutin, également ancien officier des Brigades internationales.
Les volontaires de ces groupes étaient de jeunes gens, juifs polonais ou d'Europe centrale, hongrois, roumains, etc.
L'organisation est rigoureuse. Le chef « militaire » est responsable des actions de guérilla, le « politique » s'occupe du moral des troupes et le « technique » s'occupe des armes, des salaires, de l'intendance en général.
Il faut savoir aussi que sur les 144 combattants des « Carmagnole-Liberté », 34 étaient des femmes. Elles s'occupaient des liaisons entre les groupes, participaient au combat ou étaient chargées de la récupération des armes et des explosifs.

Dès 1933 et jusqu'en 1940, des antifascistes allemands ont publié en France le *Pariser Tageszeitung*, un journal tiré à environ 14 000 exemplaires dont le sous-titre affichait : « Quotidien anti-hitlérien ».

Avec leurs camarades espagnols, ils ont reflué en France en 38 et 39, chassés par les nationalistes et se sont retrouvés dans les camps d'internement mis en place par le gouvernement français.

Pour des raisons équivalentes, nombreux furent les Italiens qui ont fui le fascisme de Mussolini pour trouver refuge dans les régions frontalières.
Dès 1943, on les retrouve engagés dans tous les groupes de résistants de l'Isère par exemple. Du côté de Grenoble avec les MOI, dans les maquis du Vercors, de l'Oisans, de la Chartreuse, du Grésivaudan et d'autres encore...
Là aussi, comme partout en France, ils se retrouveront à partager le destin de combattants indochinois, tunisiens, serbes, croates, polonais, algériens...
... espagnols, sénégalais, guinéens, marocains, luxembourgeois et bien d'autres encore...
Et tous ensemble, ils ont participé à la libération de notre pays et à la victoire des peuples contre la folie fasciste.

Souvenons-nous qu'à l'époque, l'ennemi était facilement identifiable, avec des armées, une idéologie, un programme, un uniforme et un logo. Aujourd'hui nous nous cherchons un nouvel ennemi, aussi identifiable, pour nous remettre au combat alors que nous devons comprendre que cet ennemi est d'abord en nous.

Il s'appelle intolérance, amalgame, ostracisme, xénophobie, racisme, antisémitisme, etc. Voilà son uniforme et son logo. Nous avons tous été frères et sœurs au combat. Nous le sommes toujours. La meilleure façon d'honorer nos résistants, c'est de se souvenir qu'ils se sont, avant toute autre chose, battus contre la barbarie et l'injustice.

Et pour cela, ils ont, pendant un temps, été capables de voir chez celles et ceux qui combattaient à leurs côtés, juste ce qu'il y avait d'humain, de généreux, de courageux. Ils ne voyaient pas un Noir, un juif, un Blanc, une femme, un musulman, un étranger, un chrétien. Juste un être humain, une sœur, un frère.

FIN. Olivier Jouvray/Batist Payen

Il y a eu Jean Moulin,

n'oublions pas

Jean Mouloud,

Jean Nguyen,

Jean Cohen,

Jean Kowalski,

Jean Samba

...

VISAGES DE COMBATTANTS

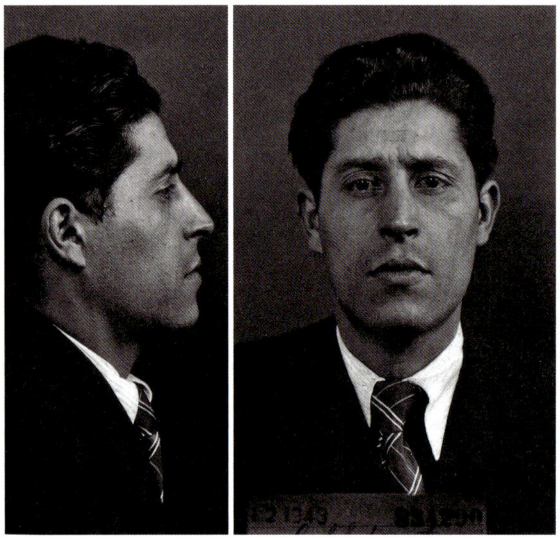

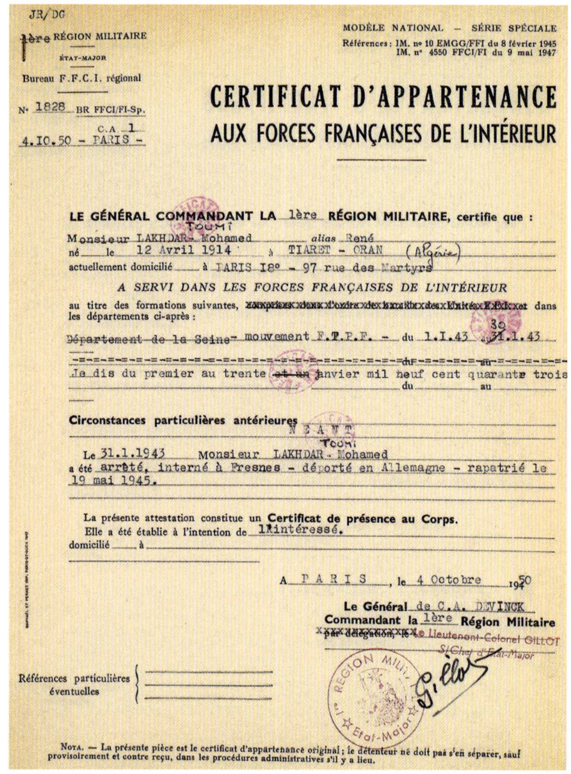

JR/DG

1ère RÉGION MILITAIRE

ÉTAT-MAJOR

Bureau F.F.C.I. régional

N° 1828 BR FFCI/FI-Sp.

C.A 1

4.10.50 - PARIS -

MODÈLE NATIONAL – SÉRIE SPÉCIALE

Références : IM. n° 10 EMGG/FFI du 8 février 1945

IM. n° 4550 FFCI/FI du 9 mai 1947

CERTIFICAT D'APPARTENANCE
AUX FORCES FRANÇAISES DE L'INTÉRIEUR

LE GÉNÉRAL COMMANDANT LA 1ère **RÉGION MILITAIRE, certifie que :**

Monsieur LAKHDAR-TOUMI Mohamed *alias* René

né le 12 Avril 1914 à TIARET - ORAN (Algérie)

actuellement domicilié à PARIS 18° - 97 rue des Martyrs

A SERVI DANS LES FORCES FRANÇAISES DE L'INTÉRIEUR

au titre des formations suivantes, ~~xxxxxxxxxxxxxxxxxxxxxxxxxxxxxx~~ dans les départements ci-après :

~~Département de la Seine~~ - mouvement F.T.P.F. - du 1.I.43 au 30.1.43

-=-=-=-=-=-=-=-=-=-=-=-=-=-=-=- du -=-=-=-=- au -=-=-=-=-

Je dis du premier au trente ~~et un~~ janvier mil neuf cent quarante trois du au

Circonstances particulières antérieures

N É A N T

Le 31.1.1943 Monsieur LAKHDAR-TOUMI Mohamed

a été arrêté, interné à Fresnes - déporté en Allemagne - rapatrié le 19 mai 1945.

La présente attestation constitue un **Certificat de présence au Corps.**

Elle a été établie à l'intention de l'intéressé.

domicilié à

A PARIS, le 4 Octobre 1950

Le Général de C.A. DEVINCK

Commandant la 1ère **Région Militaire**

par délégation, le Lieutenant-Colonel GILLOT

S/Chef d'État-Major

Références particulières éventuelles

Région Militaire – 1re – État-Major

Nota. — La présente pièce est le certificat d'appartenance original ; le détenteur ne doit pas s'en séparer, sauf provisoirement et contre reçu, dans les procédures administratives s'il y a lieu.

Mohamed Lakhdar-Toumi

FTPF (Franc-Tireur et partisan français) arrêté et interné par la Gestapo à Fresnes le 31 janvier 1943, il fut déporté en Allemagne d'abord dans le camp de Natzwiller-Struthof puis à celui de Dachau.

Coll. préfecture de police de Paris

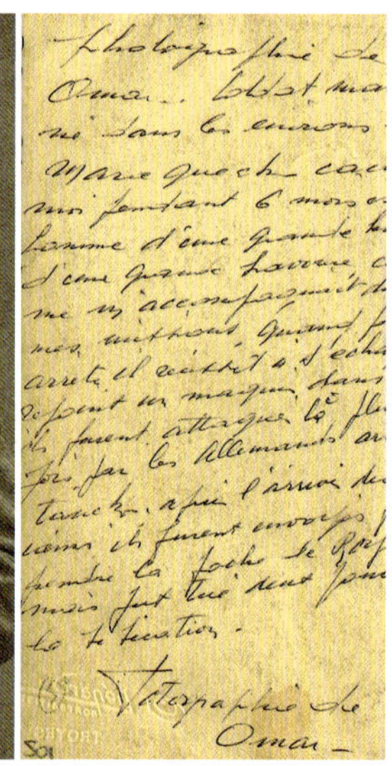

Omar, soldat marocain

"Photographie d'Omar. Soldat marocain né dans les environs de Marrakech. Caché chez moi pendant 6 mois et 1/2. Homme d'une grande honnêteté, d'une grande bravoure. Cet homme m'accompagnait dans toutes mes missions. Quand je fus arrêté, il réussit à s'échapper, rejoignit un maquis dans l'Aube. Ils furent attaqués là plusieurs fois par les Allemands armés de tanks. Après l'arrivée des Américains, ils furent envoyés pour reprendre la poche de Royan, mais il fut tué deux jours avant la Libération."

Retranscription du texte au dos de la photographie.
Coll. musée de la Résistance nationale – Champigny-sur-Marne

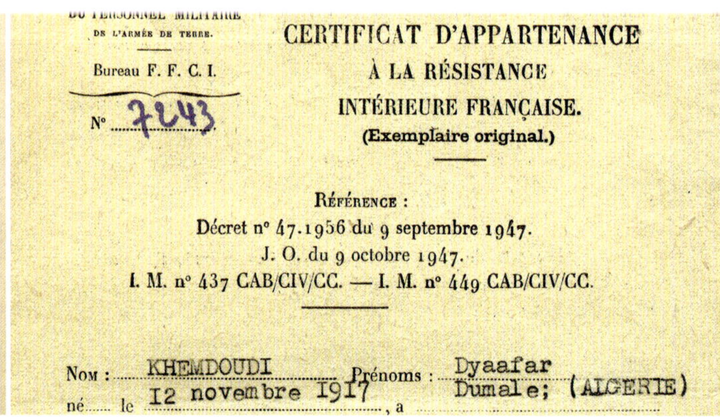

DU PERSONNEL MILITAIRE

DE L'ARMÉE DE TERRE.

Bureau F. F. C. I.

N° 7243

CERTIFICAT D'APPARTENANCE
À LA RÉSISTANCE
INTÉRIEURE FRANÇAISE.
(Exemplaire original.)

RÉFÉRENCE :

Décret n° 47.1956 du 9 septembre 1947.

J. O. du 9 octobre 1947.

I. M. n° 437 CAB/CIV/CC. — I. M. n° 449 CAB/CIV/CC.

Nom : KHEMDOUDI Prénoms : Dyaafar

né le 12 novembre 1917, à Dumale; (ALGERIE)

Djaafar Khemdoudi

Infiltré par la Résistance française au poste de secrétaire interprète au service allemand, il empêcha la déportation d'un très grand nombre de personnes en leur confectionnant de faux papiers.

Dénoncé puis arrêté le 23 juin 1944, il fut interné à Montluc (Lyon) puis au camp de Neuengamme. Rapatrié le 21 mai 1945. Il reçut la médaille de la Résistance, la médaille Militaire ainsi que la Légion d'honneur (au grade d'officier).

Coll. privée, Jacques Khemdoudi

Bédoukian

Combattant FTP-MOI d'origine arménienne à la libération de Marseille, 1944.

Coll. musée de la Résistance nationale – Champigny-sur-Marne

Guérillero espagnol

Combattant espagnol du maquis de Saint-Bertrand-de-Comminges (Haute-Garonne).

Coll. musée de la Résistance nationale – Champigny-sur-Marne

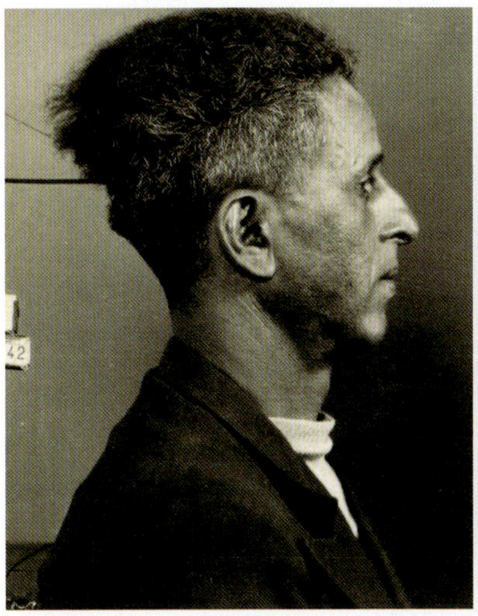

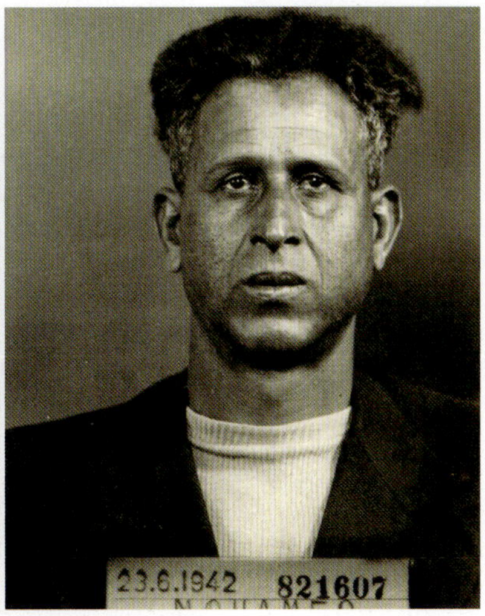

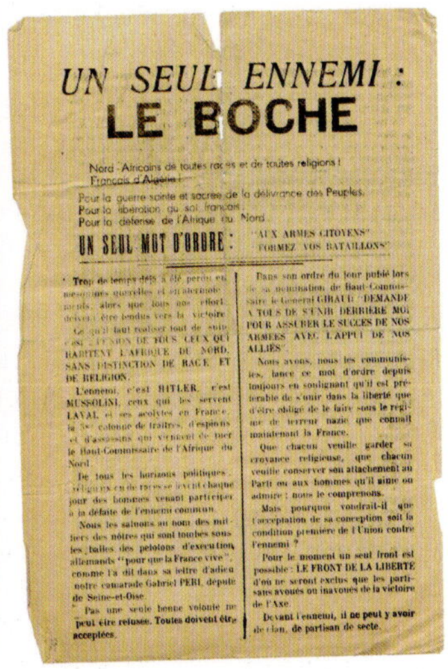

UN SEUL ENNEMI :
LE BOCHE

Nord-Africains de toutes races et de toutes religions !
Français d'Algérie !
Pour la guerre sainte et sacrée de la délivrance des Peuples.
Pour la libération du sol français.
Pour la défense de l'Afrique du Nord.

UN SEUL MOT D'ORDRE : "AUX ARMES CITOYENS" "FORMEZ VOS BATAILLONS"

Trop de temps déjà a été perdu en mesquines querelles et en atermoiements, alors que tous nos efforts doivent être tendus vers la victoire.

Ce qu'il faut réaliser tout de suite c'est L'UNION DE TOUS CEUX QUI HABITENT L'AFRIQUE DU NORD, SANS DISTINCTION DE RACE ET DE RELIGION.

L'ennemi, c'est HITLER, c'est MUSSOLINI, ceux qui les servent [illegible]

Dans son ordre du jour publié lors de sa nomination de Haut-Commissaire le Général GIRAUD "DEMANDE A TOUS DE S'UNIR DERRIÈRE MOI POUR ASSURER LE SUCCÈS DE NOS ARMÉES AVEC L'APPUI DE NOS ALLIÉS".

Nous avons, nous les communistes, lancé ce mot d'ordre depuis toujours en soulignant qu'il est préférable de s'unir dans la liberté que [illegible]

Mohamed Hadjadj, dit "Ben Sliman"

Arrêté le 26 juin 1942 pour activité terroriste. Armé lors de son arrestation, il avait également des tracts clandestins intitulés "Un seul ennemi : le Boche". Il fut incarcéré à la prison de la Santé, puis fusillé le 11 août 1942 au mont Valérien.

Photographies : Coll. préfecture de police de Paris
Tract : Coll. musée de la Résistance nationale – Champigny-sur-Marne

Ben-Abbès Tahar

Né au Maroc. Combattant FFI appartenant à la compagnie Stéphane GRET, bataillon du Grésivaudan. Distinctions : croix du Combattant volontaire de la Résistance, chevalier de la Légion d'honneur, médaille des Combattants de moins de vingt ans, médaille du Trône alaouite.

Coll. privée, Fatima Yvonne Divoux

Boudé Hacha, dit "Léhia"

Né en Algérie, d'origine kabyle. Combattant de l'armée française (a combattu à Bir Hakeim). Chef de corps franc de la compagnie Lacroix 93-19 dans le maquis du Vuache.

Photo issue du livre :
Brûlement de villages au pays du Vuache, *de Robert Amoudruz*

Ahmed Benabid

"S'est mis dès octobre 1942 à la disposition du responsable médical départemental. À rempli avec conscience et succès les différentes missions qui lui ont été confiées." Proposition de citation pour la médaille de la Résistance, médecin commandant Flandrin (7e 1/2 brigade).

Coll. privée, Alim Louis Benabid

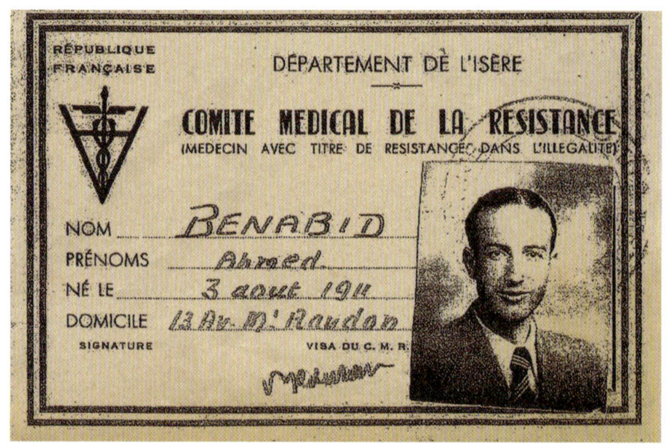
RÉPUBLIQUE FRANÇAISE

DÉPARTEMENT DE L'ISÈRE

COMITE MEDICAL DE LA RESISTANCE

(MEDECIN AVEC TITRE DE RESISTANCE DANS L'ILLEGALITE)

NOM BENABID

PRÉNOMS Ahmed

NÉ LE 3 août 1911

DOMICILE 13 Av. Mal Randon

SIGNATURE

VISA DU C. M. R.

Mamadou Addi Bâ

"Présenté le 3 décembre (1943) devant la cour de justice de la Feldkommandantur d'Épinal, celui que les Allemands appelaient le « Terroriste nègre » avait été condamné à mort pour actes de franc-tireur." Fusillé quinze jours après. Ce jeune Guinéen "engagé volontaire dans l'armée française" fut le "chef du premier maquis créé dans les Vosges, au printemps précédent (1942)." Étienne Guillermond (addiba.free.fr)

Photos issues du livre :
Addi Bâ, résistant des Vosges *par étienne Guillermond, éd. Duboiris, 2013*

Léa Blain

Elle entre dans la Résistance en 1942 à l'âge de 20 ans. Elle participa à la bataille du Vercors et sera tuée le 1er août 1944 par les Allemands.

Coll. musée de la Résistance et de la Déportation de l'Isère

Guérillera espagnole

Combattante espagnole du maquis de Saint-Bertrand-de-Comminges (Haute-Garonne).

Coll. musée de la Résistance nationale – Champigny-sur-Marne

Chérif Mécheri

Sous-préfet en 1932, il devient collaborateur de Jean Moulin. "Ces nouvelles m'attristent, mais je suis heureux d'apprendre que Mécheri, malgré l'ordre de repli d'urgence donné l'avant-veille par le gouvernement à la radio, et valable pour tous les affectés spéciaux, est resté, comme je le pensais, à son poste, dirigeant vaillamment les secours." Jean Moulin (Premier Combat). Il fut le conseiller spécial des présidents Vincent Auriol et René Coty.

Coll. privée, François Mécheri

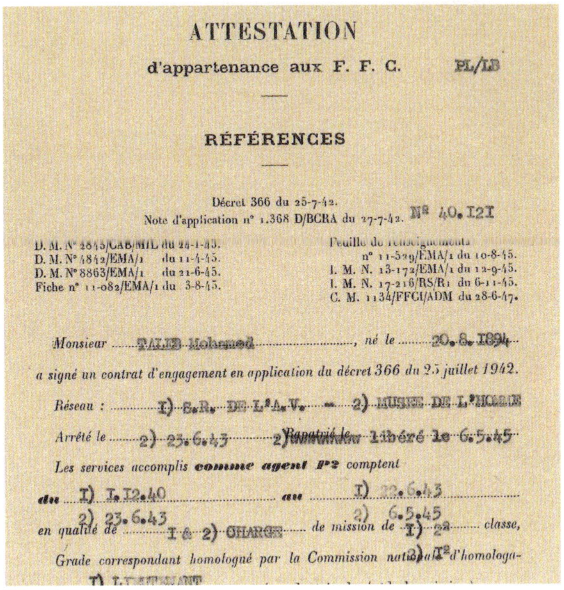

ATTESTATION

d'appartenance aux F. F. C. PL/LB

RÉFÉRENCES

Décret 366 du 25-7-42.
Note d'application n° 1.368 D/BCRA du 27-7-42. N° 40.I2I

D. M. N° 2845/CAB/MIL du 24-1-43.
D. M. N° 4842/EMA/1 du 11-4-45.
D. M. N° 8863/EMA/1 du 21-6-45.
Fiche n° 11-082/EMA/1 du 3-8-45.

Feuille de renseignements n° 11-529/EMA/1 du 10-8-45.
I. M. N. 13-172/EMA/1 du 12-9-45.
I. M. N. 17-216/RS/R1 du 6-11-45.
C. M. 1134/FFCI/ADM du 28-6-47.

Monsieur TALEB Mohamed, *né le* 20.8.1894

a signé un contrat d'engagement en application du décret 366 *du* 25 *juillet* 1942.

Réseau : I) S.R. DE L'A.V. – 2) MUSEE DE L'HOMME

Arrêté le 2) 23.6.43 2) Rapatrié le libéré le 6.5.45

Les services accomplis **comme agent P2** *comptent*

du I) I.I2.40 *au* I) 22.6.43
2) 23.6.43 2) 6.5.45

en qualité de I & 2) CHARGE *de mission de* I) 2e *classe,* 2) Ie

Grade correspondant homologué par la Commission nationale d'homologa-

I) LIEUTENANT

Mohamed Taleb

Résistant né en Algérie. Interné le 26 juin 1943 puis déporté le 22 novembre 1943, il fut libéré le 6 mai 1945.

Ministère de la défense Service Historique de la Défense Côte GR 16P 561215

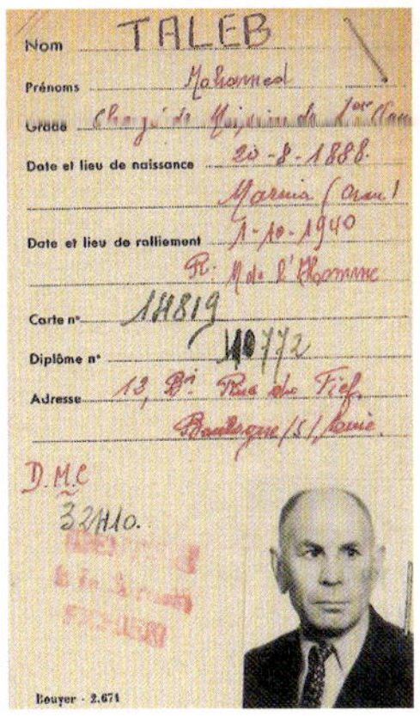

Nom TALEB
Prénoms Mohamed
Grade Chargé de Mission de 1ère Classe
Date et lieu de naissance 20-8-1888. Marnia (Oran)
Date et lieu de ralliement 1-10-1940 R: M. de l'Homme
Carte n° 11819
Diplôme n° 10772
Adresse 13, Bd Route de la Reine Boulogne (S) Seine
D.M.C. 32410.
Bouyer - 2.671

ATTESTATION
d'appartenance aux F. F. C.

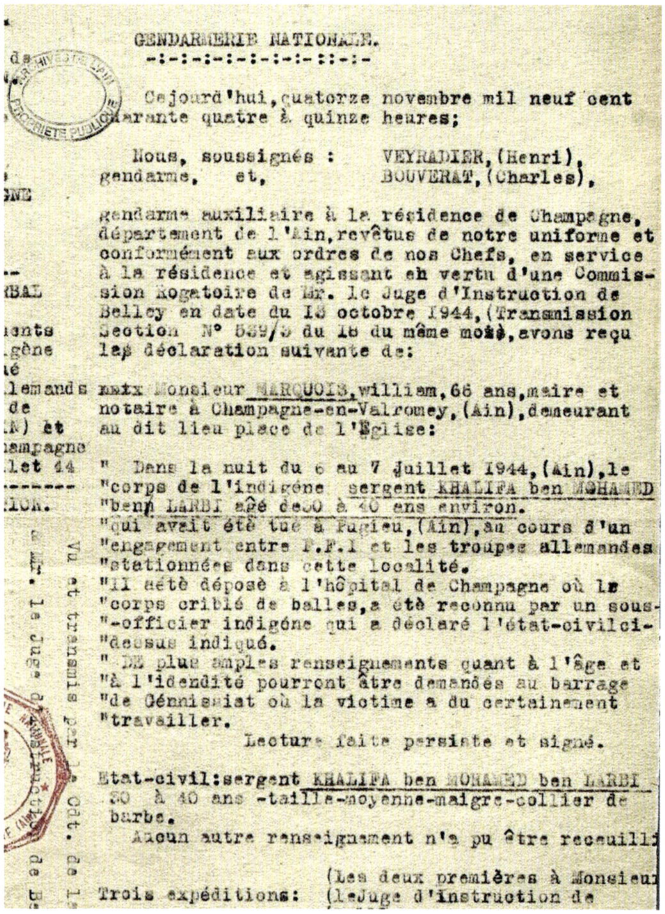

GENDARMERIE NATIONALE.
-:-:-:-:-:-:-:-:-:-

Cejourd'hui, quatorze novembre mil neuf cent quarante quatre à quinze heures;

Nous, soussignés : VEYRADIER, (Henri), gendarme, et, BOUVERAT, (Charles),

gendarme auxiliaire à la résidence de Champagne, département de l'Ain, revêtus de notre uniforme et conformément aux ordres de nos Chefs, en service à la résidence et agissant en vertu d'une Commission Rogatoire de Mr. le Juge d'Instruction de Belley en date du 18 octobre 1944, (Transmission Section N° 539/5 du 18 du même mois, avons reçu les déclaration suivante de:

Monsieur MARQUOIS, william, 66 ans, maire et notaire à Champagne-en-Valromey, (Ain), demeurant au dit lieu place de l'Église:

" Dans la nuit du 6 au 7 Juillet 1944, (Ain), le "corps de l'indigène sergent KHALIFA ben MOHAMED "ben LARBI âgé de 30 à 40 ans environ. "qui avait été tué à Pugieu, (Ain), au cours d'un "engagement entre F.F.I et les troupes allemandes "stationnées dans cette localité. "Il a été déposé à l'hôpital de Champagne où le "corps criblé de balles, a été reconnu par un sous- "-officier indigène qui a déclaré l'état-civil ci- "dessus indiqué. " DE plus amples renseignements quant à l'âge et "à l'identité pourront être demandés au barrage "de Génissiat où la victime a du certainement "travailler.

Lecture faite persiste et signé.

Etat-civil: sergent KHALIFA ben MOHAMED ben LARBI 30 à 40 ans -taille-moyenne-maigre-collier de barbe.

Aucun autre renseignement n'a pu être recueilli

Trois expéditions: (Les deux premières à Monsieur (leJuge d'Instruction de

Mouloud ben Barbache | Martinet Victor Léon | Khalifa ben Mohamed Ben Larbi | Souli Amar ben Belcacem

Du maquis de Génissiat. Tombés au combat dans la nuit du 6 au 7 juillet 1944 à la suite de l'attaque d'un train blindé allemand. La plaque commémorative se trouve à la sortie du tunnel du Pugieu (Virieu-le-Grand dans l'Ain).

Document : Coll. des Archives départementales de l'Ain - Photo du train : Coll. du musée de la SNCF d'Ambérieux
Photo de la plaque : Coll. privée, Kamel Mouellef

MORT POUR LA FRANCE

Service Central de l'Etat-civil, des Successions et des Sépultures Militaires

AVIS OFFICIEL DE DECES N° 523 276

Le Service Central de l'Etat-Civil, des Successions et Sépul...

NOM : ALPHONSO
PRENOMS : Célestino
Date et lieu de naissance : 1er Mai 1916
Grade : LIEUTENANT
Corps : des Forces Françaises de l'Intérieur
Date du décès : 21 Février 1944, et inhumé à IVRY (Seine)
Causes du décès : fusillé par les Allemands
Adresse de la famille : Monsieur Juanito ALPHONSO (Fils) chez Madame ARIAS, 137 rue de l'Egalité à ISSY-les-MOULINEAUX (Seine)

DESTINATAIRE :
M. Le Maire d'Issy-les-Moulineaux (Seine)

Paris, le 14 Mai 1945
37 rue de Bellechasse (VIIe)

pour l'INTENDANT GENERAL
Chef de Service et par son ordre :
Signature illisible

Copie certifiée conforme
Neuilly-s/Marne, le 15/12/1961
Pour le Maire
L'Un des Adjoints

Alfonso Celestino

Né le 1er mai 1916 à Ituero de Azaba (Espagne). Devient lieutenant FTP-MOI. Fusillé par les Allemands au mont Valérien le 21 février 1944.

Fonds Carreno -Coll. musée de la Résistance nationale – Champigny-sur-Marne

Nom de Guerre Grade
Fonction au maquis :

Jacqueline de Chambrun

Elle est recrutée en décembre 1942 par le réseau Combat. Elle sera incorporée comme médecin, au maquis du mont Mouchet sous le nom de "lieutenant Noëlle". Elle s'enrôle, pour la fin de la guerre, dans le 81e régiment d'infanterie.

Photo extraite du documentaire Sans jamais renoncer, *réalisé par Axel Ramonet pour Temps noir*

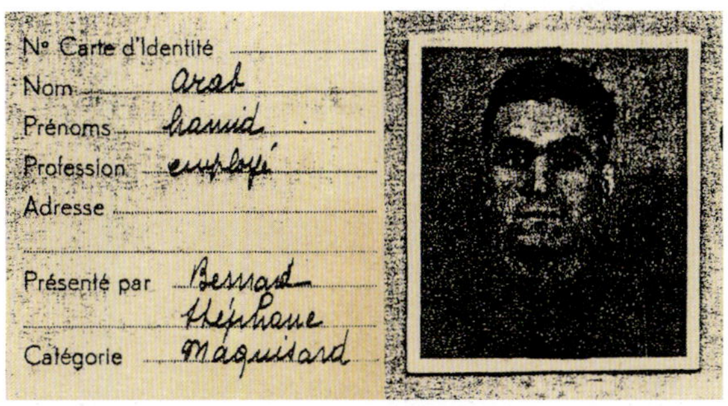

N° Carte d'Identité
Nom arab
Prénoms hamid
Profession employé
Adresse
Présenté par Bernard Stéphane
Catégorie Maquisard

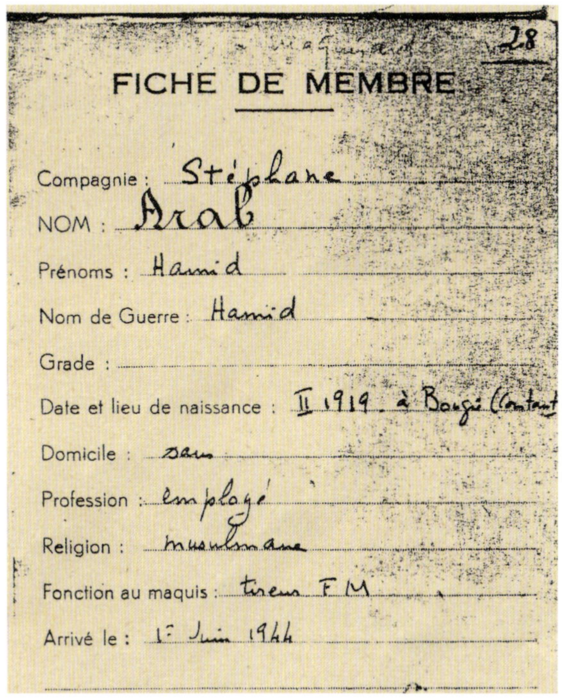

28

FICHE DE MEMBRE

Compagnie : Stéphane
NOM : Arab
Prénoms : Hamid
Nom de Guerre : Hamid
Grade :
Date et lieu de naissance : II 1919 à Bougie (Constant
Domicile : sans
Profession : employé
Religion : musulmane
Fonction au maquis : tireur FM
Arrivé le : 1er Juin 1944

Hamid Arab

Né à Bougie (Algérie) en 1919. Maquisard appartenant à la compagnie Stéphane qu'il a rejoint le 1er juin 1944.

Coll. musée de la Résistance et de la Déportation de l'Isère

Joseph Rossi

Commandant du 8e bataillon FTP (région de Vif).

Coll. musée de la Résistance et de la Déportation de l'Isère

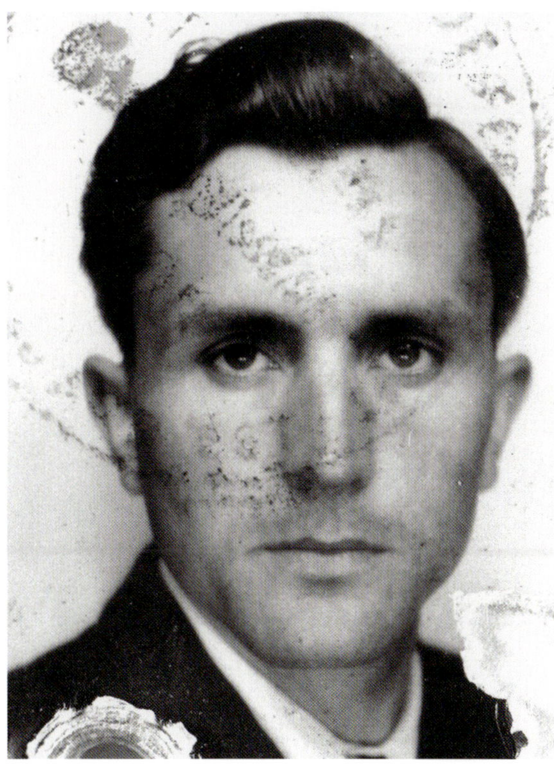

Blaise Giraudi

Chef de l'AS (Armée secrète) de Voiron, déporté à Buchenwald le 15 août 1944.

Coll. musée de la Résistance et de la Déportation de l'Isère

Ci-contre de gauche à droite :

Soldats africains assistant à la cérémonie du lever de drapeau dans le Vercors, 1944.

Coll. musée départemental de la Résistance du Vercors - Vassieux-en-Vercors

Ci-contre de gauche à droite :

Groupe d'antifascistes allemands de la 104e compagnie, après la libération de Nîmes le 21 août 1944, prox. Remoulins.

Coll. musée de la Résistance nationale – Champigny-sur-Marne

De jeunes patriotes en compagnie d'antifascistes allemands dans la clandestinité dans le Dauphiné, été 1944.

Coll. musée de la Résistance nationale – Champigny-sur-Marne

Ci-contre de gauche à droite :

Sanchez et Perello, résistants espagnols, maquis de l'Oisans.

Photographie tirée du livre Liberté provisoire

Maquis de Saint-Bernard-de-Comminges, Haute-Garonne. Guérilleros espagnols avec civils français après la libération de Luchon, 1944.

Coll. musée de la Résistance nationale – Champigny-sur-Marne

Ci-contre de gauche à droite :

Italiens de la MOI (Main-d'œuvre immigrée) à la libération de Grenoble, 22 août 1944.

Fonds Claude Collin
Coll. musée de la Résistance et de la Déportation de l'Isère

Libération du Morbihan, trois combattants soviétiques (debout) et deux combattants français FTP, le 10 août 1944.

Coll. musée de la Résistance nationale – Champigny-sur-Marne

Maquis juif.
Coll. musée de la Résistance nationale – Champigny-sur-Marne

Ci-contre de gauche à droite
et de haut en bas :

Le général de Gaulle passe en revue des unités marocaines.

Coll. musée de la Résistance nationale – Champigny-sur-Marne

Tirailleurs nord-africains, Marseille, 1944.

Coll. musée de la Résistance nationale – Champigny-sur-Marne

Le général de Gaulle salué par une faction de tirailleurs algériens, Chambéry, 1944.

Coll. des Archives départementales de Savoie

Ci-contre de gauche à droite :

Libération de Nîmes, septembre 1944. En tête du défilé, des antifascistes allemands intégrés dans les FTP.

Coll. musée de la Résistance nationale - Champigny-sur-Marne

Libération Toulouse ,19 août 1944, groupe FFI.

Coll. musée de la Résistance nationale – Champigny-sur-Marne

Ci-contre de gauche à droite :

Défilé de la Colonne Fabien dans le 10e arrondissement de Paris, 1945. Combattants coloniaux.

*Coll. musée de la Résistance nationale – Champigny-sur-Marne
Fonds Colonel Fabien - 151e RI*

Toulouse, août 1944, combattants de diverses nationalités.

Coll. musée de la Résistance nationale – Champigny-sur-Marne

SEULS LES MONUMENTS AUX MORTS

Ci-contre de gauche à droite :

Colonne de gauche, de haut en bas :

Plaque commémorative, Notre-Dame-de-la-Garde, Marseille (13)

Plaque commémorative, Livet-et-Gavet (38)

Plaque commémorative, Livet-et-Gavet (38)

Monument aux morts, Montréal-la-Cluze (01)

Plaque commémorative, Paray-le-Monial (71)

Monument aux morts, Saint-André-d'Huiriat (01)

Colonne du milieu :

Plaque commémorative, pour le 3e et le 7e RTA (Régiment tirailleurs algériens), Notre-Dame-de-la-Garde, Marseille (13)

Plaque commémorative, Écully (69)

Plaque commémorative, Virieux-le-Grand (01)

Monument rendant hommage aux fusillés du mont Valérien, Suresnes (92)

Plaque commémorative, Valbonnais (38)

Colonne de droite :

Plaque commémorative, Paris 12e arrondissement (75)

Plaque rendant hommage à Lucien Sportisse, militant communiste juif algérien, Lyon 1er arrondissement (69)

Plaque commémorative, Lyon 7e arrondissement (69)

Monument commémoratif, Précy-le-Sec (89)

Monument commémoratif, Auxerres (89)

Monument commémoratif, Bourg-d'Oisans (38)

Coll. privée, Kamel Mouellef

PRÉSERVENT ENCORE LA MÉMOIRE

Ci-contre :

Stèles de la nécropole de la Résistance de Vassieux-en-Vercors, Isère (38)

Coll. privée, Kamel Mouellef

Ben Ahmed Abdesselem

Né au Maroc. Pendu par les Allemands pour ne pas s'être soumis. A craché au visage de l'officier S.S autrichien. Victime de la grotte de la Luire.

Ci-contre de gauche à droite :

Monument commémoratif de Clichy-la-Garenne

Coll. privée, Kamel Mouellef

Salah Bouchafa

Né près de Constantine. Il rejoint les rangs de la Résistance dès 1941. Arrêté, interné à Compiègne, il fut déporté le 23 janvier 1943 au camp de Sachsenhausen, sous le matricule 59101. En juillet 1944, il fut transféré à Dachau, où il trouva la mort le 6 avril 1945.

Fusillés du mont Valérien nés en Algérie

Mohamed Moali
Mohamed Aït Abderrahmane
Mohamed Hadjadj dit "Ben Sliman"
Essaïd ben Mohand Haddad

Ci-contre de gauche à droite :

Monument rendant hommage aux fusillés du mont Valérien, Suresnes (92)

Plaque commémorative, Valbonnais (38)

Coll. privée, Kamel Mouellef

Maamar Ahmida

Né en Algérie. FFI 11e BIC division alpine, membre du maquis de Corps dans l'Isère. Tué lors d'un combat de résistants contre une troupe allemande.

Source : Colette Buisson du Souvenir français

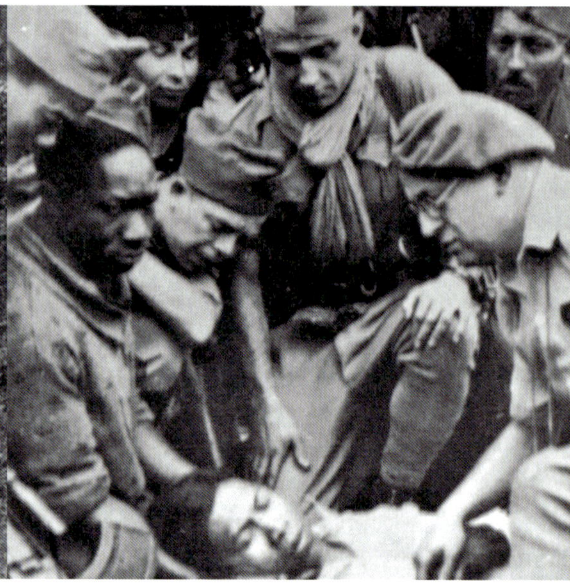

LE MAQUIS DE L'OISANS, MAQUIS COLONIAL

Ci-dessus de gauche à droite :

La Frette, maquisards de différentes origines entourant le lieutenant Perrier.

Rabbin donnant l'onction au tirailleur indochinois N'Guyon gravement blessé, entouré de soldats et du capitaine Lanvin.

Trois combattants nord-africains.

Feugarolles est un petit village du Lot-et-Garonne dont le chef de gare se nommait alors Pierre Lespiau. C'était un gars dont la famille vivait au pays et qui avait épousé Marie, une fille du bourg voisin. Ils eurent 5 enfants, dont l'aîné Bernard mourut à 8 jours. Puis vinrent trois filles et enfin Paul, né en 1878.

Paul Lespiau n'a pas 18 ans quand il s'engage dans les Zouaves, jurant à sa belle de rentrer pour l'épouser. Il tint parole quand il revint 6 ans plus tard de ses campagnes de Chine et de Crimée, reconnu par ses chefs comme un soldat brave et courageux. En 1902, il épouse Cléopâtre qui fidèlement aussi l'avait attendu. Il poursuivit une belle carrière militaire et ils eurent trois enfants. Adjudant, Paul prit sa retraite en juin 1914. Mais la Première Guerre mondiale le rappela : il sera grièvement blessé devant Verdun en septembre 1916 et sera définitivement réformé. Il est alors capitaine au 220ᵉ régiment d'infanterie, officier de la Légion d'honneur, titulaire de cinq citations et détenteur de la Military Cross. Une lignée de soldats était née.

Son fils **André Lespiau**, né en 1907, s'engage à 20 ans comme jeune officier dans l'armée coloniale, tandis que sa fille Paulette épouse Charles de Pillot de Coligny. La Seconde Guerre mondiale ne tarda pas à déferler sur la France et révéla la vaillance de cette famille, farouchement attachée à sa terre natale, au pays de ses pères et à la foi de ses aïeux. Comme d'autres familles de France.

André, en poste à Madagascar, arrive sur le sol national en mai 1940 et se bat comme officier d'artillerie coloniale jusqu'à l'armistice. Il entre aussitôt après dans l'Armée secrète et participe au camouflage du matériel dans le Var. À l'invasion de la zone libre en novembre 1942, l'Armée secrète se déploie et le capitaine Lespiau, alias Lanvin, se trouve affecté avec sa compagnie d'Indochinois dans l'Isère avec l'armement d'artillerie qu'il avait précieusement conservé.

Arrivé le 6 février 1943 à Jarrie, il rencontre le **commandant Albert de Seguin de Reyniès**, alias Sylvain, chef militaire départemental de l'Isère qui lui confie immédiatement le commandement du sous-secteur de la Basse-Romanche (Pont-de-Claix - Jarrie - Vizille - Rioupéroux). Durant des semaines, il est à pied d'œuvre dans la clandestinité avec d'autres résistants déjà présents : stockage d'armement, instruction des cadres de l'Armée secrète de Vizille, installation des 13ᵉ et 14ᵉ compagnies indochinoises, respectivement à Pont-de-Claix et Jarrie, camouflage d'Israélites dont Gaxotte qu'il emploie comme secrétaire, faux papiers, contact avec le **capitaine Étienne Poitau**, alias capitaine Stéphane, du Grésivaudan et avec le groupement 12 des Chantiers de jeunesse du Péage qui se placera sous ses ordres, etc. Quelques jours seulement après la Saint-Barthélemy grenobloise qui décapita la Résistance locale, le **commandant de Reyniès** lui confie le commandement du secteur 1 de l'Armée secrète – Isère qui comprend la ville de Grenoble. Le maquis de l'Oisans venait de naître. Voilà comment cet officier catalan servant dans les

Kyle R. Eberlin • Ivica Ducic • Amy Moore
Paul S. Cederna • Ian L. Valerio
Gregory A. Dumanian
Editors

Contemporary Neuroma Management

Springer

Editors
Kyle R. Eberlin
Plastic and Reconstructive Surgery
Massachusetts General Hospital
Boston, MA, USA

Amy Moore
Plastic and Reconstructive Surgery
The Ohio State University
Columbus, OH, USA

Ian L. Valerio
Plastic and Reconstructive Surgery
Massachusetts General Hospital
Boston, MA, USA

Ivica Ducic
Washington Nerve Institute
McLean, VA, USA

Paul S. Cederna
Plastic Surgery
University of Michigan–Ann Arbor
Ann Arbor, MI, USA

Gregory A. Dumanian
Division of Plastic Surgery
Northwestern University Feinberg School of Medicine
Chicago, IL, USA

ISBN 978-3-031-59757-2 ISBN 978-3-031-59758-9 (eBook)
https://doi.org/10.1007/978-3-031-59758-9

This Springer imprint is published by the registered company Springer Nature Switzerland AG
The registered company address is: Gewerbestrasse 11, 6330 Cham, Switzerland

Preface

For centuries, patients and physicians have recognized the importance of pain as it relates to outcomes following extremity injuries and surgical procedures. Pain is complex and inherently multifactorial, and can be either nociceptive or neuropathic in nature. Neuropathic pain is often both nebulous and vexing for physicians; it is difficult to measure objectively and quantitatively. There are neither imaging modalities nor serological tests that perfectly reflect the degree of pain experienced by an individual. For this reason, the treatment of pain remains a diagnostic and therapeutic challenge.

Neuropathic pain can result from many clinical scenarios, but a common (and often unifying) etiology is the presence of a symptomatic neuroma. Neuromas are much more common than most physicians recognize! Neuromas occur following every nerve injury and are the result of disorganized axonal regeneration. Some neuromas are obvious (i.e. the giant sciatic neuroma following an above knee amputation), but some are less apparent (i.e., the small branch neuroma of a radial sensory nerve branch following DeQuervain release). Nonetheless, neuromas from both large and small nerves can cause significant and sometimes debilitating pain. This dilemma is the focus of this book.

Surgeons have long had an interest in the treatment of neuromas. Simple excision was the somewhat obvious initial surgical procedure employed, but we have since witnessed the development of myriad techniques to address the nerve ending following neuroma excision. Over the past decade, there has been a renewed interest in the surgical management of neuromas with the development of novel strategies such as targeted muscle reinnervation, regenerative peripheral nerve interfaces, and many others. Despite their increasing utilization by peripheral nerve surgeons, we still do not know which technique is best for a particular patient. It is also clear that not every patient with a symptomatic neuroma will benefit from surgery. This intellectual quandary has intrigued me since the start of my clinical practice more than a decade ago and has fostered my personal interest in this topic.

This book is designed to highlight our current state of knowledge related to the management of symptomatic neuromas including the basic science, diagnostic workup, and both surgical and non-surgical management options. It contains contributions from experienced surgeons and experts in the field of neuroma management and presents the most contemporary clinical approach to this problem. Despite focused efforts over the past decade, we are far from having a perfect solution for these patients, and current surgical interventions work only some of the time. Moving forward, our collective charge is to better understand the biologic basis of neuropathic pain related to symptomatic neuromas and to develop novel therapeutic interventions to address this problem on a molecular level. I hope that you enjoy the content of this book and use it to further the care of your patients.

Boston, MA, USA Kyle R. Eberlin

Contents

Part IV Surgical Management Strategies for Symptomatic Neuromas

Part V Surgical Atlas: Surgical Treatment of Symptomatic Neuromas

Part VI Future Directions for Symptomatic Neuroma Management

Contributors

Shivani Ahlawat The Russell H. Morgan Department of Radiology and Radiological Science, The Johns Hopkins University School of Medicine, Baltimore, MA, USA

Nidharshan Anandasivam Department of Surgery and Perioperative Care, Dell Medical School—The University of Texas at Austin, Austin, TX, USA

Oskar Aszmann Medical University of Vienna, Vienna, Austria

William G. Austen Division of Plastic Surgery, Massachusetts General Hospital, Harvard Medical School, Boston, MA, USA

J. T. Brothers Department of Oral & Maxillofacial Surgery, University of Texas, Southwestern, Dallas, TX, USA

David L. Brown Department of Surgery, Section of Plastic Surgery, University of Michigan School of Medicine, Ann Arbor, MI, USA

Matthew J. Carty Division of Plastic Surgery, Brigham and Women's Hospital, Boston, MA, USA

Department of Surgery, Harvard Medical School, Boston, MA, USA

Paul S. Cederna Department of Surgery, Section of Plastic Surgery, University of Michigan, Ann Arbor, MI, USA

Kyle J. Chepla Division of Plastic Surgery, MetroHealth Medical Center, Cleveland, OH, USA

Matthew D. Chetta Plastic and Reconstructive Surgery, Prisma Health, Greenville, SC, USA

Srinivas Chiravuri Department of Anesthesiology, University of Michigan, Ann Arbor, MI, USA

J. Henk Coert Department of Plastic Surgery, Utrecht University, Utrecht, Netherlands

Philip G. Colucci Department of Radiology and Imaging, Hospital for Special Surgery, New York, NY, USA

Cameron T. Cox Orthopaedic Surgery, Texas Tech University Health Sciences Center, Lubbock, TX, USA

A. Lee Dellon Department of Plastic Surgery, Johns Hopkins University, Baltimore, MD, USA

Department of Neurosurgery, Johns Hopkins University, Baltimore, MD, USA

Ivica Ducic Washington Nerve Institute, McLean, VA, USA

Meera Gill Orthopedic Surgery, Broward Health Medical Center, Fort Lauderdale, FL, USA

Gregory A. Dumanian Division of Plastic Surgery, Department of Surgery, Northwestern Memorial Hospital, Chicago, IL, USA

Christopher Dy Division of Hand and Microsurgery, Department of Orthopaedic Surgery, Washington University in St. Louis, St. Louis, MO, USA

Division of Public Health Sciences, Department of Surgery, Washington University in St. Louis, St. Louis, MO, USA

Kyle R. Eberlin Division of Plastic and Reconstructive Surgery, Massachusetts General Hospital, Harvard Medical School, Boston, MA, USA

John C. Elfar Department of Orthopedics and Sports Medicine, University of Arizona College of Medicine, Tucson, AZ, USA

Yoshimi Endo Department of Radiology and Imaging, Hospital for Special Surgery, New York, NY, USA

Peter Evans Department of Orthopaedic Surgery, Cleveland Clinic, Cleveland, OH, USA

John M. Felder Plastic and Reconstructive Surgery, Corewell Health William Beaumont University, Royal Oak, MI, USA

Sean Figy Department of Surgery-Plastic and Reconstructive Surgery, University of Nebraska Medical Center, Omaha, NE, USA

Christopher Frost Department of Plastic and Reconstructive Surgery, Johns Hopkins Hospital, Baltimore, MD, USA

R. Glenn Gaston OrthoCarolina, Hand Center, Charlotte, NC, USA

OrthoCarolina, Reconstructive Center for Lost Limbs, Hand Center, Charlotte, NC, USA

Lisa Gfrerer Division of Plastic and Reconstructive Surgery, Massachusetts General Hospital, Boston, MA, USA

Division of Plastic and Reconstructive Surgery, Weill Cornell Medical Center, New York City, NY, USA

Robert Hagan Department of Peripheral Nerve, Neuropax Clinic, St. Louis, MO, USA

Benjamin W. Hoyt USU-Walter Reed Department of Surgery, Walter Reed National Military Medical Center, Bethesda, MD, USA

Maximilian Hsia-Kiung Harvard Medical School, Massachusetts General Hospital, Pain Management Center, Boston, MA, USA

Daniel A. Hunter Division of Plastic and Reconstructive Surgery, Department of Surgery, Washington University in St. Louis School of Medicine, St. Louis, MO, USA

Jonathan Isaacs Division of Hand Surgery, Department of Orthopaedic Surgery, Virginia Commonwealth University Health System, Richmond, VA, USA

Dennis S. Kao Department of Surgery, University of Washington, Seattle, WA, USA

Stephen W. P. Kemp Department of Surgery, Section of Plastic Surgery, University of Michigan, Ann Arbor, MI, USA

Department of Biomedical Engineering, University of Michigan, Ann Arbor, MI, USA

Grant M. Kleiber Department of Plastic Surgery, MedStar Georgetown University Hospital, Washington, DC, USA

Jason H. Ko Division of Plastic and Reconstructive Surgery, Department of Surgery, Northwestern University Feinberg School of Medicine, Chicago, IL, USA

Division of Plastic and Reconstructive Surgery, Department of Orthopaedic Surgery, Northwestern University Feinberg School of Medicine, Chicago, IL, USA

Emily M. Krauss Division of Plastic Surgery, Department of Surgery, Dalhousie University, Halifax, NS, Canada

Nishant Ganesh Kumar Department of Surgery, Section of Plastic Surgery, University of Michigan, Ann Arbor, MI, USA

Theodore A. Kung Department of Surgery, Section of Plastic Surgery, University of Michigan, Ann Arbor, MI, USA

Nicholas H. Lake OrthoCarolina, Hand Center, Charlotte, NC, USA

Gregor Längle Medical University of Vienna, Vienna, Austria

Steve K. Lee Orthopaedic Surgery, Hand and Upper Extremity Surgery Service, Hospital for Special Surgery, Weill Medical College of Cornell University, New York-Presbyterian Hospital, New York, NY, USA

Yusha Liu Department of Surgery, University of Washington, Seattle, WA, USA

Bryan J. Loeffler OrthoCarolina, Hand Center, Charlotte, NC, USA

OrthoCarolina, Reconstructive Center for Lost Limbs, Hand Center, Charlotte, NC, USA

Brendan J. MacKay Orthopaedic Surgery, Texas Tech University Health Sciences Center, University Medical Center, Lubbock, TX, USA

Susan E. Mackinnon Division of Plastic Surgery, Department of Surgery, Washington University, St. Louis, MO, USA

Kristen M. Manto Department of Orthopaedics, The Johns Hopkins University Hospital, Baltimore, USA

Jillian M. McLaughlin Division of Hand Surgery, Department of Orthopaedic Surgery, Virginia Commonwealth University Health System, Richmond, VA, USA

Rajiv Midha Department of Clinical Neurosciences, Calgary Zone, Alberta Health Services, Calgary, AB, Canada

Hotchkiss Brain Institute, Cumming School of Medicine, University of Calgary, Calgary, AB, Canada

Whitney E. Muhlestein Department of Neurosurgery, University of Michigan, Ann Arbor, MI, USA

Christine B. Novak Department of Surgery (Plastic, Reconstructive and Aesthetic Surgery), University of Toronto, Toronto, ON, Canada

Jason Nydick Florida Orthopaedic Institute, Tampa, FL, USA

Amy C. Orroth Massachusetts General Hospital, Boston, MA, USA

Daniel Jung Pak Pain Medicine Division, New York-Presbyterian Hospital/Weill Cornell Medicine, New York, NY, USA

Benjamin K. Potter USU-Walter Reed Department of Surgery, Walter Reed National Military Medical Center, Bethesda, MD, USA

Hollie A. Power Division of Plastic Surgery, Department of Surgery, University of Alberta, Edmonton, AB, Canada

David Ring Department of Surgery and Perioperative Care, Dell Medical School—The University of Texas at Austin, Austin, TX, USA

Bauback Safa Plastic and Reconstructive Surgery, The Buncke Clinic, Stanford Medical Center, UCSF Medical Center, San Francisco, CA, USA

Benjamin B. Scott Division of Plastic and Reconstructive Surgery, Massachusetts General Hospital, Harvard Medical School, Boston, MA, USA

Jenna Lynn Senger Division of Plastic & Reconstructive Surgery, University of British Columbia, Vancouver, BC, Canada

Yong Shen Columbia University Vagelos College of Physicians and Surgeons, New York, NY, USA

Jaimie Shores Department of Plastic and Reconstructive Surgery, Johns Hopkins Hospital, Baltimore, MD, USA

Katherine G. Siwy Massachusetts General Hospital, Boston, MA, USA

Darryl B. Sneag Department of Radiology and Imaging, Hospital for Special Surgery, New York, NY, USA

Jason M. Souza Department of Plastic and Reconstructive Surgery, The Ohio State University, Columbus, OH, USA

Adam B. Strohl Hand and Upper Extremity Surgery, Philadelphia Hand to Shoulder Center, Thomas Jefferson University Hospital, Philadelphia, PA, USA

Scott M. Tintle USU-Walter Reed Department of Surgery, Walter Reed National Military Medical Center, Bethesda, MD, USA

Sami Tuffaha Department of Plastic and Reconstructive Surgery, Johns Hopkins Hospital, Baltimore, MD, USA

Daniel Umansky Department of Neurosurgery, Clinical Neurosciences Center, University of Utah Health, Salt Lake City, UT, USA

Ian L. Valerio Division of Plastic and Reconstructive Surgery, Department of General Surgery, Massachusetts General Hospital, Boston, MA, USA

Department of Surgery, Harvard Medical School, Boston, MA, USA

Department of Surgery, Uniformed University of the Health Sciences, Bethesda, MD, USA

Matthew S. Wilson Hand and Upper Extremity Surgery, Philadelphia Hand to Shoulder Center, Thomas Jefferson University Hospital, Philadelphia, PA, USA

Christopher J. Winfree Department of Neurological Surgery, Columbia University Vagelos College of Physicians and Surgeons, New York, NY, USA

Jonathan M. Winograd Division of Plastic and Reconstructive Surgery, Massachusetts General Hospital, Harvard Medical School, Boston, MA, USA

Matthew D. Wood Division of Plastic and Reconstructive Surgery, Department of Surgery, Washington University in St. Louis School of Medicine, St. Louis, MO, USA

Lynda J. -S. Yang Department of Neurosurgery, University of Michigan, Ann Arbor, MI, USA

John R. Zuniga Department of Surgery, University of Texas Southwestern in Dallas, Dallas, TX, USA

Department of Neurology, University of Texas Southwestern in Dallas, Dallas, TX, USA

Part I

Definition, Epidemiology, and Basic Science of Neuromas

Definition, Etiology, and Epidemiology of Symptomatic Neuroma

1

Emily M. Krauss and Susan E. Mackinnon

Neuroma Definition

The phenomenon of painful neuroma has been recognized for centuries, posing a therapeutic dilemma since its early description [1]. First coined by Wood in 1828, the term "neuroma" applies to the bulbous stump of a nerve described from pathological examination [2]. Although the term is also commonly applied to some neoplasms of nerve origin (acoustic neuroma), the traumatic neuroma, constituting the hypersensitive end to a transected nerve, has perplexed the treating physician and surgeon since before its pathologic description and is the focus of this book.

Nerve surgery is a modern speciality characterized by leaps of innovation, particularly in the last 40 years. Leading from nerve repair and nerve grafting [3], new techniques for motor and sensory repair have led to remarkable functional gains that previously were not thought possibly. This innovation, including nerve transfers [4] and targeted muscle reinnervation [5], has enabled patients to regain use of their limbs or power prostheses after complex injury. What hasn't changed since the beginning of modern medicine is the problem of pain.

As a young surgeon early in practice, mentorship regarding the complex nerve-injured patient is important in forming an approach to these difficult injuries. In particular, the patient who makes functional gain after reconstruction but suffers from chronic pain is particularly challenging. Dr. Morton Spinner advised in 1992 that any surgeon who embraces nerve surgery will find after a few years in practice that the easy part is functional recovery; the hard part is dealing with neuropathic pain (personal communication). Although this text contains a multitude of options to treat the painful neuroma, Dr. Spinner's sentiment is still true today, as treating the symptomatic neuroma continues to be one of the more difficult reconstructive problems in nerve surgery.

The Science and Etiology of Painful Neuroma

In 1928, William Wood described his experience and observations of neuroma, correlating clinical signs and symptoms with gross pathology [2]. He differentiated neuroma from other tumors by describing bulbous swelling within the substance of the nerve, corresponding with pain when the neuroma was manipulated and producing symptoms in a known peripheral nerve territory. He differentiated this from tumors arising in the adjacent territory of the nerve, describing those neuropathic symptoms as distinct from manipulating the mass itself and attributing them to what we know of today as secondary compression neuropathy due to the mass effect. Wood recognized the role both of blunt and penetrating traumas in producing neuroma but did not differentiate the traumatic neuroma from nervous system neoplasms. Essentially, it was the swollen appearance of the nerve, either end neuroma (Sunderland 5) or neuroma in continuity (Sunderland 4), with characteristic neuropathic pain that defined his concept of neuroma [6].

Since then, our understanding of the histological development of the traumatic neuroma has progressed. Under light microscopy, a classic neuroma consists of tangled and disorganized small nerve fibers within a preponderance of connective tissue (with neural tissue only accounting for 20% of the tissue within the neuroma) [7] (Fig. 1.1).

Regenerating nerve fibers were illustrated arising from the neuroma and within the overlying skin in the dermal layer. Electron microscopy illustrated myofibroblasts within neuromas, compared to the nerve implanted into the muscle. Campbell et al. (1988) did single-fiber recordings from painful radial sensory neuromas and found that they were not only mechanically sensitive but also spontaneously active [8]. They noted ephaptic conduction (jumping around). Their model for painful neuroma was the radial sensory nerve

E. M. Krauss (✉)
Division of Plastic Surgery, Department of Surgery, Dalhousie University, Halifax, NS, Canada

S. E. Mackinnon
Division of Plastic Surgery, Department of Surgery, Washington University, St. Louis, MO, USA
e-mail: mackinnons@wustle.edu

K. R. Eberlin et al. (eds.), *Contemporary Neuroma Management*, https://doi.org/10.1007/978-3-031-59758-9_1

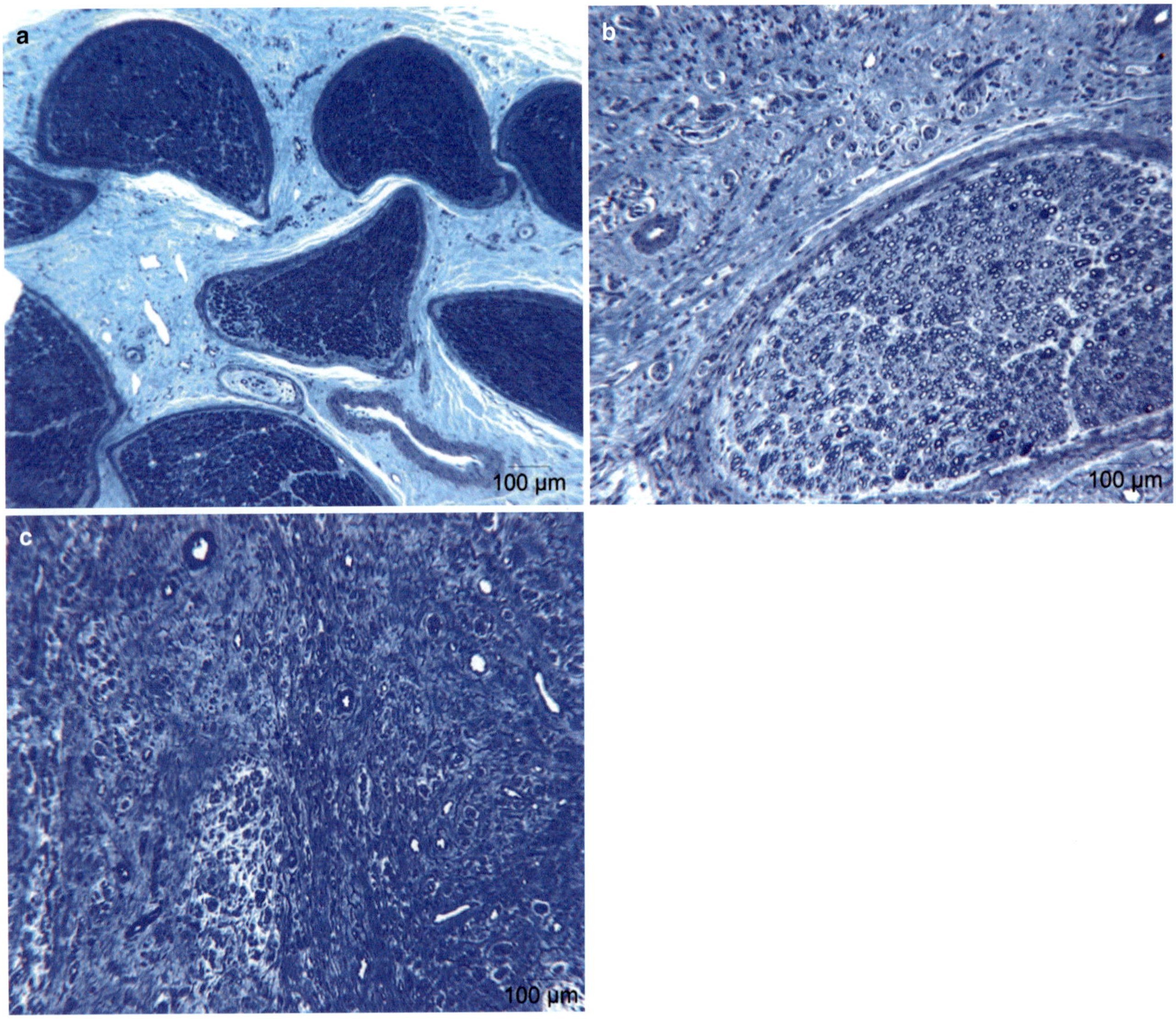

Fig. 1.1 (**a**) Under light microscopy, the proximal median nerve is organized into a clearly defined fascicular pattern (**b**) under light microscopy a median nerve neuroma consists of tangled and disorganized small nerve fibres within abundant connective tissue (**c**) In this cross-section of the median nerve neuroma, small fibers are seen in tangential orientation in keeping with tangled and disorganized regeneration embedded within scar. (With permission from Daniel Hunter)

where they excised a portion of the nerve and then left it right under the skin to scar while immobilizing the limb for a fairly long period of time [8]. We can contrast this to the pseudoneuroma, which is not painful. A pseudoneuroma is the swelling of the nerve seen on ultrasound or imaging in chronic compression neuropathy. Proximal to the entrapment of the ulnar nerve (the leading edge of flexor carpi ulnaris), the nerve becomes demyelinated and enlarged because of blockage of axoplasmic transport. Renaut bodies (swelling under the perineurium) are built with a histological whorled appearance. This is a pseudoneuroma due to entrapment and compression, but not a true traumatic neuroma [9].

The causes of neuropathic pain in neuroma are related to a complex interaction between neurons and neurotropic factors. Biochemically, axons within neuromas have been shown to be hyper-excitable due to an increased expression of sodium ion channels [10]. The upregulation of these ion channels has been attributed to an increased expression of nerve growth factor (NGF) secreted by damaged tissues. NGF was described initially to be greatest in concentration during development and decreasing with age [11]. NGF has very little expression in normal conditions in the adult but becomes elevated in states of inflammation [12]. NGF appears to modulate sodium channel expression on nociceptive fibers as well as sensitize nociceptive terminals through receptor expression and neurotransmitter levels involved in pain transmission (substance P, calcitonin gene-related peptide, BDNF) [12]. Atherton described elevated NGF levels around the regenerating axons of neuromas and proposed that relocating the end neuroma to tissues with less expression of NGF explained the mechanism of pain resolution from neuroma resection and nerve transposition into the muscle or bone. In patients with non-painful relocated neuromas, NGF immunoreactive nerve fibers were fewer and less intense when compared to the symptomatic end neuromas [10].

NGF has also been shown to promote gene expression for axonal growth [13] and has been shown in models of painful osteoarthritis and bone cancer, where the diseased state is associated with hyperinnervation compared to the relative aneural normal tissue [14, 15]. Diamond et al. (1992) illustrated that collateral sprouting of nociceptive nerve fibers was inhibited by injecting an anti-NGF treatment in an animal model and that intradermal injections of purified NGF protein could evoke sprouting both within the damaged skin territories and de novo in normally innervated skin [16]. Interestingly, Lopez-Alvarez et al. (2015) described a reduction in hyperalgesia pain behaviors corresponding to reduced NGF and brain-derived neurotrophic factor expression in sensory neurons and the spinal cord when an early post-injury increasing-intensity treadmill exercise program was performed [17]. They also illustrated that the first week of exercise prevented the extension of collateral sprouts from nociceptive fibers within the adjacent denervated skin. This work suggests that exercise can modulate the expression of early sensitization mechanisms, including the complex interaction between NGF and collateral sprouting, after nerve injury.

Bennett and Xie (1988) published a rodent model of neuropathic pain that reported animals with a similar pain phenotype to those seen in injured humans. Loose sutures were placed around rat sciatic nerves with resultant postoperative behavior that demonstrated hyperalgesia, allodynia, and spontaneous pain (or dysesthesia) similar to those features seen in neuropathic pain disorders in humans [18]. Dorsi et al. (2008) illustrated in an elegant animal model of neuroma that painful sensation after nerve transection can be separated into two distinct pain mechanisms: neuroma pain from direct neuroma stimulation and mechanical hyperalgesia in the nerve territory likely related to peripheral sprouting at the distal nerve distribution [19]. This evaluation of two separate mechanisms was possible after transposing the free nerve end of a transected tibial nerve. They reported two different sites of pain from stimulation. Stimulation of the neuroma produced neuropathic pain that was reversed by local anesthesia blockade at the neuroma site. The tibial nerve end histologically confirmed a neuroma. They also reported hypersensitivity and allodynia in the sural nerve territory adjacent to the tibial nerve territory, which was not blocked by local anesthesia at the neuroma site, suggesting a different mechanism of hypersensitivity. They suggest that this could be due to peripheral sprouting versus central sensitization. Adjacent uninjured nociceptive afferents have been shown to develop spontaneous activity after neighboring nerve injury [20].

Abdo et al. (2019) newly discovered specialized cutaneous glial cells (Schwann cells) that are likely the responsible cell type for sensing painful stimuli [21]. Using fluorescence, they reported that free nerve endings of sensory nociceptive afferents have nociceptive Schwann cells. These nociceptive Schwann cells are located in the dermis, next to the dermal-epidermal border, and are anatomically associated with ascending nerve fibers. SOX10-TOM mice also exhibited epidermal Schwann cell processes attached to nerve terminals, which under electron microscopy appear to emerge from the Schwann cell itself. "Ascending immediate subepidermis nerves branched with radial Schwann cell processes, ensheathing progressively fewer nerves. In intraepidermal endings, smaller parts of nerve terminals were in contact with glia processes" [21].

When the Schwann cells are stimulated with mechanical stimuli, the animals exhibit a withdrawal reflex. They propose that the Schwann cells and the nociceptive nerve endings both contribute to the sensation of noxious stimuli, as the Schwann cells are incredibly mechanosensitive [21]. If this is the case, the nociceptive Schwann cells may be involved in pain sensation in peripheral sprouting from adjacent nerve territories in the skin. In carpal tunnel syndrome, there is an increase in substance P measured directly at the tissues [22]. The interaction between the mechanically sensitive nociceptive Schwann cells and substance P fits with a possible mechanism for the sensory collapse test in compression neuropathy.

Central sensitization has been shown to occur after peripheral nerve injury, and not just central nervous system injury. Central sensitization is characterized by not only the sensitization of nociceptive terminals but by modulation of the dorsal root ganglion and hyperexcitability of the central pain-projecting neurons (CPPNs) in the dorsal horn of the spinal cord [23]. Structural changes as well as alteration in ion-gated channels and NMDA receptors occur in the dorsal horn. This plasticity is enhanced by a further complex interaction of other afferent types (not only C-fibers but A delta primary afferents) and altered protein, receptor, and transmitter regulation. Dorsal root ganglion nociceptive fibers have been shown to fire ectopically after nerve injury. As well, altered gene expression including upregulation of p75 receptors in proliferating dorsal root ganglion cells has been hypothesized to be responsible for sympathetically maintained pain after nerve injury [23].

Epidemiology of Neuroma and Post-surgical Chronic Pain

Neuropathic pain has been studied both in the general population and in disease-specific populations. In a systematic review, there is a global prevalence of neuropathic pain ranging from 1% to 17.9% [24]. Of this, many patients suffer from chronic neuropathic medical conditions including diabetic neuropathy. It is unclear what the global incidence of neuropathic pain is after nerve injury or due to neuroma.

Sunderland reported a 3% rate of neuroma in the peripheral nerve-injured patient [6]. In a study of 100 digital amputation patients over a 2-year period, Fisher and Boswick (1983) reported a neuroma incidence in 2.8% and felt that this relatively rare incidence was related to their efforts to encourage early return to work and patient-directed therapy [25]. Other studies of post-amputation neuroma formation report an incidence rate of anywhere between 1% and 30% in select patient populations [26–28]. However, the true incidence of neuroma is difficult to ascertain as few epidemiological studies have been performed. Likely contributing to this challenge is a diagnostic dilemma in differentiating post-injury or post-surgical pain from neuroma, as neuroma is a clinical diagnosis with poorly defined diagnostic criteria.

Post-surgical chronic pain occurs in approximately 10% of all surgeries and up to 85% of patients after limb amputation [29]. Reviews have also reported chronic post-surgical pain in 50% of patients after thoracotomy, 30% after breast surgery, 10–20% after cholecystectomy, and 12% after inguinal herniorrhaphy [30]. Neuropathic pain descriptors are often used to describe post-surgical chronic pain but have been shown in orthopedic procedures to decrease by 3–4 years after surgery [29]. Similarly, although dysesthesia and hypoesthesia have been described in post-surgical chronic pain after thoracotomy, most persistent pain is alleviated after 1 year [31]. Post-surgical chronic pain appears to be more prevalent than can be attributed to nerve injury alone as it can occur following minor surgery as well and despite surgical techniques for minimally invasive approaches [29]. One of the underlying hypothesized mechanisms includes central and peripheral sensitization mechanisms of pain. Factors frequently associated with post-surgical chronic pain include anxiety, depression, pain catastrophizing, and psychological distress.

Patient Evaluation for Neuroma Surgery

The complex mechanisms of established neuropathic pain mean that not every patient will improve with surgery; therefore, pre-operative evaluation is critical for patient selection for neuroma surgery. Stokvis et al. (2010) reported in a prospective study of neuroma surgery outcomes that 56% of patients were unsatisfied with treatment results [32]. A meta-analysis of neuroma surgical treatment found that 20–30% of neuromas are refractory to treatment regardless of surgical technique [33].

Neuromas are both mechanically sensitive and spontaneously sensitive (including nerve ends, scar, the distal nerve territory, and often the adjacent sensory territories). As described in the tibial neuroma transposition model, pain can be experienced not only by direct stimulation of the neuroma itself but also within the nerve territory from the hypothesized interaction between peripheral sprouting and central sensitization [19]. Treatment of the neuroma alone may not alter the distant mechanisms. A recent meta-analysis of 54 papers on neuroma surgical treatment found that physical examination was the primary method of neuroma identification prior to surgical decision (described in detail in 89% of studies) [33]. Most surgeons advocate for detailed history, physical examination, and consideration of overlapping nerve dermatomes to differentiate between affected and unaffected nerves. Differentiating between compression neuropathy and neuroma, or both as in a double-crush phenomenon, is important in directing surgical intervention. The use of patient-reported outcomes, as well as a multidisciplinary assessment including pain specialists and physiotherapy, has been advocated to assist in diagnosis. Only three studies reported using MRI or ultrasound consistently to assist in diagnosing neuroma. As well, 54% of studies in a recent meta-analysis indicated that they perform a diagnostic nerve block of the suspected neuroma to evaluate the response to local anesthesia prior to pursuing surgery [33]. However, a recent study by Malessy et al. (2018) reported poor predictive value of a pre-operative nerve block on the outcome of surgical intervention for neuroma [34].

With the heterogeneity in diagnostic approaches to neuroma, Arnold et al. (2019) proposed a framework for clinical evaluation and diagnosis of symptomatic neuroma [35]. Combining both meta-analysis and clinical experience, they suggest that patients should have three criteria on history and at least two clinical findings to confirm the diagnosis. These criteria are:

Features on history:

1. Pain with at least three qualifying neuropathic characteristics.
2. Symptoms in the anatomic distribution of a known nerve.
3. A history of known or suspected nerve injury.

At least two of the following four findings:

1. A positive Tinel sign along a suspected nerve injury site.
2. Tenderness or pain at or along a suspected nerve injury site.
3. A positive response to a diagnostic local anesthetic nerve block.
4. Imaging features (ultrasound or MRI) confirming a neuroma.

The pre-operative pain questionnaire is a valuable tool in patient selection for surgery and in adjusting post-operative expectations for recovery. Our preferred pain questionnaire includes not only multiple pain descriptors and a body diagram to evaluate the anatomic distribution of pain but also it includes an assessment of pain-associated emotions and quality of life, as well as psychosocial factors (Fig. 1.2).

Susan E. Mackinnon, MD

BARNES-JEWISH Hospital
BJC HealthCare

Washington University in St. Louis
Physicians

Pain Questionnaire

Name ____________________ Date ___/___/___

Age_____ Sex: ☐ Male ☐ Female Dominant Hand: ☐ Right ☐ Left Diagnosis ____________

1. **Pain is difficult to describe. Check the words that best describe your symptoms:**

☐ Burning	☐ Throbbing	☐ Aching	☐ Stabbing	☐ Tingling	☐ Punishing	☐ Frightening
☐ Cramping	☐ Cutting	☐ Shooting	☐ Numbing	☐ Terrifying	☐ Stinging	☐ Indescribable
☐ Pulling	☐ Smarting	☐ Pressure	☐ Coldness	☐ Dull	☐ Other______	

LEVEL OF SYMPTOMS

Check to indicate the level of your pain, with zero being no pain and 10 the most severe pain you can imagine having.

2. **Mark your worst level of pain in the last week:**

Right **No Pain** ____________________ **Most Severe Pain**

Left **No Pain** ____________________ **Most Severe Pain**

3. **Where is your pain? (Draw on diagram):**

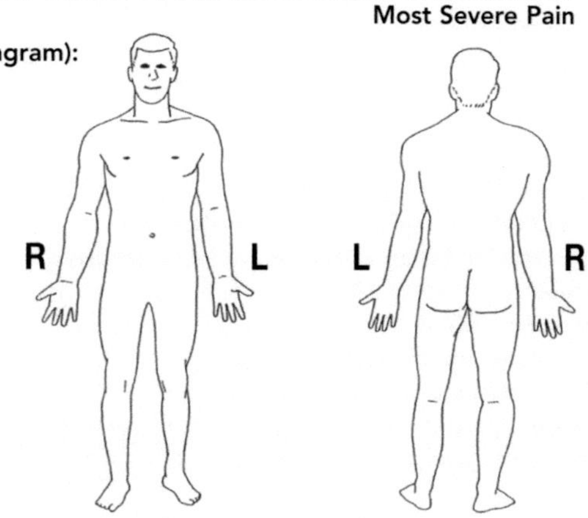

4. **Mark on this scale how your pain has affected your <u>quality of life</u>:**

0% (Not at All) ____________________ **100% (A Large Amount)**

5. **Mark on this scale how <u>sad</u> you are:**

0% (Not at All) ____________________ **100% (A Large Amount)**

6. **Mark on this scale how <u>anxious</u> you are:**

0% (Not at All) ____________________ **100% (A Large Amount)**

7. **Mark on this scale how <u>depressed</u> you currently feel:**

0% (Not at All) ____________________ **100% (A Large Amount)**

8. **Mark on this scale how <u>frustrated</u> you currently feel:**

0% (Not at All) ____________________ **100% (A Large Amount)**

9. **Mark on this scale how <u>angry</u> you currently feel:**

0% (Not at All) ____________________ **100% (A Large Amount)**

WUP PLAS SEM PAINQ (Rev 4/19)

Fig. 1.2 The author's preferred pain questionnaire including an assessment of psychosocial factors associated with pain

10. Mark on this scale how <u>hopeful</u> you are:

0% (Not at All) ——— 100% (A Large Amount)

11. Mark your average level of <u>stress</u> in the last month:

At Home 0 ——— 10

At Work 0 ——— 10

12. How well are you able to <u>cope with that stress</u>:

At Home Very Well ——— Not at All

At Work Very Well ——— Not at All

13. How did the pain that you are now experiencing occur?

☐ a. Sudden onset with accident or definable event
☐ b. Slow progressive onset
☐ c. Slow progressive onset with acute exacerbation without an accident or definable event
☐ d. A sudden onset without an accident or definable event

14. How many surgical procedures have you had in order to try to eliminate the cause of your pain?

☐ a. None or one
☐ b. Two surgical procedures
☐ c. Three or four surgical procedures
☐ d. Greater than four surgical procedures

15. Does weather have any effect on your pain?

☐ a. The pain is usually worse with damp or cold weather.
☐ b. The pain is occasionally worse with damp or cold weather.
☐ c. Damp or cold weather has no effect on the pain.

16. Do you ever have trouble falling asleep or awaken from sleep?

☐ a. No - ***Proceed to Question 18***
☐ b. Yes - ***Proceed to 17A & 17B***

17A. How often do you have trouble falling asleep?

☐ a. Trouble falling asleep every night due to pain
☐ b. Trouble falling asleep due to pain most nights of the week
☐ c. Occasionally having difficulty falling asleep due to pain
☐ d. No trouble falling asleep due to pain
☐ e. Trouble falling asleep which is not related to pain

17B. How often do you awaken from sleep?

☐ a. Awakened by pain every night
☐ b. Awakened from sleep by pain more than 3 times per week
☐ c. Not usually awakened from sleep by pain
☐ d. Restless sleep or early morning awakening with or without being able to return to sleep, both unrelated to pain

18. Has your pain affected your intimate personal relationships?

☐ a. No ☐ b. Yes

19. Are you involved in any legal action regarding your physical complaint?

☐ a. No ☐ b. Yes

WUP PLAS SEM PAINQ (Rev 4/19)

Fig. 1.2 (continued)

20. Is this a Workers' Compensation case?
☐ a. No ☐ b. Yes

21. Are you presently receiving or have you ever received psychiatric/psychological treatment?
☐ a. No ☐ b. Presently receiving psychiatric treatment ☐ c. Previous psychiatric treatment

22. Have you ever thought of suicide?
☐ a. No ☐ b. Yes

23. Have you ever attempted suicide?
☐ a. No ☐ b. Yes

24. Were you a victim of childhood trauma- emotional, physcial, or sexual?
☐ a. No ☐ b. Yes ☐ c. No comment

25. Were you a victim of adult emotional abuse?
☐ a. No ☐ b. Yes ☐ c. No comment

26. Were you a victim of adult psychical abuse?
☐ a. No ☐ b. Yes ☐ c. No comment

27. Were you a victim of adult sexual abuse?
☐ a. No ☐ b. Yes ☐ c. No comment

28. Are you presently a victim of abuse?
☐ a. No ☐ b. Yes ☐ c. No comment

29. Are you currently: (Check all that apply)

Employed for wages	☐ No	☐ Yes
On medical leave	☐ No	☐ Yes
A homemaker	☐ No	☐ Yes
Self-employed	☐ No	☐ Yes
Student	☐ No	☐ Yes
Retired	☐ No	☐ Yes
Volunteer	☐ No	☐ Yes
None of the above	☐ No	☐ Yes

30. If you are still working, do you?
☐ a. Work every day at the same pre-pain job.
☐ b. Work every day but the job is not the same as the pre-pain job with reduced responsibility or physical activity.
☐ c. Work occasionally.

31. Are you able to do your household chores?
☐ a. Do same level of household activities without discomfort.
☐ b. Do same level of household chores with discomfort.
☐ c. Do a reduced amount of household chores.
☐ d. Most household chores are now performed by others.

32. What pain medications have you used in the past month?
☐ a. No medications
☐ b. List medications:______________________________

c. Are you presently receiving or have you ever received narcotic/opioid medication(s)?
☐ No
☐ Previously, if so, when was your last prescription?________________
☐ Presently, if so, who is your prescribing physician?________________

33. If you had three wishes, what would you wish for?
1.______________________________
2.______________________________
3.______________________________

From: Hendler N, Viernstein M, Gucer P, Long D: A preoperative screening test for chronic back pain patients. Psychosomatics 1979;20:801-808.
Mackinnon SE & Dellon AL: Surgery of the Peripheral Nerve, Thieme Medical Publishers, 1988
Melzack R: The McGill pain questionnaire: major properties and scoring methods. Pain 1975;1:277-299.
Modified by Yee A 4/2/2019

Fig. 1.2 (continued)

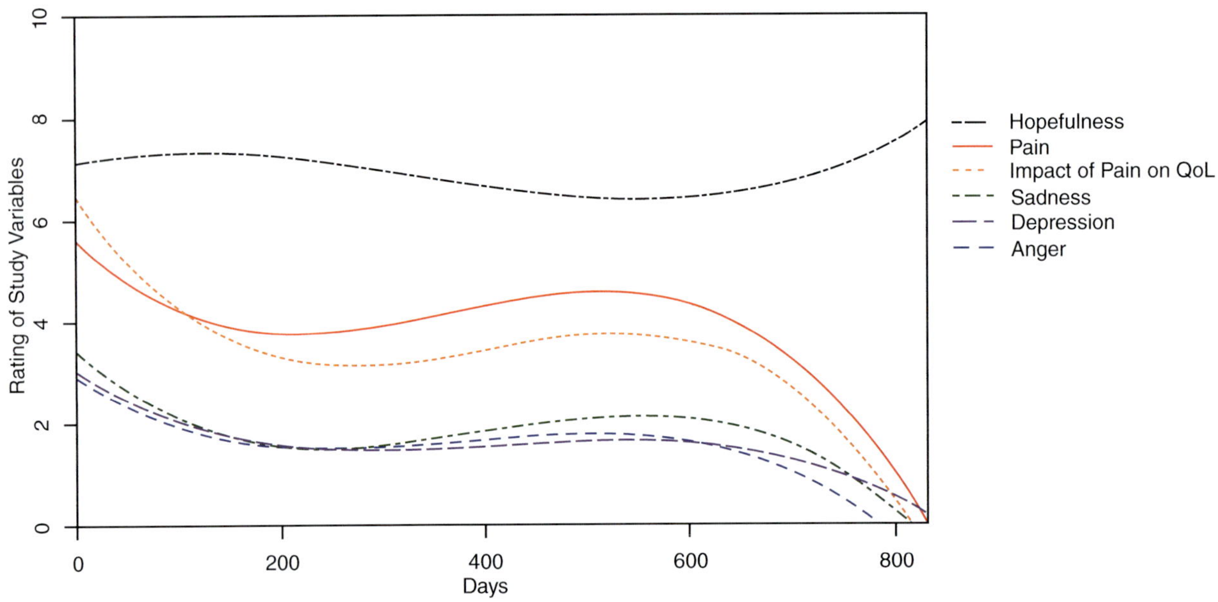

Fig. 1.3 Post-operative pain and quality of life indicators in neuroma patients form sigmoidal trajectories and improve over years instead of months. (With permission from Hand: Sage Journals) published in Heary et al. (2020)

Multiple studies have described an association of pre-operative depression and anxiety with post-operative pain [36–38]. Heary et al. (2020) reported a sigmoidal pain trajectory that closely mirrors the trajectories of the impact of pain on quality of life, sadness, depression, and anger over time in a population of nerve-injured and neuroma patients undergoing surgery [39]. In these trajectories, some patients took up to 800 days for the intensity of their pain and associated emotions to dissipate. Changes in patient anger and quality of life were predictive of higher pain scores at the next visit [39]. There was a small correlation of possible childhood trauma and higher pain scores, including if patients reported "no comment" to a history of child abuse predicting higher scores overall, which is supported by other studies in the chronic pain population [40, 41] (Fig. 1.3).

Prognostic factors for post-surgical satisfaction included less than 48 months of pain, a reduction in VAS score of >3.5 with diagnostic nerve block, non-smokers, employment, and without features of CRPS II [42]. As well, a comprehensive literature review found both positive and negative prognostic factors for both injury and patient factors. Positive prognostic factors included a discrete nerve syndrome (without overlapping symptoms) and employment. Negative predictive factors include radial sensory branch neuroma, digital neuroma, workers' compensation claim, litigation involvement, three or greater previous operations, and duration of pain greater than 24 months [42].

Neuroma Prevention as Opposed to Treatment

Neuroma prevention is critical and much more successful than treating established neuroma pain. After nerve injury, restoration of the continuity of the nerve is one of the most successful tools to prevent neuroma formation. This is usually accomplished through established nerve repair techniques including nerve coaptation and nerve grafting. Restoration of the continuity of the nervous system has shown clinical success in preventing long-term neuropathic pain. Unfortunately, if the distal nerve end is not available for coaptation and continuity cannot be established, neuroma treatment is much more difficult, and expectations for resolution of neuropathic pain must be adjusted.

Clinical studies suggest that it is easier to prevent painful nerve problems than to treat them. When patients with established neuroma were treated with excision, crush, and transposition, pain scores improved on average by 2 on the Likert scale but very infrequently improved to zero [43]. Greater success has been seen when comparing early targeted muscle reinnervation (TMR) versus late TMR [44]. The scientific research supports that chronic pain, particularly after neuroma, has the added components of central and peripheral sensitization, which do not seem to respond to the surgical intervention.

The Four Types of Neuropathic Pain

The burden of neuropathic pain worldwide has been evaluated in multiple large systematic reviews of epidemiological studies. Neuropathic pain is primarily attributed to four to five main underlying neuropathic pain disorders including diabetic neuropathy, postherpetic neuralgia, trigeminal neuralgia, phantom limb pain, glossopharyngeal neuralgia, and failed back syndrome [24, 45, 46]. Pain management and neurology literature often report that surgery will not help with nerve pain and tend to concentrate on novel pharmacological and percutaneous treatments [23]. This may be because the burden of neuropathic pain patients seen by these specialists is frequently due to conditions that are nonsurgical (as listed above) or they treat post-surgical pain patients who have had a surgery for pain that is also peripherally maintained or related to central sensitization (failed nerve surgery). We as surgeons have typically labeled all this neuropathic pain as neuroma pain, and we have a number of treatments; however, differentiating between those patients who will improve with neuroma surgery (up to 60%) and those who will not improve with surgery (20–30% of patients who are refractory to surgical treatment) [33] is a key piece of the puzzle missing in most modern nerve surgery training.

We propose four types of pain that can be used as a framework for the nerve surgeon when evaluating patients, which also take into consideration the scientific findings of peripheral collateral sprouting and central sensitization in neuropathic pain. These four types of pain include neuroma pain, nerve compression pain, collateral sprouting (painful hyperalgesia), and phantom nerve pain (anesthesia dolorosa or deafferentation pain) [47] (Fig. 1.4). We can offer surgery for two of these sources of pain as surgeons (compression neuropathy and neuroma).

Almost any treatment helps in a certain part of a neuroma population, particularly those with focal tenderness in the setting of a known injury and within an anatomic nerve distribution (Fig. 1.5).

However, recognition of the other types of contributing pain can help set expectations for outcome after surgery and direct some patients toward a non-operative treatment stream. For patients experiencing significant hypersensitivity, and when there is associated nerve compression, we recommend nerve decompression of the affected sensory nerve. Nerve compression pain tends to be less severe than neuroma pain and is within a known nerve anatomic territory. A positive Tinel sign is present over a known compression or entrapment point, as well as a positive sensory collapse test. Compression pain may coincide with neuroma pain in the same affected nerve, a superimposed double-crush phenomenon [48]. Compression neuropathy may also be present in adjacent nerve territories that have collaterally sprouted, such as a lateral antebrachial cutaneous nerve (LABC) neuroma with the adjacent superficial radial sensory nerve compression neuropathy causing worsening pain symptoms from collateral sprouting (painful hyperalgesia). Treating the neuroma and also decompressing the associated compression neuropathy may improve pain outcomes [47] (Fig. 1.6).

Surgeons can also use distal end-to-side nerve transfers of the denervated distal nerve to the side of a normal sensory nerve (Fig. 1.7). The distal end to side can return sensation to the denervated area to prevent painful hyperalgesia from aberrant regeneration from adjacent nerve territories. By contrast, established painful hyperalgesia and phantom pain is no amenable to nerve surgery.

When there is no associated nerve compression and neuroma surgery has resulted in incomplete pain relief, patients are typically in the latter two categories of pain that are not aided by surgery (painful hyperalgesia and phantom pain). In these cases, we recommend treatment with a multidisciplinary pain management approach and graded motor imagery therapy. The authors have been referred many patients that have had multiple previous "neuroma" surgeries as these other sources of pain have not been recognized. The lack of awareness of these four types of nerve pain with focus only on "neuromas" likely is a large reason for the so-called failure of response to neuroma surgery.

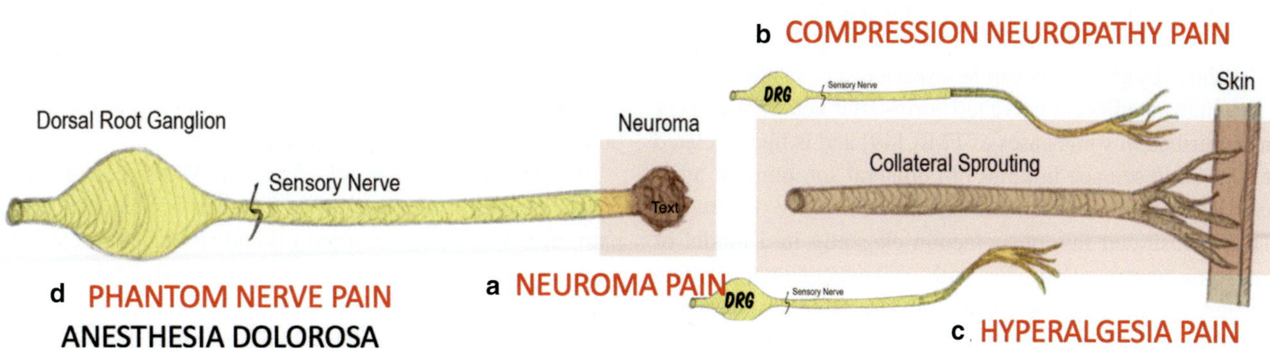

Fig. 1.4 Conceptual drawing of the four types of neuropathic pain: (**a**) neuroma, (**b**) nerve compression pain, (**c**) painful hyperalgesia, and (**d**) phantom nerve pain (anesthesia dolorosa or deafferentation pain). (With permission from nervesurgery.wustl.edu)

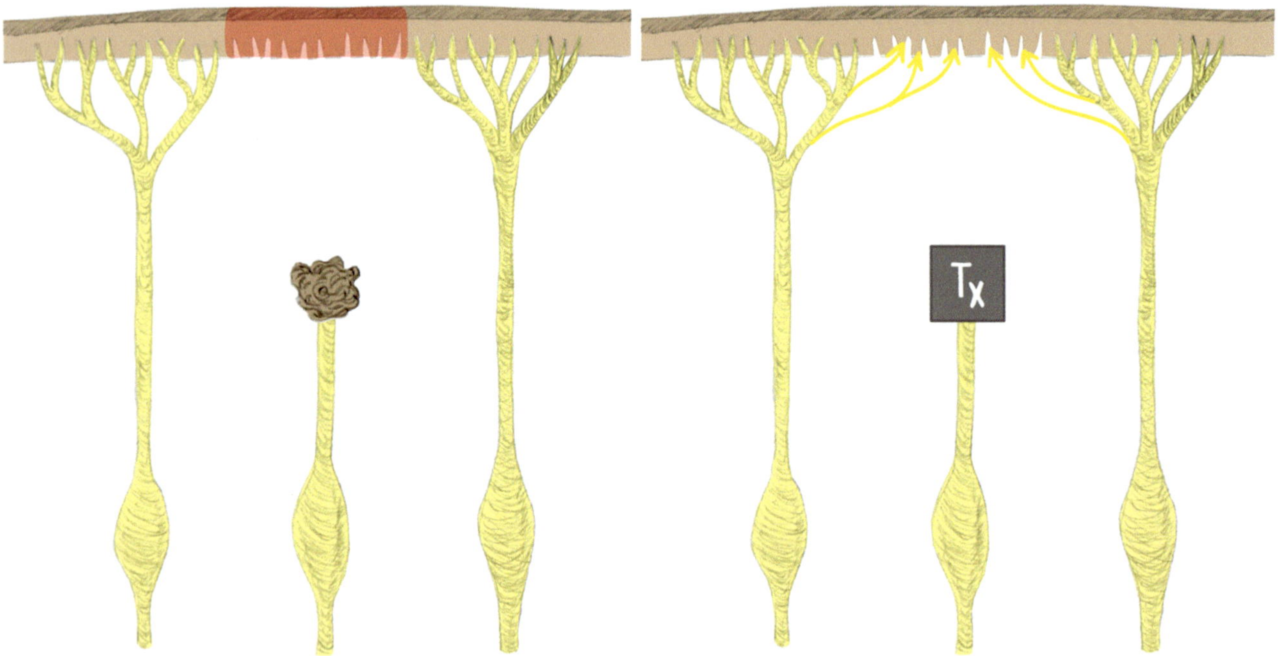

Fig. 1.5 Conceptual drawing of neuroma. Directly treating the neuroma tends to be relatively successful in most cases with isolated pain due solely to the hypersensitive neuroma itself. (With permission from nervesurgery.wustl.edu)

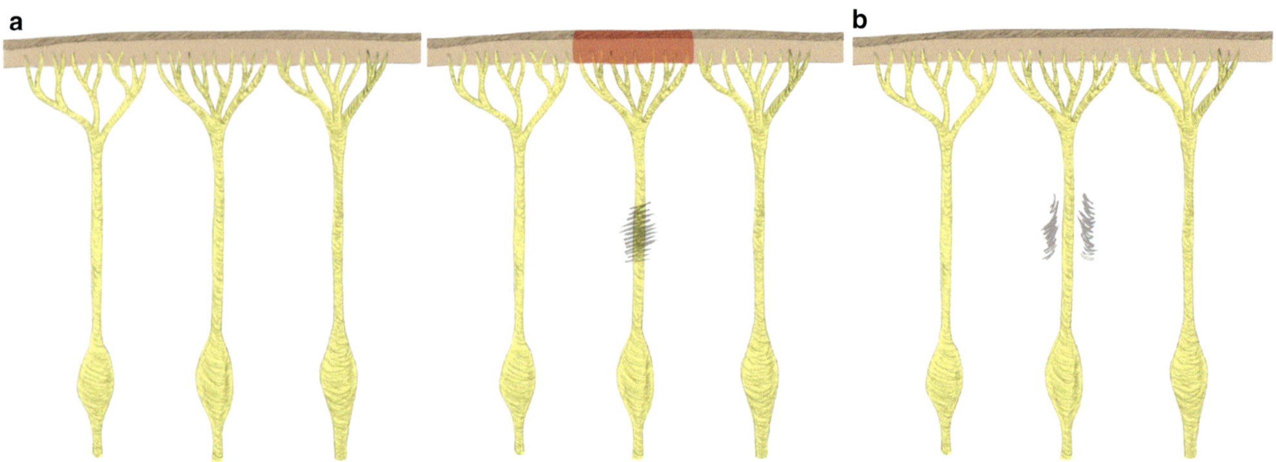

Fig. 1.6 (**a**) Compression neuropathy can be present within the nerve territory of the neuroma/injured nerve or at an adjacent nerve territory contributing to neuropathic pain. (**b**) Treatment of the known compression point may improve pain outcomes. (With permission from nervesurgery.wustl.edu)

Painful hyperalgesia can be experienced as "unmasking" of pain from adjacent nerve territories after neuroma surgery as described in some cases of TMR [49] and is likely related to the basic science findings of collateral sprouting of adjacent peripheral nerves into denervated nerve territories. Dorsi illustrated this phenomenon elegantly in a model of neuroma transposition pain, with evidence of ongoing pain response in the distal distribution of the nerve despite transposition of the neuroma [19]. The neuralgia from collateral sprouting has been described as hyperalgesia, tingling, numbness, and disturbing sensations including allodynia. Patients may withdraw in anticipation of tactile stimulation, and the territory of pain may be slightly outside of the distribution of the nerve injury (Fig. 1.8).

We also suggest a new way for the nerve surgeon to frame central sensitization. Our preferred term is phantom nerve pain, also known as anesthesia dolorosa or deafferentation pain, to capture the centrally mediated painful "numbness" associated with nerve injuries (Fig. 1.9).

Phantom nerve pain is less well-recognized as its close relative phantom limb pain. Pain literature outside of the surgical body describes this central sensitization as (1) hyper-

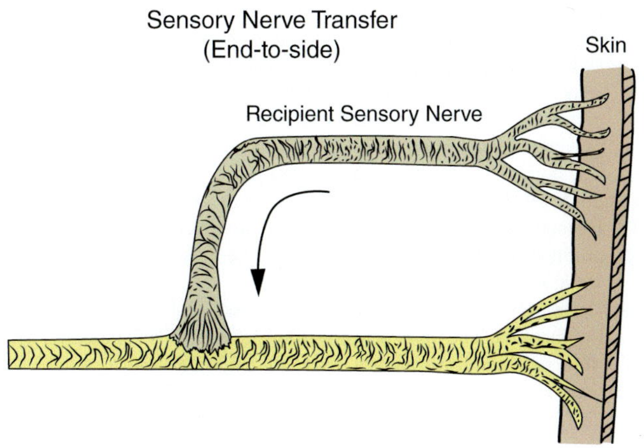

Fig. 1.7 Conceptual drawing of a distal end-to-side nerve transfer, where the denervated distal nerve is coapted proximally to a normal sensory nerve to allow for sensory return into the denervated territory. (With permission from nervesurgery.wustl.edu)

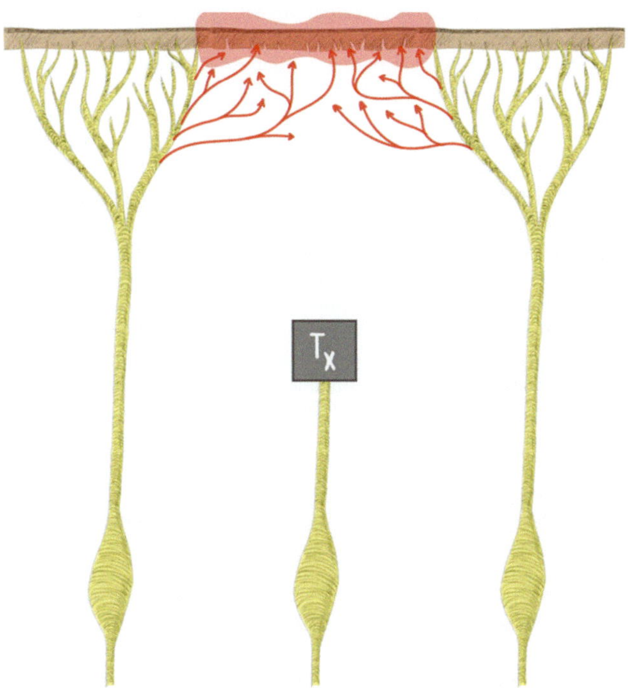

Fig. 1.8 Conceptual drawing of collateral sprouting from adjacent nerve territories, contributing to painful hyperalgesia in the distal nerve territory of the neuroma. (With permission from nervesurgery.wustl.edu)

sensitivity at injury site, (2) mechano-allodynia, (3) thermal hyperalgesia, (4) hyperpathia, (5) extraterritoriality (as in complex regional pain syndrome (CRPS)), and (6) associated neurogenic inflammation [23]. In most instances, it is experienced as painful numbness. The painful numbness is often difficult to describe, constant, fluctuating only in severity but ever present, and not reproducible on examination. Unfortunately, the central sensitization mechanism of pain is

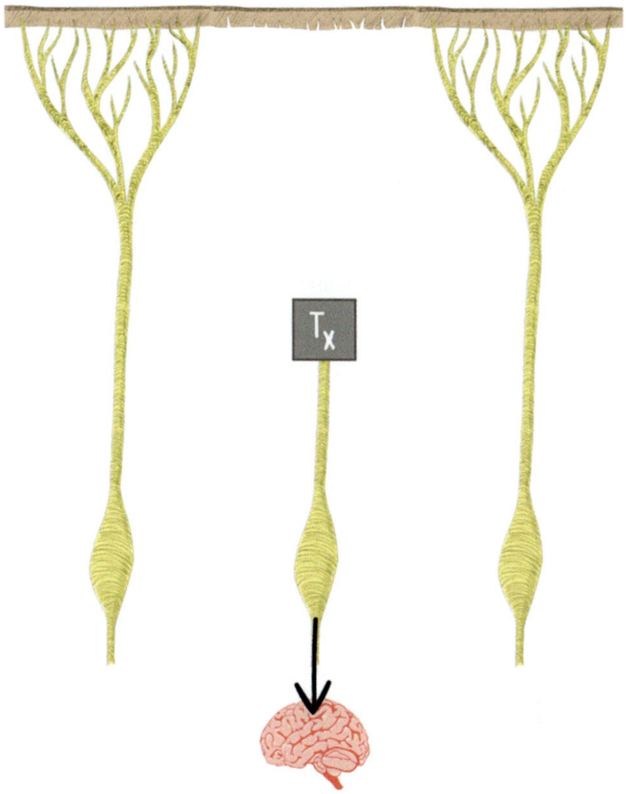

Fig. 1.9 Conceptual drawing of central sensitization, experienced as phantom nerve pain (anesthesia dolorosa or deafferentation pain). (With permission from nervesurgery.wustl.edu)

difficult to treat. If the associated neuroma and compression mechanisms have been treated, referral to specialized pain management teams is recommended.

A reason that pain management physicians at times say surgery is ineffective is that they see the patients with multiple "neuroma" surgeries and the non-operative neuropathic issue that surgeons only know to treat with neuroma surgery. Pain management physicians, physical medicine and rehabilitation physicians, and physical therapists can then explore non-surgical treatment strategies including physical therapy such as graded motor imagery and the use of neuropathic pain medications, sympathetic blockade for CRPS, dorsal column stimulation, intrathecal therapy, and novel pharmacological therapies in development that target the underlying neurobiological changes, such as NGF, contributing to the development of chronic neuropathic pain [12]. While there have been more than 150 techniques for neuroma surgery, the 20–30% failure of surgery may indicate that we fail to recognize the other causes of pain that can be associated with neuroma. As with other complex medical and surgical problems, a paradigm shift toward multidisciplinary clinics may improve success rates in neuroma surgery by refining our decision-making algorithms and including the clinical expertise of practitioners outside of our traditional collaborators.

Conclusion

The treatment of neuroma has challenged the nerve surgeon for centuries. With modern technology and advances across medicine including basic science, we have never had a better understanding of neuroma mechanisms. At the same time, improved understanding of etiology has expanded our clinical approach to neuropathic pain, considering for the first time the influence of central and peripheral sensitization on the patient pain experience. New criteria have been suggested to help establish a confirmed diagnosis of neuroma, and in those with other causes of neuropathic pain, the involvement of multidisciplinary teams can provide alternate and valuable perspectives in determining who will and will not benefit from surgery.

References

1. Vernadakis AJ, Koch H, MacKinnon SE. Management of neuromas. Clin Plast Surg. 2003;30:247–68.
2. Wood W. Observations on neuroma. Trans Med-Chir Soc Edin. 1928;3:367–433.
3. Millesi H. The nerve gap. Theory and clinical practice. Hand Clin. 1986;2:2.651–63.
4. Domeshek LF, Novak CB, Patterson JMP, Hasak JM, Yee A, Kahn LC, Mackinnon SE. Nerve transfers—a paradigm shift in the reconstructive ladder. Plast Reconstr Surg Glob Open. 2019;7:e2290.
5. Kuiken TA, Dumanian GA, Lipschutz RD, Miller LA, Stubblefield KA. The use of targeted muscle reinnervation for improved myoelectric prosthesis control in a bilateral shoulder disarticulation amputee. Prosthetics Orthot Int. 2004;29(3):245–53.
6. Sunderland S. Nerves and nerve injuries. London. Academic: Churchill Livingstone; 1993.
7. Mackinnon SE, Dellon AL, Hudson AR, Hunger DA. Alteration of neuroma formation by manipulation of its microenvironment. Plast Reconstr Surg. 1985;76:345–53.
8. Campbell JN, Raja SN, Meyer RA, Mackinnon SE. Myelinated afferents signal the hyperalgesia associated with nerve injury. Pain. 1988;32(1):89–94.
9. Mackinnon SE, Dellon AL. Surgery of the peripheral nerve. New York: Academic: Thieme; 1988.
10. Atherton DD, Taherzadeh O, Facer P, Elliot D, Anand P. The potential role of nerve growth factor (NGF) in painful neuromas and the mechanism of pain relief by their relocation to muscle. Journal of Hand Surgery (Br). 2006;31B(6):652–6.
11. Johnson DG, Gorden P, Kopin IJ. A sensitive radioimmunoassay for 7S nerve growth factor antigens in serum and tissues. J Neurochem. 1971;18(12):2355–62.
12. Denk F, Bennett DL, McMahon SB. Nerve growth factor and pain mechanisms. Annu Rev Neurosci. 2017;40:307–25.
13. Zhou FQ, Zhou J, Dedhar S, Wu YH, Snider WD. NGF-induced axon growth is mediated by localized inactivation of GSK-3 β and functions of the microtubule plus end binding protein APC. Neuron. 2004;42:897–912.
14. Lane LB, Villacin A, Bullough PG. The vascularity and remodelling of subchondrial bone and calcified cartilage in adult human femoral and humeral heads. An age- and stress-related phenomenon. J Bone Joint Surg Br. 1977;59:272–8.
15. Mantyh PW. Bone cancer pain: from mechanism to therapy. Curr Opin Support Palliat Care. 2014;8:83–90.
16. Diamond J, Holmes M, Coughlin M. Endogenous NGF and nerve impulses regulate the collateral sprouting of sensory axons in the skin of the adult rat. J Neurosci. 1992;12:1454–66.
17. Lopez-Alvarez V, Modol L, Navarro X, Cobianchi S. Early increasing-intensity treadmill exercise reduces neuropathic pain by preventing nociceptor collateral sprouting and disruption of chloride cotransporters homeostasis after peripheral nerve injury. Pain. 2015;156:1812–25.
18. Bennett GJ, Xie Y-K. A peripheral mononeuropathy in rat that produces disorders of pain sensation like those seen in man. Pain. 1988;33(1):87–107.
19. Dorsi MJ, Chen L, Murinson BB, Pogatzki-Zahn EM, Meyer RA, Belzberg AJ. The tibial neuroma transposition (TNT) model of neuroma pain and hyperalgesia. Pain. 2008;134:320–34.
20. Wu G, Ringkamp M, Hartke TV, Murinson BB, Campbell JN, Griffin JW, et al. Early onset of spontaneous activity in uninjured C-fiber nociceptors after injury to neighboring nerve fibers. J Neurosci. 2001;21:RC140.
21. Abdo H, Calvo-Enrique L, Lopez JM, Song J, Zhang M-D, Usoskin D, El Manira A, Adameyko I, Hjerling-Leffler J, Ernfors P. Specialized cutaneous Schwann cells initiate pain sensation. Science. 2019;365:695–9.
22. Ozturk N, Erin N, Tuzuner S. Changes in tissue substance P levels in patients with carpal tunnel syndrome. Neurosurgery. 2010;67(6):1655–60.
23. Schwartzman RJ, Grothusen J, Kiefer TR, Rohr P. Neuropathic central pain. Arch Neurol. 2001;58:1547–50.
24. Van Hecke O, Austin SK, Khan RA, Smith BH, Torrance N. Neuropathic pain in the general population: a systematic review of epidemiological studies. Pain. 2014;155:654–62.
25. Fisher GT, Boswick JA Jr. Neuroma formation following digital amputations. J Trauma. 1983;23:136–42.
26. Lacoux PA, Crombie IK, Macrae WA. Pain in traumatic upper limb amputees in Sierra Leone. Pain. 2002;99(1–2):309–12.
27. Geraghty TJ, Jones LE. Painful neuromata following upper limb amputation. Prosthetics Orthot Int. 1996;20(3):176–81.
28. Van der Avoort DJ, Hovius SE, Selles RW, et al. The incidence of symptomatic neuroma in amputation and neurorrhaphy patients. J Plast Reconstr Aesthet Surg. 2013;66(10):1330–4.
29. Glare P, Aubrey KR, Myles PS. Postoperative pain management and opiods 1; transition from acute to chronic pain after surgery. Lancet. 2019;393:1537–46.
30. Aasvang E, Kehlet H. Chronic postoperative pain: the case of inguinal herniorrhaphy. Br J Anaesth. 2005;95(1):69–76.
31. Gotoda Y, Kambara N, Sakai T, Kishi Y, Kodama K, Koyama T. The morbidity, time course and predictive factors for persistent post-thoracotomy pain. Eur J Pain. 2001;5(1):89–96.
32. Stokvis A, van der Avoort D-J, van Neck JW, Hovius SER, Coert JH. Surgical management of neuroma pain: a prospective follow-up study. Pain. 2010;151:862–9.
33. Poppler LH, Parikh RP, Bichanich MJ, Rebehn K, Bettlach CR, Mackinnon SE, Moore AM. Surgical interventions for the treatment of painful neuroma: a comparative meta-analysis. Pain. 2018;159(2):214–23.
34. Malessy MJA, de Boer R, Muñoz Romero I, Eekhof JLA, van Zwet EW, Kliot M, Dahan A, Pondaag W. Predictive value of a diagnostic block in focal nerve injury with neuropathic pain when surgery is considered. PLoS One. 2018;13(9):eCollection 2018.
35. Arnold DMJ, Wilkens SC, Coert JH, Chen NC, Ducic I, Eberlin KR. Diagnostic criteria for symptomatic neuroma. Ann Plast Surg. 2019;82:420–7.
36. Horn-Hofmann C, Scheel J, Dimova V, et al. Prediction of persistent post-operative pain: pain-specific psychological variables compared with acute post-operative pain and general psychological variables. Eur J Pain. 2018;22(1):191–202.

37. Kehlet H, Jensen TS, Woolf CJ. Persistent postsurgical pain: risk factors and prevention. Lancet. 2006;367(9522):1618–25.
38. Perkins FM, Kehlet H. Chronic pain as an outcome of surgery. A review of predictive factors. Anesthesiology. 2000;93(4):1123–33.
39. Heary KO, Wong AWK, Lau DCL, Dengler J, Thompson MR, Crock LW, Novak CB, Philip BA, Mackinnon SE. Quality of life and psychosocial factors as predictors of pain relief following nerve surgery. Hand. 2022;17(2):193–9.
40. Tesarz J, Eich W, Treede RD, et al. Altered pressure pain thresholds and increased wind-up in adult patients with chronic back pain with a history of childhood maltreatment; a quantitative sensory testing study. Pain. 2016;157(8):1799–809.
41. Sachs-Ericsson N, Kendall-Tackett K, Hernandez A. Childhood abuse, chronic pain, and depression in the National Comorbidity Survey. Child Abuse Negl. 2007;31(5):531–47.
42. Stokvis A, Coert JH, van Neck JW. Insufficient pain relief after surgical neuroma treatment: prognostic factors and central sensitization. J Plast Reconstr Aesthet Surg. 2010;63:1538–43.
43. Domeshek LF, Krauss EM, Snyder-Warwick AK, Laurido-Soto O, Hasak JM, Skolnick GB, Novak CB, Moore AM, Mackinnon SE. Surgical treatment of neuromas improves patient-reported pain, depression, and quality of life. Plast Reconstr Surg. 2017;139:407–18.
44. Valerio IL, Dumanian GA, Jordan SW, Mioton LM, Bowen JB, West JM, Porter K, Ko JH, Souza JM, Potter BK. Reemptive treatment of phantom and residual limb pain with targeted muscle reinnervation at the time of major limb amputation. J Am Coll Surg. 2019;228(3):217–26.
45. Doth AH, Hansson PT, Jensen MP, Taylor RS. The burden of neuropathic pain: a systematic review and meta-analysis of health utilities. Pain. 2010;149:338–44.
46. Taylor RS. Epidemiology of refractor neuropathic pain. Pain Pract. 2006;6(1):22–6.
47. Hill EJR, Padovano W, Patterson JMM, Yee A, Crock LW, Krauss EM, Mackinnon SE. Decompression of the sensory branch of the radial nerve for a subset of patients with neuropathic pain. In Submission. 2021.
48. Upton AR, McComas J. The double crush in nerve entrapment syndromes. Lancet. 1973;2(7825):359–62.
49. Souza JM, Cheesborough JE, Ko JH, Cho MS, Kuiken TA, Dumanian GA. Targeted muscle reinnervation: a novel approach to postamputation neuroma pain. Clin Orthop Relat Res. 2014;472:2984–90.

Peripheral Sensitization: Peripheral Mechanisms of Neuroma and Neuropathic Pain

2

Benjamin B. Scott and Jonathan M. Winograd

Peripheral Neuroma Formation

Peripheral neuroma is a frequent sequela of peripheral nerve injury (PNI) that can result in significantly decreased quality of life due to neuropathic pain, decreased functionality, and psychological distress [1]. Neuromas may form in both motor and sensory nerves after injury and can lead to loss of function and neuropathic pain, respectively. Neuromas are classified as benign proliferations of neural tissue, containing all elements of the nerve sheath and nerve fibers [2]. Following PNI, the nerve proximal to site of injury prepares to regenerate while the distal nerve degenerates. This process, known as Wallerian degeneration, begins shortly after PNI and serves the purpose of creating an environment supportive of axonal regeneration [3]. Axonal degeneration in the distal nerve begins 48–72 h after PNI [3, 4], beginning with disintegration of the axonal cytoskeleton via calcium-dependent proteases [5]. Denervated Schwann cells in the distal nerve stump shed myelin, phagocytose extracellular myelin, and secrete cytokines that attract macrophages, resulting in further phagocytosis of debris [3]. Schwann cells also migrate and align longitudinally to form bands of Büngner, providing a conduit to guide regenerating nerve fibers attempting to recreate nerve continuity and reach target end-organs [6]. Peripheral nerve fibers then regenerate from the proximal nerve stump. During this axonal proliferation, regenerating nerve fibers can become tangled and trapped in wound and scar tissue if unsuccessful in their attempt to reconnect with the distal nerve stump, forming a bulbous neuroma. Histologically, the traumatic neuroma has been described as a non-encapsulated conglomerate of cells and axons embedded in a fibrotic matrix [7]. Myofibroblasts [8, 9] and inflammatory signaling molecules [10] also have been identified in symptomatic neuromas, which can be responsible for hypersensitivity, intense pain, and heat and cold intolerance in the distribution of the affected nerve [11].

Nociception

Pain can be divided into two categories: (1) physiologic pain, which acts as a normal protective human response, and (2) pathological pain, which is abnormal and can negatively impact quality of life. Normal acute nociceptive pain has been described as an unpleasant subjective sensory experience often associated with potential or actual tissue damage that is influenced by past experiences, cognition, and cultural expectations [12]. The detection of noxious stimuli, known as nociception, often leads to withdrawal from stimulus and to behavior modification to avoid repetitive stimulus and potential injury in the future. In typical situations, pain only results from stimuli intense enough to reach the triggering threshold, and an action potential is then propagated through the axon of the involved sensory neurons [13].

Pain signals are transmitted from the nociceptors in the periphery via sensory axons to the dorsal horn in the spinal cord and finally transmitted to the somatosensory cortex via the thalamus, providing information about the location and intensity of the noxious stimulus. Nociceptors are bare sensory axonal projections located in the skin, muscle, and joints that respond selectively to noxious stimuli only at levels high enough to potentially cause tissue damage, including stimuli from mechanical and thermal damage, inflammatory mediators, and other toxic molecules [14]. Medium-diameter myelinated Aδ afferent fibers mediate well-localized, acute pain at the area of noxious stimulus, known as the "first pain." This first pain is responsible for

B. B. Scott · J. M. Winograd (✉)
Division of Plastic and Reconstructive Surgery, Massachusetts General Hospital, Harvard Medical School, Boston, MA, USA
e-mail: jwinograd@mgh.harvard.edu

K. R. Eberlin et al. (eds.), *Contemporary Neuroma Management*, https://doi.org/10.1007/978-3-031-59758-9_2

Fig. 2.1 Nerve fibers involved in the ascending nociceptive pathway

Pain Transmission – Aδ Fibers and C Fibers

Aδ Fibers	C Fibers
Myelinated	Unmyelinated
"First" pain: faster transmission (5 – 30 meter/second)	"Second" pain: slower transmission (0.5 – 2 meter/second)
Well localized	Poorly localized
Sharp, acute pain at area of noxious stimulus	Dull, burning, diffuse pain
Responsible for withdrawal from noxious stimulus	Responsible for behavior modification of learned avoidance
Elicited by mechanical or thermal stimuli	Elicited by persistent mechanical, thermal and/or chemical stimuli

withdrawal from the offending stimulus as an escape behavior. The fibers are myelinated to allow for a rapid protective response. Shortly after initial acute pain, a "second pain" conveyed by small-diameter unmyelinated C fibers that is poorly localized, less intense in sensation (dull, burning), and longer lasting is present (Fig. 2.1). This is more akin to a damage report to the brain and therefore does not require as rapid a response. Not surprisingly, the C fibers that deliver these signals are unmyelinated and have slower conduction. It is this "second" pain that is responsible for behavior modification of learned avoidance. Sustained "second" pain can be associated with peripheral sensitization [15].

Sensitization

One important quality of nociceptors is their ability to sensitize. After the initial noxious stimulus occurs resulting in acute pain, further nociceptive sensations may occur as a result of continued stimulation from inflammatory mediators at the site of the initial stimulus. Neuroplasticity can develop in both the peripheral and central nervous systems, resulting in peripheral sensitization and central sensitization, respectively. Central sensitization, which will be reviewed in depth in a later chapter, refers to changes in the properties of neurons of the central nervous system (CNS) caused by increases in membrane excitability, or reduced inhibition, resulting in the sensation of pain in the absence of peripheral noxious stimuli [16]. When central sensitization has occurred, a usually benign stimulus can result in a hypersensitive pain response outside the area of tissue damage via abnormal sensory processing in the CNS [17]. Peripheral sensitization refers to the related process occurring in the periphery in response to continued noxious stimuli, resulting in a lower threshold and greater response of the sensory nerve fibers in the periphery to an external stimulus [18] (Fig. 2.2). Due to greater response with less stimulation of peripheral nociceptors, hypersensitivity to pain can result in two forms: hyperalgesia (increased pain from stimulus that is normally painful) and allodynia (pain from stimulus that does not usually produce pain, such as brushing the skin) [19] (Fig. 2.3). After injury, hypersensitivity to pain is normal and may help with the healing process through behavior modification to avoid contact with the injured tissue and avoid re-injury [20]. However, persistent hypersensitivity is pathologic and can lead to chronic pain.

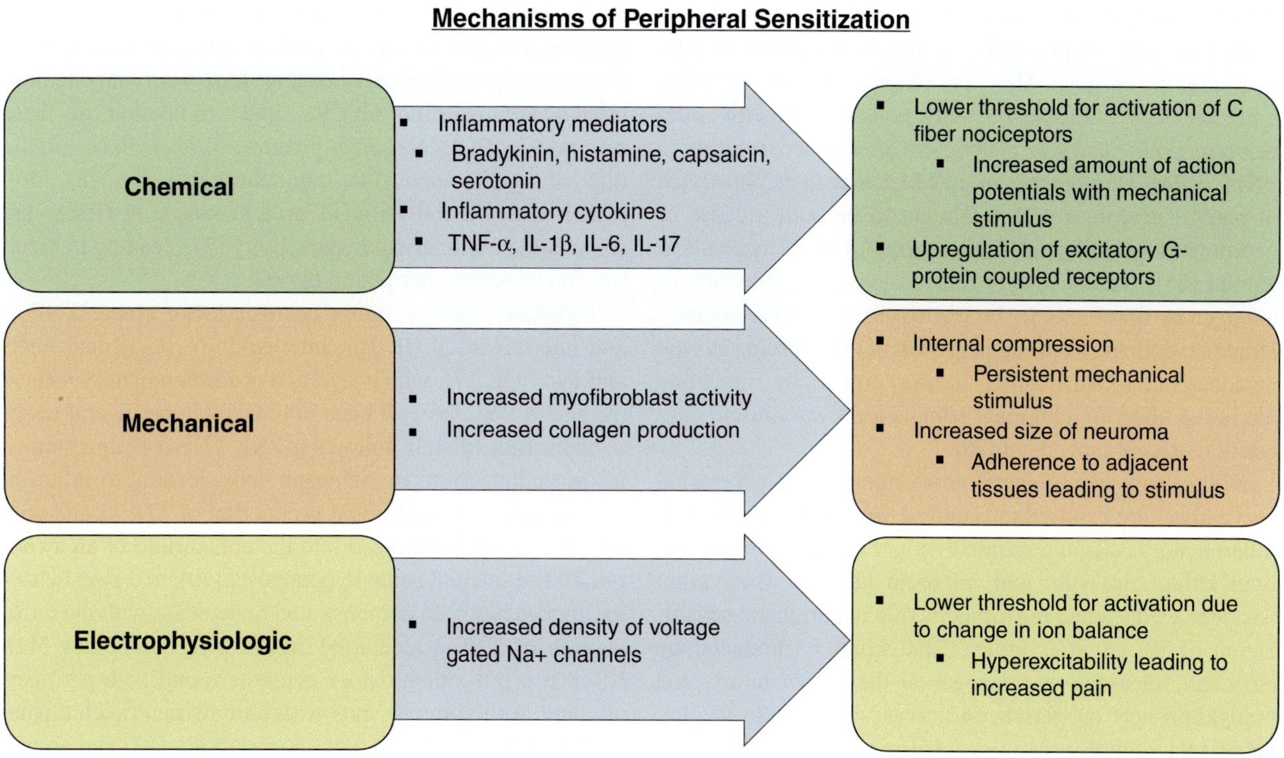

Fig. 2.2 Overview of the mechanisms of peripheral sensitization

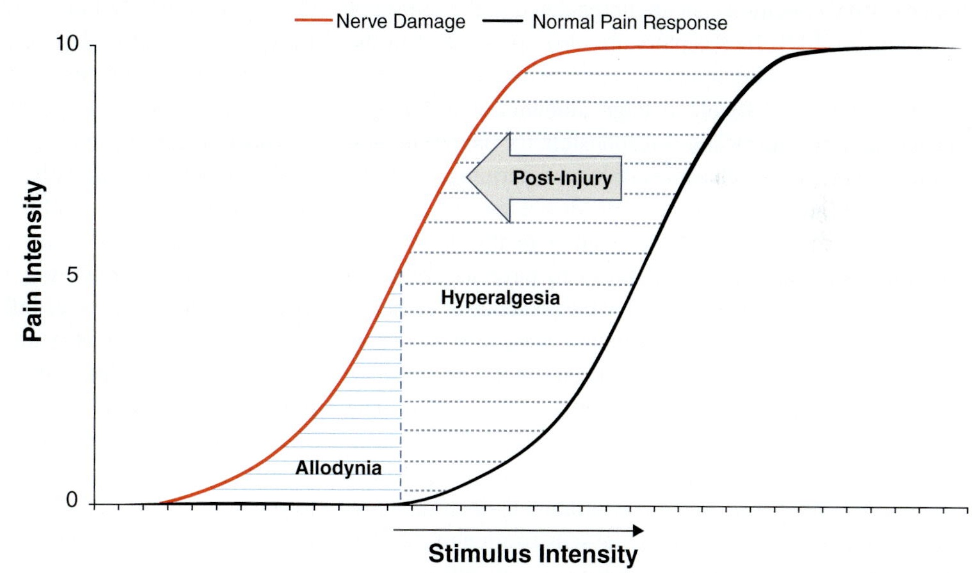

Fig. 2.3 Representation of peripheral sensitization resulting in hyperalgesia and allodynia after nerve injury. The normal pain response to stimulus is depicted by the curve at the right. After nerve injury and sensitization, the curve is shifted to the left. Noxious stimuli become more painful (hyperalgesia), and typically painless stimuli result in pain (allodynia)

Mechanisms of Pain and Peripheral Sensitization from Neuromas

Peripheral nerve injury severe enough to result in neuroma formation usually occurs concomitantly with injury to the surrounding tissues. Wallerian degeneration occurs as previously described, and the regenerating nerve fibers often grow into a tangle of collagen, with individual fascicles or even whole nerves sometimes encased in fibrous tissue [21]. This mass of axon sprouts and scar tissue may become painful if located in an areas exposed to stimulation and tension such as weight-bearing surfaces, those adjacent to joints or moving tendons, or superficial locations [22]. As part of the healing process after trauma resulting in PNI, scar tissue within and around the neuroma may contract, stimulating the exposed regenerating nerve fibers. Myofibroblasts are often present in the neuroma scar matrix and when contractile can lead to internal compression, resulting in persistent stimulation of the nerve fibers. Alpha smooth muscle actin (α-SMA), a marker of myofibroblast activity, is associated with collagen remodeling and scar contracture after injury resulting in PNI [23, 24]. The presence of α-SMA has been demonstrated in painful neuromas and is thought to be both a cause of neuroma-associated pain and a marker of local mechanical stimuli [25]. Tension also results in increased production of collagen by fibroblasts in the scar tissue around the regenerating nerve fibers, resulting in growth of the neuroma as well as adherence to surrounding tissues, potentially subjecting the nerve fibers to additional stimulation from muscle contraction or joint movement [26].

Within days of peripheral nerve injury, the regenerating nerve fibers are exposed to chemical substances secreted by inflammatory cells in response to injury including histamine, bradykinin, capsaicin, and serotonin [27–30]. Bradykinin has been well studied regarding its role in peripheral sensitization of nerves after injury. Bradykinin is produced by enzymatic cleavage of kininogen at the site of injury, and bradykinin acts on peripheral nerves via multiple mechanisms including G-protein-coupled receptors (GPCRs) and ion channels [31]. Excitatory GPCRs with bradykinin receptors, particularly B_1 receptors, are not commonly expressed under normal conditions but are upregulated in the setting of inflammation [32]. B_1 receptors are also upregulated in the presence of the pro-inflammatory enzyme cyclooxygenase-2 (COX-2), which is found in large amounts at the site of peripheral nerve injury and is responsible for the production of prostaglandins, which can contribute to peripheral sensitization as well and will be discussed further below. Bradykinin, while known to cause nerve excitation in the absence of additional stimulus, has been shown to have its ability to sensitize nerve endings enhanced in the presence of epinephrine. Epinephrine, a stress-induced hormone well known to impair wound healing, has also been found to sensitize peripheral nerve fibers independently after injury. The response of regenerating C fibers to bradykinin has been demonstrated to increase up to ten times when epinephrine is present [33]. Therefore, in the regenerating C fiber, the presence of epinephrine can result in the sensitization of the chemosensory response. The presence of epinephrine also results in lower thresholds for activation of C fiber nociceptors and an increased number of action potentials evoked in the presence of mechanical stimuli [34].

Following PNI, Schwann cells also release prostaglandin E_2 (PGE_2) in response to inflammatory cytokines that result from tissue injury. Injury to peripheral nerves leads to the production of large amounts of PGE_2 within 18 h. PGE_2 is known to have the ability to both directly activate and sensitize regenerating sensory nerve endings. Additionally, the prostaglandin-synthesizing enzyme cyclooxygenase-2 (COX-2) has been found in increased amounts at the site of peripheral nerve injury as well as adjacent tissues [35]. Regenerating sensory nerve endings have been found to have prostaglandin-specific GPCRs, and stimulation of these receptors by PGE_2 and other prostanoids leads to accumulation of cyclic adenosine monophosphate (cAMP) [36]. cAMP and the activation of protein kinase A (PKA) are responsible for neuronal hyperactivity [37], leading to sensitization of injured peripheral nerves.

Cytokines such as tumor necrosis factor alpha (TNF-α) and interleukin-1β (IL-1β), interleukin-6 (IL-6), and interleukin-17 (IL-17), which lead to a pro-inflammatory state at the site of PNI, have all been implicated in peripheral sensitization. Immediately following PNI, TNF-α is upregulated in the endoneurium by Schwann cells, leading to influx of macrophages and additional production of TNF-α and pain [38, 39]. When introduced into the epineurium of an awake rat, TNF-α elicited acute hyperalgesia [40], and pain behavior in mice has been demonstrated to decrease with the introduction of TNF-α-receptor-1 neutralizing antibodies [41]. IL-1β is a pro-inflammatory cytokine found both peripherally and in the brain of rats with chronic neuropathic pain. Administration of IL-1β both intraneurially [42] and around the sciatic nerve [43] has provoked allodynia in rats. Nerve exposure to IL-1β leads to increased excitability of the nerve almost immediately [44], and chronic exposure is hypothesized as a factor leading to neuropathic pain [45]. Monotherapy with neutralizing antibodies to the IL-1 receptor in animal models of neuropathy and hyperalgesia results in reduction of pain, similar to therapy with TNF-α-receptor-1 antibody [46]. Additionally, after PNI, high levels of IL-1β and IL-6 have been found in traumatic neuromas, while the anti-inflammatory cytokine IL-10 (also known as human cytokine synthesis inhibitory factor) was absent from neuromas [10]. The presence of inflammatory cytokines is associated with formation of neuroma and nerve pain after PNI, while anti-inflammatory molecules may inhibit the formation of neuroma and decrease nerve pain.

Hypersensitivity and allodynia resulting from neuroma after PNI can often be attributed to abnormal electrical hyperexcitability and afferent nerve impulses generated within the neuroma itself [47]. The ability of an axon to generate an action potential depends primarily on the total number and distribution of ion channels, primarily voltage-gated Na^+ channels (VGSCs). These channels have been found to accumulate in high density within the tips of regenerating axons within a neuroma [48, 49]. The threshold for activation of the nerve is then lowered due to a change in the balance of ions across the membrane, enabling the nerve to depolarize more easily and sometimes spontaneously. One specific Na^+ channel isoform, Na^+ type III, is mostly absent from normal nerves but is found in high amounts in peripheral nerves after axotomy [50]. VGSC accumulation after

PNI has been found to occur in areas of demyelination such as regenerating axonal fibers, demonstrating that the demyelinated nerve is capable of remodeling to obtain a higher density of VGSCs. After PNI occurs, this remodeling can lead to increased excitability of the nerve, and this hyperexcitability can lead to the persistent sensation of pain. Ectopic nerve discharges from injured nerves can be inhibited by agents that block VGSCs such as tetrodotoxin [51] and lidocaine [52], suggesting VGSCs are key to sensitization of injured peripheral nerves and the development of chronic pain.

The presence of VGSCs can also be altered by increased secretion of neurotrophins, most specifically nerve growth factor (NGF), which are released at the site of nerve injury by Schwann cells and macrophages [53]. While essential for the developing nervous system, NGF is also secreted in response to nerve injury and promotes axonal regrowth [54]. As a neurotrophin promoting axonal regrowth, NGF has been found in nerve sites proximal to painful neuroma [55]. NGF is also an inflammatory mediator that has been found to accumulate within neuromas and promote expression of ion channels and neuropeptides related to pain transmission [56]. Anti-NGF antibodies, introduced at the time of peripheral nerve transection in rats, inhibited formation of neuroma demonstrating the importance of NGF in axonal regeneration [57, 58]. Additionally, symptomatic neuromas relocated to NGF-poor tissue resulted in decreased pain, demonstrating the association between NGF and nerve pain as well as the efficacy of surgical relocation of painful neuroma to the muscle or bone [55]. NGF and other neurotrophins are important inflammatory mediators that can lead to both the formation of neuroma and the development of chronic nerve pain after peripheral nerve injury.

Management of the Sensitized Peripheral Nerve

Many patients suffering from neuropathic pain do not receive appropriate treatment, often due to misdiagnosis, ineffective medical therapy, and insufficient provider knowledge regarding neuropathic pain and treatment modalities [59]. A multidisciplinary approach is recommended, including physiotherapy and psychology to address the concomitant issues that arise with neuropathic pain such as depression, deconditioning, and sleep disturbances. When the diagnosis of neuropathic pain is made, pharmacologic therapy is often first line. Gabapentinoids, serotonin-norepinephrine reuptake inhibitors (SNRIs), and tricyclic antidepressants (TCAs) are recommended as first-line therapies [60]. Gabapentinoids (GABA analogues) have no effect on GABA receptors but rather show a high affinity for voltage-gated calcium channels (VGCC), inhibiting calcium-mediated neurotransmitter release [61, 62]. Upregulated expression of the $\alpha 1\delta 2$ VGCC has been demonstrated in patients with chronic neuropathic pain, and gabapentinoids may inhibit the release of excitatory neurotransmitters in these patients, decreasing pain signals [63]. Transdermal capsaicin, which reversibly impairs local nociceptive fibers, and transdermal lidocaine, which inhibits voltage-gated sodium channels reducing excitations in the setting of peripheral nerve injury, are safe and low-risk modalities to treat localized neuropathic pain [64, 65]. While both agents have shown efficacy in treating peripheral neuropathic pain [66], results are mixed [67], and these agents are largely ineffective in the post-surgical neuropathic pain patient [68]. SNRIs and TCAs, both of which inhibit the reuptake of serotonin and norepinephrine at the synaptic cleft, have proven efficacious in treating neuropathic pain [69, 70]. While opiates are largely unsuccessful for chronic neuropathic pain, oral morphine has been shown to decrease phantom limb pain and reduce cortical reorganization after limb amputation [71]. Tramadol, with action both as a weak μ-opioid receptor agonist and inhibitor of serotonin and norepinephrine reuptake, is recommended as first-line therapy in acute neuropathic pain as well as intermittent exacerbations of neuropathic pain [72]. Physiotherapy, including exercise and manual therapy, has proven efficacious in decreasing neuropathic pain. Exercise can increase local production of endogenous neurotrophins and may increase production of anti-inflammatory cytokines such as IL-10, leading to improvement in pain symptoms [73, 74]. Manual therapy has been shown to increase levels of endogenous opioid neuropeptides, cannabinoids, and serotonin while lowering levels of pro-inflammatory cytokines and substance P, reducing peripheral nerve pain [75, 76].

In addition to physio- and pharmacologic therapies, interventional procedures such as injections, pulsed radiofrequency treatment, neuromodulation, and various surgical interventions to remove peripheral input have been recommended. Perineuronal injection of lidocaine has been reported to significantly decrease, but not eradicate, pain resulting from nerve end neuroma [77]. Intraneural injection of sclerosing agents such as phenol into stump neuromas has also shown to be efficacious with low complication rates [78]. Pulsed radiofrequency treatment, which utilizes short bursts of radiofrequency energy to modulate neural impulses, is a relatively new therapy that has demonstrated significant promise in treating neuropathic pain. Patients with phantom limb pain and painful neuroma after amputation have reported substantial improvement after pulsed radiofrequency treatments [79–81]. Improvement in brachial plexopathies and chronic ilioinguinal neuropathy has also been described [82, 83]. Electrical stimulation of sensitized peripheral nerves, including via transcutaneous electrical nerve stimulation (TENS), electroacupuncture, and implanted subcutaneous electrodes, has proved efficacious in treating neuropathic pain [84]. TENS produces analgesia through mu- and delta-opioid, GABA, and serotonin receptors and has also been shown to reduce pro-inflammatory cytokines IL-1, IL-6, and TNF-α [85]. The more invasive implantation of subcutaneous electrodes has demonstrated similar effects as TENS without the tolerance that may develop to TENS with repeated use [86]. Electroacupuncture, although reliant upon precision placement by the practitioner, may result in analgesia through similar mechanisms as TENS with the added benefit of mechanical stimulation in neuromuscular junctions [87]. Surgical management of sensitized neuromas will be covered in detail in another chapter.

Neuropathic pain resulting from peripheral sensitization can be devastating for the patient and challenging to treat. Noninvasive therapies such as pharmacologic and physiotherapy may be considered as first-line therapies. Invasive procedures such as pulsed radiofrequency, intraneural injections, and surgical management of peripheral pain inputs have proved efficacious in patients in whom medical management has not succeeded, and careful pre-operative testing and planning is crucial to ensuring successful treatment of neuropathic pain.

Complex Regional Pain Syndrome

Complex regional pain syndrome (CRPS) is a chronic, painful condition characterized by progressively worsening regional pain without appropriate dermatomal distribution in combination with autonomic, motor, and trophic dysfunction [88]. The patient may suffer from severe pain, swelling, and skin changes after a preceding noxious event, most commonly bony fracture, sprain, trauma, or surgery [89], leading to a substantial decrease in quality of life [90]. Because no specific diagnostic test exists for CRPS, physicians must utilize clinical findings for diagnosis. Diagnostic criteria for CRPS include (1) preceding noxious event, with or without evidence of nerve injury; (2) hyperalgesia not limited to one dermatome and painful out of proportion; (3) the presence of edema, erythema, and motor changes in the affected limb; and (4) other diagnoses that have been excluded [91, 92] (Fig. 2.4).

Type I (CRPS-1), previously known as reflex sympathetic dystrophy, occurs without evidence of peripheral nerve damage, while type II (CRPS-2), previously known as causalgia, occurs in the presence of peripheral nerve damage. First described in 1864 by prominent Civil War physician Silas Weir Mitchell, causalgia was observed after gunshot wounds to the extremities [93]. His report on nerve injuries correctly described hyperalgesia, erythema, loss of motor function, and hair loss in the affected limbs of wounded soldiers with a known nerve injury. Approximately 90% of patients who suffer from CRPS have type I CRPS. Women are affected up to four times as often as men, and the highest incidence is in post-menopausal women [89, 94]. The underlying pathophysiology behind CRPS remains unclear, although it is thought that peripheral inflammation, autonomic dysregulation, autoimmune factors, central neuroplasticity, and psychological factors all play a role in the

Clinical Diagnostic Criteria for Complex Regional Pain Syndrome

A	Continuing pain disproportionate to any inciting event	
B	The **patient** must report at least one **symptom** in *three or* more of the following four categories:	
	<u>Categories</u>	<u>Description</u>
	Sensory	Hyperesthesia and/or allodynia
	Vasomotor	Temperature asymmetry and/or skin color changes and/or asymmetry
	Sudomotor/edema	Edema and/or sweating changes and/or sweating asymmetry
	Motor/trophic	Decreased range of motion, motor dysfunction (weakness, tremor) and/or trophic changes (hair, skin, nail)
C	The **clinician** must observe one **sign** in *two or more* of the following categories:	
	<u>Categories</u>	<u>Description</u>
	Sensory	Hyperalgesia or allodynia
	Vasomotor	Temperature asymmetry and/or skin color asymmetry and/or skin color changes
	Sudomotor/edema	Edema and or sweating changes and/or sweating asymmetry
	Motor/trophic	Decreased range of motion, motor dysfunction (weakness, tremor) and/or trophic changes (hair, skin, nail)
D	There is no other diagnosis that better explains the signs and symptoms	

A - D must apply for confirmed diagnosis of CRPS

Fig. 2.4 The Budapest Criteria for clinical diagnosis of CRPS [92]

development of CRPS [95]. The neurogenic inflammatory process, which is normal and expected after injury, appears to be amplified in CRPS. Neurogenic inflammation, caused by the release of pro-inflammatory peptides from peripheral C fiber nerve endings, is exacerbated and prolonged in CRPS patients [96]. Neuropeptide release, primarily calcitonin gene-related peptide (CGRP) and substance P, mediates the neurogenic inflammation seen in CRPS. CGRP and substance P increase skin blood flow, vasodilation of arterioles, and vascular permeability, as well as attract immune cells (mast cells, dendritic cells, T lymphocytes) to the region, all characteristics of neurogenic inflammation [97]. CRPS is associated with a systemic pro-inflammatory state, as there is evidence that CRPS patients have upregulation of TNF-α receptors, IL-8 (responsible for neutrophil recruitment), and pro-inflammatory cytokines IL-1 and IL-6 [98]. High inflammatory states have been associated with chronic pain response [99]. Overactivation of the sympathetic nervous system results in the vasomotor changes associated with CRPS, such as edema, abnormal sweating, changes in skin color, and coolness of the affected extremity. Hyperresponsive alpha-adrenoceptors to catecholamines have been implicated in the sympathetically mediated symptoms seen in CRPS [100]. As previously discussed, the presence of catecholamines has also been proven to result in sensitization of chemosensory response and amplify the response to mechanical stimulus.

Treatment of CRPS remains challenging and often involves a combination of medical treatments, physical therapy, psychiatric therapy, and interventional procedures [88]. When multimodal treatment has been exhausted, amputation may be considered as a last resort. While controversial, there is evidence that amputation may provide increased quality of life, decreased pain, and less depression [101]. CRPS is a complicated pathophysiologic process, but peripheral sensitization is thought to instigate the processes that can lead to this disease.

Conclusion

Peripheral neuroma and neuropathic pain may result after peripheral nerve injury leading to dysfunction and decreased quality of life for the patient. Sensitization of injured peripheral nerves occurs through multiple mechanisms, including persistent mechanical stimulation, persistent inflammation, and exaggerated release of neurotrophic factors. Neuropathic pain resulting from sensitized peripheral nerves and neuromas may be managed with pharmacologic agents, physiotherapy, non-surgical interventions such as sclerotherapy and radiofrequency ablation, and surgical excision of neuroma with various methods of reconstruction. Newer methods utilizing active reconstruction (TMR, RPNI) have shown significant improvement in treatment success. Despite this, management of such cases remains challenging, and high-level studies comparing surgical techniques for management of such patients are needed. Pain remains a complex and patient-dependent process that results from individual experiences and physiologic responses to injury, and treating the patient with peripheral nerve pain demands a multidisciplinary approach in order to provide the best outcome for the patient.

References

1. Yao C, et al. Treatments of traumatic neuropathic pain: a systematic review. Oncotarget. 2017;8(34):57670–9.
2. Huang LF, Weissman JL, Fan C. Traumatic neuroma after neck dissection: CT characteristics in four cases. AJNR Am J Neuroradiol. 2000;21(9):1676–80.
3. Gaudet AD, Popovich PG, Ramer MS. Wallerian degeneration: gaining perspective on inflammatory events after peripheral nerve injury. J Neuroinflammation. 2011;8:110.
4. Chaudhry V, Cornblath DR. Wallerian degeneration in human nerves: serial electrophysiological studies. Muscle Nerve. 1992;15(6):687–93.
5. George EB, Glass JD, Griffin JW. Axotomy-induced axonal degeneration is mediated by calcium influx through ion-specific channels. J Neurosci. 1995;15(10):6445–52.
6. Stoll G, Muller HW. Nerve injury, axonal degeneration and neural regeneration: basic insights. Brain Pathol. 1999;9(2):313–25.
7. Oliveira KMC, et al. Time course of traumatic neuroma development. PLoS One. 2018;13(7):e0200548.
8. Mavrogenis AF, et al. Current treatment concepts for neuromas-in-continuity. Injury. 2008;39(Suppl 3):S43–8.
9. Weng W, et al. Significance of alpha smooth muscle actin expression in traumatic painful neuromas: a pilot study in rats. Sci Rep. 2016;6:23828.
10. Khan J, et al. Pro and anti-inflammatory cytokine levels (TNF-alpha, IL-1beta, IL-6 and IL-10) in rat model of neuroma. Pathophysiology. 2017;24(3):155–9.
11. Vernadakis AJ, Koch H, Mackinnon SE. Management of neuromas. Clin Plast Surg. 2003;30(2):247–68. vii
12. Classification of chronic pain. Descriptions of chronic pain syndromes and definitions of pain terms. Prepared by the International Association for the Study of Pain, Subcommittee on Taxonomy. Pain Suppl. 1986;3:S1–226.
13. Yam MF, et al. General pathways of pain sensation and the major neurotransmitters involved in pain regulation. Int J Mol Sci. 2018;19(8):2164.
14. Dubin AE, Patapoutian A. Nociceptors: the sensors of the pain pathway. J Clin Invest. 2010;120(11):3760–72.
15. Toth C, Moulin DE. Neuropathic pain. Cambridge: Cambridge University Press; 2013.
16. Latremoliere A, Woolf CJ. Central sensitization: a generator of pain hypersensitivity by central neural plasticity. J Pain. 2009;10(9):895–926.
17. Woolf CJ. Evidence for a central component of post-injury pain hypersensitivity. Nature. 1983;306(5944):686–8.
18. Campbell JN, Meyer RA. Mechanisms of neuropathic pain. Neuron. 2006;52(1):77–92.
19. Sandkuhler J. Models and mechanisms of hyperalgesia and allodynia. Physiol Rev. 2009;89(2):707–58.

20. Bussing A, et al. Adaptive coping strategies in patients with chronic pain conditions and their interpretation of disease. BMC Public Health. 2010;10:507.
21. Argenyi ZB, Santa Cruz D, Bromley C. Comparative light-microscopic and immunohistochemical study of traumatic and palisaded encapsulated neuromas of the skin. Am J Dermatopathol. 1992;14(6):504–10.
22. Dellon AL, Mackinnon SE. Treatment of the painful neuroma by neuroma resection and muscle implantation. Plast Reconstr Surg. 1986;77(3):427–38.
23. Tomasek JJ, et al. Myofibroblasts and mechano-regulation of connective tissue remodelling. Nat Rev Mol Cell Biol. 2002;3(5):349–63.
24. Arora PD, McCulloch CA. Dependence of collagen remodelling on alpha-smooth muscle actin expression by fibroblasts. J Cell Physiol. 1994;159(1):161–75.
25. Yan H, et al. The expression of alpha-SMA in the painful traumatic neuroma: potential role in the pathobiology of neuropathic pain. J Neurotrauma. 2012;29(18):2791–7.
26. Dellon AL. Wound healing in nerve. Clin Plast Surg. 1990;17(3):545–70.
27. Hartung M, Leah J, Zimmerman M. The excitation of cutaneous nerve endings in a neuroma by capsaicin. Brain Res. 1989;499(2):363–6.
28. Welk E, Leah JD, Zimmermann M. Characteristics of A- and C-fibers ending in a sensory nerve neuroma in the rat. J Neurophysiol. 1990;63(4):759–66.
29. Rivera L, et al. Responses of nerve fibres of the rat saphenous nerve neuroma to mechanical and chemical stimulation: an in vitro study. J Physiol. 2000;527(Pt 2):305–13.
30. Wall PD, Gutnick M. Ongoing activity in peripheral nerves: the physiology and pharmacology of impulses originating from a neuroma. Exp Neurol. 1974;43(3):580–93.
31. Wang H, et al. Bradykinin and peripheral sensitization. Biol Chem. 2006;387(1):11–4.
32. Calixto JB, et al. Kinins in pain and inflammation. Pain. 2000;87(1):1–5.
33. Zimmerman M, Koschorke GM. Chemosensitivity of nerve sprouts in experimental neuroma of cutaneous nerves of the cat. In: Schmidt RF, Schaible H-G, Vahle-Hinz C, editors. Fine afferent nerve fibers and pain. Weinheim: VCH Verlagsgesellschaft; 1987. p. 105–13.
34. Chen X, Levine JD. Epinephrine-induced excitation and sensitization of rat C-fiber nociceptors. J Pain. 2005;6(7):439–46.
35. Ma W, Eisenach JC. Morphological and pharmacological evidence for the role of peripheral prostaglandins in the pathogenesis of neuropathic pain. Eur J Neurosci. 2002;15(6):1037–47.
36. Smith JA, et al. Characterization of prostanoid receptor-evoked responses in rat sensory neurones. Br J Pharmacol. 1998;124(3):513–23.
37. Aley KO, Levine JD. Role of protein kinase a in the maintenance of inflammatory pain. J Neurosci. 1999;19(6):2181–6.
38. Wagner R, Myers RR. Endoneurial injection of TNF-alpha produces neuropathic pain behaviors. Neuroreport. 1996;7(18): 2897–901.
39. Stoll G, et al. Tumor necrosis factor-alpha in immune-mediated demyelination and Wallerian degeneration of the rat peripheral nervous system. J Neuroimmunol. 1993;45(1–2):175–82.
40. Sorkin LS, Doom CM. Epineurial application of TNF elicits an acute mechanical hyperalgesia in the awake rat. J Peripher Nerv Syst. 2000;5(2):96–100.
41. Sommer C, et al. Neutralizing antibodies to interleukin 1-receptor reduce pain associated behavior in mice with experimental neuropathy. Neurosci Lett. 1999;270(1):25–8.
42. Zelenka M, Schafers M, Sommer C. Intraneural injection of interleukin-1beta and tumor necrosis factor-alpha into rat sciatic nerve at physiological doses induces signs of neuropathic pain. Pain. 2005;116(3):257–63.
43. Wei XH, et al. Peri-sciatic administration of recombinant rat IL-1beta induces mechanical allodynia by activation of src-family kinases in spinal microglia in rats. Exp Neurol. 2012;234(2):389–97.
44. Binshtok AM, et al. Nociceptors are interleukin-1beta sensors. J Neurosci. 2008;28(52):14062–73.
45. Stemkowski PL, Smith PA. Long-term IL-1beta exposure causes subpopulation-dependent alterations in rat dorsal root ganglion neuron excitability. J Neurophysiol. 2012;107(6):1586–97.
46. Schafers M, et al. Combined epineurial therapy with neutralizing antibodies to tumor necrosis factor-alpha and interleukin-1 receptor has an additive effect in reducing neuropathic pain in mice. Neurosci Lett. 2001;310(2–3):113–6.
47. Wall PD, Gutnick M. Properties of afferent nerve impulses originating from a neuroma. Nature. 1974;248(5451):740–3.
48. England JD, et al. Sodium channel accumulation in humans with painful neuromas. Neurology. 1996;47(1):272–6.
49. England JD, et al. Sodium channels accumulate at the tips of injured axons. Muscle Nerve. 1994;17(6):593–8.
50. Waxman SG, Kocsis JD, Black JA. Type III sodium channel mRNA is expressed in embryonic but not adult spinal sensory neurons, and is reexpressed following axotomy. J Neurophysiol. 1994;72(1):466–70.
51. Omana-Zapata I, et al. Tetrodotoxin inhibits neuropathic ectopic activity in neuromas, dorsal root ganglia and dorsal horn neurons. Pain. 1997;72(1–2):41–9.
52. Devor M, Wall PD, Catalan N. Systemic lidocaine silences ectopic neuroma and DRG discharge without blocking nerve conduction. Pain. 1992;48(2):261–8.
53. Anand P. Nerve growth factor regulates nociception in human health and disease. Br J Anaesth. 1995;75(2):201–8.
54. Chao M, et al. Neurotrophin receptors: mediators of life and death. Brain Res Brain Res Rev. 1998;26(2–3):295–301.
55. Atherton DD, et al. The potential role of nerve growth factor (NGF) in painful neuromas and the mechanism of pain relief by their relocation to muscle. J Hand Surg Br. 2006;31(6): 652–6.
56. Harpf C, Dabernig J, Humpel C. Receptors for NGF and GDNF are highly expressed in human peripheral nerve neuroma. Muscle Nerve. 2002;25(4):612–5.
57. Kryger GS, et al. Nerve growth factor inhibition prevents traumatic neuroma formation in the rat. J Hand Surg Am. 2001;26(4):635–44.
58. Lindsay RM. Nerve growth factors (NGF, BDNF) enhance axonal regeneration but are not required for survival of adult sensory neurons. J Neurosci. 1988;8(7):2394–405.
59. Torrance N, et al. Neuropathic pain in the community: more under-treated than refractory? Pain. 2013;154(5):690–9.
60. Finnerup NB, et al. Pharmacotherapy for neuropathic pain in adults: a systematic review and meta-analysis. Lancet Neurol. 2015;14(2):162–73.
61. Chincholkar M. Analgesic mechanisms of gabapentinoids and effects in experimental pain models: a narrative review. Br J Anaesth. 2018;120(6):1315–34.
62. Uchitel OD, et al. Acute modulation of calcium currents and synaptic transmission by gabapentinoids. Channels (Austin). 2010;4(6):490–6.
63. Cui W, et al. The calcium channel alpha2delta1 subunit: interactional targets in primary sensory neurons and role in neuropathic pain. Front Cell Neurosci. 2021;15:699731.
64. Anand P, Bley K. Topical capsaicin for pain management: therapeutic potential and mechanisms of action of the new high-concentration capsaicin 8% patch. Br J Anaesth. 2011;107(4):490–502.

65. Leppert W, et al. Transdermal and topical drug administration in the treatment of pain. Molecules. 2018;23(3):681.
66. Sommer C, Cruccu G. Topical treatment of peripheral neuropathic pain: applying the evidence. J Pain Symptom Manag. 2017;53(3):614–29.
67. Derry S, et al. Topical lidocaine for neuropathic pain in adults. Cochrane Database Syst Rev. 2014;7:CD010958.
68. Cheville AL, et al. Use of a lidocaine patch in the management of postsurgical neuropathic pain in patients with cancer: a phase III double-blind crossover study (N01CB). Support Care Cancer. 2009;17(4):451–60.
69. Aiyer R, Barkin RL, Bhatia A. Treatment of neuropathic pain with venlafaxine: a systematic review. Pain Med. 2017;18(10):1999–2012.
70. Benbouzid M, et al. Chronic, but not acute, tricyclic antidepressant treatment alleviates neuropathic allodynia after sciatic nerve cuffing in mice. Eur J Pain. 2008;12(8):1008–17.
71. Huse E, et al. The effect of opioids on phantom limb pain and cortical reorganization. Pain. 2001;90(1–2):47–55.
72. Bates D, et al. A comprehensive algorithm for management of neuropathic pain. Pain Med. 2019;20(Suppl 1):S2–S12.
73. Leung A, et al. Regular physical activity prevents chronic pain by altering resident muscle macrophage phenotype and increasing interleukin-10 in mice. Pain. 2016;157(1):70–9.
74. Jankord R, Jemiolo B. Influence of physical activity on serum IL-6 and IL-10 levels in healthy older men. Med Sci Sports Exerc. 2004;36(6):960–4.
75. Field T, et al. Fibromyalgia pain and substance P decrease and sleep improves after massage therapy. J Clin Rheumatol. 2002;8(2):72–6.
76. Bialosky JE, et al. The mechanisms of manual therapy in the treatment of musculoskeletal pain: a comprehensive model. Man Ther. 2009;14(5):531–8.
77. Chabal C, et al. Pain response to perineuromal injection of normal saline, epinephrine, and lidocaine in humans. Pain. 1992;49(1):9–12.
78. Gruber H, et al. Practical experience with sonographically guided phenol instillation of stump neuroma: predictors of effects, success, and outcome. AJR Am J Roentgenol. 2008;190(5):1263–9.
79. Michaud K, et al. Review of radiofrequency ablation for peripheral nerves. Curr Pain Headache Rep. 2021;25(10):63.
80. Wilkes D, et al. Pulsed radiofrequency treatment of lower extremity phantom limb pain. Clin J Pain. 2008;24(8):736–9.
81. Restrepo-Garces CE, et al. Pulsed radiofrequency under ultrasound guidance for persistent stump-neuroma pain. Pain Pract. 2011;11(1):98–102.
82. Mitra R, Zeighami A, Mackey S. Pulsed radiofrequency for the treatment of chronic ilioinguinal neuropathy. Hernia. 2007;11(4):369–71.
83. Vinagre JM, Doody K, Harmon D. Pulsed radiofrequency of the brachial plexus in the treatment of chemotherapy-induced peripheral neuropathy of the upper limb. Anaesth Rep. 2019;7(1):14–7.
84. Lin T, et al. Mechanism of peripheral nerve stimulation in chronic pain. Pain Med. 2020;21(Suppl 1):S6–S12.
85. Chakravarthy KV, et al. A review of spinal and peripheral neuromodulation and neuroinflammation: lessons learned thus far and future prospects of biotype development. Neuromodulation. 2019;22(3):235–43.
86. Vera-Portocarrero LP, et al. Differential effects of subcutaneous electrical stimulation (SQS) and transcutaneous electrical nerve stimulation (TENS) in rodent models of chronic neuropathic or inflammatory pain. Neuromodulation. 2013;16(4):328–35; discussion 335
87. Ulloa L, Quiroz-Gonzalez S, Torres-Rosas R. Nerve stimulation: immunomodulation and control of inflammation. Trends Mol Med. 2017;23(12):1103–20.
88. Urits I, et al. Complex regional pain syndrome, current concepts and treatment options. Curr Pain Headache Rep. 2018;22(2):10.
89. de Mos M, et al. The incidence of complex regional pain syndrome: a population-based study. Pain. 2007;129(1–2):12–20.
90. Galer BS, et al. Course of symptoms and quality of life measurement in complex regional pain syndrome: a pilot survey. J Pain Symptom Manag. 2000;20(4):286–92.
91. Milner R, Doherty C. Pathophysiology of pain in the peripheral nervous system. Nerves and nerve injuries. Elsevier; 2015.
92. Harden NR, et al. Validation of proposed diagnostic criteria (the "Budapest criteria") for complex regional pain syndrome. Pain. 2010;150(2):268–74.
93. Mitchell SW, Morehouse GR, Keen WW. Gunshot wounds and other injuries of nerves. Philadelphia: JB Lippincott; 1864.
94. Elsharydah A, et al. Complex regional pain syndrome type 1 predictors—epidemiological perspective from a national database analysis. J Clin Anesth. 2017;39:34–7.
95. Birklein F, Schlereth T. Complex regional pain syndrome-significant progress in understanding. Pain. 2015;156(Suppl 1):S94–103.
96. Littlejohn G. Neurogenic neuroinflammation in fibromyalgia and complex regional pain syndrome. Nat Rev Rheumatol. 2015;11(11):639–48.
97. Chiu IM, von Hehn CA, Woolf CJ. Neurogenic inflammation and the peripheral nervous system in host defense and immunopathology. Nat Neurosci. 2012;15(8):1063–7.
98. Parkitny L, et al. Inflammation in complex regional pain syndrome: a systematic review and meta-analysis. Neurology. 2013;80(1):106–17.
99. Koch A, et al. Nitric oxide and pro-inflammatory cytokines correlate with pain intensity in chronic pain patients. Inflamm Res. 2007;56(1):32–7.
100. Arnold JM, et al. Increased venous alpha-adrenoceptor responsiveness in patients with reflex sympathetic dystrophy. Ann Intern Med. 1993;118(8):619–21.
101. Midbari A, et al. Amputation in patients with complex regional pain syndrome: a comparative study between amputees and non-amputees with intractable disease. Bone Joint J. 2016;98-B(4):548–54.

Central Sensitization: Central Mechanisms of Neuroma and Neuropathic Pain

3

Whitney E. Muhlestein, Srinivas Chiravuri, and Lynda J.-S. Yang

Introduction

Acute nociceptive pain is the result of activation of nociceptive pathways in response to injury [1, 2]. Nociceptive pain alerts the body to potential tissue damage, triggering a cascade of signaling that results in reflexive withdrawal from the harmful stimulus as well as behavioral changes and learning to avoid the harmful stimulus in the future. Broadly, nociception is transmitted first via primary sensory afferent neurons from the periphery to second-order neurons located in the dorsal horn of the spinal cord. From there, pain is transmitted via various ascending pathways to the brainstem, subcortical, and cortical structures, facilitating localization of noxious stimulation and behavioral changes in response to the stimulus.

Sensitization refers to hyperexcitability of the nociceptive system in response to repeated and/or very intense input such that the threshold for activation lowers and the response to continued inputs is augmented [3–5]. Sensitization plays an important protective function, putting patients on high alert after tissue injury and more apt to protect affected areas from potential danger in the short term.

Peripheral sensitization occurs as a result of prolonged exposure of primary sensory afferents to inflammation and other markers of tissue damage [6–9]. This leads to decreased thresholds for activation and increased amplitude of signal from primary sensory afferents, resulting in hypersensitivity to noxious stimuli in the area of tissue damage (primary hyperalgesia) [8].

Central sensitization, on the other hand, refers to hyperexcitability of dorsal horn neurons as a result of repeated or high-intensity signaling from primary sensory afferents. In contrast to peripheral sensitization, central sensitization is characterized by potentiation of nociceptive signaling by *non-noxious* stimuli [1]. In other words, pain sensation becomes de-coupled from noxious stimulation, resulting in the presence of pain in the absence of ongoing injury. Clinically, this presents as exaggerated response to painful stimuli (primary hyperalgesia), pain arising from typically painless sensation (allodynia), and pain that spreads beyond the site of injury (secondary hyperalgesia) [3, 4, 10–12]. In the healthy state, the sensitivity of central nociceptive neurons plays a protective role, encouraging healing by discouraging use of an injured body part, and, in the absence of continued stimulus, returns to baseline over time. In the disease state, however, hypersensitivity of the central nociceptive system persists, even in the absence of ongoing tissue injury.

Neuropathic pain arises as a result of direct injury to the various elements of the nervous system, and chronic neuropathic pain is able to induce central sensitization. Neuromas in particular have been shown to generate ectopic action potentials, resulting in spontaneous nociceptive signaling in the absence of injury [13]. Primary afferents with their nerve endings in neuromas also demonstrate hyperexcitability to typically non-noxious stimuli, including mild mechanical stimulation and physiologic catecholamine release [14, 15]. With sufficient frequency and/or intensity of aberrant nociceptive signaling from the neuroma to dorsal horn neurons, central sensitization occurs. As centralized pain is notoriously difficult to treat, avoidance of central sensitization by halting nociceptive signaling from the neuroma itself is an important rationale for the surgical management of neuroma pain.

In this chapter, we describe the anatomy and physiology of the nociceptive system, as well as the molecular mecha-

Lynda J.-S. Yang was deceased at the time of publication.

W. E. Muhlestein · L. J.-S. Yang (✉)
Department of Neurosurgery, University of Michigan, Ann Arbor, MI, USA
e-mail: wmuhlest@med.umich.edu; ljsyang@med.umich.edu

S. Chiravuri
Department of Anesthesiology, University of Michigan, Ann Arbor, MI, USA
e-mail: chiravun@med.umich.edu

K. R. Eberlin et al. (eds.), *Contemporary Neuroma Management*, https://doi.org/10.1007/978-3-031-59758-9_3

nisms that underlie central sensitization. We then discuss two clinical examples of central sensitization, CRPS type 2 and residual limb pain, and finally surgical approaches to the management of central sensitization.

Anatomy of the Nociceptive System

Primary Sensory Afferent Neurons

Primary sensory afferents in the periphery are divided functionally by size and myelination pattern [16]. Large-diameter, myelinated fibers, called Aβ fibers, have a low threshold for firing and thus transduce low-energy, non-painful mechanical stimuli with rapid conduction velocity. Smaller-diameter, thinly myelinated Aδ fibers have higher thresholds for firing and thus respond to high-energy, painful mechanical stimuli, transducing signals with intermediate conduction velocities. Aδ-fiber activation is associated with short, sharp, and easily localizable pain. C fibers, which are small and unmyelinated, slowly transduce signals in response to painful chemical, thermal, and high-energy mechanical stimuli [17]. C-fiber activation generally correlates with slow, less-localizable, and longer-lasting burning pain.

Aβ, Aδ, and C fibers are pseudounipolar neurons, with their cell bodies residing in the dorsal root ganglion of the vertebral level corresponding to the dermatome they innervate [18]. Distally, Aβ fibers terminate on a variety of specialized sensory organs, including muscle spindles, Meissner's corpuscles, Merkel's receptors, Pacinian corpuscles, Ruffini endings, and hair receptors to facilitate proprioception, superficial and deep touch, and vibration [19, 20]. Aδ and C fibers, by contrast, terminate in free nerve endings that express a variety of mechano-, temperature, and chemoreceptors to allow for pain and temperature sensation [21].

Dorsal Horn of the Spinal Cord

The gray matter of the spinal cord is organized into three regions, the posterior (dorsal), lateral, and anterior columns. These columns are further subdivided into ten layers, or laminae, of gray matter, first identified by Bror Rexed in the 1950s (Fig. 3.1) [22, 23]. The dorsal horn of the spinal cord, comprising laminae I–VI, is particularly important in nociception.

The proximal terminals of primary sensory afferent neurons enter the spinal cord via the dorsal root. Prior to synapsing on second-order afferents, fibers of the primary afferents may ascend or descend one to two spinal levels within a white fiber tract called the tract of Lissauer. The second-order neurons on which they synapse within the dorsal horn are divided according to the type of afferent signaling each receives, which also dictates the laminar distribution of these neurons.

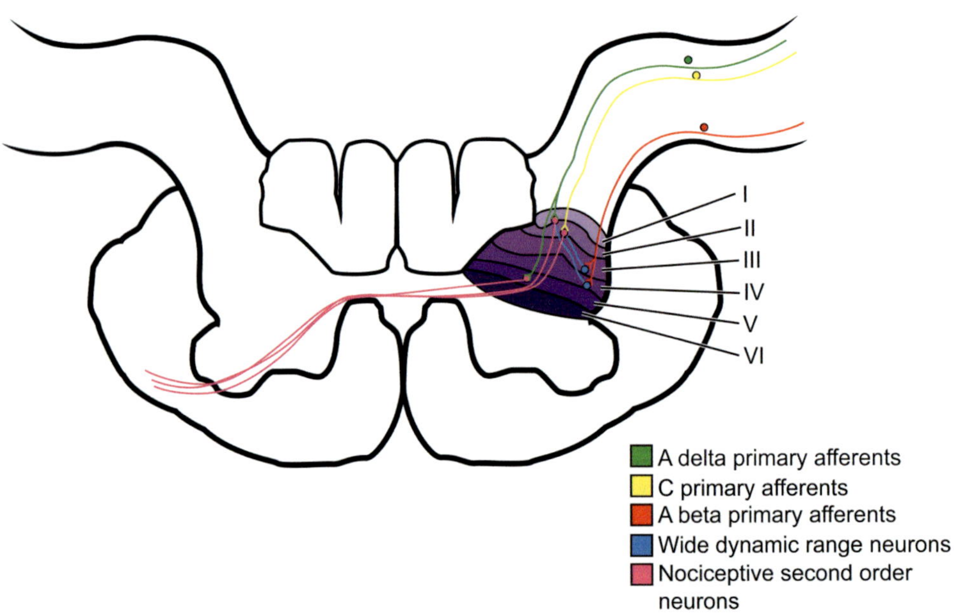

Fig. 3.1 Dorsal horn of the spinal cord. Nociceptive primary sensory Aδ (green) and C (yellow) fibers with their cell bodies in the dorsal root ganglion enter the dorsal horn and synapse in Rexed laminae (blue), synapsing on nociceptive-specific second-order neurons in laminae I and V (Aδ) and II (C). Most nociceptive-specific neurons cross to the contralateral side of the spinal cord and join an ascending nociceptive pathway. Non-nociceptive primary sensory Aβ (orange) fibers synapse in laminae III and IV. Wide dynamic range (WDR) neurons are second-order neurons that synapse in laminae III, IV, and V, receiving input from nociceptive and non-nociceptive primary sensory afferents. WDR neurons send dendrites into laminae I and II, where they modulate second-order nociceptive-specific neurons

Specific nociceptive neurons, or second-order afferents that respond exclusively to noxious stimuli, are found primarily in laminae I (the marginal zone), II (substantia gelatinosa), and V. Neurons of laminae I and V receive afferent input primarily from Aδ fibers, while neurons of lamina II primarily receive input from C fibers.

Wide dynamic range (WDR) neurons are second-order afferents that respond to both noxious and non-noxious stimuli, receiving input from Aβ, Aδ, and C fibers. Importantly, WDR neurons participate in a phenomenon called "wind up." While most neurons transmit the same magnitude action potential when activated, regardless of the frequency of afferent input, the magnitude of WDR neuron action potential *increases* as it receives more frequent input, particularly from C fibers [24]. WDR neurons synapse in laminae III–V, and lamina III WDR neurons send dendrites into laminae I and II [25].

Non-nociceptive neurons receive afferent input from Aβ mechanosensitive fibers and are located primarily in laminae III and IV (nucleus proprius). The dorsal horn of the spinal cord also contains *spinal interneurons*, which act in the spinal cord to modulate intensity of nociceptive signaling.

Ascending Nociceptive Pathways

Nociceptive pathways ascend in the spinal cord primarily within two regions: the anterolateral fasciculus, which contains the lateral (neo)spinothalamic, spinoreticular, and spinomesencephalic tracts, and anteromedially, via the anterior (paleo)spinothalamic tract.

Spinothalamic Tract

The spinothalamic tract (STT) conveys nociceptive-specific, WDR, and non-nociceptive secondary sensory afferents rostrally in the spinal cord to nuclei of the thalamus. With their cell bodies in the various laminae of the dorsal horn, many neurons of the STT cross over to the contralateral side of the spinal cord at or one to two vertebral segments above or below the level at which they entered the dorsal root via the anterior white commissure. They then ascend to the thalamus in the anterolateral aspect of the spinal cord as two distinct tracts: the lateral, or neo-, spinothalamic tract, and the anterior, or paleo-, spinothalamic tract.

Phylogenetically newer, the neospinothalamic tract has its cell bodies primarily in laminae I and V and ascends, uninterrupted and somatotopically organized, to synapse on the ventral posterolateral (VPL) nucleus, conveying pain and temperature sensation from the body. Pain and temperature from the face, by contrast, is transmitted from primary afferents of the trigeminal nerve to secondary sensory afferents located in the spinal trigeminal nucleus in the medulla. After synapsing, these neurons cross over and ascend via the trigeminal lemniscus to synapse in the ventral posteromedial (VPM) nucleus of the thalamus. Ultimately, third-order neurons project from both the VPL and VPM to the primary and secondary somatosensory cortices. Activated primarily by Aδ fibers, the neospinothalamic tract is important in rapid localization of noxious stimuli.

In contrast to the rapid monosynaptic relay of the neospinothalamic tract, the more ancient paleospinothalamic tract is a slower, bilateral, multisynaptic pathway mediated primarily by WDR neurons whose cell bodies are located in the deeper laminae of the dorsal horn. These WDR neurons are in turn modulated by C-fiber-responsive secondary afferents located in lamina II. Neurons of this pathway ascend in the anterior aspect of the spinal cord and project to the medial thalamic nuclei and from thence to limbic forebrain structures, making this pathway important in the affective and motivational aspects of pain.

Spinomesencephalic Tract

WDR and nociceptive-specific neurons ascend within the spinomesencephalic tract from the spinal cord to the midbrain periaqueductal gray, a region centered around the cerebral aqueduct and adjacent to the reticular formation. The periaqueductal gray is the primary mediator of endogenous pain control, allowing the brain to ignore pain signaling when needed, for example, ignoring injury when a fight or flight response is necessary for survival. This function is mediated by descending pathways from forebrain structures to relay information about immediate behavioral goals.

Spinoreticular Tract

The spinoreticular tract conveys primarily WDR and nociceptive-specific afferents from the spinal cord to the brainstem reticular formation, a set of ascending and descending nerves extending from the medulla to the thalamus. Third-order neurons project from the reticular formation to the intralaminar nuclei of the thalamus, which in turn project diffusely to the cerebral cortex, facilitating enhanced arousal and autonomic responses after painful stimuli.

Subcortical and Cortical Modulators of Nociception

Broadly, neurons with their cell bodies in the lateral thalamus (conveying information from the neospinothalamic tract) project to primary and secondary somatosensory cortices, which facilitates localization of noxious stimuli. Neurons with cell bodies in medial thalamic and other brainstem nuclei (conveying information from the paleospinothalamic, spinomesencephalic, and spinoreticular tracts) project to the prefrontal cortex and components of the limbic system, in particular the anterior cingulate cortex and insular cortex, to mediate behavioral and affective responses to pain [26].

Descending Modulators of Nociception

Descending pathways within the spinal cord are primarily inhibitory and act on target neurons via inhibitory interneurons. The periaqueductal gray is the main central modulator of descending inhibition [27]. Centered around the cerebral aqueduct, the periaqueductal gray is the primary mediator of endogenous pain control, allowing the brain to ignore pain signaling when needed, for example, ignoring injury when a fight or flight response is necessary for survival. When activated, the periaqueductal gray projects to the rostral ventromedial medulla and the raphe nucleus magnus in the brainstem, which in turn project caudally to modulate inhibitory spinal interneurons in the spinal cord.

GABA and Glycine

Inhibitory neurotransmitters, particularly GABA and glycine, are released into the dorsal horn by inhibitory interneurons to decrease responsiveness of second-order neurons to nociceptive input from primary afferent neurons. These neurotransmitters act on receptors on second-order neurons to hyperpolarize those neurons, making them less sensitive to nociceptive input from primary afferents.

Endogenous Opioids

Endogenous opioids, including enkephalin or dynorphin, are released by spinal interneurons. These neurotransmitters bind to mu and kappa opioid receptors on Aδ and C primary sensory afferents, inhibiting their release of excitatory neurotransmitters into the dorsal horn.

Central Sensitization

Painful stimuli are recognized at the free ends of Aδ and C fibers. An action potential is produced and transduced down the axon of primary sensory afferents to the dorsal horn of the spinal cord at the corresponding vertebral level, resulting in release of excitatory amino acids, particularly glutamate, into the synapse. Other excitatory neurotransmitters, including substance P, calcitonin gene-related peptide (CGRP), and BDNF, are also released and potentiate the effect of glutamate signaling on a variety of postsynaptic receptors, including NMDA receptors (NMDARs), AMPA receptors (AMPARs), and metabotropic glutamate receptors (mGluRs) [28–39].

Intense and/or prolonged signaling by nociceptive Aδ and C fibers results in bombardment of the postsynaptic membrane of dorsal horn neurons with excitatory neurotransmitters. Particularly important is sustained activation of WDR neurons by C fibers to produce "windup," during which successive stimuli from C fibers result in increasingly large and sustained action potentials in the dorsal horn, leading to progressive and sustained membrane depolarization. This is thought to be facilitated by release of substance P and CGRP into the synapse [40].

The activation of voltage-gated NMDARs is critical to increasing excitability at dorsal horn neurons and thus critical to inducing central sensitization. In the absence of membrane depolarization, NMDAR ion channels are blocked by a magnesium ion [30, 41]. Sustained signaling from excitatory neurotransmitters, including windup from C fibers, generates sufficient membrane depolarization to displace the magnesium ion from the NMDA receptor pore, allowing for glutamate binding and subsequent influx of calcium into the second-order dorsal horn neuron [42]. Activation of calcium-permeable AMPARs and mGluR-mediated release of stored intracellular calcium from the endoplasmic reticulum also leads to increased intracellular calcium in second-order dorsal horn neurons [43–45].

Once a threshold of intracellular calcium is crossed, numerous intracellular kinases, including protein kinase C (PKC), are activated, resulting in the phosphorylation of NMDARs, AMPARs, and mGluRs. This in turn results in increased trafficking of NMDARs, AMPARs, and mGluRs to the cell membrane and increased excitability of these receptors by increasing channel open-time and removing the Mg^{2+} blockade [4, 46–49]. Activation of PKC in particular decreases inhibition of second-order neurons, both GABA- and glycinergic inhibition at the affected vertebral levels and descending inhibition from the periaqueductal gray [50, 51].

As the threshold for excitation drops, dorsal horn neurons become highly efficacious at transducing pain signaling. Importantly, the threshold for activation may drop to the point that previously sub-threshold signaling (e.g., signaling from Aβ fibers transducing non-noxious stimuli) results in pain perception. Clinically, the effects of central sensitization manifest as exaggerated responses to painful stimuli (primary hyperalgesia/hyperpathia), pain that spreads beyond the area of injury (secondary hyperalgesia), and pain arising from typically painless stimuli (allodynia).

In the healthy state, these are all reversible processes in the absence of continued peripheral stimulation; phosphatases will eventually dephosphorylate receptors, endocytosis will lead to the removal of receptors from the cell membrane, inhibition of interneurons will be released, and excitability of receptors will fade. In pathologic conditions, however, such as persistent inflammation or damage to peripheral nerves, central sensitization can persist.

Central Sensitization After Peripheral Nerve Injury

After damage to sensory peripheral nerves, both damaged and non-damaged A and C fibers begin to generate spontaneous action potentials. Ectopic signaling from nociceptive Aδ and C fibers can induce central sensitization through the same mechanisms that produce central sensitization in the presence of a noxious stimulus [52–58].

Importantly, following nerve injury, previously innocuous Aβ fibers begin to express substance P and BDNF, neurotransmitters typically implicated in nociceptive signaling [55–57, 59–61]. At the synapse itself, C-fiber terminals in lamina II undergo degeneration, providing opportunity for Aβ fibers that typically synapse in laminae III and IV to sprout from those laminae and synapse on nociceptive-specific second-order neurons in laminae I and II [62–68]. In short, peripheral nerve injury leads to changes in Aβ fibers and their synapses such that they too can activate central nociceptive pathways, resulting in the perception of pain to typically non-noxious stimuli.

Peripheral nerve injury can also lead to loss of inhibition of central nociceptive signaling. At the affected vertebral level, GABAergic and glycinergic interneurons undergo apoptosis as a result of sustained, NMDAR-induced excitotoxicity [69, 70]. Changes in expression of ion channels on nociceptive-specific dorsal horn neurons of lamina I in response to BDNF signaling also leave those neurons less affected by GABAergic signaling [71–74]. Peripheral nerve injury also leads to increased descending excitatory input from the rostral ventromedial nucleus in the brainstem, as well as reduction of other descending inhibitory pathways [75–78].

Finally, peripheral nerve injury is thought to induce activation and recruitment of glial cells and T cells to the spinal cord. Activated microglia release cytokines that signal to dorsal horn neurons to activate the same intracellular pathways that produce neuron hyperexcitability [79–83]. Activated microglia also release BDNF, leading to decreased inhibition of dorsal horn neurons by inhibitory interneurons [72, 84]. T cells activate additional microglia and also produce cytokines that reduce GABAergic inputs in the dorsal horn [82, 85–87].

Clinical Manifestations of Central Sensitization

Complex regional pain syndrome (CRPS) is a chronic pain syndrome that presents following trauma and which is characterized by autonomic dysfunction, persistent inflammatory changes in the area of injury, and lack of dermatomal distribution. It is divided into two subtypes: type I, which lacks a clear nerve injury, and type II, which has a clear nerve injury. Central sensitization is thought to be important in the pathophysiology of CRPS type II [88]. Continued nociceptive signaling from injured peripheral nerves may lead to sensitization of dorsal horn neurons, leading to classic presenting symptoms, including allodynia and primary and secondary hyperalgesia. Unique to CRPS, damage to sympathetic fibers at the time of trauma appears to result in sympathetic dysfunction, ultimately resulting in coupling of the sympathetic and nociceptive systems, such that primary afferent nociceptors become sensitized to adrenergic input [89–91]. Thus, sympathetic input can result in pain perception and can contribute to inducing and maintaining central sensitization.

Residual limb pain refers to pain that is felt in the part of a limb that remains after amputation. This pain can impact quality of life and impede recovery, including the ability of a patient to tolerate a prosthetic [92]. Axons of sensory nerves divided due to amputation may produce ectopic and hyperexcitable firing, bombarding dorsal horn neurons, producing central sensitization with resultant primary and secondary hyperalgesia and allodynia [93, 94].

Surgical Approaches to the Management of Central Sensitization

A variety of surgical approaches to central sensitization have been described. A subset of approaches are aimed at preventing central sensitization after peripheral nerve injury. Relocation of a neuroma to a non-pressure-sensitive location, for example, can convert a painful neuroma to a painless neuroma [94–102]. Directed reinnervation techniques involve implanting proximal nerve endings into free, denervated muscle grafts (regenerative peripheral nerve interfaces, RPNI) or on transected intramuscular motor nerve branches (targeted nerve implantation, TNI) or directly coapting proximal nerve endings into recipient motor nerve stumps (targeted muscle reinnervation, TMR) [103–105]. By providing proximal axons with a clear target for reinnervation, these surgeries aim to avoid formation of a new neuroma. If central sensitization has occurred, however, these strategies are unlikely to alleviate pain. In these situations, lesioning or modulation of the central nervous system may be employed in an effort to disrupt central pain signaling.

Lesioning of the Central Nervous System

Lesioning of several anatomical locations within the central nervous system has been described, all with the purpose of disrupting maladaptive nociceptive signaling.

Dorsal root entry zone (DREZ) lesioning was developed in the 1970s and is primarily described for the management of nerve root avulsion injury [106–108]. The aim of the procedure is to lesion the dorsal horn of the spinal cord at the level of the injury, disrupting hyperexcitable second-order neurons at their synapse with primary sensory afferents. In its original iteration, the depth of lesioning is 2 mm from the surface of the DREZ, corresponding to Rexed laminae I and II. However, more recent techniques suggest lesioning to a depth of 4–5 mm to include the entire dorsal horn, including Rexed lamina V, thus targeting WDR neurons for improved pain control [109].

Cordotomy describes lesioning of the ascending lateral spinothalamic tract and is typically reserved for patients with unilateral, intractable cancer pain in the pelvis, flank, or chest wall [110, 111]. The nerves of the spinothalamic tract ascend or descend several vertebral levels and then cross over to the contralateral spinal cord, and thus the cord is lesioned on the contralateral side at C1/C2 for analgesia below C5 and at T4 for analgesia below T10.

Anterior cingulotomy has been utilized for the management of intractable pain with a large affective component. The anterior cingulate is an important modulator of pain signaling arising from the medial thalamus and signals to many locations in the brain important in the emotional and attentional aspects of pain [112–115]. In current practice, the CT- or MRI-guided stereotaxy is used to localize the anterior cingulate, followed by radiofrequency ablation [116].

Neuromodulation

As with lesioning, neuromodulation strategies, including spinal cord stimulation and deep brain stimulation, aim to modify pain signaling within the central nervous system.

Spinal cord stimulation (SCS) involves the placement of an electrode panel over the dorsal columns of the spinal cord for the management of neuropathic pain. SCS is thought to modulate central pain signaling by a variety of mechanisms, including enhancing descending inhibitory signaling; decreasing release of excitatory amino acids, including glutamate, within the dorsal horn; and increasing release of GABA from dorsal horn interneurons [117, 118]. Importantly, activation of rapidly transducing, non-nociceptive Aβ fibers in the dorsal columns of the spinal cord is thought to overcome nociceptive signaling from slower C and Aδ fibers.

SCS is primarily utilized for the management of medically refractory pain in the lower extremities. However, treatment of pain in specific areas, such as the foot, groin, or knee, is challenging with SCS due in part to the complex anatomy of the spinal cord and dissipation of energy into cerebrospinal fluid around the spinal cord. These limitations led to the development of dorsal root ganglion (DRG) stimulation. Like SCS, DRG stimulation-induced analgesia is thought to be mediated in part by stimulation of Aβ fibers, most of which have their cell bodies in the DRG [119]. However, the DRG contains only the cell bodies of sensory neurons of a specific dermatome, allowing for better pain targeting and decreasing unwanted motor stimulation. Further, the DRG is surrounded by only a small volume of cerebrospinal fluid, minimizing the energy requirements for stimulation [120]. The analgesic effects of DRG stimulation are also thought to be a result of the unique anatomy of the DRG and the presence of "T junctions" between the peripherally and spinally projecting axons of each pseudounipolar neuron [121]. These junctions may allow the DRG to act as a gate, selectively permitting or blocking signaling from the peripheral axon to the spinal axon [122]. Thus, DRG stimulation may decrease central transmission of pain from the periphery, decreasing central sensitization. Currently, DRG stimulation is approved for CRPS in the legs [123], but it has also shown promise in phantom limb pain, groin pain, and painful diabetic neuropathy [122].

Deep brain stimulation has also been utilized for the management of pain. Targets including the ventral posterior thalamus, periaqueductal gray, and anterior cingulate have been described, though the long-term efficacy of these procedures for pain has yet to be determined [124–127].

Conclusion

Chronic neuropathic pain is difficult to treat, particularly once central sensitization has occurred. Hyperexcitability of dorsal horn neurons results in decreased pain thresholds, which manifests as primary and sensory hyperalgesia and allodynia, all of which can be debilitating to patients. Neuromas have the potential to induce central sensitization, and thus an important consideration in the management of painful neuromas is halting that process.

References

1. Latremoliere A, Woolf CJ. Central sensitization: a generator of pain hypersensitivity by central neural plasticity. J Pain. 2009;10(9):895–926.
2. Woolf CJ, Ma Q. Nociceptors—noxious stimulus detectors. Neuron. 2007;55(3):353–64.
3. Ji RR, Kohno T, Moore KA, Woolf CJ. Central sensitization and LTP: do pain and memory share similar mechanisms? Trends Neurosci. 2003;26(12):696–705.
4. Woolf CJ, Salter MW. Neuronal plasticity: increasing the gain in pain. Science. 2000;288(5472):1765–9.
5. Woolf CJ, Walter ET. Common patterns of plasticity contributing to nociceptive sensitization in mammals and Aplysia. Trends Neurosci. 1991;14(2):74–8.

6. Chen X, Tanner K, Levine JD. Mechanical sensitization of cutaneous C-fiber nociceptors by prostaglandin E2 in the rat. Neurosci Lett. 1999;267(2):105–8.
7. Guenther S, Reeh PW, Kress M. Rises in [Ca2+]i mediate capsaicin- and proton-induced heat sensitization of rat primary nociceptive neurons. Eur J Neurosci. 1999;11(9):3143–50.
8. Hucho T, Levine JD. Signaling pathways in sensitization: toward a nociceptor cell biology. Neuron. 2007;55(3):365–76.
9. Petho G, Derow A, Reeh PW. Bradykinin-induced nociceptor sensitization to heat is mediated by cyclooxygenase products in isolated rat skin. Eur J Neurosci. 2001;14(2):210–8.
10. Woolf CJ. Central sensitization: uncovering the relation between pain and plasticity. Anesthesiology. 2007;106:864–7.
11. Woolf CJ. Evidence for a central component of post-injury pain hypersensitivity. Nature. 1983;306:686–8.
12. Woolf CJ, King AE. Dynamic alterations in the cutaneous mechanoreceptive fields of dorsal horn neurons in the rat spinal cord. J Neurosci. 1990;10(8):2717–26.
13. Wall PD, Gutnick M. Properties of afferent nerve impulses originating from a neuroma. Nature. 1974;248(5451):740–3.
14. Wall PD, Gutnick M. Ongoing activity in peripheral nerves: the physiology and pharmacology of impulses originating from a neuroma. Exp Neurol. 1974;43(3):580–93.
15. Wall PD, Waxman S, Basbaum AI. Ongoing activity in peripheral nerve: injury discharge. Exp Neurol. 1974;45(3):576–89.
16. Julius D, Basbaum AI. Molecular mechanisms of nociception. Nature. 2001;413(6852):203–10.
17. Cain DM, Khasabov SG, Simone DA. Response properties of mechanoreceptors and nociceptors in mouse glabrous skin: an in vivo study. J Neurophysiol. 2001;85(4):1561–74.
18. Nolte J, Sundsten JW. The human brain: an introduction to its functional anatomy. 5th ed. St. Louis, MO: Mosby; 2002.
19. Johnson KO. The roles and functions of cutaneous mechanoreceptors. Curr Opin Neurobiol. 2001;11(4):455–61.
20. Mearow KM, Diamon J. Merkel cells and the mechanosensitivity of normal and regenerating nerves in Xenopus skin. Neuroscience. 1988;26(2):695–708.
21. Kruger L, Kavookjian AM, Kumazawa T, Light AR, Mizumura K. Nociceptor structural specialization in canine and rodent testicular "free" nerve endings. J Comp Neurol. 2003;463(2):197–211.
22. Rexed B. The cytoarchitectonic organization of the spinal cord in the cat. J Comp Neurol. 1952;96(3):414–95.
23. Rexed B. A cytoarchitectonic atlas of the spinal cord in the cat. J Comp Neurol. 1954;100(2):297–379.
24. Mendell LM, Wall PD. Responses of single dorsal cord cells to peripheral cutaneous unmyelinated fibres. Nature. 1965;206:97–9.
25. Benarroch EE. Dorsal horn circuitry: complexity and implications for mechanisms of neuropathic pain. Neurology. 2016;86(11):1060–9.
26. Schnitzler A, Ploner M. Neurophysiology and functional neuroanatomy of pain perception. J Clin Neurophysiol. 2000;17(6):592–603.
27. Tasker R. Central pain states. In: Loeser JD, editor. Bonica's management of pain. 3rd ed. Philadelphia: Lippincott Williams & Wilkins; 2001. p. 433–57.
28. Afrah AW, Fiska A, Gjerstad J, et al. Spinal substance P release in vivo during the induction of long-term potentiation in dorsal horn neurons. Pain. 2002;96:49–55.
29. Khasabov SG, Rogers SD, Ghilardi JR, Peters CM, Mantyh PW, Simone DA. Spinal neurons that possess the substance P receptor are required for the development of central sensitization. J Neurosci. 2002;22:9086–98.
30. Ma QP, Woolf CJ. Involvement of neurokinin receptors in the induction but not the maintenance of mechanical allodynia in rat flexor motoneurones. J Physiol. 1995;486(Pt 3):769–77.
31. Mantyh PW, Rogers SD, Honore P, et al. Inhibition of hyperalgesia by ablation of lamina I spinal neurons expressing the substance P receptor. Science. 1997;278(5336):275–9.
32. Willis WD. Long-term potentiation in spinothalamic neurons. Brain Res Brain Res Rev. 2002;40:202–14.
33. Woolf C, Wiesenfeld-Hallin Z. Substance P and calcitonin gene-related peptide synergistically modulate the gain of the nociceptive flexor withdrawal reflex in the rat. Neurosci Lett. 1986;66:226–30.
34. Sun RQ, Lawand NB, Willis WD. The role of calcitonin gene-related peptide (CGRP) in the generation and maintenance of mechanical allodynia and hyperalgesia in rats after intradermal injection of capsaicin. Pain. 2003;104:201–8.
35. Sun RQ, Tu YJ, Lawand NB, Yan JY, Lin Q, Willis WD. Calcitonin gene-related peptide receptor activation produces PKA- and PKC-dependent mechanical hyperalgesia and central sensitization. J Neurophysiol. 2004;92:2859–66.
36. Zhou XF, Rush RA. Endogenous brain-derived neurotrophic factor is anterogradely transported in primary sensory neurons. Neuroscience. 1996;74:945–53.
37. Heppenstall PA, Lewin GR. BDNF but not NT-4 is required for normal flexion reflex plasticity and function. Proc Natl Acad Sci USA. 2001;98:8107–12.
38. Kerr BJ, Bradbury EJ, Bennett DL, et al. Brain-derived neurotrophic factor modulates nociceptive sensory inputs and NMDA-evoked responses in the rat spinal cord. J Neurosci. 1999;19:5138–48.
39. Thompson SW, Bennett DL, Kerr BJ, Bradbury EJ, McMahon SB. Brain-derived neurotrophic factor is an endogenous modulator of nociceptive responses in the spinal cord. Proc Natl Acad Sci USA. 1999;96:7714–8.
40. Sivilotti LG, Thompson SW, Woolf CJ. Rate of rise of the cumulative depolarization evoked by repetitive stimulation of small-caliber afferents is a predictor of action potential windup in rat spinal neurons in vitro. J Neurophysiol. 1993;69:1621–31.
41. Woolf CJ, Thompson SW. The induction and maintenance of central sensitization is dependent on N-methyl-D-aspartic acid receptor activation: implications for the treatment of post-injury pain hypersensitivity states. Pain. 1991;44:293–9.
42. Mayer ML, Westbrook GL, Guthrie PB. Voltage-dependent block by Mg2+ of NMDA responses in spinal cord neurons. Nature. 1984;309:261–3.
43. Larsson M, Broman J. Translocation of GluR1-containing AMPA receptors to a spinal nociceptive synapse during acute noxious stimulation. J Neurosci. 2008;28:7084–90.
44. Vikman KS, Rycroft BK, Christie MJ. Switch to Ca2+ permeable AMPA and reduced NR2B NMDA receptor-mediated neurotransmission at dorsal horn nociceptive synapses during inflammatory pain in the rat. J Physiol. 2008;586:515–27.
45. Coderre TJ, Melzack R. The role of NMDA receptor-operated calcium channels in persistent nociception after formalin-induced tissue injury. J Neurosci. 1992;12:3671–5.
46. Lau CG, Zukin RS. NMDA receptor trafficking in synaptic plasticity and neuropsychiatric disorders. Nat Rev Neurosci. 2007;8:413–26.
47. Carvalho AL, Duarte CB, Carvalho AP. Regulation of AMPA receptors by phosphorylation. Neurochem Res. 2000;25:1245–55.
48. Chen BS, Roche KW. Regulation of NMDA receptors by phosphorylation. Neuropharmacology. 2007;53:362–8.
49. Chen L, Huang LY. Protein kinase C reduces Mg2+ block of NMDA-receptor channels as a mechanism of modulation. Nature. 1992;356:521–3.
50. Lin Q, Peng YB, Willis WD. Inhibition of primate spinothalamic tract neurons by spinal glycine and GABA is reduced during central sensitization. J Neurophysiol. 1996;76:1005–14.

51. Lin Q, Peng YB, Willis WD. Possible role of protein kinase C in the sensitization of primate spinothalamic tract neurons. J Neurosci. 1996;16:3026–34.
52. Devor M, Seltzer Z. Pathophysiology of damaged nerves in relation to chronic pain. Edinburg: Churchill Livingstone; 1999.
53. Djouhri L, Koutsikou S, Fang X, McMullan S, Lawson SN. Spontaneous pain, both neuropathic and inflammatory, is related to frequency of spontaneous firing in intact C-fiber nociceptors. J Neurosci. 2006;26:1281–92.
54. Koltzenburg M, Wahren LK, Torebjork HE. Dynamic changes or mechanical hyperalgesia in neuropathic pain states and healthy subjects depend on the ongoing activity of unmyelinated nociceptive afferents. Pflugers Arch. 1992;420:R452.
55. Costigan M, Befort K, Karchewski L, et al. Replicate high-density rate genome oligonucleotide microarrays reveal hundreds of regulated genes in the dorsal root ganglion after peripheral nerve injury. BMC Neurosci. 2002;3:16.
56. Noguchi K, Kawai Y, Fukuoka T, Senba E, Miki K. Substance P induced by peripheral nerve injury in primary afferent sensory neurons and its effect on dorsal column nucleus neurons. J Neurosci. 1995;15:7633–43.
57. Xiao HS, Huang QH, Zhang FX, et al. Identification of gene expression profile of dorsal root ganglion in the rat peripheral axotomy model of neuropathic pain. Proc Natl Acad Sci USA. 2002;99(12):8360–5.
58. Devor M. Ectopic discharge in Abeta afferents as a source of neuropathic pain. Exp Brain Res. 2009;196(1):115–28.
59. Bester H, Beggs S, Woolf CJ. Changes in tactile stimuli-induced behavior and c-Fos expression in the superficial dorsal horn and in parabrachial nuclei after sciatic nerve crush. J Comp Neurol. 2000;428:45–61.
60. Fukuoka T, Kondo E, Dai Y, Hashimoto N, Noguchi K. Brain-derived neurotrophic factor increases in the uninjured dorsal root ganglion neurons in selective spinal nerve ligation model. J Neurosci. 2001;21:4891–900.
61. Tegeder I, Costigan M, Griffins RS, et al. GTP cyclohydrolase and tetrahydrobiopterin regulate pain sensitivity and persistence. Nat Med. 2006;12:1269–77.
62. Arvidsson J, Ygge J, Grant G. Cell loss in lumbar dorsal root ganglia and transganglionic degeneration after sciatic nerve resection in the rat. Brain Res. 1986;373:15–21.
63. Kapadia SE, LaMotte CC. Deafferentation-induced alterations in the rat dorsal horn: I. Comparison of peripheral nerve injury vs. rhizotomy effects on presynaptic, postsynaptic, and glial processes. J Comp Neurol. 1987;266(2):183–97.
64. Lekan HA, Carlton SM, Coggeshall RE. Sprouting of a beta fibers into lamina II of the rat dorsal horn in peripheral neuropathy. Neurosci Lett. 1996;208:147–50.
65. Mannion RJ, Doubell TP, Coggeshall RE, Woolf CJ. Collateral sprouting of uninjured primary afferent A-fibers into the superficial dorsal horn of the adult rat spinal cord under topical capsaicin treatment to the sciatic nerve. J Neurosci. 1996;16:5189–95.
66. Shortland P, Kinman E, Molander C. Sprouting of A-fibre primary afferents into lamina II in two rat models of neuropathic pain. Eur J Pain. 1997;1:215–27.
67. Woolf CJ, Shortland P, Coggeshall RE. Peripheral nerve injury triggers central sprouting of myelinated afferents. Nature. 1992;355:75–8.
68. Woolf CJ, Shortland P, Reynolds M, Ridings J, Doubell T, Coggeshall RE. Reorganization of central terminals of myelinated primary afferents in the rat dorsal horn following peripheral axotomy. J Comp Neurol. 1995;360:121–34.
69. Moore KA, Kohno T, Karchewski LA, Scholz J, Baba H, Woolf CJ. Partial peripheral nerve injury promotes a selective loss of GABAergic inhibition in the superficial dorsal horn of the spinal cord. J Neurosci. 2002;22:6724–31.
70. Scholz J, Broom DC, Youn DH, et al. Blocking caspase activity prevents transsynaptic neuronal apoptosis and the loss of inhibition in lamina II of the dorsal horn after peripheral nerve injury. J Neurosci. 2005;25:7317–23.
71. Coull JA, Beggs S, Boudreau D, et al. BDNF from microglia causes the shift in neuronal anion gradient underlying neuropathic pain. Nature. 2005;438:1017–21.
72. Coull JA, Boudreau D, Bachand K, et al. Trans-synaptic shift in anion gradient in spinal lamina I neurons as a mechanism of neuropathic pain. Nature. 2003;424:938–42.
73. Lu VB, Biggs JE, Stebbing MJ, et al. Brain-derived neurotrophic factor drives the changes in excitatory synaptic transmission in the rat superficial dorsal horn that follow sciatic nerve injury. J Physiol. 2009;587(Pt 5):1013–32.
74. Miletic G, Miletic V. Loose ligation of the sciatic nerve is associated with TrkB receptor-dependent decreases in KCC2 protein levels in the ipsilateral spinal dorsal horn. Pain. 2008;137:532–9.
75. D'Mello R, Dickenson AH. Spinal cord mechanisms of pain. Br J Anaesth. 2008;101:8–16.
76. Gardell LR, Vanderah TW, Gardell SE, et al. Enhanced evoked excitatory transmitter release in experimental neuropathy requires descending facilitation. J Neurosci. 2003;23:8370–9.
77. Vera-Portocarrero LP, Zhang ET, Ossipov MH, et al. Descending facilitation from the rostral ventromedial medulla maintains nerve injury-induced central sensitization. Neuroscience. 2006;140:1311–20.
78. Vogel C, Mossner R, Gerlach M, et al. Absence of thermal hyperalgesia in serotonin transporter-deficient mice. J Neurosci. 2003;23:708–15.
79. Cao L, DeLeo JA. CNS-infiltrating CD4+ T lymphocytes contribute to murine spinal nerve transection-induced neuropathic pain. Eur J Immunol. 2008;38:448–58.
80. Tanga FY, Nutile-McMenemy N, DeLeo JA. The CNS role of toll-like receptor 4 in innate neuroimmunity and painful neuropathy. Proc Natl Acad Sci USA. 2005;102:5856–61.
81. Watkins LR, Hutchinson MR, Milligan ED, Maier SF. "Listening" and "talking" to neurons: implications of immune activation for pain control and increasing the efficacy of opioids. Brain Res Rev. 2007;56:148–69.
82. Ji RR, Gereau RW 4th, Malcangio M, Strichartz GR. MAP kinase and pain. Brain Res Rev. 2009;60:135–48.
83. Kawasaki Y, Zhang L, Cheng JK, Ji RR. Cytokine mechanisms of central sensitization: distinct and overlapping role of interleukin-1beta, interleukin-6, and tumor necrosis factor-alpha in regulating synaptic and neuronal activity in the superficial spinal cord. J Neurosci. 2008;28:5189–94.
84. Horvath RJ, Nutile-McMenemy N, Alkaitis MS, Deleo JA. Differential migration, LPS-induced cytokine, chemokine, and NO expression in immortalized BV-2 and HAPI cell lines and primary microglial cultures. J Neurochem. 2008;107:557–69.
85. Garrison CJ, Dougherty PM, Carlton SM. GFAP expression in lumbar spinal cord of naïve and neuropathic rats treated with MK-801. Exp Neurol. 1994;129:237–43.
86. Milligan ED, Watkins LR. Pathological and protective roles of glia in chronic pain. Nat Rev Neurosci. 2009;10:23–36.
87. Vikman KS, Hill RH, Backstrom E, Robertson B, Kristensson K. Interferon-gamma induces characteristics of central sensitization in spinal dorsal horn neurons in vitro. Pain. 2003;106:241–51.
88. Shim H, Rose S, Halle S, Shekane P. Complex regional pain syndrome: a narrative review for the practicing clinician. Br J Anaesth. 2019;123(2):e424–33.
89. Wasner G, Heckmann K, Maier C, Baron R. Vascular abnormalities in acute reflex sympathetic dystrophy (CRPS I): complete inhibition of sympathetic nerve activity with recovery. Arch Neurol. 1999;56(5):613–20.

90. Birklein F, Riedl B, Claus D, Neundorfer B. Pattern of autonomic dysfunction in time course of complex regional pain syndrome. Clin Auton Res. 1998;8(2):79–85.
91. Kurvers H, Daemen M, Slaaf D, et al. Partial peripheral neuropathy and denervation induced adrenoceptor supersensitivity: functional studies in an experimental model. Acta Orthop Belg. 1998;64(1):64–70.
92. Ephraim PL, Wegener ST, MacKenzie EJ, Dillingham TR, Pezzin LE. Phantom pain, residual limb pain, and back pain in amputees: results of a national survey. Arch Phys Med Rehabil. 2005;86(10):1910–9.
93. Hsu E, Coehn SP. Postamputation pain: epidemiology, mechanisms, and treatment. J Pain Res. 2013;6:121–36.
94. Atherton DD, Elliot D. Relocation of neuromas of the lateral antebrachial cutaneous nerve of the forearm into the brachialis muscle. J Hand Surg Eur. 2007;32(3):311–5.
95. Atherton DD, Leong JC, Anand P, Elliot D. Relocation of painful end neuromas and scarred nerves from the zone II territory of the hand. J Hand Surg Eur. 2007;32(1):38–44.
96. Dellon AL, Kim J, Ducic I. Painful neuroma of the posterior cutaneous nerve of the forearm after surgery for lateral humeral epicondylitis. J Hand Surg Am. 2004;29(3):387–90.
97. Dellon AL, Mackinnon SE. Treatment of the painful neuroma by neuroma resection and muscle implantation. Plast Reconstr Surg. 1986;77(3):427–38.
98. Hazari A, Elliot D. Treatment of end-neuromas, neuromas-in-continuity and scarred nerves of the digits by proximal relocation. J Hand Surg Br. 2004;29(4):338–50.
99. Novak CB, van Vliet D, Mackinnon SE. Subjective outcome following surgical management of lower-extremity neuromas. J Reconstr Microsurg. 1995;11(3):175–7.
100. Novak CB, van Vliet D, Mackinnon SE. Subjective outcome following surgical management of upper extremity neuromas. J Hand Surg Am. 1995;20(2):221–6.
101. Sood MK, Elliot D. Treatment of painful neuromas of the hand and wrist by relocation into the pronator quadratus muscle. J Hand Surg Br. 1998;23(3):214–9.
102. Stahl S, Rosenberg N. Surgical treatment of painful neuroma in medial antebrachial cutaneous nerve. Ann Plast Surg. 2002;48(2):154–8.
103. Woo SL, Kung TA, Brown DL, Leonard JA, Kelly BM, Cederna PS. Regenerative peripheral nerve interfaces for the treatment of postamputation neuroma pain: a pilot study. Plast Reconstr Surg Glob Open. 2016;4(12):e1038.
104. Pet MA, Ko JH, Friedly JL, Mourad PD, Smith DG. Does targeted nerve implantation reduce neuroma pain in amputees? Clin Orthop Relat Res. 2014;472(10):2991–3001.
105. Kuiken TA, Barlow AK, Hargrove L, Dumanian GA. Targeted muscle reinnervation for the upper and lower extremity. Tech Orthop. 2017;32(2):109–16.
106. Ishijima B, Shimoji K, Shimizu H, Takahashi H, Suzuki I. Lesions of spinal and trigeminal dorsal root entry zone for deafferentation pain. Experience of 35 cases. Appl Neurophysiol. 1988;51:175–87.
107. Nashold BS Jr, Ostdahl RH. Dorsal root entry zone lesions for pain relief. J Neurosurg. 1979;51:59–69.
108. Sindou M, Mertens P, Wael M. Microsurgical DREZotomy for pain due to spinal cord and/or cauda equine injuries: long-term results in a series of 44 patients. Pain. 2001;92:159–71.
109. Takai K, Taniguchi M. Modified dorsal root entry zone lesioning for intractable pain relief in patients with root avulsion injury. J Neurosurg Spine. 2017;27:178–84.
110. Spiller WG, Martin E. The treatment of persistent pain of organic origin in the lower part of the body by division of the anterolateral column of the spinal cord. JAMA. 1912;58:1489–90.
111. Kanpolat Y, Ugur HC, Ayten M, Elhan AH. Computed tomography-guided percutaneous cordotomy for intractable pain in malignancy. Neurosurgery. 2009;64(3 Suppl):187–94.
112. Vogt BA, Sikes RW. The medial pain system, cingulate cortex, and parallel processing of nociceptive information, vol. 122. New York: Elsevier; 2013.
113. Devinsky O, Morrell MJ, Vogt BA. Contributions of anterior cingulate cortex to behavior. Brain. 1995;118(pt 1):279–306.
114. Rolls ET, O'Doherty J, Kringelbach ML, Francis S, Bowtell R, McGlone F. Representations of pleasant and painful touch in the human orbitofrontal and cingulate cortices. Cereb Cortex. 2003;13:308–17.
115. Hutchison WD, Davis KD, Lozano AM, Tasker RR, Dostrovsky JO. Pain-related neurons in the human cingulate cortex. Nat Neurosci. 1999;2:403–5.
116. Agarwal N, Choi PA, Shin SS, Hansberry DR, Mammis A. Anterior cingulotomy for intractable pain. Interdiscip Neurosurg. 2016;6:80–3.
117. Cui JG, O'Connor WT, Ungerstedt U, Linderoth B, Meyerson BA. Spinal cord stimulation attenuates augmented dorsal horn release of excitatory amino acids in mononeuropathy via a GABAergic mechanism. Pain. 1997;73:87–95.
118. Stiller CO, Linderoth B, O'Connor WT, et al. Repeated spinal cord stimulation decreases the extracellular level of gamma-aminobutyric acid in the periaqueductal gray matter of freely moving rats. Brain Res. 1995;699(2):231–41.
119. Niu J, Ding L, Li JJ, et al. Modality-based organization of ascending somatosensory axons in the direct dorsal column pathway. J Neurosci. 2013;33(45):17691–709.
120. Kumar K, Caraway DL, Rizvi S, Bishop S. Current challenges in spinal cord stimulation. Neuromodulation. 2014;17(Suppl 1):22–35.
121. Devor M. Unexplained peculiarities of the dorsal root ganglion. Pain. 1999;Suppl 6:S27–35.
122. Graham RD, Sankarasubramanian V, Lempka SF. Dorsal root ganglion stimulation for chronic pain: hypothesized mechanisms of action. J Pain. 2022;23(2):196–211.
123. Deer TR, Pope JE. Dorsal root ganglion stimulation approval by the Food and Drug Administration: advice on evolving the process. Expert Rev Neurother. 2016;16(10):1123–5.
124. Levy R, Deer TR, Henderson J. Intracranial neurostimulation for pain control: a review. Pain Phys. 2010;13(2):157–65.
125. Falowski SM. Deep brain stimulation for chronic pain. Curr Pain Headache Rep. 2015;19(7):27.
126. Spooner J, Yu H, Kao C, Sillay K, Konrad P. Neuromodulation of the cingulum for neuropathic pain after spinal cord injury. Case report. J Neurosurg. 2007;107(1):169–72.
127. Boccard SG, Prangnell SJ, Pycroft L, et al. Long-term results of deep brain stimulation of the anterior cingulate cortex for neuropathic pain. World Neurosurg. 2017;106:625–37.

Part II

Diagnosis of Symptomatic Neuroma

Clinical Diagnosis of Symptomatic Neuroma

4

Christopher Frost, Christopher Dy, Jaimie Shores, and Sami Tuffaha

Introduction

A careful history and physical examination are central to the diagnostic evaluation of symptomatic neuromas. Advanced imaging modalities and diagnostic nerve blocks are useful as confirmatory tools and can guide therapeutic decision-making; however, the presence and location of a symptomatic neuroma as the cause of pain remains primarily a clinical diagnosis. Relying on imaging alone can be misleading as there may be asymptomatic neuromas present in the setting of prior surgery or trauma that may not be the cause of the pain that a patient is experiencing. Likewise, a diagnostic nerve block may alleviate non-neuromatous pain arising from inflamed or injured tissues innervated by the anesthetized nerve. In this chapter, we describe the key components and nuances of the history and physical exam that are used to evaluate and diagnose symptomatic neuromas.

History

In order for the diagnosis of symptomatic neuroma to be made, a nerve injury must have occurred prior to the onset of pain. Nerve compression can lead to a neuroma in continuity, as in a Morton's neuroma, and this should be considered a distinct clinical diagnosis from a neuroma due to transection. It is important to inquire about prior trauma or surgery in the location of the symptoms and delineate the timing of the onset of symptoms in relation to the potential inciting events. While neuroma pain can begin in the days and weeks following injury with continued escalation thereafter, delayed onset of symptoms months following injury is common [1]. If the quality of pain is suggestive of a neuroma but the patient denies prior surgery or trauma to the affected area, other causes of localized neuropathic pain must be considered, including nerve entrapment or compression, tumors arising from or invading peripheral nerves, and idiopathic or autoimmune inflammatory conditions such as Parsonage-Turner syndrome.

When a patient presents with pain, there are a number of key features of the pain suggestive of symptomatic neuroma that must be interrogated. The *quality* of pain arising from a neuroma is often described by patients as shooting, electric, burning, or sharp [2]. We recommend first asking patients to characterize their pain using their own descriptive terminology before inquiring about specific pain qualities. Patients with symptomatic neuromas will often note pain in different locations, each with differing qualities and intensities. Specifically, they will typically describe severe pain localized to the neuroma itself that is exquisitely painful to touch; mechanical stimuli to this area elicit radiating pain with the qualities described above. Commonly patients will be able to readily identify a single point of maximal tenderness. Additionally, they will often describe numbness, paresthesia, and dysesthesia distal to the site of the neuroma in the dermatome supplied by the injured nerve. They may also describe hyperalgesia and allodynia in the surrounding dermatomes. Cold intolerance is another common symptom associated with neuromas that in one study was reported by 91% of patients undergoing surgical intervention for neuroma treatment [2–4].

Beyond the quality and location, the subjective intensity of pain experienced by the patient should be documented, as it can be useful in determining spontaneous progression or regression over time in addition to treatment response with attempted interventions. This is typically achieved by using a visual analog scale [2]. A number of other modalities for quantifying pain exist and can be useful to establish a preop-

C. Frost · J. Shores · S. Tuffaha (✉)
Department of Plastic and Reconstructive Surgery, Johns Hopkins Hospital, Baltimore, MD, USA
e-mail: cfrost4@jhmi.edu; jshores3@jhmi.edu; Stuffah1@jhmi.edu

C. Dy
Division of Hand and Microsurgery, Department of Orthopaedic Surgery, Washington University in St. Louis, St. Louis, MO, USA

Division of Public Health Sciences, Department of Surgery, Washington University in St. Louis, St. Louis, MO, USA
e-mail: dyc@wustl.edu

K. R. Eberlin et al. (eds.), *Contemporary Neuroma Management*, https://doi.org/10.1007/978-3-031-59758-9_4

erative baseline. These include validated patient-reported outcome metrics that measure both pain and level of disability such as the Disabilities of the Arm, Shoulder and Hand (DASH) questionnaire, QuickDASH, the Michigan Hand Questionnaire (MHQ), brief MHQ, or the Patient-Rated Wrist/Hand Evaluation Outcome (PRWHE) questionnaire [5].

It is critical to differentiate between pain that is peripheral/neuropathic in nature and pain that is centralized and less likely to respond to therapy targeting the peripheral nervous system. In general, neuropathic pain arising from a neuroma is localized and dermatomal, while central pain will present diffusely. Pain affecting sites that are distant from the location of injury is suggestive of a central etiology. Opiate usage should be noted, including dosage and duration of use, as chronic usage can potentiate pain and centralization. Psychosocial history is also important to elucidate, as psychiatric comorbidities can complicate diagnosis. Neuromas are commonly underdiagnosed and patients with painful neuromas will often have been to multiple providers before presentation, and thus this should not be used as isolated evidence for psychologic etiology. Psychiatric diagnosis including malingering or factitious disorder should therefore be reserved to a diagnosis of exclusion. Factitious edema or pain due to tourniquet placement has been described. Factitious disorder can be very difficult or impossible to definitively diagnose but can be considered in a patient with recalcitrant symptoms that are inconsistent with normal pathology [6].

It is essential to determine if the patient has symptoms suggestive of chronic regional pain syndrome (CRPS). Careful history and physical exam can delineate between CRPS and symptomatic neuroma (Table 4.1). CRPS is divided into two types; in type 1, there is preceding trauma but no known nerve injury, and in type 2, there is an underlying known nerve injury. Patients with symptomatic neuromas can develop CRPS (type 2) as a secondary sequela [7]. Patients with CRPS arising from a neuroma tend to experience more generalized and heightened symptoms that can in some cases extend beyond the site of nerve injury and distal dermatome. CRPS typically presents with pathognomonic skin changes associated with a heightened sympathetic response, including blotchy red, blue, purple gray, or pale color changes, fluctuations in temperature, shiny thin texture, abnormal hair and nail growth, and excessive sweating. Limb swelling, joint stiffness, and muscle weakness are also commonly present with CRPS. Because these manifestations of the disease process fluctuate and may not be present on evaluation, it is important to specifically ask if the patient has noticed such symptoms. The most common diagnostic criteria for CRPS are the Budapest Criteria (Table 4.2) [8]. Patients with a history and physical exam consistent with a symptomatic neuroma and secondary development of CRPS may still benefit from surgical intervention addressing their neuroma pain. Careful counseling, however, is required to clarify the specific role of surgical intervention to improve neuroma pain as opposed to pain related to CRPS, and overall data on the surgical management of patients with CRPS is limited but does show potential benefit [9, 10].

Table 4.1 History and physical exam findings that can distinguish neuroma pain from CRPS

	Symptomatic neuroma	CRPS
History		
Timing	Variable, often delayed	Variable, often delayed
Quality	Sharp, burning, electric shock	Allodynia to light touch, aching, burning
Quality	Localized, paresthesia following distal dermatomal pattern	Non-localized, diffuse
Distribution	Dermatomal distribution, possible allodynia in adjacent dermatomes	Generalized, non-anatomic distribution of pain
Skin changes	Rare	Red, blue, or pale skin. Shiny thin texture, abnormal hair growth
Motor symptoms	Possible in mixed motor sensory neuroma, non-progressive, localized to anatomic nerve injury pattern	Decreased range of motion, weakness that progresses or changes over time; tremor; dystonia
Additional symptoms	Cold intolerance	Limb swelling, joint stiffness, cold intolerance, hyperhidrosis, temperature asymmetry to unaffected limb
Physical exam		
	Positive Tinel sign, point tenderness Positive scratch collapse test	Skin changes, poorly localized pain

Table 4.2 Diagnostic criteria for the diagnosis of CRPS

IASP diagnostic criteria for complex regional pain syndrome ("Budapest Criteria") (A–D must apply)			
A. The patient has continuing pain that is disproportionate to any inciting event		□	
B. The patient reports at least one symptom in three or more of the categories		□	
C. The patient displays at least one sign in two or more of the categories		□	
D. No other diagnosis can better explain the signs and symptoms		□	
Category		Symptom (patient reported)	Sign (physical exam finding)
1. "Sensory"	Allodynia (to light touch/brush stoke and/or temperature sensation and/or deep somatic pressure and/or joint movement) and/or hyperalgesia (to pinprick)	□	□
2. "Vasomotor"	Temperature asymmetry and/or skin color changes and/or skin color asymmetry	□	□
3. "Sudomotor/edema"	Edema and/or sweating changes and/or sweating asymmetry	□	□
4. "Motor/trophic"	Decreased range of motion and/or motor dysfunction (weakness, tremor, dystonia) and/or trophic changes (hair/nail/skin)	□	□

When a symptomatic neuroma is suspected, it is important to determine if prior treatment or intervention has been attempted. In particular, efforts should be made to obtain prior operative reports from both the primary index operation and subsequent secondary revision attempts. There are a number of non-surgical treatment options for symptomatic neuromas that include medications, physical therapy, and neural modulation via nerve or spinal cord stimulators. While the efficacy of these treatments is variable, it is important to consider conservative measures before surgery. However, surgery should not be delayed, and patients do not need to exhaust all conservative measures before considering surgery. The severity of the pain and the extent to which the pain is impacting a patient's quality of life, mental health, ability to work, and ability to perform activities of daily living should also be carefully interrogated.

Physical Exam

The physical exam is critical in the diagnostic workup for symptomatic neuromas. Because mechanical stimulation can cause severe discomfort, we recommend first performing a careful visual inspection of the affected areas before performing any physical exam maneuvers. Any evidence of prior trauma or surgical incisions should be noted. The patient should be asked to point to the area(s) in which the pain is localized, and the proximity of pain localization to the site of trauma or surgery should be noted. Denervation atrophy of the muscle and loss of skin creases can be observed in the distribution of nerve injury when chronic [11]. Any stigmata of CRPS, such as skin discoloration, texture and temperature changes, limb swelling, excessive sweating, or abnormal hair growth, should also be noted.

Methods to assess sensory function will vary based on the nerve being investigated. While assessment of static and dynamic two-point discrimination is pragmatic for digital nerve injuries, these methods are less reliable for other mixed and sensory nerves. While subjective, it is useful to ask the patient to compare sensation to light touch to the opposite side when the dermatome corresponding to the suspected nerve injury is not amenable to more rigorous sensory testing. Noting the presence, distribution, and extent of allodynia can also be useful in localizing the painful neuroma. We have not found pinprick sensation or vibratory thresholds to be useful in the evaluation of patients with suspected painful neuromas.

Attributed widely to Tinel (but also described by others) [12], the Tinel sign is the most widely reported diagnostic criteria for evaluating symptomatic neuromas [2, 12]. The test involves light percussion along the course of the peripheral nerve to elicit distal paresthesia and is useful for diagnosing both nerve injury and entrapment. A Tinel sign can also indicate the presence of regenerating axons in the absence of a neuroma or entrapment. The varying magnitude along the course of the nerve can be useful in localizing the site of presumed nerve injury (maximum Tinel sign) and in assessing the extent of regeneration, if any, of the nerve (distal Tinel site) (Fig. 4.1). It is important to distinguish confounding local discomfort from true paresthesia elicited by

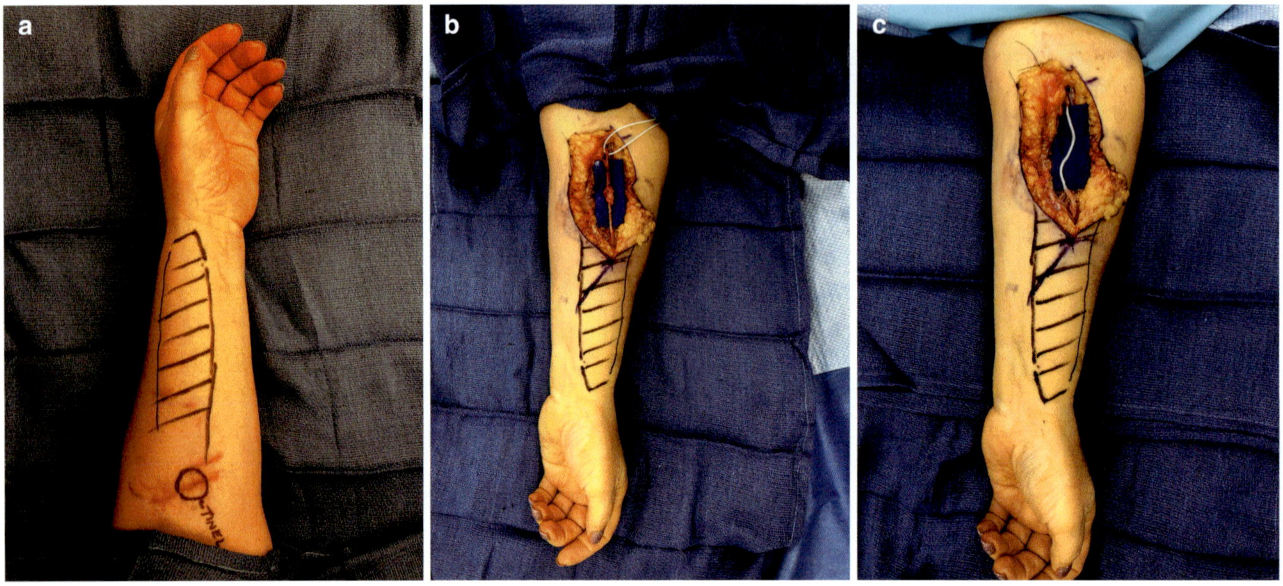

Fig. 4.1 Clinical photographs demonstrating the use of physical exam to identify injured nerve and localize neuroma for presurgical planning. A maximum Tinel sign was identified in the proximal radial forearm, and there was diminished sensation to light touch with paresthesias in the dermatome supplied by the lateral antebrachial cutaneous nerve (LABC), distal to the site of the Tinel (**a**). On surgical exploration, a neuroma of the LABC was identified corresponding with the location of maximum Tinel, as expected (**b**). The injured portion of the LABC was resected to healthy tissue, and the resulting defect was reconstructed with a 5 cm nerve allograft (**c**)

percussion, as the latter must be present in order for the test to be considered positive. A wide range of specificities and sensitivities have been reported for the Tinel sign when used to diagnose compression neuropathies; however, the sensitivity and specificity of the Tinel sign for the diagnosis of symptomatic neuromas have not been specifically reported [2]. It has been suggested that the persistence of a Tinel sign in a specific location over serial exams increases the positive predictive value [12]. The use of this diagnostic tool depends to some degree on the experience of the tester and the ability to accurately interpret the findings.

The Tinel sign is more sensitive for superficial and cutaneous neuromas. Deeper neuromas, especially those with mixed sensory and motor axons, may not have a clear Tinel sign. A common example is a sciatic neuroma after an above-knee amputation for which a positive Tinel sign can be difficult to elicit. In cases where clinical exam and history are otherwise suggestive of neuroma but no Tinel sign is present, additional diagnostic imaging including ultrasound and magnetic resonance imaging/neurography may be of further benefit (Fig. 4.2) [2].

An additional provocative test to consider when evaluating for compressive neuropathy is the scratch collapse test, which is performed by measuring resistive strength both before and during a scratch applied to a site of possible compression. In a positive test, loss of resistive strength occurs during the scratch and indicates a possible compression point. The underlying mechanism is poorly understood, and proponents of the test hypothesize that painful stimuli applied to an area of allodynia cause temporary, voluntary inhibition of muscle tone. Diagnostic sensitivity and speci-

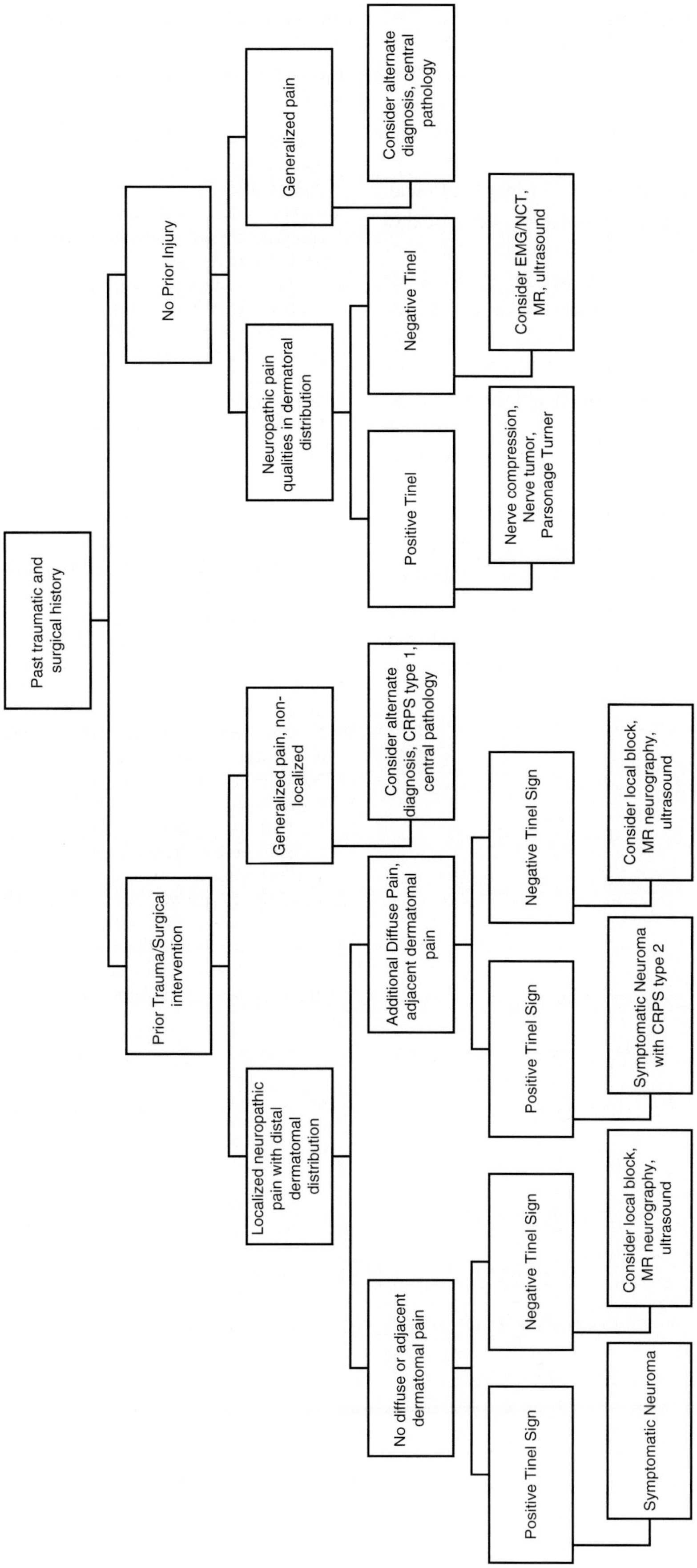

Fig. 4.2 Diagnostic algorithm for the evaluation of symptomatic neuroma

ficity of the scratch collapse test are variable with high overall specificity and low sensitivity [13].

Conclusion

The diagnosis of symptomatic neuroma is primarily clinical, and a careful history and physical examination are critical to distinguish between other sources of pain. A history of prior trauma or surgical intervention is important to elucidate including careful review of any available operative reports. In general, neuroma pain will present as localized pain with distal paresthesia in a dermatomal pattern. Pain is a complex diagnosis, however, and mixed peripheral and central symptoms can occur. Physical exam maneuvers such as the Tinel sign and scratch collapse test are critical to characterize symptoms. Validated reporting metrics like visual analog testing can help measure changes over time and assess postoperative recovery. Additional adjuvant diagnostic measures can be of value in mixed presentations including MR neurography, ultrasound, EMG, or targeted local anesthetic injection. However, in patients undergoing surgical intervention, technique and approach are generally based on clinical exam rather than advanced imaging or diagnostics.

References

1. Giger U, Wente MN, Büchler MW, Krähenbühl S, Lerut J, Krähenbühl L. Endoscopic retroperitoneal neurectomy for chronic pain after groin surgery. Br J Surg. 2009;96:1076–81.
2. Arnold DMJ, Wilkens SC, Coert JH, Chen NC, Ducic I, Eberlin KR. Diagnostic criteria for symptomatic neuroma. Ann Plast Surg. 2019;82:420–7.
3. Stokvis A, Ruijs ACJ, van Neck JW, Coert JH. Cold intolerance in surgically treated neuroma patients: a prospective follow-up study. J Hand Surg Am. 2009;34:1689–95.
4. Nyström A, Backman C, Backman C, Bertheim U, Karlsson L, Carlsson A. Digital amputation, replantation, and cold intolerance. J Reconstr Microsurg. 1991;7:175–8.
5. Hoang-Kim A, Pegreffi F, Moroni A, Ladd A. Measuring wrist and hand function: common scales and checklists. Injury. 2011;42:253–8.
6. Eldridge MP, Grunert BK, Matloub HS. Streamlined classification of psychopathological hand disorders: a literature review. Hand. 2008;3:118–28.
7. Neumeister MW, Romanelli MR. Complex regional pain syndrome. Clin Plast Surg. 2020;47:305–10.
8. Goebel A, Birklein F, Brunner F, Clark JD, Gierthmühlen J, Harden N, et al. The Valencia consensus-based adaptation of the IASP complex regional pain syndrome diagnostic criteria. Pain. 2021;162:2346–8.
9. Placzek JD, Boyer MI, Gelberman RH, Sopp B, Goldfarb CA. Nerve decompression for complex regional pain syndrome type II following upper extremity surgery. J Hand Surg Am. 2005;30:69–74.
10. Mioton LM, Dumanian GA. Targeted muscle reinnervation and prosthetic rehabilitation after limb loss. J Surg Oncol. 2018;118:807–14.
11. Chhabra A, Williams EH, Wang KC, Dellon AL, Carrino JA. MR neurography of neuromas related to nerve injury and entrapment with surgical correlation. AJNR Am J Neuroradiol. 2010;31:1363–8.
12. Davis EN, Chung KC. The Tinel sign: a historical perspective. Plast Reconstr Surg. 2004;114:494–9.
13. Montgomery K, Wolff G, Boyd KU. Evaluation of the scratch collapse test for carpal and cubital tunnel syndrome—a prospective, blinded study. J Hand Surg. 2020;45:512–7.

The Role of Diagnostic Nerve Blocks in the Diagnosis of Symptomatic Neuroma

5

Lisa Gfrerer and Robert Hagan

Introduction

The value of diagnostic, anesthetic nerve blocks in peripheral nerve surgery has long been recognized [1–4]. Local anesthetic blocks can aid with the diagnosis of neuroma and nerve injuries and determine the most appropriate patient care pathway [5, 6]. Further, nerve blocks can provide specific anatomic information on the location of a peripheral nerve condition. A positive response to a diagnostic nerve block (symptomatic improvement) is a powerful prognostic predictor for success of surgical treatment such as neuroma excision and translocation, as well as other nerve reconstruction techniques including targeted muscle reinnervation (TMR), regenerative peripheral nerve interfaces (RPNI), and relocation nerve grafting [4, 5, 7, 8].

In order to perform a successful diagnostic block that has prognostic value for the subsequent treatment of neuropathic pain, a high suspicion for nerve injury/neuroma in single or multiple nerve distributions should be present. There are several variables that should be considered prior to offering an anesthetic block. These include the mechanism of injury (most commonly sharp trauma, crush, or stretch injury), the current symptoms and severity of symptoms (numbness, tingling, pain, allodynia, cold intolerance, Tinel sign), and the distribution of symptoms (anatomic in single or multiple nerve distributions) [5, 9]. Further, the presence of other nerve and musculoskeletal injuries that may confound the patient picture should be evaluated.

When planning a diagnostic block, one must determine the intended level/location of the injection proximal to zone of injury or at the level of probable surgical neurotomy/neurectomy. Ultrasound-guided injections can be a helpful tool to identify the anatomic location of the nerve(s) to be investigated and improve the exact location of the injection(s) [10]. There is evidence to suggest that ultrasound-guided nerve blocks improve the speed, accuracy, and effectiveness of anesthetic injection and improve clinical outcomes in certain locations [11]. In a randomized controlled clinical trial that compared the effectiveness of landmark-guided greater occipital nerve (GON) injections at the superior nuchal line versus ultrasound-guided GON block at the level of C2, ultrasound-guided injections resulted in significantly less pain, severe headache days, and analgesic use at 4 weeks [12]. Further, a positive response to nerve block has been correlated with positive surgical outcomes in headache surgery. In a retrospective cohort study that included 36 patients, Janis et al. concluded that the positive predictive value of diagnostic peripheral nerve blocks in identifying patients who will benefit from surgery was 0.89 [13]. In addition, Gfrerer et al. performed a prospective cohort study including 115 patients that determined that patients with relative improvement of their pain score (on a scale of 0–10) of >60% and nerve block response over 24 h achieved significantly better outcomes after headache surgery as compared to patients with a lower relative and/ or shorter response [4]. Upon evaluation of a positive or negative response to the diagnostic nerve block, the accuracy of the injection has to be critically evaluated and included in the final conclusion. It is important to measure the patient-reported nerve block response objectively. A simple but effective tool is the visual analogue scale (VAS) that measures pain on a scale of 0–10. The VAC can be applied pre- and post block in order to determine the treatment response.

Only after careful analysis and integration of the abovementioned variables, a correct assessment of the benefit and prognostic value of each diagnostic nerve block injection for peripheral nerve injury, particularly in the treatment of neuroma, should be made.

L. Gfrerer
Division of Plastic and Reconstructive Surgery, Massachusetts General Hospital, Boston, MA, USA
e-mail: lig4013@med.cornell.edu

R. Hagan (✉)
Department of Peripheral Nerve, Neuropax Clinic, St. Louis, MO, USA

K. R. Eberlin et al. (eds.), *Contemporary Neuroma Management*, https://doi.org/10.1007/978-3-031-59758-9_5

Benefits of Diagnostic Blocks in Neuroma Management

Prior to performing a diagnostic nerve block, patient evaluation including a detailed history (mechanism of injury, symptoms, distribution of symptoms) and focal physical examination must support a diagnosis of symptomatic neuroma and involvement of the peripheral nerve being considered/interrogated.

Once a working diagnosis has been established, there are multiple benefits associated with the use of local anesthetic diagnostic blocks in the treatment of neuroma [9, 14, 15]. Perhaps most importantly, additional information can be obtained to support one or more diagnoses at the initial patient encounter [5]. Diagnostic nerve blocks may help to differentiate between coexisting distinct neuromas, if present. In this context, serial nerve blocks are valuable in prioritizing the contribution of each neuroma to the patient's overall pain burden. Addition of steroids has been shown to be beneficial for short-term pain relief and in rare instances long-term pain relief in some patients with amputation stump neuroma [16, 17]. However, there is not enough literature to support routine injection of steroids with local anesthetic blocks. A number of local anesthetic and steroid combinations are available to choose from. The authors' preference is the use of 1–3 cc of 1% lidocaine (1:100,000 epinephrine) and 1.5 cc of 0.5% bupivacaine (without epinephrine) with addition of 1 cc of Kenalog-40 (triamcinolone acetonide) in areas with low risk of tissue atrophy and pigmentation disorders [18]. The amount of injection depends on the nerve to be injected. For example, a smaller-diameter nerve (superficial peroneal nerve) requires less local anesthetic (1 cc) than a larger-caliber nerve such as the greater occipital nerve (2–3 cc). In general, we recommend using the smallest local anesthetic amount possible for a targeted diagnostic block. After a diagnosis has been established, additional local anesthetic can be injected for broader coverage. We recommend using a small Gauge needle (27) to avoid nerve injury. The information obtained from diagnostic blocks is helpful in surgical planning and surgical staging if multiple nerves are involved.

An equally important benefit of the diagnostic block is the patient experience. Patients with symptomatic neuromas have frequently seen multiple providers and have been given a different, and perhaps incorrect, diagnosis. It is not uncommon for patients to feel misunderstood and lose confidence that any physician will take them seriously or be able to help alleviate their pain. When a practitioner is then able to identify the correct nerve(s) that are causing pain and perform a successful temporary anesthetic block that leads to pain relief, patients gain confidence that the source(s) of their pain have been identified. It is not uncommon for patients to have experience a "delay period" immediately after the block when the pain has resolved, but they are unable to process that being pain-free is really true. Many patients have suffered from chronic pain for years, and the emotional relief that patients experience with pain relief is powerful for the patient and provider. These very human responses are an additional variable for the practitioner to assess the quality of their pain and the benefit of the block. Further, an anesthetic block allows patients to experience the location and feeling of the expected area of anesthesia after neuroma resection, nerve transposition, or grafting [9]. Prior to performing a nerve block, the patient should understand that local anesthetic blocks are temporary and usually result in only temporary pain relief. Further, rebound pain can be interpreted as being worse than the initial pain prior to nerve block for only a short period of time. After the anesthetic block, it is important to understand whether the patient feels that the hypoesthesia resulting from a nerve block is tolerable, given that temporary or permanent numbness in the nerve distribution can result from a surgical intervention. In addition, it is important to emphasize that surgery can create a transient dysesthesia, which is distinct from hypoesthesia. Dysesthesia is characterized by abnormal sensations such as burning, tingling, itching, and electrical shocks that are usually temporary and resolve over the course of several months but are sometimes permanent. Although medications such as gabapentin can help with these sensations, dysesthetic skin can be very uncomfortable.

Modalities and Techniques of Injections

Anatomic Localization

In-depth knowledge of peripheral nerve anatomy, course of nerves, and nerve innervation territory is critical in order to perform successful diagnostic blocks. Anatomic variants are common and can influence both patient symptoms and the exact location of diagnostic blocks [19–21]. In order to gain experience with anatomic aberrations, build a database of variants as you become more experienced. Cross branching/collateralization between different nerve branches is not uncommon. For instance, variation in arborization patterns between the medial sural (MSN), lateral sural (LSN), and superficial peroneal nerves (SPN) or between the dorsal radial sensory branch (DRSB) and lateral antebrachial (LABC) nerve branches occurs frequently. Serial injections of the nerves are sometimes required to determine which nerve branches are involved and how proximal surgery should be planned. It is further important to review the mechanism of nerve injury and the pattern of injury in order to determine the level of injection (at the site of injury or proximal to the injury site or at level of projected neurotomy). It is important to perform a diagnostic nerve block proximal to the site of injury or neuroma to avoid discomfort during the injection and rebound pain.

One concrete example is persistent pain after a significant inversion ankle sprain. One must differentiate whether sinus tarsi pain can be relieved with a deep peroneal nerve (DPN) block to evaluate for DPN excision. However, often there is an additional pathology of the common peroneal nerve (CPN) and SPN that requires decompression and neurolysis. Knowing anatomy, utilizing pattern recognition, and knowing the injury mechanism all interplay in establishing correct diagnoses and stratifying to appropriate surgical or non-surgical care. For pain after ankle strain, we recommend DPN block four fingerbreadths above the ankle. Under ultrasound guidance, the anterior tibial artery is located and traced proximally and distally to locate the DPN lateral to the artery. Around 1 cc of local anesthetic is injected in close proximity to the nerve. We recommend assessing whether the block was effective by performing a sensory exam. After DPN block, the patient should have no sensation in the webspace between the first and second toes but retain feeling on the dorsum of the rest of the foot. After successful DPN block, if the patient is still in pain, proceed with SPN injection at the mid-lateral lower leg. Once the nerve is identified with ultrasound, 1 cc of local anesthetic is injected at this point.

Ultrasound-Guided Nerve Injections

As a modern peripheral nerve provider/surgeon, utilization of ultrasound in practice is essential. It is important to establish base competency in ultrasound skills. Additionally, one must learn to convert intraoperative, three-dimensional, color anatomy to two-dimensional gray scale to visualize anatomy. Accumulate anatomical variations/morphology and pathologic findings in addition to recognizing normal anatomy to allow for eventual qualitative assessment at the time of your injections. Please find a list of nerves for which ultrasound-guided injection can be performed in Table 5.1.

Avoiding Potential Complications

Permanent nerve injury after nerve block is extremely rare and is an avoidable complication. To avoid injury, local anesthetic blocks should be performed under ultrasound guidance with a small Gauge needle (27). Once the nerve is visualized, the tip of the needle should be positioned in close

Table 5.1 List of useful ultrasound-guided nerve injections (UGNI)

Craniofacial	Upper extremity	Torso	Lower extremity
Greater occipital nerve (dorsal rami of C2)	Dorsal scapular nerve	Spinal accessory nerve	Obturator nerve branch (adductor origin, pubic tubercle)
Third occipital nerve (dorsal rami of C3)	Suprascapular nerve	Supraclavicular nerve	Sciatic nerve and piriformis muscle
Lesser occipital nerve (ventral rami of C2, C3)	Radial nerve At quadrilateral space	Pectoralis minor (muscle and insertion)	Posterior cutaneous nerve of the thigh
Supraorbital nerve	Radial nerve At spiral groove	Intercostal nerves (all levels) (posterior, lateral, para-rectus)	Superior gluteal nerve
Supratrochlear nerve	Radial nerve At radial tunnel	Intercostal nerve (lateral branch)	Cluneal nerves (superior, medial, inferior) (middle, medial, lateral)
Auriculotemporal nerve	Dorsal radial sensory nerve At the Wartenberg point	Ilioinguinal and iliohypogastric nerves (groin)	Lateral femoral nerve (anterior pelvic tunnel)
Zygomaticotemporal nerve	Musculocutaneous nerve At coracobrachialis muscle	Rectus insertion, pubalgia Ilioinguinal	Femoral nerve
Inferior orbital nerve	Median nerve At pronator muscle	Genitofemoral nerve branch	Saphenous nerve
	Median nerve at wrist At carpal tunnel		Common peroneal nerve (fibular head)
	Ulnar nerve at elbow At cubital tunnel		Superficial peroneal nerve (mid-distal lateral leg)
	Brachial plexus C5 and C6 nerve roots		Deep peroneal nerve (distal leg)
	Upper trunk		Proximal tibial (soleal sling/tunnel)
	Middle trunk		Common digital nerve, interdigital/Morton (distal foot)
	Lower trunk		Sural nerve (mid-leg level, lesser saphenous branch)
	Scalene muscles (anterior and middle)		

proximity but not directly into the nerve, and local anesthetic should be injected slowly to avoid pressure injury. Another potential complication includes muscle weakness that is outside of the intended nerve distribution. We therefore recommend using small amounts of local anesthetic (1–3 cc), which significantly decreases this risk. Rebound pain can be avoided by injecting upstream to a neuroma or area of trauma. Injections into the site of trauma may cause significant pain.

Qualitative Analysis of Neuromas and Quantitative Analysis of Diagnostic Blocks

For nerve and neuroma ultrasound imaging, we recommend using a basic linear probe. The depth can be adjusted based on the nerve location. For example, superficial nerves can be imaged at 2 cm depth (median nerve, superficial peroneal nerve). Deeper nerves may require imaging at a depth of 4–6 cm (greater occipital nerve, sciatic nerve). Another advantage of ultrasound-guided diagnostic nerve blocks is direct visualization of neuromas, which appear as an incompressible hypoechoic mass on imaging [22, 23]. This can be helpful to make the distinction between a neuroma in continuity and nerve transection with end stump neuroma, which in turn informs the surgical treatment algorithm [24]. Sharing ultrasound imaging findings with patients in real time further validates the working diagnosis and reassures patients.

In order to determine whether a nerve block was successful, it is important to employ an objective measure to evaluate pain. The simplest method is to use the visual analogue scale (VAS) for pain that asks the patient to provide a value between 0 and 10 to describe their pain (0 for no pain, 10 for the worst pain imaginable). In the literature, the most common cutoff to describe a nerve block as successful is 50% improvement on the VAS. In office, we recommend recording a pre-procedure VAS score and an exit VAS score at the time of checkout from clinic. Further, in our practice, we record another VAS score within 24 h after the procedure to determine the duration of block response, as well as at 10–14 days if steroid was used. If a nerve block failed the first time and the patient has a convincing history for nerve injury, the block should be repeated to ensure that the poor response was not due to a technical error. If the nerve block response is negative twice, we believe surgery is not the best option for the patient.

X-Ray/Fluoroscopy-Guided Nerve Injections

Although largely replaced by ultrasound, fluoroscopy-guided injections can be a useful tool for very proximal diagnostic nerve blocks [25]. X-ray guidance is especially beneficial for epidural and selective nerve root injections/blocks when spine pathology is present. Proximal GON and TON blocks at the C2 and C3 dorsal rami/para-spinal level can also be performed utilizing fluoroscopy.

Conclusion

Diagnostic local anesthetic nerve blocks are an invaluable tool in the diagnosis and treatment of peripheral nerve neuromas. Practitioners can utilize nerve blocks to confirm a working diagnosis, localize the level of nerve injury/neuroma, and plan surgical management if indicated. A positive response to nerve block is a good prognostic indicator for surgical management. Ultrasound-guided injections allow for direct visualization of neuromas, exact injection of local anesthetic, and allow patients to feel reassured by seeing the nerve pathology. If a nerve block is successful and patients experience cessation of pain after often prolonged periods of pain, patients gain confidence that the source of pain has been identified, and the emotional relief that follows is extremely rewarding.

References

1. Ashkenazi A, Matro R, Shaw JW, Abbas MA, Silberstein SD. Greater occipital nerve block using local anaesthetics alone or with triamcinolone for transformed migraine: a randomised comparative study. J Neurol Neurosurg Psychiatry. 2008;79(4):415–7.
2. Cuadrado ML, Aledo-Serrano Á, Navarro P, et al. Short-term effects of greater occipital nerve blocks in chronic migraine: a double-blind, randomised, placebo-controlled clinical trial. Cephalalgia. 2017;37(9):864–72.
3. Kapoor V, Rothfus WE, Grahovac SZ, Amin Kassam SZ, Horowitz MB. Refractory occipital neuralgia: preoperative assessment with CT-guided nerve block prior to dorsal cervical rhizotomy. AJNR Am J Neuroradiol. 2003;24(10):2105–10.
4. Gfrerer L, Casari M, Chartier C, Knoedler L, Austen Jr WG. The role of diagnostic nerve blocks in headache surgery American Society of Peripheral Nerve. Virtual; 2021.
5. Arnold DMJ, Wilkens SC, Coert JH, Chen NC, Ducic I, Eberlin KR. Diagnostic criteria for symptomatic neuroma. Ann Plast Surg. 2019;82(4):420–7.
6. Stokvis A, van der Avoort DJC, van Neck JW, Hovius SER, Coert HJ. Surgical management of neuroma pain: a prospective follow-up study. Pain. 2010;151(3):862–9.
7. Stokvis A, Coert JH. Operative treatment of painful neuromas. Ned Tijdschr Geneeskd. 2011;155(18):A2592.
8. Bassilios Habre S, Bond G, Jing XL, Kostopoulos E, Wallace RD, Konofaos P. The surgical management of nerve gaps: present and future. Ann Plast Surg. 2018;80(3):252–61.
9. Brogan DM, Kakar S. Management of neuromas of the upper extremity. Hand Clin. 2013;29(3):409–20.
10. Lewis SR, Price A, Walker KJ, McGrattan K, Smith AF. Ultrasound guidance for upper and lower limb blocks. Cochrane Database Syst Rev. 2015;2015(9):CD006459.
11. Williams SR, Chouinard P, Arcand G, et al. Ultrasound guidance speeds execution and improves the quality of supraclavicular block. Anesth Analg. 2003;97(5):1518–23.

12. Kissoon NR, O'Brien TG, Bendel MA, et al. Comparative effectiveness of landmark-guided greater occipital nerve (GON) block at the superior nuchal line versus ultrasound-guided GON block at the level of C2: a randomized clinical trial (RCT). Clin J Pain. 2022;38:271–8.
13. Rangwani SM, Hehr JC, Janis JE. Clinical effectiveness of peripheral nerve blocks for diagnosis of migraine trigger points. Plast Reconstr Surg. 2021;148(6):992e–1000e.
14. Ducic I, Mafi AA, Attinger CE, Couch K, Al-Attar A. The role of peripheral nerve surgery in the management of painful chronic wounds: indications and outcomes. Plast Reconstr Surg. 2008;122(1):193–7.
15. Thomas AJ, Bull MJ, Howard AC, Saleh M. Peri-operative ultrasound guided needle localisation of amputation stump neuroma. Injury. 1999;30(10):689–91.
16. Ernberg LA, Adler RS, Lane J. Ultrasound in the detection and treatment of a painful stump neuroma. Skeletal Radiol. 2003;32(5):306–9.
17. Kesikburun S, Yasar E, Dede I, Goktepe S, Tan AK. Ultrasound-guided steroid injection in the treatment of stump neuroma: pilot study. J Back Musculoskelet Rehabil. 2014;27(3):275–9.
18. Reddy PD, Zelicof SB, Ruotolo C, Holder J, Interdigital neuroma. Local cutaneous changes after corticosteroid injection. Clin Orthop Relat Res. 1995;317:185–7.
19. Emamhadi M, Chabok SY, Samini F, et al. Anatomical variations of brachial plexus in adult cadavers; a descriptive study. Arch Bone Jt Surg. 2016;4(3):253–8.
20. Bas H, Kleinert JM. Anatomic variations in sensory innervation of the hand and digits. J Hand Surg Am. 1999;24(6):1171–84.
21. Berihu BA, Debeb YG. Anatomical variation in bifurcation and trifurcations of sciatic nerve and its clinical implications: in selected university in Ethiopia. BMC Res Notes. 2015;8:633.
22. Sofka CM, Adler RS, Ciavarra GA, Pavlov H. Ultrasound-guided interdigital neuroma injections: short-term clinical outcomes after a single percutaneous injection—preliminary results. HSS J. 2007;3(1):44–9.
23. Zhu J, Liu F, Li D, Shao J, Hu B. Preliminary study of the types of traumatic peripheral nerve injuries by ultrasound. Eur Radiol. 2011;21(5):1097–101.
24. Eberlin KR, Ducic I. Surgical algorithm for neuroma management: a changing treatment paradigm. Plast Reconstr Surg Glob Open. 2018;6(10):e1952.
25. Jee H, Lee JH, Kim J, Park KD, Lee WY, Park Y. Ultrasound-guided selective nerve root block versus fluoroscopy-guided transforaminal block for the treatment of radicular pain in the lower cervical spine: a randomized, blinded, controlled study. Skeletal Radiol. 2013;42(1):69–78.

Radiologic Imaging of Neuroma

6

Philip G. Colucci, Yoshimi Endo, Shivani Ahlawat, and Darryl B. Sneag

Introduction

The term *neuroma* (plural neuromas or neuromata) refers to a benign, disordered proliferation of neuronal cells arising from a nerve injury. This can occur following disruption of both axons and their investing endoneurium due to laceration or severe stretch, shear, or crush injury [1, 2]. Absence of an intact endoneurium may precipitate axons failing to reconnect due to inadequate alignment, inflammation, and/or scar formation. The resultant, nonencapsulated mass consists of a tangle of axons, Schwann cells, and perineurial and/or endoneurial cells in a dense collagenous matrix with surrounding fibroblasts [3].

Neuromas may be classified on their imaging morphology and pathologic correlation. An *end-bulb* or *stump* neuroma will form in the setting of nerve transection when there is complete disruption of the endoneurium, perineurium, and epineurium. A *neuroma-in-continuity* implies that the perineurium and/or epineurium remains at least partially intact. The radiology literature has generally accepted a pathologic subdivision into two distinct subtypes: (1) a *spindle* neuroma is a fusiform enlargement of the injured nerve segment contained by an intact perineurium, and (2) a *lateral* neuroma, in contrast, is more spherical in morphology and implies at least partial disruption of the perineurium [2].

This chapter describes technical considerations for peripheral nerve imaging using magnetic resonance imaging (MRI) and ultrasound (US), as well as typical imaging characteristics of neuromas and differential considerations.

P. G. Colucci · Y. Endo · D. B. Sneag (✉)
Department of Radiology and Imaging, Hospital for Special Surgery, New York, NY, USA
e-mail: coluccip@hss.edu; endoy@hss.edu; sneagd@hss.edu

S. Ahlawat
The Russell H. Morgan Department of Radiology and Radiological Science, The Johns Hopkins University School of Medicine, Baltimore, MA, USA
e-mail: sahlawa1@jhmi.edu

Role of Imaging in the Diagnosis of Neuroma

The diagnosis of a traumatic neuroma is primarily based on history and physical exam findings, particularly when symptomatic [4]. Electrodiagnostic testing (EDX) can play a role in diagnosis but is less sensitive for nerve injury in the acute period [5]. EDX is also sometimes unable to resolve whether a lesion involves a distal branch nerve or only partially involves the more proximal, parent nerve at a fascicular level [6, 7]. In addition to localization, the size and segmental length of involvement may be impossible to determine via physical exam and EDX.

High-resolution peripheral nerve imaging provides a noninvasive means to directly visualize peripheral nerves. Specifically, imaging helps to characterize the location and extent of neuroma formation, which may obviate the need for a more extensive nerve exploration, thus decreasing operating room time and morbidity [8, 9]. Ultrasound-guided perineural injection of anesthetic and/or corticosteroid may provide pain relief while simultaneously confirming the diagnosis and prognosticate efficacy of a planned surgical intervention.

Magnetic Resonance Neurography

Dedicated MRI for peripheral nerve imaging (i.e., MR neurography) provides excellent soft tissue contrast and spatial resolution. Recent technologic innovation has resulted in improved spatial resolution with current clinical sequences approaching 200 μm in-plane spatial resolution. This facilitates reliable and accurate evaluation of peripheral nerves, including small-caliber sensory branches such as the lateral femoral cutaneous nerve [10, 11].

With MR neurography, the radiologist evaluates the nerve's overall size, fascicular architecture, and signal intensity, as well as any evidence of an anomalous course (to suggest scar entrapment/tethering) or extrinsic, compressive mass [9]. Within the same exam, the skeletal muscles

K. R. Eberlin et al. (eds.), *Contemporary Neuroma Management*, https://doi.org/10.1007/978-3-031-59758-9_6

innervated by the nerve in question can be evaluated for signs of denervation that manifest as diffusely increased signal (on fluid-sensitive sequences) in the active phase and fatty infiltration (best appreciated on fat-sensitive sequences) in the chronic phase. The presence and distribution of muscle denervation may contribute to the diagnosis, including localization and temporal nature of a nerve abnormality, and prognosis. Maximizing the diagnostic yield of MR neurography requires experienced technologists, careful planning, and real-time monitoring by specialty-trained radiologists.

Technical Considerations for MRI

High magnetic field strength inherently increases the signal-to-noise ratio (SNR), which facilitates higher spatial resolution sequences. Almost all MR neurography studies at the authors' institution are performed at 3.0 Tesla (T), which provides almost double the SNR compared to 1.5 T. Patients with orthopedic hardware are imaged at 1.5 T with metal artifact reduction techniques only when the nerve in question is expected to course immediately adjacent to the hardware. Other circumstances that may warrant imaging at a lower field strength include implantable medical devices that are MRI "safe" or "conditional" including (but not limited to) pacemakers, ventriculoperitoneal shunts, and medication pumps. At least one joint should be included in the localizer sequence to ensure that an abnormality can be accurately described with respect to an osseous landmark for surgical guidance. Skin markers are helpful to delineate the region of a palpable mass and/or surgical scar when applicable.

General Principles of MRI

A routine MRI protocol designed for another indication is typically not sufficient for peripheral nerve evaluation. MR neurography requires specialized parameters and imaging planes that must be tailored precisely for each clinical question. At the senior author's institution, each examination is actively monitored by a radiologist familiar with MR neurography techniques and performed by an experienced technologist. An example of MR neurography protocol is provided (Table 6.1).

One main challenge with MRI is the amount of time required to obtain adequate imaging (usually several minutes). When patients are uncomfortable and/or claustrophobic, they may find it difficult to remain still. Motion artifact can severely degrade image quality and render a study non-diagnostic. Unfortunately, even when voluntary motion is minimized, respiratory and cardiac motion and bowel peristalsis remain problematic. This is one reason why a higher field strength (3 T) is generally preferred as a scan can be obtained more quickly for a given spatial resolution [2, 3, 6, 12–16].

Another challenge with MRI is that small vessels with slow-flowing blood have a similar size and signal intensity compared with adjacent nerves. Adequate vascular suppression can be achieved with some non-contrast techniques, such as a steady-state gradient recalled echo (PSIF) (Table 6.1). Another vascular suppression technique that has demonstrated efficacy for imaging the brachial plexus (particularly small pre-terminal and terminal branch nerves) is the combination of gadolinium-based intravenous (IV) con-

Table 6.1 Example 3.0 tesla MR neurography protocol MR neurography

	Sequence types		
Sequence parameters	2D proton density FSE	2D T_2W FSE	3D T_2W gradient ECHO (PSIF)
TR/TE (ms)	3500–6000/35	3500–6000/80	9.5/5
FOV (cm)	6–16	8–16	10–12
Matrix size (FE × PE)	512 × 352	320 × 224	320 × 224
Number of slices	54–70	30–40	90
Slice thickness (mm) (no gap)	2.5–3.5	2.5–3.0	2
Echo train length	10–15	12–16	1
Bandwidth (Hz/pixel)	195	391	122
Fat suppression technique	None	Dixon or STIR (TI = 250 ms)	Dixon or frequency-selective fat saturation
Number of excitations or phase oversampling	2	2	1
Imaging plane(s)	Axial	Axial, coronal, sagittal (optional obliques to nerve short- and long-axis)	Axial
Acquisition time (minutes)	3–5	4–6	6

FSE fast spin echo, *T_2W* T2-weighted, *PSIF* reversed free-induction steady-state precession, *TR* repetition time, *TE* echo time, *FOV* field of view, *FE* frequency encoding, *PE* phase encoding, *STIR* short tau inversion recovery, *TI* inversion time trast with a STIR technique [17]. Iron-based IV agents, such as ferumoxytol, have also recently been shown to be effective [18].

There are, however, no consensus guidelines on the use of IV contrast for the evaluation of peripheral nerves. Recent literature suggests that IV contrast provides only limited additional information for evaluation of a soft tissue mass [19]. However, IV contrast may be of value in the postoperative or post-radiation setting to exclude residual and/or recurrent tumor, especially with the use of dynamic post-contrast imaging that possibly allows for differentiation between fibrosis and neoplasm [13]. Additional clinical scenarios where IV contrast may provide useful information are in the evaluation of a postoperative fluid collection (e.g., seroma or abscess) and in delineating scar tissue that may cause nerve entrapment. However, for imaging neuromas, IV contrast is not routinely administered at the authors' institutions. A summary table is provided (Table 6.2).

MR Neurography Characteristics of Neuroma

Normal peripheral nerves display a characteristic internal fascicular architecture (Fig. 6.1) and uniform morphology, with smooth gradual tapering that corresponds to relatively predictable branching patterns. A normal peripheral nerve is isointense to the muscle on T_1W imaging and isointense or slightly hyperintense to the muscle on both PD and fat-suppressed T_2W sequences (Fig. 6.1). Similar to how the blood-brain barrier prevents free passage of IV contrast into

Table 6.2 Considerations for gadolinium-based intravenous contrast for MR neurography

	Likely helpful	Unlikely helpful
Post-operative	– Delineating a fluid collection (seroma, hematoma, abscess) and possible fistulous tracts – Differentiating between recurrent/residual interertebral disc material and scar formation	– Short-tau inversion recovery (STIR) for fat suppression (enhancing tissue will also be suppressed)
Tumor	– Differentiating a cystic vs a solid mass – Biopsy planning (enhancing tissue is presumably viable) – Surveillance (recurrent tumor should demonstrate mass-llike or nodular enhancement)	– Further characterization of solid masses (benign or malignant)
Vascular contrast	– Positive contrast (MR angiographgy) – Negative contrast (MR neurography)	

Relative contraindications:
- Moderate or severe allergic reaction (a pretreatment regimen is recommended)
- Renal failure or acute kidney injury (nephrogenic systemic fibrosis is exceedingly rare with newer contrast agents)

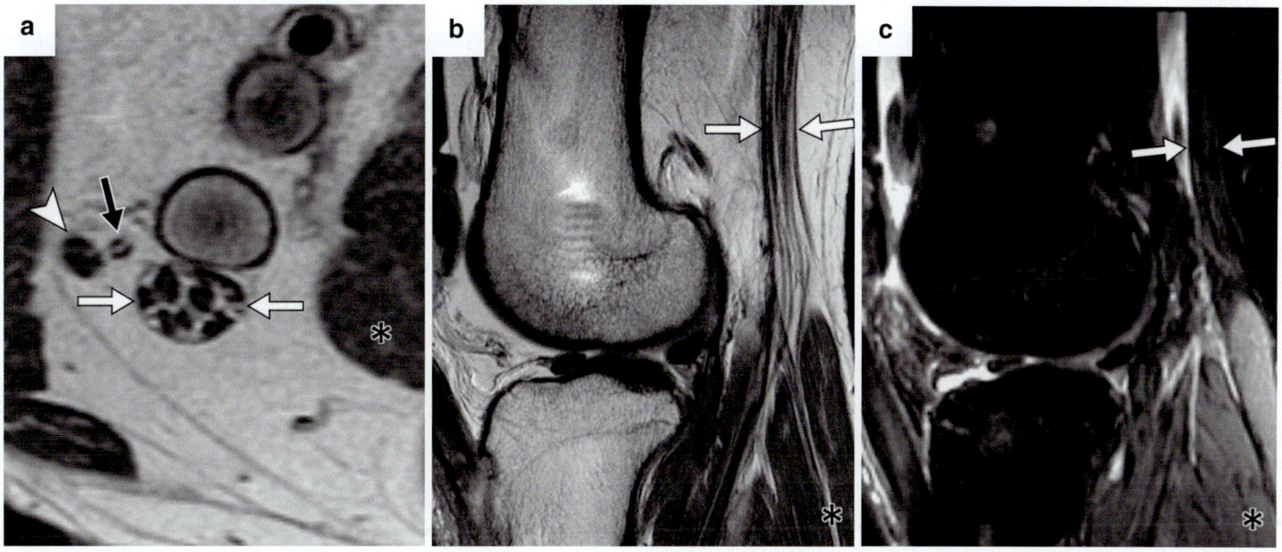

Fig. 6.1 Normal peripheral nerve appearance in a 63-year-old male undergoing MRI of the right knee for evaluation of osteoarthritis. The axial intermediate-weighted MR image (**a**) demonstrates normal signal, size, and fascicular architecture of the tibial (white arrows), common peroneal (white arrowhead), and lateral sural cutaneous communicating (black arrow) nerves. Sagittal intermediate-weighted (**b**) and STIR (**c**) images demonstrate normal longitudinal appearance of the tibial nerve with abundant intraneural fat between fascicular bundles. The nerves are isointense to the muscle [*] on all sequences. Published with kind permission of © Darryl B Sneag, MD 2024. All Rights Reserved

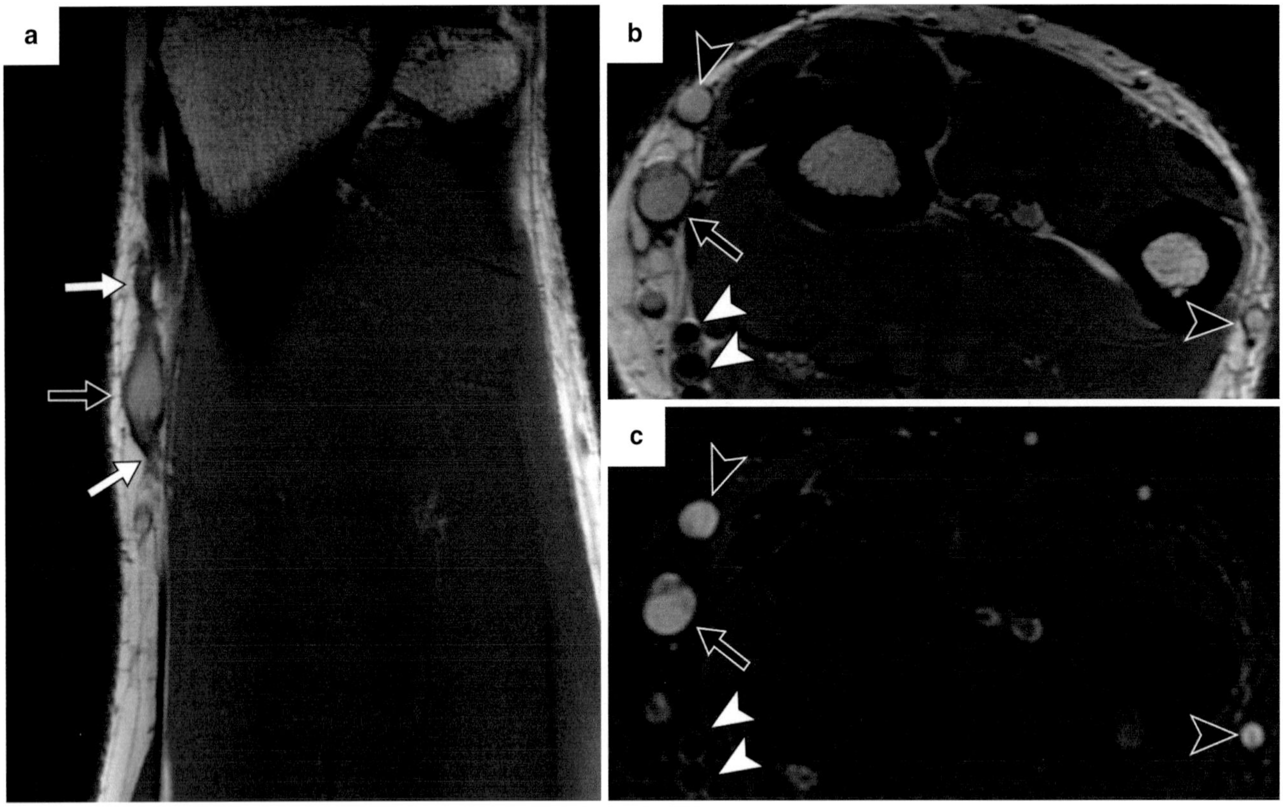

Fig. 6.2 Spindle neuroma (black arrows) involving the superficial sensory branch of the radial nerve in a 44-year-old man. The coronal (**a**) intermediate-weighted MR image through the distal forearm demonstrates focal fusiform enlargement, signal hyperintensity, and complete loss of fascicular architecture of a short segment of the superficial sensory branch radial nerve with normal fascicles proximally and distally (white arrows). The axial intermediate-weighted (**b**) and fluid-sensitive Dixon (**c**) images demonstrate hyperintensity of the neuroma that is comparable to the slow-flowing, subcutaneous veins (black arrowheads). The arteries (white arrowheads) on both axial images demonstrate normal low-signal-intensity flow voids due to faster-flowing blood. Published with kind permission of © Darryl B Sneag, MD 2024. All Rights Reserved

the brain, an intact blood-nerve barrier prevents gadolinium uptake by the postganglionic peripheral nerve. However, the dorsal root ganglion will routinely enhance similar to the normal enhancement seen in the pituitary gland.

Neuromas are qualitatively characterized by a loss of normal fascicular architecture and focally increased size. A spindle neuroma (Fig. 6.2) is more fusiform in shape, while lateral (Fig. 6.3) and stump (Fig. 6.4) neuromas tend to be more rounded. Neuromas typically remain isointense to the muscle on T_1W imaging and demonstrate a variable degree of T_2 hyperintensity and heterogeneity (Figs. 6.2 and 6.4). T_2 signal heterogeneity is thought to reflect T_2 hyperintense disorganized nerve elements interspersed with lower signal fibrosis and possibly intralesional hemorrhage. Traumatic neuromas are usually relatively small and rarely exceed 2 cm in maximal diameter, though the size of the neuroma typically correlates with the native size of the injured nerve [6].

Characterization of subtle morphologic and signal abnormalities is especially difficult when evaluating small sensory nerves due to achievable spatial resolution. Although T_2 signal alteration is most conspicuous on a fat-suppressed T_2W sequence, fat suppression results in inherently lower SNR and consequently confers lower spatial resolution.

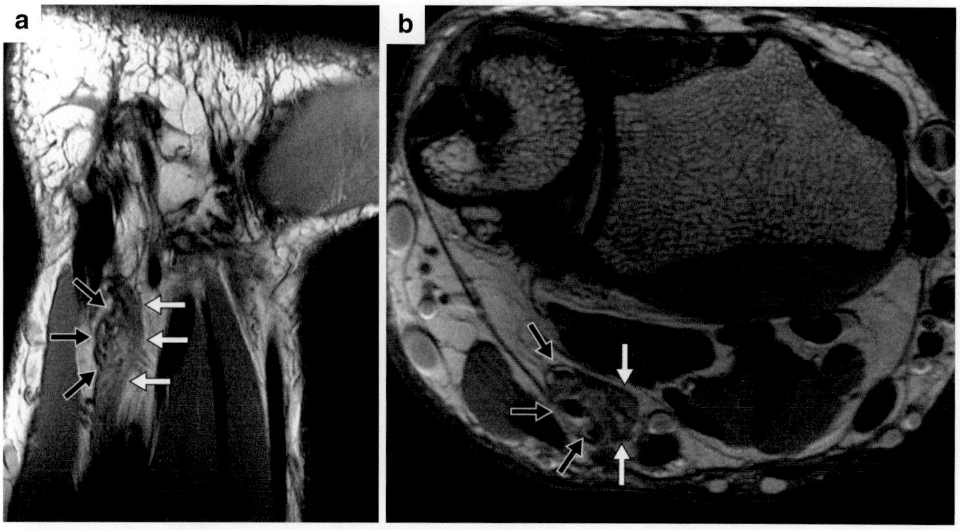

Fig. 6.3 Lateral neuroma-in-continuity in a 48-year-old male status post ulnar Schwannoma resection. Coronal (**a**) and axial (**b**) intermediate-weighted MR images demonstrate a heterogeneously hyperintense rounded mass with loss of fascicular architecture involving the ulnar aspect of the ulnar nerve (black arrows). The radial aspect of the ulnar nerve remains intact with normal fascicular morphology (white arrows). Published with kind permission of © Darryl B Sneag, MD 2024. All Rights Reserved

Additionally, T_2 hyperintensity is a nonspecific finding that is detected in most peripheral nerve abnormalities. Neuromas have been described to be non-enhancing (Fig. 6.5) [2, 20]. However, subsequent reports have described variable and nondistinctive gadolinium enhancement [6, 19]. This attribute makes it particularly challenging to differentiate between residual/recurrent peripheral nerve sheath tumor (PNST) and neuroma formation following surgical resection.

In addition to directly observing a neuroma, muscle denervation patterns are an invaluable secondary sign of motor nerve injury. Actively denervating muscle will demonstrate increased signal intensity, typically diffuse, on T_2W imaging due to increased extracellular fluid (Fig. 6.6). Chronic denervation, typically greater than 6 months from time of injury, may lead to irreversible fatty infiltration in the absence of nerve recovery and is best appreciated on either T_1W or Dixon fat images (Fig. 6.7).

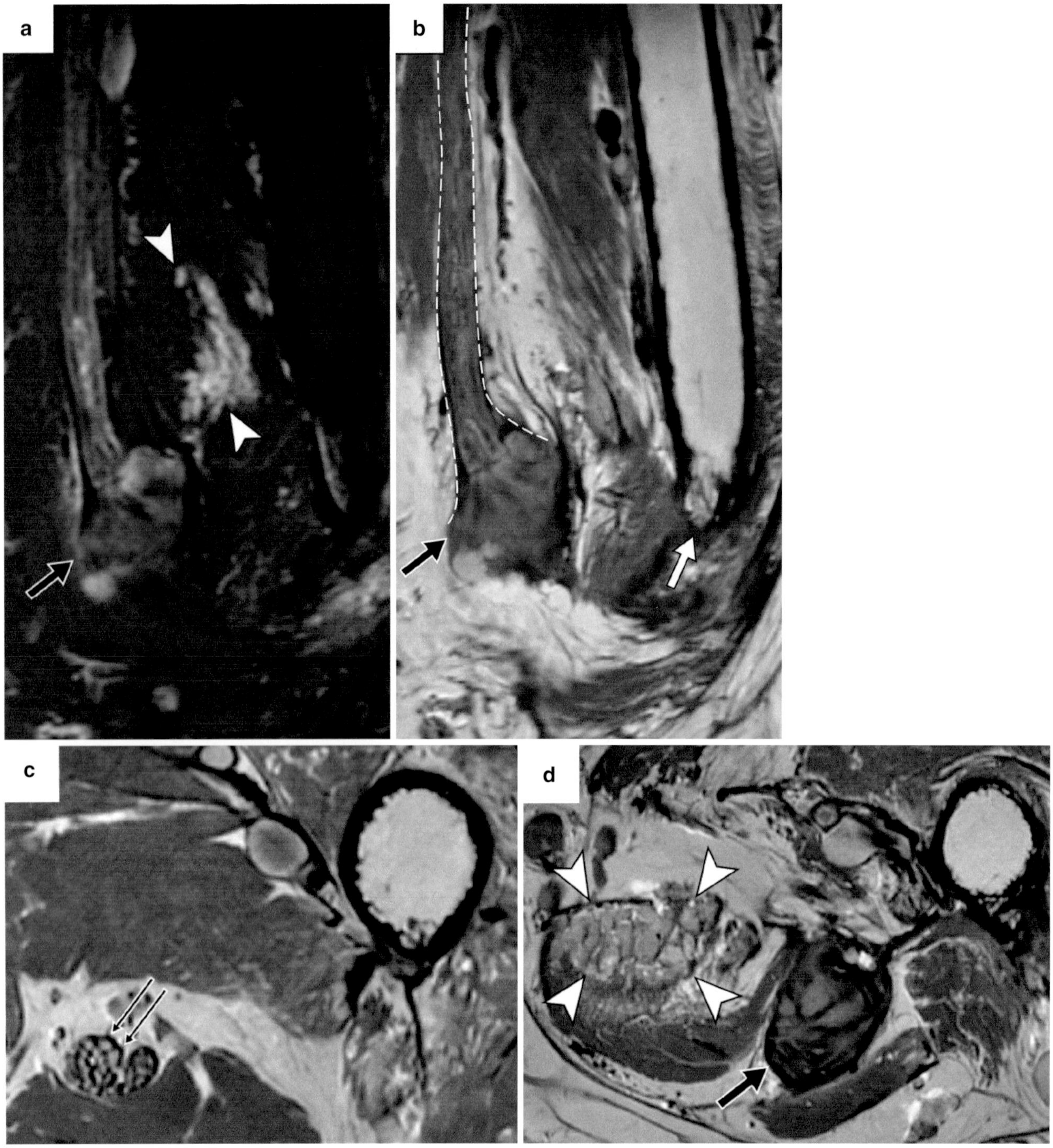

Fig. 6.4 Stump neuroma of the sciatic nerve in a 32-year-old male with Klippel-Trenaunay-Weber syndrome status post above-the-knee amputation. The oblique coronal fluid-sensitive Dixon (**a**) and oblique coronal (**b**) and axial (**d**) intermediate-weighted MR images demonstrate a heterogeneous signal intensity soft tissue mass (black arrows), reflecting the stump neuroma, at the level of the distal femoral amputation margin (white arrow, **b**). The axial intermediate-weighted image (**c**), proximal to the stump neuroma, demonstrates normal fascicular architecture of the sciatic nerve, although with several hyperintense fascicular bundles (thin black arrows). At the level of the stump neuroma, one of the numerous, multilobulated venolymphatic malformations (white arrowheads, **d**), characteristic of Klippel-Trenaunay-Weber syndrome, is detected. Published with kind permission of © Darryl B Sneag, MD 2024. All Rights Reserved

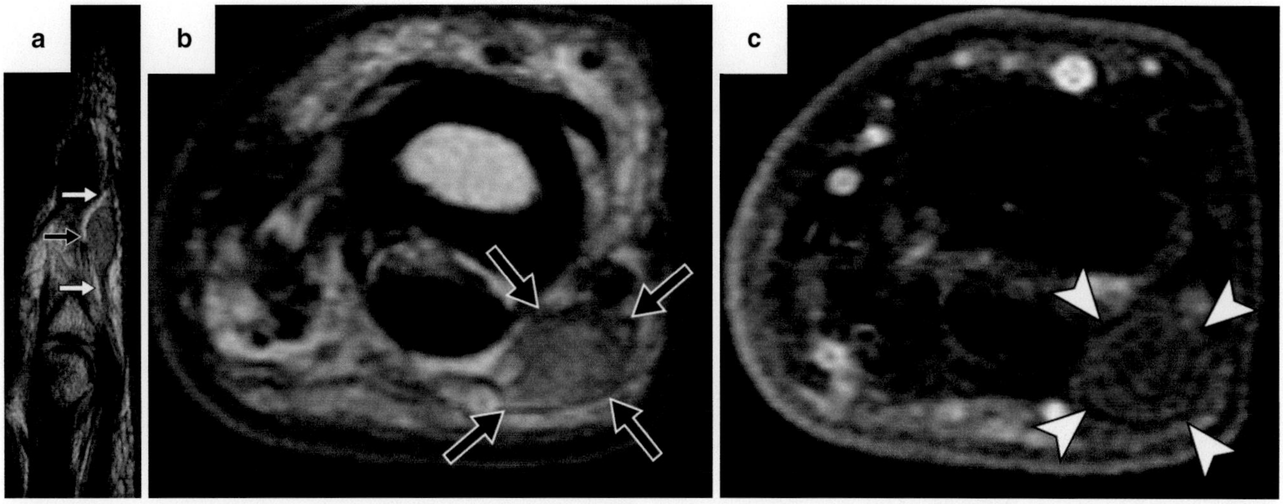

Fig. 6.5 Spindle neuroma-in-continuity of the ulnar digital nerve in a 58-year-old male with a volar mass and numbness in the right index finger 1 year status post laceration injury. Sagittal (**a**) and axial (**b**) intermediate-weighted MR images demonstrate a mildly hyperintense ovoid mass with loss of fascicular architecture (black arrows) that demonstrates continuity with normal-appearing nerve proximally and distally (white arrows). Post-contrast T_1W fat-suppressed imaging (**c**) demonstrates no enhancement. Published with kind permission of © Darryl B Sneag, MD 2024. All Rights Reserved

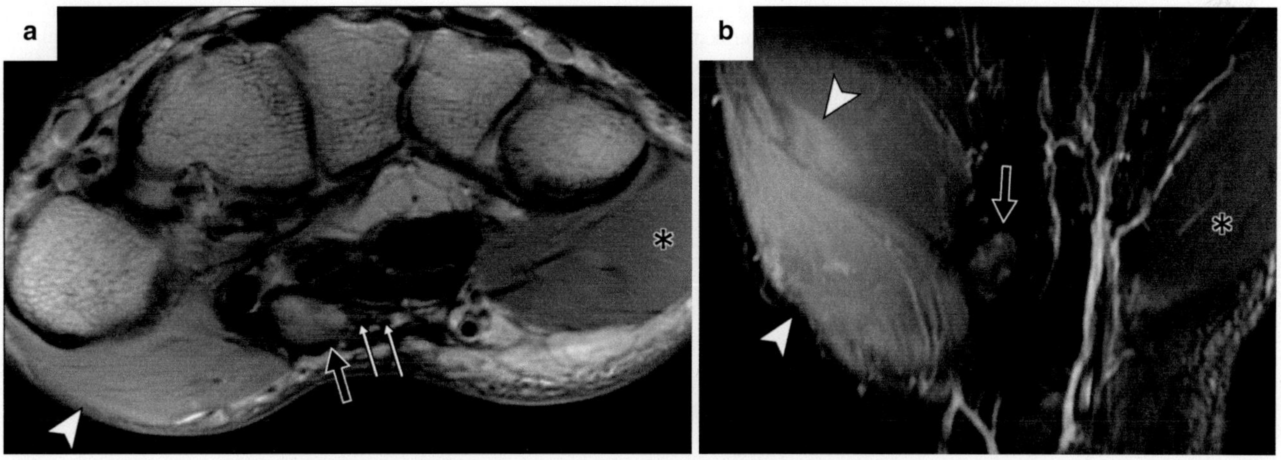

Fig. 6.6 Neuroma-in-continuity involving the radial component of the median nerve at its bifurcation within the distal aspect of the carpal tunnel in a 23-year-old male status post median nerve laceration repair. The axial intermediate-weighted (**a**) MR image demonstrates marked enlargement, signal hyperintensity, and loss of fascicular architecture of the radial component of the median nerve (black arrow). The ulnar component of the median nerve maintains normal fascicular morphology and size (white arrows). The coronal T2-weighted Dixon water image (**b**) demonstrates denervation edema pattern of the abductor pollicis brevis and opponens pollicis (white arrowhead). Compare to the normal signal intensity of the hypothenar musculature in both images (*). Published with kind permission of © Darryl B Sneag, MD 2024. All Rights Reserved

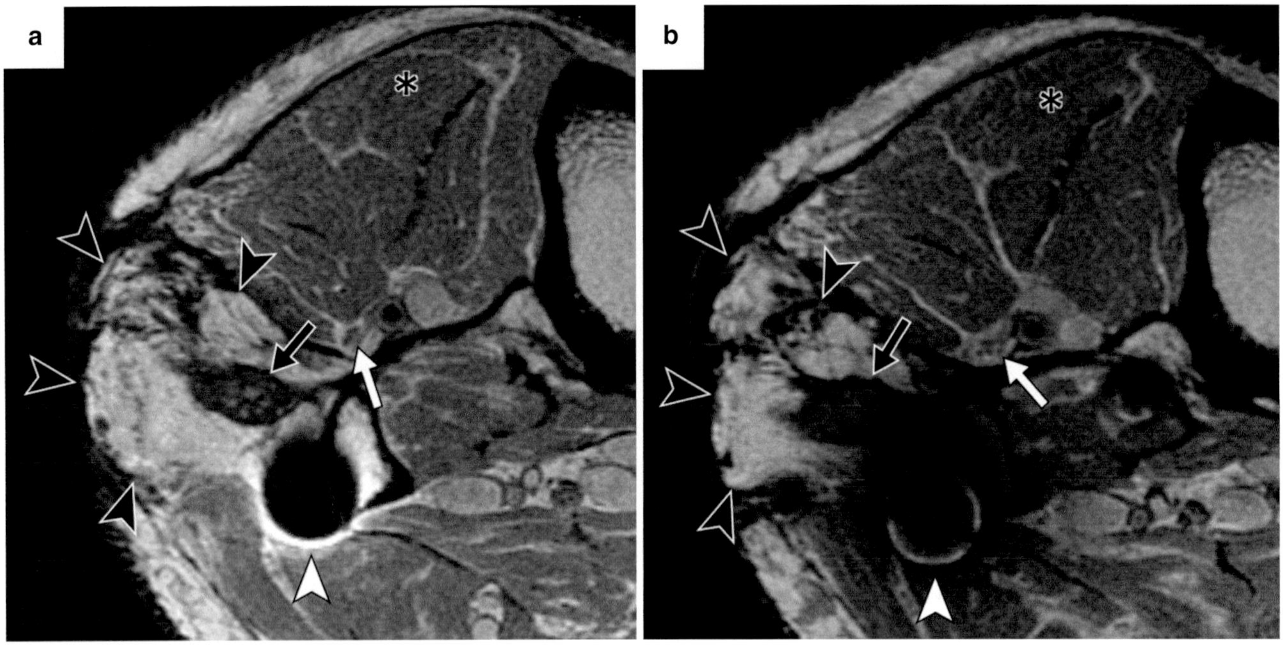

Fig. 6.7 Chronic denervation of the lateral compartment and painful recurrent stump neuroma formation of the superficial peroneal nerve in a 70-year-old male status post remote explosion injury and multiple subsequent surgeries. The slightly more proximal (**a**) axial intermediate-weighted image demonstrates marked perineural scar formation around the enlarged and hyperintense fascicles of the superficial peroneal nerve (black arrow). The more distal (**b**) image demonstrates the stump neuroma with complete loss of fascicular architecture. Both images demonstrate marked fatty atrophy of the lateral compartment musculature (black arrowheads) due to chronic denervation. The normal anterior compartment musculature (*) is preserved as it is supplied by the deep peroneal nerve (white arrow), which maintains normal size, signal, and fascicular architecture. Metal artifact (white arrowhead) arises from fibular fixation hardware. Published with kind permission of © Darryl B Sneag, MD 2024. All Rights Reserved

Ultrasound (US)

US is another excellent tool for imaging peripheral nerves due to relatively low cost, portability, outstanding safety profile, and excellent spatial resolution. However, the achievable spatial resolution on US decreases with increasing depth. Deeply seated anatomy is inherently more difficult to evaluate than superficial structures [21]. Sonographic visualization of deep nerves may be limited due to inadequate penetration of the ultrasound waves, suboptimal resolution due to use of a lower frequency to improve penetration, or shadowing from overlying structures (e.g., bone or bowel gas).

On US, the radiologist evaluates the nerve's overall size, fascicular architecture, echogenicity, and any evidence of an anomalous course or an extrinsic mass that may be the cause of sensorimotor disturbance. Most nerves can be scanned in their entirety, and additional nerves in the same anatomic region can be evaluated for multi-nerve involvement. In addition to confirming a clinical diagnosis of neuroma, US provides valuable information that aids in preoperative planning [5, 22]. Foreign bodies associated with penetrating injury and nerve entrapment due to fracture fragments or surgical implants may be more conspicuous on US compared to MR neurography. US also allows for preoperative nerve mapping (marking the skin overlying nerves and lesions) across the area of interest to further aid in surgical planning. Maximizing the diagnostic yield of peripheral nerve US imaging requires experienced technologists as well as specialty-trained radiologists adept at sonographic scanning and interpretation.

Technical Considerations for US

Each US vendor has its own set of transducers, and the choice of an appropriate US transducer will affect how well a nerve can be imaged. Linear-array high-frequency transducers are ideal for imaging peripheral nerves. Higher-frequency sound waves result in higher spatial resolution (approximately 200 μm for superficial structures) [21]. However, the ability for sound waves to penetrate tissues is inversely related to the frequency of sound waves (higher-frequency sound waves have decreased penetration depth). Therefore, the optimal transducer depends on the depth of the nerve of interest, and the highest-frequency transducer that will provide sufficient visualization at that depth should be chosen. For superficial nerves, especially in the extremities, this typically means 15 MHz or higher. A nerve that travels in deeper tissues, such as the sciatic nerve at the level of the proximal thigh, may require a lower-frequency (e.g., 9 MHz) linear-array transducer for deeper penetrability, particularly in obese patients.

General Principles of US

US examinations tend to be more targeted, in part, because the US transducer provides a relatively narrow field of view. Obtaining a complete clinical history is paramount for tailoring the US examination to appropriately address the clinical question. Specific information that should be collected prior to US imaging includes the nerve(s) of clinical concern, when the injury occurred, regional extent of trauma, presence or absence of penetrating injury, and a full account of the patient's relevant surgical history.

Visual inspection of the affected body part is also an essential part of the US examination. If present, the site of amputation or scar formation due to prior penetrating injury and/or surgery provides clues about where nerve injury is most likely to be found. Another advantage of US is the ability to perform "sonopalpation": reproducing the clinical symptoms (paresthesia or radiating pain along the nerve's dermatomal distribution) by applying pressure with the US transducer to an abnormal nerve segment helps confirm the diagnosis of a neuroma [23]. When contributory, the presence or absence of sonographically induced symptoms should be documented in the written radiology report.

Color, power, and spectral Doppler imaging are standard imaging techniques across all manufacturers. Color Doppler imaging demonstrates both the magnitude and direction of flow. Although the color (red or blue) indicates flow direction, it is important to understand that the color scale can be arbitrarily flipped and that the color, in and of itself, does not distinguish arteries from veins. Power Doppler is more sensitive with respect to the presence of flow but does not demonstrate the direction. Spectral Doppler imaging allows for a portion of flow to be sampled. As arteries and veins have characteristic flow patterns, the spectral waveform data can distinguish arterial and venous flow.

US Characteristics of Neuroma

Normal peripheral nerves have a "honeycomb" appearance in short axis composed of multiple individual hypoechoic (dark) fascicles with intermingled hyperechoic (bright) perineurium and surrounded by a rim of hyperechoic epineurium (Fig. 6.8). It is not uncommon to see segmental mild thickening of individual nerve fascicles, which is a normal appearance and should not be mistaken for pathology. Subcutaneous sensory nerves are much smaller in caliber and may comprise only a single fascicle.

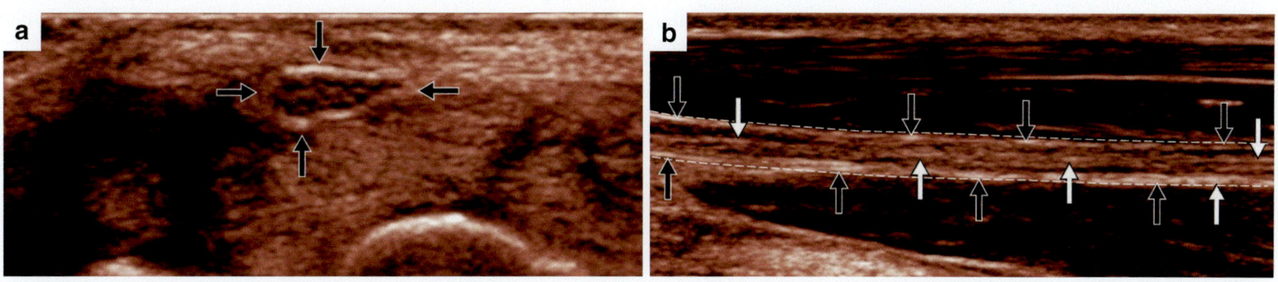

Fig. 6.8 Normal sonographic appearance of the median nerve at the level of the distal forearm in a 42-year-old male. Short-axis (**a**) chromatic scale ultrasound image of the median nerve demonstrates a "honeycomb" appearance composed of a surrounding hyperechogenic epineurium (black arrows) with internal hypoechoic fascicles and intermediately high echogenicity of the perineurium. Long-axis (**b**) chromatic scale ultrasound image demonstrates a "corduroy" appearance of the nerve. Published with kind permission of © Yoshimi Endo, MD 2024. All Rights Reserved

A traumatic neuroma is a focally thickened segment of a nerve that has lost its normal architecture due to disordered repair of its disrupted fascicles [24]. A focal increase in cross-sectional area is seen, but the size of the neuroma can range widely relative to an adjacent normal segment [23]. Neuromas are consistently hypoechoic because they comprise scar tissue and have lost their hyperechoic perineurium (Fig. 6.9). However, the margins are variable and range from smooth and well-defined (Fig. 6.10) to irregular with ill-defined borders (Fig. 6.11) [25]. The degree of internal vascularity in the neuroma is also variable, and adjacent scar tissue may also demonstrate internal vascularity.

An important and specific feature of a neuroma is the fact that it is directly continuous with a nerve. One should be able to demonstrate a parent nerve with normal honeycomb architecture extending directly into the neuroma (Fig. 6.11). A neuroma-in-continuity is continuous with a normal nerve both proximally and distally (Fig. 6.9), while an end-bulb neuroma occurs at the nerve stump (Fig. 6.11). Even in the setting of a known complete transection, actual discontinuity of the nerve will not be visible once the neuroma has begun to form, unless there is significant retraction of the ends. Instead, the lacerated segment will seemingly be continuous with the rest of the nerve as disorganized reparative tissue will have filled the gap. In cases where a true fascicular gap is seen, whether partial or complete, care should be made to identify thickened and disorganized hypoechoic tissue at the site of injury before assigning the diagnosis of neuroma.

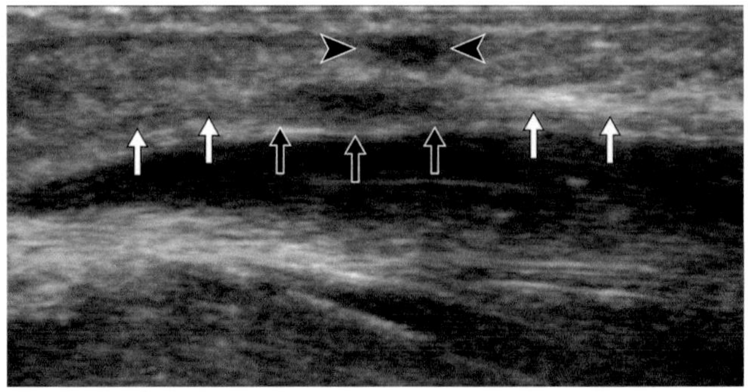

Fig. 6.9 Neuroma-in-continuity 1 year status post laceration injury to the ulnar proper digital nerve of the thumb in a 29-year-old female. The long-axis ultrasound image demonstrates segmental, fusiform thickening and hypoechogenicity (black arrows) of the ulnar proper digital nerve of the thumb, compatible with neuroma. The neuroma is contiguous with normal-appearing fibers both proximally and distally (white arrows). Hypoechoic scar formation (black arrowheads) in the subcutaneous fat overlying this neuroma is also noted. Published with kind permission of © Yoshimi Endo, MD 2024. All Rights Reserved

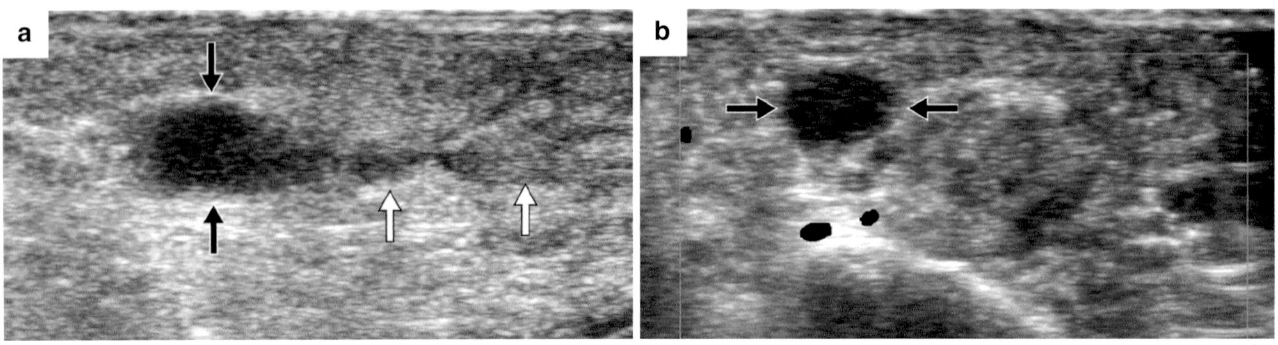

Fig. 6.10 Stump neuroma of ring finger ulnar proper digital nerve after laceration injury in a 53-year-old female. Long-axis ultrasound grayscale image (**a**) demonstrates focal enlargement and hypoechogenicity (black arrows) of the ulnar proper digital nerve to the ring finger, which demonstrates continuity only with the proximal nerve fibers (white arrows). Short-axis color Doppler ultrasound image (**b**) shows absence of vascularity within the neuroma. Published with kind permission of © Yoshimi Endo, MD 2024. All Rights Reserved

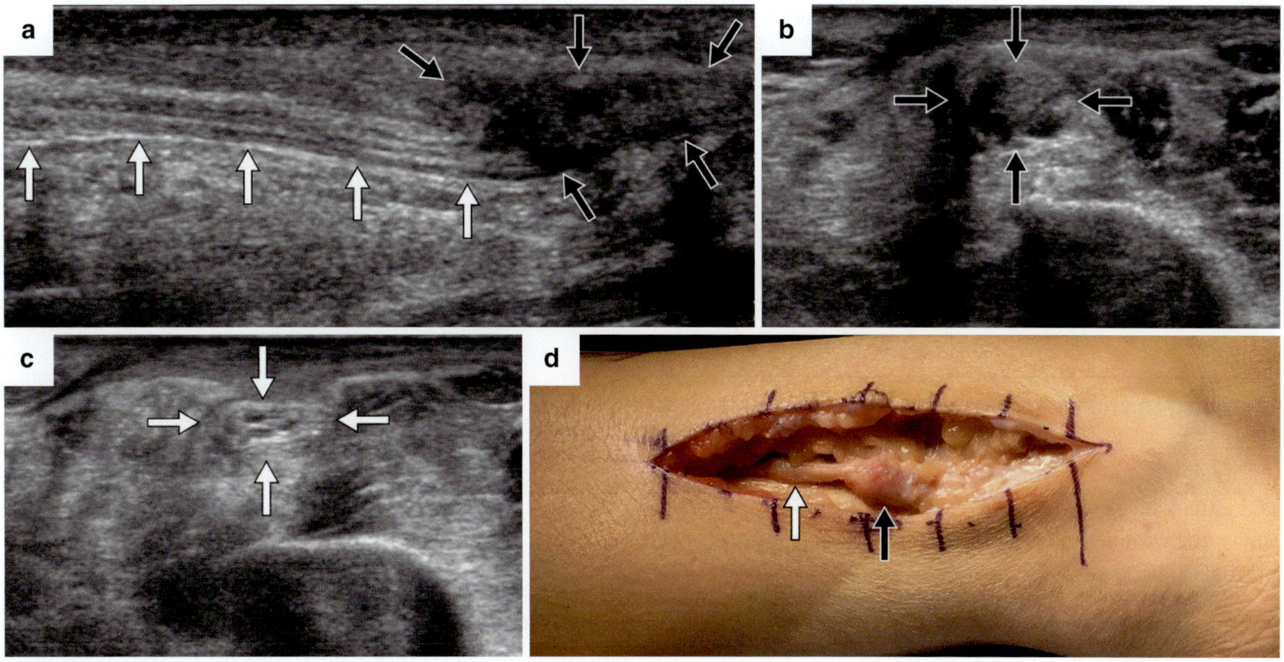

Fig. 6.11 Stump neuroma of the superficial peroneal nerve at the level of the distal calf near the ankle in a 43-year-old male. Long-axis (**a**) and distal short-axis (**b**) sonographic images demonstrate focal thickening and loss of fascicular architecture (black arrows) of the superficial peroneal nerve. The long-axis and proximal short-axis (**c**) images demonstrate a normal-appearing nerve proximally (white arrows), which is in continuity with the stump neuroma. Intraoperative photograph (**d**) of the superficial peroneal nerve (white arrow) terminating in a stump neuroma (black arrow). Published with kind permission of © Yoshimi Endo, MD and Scott Ellis, MD 2024. All Rights Reserved

Comparison of MR Neurography and US

The choice of MR neurography versus US as the initial imaging modality for assessing a suspected traumatic neuroma depends not only on the patient but also the institution. There is a paucity of literature on the relative diagnostic performance of these modalities, particularly for traumatic neuromas, but there is evidence of comparable accuracies for the evaluation of inflammatory neuropathies and Morton neuromas (discussed below) [26, 27]. Thus, other factors to consider include patient safety, comfort, cost, and availability (Table 6.3).

Assuming highest-quality imaging and ample experience of the radiologist with both imaging modalities, US should be considered as the initial modality if the nerve of concern is superficial due to the generally higher spatial resolution afforded by US for superficial tissue. The brachial plexus can be imaged with US, but the clavicle obscures the T1 nerve root and segments of many terminal branches, including the suprascapular and long thoracic, which may also be obscured by the clavicle and their relative depth. US cannot visualize the lumbosacral plexus as it is deep in the retroperitoneum. Compared with US, MRI provides a more comprehensive global evaluation of the imaged anatomy, particularly for evaluation of muscle denervation.

Table 6.3 Comparison of image modalities in evaluation of neuromas

Modality	Typical advantages	Typical disadvantages
MR neurography	– Superior contrast resolution – Superior imaging of deeply positioned nerves – Comprehensive global evaluation of imaged nerve and nearby muscle anatomy – Comprehensive evaluation of muscle denervation	– Relatively expensive – Metal artifact may limit evaluation of adjacent anatomy – Contralateral imaging for anatomic comparison is not always feasible
Ultrasound	– Relatively inexpensive – Superior spatial resolution for superficial nerves – Imaging of contralateral anatomy is readily achieved – No absolute contraindications	– Limited field of view – Limited visualization of deeply positioned nerves and/or nerves deep to bone and bowel gas

Imaging in the Postoperative Setting

Although imaging's primary role is to evaluate the presence and extent of a neuroma for surgical planning, it is sometimes performed following nerve repair or grafting. The postoperative imaging appearance depends on the type of surgery that is performed. Both MR neurography and US can be performed after neuroma resection in the immediate postoperative setting to evaluate for acute complications such as compressive hematoma or abscess. More often, imaging is performed in the chronic setting to evaluate patients without functional recovery. As in the preoperative setting, the particular anatomic region and how superficial the nerve is located dictate the choice of MR neurography versus US. The degree and phase of muscle denervation, in the authors' experience, are more reliably evaluated on MRI due to its superior contrast resolution.

Both MR neurography and US can display the anatomic location of postoperative perineural fibrosis (Figs. 6.4, 6.7, and 6.11), which appears as hypointense signal on all sequences on MR neurography and hypoechoic soft tissue changes on US surrounding the affected peripheral nerve, as well as deviation of course and/or kinking due to fibrosis or implantation of the stump into the muscle and/or bone (Fig. 6.12). Collagen-based nerve conduits (Fig. 6.13) appear as curvilinear hypointensities on both anatomic and fluid-sensitive sequences on MR neurography and as hypoechoic tubular structures coursing along and usually indistinguishable from the nerve itself on US. A nerve graft (Fig. 6.14) usually remains enlarged and hyperintense with or without discontinuity of the repair and/or recurrent neuroma formation [28–31]. Synthetic conduits appear as tubular, non-enhancing soft tissue signal on MR neurography in the expected location of a peripheral nerve and are theorized to represent neural regeneration, but a correlation with clinical and electrophysiologic studies has not yet been reported [2]. Although axonal regeneration occurs at a rate of about 1 mm/day or 1 in./month, there are no reliable or accurate imaging biomarkers for axonal regeneration that have become integrated into routine clinical practice at this time [13].

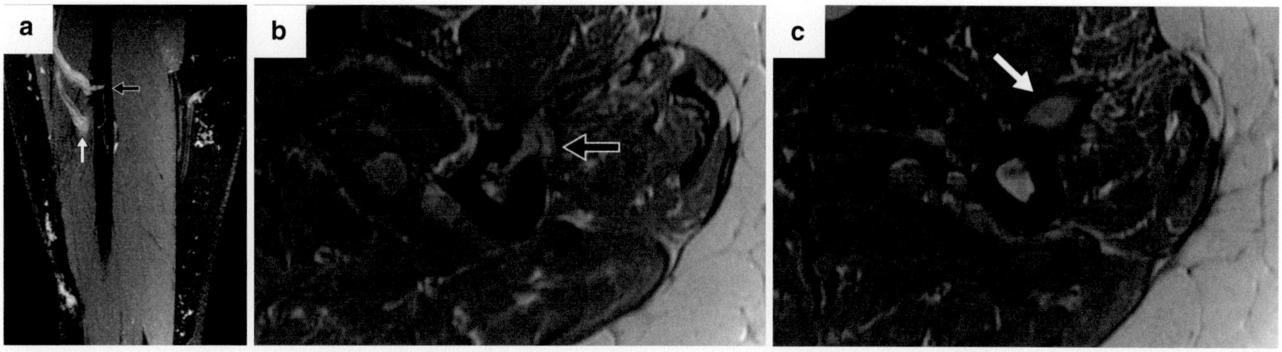

Fig. 6.12 Resection and burial of stump neuromas of superficial peroneal nerve branches in a 35-year-old woman refractory to multiple surgeries. The oblique coronal fluid-sensitive PSIF MR image (**a**) demonstrates a superior peroneal nerve branch (black arrow) entering a cortical window of the fibular diaphysis and the inferior branch (white arrow) terminating in the overlying musculature. The proximal portion of the nerves are thickened and hyperintense but maintain their overall architecture. Axial intermediate-weighted images superiorly (**b**) and inferiorly (**c**) redemonstrate the superior branch entering the fibular cortical window and the inferior branch within the muscle, abutting the cortex. Published with kind permission of © Yoshimi Endo, MD 2024. All Rights Reserved

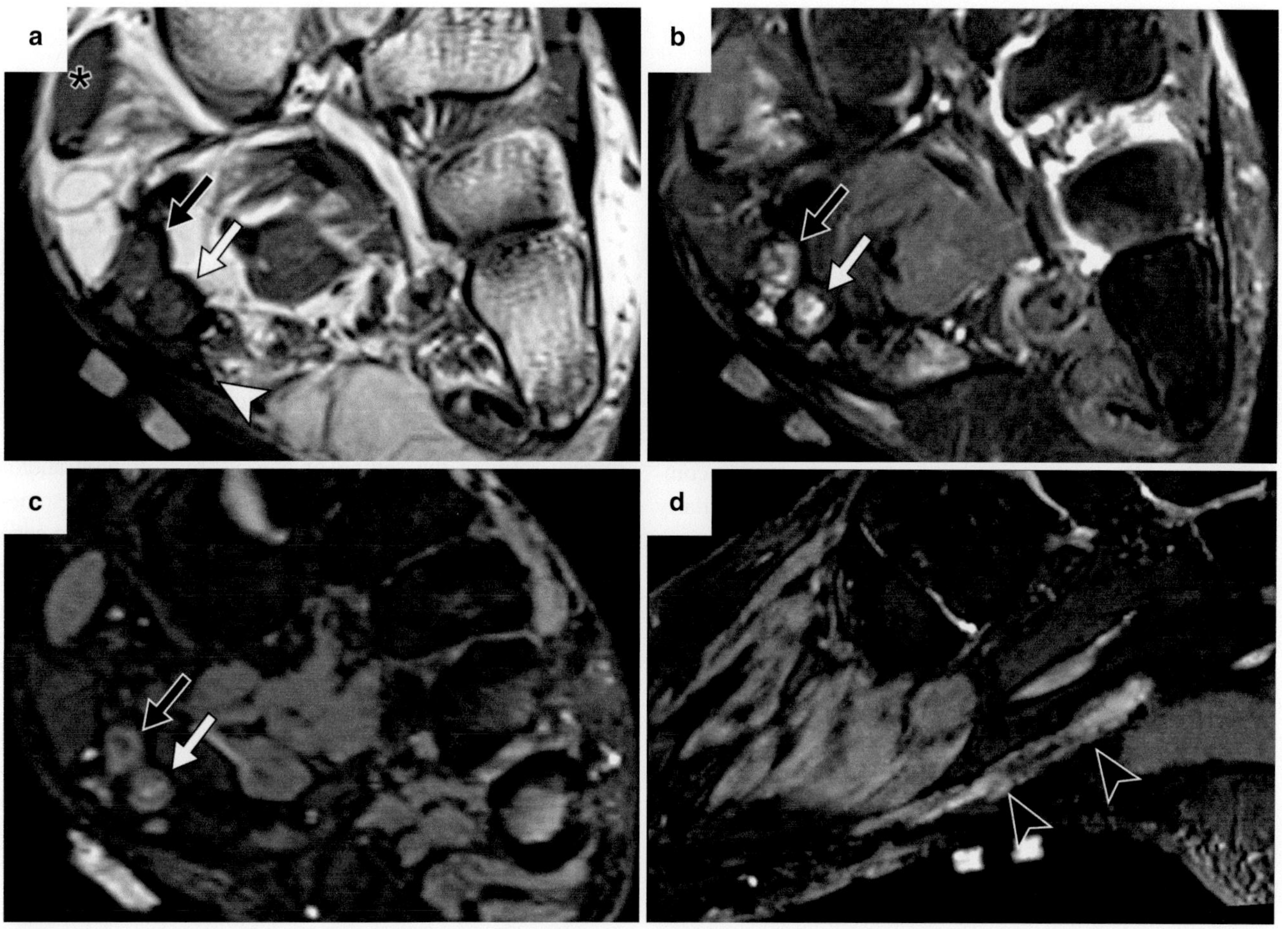

Fig. 6.13 Eleven months status post interpositional nerve allograft reconstruction of the proper digital nerve of the great toe (black arrow) after stump neuroma resection and first common digital nerve (white arrow) after neuroma-in-continuity resection in a 54-year-old female. The short-axis T_1W MR image (**a**) demonstrates subcutaneous fibrosis and effacement of plantar fat (white arrowhead) deep to the skin markers. The fibrosis and conduits (arrows) are isointense to the muscle (*). The fluid-sensitive, fat-suppressed T_2W 2D (**b**) and dual echo steady-state (DESS) 3D (**c**) MR images demonstrate heterogeneously hyperintense and enlarged conduits (arrows) without a visible fascicular pattern. Sagittal reformation of the 3D sequence (**d**) redemonstrates the common digital nerve conduit as a hypointense linear structure along its longitudinal axis (black arrowheads denote the proximal and distal repair margins). There is no fusiform enlargement to suggest neuroma formation or evidence of graft discontinuity. Published with kind permission of © Dr. Shivani Ahlawat 2024. All Rights Reserved

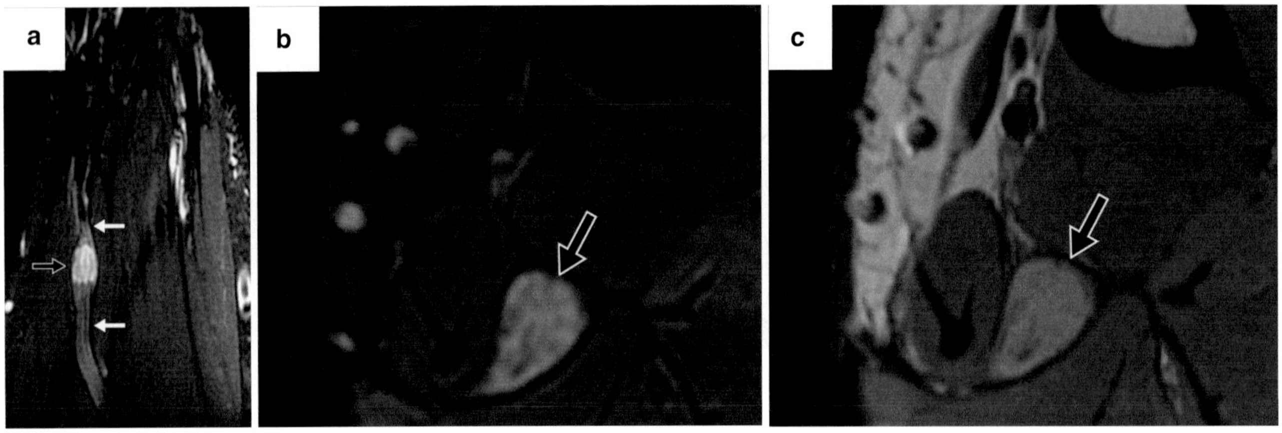

Fig. 6.14 Status post neuroma resection and sural nerve grafting of the ulnar nerve in a 19-year-old male, with satisfactory "incorporation" of the graft. The fluid-sensitive Dixon coronal (**a**) and axial (**b**) and axial intermediate-weighted (**c**) MR images through the distal forearm demonstrate focal enlargement and hyperintensity at the site of the graft, similar to what would be expected with a neuroma-in-continuity, but with fascicular architecture maintained through the region of the graft (black arrow). As such, no residual or recurrent neuroma was suspected. Published with kind permission of © Darryl B Sneag, MD 2024. All Rights Reserved.

Differential Diagnosis

The differential diagnosis for focal enlargement of a nerve, other than neuroma formation, includes traumatic injury without neuroma formation, intrinsic tumor, and effects of very localized radiation. Inflammatory and/or demyelinating processes, such as chronic inflammatory demyelinating polyneuropathy (CIDP), typically result in longer-segment enlargement of the nerve with preserved fascicular architecture.

PNSTs (e.g., schwannomas, neurofibromas) are, by far, the most common intrinsic nerve tumors and are most commonly benign. As these cell types are involved in a similarly disordered proliferation of neural elements that result in a traumatic neuroma, PNSTs may have imaging features that mimic a neuroma. Typically, clinical history allows for differentiating between a neuroma and PNST, except for the scenario in which a residual or recurrent mass has formed at the site of prior PNST resection. Some MRI findings that have been attributed to PNSTs, such as the "split fat sign" (Fig. 6.15), can be helpful for diagnosis [32]. On US, traumatic neuromas may appear very similar to PNSTs, particularly when their margins are well-defined and smooth. Presence of internal vascularity on power or color Doppler may suggest a true neoplasm rather than traumatic neuroma, but this is unreliable as scar tissue may have internal vascularity and PNSTs may not have appreciable internal vascularity [33].

In contrast with a traumatic neuroma, various entrapment syndromes have been described based on the involved nerve and location including Morton neuroma (interdigital nerve at the distal intermetatarsal spaces), Joplin neuroma (plantar proper digital nerve at the medial first metatarsophalangeal joint), and Bowler neuroma (ulnar digital nerve of the thumb at the volar first web space) [34–36]. These entrapment "neuromas" form in the setting of chronic microtrauma and/or ischemia. They demonstrate focal enlargement and are sometimes hypoechoic on US and hypointense on MRI due to perineural fibrosis (Fig. 6.16). While clinical signs and symptoms of these entities may mimic those of a true traumatic neuroma, these lesions are histologically distinct as they are predominantly composed of reactive perineural fibrosis, *as opposed to neural proliferation due to disruption of fascicles*, and may be accompanied by thickening of the adjacent bursa [37]. Therefore, despite being widely referred to as neuromas in the literature and in clinical practice, the term "neuroma" to describe these entrapment syndromes is frequently a misnomer (although different process may overlap).

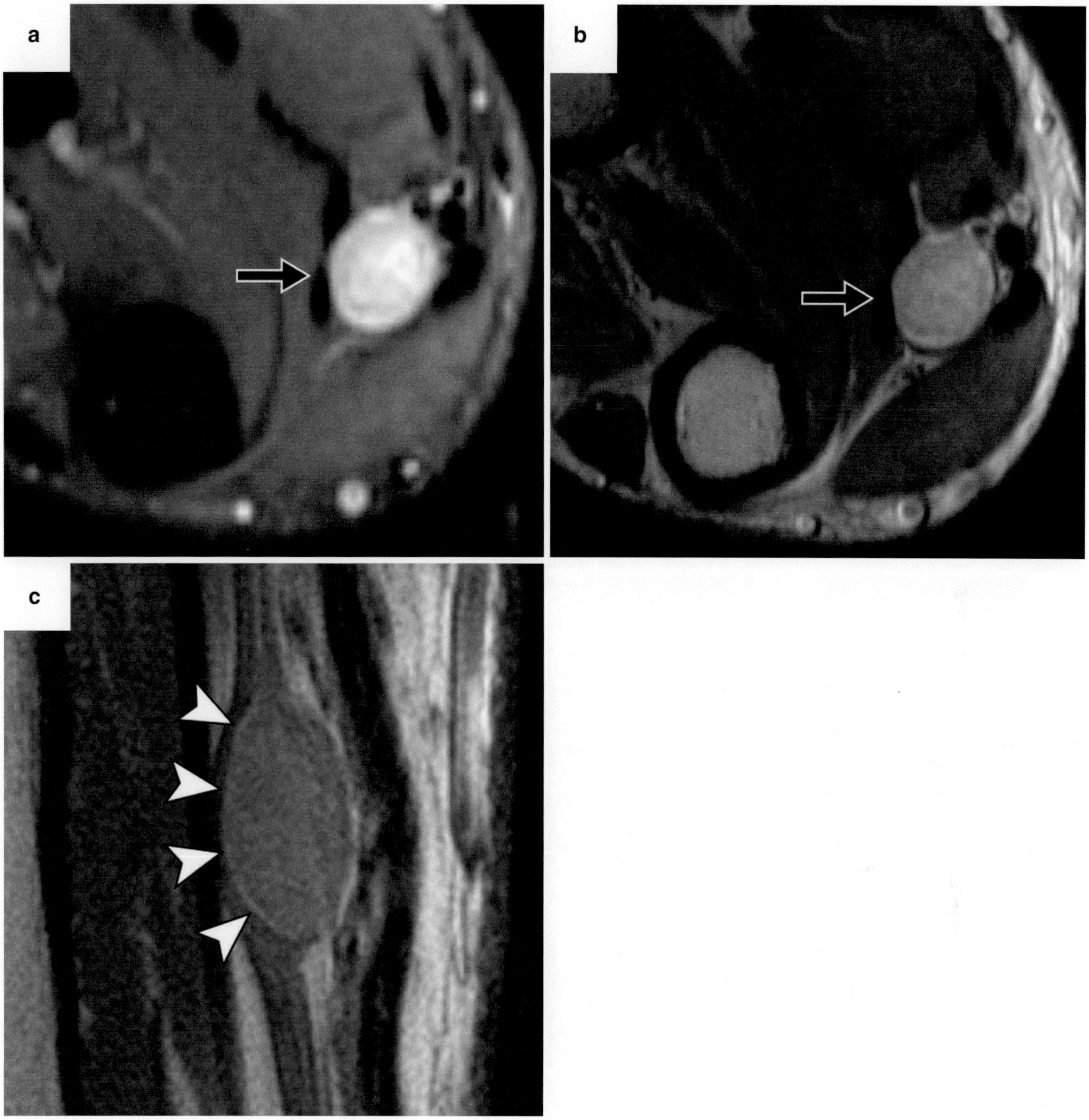

Fig. 6.15 Schwannoma of the ulnar nerve in a 47-year-old male. The axial STIR (**a**) and axial (**b**) and sagittal (**c**) intermediate-weighted MR images through the mid-forearm demonstrate a large, heterogeneously hyperintense, ovoid neurogenic mass (black arrows). Peripheral nerve sheath tumors demonstrate variable signal depending on age and the percent composition of Antoni A/Antoni B fibers. The thin rim of fat around the lesion (white arrowheads, **c**) is termed the "split fat sign," a characteristic finding of a peripheral nerve sheath tumor. Published with kind permission of © Darryl B Sneag, MD 2024. All Rights Reserved

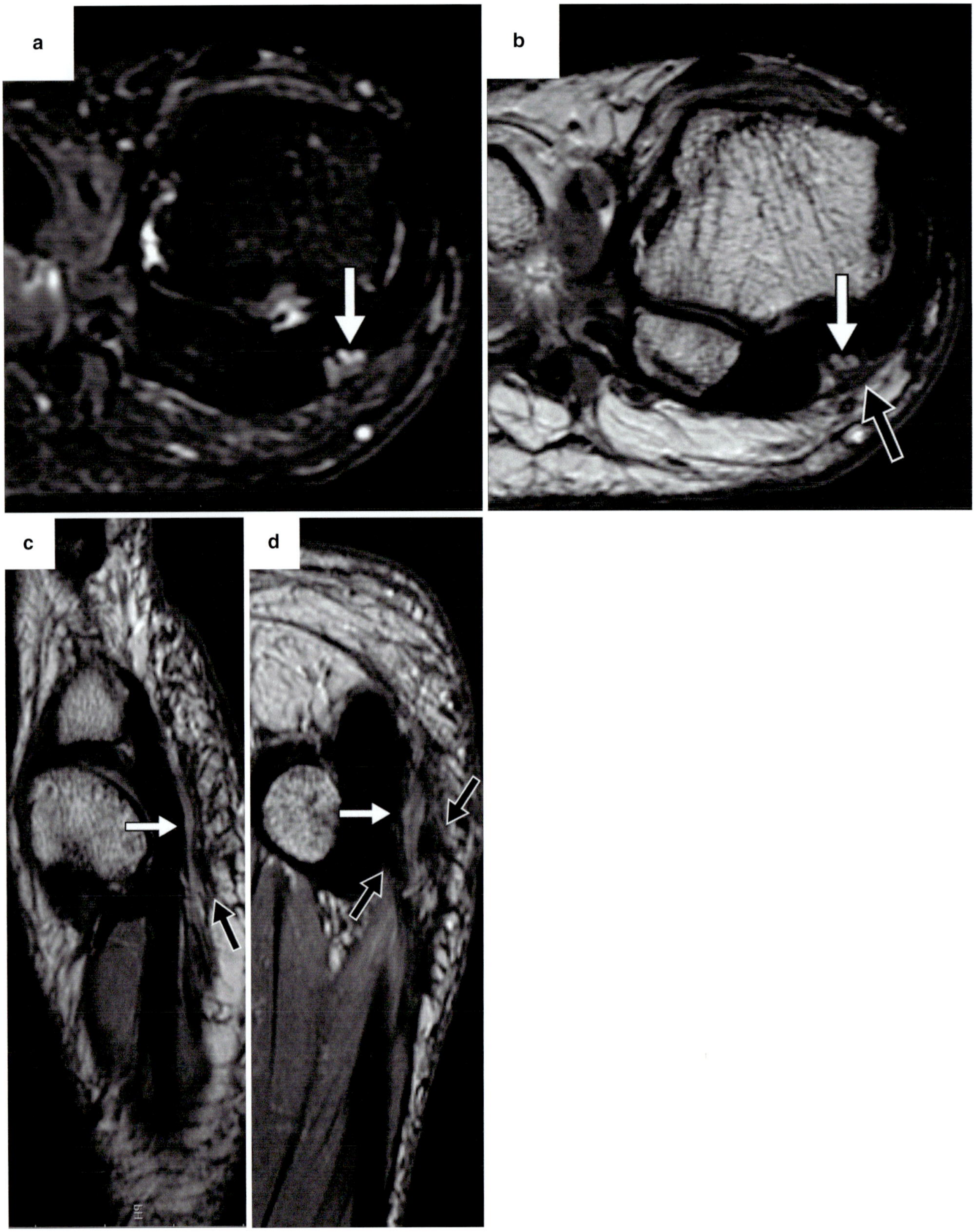

Fig. 6.16 Joplin "neuroma" in a 37-year-old male due to scar entrapment of the medial branch of the plantar hallux nerve status post medial sesamoidectomy. The axial fluid-sensitive Dixon (**a**) as well as axial (**b**), sagittal (**c**), and coronal (**d**) intermediate-weighted MR images demonstrate focal, mild enlargement and hyperintensity of the nerve (white arrows). The coronal image (**d**) best demonstrates the predominate fibrotic process with hypointense scar encasement (black arrows) of the nerve. Published with kind permission of © Darryl B Sneag, MD 2024. All Rights Reserved

Future Directions for Imaging of Neuromas

Quantitative MRI sequences not routinely obtained in MR neurography include diffusion-weighted imaging (DWI) and diffusion tensor imaging (DTI). DWI detects the relative freedom of molecular motion, or diffusion, by sampling changes in signal in multiple different directions. Unrestricted diffusion allows signal to disperse in all directions, whereas restricted diffusion demonstrates limited dispersion. A few pathologies that result in restricted diffusion include acute infarction, infection, and certain highly cellular tumors. However, central and peripheral nerves also normally restrict diffusion to a certain degree as water molecules can move freely along the axons but cannot freely traverse the cell walls and myelin sheaths. DTI not only measures the presence of restricted diffusion but can also estimate the magnitude and direction of molecular motion. Using the 3D dataset acquired with DTI, diffusion tensor tractography (DTT) can then estimate the fiber orientation of a nerve to indirectly infer microstructural integrity [38].

In theory, quantitative diffusion imaging is ideal for evaluating peripheral nerve integrity given the cylindrical shape of nerve fibers. However, multiple technical hurdles persist. Diffusion imaging inherently suffers from poor SNR, which limits spatial resolution. Unlike the brain and spine, which can easily be centered in the magnet where the magnetic field is most homogeneous, peripheral nerve anatomy is "off iso-center" leading to distortion and less accurate spatial localization. Curved surfaces (i.e., neck, lungs, and extremities) also create increased magnetic field inhomogeneities that may further degrade image quality. Normative peripheral nerve diffusion parameters may vary significantly with age, gender, height, and weight [39, 40]. As such, quantitative diffusion imaging techniques have promising clinical utility [41] but remain within the research realm due to technical challenges.

US elastography is a quantitative imaging technique that employs mechanical forces (transducer pressure or arterial pulsations) and/or ultrasound energy to estimate the stiffness of a target organ by interrogating strain and shear wave properties, respectively [42]. This technology has been validated for distinguishing stages of liver fibrosis and shows promise for interrogating other organs [43]. For peripheral nerve imaging, it is thought that the loss of myelin and proliferation of connective tissue will result in increased nerve tissue stiffness regardless of the etiology for the neuropathy [44]. However, this has yet to be clinically validated.

Some newer US systems have been equipped with the so-called "ultra-high-frequency" transducers with frequencies reaching 70 MHz.[44] The higher frequency affords increased axial spatial resolution with the ability to resolve structures as small as 30 μm, but at the expense of decreased depth penetration. Therefore, while there may be benefit in the evaluation of superficial distal branch nerves, standard high-frequency transducers will likely produce higher quality images of larger and deeper peripheral nerves [45].

Conclusion

High-resolution peripheral nerve imaging, either with MR neurography or US, provides a noninvasive means to directly visualize peripheral nerves. Imaging helps to characterize the location and extent of neuroma formation, which may obviate the need for a more extensive nerve exploration, potentially decreasing operating room time and postoperative morbidity. MR neurography and US are often complementary. MRI provides superior soft tissue contrast resolution and facilitates imaging of deeper nerves. US generally provides superior spatial resolution for superficial structures. Both modalities rely on experienced technologists and specialty-trained radiologists. Familiarity with the technical considerations, general imaging principles, and imaging characteristics of traumatic neuromas will help guide referring physicians as to which imaging modality (or combination of modalities) will best answer the clinical question.

References

1. Mavrogenis AF, Pavlakis K, Stamatoukou A, et al. Current treatment concepts for neuromas-in-continuity. Injury. 2008;39(3):43–8. https://doi.org/10.1016/j.injury.2008.05.015.
2. Chhabra A, Williams EH, Wang KC, Dellon AL, Carrino JA. MR neurography of neuromas related to nerve injury and entrapment with surgical correlation. Am J Neuroradiol. 2010;31(8):1363–8. https://doi.org/10.3174/ajnr.a2002.
3. Murphey MD, Smith WS, Smith SE, Kransdorf MJ, Temple HT. From the archives of the AFIP. Imaging of musculoskeletal neurogenic tumors: radiologic-pathologic correlation. Radiographics. 1999;19(5):1253–80. https://doi.org/10.1148/radiographics.19.5.g99se101253.
4. Arnold DMJ, Wilkens SC, Coert JH, Chen NC, Ducic I, Eberlin KR. Diagnostic criteria for symptomatic neuroma. Ann Plast Surg. 2019;82(4):420–7. https://doi.org/10.1097/SAP.0000000000001796.
5. Bodner G, Buchberger W, Schocke M, et al. Radial nerve palsy associated with humeral shaft fracture: evaluation with US—initial experience. Radiology. 2001;219(3):811–6. https://doi.org/10.1148/radiology.219.3.r01jn09811.
6. Ahlawat S, Ahlawat S, Belzberg A, et al. MRI features of peripheral traumatic neuromas. Eur Radiol. 2016;26(4):1204–12. https://doi.org/10.1007/s00330-015-3907-9.
7. Campbell WW. Evaluation and management of peripheral nerve injury. Clin Neurophysiol. 2008;119(9):1951–65. https://doi.org/10.1016/j.clinph.2008.03.018.
8. Argentieri EC, Sneag DB, Nwawka OK, Potter HG. Updates in musculoskeletal imaging. Sports Health. 2018;10(4):296–302. https://doi.org/10.1177/1941738118780230.
9. Sneag DB, Curlin J, Saltzman EB, Carlson MG, Lee SK. Role of high-resolution peripheral nerve magnetic resonance imaging in diagnosing median nerve tethering in a case of both-bone forearm

fracture in a child. Pediatr Radiol. 2020;51:148–51. https://doi.org/10.1007/s00247-020-04732-y.
10. Tagliafico A, Cadoni A, Fisci E, Bignotti B, Padua L, Martinoli C. Reliability of side-to-side ultrasound cross-sectional area measurements of lower extremity nerves in healthy subjects. Muscle Nerve. 2012;46(5):717–22. https://doi.org/10.1002/mus.23417.
11. Chhabra A, Del Grande F, Soldatos T, et al. Meralgia paresthetica: 3-Tesla magnetic resonance neurography. Skeletal Radiol. 2013;42(6):803–8. https://doi.org/10.1007/s00256-012-1557-4.
12. Andreisek G, Chhabra A. MR neurography: pitfalls in imaging and interpretation. Semin Musculoskelet Radiol. 2015;19(2):94. https://doi.org/10.1055/s-0035-1546301.
13. May DA, Good RB, Smith DK, Parsons TW. MR imaging of musculoskeletal tumors and tumor mimickers with intravenous gadolinium: experience with 242 patients. Skeletal Radiol. 1997;26(1):2–15. https://doi.org/10.1007/s002560050183.
14. Wasa J, Nishida Y, Tsukushi S, et al. MRI features in the differentiation of malignant peripheral nerve sheath tumors and neurofibromas. Am J Roentgenol (1976). 2010;194(6):1568–74. https://doi.org/10.2214/ajr.09.2724.
15. Boutin RD, Pathria MN, Resnick D. Disorders in the stumps of amputee patients: MR imaging. Am J Roentgenol (1976). 1998;171(2):497–501. https://doi.org/10.2214/ajr.171.2.9694483.
16. Henrot P, Stines J, Walter F, Martinet N, Paysant J, Blum A. Imaging of the painful lower limb stump. Radiographics. 2000;20 Spec No(suppl_1):S219–35. https://doi.org/10.1148/radiographics.20.suppl_1.g00oc14s219.
17. Sneag DB, Daniels SP, Geannette C, et al. Post-contrast 3D inversion recovery magnetic resonance neurography for evaluation of branch nerves of the brachial plexus. Eur J Radiol. 2020;132:109304. https://doi.org/10.1016/j.ejrad.2020.109304.
18. Queler SC, Tan ET, Geannette C, Prince M, Sneag DB. Ferumoxytol-enhanced vascular suppression in magnetic resonance neurography. Skeletal Radiol. 2021;50(11):2255–66. https://doi.org/10.1007/s00256-021-03804-w.
19. Harrell AD, Johnson D, Samet J, Omar IM, Deshmukh S. With or without? A retrospective analysis of intravenous contrast utility in magnetic resonance neurography. Skeletal Radiol. 2020;49(4):577–84. https://doi.org/10.1007/s00256-019-03321-x.
20. Wadhwa V, Lee PP, Strome GM, Suh KJ, Carrino JA, Chhabra A. Spectrum of superficial nerve-related tumor and tumor-like lesions: MRI features. Acta Radiol (1987). 2014;55(3):345–58. https://doi.org/10.1177/0284185113494983.
21. Erickson SJ. High-resolution imaging of the musculoskeletal system. Radiology. 1997;205(3):593–618. https://doi.org/10.1148/radiology.205.3.9393511.
22. Koenig RW, Pedro MT, Heinen CPG, et al. High-resolution ultrasonography in evaluating peripheral nerve entrapment and trauma. Neurosurg Focus. 2009;26(2):E13. https://doi.org/10.3171/FOC.2009.26.2.E13.
23. Causeret A, Lapègue F, Bruneau B, Dreano T, Ropars M, Guillin R. Painful traumatic neuromas in subcutaneous fat: visibility and morphologic features with ultrasound. J Ultrasound Med. 2019;38(9):2457–67. https://doi.org/10.1002/jum.14944.
24. Tagliafico A, Altafini L, Garello I, Marchetti A, Gennaro S, Martinoli C. Traumatic neuropathies: spectrum of imaging findings and postoperative assessment. Semin Musculoskelet Radiol. 2010;14(5):512–22. https://doi.org/10.1055/s-0030-1268071.
25. Sung HS, Kim Y. Ultrasonographic features of traumatic neuromas in breast cancer patients after mastectomy. Ultrasonography (Seoul, Korea). 2017;36(1):33–8. https://doi.org/10.14366/usg.16029.
26. Goedee HS, Jongbloed BA, van Asseldonk JTH, et al. A comparative study of brachial plexus sonography and magnetic resonance imaging in chronic inflammatory demyelinating neuropathy and multifocal motor neuropathy. Eur J Neurol. 2017;24(10):1307–13. https://doi.org/10.1111/ene.13380.
27. Bignotti B, Signori A, Sormani M, Molfetta L, Martinoli C, Tagliafico A. Ultrasound versus magnetic resonance imaging for Morton neuroma: systematic review and meta-analysis. Eur Radiol. 2015;25(8):2254–62. https://doi.org/10.1007/s00330-015-3633-3.
28. Cudlip SA, Howe FA, Griffiths JR, Bell BA. Magnetic resonance neurography of peripheral nerve following experimental crush injury, and correlation with functional deficit. J Neurosurg. 2002;96(4):755–9. https://doi.org/10.3171/jns.2002.96.4.0755.
29. Aagaard BD, Lazar DA, Lankerovich L, et al. High-resolution magnetic resonance imaging is a noninvasive method of observing injury and recovery in the peripheral nervous system. Neurosurgery. 2003;53(1):199–204. https://doi.org/10.1227/01.NEU.0000069534.43067.28.
30. Thawait SK, Wang K, Subhawong TK, et al. Peripheral nerve surgery: the role of high-resolution MR neurography. Am J Neuroradiol. 2012;33(2):203–10. https://doi.org/10.3174/ajnr.a2465.
31. Bendszus M, Wessig C, Solymosi L, Reiners K, Koltzenburg M. MRI of peripheral nerve degeneration and regeneration: correlation with electrophysiology and histology. Exp Neurol. 2004;188(1):171–7. https://doi.org/10.1016/j.expneurol.2004.03.025.
32. Beaman FD, Kransdorf MJ, Menke DM. Schwannoma: radiologic-pathologic correlation. Radiographics. 2004;24(5):1477–81. https://doi.org/10.1148/rg.245045001.
33. Shankar H. Ultrasound demonstration of vascularity changes with changes in pain perception in a stump neuroma. Clin J Pain. 2009;25(3):253–5. https://doi.org/10.1097/AJP.0b013e31818b2b12.
34. Petchprapa CN, Rosenberg ZS, Sconfienza LM, Cavalcanti CFA, Vieira RLR, Zember JS. MR imaging of entrapment neuropathies of the lower extremity. Part 1. The pelvis and hip. Radiographics. 2010;30(4):983–1000. https://doi.org/10.1148/rg.304095135.
35. Donovan A, Rosenberg ZS, Cavalcanti CF. MR imaging of entrapment neuropathies of the lower extremity. Part 2. The knee, leg, ankle, and foot. Radiographics. 2010;30(4):1001–19. https://doi.org/10.1148/rg.304095188.
36. Wajid H, LeBlanc J, Shapiro D, Delzell P. Bowler's thumb: ultrasound diagnosis of a neuroma of the ulnar digital nerve of the thumb. Skeletal Radiol. 2016;45(11):1589–92. https://doi.org/10.1007/s00256-016-2469-5.
37. Goldblum JR, Folpe AL, Weiss SW. Benign tumors of peripheral nerves. In: Enzinger and Weiss's soft tissue tumors. Elsevier Saunders; 2020. p. 885–93.
38. Sneag D, Queler S. Technological advancements in magnetic resonance neurography. Curr Neurol Neurosci Rep. 2019;19(10):1–6. https://doi.org/10.1007/s11910-019-0996-x.
39. Kronlage M, Kronlage M, Schwehr V, et al. Peripheral nerve diffusion tensor imaging (DTI): normal values and demographic determinants in a cohort of 60 healthy individuals. Eur Radiol. 2018;28(5):1801–8. https://doi.org/10.1007/s00330-017-5134-z.
40. Oudeman J, Verhamme C, Engbersen MP, et al. Diffusion tensor MRI of the healthy brachial plexus. PLoS One. 2018;13(5):e0196975. https://doi.org/10.1371/journal.pone.0196975.
41. Martín Noguerol T, Barousse R, Gómez Cabrera M, Socolovsky M, Bencardino JT, Luna A. Functional MR neurography in evaluation of peripheral nerve trauma and postsurgical assessment.

Radiographics. 2019;39(2):427–46. https://doi.org/10.1148/rg.2019180112.
42. Ozturk A, Grajo J, Dhyani M, Anthony B, Samir A. Principles of ultrasound elastography. Abdom Radiol. 2018;43(4):773–85. https://doi.org/10.1007/s00261-018-1475-6.
43. Fujimoto K, Kato M, Kudo M, et al. Novel image analysis method using ultrasound elastography for noninvasive evaluation of hepatic fibrosis in patients with chronic hepatitis C. Oncology. 2013;84(1):3–12. https://doi.org/10.1159/000345883.
44. Wee TC, Simon NG. Ultrasound elastography for the evaluation of peripheral nerves: a systematic review. Muscle Nerve. 2019;60(5):501–12. https://doi.org/10.1002/mus.26624.
45. Albano D, Aringhieri G, Messina C, De Flaviis L, Sconfienza LM. High-frequency and ultra-high frequency ultrasound: musculoskeletal imaging up to 70 MHz. Semin Musculoskelet Radiol. 2020;24(02):125. https://doi.org/10.1055/s-0039-3401042.

Neuroma Pathology: The Role of Histological Analysis

7

Matthew D. Wood and Daniel A. Hunter

Abbreviations

CGRP	Calcitonin gene-related peptide
ECM	Extracellular matrix
EM	Electron microscopy
GFAP	Glial fibrillary acidic protein
H&E	Hematoxylin and eosin
IHC	Immunohistochemistry
MBP	Myelin basic protein
NF	Neurofilament
PGP 9.5	Ubiquitin carboxyl-terminal hydrolase
S100β	Calcium-binding cytosolic protein
SP	Substance P
VAS	Visual analogue scale
α-SMA	Alpha smooth muscle actin

Introduction

Much of the etiology, including appearance and composition, for neuroma was revealed through histological analysis. Historically, the ability to discern this information was developed centuries ago. In the seventeenth century, Malpighi first used microscopes to study biology, where he is regarded as the founder of the fields of histology and microscopic pathology. In the nineteenth century, Bichat introduced the concept of tissue to anatomy, and Meyer first described the term "histology" to indicate the "study of tissues." Then, the invention of the microtome, to allow for thin tissue sections, and the development of fixation techniques, now allowed for the detailed analysis of tissues to understand the underlying microscopic anatomy. While the term "neuroma" was first coined by Odier of Geneva in 1811 to describe deep lesions of nerves, Virchow (1821–1902) laid much of the groundwork necessary and is credited with the clarifying of the distinction of nerve tumors, and thus neuroma, by studying various nerve masses microscopically. In his work, nerve tumors were classified into true and false neuromas. True neuromas contained all elements of the nerve sheath and nerve fibers, whereas false neuromas only contained components of the nerve sheath. This microscopic distinction identified neuromas as abnormal nerve regeneration to be separated from peripheral nerve tumors [1, 2].

With modern technologies, biopsied tissue can be obtained and then processed, stained, and examined within hours to days. Utilizing the histological techniques and analyses presented in this chapter, a more comprehensive, if still incomplete, description of the anatomy and biology of neuroma now exists. From this analysis thus far, neuroma can be visualized microscopically to consist of chaotically arranged axons with numerous myelinated and unmyelinated sprouts. It contains a mixture of healthy Schwann cells myelinating axons, as well as dedifferentiated Schwann cells reflecting the ongoing injury and regeneration process. Neuromas are also easily identified by a greatly expanded extracellular matrix with numerous fibroblasts. While nerve fibers occupy 25–75% of the cross-sectional area of a healthy, uninjured nerve, the cross-sectional area of a neuroma is primarily connective tissue. Furthermore, as a clinical correlate, nerves that end in neuroma are firm to the touch compared to uninjured nerve [3].

A significant amount of what is known about neuroma pathology was first accomplished through chemical stains using light and electron microscopy and later through molecular histology techniques, such as immunohistochemistry and immunofluorescence. However, in the modern era, the diagnosis of neuroma most often does not require histology [4]. Except in special circumstances (tumor, confirmation of margins, and identification of scarring zone in repair), neuroma diagnosis can be performed clinically without histology. Instead, for this modern era, histological analysis of neuroma more prominently represents a continued ability to understand neuroma biology and develop new therapeutic avenues. In this chapter, we will discuss these modes of his-

M. D. Wood (✉) · D. A. Hunter
Division of Plastic and Reconstructive Surgery, Department of Surgery, Washington University in St. Louis School of Medicine, St. Louis, MO, USA
e-mail: woodmd@wustl.edu; hunterd@wustl.edu

K. R. Eberlin et al. (eds.), *Contemporary Neuroma Management*, https://doi.org/10.1007/978-3-031-59758-9_7

tology and the biomarkers and data provided to describe neuroma. We will discuss research using molecular histology in clinical specimens to reveal new biomarkers, understanding of the condition, and therapeutic directions.

Histochemistry: Light Microscopy

During surgery to excise the suspected neuroma, a tissue sample can be processed for histology/pathology. Examination of neuroma using histology requires post-processing of the tissue, or staining, in order to highlight specific features. For light microscopy, histological staining involves fixation, processing, embedding, sectioning, and staining before it can be examined under the microscope. Histological analysis using light microscopy with chemical stains, or histochemistry, remains the conventional option to evaluate and confirm neuroma diagnosis. Histochemistry involves the differential staining of cells (i.e., using dyes that stain specific structural and molecular components) to reflect the chemical differences of the constituents.

Procedures and Features

Chemical stains are commonly used to provide contrast, thereby revealing features that cannot be distinguished in unstained tissue. For all tissue staining processes, after tissue dissection, the tissue is fully immersed in fixative to preserve it. Next, the specimen is embedded in a medium with similar mechanical properties to the tissue, like paraffin wax. After embedding, the tissue is thinly sectioned using an instrument, such as a microtome. The slices are then mounted on slides and allowed to dry. Depending upon the embedding medium, additional steps may be involved, but otherwise the tissue section is ready for staining.

Hematoxylin and eosin (H&E) stain is a commonly used stain to show the general structure of tissue and is often applied to evaluate neuroma, as most laboratories within a medical campus provide these services. Hematoxylin stains cell nuclei blue; eosin, an acidic dye, stains the cytoplasm and other tissues in shades of pink. While axons, cells, extracellular matrix (ECM), and the pathology of cells (normal versus tumorigenic) can be distinguished, axon morphology is limited. For neuroma, disorganized nerve bundles or fascicles will be present and contain all normal cell types of nerve (i.e., Schwann cells, fibroblasts, mast cells, macrophages) embedded in largely expanded ECM or scar tissue [5, 6]. Disorganization of the tissue (caused by multidirectional proliferation of cells) allows traumatic neuromas to be distinguished from neurofibroma [7]. Often trichrome stain will accompany H&E staining to show extracellular matrix (primarily collagens) to better accent the degree of fibrotic scar and disorganized non-laminar architecture of neuroma [5]. Overall, features of neuroma can be identified to validate diagnosis, but axon morphology and myelin are poorly visualized with H&E and trichrome stains.

Additionally for nerve, a variety of other chemical stains can be employed, but their availability is often limited to the knowledge with a pathology department in their application. For example, Luxol fast blue (LFB) stains phospholipids (the main constituents of the myelin sheath around nerve processes) blue. Heavy metal stains, such as gold chloride and silver, can be useful in identifying axons and myelin directly from chemical interactions with their molecular components. For the nerve surgeons, perhaps the most commonly applied neurochemical stain targets acetylcholinesterase. Acetylcholinesterase is an enzyme that catalyzes the breakdown of acetylcholine (forming choline) and found mainly at neuromuscular junctions and to a greater extent in motor versus sensory axons. To identify these axons, chemicals targeting the byproducts of the acetylcholinesterase enzyme, typically choline, are reacted along with metal compounds, such as ferricyanide, to yield color products within the fibers containing the enzyme. Such techniques can be used to determine the level at which motor axons are present within a neuroma for resection.

For high-contrast and high-resolution imaging of nerve, heavy metal stains are preferred and offer major advantages over conventional stains, such as H&E. However, these are less commonly used as they require laboratories with extensive technical skills and knowledge of their applications. Most prominently, osmium tetroxide is considered the gold standard to distinguish nerve, as it stains lipids (fat and myelin) a very dark "black" color. This also allows for high contrast and better visualization of specific features of nerve, as myelin is notably highlighted from other structures, while additional counterstains can be utilized to emphasize other cellular and structural features, such as the commonly used toluidine blue. Toluidine blue provides contrast to non-neuronal cells and extracellular matrix, which now distinguish these features from the unstained pale axons and densely stained myelin on prepared slides [8].

Using osmium tetroxide processing and toluidine blue counterstaining, myelinated and unmyelinated axons, Schwann cells and other non-neuronal cells (based on morphological features), blood vessels, and ECM can all be visualized with high resolution [8]. Osmium tetroxide-stained neuroma specimens reveal striking features differing from normal nerve, as a neuroma can be distinguished by loss of perineurium and epineurium resulting in densely arranged and disordered fascicles, a significant increase in ECM, and numerous axonal sprouting with highly variable directionality to the nerve fibers (Fig. 7.1). However, distinguishing types of nerve fibers, such as motor versus sensory nerve fibers and Aβ vs Aδ nerve fibers, and types of C fibers (nociceptive

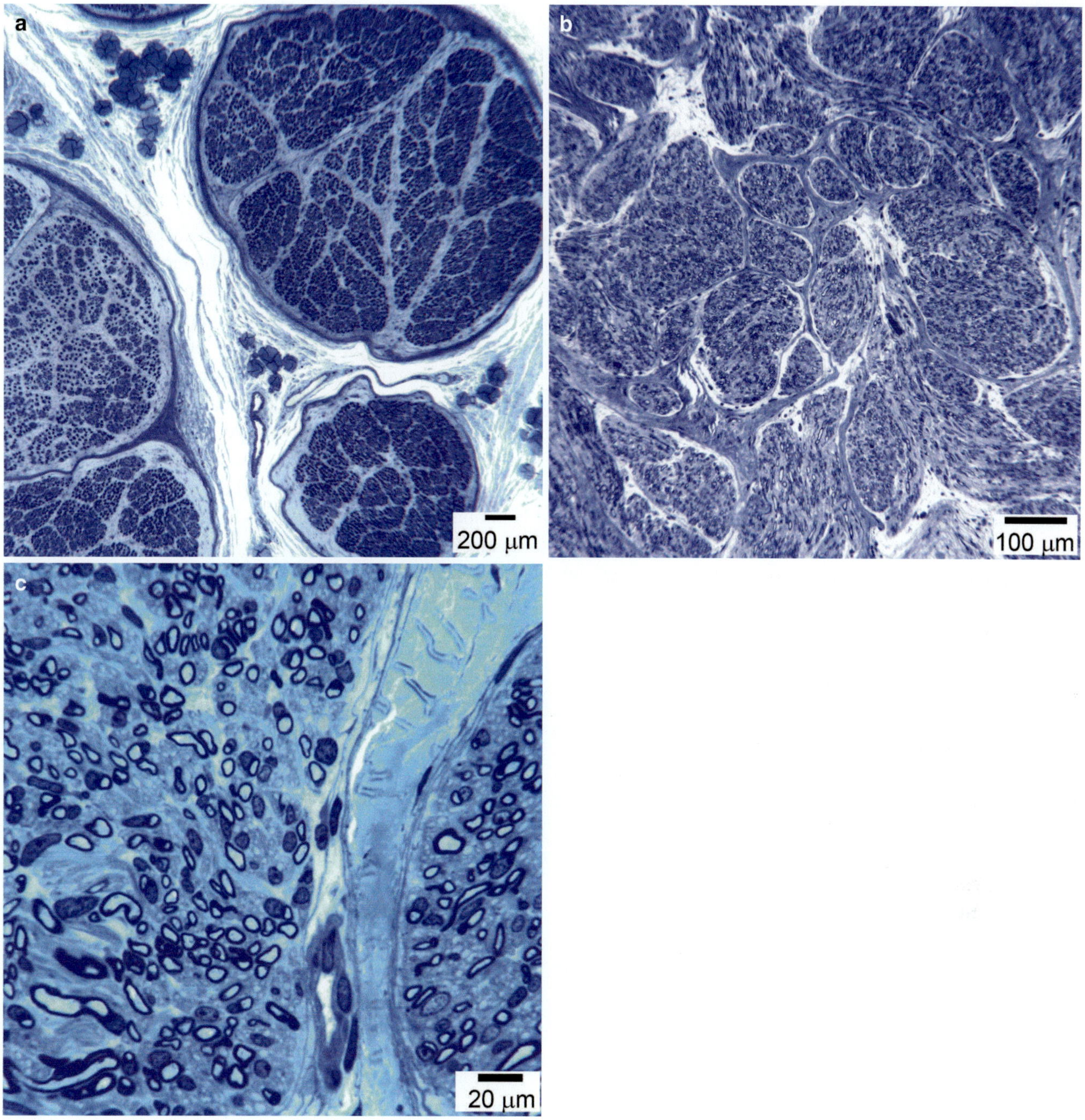

Fig. 7.1 Light microscopy images of neuroma using osmium tetroxide staining with toluidine blue counterstain. Resected median nerve containing an end-neuroma. (**a**) The nerve proximal to the neuroma is healthy and normal with well-defined fascicles and spacing between the fascicles containing moderate amount of extracellular matrix. (**b**) The neuroma site is greatly enlarged with numerous fascicles densely packed. The fascicles vary in size and are surrounded by dense extracellular matrix. (**c**) A more magnified examination of the neuroma reveals ongoing axon regeneration and collateral sprouting, as well as a mixture of normal rounded nerve fibers with disoriented nerve fibers based on the longitudinal directionality and change in morphology. A loss of perineurium and epineurium is present between fascicles

versus thermal), beyond a purely myelinated versus unmyelinated axon distinction, is not possible. But, as many features of nerve are now distinguishable, it has major advantages over other forms of chemical stains used in light microscopy. A further advantage of osmium tetroxide processing and staining is the strong fixation provided, which in turn best preserves the original size/shapes of nerve fibers and allows for quantitative analysis of morphometric features. Furthermore, this processing also allows for future analysis using electron microscopy.

Analysis

Quantitative analysis of neuroma using H&E staining is generally constrained to cell counts or density. Similarly, the use of acetylcholinesterase or other neuronal specific chemical stains is generally limited to relative quantities of the nerve fibers in consideration. These limits are due to the lack of ability to resolve axon and nerve structures in sufficient detail. While less commonly used, osmium tetroxide-processed and osmium tetroxide-stained specimens provide morphology features of nerve fibers that can be measured and aid in determining characteristics of neuroma. The use of image processing software is often incorporated, and this analysis has been coined "histomorphometry" [8, 9]. This approach utilizes imaging analysis techniques to define nerve fiber profiles based on shape, where it applies signaling processing algorithms to distinguish these shapes across the imaged nerve cross sections. ImageJ is a Java-based image processing program developed at the National Institutes of Health that is free to the public and can provide basic morphometric analysis. Additionally, the use of software that can facilitate multi-bit plane analysis has advantages over basic morphometry, as it can allow for sophisticated algorithms to separate components of nerve for analysis. This allows the separation, evaluation, and measurement of nerve features, such as fiber density, fiber sizes and myelination, and total fiber number [8, 9]. Unfortunately, free software with these capabilities is less common, but commercially available options have been published in research papers [8, 9].

Histochemistry: Electron Microscopy

The limit of resolution of the light microscope is 0.2 μm; therefore, objects or features less than 1 μm can be challenging to resolve. Electron microscopes use an electron beam, instead of light rays, effectively improving the numerical aperture and thus resolving power. The contrast in the electron microscope depends primarily on the differences in the electron density of the organic molecules in the sample. Therefore, the imaging process involves measuring absorbing or scattering of electrons, rather than light. For biological specimens, the limit of resolution is theoretically 1–2 nm, but because of the use of heavy metal stains and epoxy resin, this resolution is slightly diminished (likely about fivefold effectively). This immensely improved resolution is essential to analyze neuroma for unmyelinated axons, as numerous unmyelinated axonal sprouts are a major component. Furthermore, tissue structures, such as extracellular matrix organization, cell organelles, cell membranes, neurofilaments within axons, and even macromolecular complexes can be resolved, which can aid in the analysis of neuroma versus other pathologies. Histological analysis using electron microscopy requires heavy metal chemical stains to provide sufficient resolution in imaging as these chemicals increase electron density.

Procedures and Features

Tissue preparation for electron microscopy (EM) is generally similar to histochemistry for light microscopy. However, it requires strong, high-quality fixation (EM grade glutaraldehyde versus histological grade glutaraldehyde versus paraformaldehyde or formalin) and a heavy metal stain. As previously mentioned, the use of osmium tetroxide processing and staining over other chemical stains for routine light microscopy has a major advantage, as the samples from this preparation are semi-prepared and already processed for further staining and imaging. Uranyl acetate and lead citrate are commonly used as counterstains to further facilitate imaging via electron microscopy [8, 9].

Similar to light microscopy with osmium tetroxide, myelinated and unmyelinated axons, Schwann cells, and other non-neuronal cells (based on morphological features) can be visualized. Additionally, blood vessels including individual red blood cells and ECM organizational structure can be visualized with greater resolution. Critically, now even unmyelinated axons can be resolved with great accuracy. Furthermore, microtubules can be seen within axons if desired, which can potentially identify changes and pathology within individual axons. For neuroma, numerous unmyelinated axons with non-circular, ill-defined morphology, as well as their highly variable sizes, are demonstrated, in stark contrast to healthy nerve (Fig. 7.2). However, types of nerve fibers cannot be distinguished beyond myelinated and unmyelinated axons.

Analysis

Morphological features can be quantified similar to light microscopy analysis. However, an image analysis histomorphometry approach, as previously described, is not conducive to quantitative EM [8, 9]. Within EM analysis, as field sizes yield typically only single digit counts of axons, quantifying axon density and total fiber numbers would be challenging and prone to inaccuracies without an enormous amount of imaging fields sampled within the nerve. Instead, a stereology approach is more appropriate [9]. Design-based stereology utilizes mathematically derived models to estimate the structural features of tissues. It is used in a wide variety of biomedical applications and allows systematic, non-biased tissue sampling. Therefore, from these imaged fields, quantification of the individual axons can provide fur-

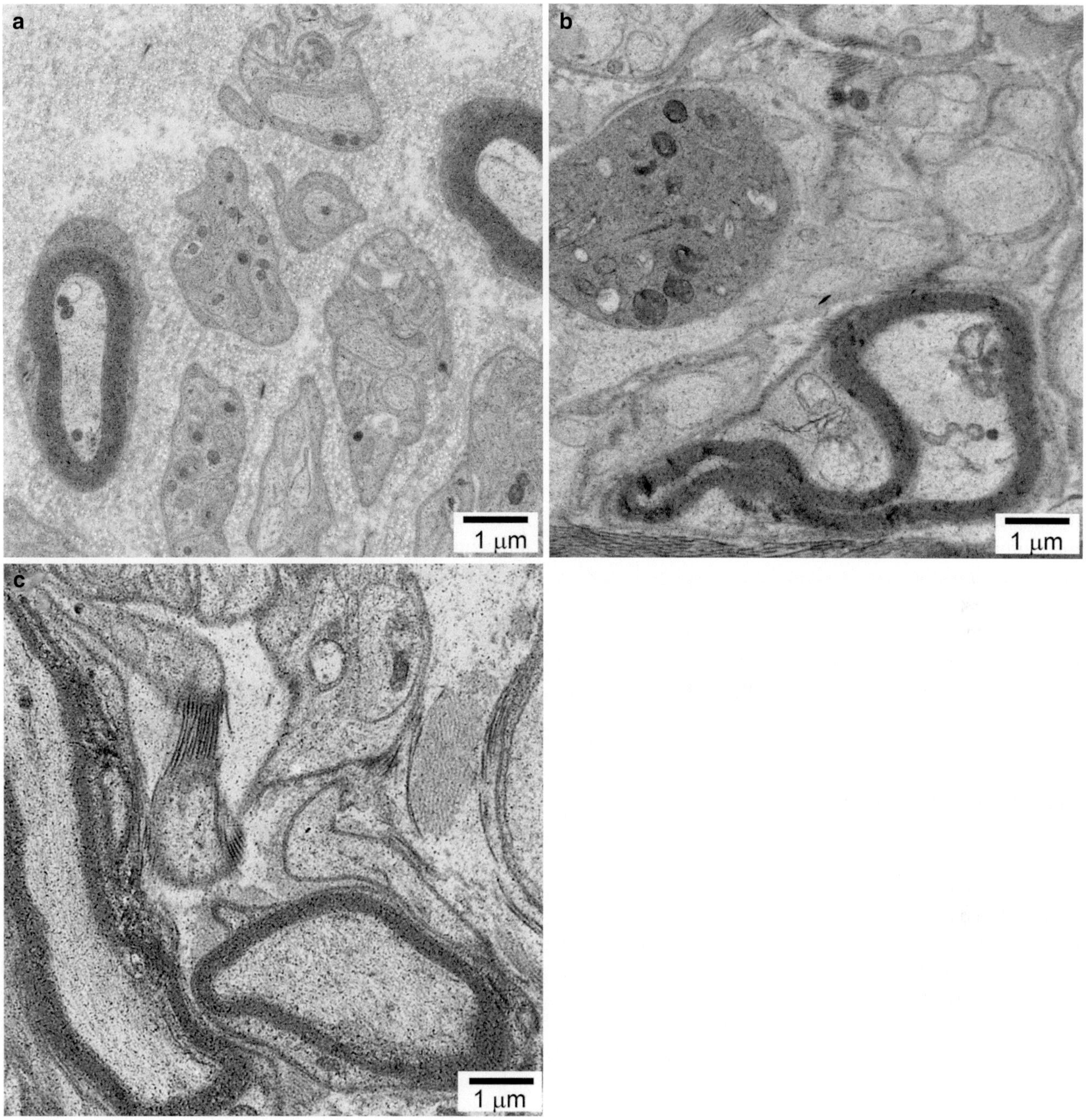

Fig. 7.2 Electron microscopy images of neuroma using osmium tetroxide staining with uranyl acetate and lead citrate counterstain. Resected median nerve containing an end-neuroma. (**a**) The nerve proximal to the neuroma is healthy and normal with a general unimodal distribution of unmyelinated axons with circular morphology surrounded by moderate amounts of extracellular matrix. Large, myelinated fibers can be seen with healthy myelin. (**b** and **c**) The neuroma site contains a dense distribution of unmyelinated axons of variable sizes and morphology. These are surrounded by dense extracellular matrix with random directional (rather than unidirectional as in **a**) and non-circular, ill-defined myelinated fibers based on the irregular patterns in their morphology

ther description of how neuroma nerve fiber histology differs from other healthy nerve or nerve pathologies [9]. Unfortunately, free software with these capabilities is less common, but commercially available options have been published in research papers [8, 9].

Immunohistochemistry

Using histochemistry, confirmation of neuroma diagnosis can be accomplished with high accuracy. However, the field of molecular histology also can confirm diagnosis and likely will play a larger role in neuroma research moving forward. Molecular histology represents the morphological characteristics of a tissue in terms of the molecules present, rather than mere chemical interactions with stains, and the functional interactions between them. In the last several decades, advances in molecular biology now make specific identification of proteins, RNA, and DNA possible, which more accurately identify the molecular composition of neuroma and further reveal the biology of neuroma. Antibodies are commonly used to stain tissues targeting proteins for visualization, in a process called immunohistochemistry (IHC). This process can be combined with enzymatic reactions for visualization using light microscopy or, when the stain is a fluorescent molecule, immunofluorescence visualized using fluorescence microscopy. Furthermore, other advanced techniques, such as in situ hybridization, can be combined with immunohistochemistry to identify specific DNA or RNA molecules. These techniques have greatly increased the ability to identify specific cells and their functional properties for neuroma, such as subsets of axons, Schwann cells, fibroblasts, and inflammatory cell populations, and even specific ECM components (collagens, laminin, etc.). Furthermore, these techniques revealed critical features paramount to the pathology of neuroma, such as concentrated expression of ion channels on axons that are responsible for their hyperexcitability [3].

Procedures and Features

Many of the processing steps for chemical stains using light microscopy apply when performing immunohistochemistry (IHC). Depending on the method of fixation and tissue preservation, instead of a chemical stain, samples may require additional steps to make the epitopes of antigens or targets available for antibody binding. After these steps, antibodies raised against an antigen of interest (primary) are applied followed by antibodies raised against immunoglobulins of the primary antibody species (secondary). The secondary antibody is usually conjugated to a linker molecule that then reacts with reporter molecules, or the secondary antibody itself is directly bound to the reporter molecule. Reporter molecules vary and include chromogenic and fluorescence detection. With chromogenic reporters, an enzyme label reacts with a substrate to yield an intensely colored product that can be analyzed with an ordinary light microscope. Alternatively, fluorescent reporters are small, organic molecules capable of fluorescence, which can be detected by fluorescent microscopy.

To identify axons, pan-axonal antibodies, such as ubiquitin carboxyl-terminal hydrolase (PGP 9.5), neurofilament (NF), or beta-III tubulin, will bind to these axon-specific proteins. To identify Schwann cells, a variety of markers for Schwann cells can be employed, which include neurotrophin receptor p75 and glial fibrillary acidic protein (GFAP) (for dedifferentiated Schwann cells) and the calcium-binding cytosolic protein S100β, a highly specific marker better suited to identify mature and myelinating Schwann cells. Additionally, these biomarkers for Schwann cells can be combined with markers for myelin, such as myelin basic protein (MBP), to identify the extent of myelination within the tissue. Beyond the basic components of nerve, specific markers for non-neuronal cells (leukocytes, fibroblasts, blood vessels) can be employed. As well, ECM can be distinguished with greater accuracy than chemical stains, as individual components, such as collagen types and laminin, can be targeted for direct visualization. Neuroma specimens reveal striking features differing from normal nerve, as a neuroma can be distinguished by densely arranged and disordered fascicles, in contrast to highly ordered and symmetric healthy nerve (Fig. 7.3).

For the basic characterization of neuroma as just detailed, molecular histology has disadvantages. Compared to chemical stains, molecular histology can be more timely and costly for routine analysis due to labor involved and cost of antibodies and other reagents. Further, regardless of whether chromogenic or fluorescence reporters are used, image resolution, such as axon morphology, will be greatly reduced compared to osmium tetroxide processing and staining [8, 9]. Despite these disadvantages, directly distinguishing types of nerve fibers, such as motor versus sensory axons, while not yet perfectly defined, has marked improvements over histochemistry. For example, the aforementioned acetylcholinesterase can be directly targeted by antibodies to determine if motor axons are present within a resected neuroma. The use of antibodies is more specific than histochemistry (using chemical reactions) and avoids off-product reactions during the enzymatic color product formation, which could be misinterpreted as axons expressing acetylcholinesterase. However, these advanced techniques are not commonly used clinically and instead represent an approach used in research to better understand neuroma biology.

Molecular histology is increasingly being used to identify a great variety and complexity to neuronal (and their axonal) populations. To appreciate the power in molecular histology, a brief summary of the concepts and perception of pain for the peripheral nervous system is useful. Nociceptors that respond to noxious stimuli are classified by two basic types of fibers: Aδ and C. As normal nociception results from the stimulation of Aδ and C fibers, in neuroma, these fibers are thought to be altered and augmented. As well, Aβ fibers have been identified, which normally innervate skin, and could result in abnormal signals or sensitization of the neuroma area [3]. C fibers can be distinguished as PGP-positive fibers, which lack NF or MBP, while NF/MBP-positive populations represent A fiber populations. Furthermore, most C and Aδ

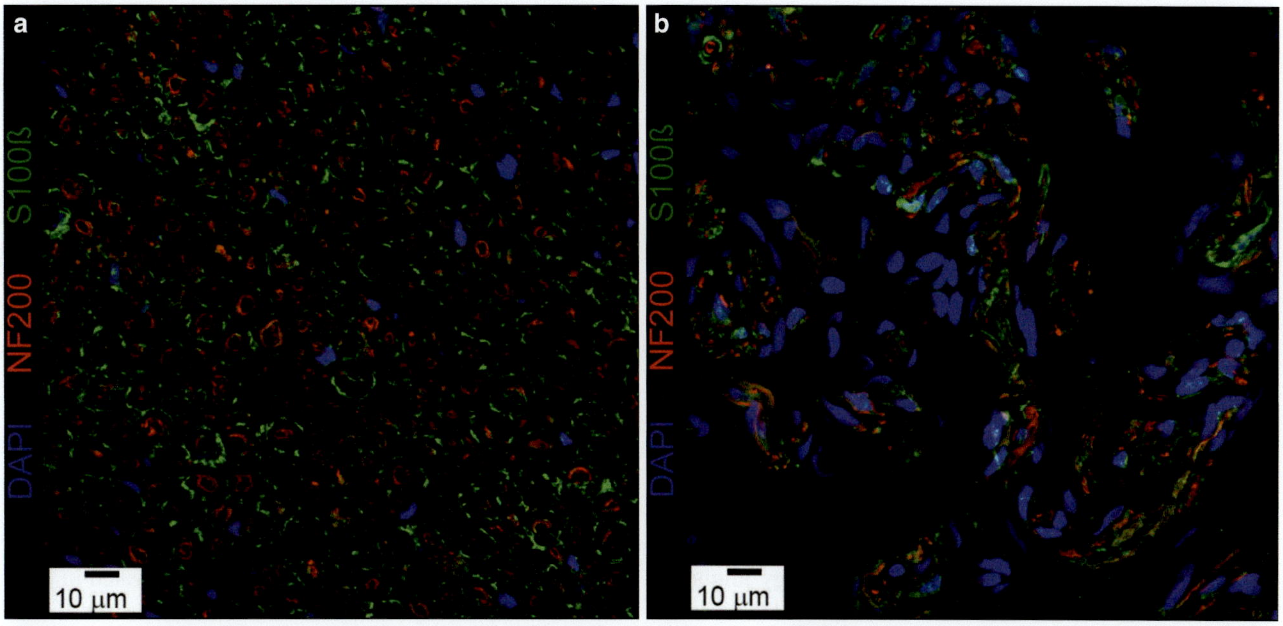

Fig. 7.3 Fluorescence microscopy images of neuroma using antibodies targeting axons and Schwann cells. (**a**) Healthy or normal nerve with well-defined, dense, and uniformly spaced axons (NF200 in red) with myelinating Schwann cells (S100β in green) surrounding the axons and sparse cell nuclei (DAPI in blue) demonstrating the majority of nerve is occupied by axons and Schwann cells with myelin. (**b**) Resected nerve containing an end-neuroma, where regenerating units are noted by patches of axons (NF200) and Schwann cells (S100β). Note the non-uniform distribution of axons and Schwann cells, including areas without axons or Schwann cells, and the numerous cell bodies (DAPI) now present throughout the nerve, likely representing increased fibroblasts (not directly stained)

fibers contain substance P (SP) and calcitonin gene-related peptide (CGRP) (i.e., peptidergic) [10], while the P2X purinoceptor 3 receptor is exclusively expressed in C fibers that nearly all lack CGRP [11, 12]. While the presence or absence of myelin can discriminate between these fiber types broadly and offers no major advantage over chemical stains, molecular histology permits a more critical identification of sensory fibers based upon unique neurochemical profiles.

Finally, an example of a major insight from molecular histology techniques has been revealed by identification of an abnormal accumulation of ion channels on axons within neuroma. In these experiments, painful neuromas obtained from patients were examined using site-specific anti-sodium and anti-potassium channel antibodies, where normal sural nerves from these patients served as controls. Both immunocytochemistry and radioimmunoassay showed highly elevated (relative to sural nerve control) and abnormal segmental accumulation of both ion channels within many axons in the neuroma, which was most apparent within the axonal tips [13, 14]. These findings then allowed testing whether this abnormal accumulation may account for the hyperexcitability and spontaneous discharge noted for symptomatic neuroma [15]. These theories were supported by data showing that agents that block sodium ion channels inhibit spontaneous activity and decrease conductance, thereby decreasing neuropathic pain [3]. While just an overview of the vast molecular players, the molecular pathways involved in sensory neuron populations are gradually being elucidated through molecular histology and will offer significant insight into how pain is transmitted by neuroma.

Analysis

Analysis techniques for molecular histology using microscopy are generally less defined, given the still developing knowledge regarding molecular pathways for axonal and sensory transmission. Due to reduced axon resolution compared to an osmium tetroxide histochemistry, morphometric analysis of nerve fibers can be less accurate and challenging to accomplish [8, 9]. Similarly, resolving unmyelinated axon morphology is limited, but detecting the presence of specific types of fibers and relative quantities can be done, where chemical stains cannot. Alternatively, the quantification of non-neuronal cell types, such as counting inflammatory cells, can be performed, but the interpretation of these data related to neuroma pathology is not yet clear [16]. Densitometry analysis of the signal from molecular reporters can also provide quantitative data to correlate the level of reporter signal to the level of molecular target expression or localization [17]. However, again, it is still yet unknown how these data from the neuroma relate to pathology and pain.

Overall, there is not yet a definitive biomarker of symptomatic or asymptomatic neuroma, nor a reliable measure to correlate the degree of pain to histological findings. For example, while neuromas are represented by increased ion channels compared to normal nerve, it is not always the case that a neuroma highly represented by sodium channels would necessarily be interpreted by the patient during clinical examination as highly painful per se [18, 19]. Therefore, care must be taken not to over-interpret molecular data at the present. The search for unique biomarkers or quantification methods that could predict or distinguish features for these purposes is an active research for the field.

Future Research: Understanding the Pathology of Neuroma

While histology has played an enormous role in understanding neuroma, in current practice, diagnosis of neuroma likely does not require histology [4]. Instead, histology might be thought to offer a new role, as it can be used to aid in research to understand the biology of neuroma, and could uncover new biomarkers for neuroma. These biomarkers could aid in its diagnosis or possibly predict the onset of pain, such as a biomarker that could distinguish symptomatic (painful) vs asymptomatic neuroma.

Using what is known regarding neuroma biology, many studies have sought to identify biology and biomarkers that could distinguish neuroma from normal nerve. In this regard, neurotrophic factor receptors have been found to be highly expressed within neuroma compared to uninjured, healthy nerve. Most significantly, the nerve growth factor receptor tyrosine kinase A (TrkA) was increased over twofold compared to normal nerve as revealed through semi-quantitative image analysis using densitometry quantification techniques [17]. Not only does this reveal more regarding the biology of neuroma, as it indicates ongoing regeneration even months after injury, but also this particular biomarker could prove useful. This biomarker demonstrated elevated expression levels compared to normal nerve, but because this biomarker was a cellular receptor, it is a useful target for non-invasive imaging. Imaging typically requires using imaging compounds that can target cell surface proteins more robustly compared to intracellular proteins [20].

In the search for biomarkers to distinguish painful from non-painful neuroma, studies have found mixed results. Capitalizing on the role of inflammation in pain, one such study quantified the accumulation of inflammatory cells in neuromas to establish any correlation with the patients' reported symptoms of pain. Both the pan-leukocyte markers and a specific macrophage marker were used, and comparisons were made between neuromas across patients with or without symptoms of pain. Unfortunately, while these markers were found in neuroma, no differences were found between the levels of markers labeled in patients' neuromas, with or without symptoms of pain [16].

Fortunately, additional studies have begun to find useful biomarkers to distinguish painful neuroma and, in fact, have even found correlations of the biomarker level to pain. In one study, based on the known overexpression of sodium channels, the multifunctional transmembrane protein Ankyrin G was assessed, as it binds sodium channels and links them to neuronal cell adhesion molecules. Similar to previous methods, immunocytochemistry was used to determine its levels, where painful versus non-painful neuroma was compared, as well as normal nerve. This analysis revealed that not only was Ankyrin G staining intensity increased in neuroma but also it was increased ~1.5-fold in painful compared to non-painful neuroma [21]. In a separate study, a similar differential analysis of painful (symptomatic) versus non-painful (asymptomatic) neuroma was conducted. Capitalizing on fibrosis-associated neuroma, they investigated whether a specific type of fibroblast, myofibroblasts (using the marker alpha smooth muscle actin (α-SMA)), was elevated in painful neuroma, as myofibroblasts contract tissue for wound closure, but can cause local mechanical stress and scar formation when elevated in expression. These studies revealed a differential expression of α-SMA among symptomatic versus asymptomatic neuroma (as well as normal nerve). But additionally, using the patients visual analogue scale (VAS) pain scores and performing linear regression on these scores to α-SMA levels, they determined that pain was directly associated with α-SMA level within the neuroma [22].

Identification of new markers of neuroma, such as distinguishing painful from non-painful, not only provides novel diagnostic tools to identify neuroma but also offers new therapeutic directions. These directions could lead to opportunities to augment surgery with medicine in treating neuroma or even the potential to eliminate surgery and replace with medicine to treat this painful condition. However, all such studies discussed require examining tissue after formation of neuroma, which limits any insights to mere associations. And further, because of the end point for analysis, it is difficult to know if these markers are causal to pain or byproducts of neuroma that are either associated with pain or induce additional pain. But still, this invaluable information can guide new studies, such as preclinical models exploring these signaling pathways, which could reveal new insights in neuroma formation and how to prevent pain.

References

1. Brosius S. A history of von Recklinghausen's NF1. J Hist Neurosci. 2010;19(4):333–48.
2. Powers CJ, Friedman AH. A brief history of surgery for peripheral nerve sheath tumors. Neurosurg Focus. 2007;22(6):E1.
3. Vernadakis AJ, Koch H, Mackinnon SE. Management of neuromas. Clin Plast Surg. 2003;30(2):247–68.
4. Ducic I, Endara M, Mohan R. Routine pathological evaluation of neuroma specimens: is there a rationale? J Reconstr Microsurg. 2010;26(8):497–500.

5. Karsy M, Palmer CA, Mahan MA. Pathologic remodeling of endoneurial tubules in human neuromas. Cureus. 2018;10(1):e2087.
6. Kang J, Yang P, Zang Q, He X. Traumatic neuroma of the superficial peroneal nerve in a patient: a case report and review of the literature. World J Surg Oncol. 2016;14(1):242.
7. Fayad JN, Linthicum FH. Symptomatic postsurgical traumatic neuromas. Otol Neurotol. 2009;30(7):981–4.
8. Hunter DA, Moradzadeh A, Whitlock EL, Brenner MJ, Myckatyn TM, Wei CH, et al. Binary imaging analysis for comprehensive quantitative histomorphometry of peripheral nerve. J Neurosci Methods. 2007;166(1):116–24.
9. Hunter DA, Pan D, Wood MD, Snyder-Warwick AK, Moore AM, Feldman EL, et al. Design-based stereology and binary image histomorphometry in nerve assessment. J Neurosci Methods. 2020;336:108635.
10. Kruger L, Silverman JD, Mantyh PW, Sternini C, Brecha NC. Peripheral patterns of calcitonin-gene-related peptide general somatic sensory innervation: cutaneous and deep terminations. J Comp Neurol. 1989;280(2):291–302.
11. Ambalavanar R, Dessem D. Emerging peripheral receptor targets for deep-tissue craniofacial pain therapies. J Dent Res. 2009;88(3):201–11.
12. Pinto LG, Souza GR, Kusuda R, Lopes AH, Sant'Anna MB, Cunha FQ, et al. Non-peptidergic nociceptive neurons are essential for mechanical inflammatory hypersensitivity in mice. Mol Neurobiol. 2019;56(8):5715–28.
13. England JD, Happel LT, Liu ZP, Thouron CL, Kline DG. Abnormal distributions of potassium channels in human neuromas. Neurosci Lett. 1998;255(1):37–40.
14. England JD, Happel LT, Kline DG, Gamboni F, Thouron CL, Liu ZP, et al. Sodium channel accumulation in humans with painful neuromas. Neurology. 1996;47(1):272–6.
15. Kretschmer T, Happel LT, England JD, Nguyen DH, Tiel RL, Beuerman RW, et al. Accumulation of PN1 and PN3 sodium channels in painful human neuroma-evidence from immunocytochemistry. Acta Neurochir. 2002;144(8):803–10; discussion 810
16. Vora AR, Bodell SM, Loescher AR, Smith KG, Robinson PP, Boissonade FM. Inflammatory cell accumulation in traumatic neuromas of the human lingual nerve. Arch Oral Biol. 2007;52(1):74–82.
17. Harpf C, Dabernig J, Humpel C. Receptors for NGF and GDNF are highly expressed in human peripheral nerve neuroma. Muscle Nerve. 2002;25(4):612–5.
18. Bird EV, Robinson PP, Boissonade FM. Nav1.7 sodium channel expression in human lingual nerve neuromas. Arch Oral Biol. 2007;52(5):494–502.
19. Bird EV, Christmas CR, Loescher AR, Smith KG, Robinson PP, Black JA, et al. Correlation of Nav1.8 and Nav1.9 sodium channel expression with neuropathic pain in human subjects with lingual nerve neuromas. Mol Pain. 2013;9:52.
20. Luzhansky ID, Sudlow LC, Brogan DM, Wood MD, Berezin MY. Imaging in the repair of peripheral nerve injury. Nanomedicine. 2019;14(20):2659–77.
21. Kretschmer T, Nguyen DH, Beuerman RW, Happel LT, England JD, Tiel RL, et al. Painful neuromas: a potential role for a structural transmembrane protein, ankyrin G. J Neurosurg. 2002;97(6):1424–31.
22. Yan H, Gao W, Pan Z, Zhang F, Fan C. The expression of α-SMA in the painful traumatic neuroma: potential role in the pathobiology of neuropathic pain. J Neurotrauma. 2012;29(18):2791–7.

Part III

Non-surgical Management Strategies for Symptomatic Neuromas

Pharmacotherapy and Medical Management for Neuroma and Neuropathic Pain

8

Yusha Liu, Kristen M. Manto, Dennis S. Kao, and John C. Elfar

Introduction

Neuroma formation is a result of peripheral nerve injury. Upon complete nerve transection, an end neuroma forms as the resultant regenerative effort of the peripheral nerve via axonal sprouting. With partial nerve transection or crush injury, a neuroma-in-continuity will form. It has been estimated that 13–32% of amputees are affected by symptomatic neuromas, which cause pain and limit prosthetic use.

Within neuromas, spontaneous nerve activity may occur, leading to the sensation of pain even without stimuli. In addition, neuromas contain various dysfunctional ion channels with reduced excitation thresholds, making them extremely sensitive to pressure or external stimuli [1, 2]. Furthermore, the persistent afferent pain signals induce changes in the dorsal root ganglia and cause cortical reorganization. Various classes of medications that target different components of the pain pathway are typically necessary for effective pain relief. Each class will be discussed separately in this chapter. A summary of commonly used medications is outlined in Table 8.1.

Table 8.1 Summary of commonly used medications

Class	Medication	Starting dose	Titration	Target dose	Maximum daily dose
Gabapentinoids	Gabapentin	300 mg QHS	Increase by 300 mg every 3–5 days; first increase frequency to 300 mg TID and then increase dose	1200–2400 mg per day	3600 mg
	Pregabalin	75 mg QHS	Increase every 3–7 days; first increase frequency to 75 mg BID and then increase dose	300–600 mg per day	600 mg
SRNIs	Duloxetine	30 mg daily	Increase as tolerated after 7 days, first to 60 mg per day	60–120 mg per day	120 mg
TCAs	Amitriptyline	10 mg/25 mg QHS	Increase as tolerated every 3–7 days	50–100 mg nightly	150 mg
Narcotics	Oxycodone	5 mg Q4H PRN	Increase dose by 25–50%	Use minimal effective dose	Use minimal effective dose
	Tramadol	50 mg Q6H PRN	Increase every 3 days, up to 100 mg Q6H	200–300 mg per day	400 mg
NSAIDs	Ibuprofen	400 mg Q6H	Increase every 3 days, up to 800 mg Q6H	1600–2400 mg per day	3200 mg
Supplements	Magnesium	400 mg daily	Increase every 3–4 days, until getting 1–2 loose bowel movements per day	As tolerated with gastrointestinal side effects	1200 mg

Y. Liu · D. S. Kao
Department of Surgery, University of Washington, Seattle, WA, USA
e-mail: ykliu@uw.edu; kaod@ccf.org

K. M. Manto
Department of Orthopaedics, The Johns Hopkins University Hospital, Baltimore, USA
e-mail: kmanto@pennstatehealth.psu.edu

J. C. Elfar (✉)
Department of Orthopedics and Sports Medicine, University of Arizona College of Medicine, Tucson, AZ, USA

K. R. Eberlin et al. (eds.), *Contemporary Neuroma Management*, https://doi.org/10.1007/978-3-031-59758-9_8

Gabapentinoid Medications

Gabapentin and pregabalin are similar in structure to the inhibitory neurotransmitter gamma-aminobutyric acid (GABA); however, despite being GABA analogues, they do not bind to $GABA_A$ or $GABA_B$ receptors, nor do they modulate the activity of GABA. Rather, gabapentin and pregabalin both bind with high affinity to the α_2-δ auxiliary subunit of voltage-gated calcium channels, but the mechanism of action is not well understood [3, 4].

Gabapentin

Gabapentin is approved by the Food and Drug Administration (FDA) for the treatment of focal-onset seizures and postherpetic neuralgia but is commonly used off-label for a variety of conditions including neuropathic pain, fibromyalgia, restless legs syndrome, alcohol use disorder, and anxiety disorders [5–8]. For neuropathic pain, gabapentin has been effective in a wide range of underlying conditions, including postherpetic neuralgia, diabetic neuropathy, complex regional pain syndrome, and radiculopathy [6, 7, 9–11].

Although it may reduce pain in the case of trauma or postsurgical peripheral nerve injury [12], evidence supporting the use of gabapentin for the treatment of neuromas is less robust based on equivocal results from clinical trials examining postamputation pain. One randomized, double-blind, placebo-controlled, crossover trial showed that 6 weeks of gabapentin treatment significantly decreased phantom limb pain intensity compared with placebo [13]. In pediatric patients with major limb loss, this benefit was noted when gabapentin was started in the acute postoperative period as well [14]. However, other studies did not demonstrate a significant decrease in phantom limb and residual limb pain with gabapentin use, both in the perioperative setting and in the treatment of chronic pain; these findings may be due to the heterogeneity of the patient populations examined, presence of comorbidities such as peripheral vascular disease and diabetic neuropathy, and lower average level of pain at baseline [15, 16]. More recently, one study using an extended-release formulation showed significant relief of postamputation pain with excellent tolerance [17].

Somnolence, dizziness, and cognitive impairment are the most common side effects, and gabapentin use may be limited by a patient's ability to tolerate uptitration to a therapeutic dose [18]. Gabapentin is typically started at a low dose of 300 mg at nighttime, although it may be initiated at 100 mg for patients who may be especially sensitive. This is uptitrated first by increasing the frequency to three times daily due to its serum half-life between 5 and 9 h and then by incrementally increasing the dose to a maximum of 1200 mg three times daily (3600 mg total daily dose). Initiating dose increases at bedtime is often well-tolerated and may have the added benefit of facilitating sleep. Interestingly, gabapentin bioavailability is dose-dependent due to a saturable transport mechanism, such that a dose of 300 mg has 60% bioavailability, but doubling the dose to 600 mg drops its bioavailability to 40% [19]. Of note, gabapentin is not metabolized and is eliminated via renal excretion, and its use must be carefully monitored in those with impaired kidney function [20].

Gabapentin should be slowly tapered off if discontinuation is warranted due to a lack of therapeutic benefit or intolerable side effects. Weaning faster than 300 mg every 4 days may precipitate withdrawal symptoms, even in patients on doses as low as 500 mg daily. Withdrawal onset may begin 12 h to 7 days after cessation, and symptoms include sweating, tachycardia, gastrointestinal symptoms, insomnia, and irritability [21, 22].

Pregabalin

Pregabalin is a newer-generation gabapentinoid that became available in a generic formulation in 2019. Although its structure closely resembles gabapentin, it boasts an improved pharmacokinetic profile that allows for more rapid uptitration to therapeutic doses and may contribute to achieving pain relief soon after initiation of therapy. Unlike gabapentin, pregabalin is rapidly absorbed and has dose-independent bioavailability and requires only twice daily dosing, which is more convenient for patients [23–25]. Pregabalin is typically started at 75 mg at bedtime and may be adjusted by first increasing frequency to twice daily. These starting doses are often clinically effective, but uptitration may be done up to a maximum daily dose of 600 mg. Because a steady-state concentration is attained in 24–48 h, uptitration may be done on an accelerated timeline. Pregabalin has a similar side effect profile, and abrupt cessation is not recommended due to risk of withdrawal symptoms.

The efficacy of gabapentin versus pregabalin in the treatment of chronic neuropathic pain has not been directly compared; prior to 2019, gabapentin was often the first-line medication due to the significantly higher costs of brand-name pregabalin (Lyrica), which was often not covered by insurance. However, pregabalin was shown to be efficacious in open-label clinical trials in the treatment of refractory neuropathic pain, even for patients in whom gabapentin therapy was ineffective [26–29]. In diabetic neuropathy and postherpetic neuralgia, pregabalin treatment may reduce pain as well as improving anxiety and sleep [30–34]. Pregabalin has not been specifically investigated in the context of postamputation neuromas and pain but has successfully reduced pain in post-traumatic etiologies of neuropathic pain including peripheral nerve injuries [35–37]. Due to its therapeutic efficacy, pharmacokinetic benefits, convenience of twice daily dosing for patients, and availability as a generic medication, pregabalin is becoming an increasingly popular option as a nonopioid pain medication.

Medications Targeting Serotonin and Norepinephrine Neurotransmission

Serotonin and norepinephrine are monoamine neurotransmitters that have been implicated in a variety of psychiatric and neurological disorders. Serotonin can bind to 14 different subtypes of serotonin receptors, while norepinephrine acts on 5 subtypes of adrenergic receptors. Each receptor activates a diverse set of downstream signaling pathways and has unique properties including cell type-specific expression and subcellular localization, all of which contribute to the complexity of their neuromodulatory effects. Several major classes of medications have been developed to target these systems, including selective serotonin reuptake inhibitors (SSRIs), serotonin-norepinephrine reuptake inhibitors (SNRIs), tricyclic antidepressants (TCAs), and monoamine oxidase inhibitors (MAOIs). In the treatment of chronic pain, SNRIs and TCAs have demonstrated therapeutic benefit. SSRIs show substantially lower efficacy for pain despite its widespread use in treating anxiety and depression, and MAOIs are infrequently used due to significant drug interactions and risk of adverse effects [38, 39]. Serotonin syndrome is a risk associated with use of any of these medications, particularly at high dosages or in combination with other medications targeting serotonergic neurotransmission.

Serotonin-Norepinephrine Reuptake Inhibitors (SNRIs)

The SNRI medications that have been most extensively studied to date for chronic pain are duloxetine and venlafaxine [40]. Duloxetine has demonstrated efficacy in the reduction of pain for fibromyalgia, diabetic neuropathy, chronic musculoskeletal pain such as low back pain, and chemotherapy-associated neuropathic pain [41–48]. Similar results have been reported for venlafaxine and its extended-release formulation in fibromyalgia as well as in diabetic and idiopathic polyneuropathy [49–54].

Few studies have examined its role in treating pain resulting from physical injury to peripheral nerves. One case series of four patients with lower limb loss showed an improvement in phantom limb pain with duloxetine [55]. Additionally, venlafaxine showed a modest benefit in the treatment of pain in breast cancer patients, including postmastectomy pain [56, 57]. However, randomized controlled trials specifically investigating neuroma pain are lacking for any SNRI medication.

Duloxetine is typically started at 30 mg daily and then may be uptitrated to a maximum dose of 120 mg total per day. Venlafaxine is available in immediate- and extended-release formulations, started at 37.5 mg or 75 mg daily and increased to a maximum daily dose of 225 mg. The most common side effects associated with SNRIs include nausea and dizziness, but these symptoms are often transient and improve with time. SNRIs should not be discontinued abruptly as this may precipitate a wide range of withdrawal symptoms, and a 4-week tapering period is generally recommended [58].

Tricyclic Antidepressants (TCAs)

In general clinical use, TCAs have largely been replaced by the newer SSRI and SNRI medications. Because TCAs are less selective and interact with many different receptors, they are associated with more off-target effects, particularly anticholinergic effects, cardiac disturbances including QT prolongation and arrhythmias, decreased seizure threshold, and antihistamine symptoms; most worrisome is the potential for TCA overdose to result in death [59].

Of the TCA medications, amitriptyline is most frequently used in the treatment of chronic pain [60]. Amitriptyline is typically started at 10 mg or 25 mg at bedtime and then increased until therapeutic benefits are observed often at 50–100 mg nightly, up to a maximum daily dose of 150 mg. Specifically for neuroma pain, one double-blind, randomized, placebo-controlled study did not show any benefit of amitriptyline treatment in reducing pain after amputation [61]. Data is similarly lacking for other commonly used medications in the TCA class including nortriptyline, imipramine, desipramine, and doxepin.

Opioid Medications

Although the efficacy of opioids in treating symptomatic neuromas remains controversial, the shortcomings and challenges associated with management of chronic pain with standard pharmacologic agents like nonsteroidal anti-inflammatory drugs (NSAIDs) and acetaminophen often result in the use of opioid analgesics. Opioid medications may also be used in combination as a second-line treatment to first-line agents such as gabapentinoids and SNRIs to improve their efficacy [62, 63].

Despite concerns for opioid use in treating pain, data from clinical trials do provide evidence to support their use in the acute setting and as a temporary therapeutic adjunct. Several randomized clinical trials suggest opioid analgesics provide greater pain relief than placebo treatment, and pain relief with opioids is at least as effective as first-line agents like TCAs and gabapentin [64]. However, opioid medications impose serious long-term side effects such as hypogonadism and immunologic changes, as well as the potential for misuse or abuse. Opioids are thus generally prescribed when first-line therapies fail and may be a source of symptomatic relief for patients with severe and chronic neuropathic pain from neuromas [65]. Guidelines dictate that opioid analgesics be used when first-line treatments such as gabapentinoids and SNRIs do not provide a satisfactory response or be used in combination with these agents to obtain immediate pain relief in certain patient cases [66, 67]. These guidelines are often codified in state law to curb the use and abuse of opioid medications.

One opioid agent may be more effective than another depending on an individual patient, so a trial-and-error approach may be appropriate. The dose of a short-acting opioid such as morphine, oxycodone, codeine, or hydromorphone can be slowly increased every few days depending on the patient's response and side effects [68]. Once efficacy is observed with a short-acting opioid, a long-acting agent such as sustained-release morphine, hydromorphone, oxycodone, or fentanyl skin patch may be prescribed [65]. Long-acting opioids reduce fluctuations in plasma concentrations of the medication, and the longer dosing interval may improve patient adherence; in contrast, short-acting agents may provide a greater analgesic benefit, increased quality of life, and fewer adverse effects [68]. No studies have directly compared the effectiveness of short-acting versus long-acting opioids in patients with neuropathic pain from neuromas.

In addition to their use as second- or third-line agents alone, opioids can also be integrated into multidrug regimens to achieve additive or synergistic analgesia by targeting multiple components of neural pain pathways. For example, concomitant use of gabapentin and morphine has been shown to result in better analgesia at lower doses of each drug than either alone [69]. Newer agents include opioid-like hybrid drugs such as tramadol, a weak opioid μ-receptor agonist, that also inhibits reuptake of serotonin and norepinephrine. Tramadol provides rapid pain relief with a decreased abuse potential, albeit with less efficacy than strong agonists such as oxycodone [66].

The use of opioid medications is not without detractors, and overall, opioids are not deemed a first-line treatment for neuropathic pain. Several short-term studies provide only equivocal evidence for opioid efficacy in reducing neuropathic pain, while longer-term studies demonstrate considerable benefit. It is important to be aware that opioid use can lead to a range of adverse events such as constipation, nausea, vomiting, dry mouth, and sedation [70]. Hyperalgesia has been reported with long-term opioid administration, which may contribute to the development of apparent analgesic tolerance [71]. Other clinical challenges may include patients' unwillingness to take the medication due to these side effects or, conversely, drug dependency and abuse [72]. Clinicians must regularly assess individuals for their susceptibility to these issues and monitor their treatment regimen. Guidance from governmental authorities, such as state medical boards, underscores the need for increased surveillance; in particular, patients must be monitored for their use and potential abuse of opioids [62]. To combat this, multimodal analgesic plans or opioid-like hybrid drugs, which have less potential for abuse, may help prevent dependence while also providing adequate pain control [73].

Anti-inflammatory Medications

Nonsteroidal Anti-inflammatory Drugs (NSAIDs)

Nonsteroidal anti-inflammatory drugs (NSAIDs) are commonly prescribed pain medications. In addition to their anti-inflammatory effects, NSAIDs have antipyretic and analgesic properties. NSAIDs inhibit cyclooxygenase (COX) enzymes, the rate-determining enzymes in prostanoid and prostaglandin synthesis [74]. NSAIDs may increase the risk of lower gastrointestinal bleeding by up to 2.6-fold. In addition, between 30% and 50% of NSAID users have endoscopic lesions (such as subepithelial hemorrhages, erosions, and ulcerations) and often without clinical manifestations. These adverse effects are due to indiscriminate inhibition of COX enzymes needed for gut lining perfusion [75]. Cardiovascular adverse effects may also occur due to the role of COX enzymes in preventing coronary thrombosis, especially in the elderly [76]. Due to the wide range of potential adverse effects, NSAID use should be limited to the shortest duration and at the lowest effective dose possible to mitigate toxicity. Studies on NSAID use for neuropathic pain in the setting of neuroma are limited and inconclusive, so they are not considered first- or second-line treatments, although they are anecdotally prescribed [77].

Corticosteroids

In the setting of neuroma, corticosteroid injection is hypothesized to promote tissue atrophy, which in turn decreases compression and inflammation [78]. Corticosteroid injections with local anesthetics may improve symptoms in Morton's neuroma temporarily between treatment and control groups, but these effects diminish over a short period of time; additionally, patient response to steroid injections seems to be correlated with both age and neuroma size, and refractory cases often require surgical intervention [79–85]. Interestingly, long-lasting efficacy is more likely for neuromas smaller than 5 mm in size, but ultrasound guidance does not significantly increase the rate of success of steroid injections [86]. Since corticosteroid injections are not curative, providers need to weigh the benefits against common adverse effects, such as hypopigmentation, skin atrophy, and transient blood glucose elevation, which may be particularly problematic in patients with diabetes [87].

Herbs and Supplements

Magnesium

Magnesium is a mineral with a diverse set of functions throughout the body. Interestingly, magnesium supplementation has been successfully used to augment the effects of other analgesic medications through different mechanisms [88]. It blocks NMDA receptors in a voltage-dependent manner, which may prevent centralization of pain from peripheral nerve injuries or noxious stimuli, and is also a calcium channel blocker that inhibits catechol release from peripheral nerve endings [89].

The majority of clinical studies to date have focused on the use of magnesium as an adjuvant therapy to opioid medications for analgesia in the perioperative period with some evidence of benefit [90]. In the context of neuropathic pain, few studies have been done, focusing on complex regional pain syndrome and cancer-related pain, with mixed results [91–93]. One double-blind, randomized controlled trial failed to show any benefit from oral magnesium therapy in patients with neuropathic pain, suggesting that there may be a significant placebo effect; however, due to overall safety and minimal side effects, magnesium may be considered regardless of the exact mechanism for reducing the pain experience [94].

Formulations of oral magnesium supplementation include magnesium ascorbate, magnesium citrate, or magnesium oxide. Magnesium is typically started at a dose of 400 mg and may be titrated up to 1200 mg daily, but gastrointestinal side effects, namely, loose stools, often limit the ability to increase to the maximum dose, although the severity of these disturbances tends to diminish with continued use. Magnesium is well tolerated in most patients, but excessively elevated serum levels may lead to muscle weakness and electrocardiogram changes, which may limit their use in those with cardiac and neuromuscular conditions, as well as those with impaired renal function.

Cannabinoid Therapy

Decriminalization and legalization of cannabis in various parts of the United States has had a myriad of implications for physicians and public health since it was first legalized for medical use in California in 1996 and for recreational use in Colorado and Washington in 2012. Cannabis is comprised of dozens of ingredients, many of which with psychoactive properties, that are thought to act primarily through two cannabinoid receptor subtypes, leading to a range of effects on nausea, appetite, spasticity, and pain [95, 96]. The component compounds that have been most extensively studied for therapeutic applications include tetrahydrocannabinol (THC), cannabidiol (CBD), and cannabinol (CBN). Medicinal cannabinoid formulations that are FDA approved in the United States include cannabidiol (Epidiolex) for treatment of seizures associated with Lennox-Gastaut or Dravet syndromes and dronabinol (Marinol, Syndros) and nabilone (Cesamet) for use as an antiemetic and appetite stimulant; nabiximols (Sativex) is currently undergoing clinical trials in the United States but is approved for use in Canada and parts of Europe for spasticity and pain [97].

Cannabinoids have been studied for the treatment of various types of chronic pain [98–100]. Specifically in patients with neuropathic pain, from postherpetic neuralgia, peripheral neuropathy, focal nerve lesion, radiculopathy, or complex regional pain syndrome, treatment with the THC/CBD oromucosal spray nabiximols showed benefits in reducing pain and improving sleep [101, 102]. Inhaled cannabinoids have been examined in smaller studies with potential therapeutic benefits for HIV-associated neuropathic pain and diabetic neuropathy; however, more research is needed [103–108]. Interestingly, transdermal application of topical CBD may reduce lower extremity neuropathic pain and warrants further investigation [109]. No studies to date have focused on neuromas or postamputation pain.

Experimental Medications

Several experimental pharmacologic agents have emerged in recent years and have shown promise for the treatment of symptomatic neuromas. These include 4-aminopyridine (4-AP), erythropoietin (EPO), and capsaicin.

4-Aminopyridine

4-AP is a nonspecific antagonist of voltage-gated potassium (Kv) channels and is approved by the FDA for neurodegenerative disorders such as multiple sclerosis, in which it restores impaired impulse propagation and improves walking performance [110]. Early work revealed that potassium channels moderate ectopic excitability of nerve-end neuromas and that the axolemma of regenerating sprouts has significant potassium conductance [111]. More recent studies demonstrated that systemic 4-AP improves functional recovery after peripheral nerve injury, potentially by attenuating sensory problems as shown after nerve crush injury in animals, which may prove crucial in the management of post-traumatic neuromas in continuity [112–114]. Clinical trials are currently underway investigating the efficacy of 4-AP in the treatment of symptomatic neuromas and neuropathic pain.

Erythropoietin

EPO is a pluripotent hormone, traditionally described for its key role in the regulation of red blood cell production. A recent study showed that EPO and its receptor (EPO-R) have an essential role in mammalian neurogenesis [115]. EPO is neuroprotective in both the central and peripheral nervous systems, and systemic EPO administration is anti-inflammatory and anti-apoptotic [116]. EPO may have therapeutic benefits in a variety of central and peripheral nervous system disorders, including stroke, schizophrenia, depression, traumatic brain injury, and spinal cord injury [117]. Interestingly, EPO and its receptors are found in peripheral nerves, and increased levels of EPO are seen in Schwann cells after peripheral nerve injury [118]. Furthermore, systemic EPO administration improves behavioral, electrophysiological, and histological outcomes in animal models of neuropathic pain [119, 120]. These studies suggest that EPO may ameliorate the harmful effects associated with peripheral nerve damage and dysfunction. Early phase human trials will be critical in understanding EPO's neuroprotective potential as a clinical treatment.

Capsaicin

Another promising therapeutic agent for symptomatic neuromas is capsaicin, which is derived from chili peppers and is approved as a topical treatment for neuropathic pain. Capsaicin selectively activates TRPV1, a calcium-permeable cationic ion channel present in the terminals of nociceptors, which leads to a prolonged attenuation of responses to noxious stimuli [121]. Trials with topical capsaicin in patients with postherpetic neuralgia showed a therapeutic benefit, warranting approval by the FDA and the European Medicines Agency (Qutenza®, Acorda Therapeutics, Ardsley, NY, USA). Most recently, capsaicin injection has been found to provide pain relief in Morton's neuroma patients for at least 4 weeks, with no effects on tactile sensibility, supporting the idea that capsaicin selectively affects nociceptive afferent fibers [122]. Future clinical trials may reveal a role for capsaicin as a treatment for symptomatic neuromas.

Botox

Botulinum toxin A (BoNT-A) has recently become accepted for use in treating chronic neuropathic pain, and its efficacy is supported by multiple randomized controlled trials and systemic reviews, which demonstrate a statistically significant effect on pain [123–126]. BoNT-A is safe for treating neuropathic pain, without notable side effects, and it is durable over an extended period [127]. However, there is still a lack of satisfactory evidence for translating evidence into clinical practice, and so it is still not considered a first-line treatment.

Summary

Effective treatment of neuroma pain and neuropathic pain remains challenging due to the diverse pain etiologies and mechanisms at play. These include structural and functional changes that occur peripherally within neuromas, as well as alterations that occur centrally within the brain and spinal cord. Even though different medications may alleviate specific subtypes of neuropathic pain, no single medication has demonstrated consistent and superior efficacy. A multimodal approach with a combination of different classes of medications is likely to be optimal, with the goal to minimize opioid use and to capitalize on synergistic effects of nonopioid medications. Many of the current recommendations are extrapolated from data in the treatment of other types of neuropathic pain such as diabetic neuropathy or postherpetic neuralgia. Further research is needed to deepen our understanding of neuropathic pain and to improve treatment efficacy. Substances that are currently under investigation (e.g., 4-AP and EPO) have shown promising results and may soon become tools for the treatment of symptomatic neuromas and neuropathic pain.

References

1. Wall PD, Gutnick M. Properties of afferent nerve impulses originating from a neuroma. Nature. 1974;248(5451):740–3.
2. Ratté S, Prescott SA. Afferent hyperexcitability in neuropathic pain and the inconvenient truth about its degeneracy. Curr Opin Neurobiol. 2016;36:31–7.
3. Kukkar A, Bali A, Singh N, Jaggi AS. Implications and mechanism of action of gabapentin in neuropathic pain. Arch Pharm Res. 2013;36(3):237–51.
4. Taylor CP, Gee NS, Su TZ, et al. A summary of mechanistic hypotheses of gabapentin pharmacology. Epilepsy Res. 1998;29(3):233–49.

5. Goa KL, Sorkin EM. Gabapentin. A review of its pharmacological properties and clinical potential in epilepsy. Drugs. 1993;46(3):409–27.
6. Rowbotham M, Harden N, Stacey B, Bernstein P, Magnus-Miller L. Gabapentin for the treatment of postherpetic neuralgia: a randomized controlled trial. JAMA. 1998;280(21):1837–42.
7. Rice AS, Maton S, Postherpetic Neuralgia Study G. Gabapentin in postherpetic neuralgia: a randomised, double blind, placebo controlled study. Pain. 2001;94(2):215–24.
8. Mack A. Examination of the evidence for off-label use of gabapentin. J Manag Care Pharm. 2003;9(6):559–68.
9. Wiffen PJ, Derry S, Bell RF, et al. Gabapentin for chronic neuropathic pain in adults. Cochrane Database Syst Rev. 2017;6:CD007938.
10. Backonja M, Beydoun A, Edwards KR, et al. Gabapentin for the symptomatic treatment of painful neuropathy in patients with diabetes mellitus: a randomized controlled trial. JAMA. 1998;280(21):1831–6.
11. Serpell MG. Neuropathic pain study g. gabapentin in neuropathic pain syndromes: a randomised, double-blind, placebo-controlled trial. Pain. 2002;99(3):557–66.
12. Gordh TE, Stubhaug A, Jensen TS, et al. Gabapentin in traumatic nerve injury pain: a randomized, double-blind, placebo-controlled, cross-over, multi-center study. Pain. 2008;138(2):255–66.
13. Bone M, Critchley P, Buggy DJ. Gabapentin in postamputation phantom limb pain: a randomized, double-blind, placebo-controlled, cross-over study. Reg Anesth Pain Med. 2002;27(5):481–6.
14. Wang X, Yi Y, Tang D, et al. Gabapentin as an adjuvant therapy for prevention of acute phantom-limb pain in pediatric patients undergoing amputation for malignant Bone tumors: a prospective double-blind randomized controlled trial. J Pain Symptom Manag. 2018;55(3):721–7.
15. Smith DG, Ehde DM, Hanley MA, et al. Efficacy of gabapentin in treating chronic phantom limb and residual limb pain. J Rehabil Res Dev. 2005;42(5):645–54.
16. Nikolajsen L, Finnerup NB, Kramp S, Vimtrup AS, Keller J, Jensen TS. A randomized study of the effects of gabapentin on postamputation pain. Anesthesiology. 2006;105(5):1008–15.
17. Knezevic NN, Aijaz T, Candido KD, Kovaleva S, Lissounov A, Knezevic I. The effect of once-daily gabapentin extended release formulation in patients with postamputation pain. Front Pharmacol. 2019;10:504.
18. Parsons B, Tive L, Huang S. Gabapentin: a pooled analysis of adverse events from three clinical trials in patients with postherpetic neuralgia. Am J Geriatr Pharmacother. 2004;2(3):157–62.
19. Rose MA, Kam PC. Gabapentin: pharmacology and its use in pain management. Anaesthesia. 2002;57(5):451–62.
20. Blum RA, Comstock TJ, Sica DA, et al. Pharmacokinetics of gabapentin in subjects with various degrees of renal function. Clin Pharmacol Ther. 1994;56(2):154–9.
21. Rosebush PI, MacQueen GM, Mazurek MF. Catatonia following gabapentin withdrawal. J Clin Psychopharmacol. 1999;19(2):188–9.
22. Mersfelder TL, Nichols WH. Gabapentin: abuse, dependence, and withdrawal. Ann Pharmacother. 2016;50(3):229–33.
23. Ben-Menachem E. Pregabalin pharmacology and its relevance to clinical practice. Epilepsia. 2004;45(Suppl 6):13–8.
24. Gore M, Sadosky A, Tai KS, Stacey B. A retrospective evaluation of the use of gabapentin and pregabalin in patients with postherpetic neuralgia in usual-care settings. Clin Ther. 2007;29(8):1655–70.
25. Bockbrader HN, Wesche D, Miller R, Chapel S, Janiczek N, Burger P. A comparison of the pharmacokinetics and pharmacodynamics of pregabalin and gabapentin. Clin Pharmacokinet. 2010;49(10):661–9.
26. Stacey BR, Dworkin RH, Murphy K, Sharma U, Emir B, Griesing T. Pregabalin in the treatment of refractory neuropathic pain: results of a 15-month open-label trial. Pain Med. 2008;9(8):1202–8.
27. Navarro A, Saldana MT, Perez C, Torrades S, Rejas J. Patient-reported outcomes in subjects with neuropathic pain receiving pregabalin: evidence from medical practice in primary care settings. Pain Med. 2010;11(5):719–31.
28. Freynhagen R, Grond S, Schupfer G, et al. Efficacy and safety of pregabalin in treatment refractory patients with various neuropathic pain entities in clinical routine. Int J Clin Pract. 2007;61(12):1989–96.
29. Blanco Tarrio E, Galvez Mateos R, Zamorano Bayarri E, Lopez Gomez V, Perez Paramo M. Effectiveness of pregabalin as monotherapy or combination therapy for neuropathic pain in patients unresponsive to previous treatments in a Spanish primary care setting. Clin Drug Investig. 2013;33(9):633–45.
30. Dworkin RH, Corbin AE, Young JP Jr, et al. Pregabalin for the treatment of postherpetic neuralgia: a randomized, placebo-controlled trial. Neurology. 2003;60(8):1274–83.
31. Lesser H, Sharma U, LaMoreaux L, Poole RM. Pregabalin relieves symptoms of painful diabetic neuropathy: a randomized controlled trial. Neurology. 2004;63(11):2104–10.
32. Freynhagen R, Strojek K, Griesing T, Whalen E, Balkenohl M. Efficacy of pregabalin in neuropathic pain evaluated in a 12-week, randomised, double-blind, multicentre, placebo-controlled trial of flexible- and fixed-dose regimens. Pain. 2005;115(3):254–63.
33. Sabatowski R, Galvez R, Cherry DA, et al. Pregabalin reduces pain and improves sleep and mood disturbances in patients with post-herpetic neuralgia: results of a randomised, placebo-controlled clinical trial. Pain. 2004;109(1–2):26–35.
34. Rosenstock J, Tuchman M, LaMoreaux L, Sharma U. Pregabalin for the treatment of painful diabetic peripheral neuropathy: a double-blind, placebo-controlled trial. Pain. 2004;110(3):628–38.
35. van Seventer R, Bach FW, Toth CC, et al. Pregabalin in the treatment of post-traumatic peripheral neuropathic pain: a randomized double-blind trial. Eur J Neurol. 2010;17(8):1082–9.
36. Markman J, Resnick M, Greenberg S, et al. Efficacy of pregabalin in post-traumatic peripheral neuropathic pain: a randomized, double-blind, placebo-controlled phase 3 trial. J Neurol. 2018;265(12):2815–24.
37. Jenkins TM, Smart TS, Hackman F, Cooke C, Tan KK. Efficient assessment of efficacy in post-traumatic peripheral neuropathic pain patients: pregabalin in a randomized, placebo-controlled, crossover study. J Pain Res. 2012;5:243–50.
38. Finnerup NB, Attal N, Haroutounian S, et al. Pharmacotherapy for neuropathic pain in adults: a systematic review and meta-analysis. Lancet Neurol. 2015;14(2):162–73.
39. Sindrup SH, Otto M, Finnerup NB, Jensen TS. Antidepressants in the treatment of neuropathic pain. Basic Clin Pharmacol Toxicol. 2005;96(6):399–409.
40. Stahl SM, Grady MM, Moret C, Briley M. SNRIs: their pharmacology, clinical efficacy, and tolerability in comparison with other classes of antidepressants. CNS Spectr. 2005;10(9):732–47.
41. Lunn MP, Hughes RA, Wiffen PJ. Duloxetine for treating painful neuropathy, chronic pain or fibromyalgia. Cochrane Database Syst Rev. 2014;(1):CD007115.
42. Chappell AS, Desaiah D, Liu-Seifert H, et al. A double-blind, randomized, placebo-controlled study of the efficacy and safety of duloxetine for the treatment of chronic pain due to osteoarthritis of the knee. Pain Pract. 2011;11(1):33–41.
43. Skljarevski V, Zhang S, Desaiah D, et al. Duloxetine versus placebo in patients with chronic low back pain: a 12-week, fixed-dose, randomized, double-blind trial. J Pain. 2010;11(12):1282–90.

44. Goldstein DJ, Lu Y, Detke MJ, Lee TC, Iyengar S. Duloxetine vs. placebo in patients with painful diabetic neuropathy. Pain. 2005;116(1–2):109–18.
45. Raskin J, Pritchett YL, Wang F, et al. A double-blind, randomized multicenter trial comparing duloxetine with placebo in the management of diabetic peripheral neuropathic pain. Pain Med. 2005;6(5):346–56.
46. Russell IJ, Mease PJ, Smith TR, et al. Efficacy and safety of duloxetine for treatment of fibromyalgia in patients with or without major depressive disorder: results from a 6-month, randomized, double-blind, placebo-controlled, fixed-dose trial. Pain. 2008;136(3):432–44.
47. Smith EML, Pang H, Cirrincione C, et al. Effect of duloxetine on pain, function, and quality of life among patients with chemotherapy-induced painful peripheral neuropathy. JAMA. 2013;309(13):1359.
48. Farshchian N, Alavi A, Heydarheydari S, Moradian N. Comparative study of the effects of venlafaxine and duloxetine on chemotherapy-induced peripheral neuropathy. Cancer Chemother Pharmacol. 2018;82(5):787–93.
49. VanderWeide LA, Smith SM, Trinkley KE. A systematic review of the efficacy of venlafaxine for the treatment of fibromyalgia. J Clin Pharm Ther. 2015;40(1):1–6.
50. Dwight MM, Arnold LM, O'Brien H, Metzger R, Morris-Park E, Keck PE Jr. An open clinical trial of venlafaxine treatment of fibromyalgia. Psychosomatics. 1998;39(1):14–7.
51. Sayar K, Aksu G, Ak I, Tosun M. Venlafaxine treatment of fibromyalgia. Ann Pharmacother. 2003;37(11):1561–5.
52. Rowbotham MC, Goli V, Kunz NR, Lei D. Venlafaxine extended release in the treatment of painful diabetic neuropathy: a double-blind, placebo-controlled study. Pain. 2004;110(3):697–706.
53. Sindrup SH, Bach FW, Madsen C, Gram LF, Jensen TS. Venlafaxine versus imipramine in painful polyneuropathy: a randomized, controlled trial. Neurology. 2003;60(8):1284–9.
54. Kadiroglu AK, Sit D, Kayabasi H, Tuzcu AK, Tasdemir N, Yilmaz ME. The effect of venlafaxine HCl on painful peripheral diabetic neuropathy in patients with type 2 diabetes mellitus. J Diabetes Complicat. 2008;22(4):241–5.
55. Dalkiran M, Genc A, Dikmen B, Yildirim I, Turan S. Phantom limb pain treated with duloxetine: a case series. Bull Clin Psychopharmacol. 2017;26(4):409–12.
56. Tasmuth T, Härtel B, Kalso E. Venlafaxine in neuropathic pain following treatment of breast cancer. Eur J Pain. 2002;6(1):17–24.
57. Amr YM, Yousef AA. Evaluation of efficacy of the perioperative administration of venlafaxine or gabapentin on acute and chronic postmastectomy pain. Clin J Pain. 2010;26(5):381–5.
58. Fava Giovanni A, Benasi G, Lucente M, Offidani E, Cosci F, Guidi J. Withdrawal symptoms after serotonin-noradrenaline reuptake inhibitor discontinuation: systematic review. Psychother Psychosom. 2018;87(4):195–203.
59. Kerr GW. Tricyclic antidepressant overdose: a review. Emerg Med J. 2001;18(4):236–41.
60. Moore RA, Derry S, Aldington D, Cole P, Wiffen PJ. Amitriptyline for neuropathic pain in adults. Cochrane Database Syst Rev. 2015;(7):CD008242.
61. Robinson LR, Czerniecki JM, Ehde DM, et al. Trial of amitriptyline for relief of pain in amputees: results of a randomized controlled study. Arch Phys Med Rehabil. 2004;85(1):1–6.
62. Miyazaki R, Yamamoto T. The efficacy of morphine, pregabalin, gabapentin, and duloxetine on mechanical allodynia is different from that on neuroma pain in the rat neuropathic pain model. Anesth Analg. 2012;115(1):182–8.
63. Allegri N, Mennuni S, Rulli E, et al. Systematic review and meta-analysis on neuropsychological effects of long-term use of opioids in patients with chronic noncancer pain. Pain Pract. 2019;19(3):328–43.
64. Raja SN, Haythornthwaite JA, Pappagallo M, et al. Opioids versus antidepressants in postherpetic neuralgia: a randomized, placebo-controlled trial. Neurology. 2002;59(7):1015–21.
65. Watson PCN. The treatment of neuropathic pain: antidepressants and opioids. Clin J Pain. 2000;16(Supplement):S49–55.
66. Dworkin RH, O'Connor AB, Audette J, et al. Recommendations for the pharmacological management of neuropathic pain: an overview and literature update. Mayo Clin Proc. 2010;85(3 Suppl):S3–S14.
67. Argoff CE, Silvershein DI. A comparison of long- and short-acting opioids for the treatment of chronic noncancer pain: tailoring therapy to meet patient needs. Mayo Clin Proc. 2009;84(7):602–12.
68. Dworkin RH, O'Connor AB, Backonja M, et al. Pharmacologic management of neuropathic pain: evidence-based recommendations. Pain. 2007;132(3):237–51.
69. Gilron I, Bailey JM, Tu D, Holden RR, Weaver DF, Houlden RL. Morphine, gabapentin, or their combination for neuropathic pain. N Engl J Med. 2005;352(13):1324–34.
70. Coluzzi F, Mattia C. Oxycodone. Pharmacological profile and clinical data in chronic pain management. Minerva Anestesiol. 2005;71(7–8):451–60.
71. Chang G, Chen L, Mao J. Opioid tolerance and hyperalgesia. Med Clin North Am. 2007;91(2):199–211.
72. McNicol ED, Midbari A, Eisenberg E. Opioids for neuropathic pain. Cochrane Database Syst Rev. 2013;(8):CD006146.
73. Gross JL, Perate AR, Elkassabany NM. Pain Management in Trauma in the age of the opioid crisis. Anesthesiol Clin. 2019;37(1):79–91.
74. Wongrakpanich S, Wongrakpanich A, Melhado K, Rangaswami J. A comprehensive review of non-steroidal anti-inflammatory drug use in the elderly. Aging Dis. 2018;9(1):143–50.
75. Sostres C, Gargallo CJ, Lanas A. Nonsteroidal anti-inflammatory drugs and upper and lower gastrointestinal mucosal damage. Arthritis Res Ther. 2013;15 Suppl 3(Suppl 3):S3.
76. Viola M, Quaratino D, Gaeta F, Rumi G, Caruso C, Romano A. Cross-reactive reactions to nonsteroidal anti-inflammatory drugs. Curr Pharm Des. 2008;14(27):2826–32.
77. Taylor SS, Noor N, Urits I, Paladini A, Sadhu MS, Gibb C, Carlson T, Myrcik D, Varrassi G, Viswanath O. Complex regional pain syndrome: a comprehensive review. Pain Ther. 2021;10(2):875–92.
78. Read JW, Noakes JB, Kerr D, Crichton KJ, Slater HK, Bonar F. Morton's Metatarsalgia: sonographic findings and correlated histopathology. Foot Ankle Int. 1999;20(3):153–61.
79. Santos D, Morrison G, Coda A. Sclerosing alcohol injections for the management of intermetatarsal neuromas: a systematic review. Foot. 2018;35:36–47.
80. Lizano-Díez X, Ginés-Cespedosa A, Alentorn-Geli E, et al. Corticosteroid injection for the treatment of Morton's neuroma: a prospective, double-blinded, randomized, placebo-controlled trial. Foot Ankle Int. 2017;38(9):944–51.
81. Thomson CE, Beggs I, Martin DJ, et al. Methylprednisolone injections for the treatment of Morton neuroma. J Bone Joint Surg. 2013;95(9).790–8.
82. Mahadevan D, Salmasi M, Whybra N, Nanda A, Gaba S, Mangwani J. What factors predict the need for further intervention following corticosteroid injection of Morton's neuroma? Foot Ankle Surg. 2016;22(1):9–11.
83. Bennett GL, Graham CE, Mauldin DM. Morton's interdigital neuroma: a comprehensive treatment protocol. Foot Ankle Int. 1995;16(12):760–3.
84. Rasmussen MR, Kitaoka HB, Patzer GL. Nonoperative treatment of plantar interdigital neuroma with a single corticosteroid injection. Clin Orthop Relat Res. 1996;326:188–93.
85. Mahadevan D, Attwal M, Bhatt R, Bhatia M. Corticosteroid injection for Morton's neuroma with or without ultrasound guidance. Bone Joint J. 2016;98-B(4):498–503.

86. Makki D, Haddad BZ, Mahmood Z, Shahid MS, Pathak S, Garnham I. Efficacy of corticosteroid injection versus size of plantar interdigital neuroma. Foot Ankle Int. 2012;33(9):722–6.
87. Perini L, Perini C, Tagliapietra M, et al. Percutaneous alcohol injection under sonographic guidance in Morton's neuroma: follow-up in 220 treated lesions. Radiol Med. 2016;121(7):597–604.
88. McCarthy RJ, Kroin JS, Tuman KJ, Penn RD, Ivankovich AD. Antinociceptive potentiation and attenuation of tolerance by intrathecal co-infusion of magnesium sulfate and morphine in rats. Anesth Analg. 1998;86(4):830–6.
89. Woolf CJ, Thompson SW. The induction and maintenance of central sensitization is dependent on N-methyl-D-aspartic acid receptor activation; implications for the treatment of post-injury pain hypersensitivity states. Pain. 1991;44(3):293–9.
90. Bujalska-Zadrożny M, Tatarkiewicz J, Kulik K, Filip M, Naruszewicz M. Magnesium enhances opioid-induced analgesia—what we have learnt in the past decades? Eur J Pharm Sci. 2017;99:113–27.
91. Collins S, Zuurmond WWA, De Lange JJ, Van Hilten BJ, Perez RSGM. Intravenous magnesium for complex regional pain syndrome type 1 (CRPS 1) patients: a pilot study. Pain Med. 2009;10(5):930–40.
92. Fischer SGL, Collins S, Boogaard S, Loer SA, Zuurmond WWA, Perez RSGM. Intravenous magnesium for chronic complex regional pain syndrome type 1 (CRPS-1). Pain Med. 2013;14(9):1388–99.
93. Crosby V, Wilcock A, Mrcp D, Corcoran R. The safety and efficacy of a single dose (500 mg or 1 g) of intravenous magnesium sulfate in neuropathic pain poorly responsive to strong opioid analgesics in patients with cancer. J Pain Symptom Manag. 2000;19(1):35–9.
94. Pickering G, Morel V, Simen E, et al. Oral magnesium treatment in patients with neuropathic pain: a randomized clinical trial. Magnes Res. 2011;24(2):28–35.
95. Munro S, Thomas KL, Abu-Shaar M. Molecular characterization of a peripheral receptor for cannabinoids. Nature. 1993;365(6441):61–5.
96. Marzo VD, Bifulco M, Petrocellis LD. The endocannabinoid system and its therapeutic exploitation. Nat Rev Drug Discov. 2004;3(9):771–84.
97. Hill KP. Medical marijuana for treatment of chronic pain and other medical and psychiatric problems: a clinical review. JAMA. 2015;313(24):2474–83.
98. Whiting PF, Wolff RF, Deshpande S, et al. Cannabinoids for medical use. Jama. 2015;313(24):2456.
99. Haroutounian S, Ratz Y, Ginosar Y, et al. The effect of medicinal cannabis on pain and quality-of-life outcomes in chronic pain. Clin J Pain. 2016;32(12):1036–43.
100. Urits I, Gress K, Charipova K, et al. Use of cannabidiol (CBD) for the treatment of chronic pain. Best Pract Res Clin Anaesthesiol. 2020;34(3):463–77.
101. Serpell M, Ratcliffe S, Hovorka J, et al. A double-blind, randomized, placebo-controlled, parallel group study of THC/CBD spray in peripheral neuropathic pain treatment. Eur J Pain. 2014;18(7):999–1012.
102. Hoggart B, Ratcliffe S, Ehler E, et al. A multicentre, open-label, follow-on study to assess the long-term maintenance of effect, tolerance and safety of THC/CBD oromucosal spray in the management of neuropathic pain. J Neurol. 2014;262(1):27–40.
103. Mucke M, Phillips T, Radbruch L, Petzke F, Hauser W. Cannabis-based medicines for chronic neuropathic pain in adults. Cochrane Database Syst Rev. 2018;3:CD012182.
104. Abrams DI, Jay CA, Shade SB, et al. Cannabis in painful HIV-associated sensory neuropathy: a randomized placebo-controlled trial. Neurology. 2007;68(7):515–21.
105. Ellis RJ, Toperoff W, Vaida F, et al. Smoked medicinal cannabis for neuropathic pain in HIV: a randomized, crossover clinical trial. Neuropsychopharmacology. 2008;34(3):672–80.
106. Wallace MS, Marcotte TD, Umlauf A, Gouaux B, Atkinson JH. Efficacy of inhaled cannabis on painful diabetic neuropathy. J Pain. 2015;16(7):616–27.
107. Wilsey B, Marcotte T, Tsodikov A, et al. A randomized, placebo-controlled, crossover trial of cannabis cigarettes in neuropathic pain. J Pain. 2008;9(6):506–21.
108. Ware MA, Wang T, Shapiro S, et al. Smoked cannabis for chronic neuropathic pain: a randomized controlled trial. Can Med Assoc J. 2010;182(14):E694–701.
109. Xu DH, Cullen BD, Tang M, Fang Y. The effectiveness of topical cannabidiol oil in symptomatic relief of peripheral neuropathy of the lower extremities. Curr Pharm Biotechnol. 2020;21(5):390–402.
110. Leussink VI, Montalban X, Hartung H-P. Restoring axonal function with 4-Aminopyridine: clinical efficacy in multiple sclerosis and beyond. CNS Drugs. 2018;32(7):637–51.
111. Devor M. Potassium channels moderate ectopic excitability of nerve-end neuromas in rats. Neurosci Lett. 1983;40(2): 181–6.
112. Tseng K-C, Li H, Clark A, et al. 4-Aminopyridine promotes functional recovery and remyelination in acute peripheral nerve injury. EMBO Mol Med. 2016;8(12):1409–20.
113. Yue L, Talukder MAH, Gurjar A, et al. 4-Aminopyridine attenuates muscle atrophy after sciatic nerve crush injury in mice. Muscle Nerve. 2019;60(2):192–201.
114. Hsu CG, Talukder MAH, Yue L, Turpin LC, Noble M, Elfar JC. Human equivalent dose of oral 4-aminopyridine differentiates nerve crush injury from transection injury and improves post-injury function in mice. Neural Regen Res. 2020;15(11): 2098–107.
115. Tsai PT, Ohab JJ, Kertesz N, et al. A critical role of erythropoietin receptor in neurogenesis and post-stroke recovery. J Neurosci. 2006;26(4):1269–74.
116. Lykissas MG, Korompilias AV, Vekris MD, Mitsionis GI, Sakellariou E, Beris AE. The role of erythropoietin in central and peripheral nerve injury. Clin Neurol Neurosurg. 2007;109(8):639–44.
117. Sargin D, Friedrichs H, El-Kordi A, Ehrenreich H. Erythropoietin as neuroprotective and neuroregenerative treatment strategy: comprehensive overview of 12 years of preclinical and clinical research. Best Pract Res Clin Anaesthesiol. 2010;24(4):573–94.
118. Campana WM, Myers RR. Erythropoietin and erythropoietin receptors in the peripheral nervous system: changes after nerve injury. FASEB J. 2001;15(10):1804–6.
119. Campana WM, Myers RR. Exogenous erythropoietin protects against dorsal root ganglion apoptosis and pain following peripheral nerve injury. Eur J Neurosci. 2003;18(6):1497–506.
120. Elfar JC, Jacobson JA, Puzas JE, Rosier RN, Zuscik MJ. Erythropoietin accelerates functional recovery after peripheral nerve injury. J Bone Joint Surg Am. 2008;90(8):1644–53.
121. Chung M-K, Campbell JN. Use of capsaicin to treat pain: mechanistic and therapeutic considerations. Pharmaceuticals (Basel). 2016;9(4):66.
122. Campbell CM, Diamond E, Schmidt WK, et al. A randomized, double-blind, placebo-controlled trial of injected capsaicin for pain in Morton's neuroma. Pain. 2016;157(6):1297–304.
123. Yuan RY, Sheu JJ, Yu JM, Chen WT, Tseng IJ, Chang HH, Hu CJ. Botulinum toxin for diabetic neuropathic pain: a randomized double-blind crossover trial. Neurology. 2009;72:1473–8.
124. Yelnik AP, Colle FM, Bonan IV, Vicaut E. Treatment of shoulder pain in spastic hemiplegia by reducing spasticity of the subscapular muscle: a randomised, double blind, placebo controlled

study of botulinum toxin A. J Neurol Neurosurg Psychiatry. 2007;78:845–8.
125. Marco E, Duarte E, Vila J, Tejero M, Guillen A. Is botulinum toxin type a effective in the treatment of spastic shoulder pain in patients after stroke unclear risk. A double-blind randomized clinical trial. J Rehabil Med. 2007;39:440–7.
126. Kong KH, Neo JJ, Chua KS. A randomized controlled study of botulinum toxin A in the treatment of hemiplegic shoulder pain associated with spasticity. Clin Rehabil. 2007;21:28–35.
127. Datta Gupta A, Edwards S, Smith J, et al. A systematic review and meta-analysis of efficacy of botulinum toxin A for neuropathic pain. Toxins (Basel). 2022;14(1):36.

9 Physical/Occupational Therapy and Desensitization Techniques for Symptomatic Neuroma

Katherine G. Siwy, Amy C. Orroth, and Christine B. Novak

Introduction

Painful neuromas can be physically and psychologically disabling for patients, and effective management can be challenging. Consequences of sensory loss may include increased risk of thermal burns due to altered temperature sensation, painful hypersensitivity from light touch, and sensory symptoms such as paresthesia, numbness, tingling, aching, burning, or lancinating pain. These sensory disturbances may result in difficulty with motor function due to loss or reduced proprioception causing a lack of precision and control, such as object manipulation and gripping. Traditional management approaches after sensory nerve injury included techniques such as desensitization and sensory re-education in isolation and were directed toward the distal sensory symptoms. Advances in the neurobiology and neuroscience related to nerve injury have shifted the focus to include strategies that address the alterations in the central mechanisms and sensorimotor cortex to ensure appropriate functioning of these central structures while peripheral structures improve.

Nerve injury results in a cascade of events that affects the peripheral (neural and connective tissue) and central nervous systems [1]. With appropriate axonal regeneration and timely reinnervation, restoration of sensory and motor function will occur. Changes to the central nervous system and cortex begin immediately after nerve injury and continue throughout recovery [2, 3]. Deprivation of sensory and motor input has been shown to change the sensorimotor cortex after nerve injury. Improved sensory remapping has been shown with recovery [4]. Disruption of normal nerve regeneration may result in neuroma formation, which is composed of disorganized neural and connective tissue. Depending on the nerve involved, both abnormal sensory and motor responses can occur [1]. Abnormal sensory responses can have a wide range of symptoms including paraesthesia, numbness, and/or pain.

Pain is a multidimensional experience encompassing sensory-discriminative, affective-motivational, and cognitive domains [5]. The International Association for the Study of Pain defines pain as "an unpleasant sensory and emotional experience associated with, or resembling that associated with, actual or potential tissue damage" [6]. Neuropathic pain is defined as pain resulting from a lesion or disease affecting the somatosensory system [6]. Neuropathic pain following nerve injury may present as an unpleasant non-normal sensation from a stimulus or may occur spontaneously. Allodynia is a specific type of dysesthesia, and it is evoked by a normally non-painful stimulus. The hyper-responses to a non-painful stimulus such as light touch are typically reported by those individuals with symptomatic neuromas. The exact mechanisms leading to neuropathic pain remain to be determined and have been hypothesized to be associated with peripheral changes and/or central sensitization including damage to the distal small-fiber nociceptors, lack of central inhibition, or continuous inflammatory responses. Pain has been identified as a strong predictor of disability after nerve injury [7]. Non-operative therapy of painful neuromas should focus on changes in both the peripheral and central nervous systems that occur with injury and recovery.

Non-operative Rehabilitative Interventions

During the recovery period after nerve injury, sensorimotor re-education is often included in the rehabilitation interventions to restore and maximize sensibility and functional abilities [8–11]. The methods of sensory re-education include therapeutic interventions related to localization, discriminatory tasks, and purposeful movements. The introduction of

K. G. Siwy · A. C. Orroth
Massachusetts General Hospital, Boston, MA, USA
e-mail: KSIWY@PARTNERS.ORG; AORROTH@PARTNERS.ORG

C. B. Novak (✉)
Department of Surgery (Plastic, Reconstructive and Aesthetic Surgery), Toronto, ON, Canada

K. R. Eberlin et al. (eds.), *Contemporary Neuroma Management*, https://doi.org/10.1007/978-3-031-59758-9_9

desensitization programs was an extension of sensory re-education to address and modulate the hyper-responses to sensory stimuli and neuropathic pain.

Approaches to desensitization programs were based on the gate control theory of pain [12]. As described by Melzack and Wall, the gating mechanism involves modulation of the afferent fiber nerve impulse transmission via large- and small-diameter fiber activity with the large fibers inhibiting transmission of pain sensation via small afferent fibers. Sensory re-education programs that include desensitization for regions of allodynia are grounded on the gate control theory by focusing on increased stimulation of the large A-beta fibers to block input from the small pain fibers. With hyper-responses to sensory stimuli, the goal of desensitization exercises is to modulate the responses particularly to non-painful stimuli and to retrain the peripheral and central nervous systems to a more appropriate response. Desensitization exercises can include common household items to support more frequent sessions. To avoid temporal summation, a firm touch with minimal disconnection of the texture is recommended moving in a multidirectional pattern progressing from soft to course textures over the area of a neuroma. If the patient is unable to tolerate any touch to the area of the neuroma, the patient may begin by watching the therapist demonstrate the desensitization exercise or on the contralateral limb as this will trigger mirror neurons in the brain activating the appropriate cortical area. Relaxation strategies and deep breathing may help to reduce anxiety and improve patient participation. Patient control of the massaging movements will help to reduce anxiety and pain and increase likelihood of program participation and compliance.

Sensory re-education can be divided into active and passive components. Active sensory training involves manual exploration of different textures, figures, and objects with the hand and fingers and spatial detection of limb position. Commonly prescribed sensory re-education exercises can include touching different textured objects, massage, vibration, pressure, determining joint position, identifying different temperatures, and sensory locating (Fig. 9.1). To reinforce and isolate the incoming sensory and cortical information, the sensory activities are performed initially with eyes open to understand the new sensation and then with eyes closed to focus the new sensory input. Objects can be adapted as sensation improves. Passive sensory training involves the application of electrical stimulation to produce activation of cutaneous nerves in the absence of muscle contraction. Passive sensory training using external sensory input such as transcutaneous electrical nerve stimulation or vibration is theorized to modulate pain based on the gate control theory. These modalities stimulate large-diameter sensory fibers and should be utilized in combination with active sensory training.

Rehabilitation following sensory nerve injury has shifted from focusing on the peripheral nerve responses to focusing on the central nervous system and cortical changes that occur. It is these cortical changes following injury and recovery that require focused retraining to optimize recovery. Introduced by Moseley and Butler, graded motor imagery (GMI) is a sequential approach to activate specific cortical

Fig. 9.1 The photo illustrates a patient performing sensory re-education activity with three varying textures. Objects include soft kidney beans, small stones, and glass marbles. The patient will spend 2 min in each texture and increase to 5 min

regions and augment reorganization within the central nervous system [13–17]. Using sequential activation of cortical motor and premotor regions, GMI avoids triggering protective pain responses and provides the opportunity for gradual increased movements with pain reduction.

GMI is utilized as a component of the comprehensive multidimensional treatment approach for the patient with a painful neuroma. The concepts of central sensitization and disinhibition are fundamental to GMI rehabilitation strategies. Neurotags are defined as a network or pattern of neuron activation that produce specific responses in the brain. With central sensitization, increased excitability of neurotags results in a lower stimulus to induce a pain response. Similar to changes that occur with sensory re-education and desensitization, the primary goals of GMI are to organize cortical activation gradually via reduction of cortical disinhibition, to prevent cortical disorganization, and to restore balance and thus inhibit the development of chronic pain. Through a stepwise progression of activities, GMI utilizes the advantages of neuroplasticity [14–16]. GMI is designed to optimize sensorimotor processing and utilizes the advantages of neuroplasticity without triggering the protective pain response. GMI programs incorporate sequential phases related to laterality training, motor imagery, and mirror visual feedback. When incorporating the GMI method, it is essential to establish a baseline level of activity and thoughts that can be accomplished without pain. The baseline level should be established before the initiation of GMI training to dissociate the pain from an activity or movement and to monitor progression. Based on pain levels and abilities to complete the activities, each portion of the treatment series can be altered accordingly to ensure that each activity is mastered before progression to the next stage.

The sequential initiation of GMI interventions is essential to decrease pain and achieve a positive outcome. Left/right discrimination or laterality is the first stage of GMI. Many patients with persistent pain have decreased left/right discrimination and movements and delayed response times in discriminating between the right and left. When a patient looks at an image, the response should be immediate, spontaneous, and unconscious—a mental movement, maneuvering the body part in the mind. Neurotags that create movement are engaged in this process. In this stage of GMI, flashcards and images are commonly used. The patient is shown images that correspond to the affected area and must identify if it is a right or left body part or movement. Rehabilitative interventions should include practicing left/right discrimination to decrease response times and increase accuracy. A patient can be progressed to second stage known as explicit motor imagery once the response times and accuracy improve to greater than 90% [17].

The second stage of GMI is explicit motor imagery, which involves imagining movements without performing the movement. This involves dissociating movement and pain using the primary motor cortex, which stimulates the neurotags for movement. In this stage, the patient visualizes the limb in a position and then envisions the limb moving in specific illustrated positions or completing an activity with the limb (Fig. 9.2). This limb is in a stationary position prior to imagining the limb moving. Mirror neurons are nerve cells in

Fig. 9.2 This photo is an example of a patient performing the specific hand position illustrated on the standardized cards

the brain that are activated when a person observes an action performed by someone else and the action is "mirrored" by the neuron and perceives the observer performing the action. These mirror neurons are activated through visual or auditory stimuli, and 25% of the sensorimotor cortex are mirror neurons, which response to watching or imagining movement. Explicit motor imagery has been widely utilized when learning a new skill or to improve performances. The motor imagery phase is a technique to exercise the brain prior to the rest of the body. The technique engages both the sensory cortex and the motor cortex. The process assists in training the inhibition of non-member brain cells and improves precision with the sensory system. Exercises begin with imagining the feeling of doing an activity rather than seeing the performance. Imagined motions have been reported to increase pain and swelling in some patients with complex regional pain syndrome 1 (CRPS-1) [18]. If the pain persists, the movement or activity may be observed being performed by another person. In some cases, it may be necessary to begin on the contralateral side and/or in more proximal regions and progressing distally toward the affected painful area.

The third phase of GMI is mirror therapy and was originally described to treat phantom limb pain [17, 19, 20]. A mirror is used to reflect the movement of the patient's unaffected body part, which creates the illusion that the affected painful body part is moving without pain or other negative symptoms (Fig. 9.3). As in the second stage, exposure to movement is done in a graded way as not to trigger the protection habit of the brain causing the patient to have a flare of pain or other similar symptoms. As with any sensory re-education, desensitization, or GMI exercises, the patient should be in a relaxed, comfortable seated position and free of distractions. This approach involves placing one limb behind a mirror that is positioned along the observer's midline. The affected limb is placed behind the mirror and the unaffected limb in front of the mirror, and the mirror image then appears as an image of the affected limb moving without any symptoms or pain. Initially, the patient begins by concentrating on the mirrored image and then incorporates gentle movements or exercise. Activity can progress by moving each digit individually, in combination with other digits or as a composite movement of the extremity while focusing attention on the image in the mirror. Specific motor tasks are performed such as bilateral active range of motion, touching objects with various shapes and textures, picking up common objects, and performing work simulation tasks with different sensory textures. It is essential to maintain focus and provide the brain with input that the visualized image in the mirror is the affected limb actually moving without pain. Mirror therapy activates the primary motor cortex of both the uninvolved and involved limb. If pain is elicited during exercise or movement, the session is stopped.

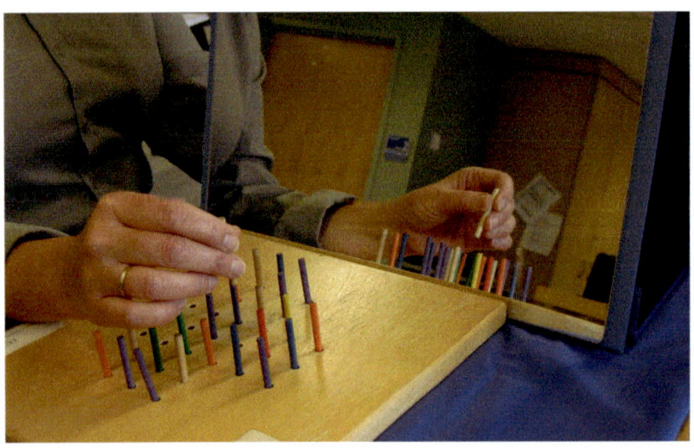

Fig. 9.3 This photo illustrates using mirror training to perform a fine motor task. The task is performed with the unaffected hand and is visualized in the mirror as the affected hand performing a movement without pain or restriction (Reproduced with permission: Christine B. Novak, PT, PhD)

With persistent neuroma pain, cortical and functional changes occur. While neuroplasticity provides the capability to retrain the nervous system, this process takes patience and persistence. Treatment of painful neuromas via a GMI approach can result in pain resolution, and it is common to have symptom exacerbation throughout the GMI stages. Patient education is essential including the concept that these flares are a protective strategy of the body, and not indicative of injury. Studies have shown that various forms of either mental practice, visual motor imagery, or mirror therapy in conjunction with formal occupational/physical therapy improve outcomes related to pain, function, and/or strength [13, 21]. Successful management of painful neuromas using GMI and desensitization programs requires an individualized approach unique to each patient and should not be used in isolation. Education and multidisciplinary care are key to maximize successful outcomes. Patient education and integrated home programs are essential to instituting modifications to the peripheral and central nervous systems [8, 18, 21].

Case Report

A right-hand-dominant 35-year-old female sustained a laceration to her right index finger when opening a can of cat food, resulting in an injury to the radial digital nerve. She underwent a primary digital nerve repair and was referred to the occupational hand therapy within 3 weeks of her surgery.

The occupational therapy initial evaluation revealed a healed incision on the index finger, and the patient reported sharp shooting pain at the radial aspect of the index finger proximal phalanx. Daily and work activities caused pain reported as 8/10 and paraesthesia when her index finger touched objects or was bumped. As a third-grade teacher and an avid tennis player, the pain and hypersensitivity prevented her from using a two-point or lateral pinch to hold items such as a toothbrush, utensils, pens, pencils, and chalk. To avoid causing pain, she compensated by keeping her index finger in full extension and using other digits to complete tasks. The hand therapist observed she frequently positioned the right dominant hand out of her eyesight and did not spontaneously engage the hand with bimanual or dominant hand tasks.

Sensory assessment was performed using Semmes-Weinstein monofilaments to evaluate the cutaneous pressure thresholds of the median, ulnar, and radial nerves. Normal sensation was found in all uninvolved digits and the ulnar aspect of the index finger. The radial aspect of her index finger was found to have a loss of protective sensation. The Moberg pickup test, which is a test of functional object recognition of common objects, was performed with a score of 32 s on the right hand and 17 s on the left hand. She was unable to pick up a paper clip or dime with her right hand.

The hand therapist observed a high level of anticipatory fear with movements. Verbal cues were required 75% of the time for the patient to engage her index finger during provocative and strength testing during the evaluation. Due to this compensation, a detailed pain assessment was conducted and included self-reported intensity, location, and duration of pain and the impact these aspects had on activities of daily living, work tasks, and leisure activities. Using the numerical pain rating scale, pain intensity ranged from 3 to 8/10 at the radial aspect of the proximal phalanx of the index finger with occasional pain radiating distally to the fingertip and proximally into her palm. Her pain descriptors included zinging and burning sensations, and she reported 75% of her day, she was in pain. When asked how her function was affected due to painful sensations, she highlighted activities that required two-point and lateral pinching as well as issues with temperature intolerance. She was concerned with her ability to return to work as a teacher and the financial implications, and she was doubtful she would be able to play tennis.

The overall goal of therapy was pain reduction, to maximize a pain-free normal arc of motion, to improve strength and sensation, and to enable her to return to independent functional use of the dominant right hand for all activities of daily living, work, and leisure activities. Treatment strategies focused on minimizing pain, thus allowing engagement of her index finger with daily tasks.

Sensorimotor re-education techniques were initiated as a treatment strategy to help decrease the heightened painful sensation and facilitate the patient engagement of her index finger into normal hand movement patterns. These techniques were introduced in the following progression:

1. The hand therapist educated the patient regarding her sensory status and limitations and how the values from sensory testing/the loss of protective sensation potentially affects her daily functional tasks.
2. The patient was educated on the rationale for the sensorimotor re-education techniques in mitigating pain and maximizing functional sensation.
3. Perform desensitization techniques of massage finger with lotion and then rub graded textures to her index finger starting with less irritating materials and proceeding as tolerated for up to 1 min. Silicone gel sleeves and kinesiotaping strategies were also initiated at this time.
4. Perform right/left discrimination cards. Cards were provided to the patient.
5. Perform visual imagery of common daily tasks with her affected hand. Suggestions are given such as writing on the chalkboard and/or playing tennis.
6. Mirror therapy to decrease the pain sensations the patient was experiencing.
7. Perform "thoughtful stimulation" and "thoughtful observance to activity" incorporating her index finger/area of impaired sensation of the radial index finger. She was instructed to lightly touch her index finger with objects of various textures while anticipating what these objects should feel like, such as "When holding a cup of coffee, what does the coffee cup feel like? How heavy does the cup feel to pick it up with the injured hand? What is the temperature? What does the coffee smell and taste like?" The patient was instructed to perform these interventions three to five times per day during common daily tasks. All interventions were practiced in therapy sessions, reviewed in subsequent appointments to ensure proper performance, and progressed as the patient's pain decreased and sensation improved.

The hypersensitivity to her index finger improved, but the patient reported her hand felt clumsy. Her static two-point discrimination on her right index finger was 12 mm on the radial aspect, 9 mm on the ulnar aspect, and 6 mm on all noninvolved digits of her right hand.

Discriminatory tasks were introduced and included tasks such as identifying various textures and shapes and matching Braille designs and coins. All tasks were performed with vision non-occluded and occluded to reinforce the incoming sensory and cortical information. The patient continued to perform these tasks three times per day for a minimum of 10 min.

Within 8 weeks post-surgery, the Semmes-Weinstein sensory assessment improved to indicate diminished sensation versus loss of protective sensation. She was independent with gross motor daily tasks and demonstrated minimal difficulty engaging the index finger when performing fine motor tasks such as writing or manipulating her zipper. She reported incorporating her index finger with 50–75% of all daily tasks, such as being able to hold her house key although she was unable to apply pressure to turn the key due to pain.

The patient participated in hand therapy for 10 weeks, and interventions addressed pain, sensation, range of motion, and strength. At the time of discharge, the patient had end-range flexor tightness in a hooked and composite fist position, normal pinch and grip strength, and resolved radiating pain while the Semmes-Weinstein improved to diminished light touch. Compensatory strategies centered around increased use of her vision were taught, so the patient would be functional not only with her activities of daily living but also for playing tennis.

Outcome Assessment

Self-reported outcome measures provide information from the patient's perspective, and this is particularly useful in pain-related conditions, which are personal and subjective experiences. Assessment of neuropathic pain may include numeric rating scales (NRS) or visual analogue scales (VAS) that provide a unidimensional assessment of pain intensity or similar symptoms depending on the scale anchors. Because of the simplicity and ease of application, these rating scales are often used in clinical settings to assess pain intensity. However, unidimensional assessments using NRS or VAS do not evaluate the multidimensional aspects of the pain experience. To assess the qualitative and quantitative components of pain, the most commonly used multidimensional questionnaire is the McGill Pain Questionnaire (MPQ) [5]. The short-form MPQ includes a pain rating index derived from selected pain adjectives to describe the sensory and affective properties. While pain assessment is important for the individual with neuroma pain, the interconnection of pain, physical impairment, activity/function, and psychosocial factors will impact health and disability and should be a component of outcome assessment [23, 24].

Patient-reported outcome questionnaires assessing the impact of motor and sensory impairments are widely used in clinical practice and research. The Disabilities of the Arm, Shoulder and Hand (DASH) questionnaire provides a single score to quantify the impact of physical impairments based on self-report physical symptoms and function [25]. While the single score from the DASH may quantify disability, factor analyses of the DASH questionnaire items indicate a multifactor construct, and these domain scores may be used to provide more insight into specific task and functions [26, 27]. The psychosocial aspects of pain and associated disability may be assessed with self-reported questionnaires such as the Pain Disability Index to evaluate symptoms related to depression, anxiety, post-traumatic stress, and catastrophizing [7, 28, 29]. Other self-reported outcome measurement systems such as the Patient-Reported Outcomes Measurement Information System (PROMIS) provide computer-adaptive testing with electronic access and scoring and include specific questionnaires to evaluate physical, mental, and social health [30, 31].

Generic standardized item questionnaires allow comparisons between patients and upper extremity conditions. However, these questionnaires may not identify specific tasks or items that are important to each individual. The Patient-Specific Functional Scale (PSFS) is a self-report questionnaire that includes specific activities or tasks identified by patients [32]. Good clinical psychometrics have been reported in patients with nerve and musculoskeletal disorders [33–35]. The PSFS identifies specific items, and patients have reported value and a preference for the inclusion of these relevant items [35]. To assess treatment outcome in individuals with painful neuromas, using the PSFS in combination with a generic disability questionnaire and a multidimensional pain evaluation will provide a comprehensive self-report evaluation from the patient's perspective.

Conclusions

Successful non-operative management of individuals with painful neuromas requires a biomedical psychosocial approach. Therapy should be focused on the central and peripheral mechanisms contributing to the ongoing neuropathic pain and persistent abnormal afferent input. Determining the optimal therapy interventions and/or combination of interventions requires a multidisciplinary goal-setting approach related to sensory impairment including adequate clinical documentation, clinical measures, and consistent outcome measures.

References

1. Mackinnon SE. Nerve Surgery. New York, NY: Thieme Medical Publishers; 2015.
2. Taylor KS, Anastakis DJ, Davis KD. Cutting your nerve changes your brain. Brain. 2009;132(Pt 11):3122–33.
3. Anastakis DJ, Chen R, Davis KD, Mikulis D. Cortical plasticity following upper extremity injury and reconstruction. Clin Plast Surg. 2005;32(4):617–34.
4. Merzenich MM, van Vleet TM, Nahum M. Brain plasticity- based therapeutics. Front Hum Neurosci. 2014;8:1–16.
5. Melzack R. The McGill pain questionnaire: major properties and scoring methods. Pain. 1975;1:277–99.
6. Loeser JD, Treede RD. The Kyoto protocol of IASP basic pain terminology. Pain. 2008;134:473–7.
7. Novak CB, Anastakis DJ, Beaton DE, Mackinnon SE, Katz J. Biomedical and psychosocial factors associated with disability after peripheral nerve injury. J Bone Joint Surg. 2011;93A(10):929–36.
8. Rosen B, Bjorkman A, Lundborg G. Sensory relearning and the plastic brain. In: Skirven TM, Osterman AL, Fedorczyk J, Amadio PC, Shin E, editors. Rehabilitation of the hand and upper extremity, vol. 1. 7th ed. Chapter 42. Philadelphia, PA: Elsevier; 2020. p. 597–608.
9. Dellon AL. Evaluation of sensibility and re-education of sensation in the hand. Baltimore, MD: Williams & Wilkins; 1981.

10. Wynn-Parry CB, Salter M. Sensory re-education after median nerve lesions. Hand. 1976;8:250–7.
11. Jerosch-Herold C. Sensory relearning in peripheral nerve disorders of the hand: a web-based survey and Delphi consensus method. J Hand Ther. 2011;24(4):292–8.
12. Melzack R, Wall PD. Pain mechanisms: a new theory. Science. 1965;150:971–9.
13. Bowering KJ, O'Connell NE, Tabor A, Catley MJ, Leake HB, Moseley GL, Stanton TR. The effects of graded motor imagery and its components on chronic pain: a systematic review and meta-analysis. J Pain. 2013;14(1):3–13.
14. Stralka WS. Graded motor imagery. In: Skirven TM, Osterman AL, Fedorczyk J, Amadio PC, Shin E, editors. Rehabilitation of the hand and upper extremity, vol. 2. 7th ed. Chapter 100. Philadelphia, PA: Elsevier; 2020. p. 1410–4.
15. Priganc VW, Stralka SW. Graded motor imagery. J Hand Ther. 2011;24(2):164–8.
16. Moseley G. Graded motor imagery is effective for long-standing complex regional pain syndrome: a randomised controlled trial. Pain. 2004;108:192–8.
17. Moseley GL, Butler DS, Beames TB, Giles TJ. The graded motor imagery handbook. Adelaide: NOI Group Publications; 2012.
18. Packham TL, Holly J. Therapists' management of complex regional pain syndrome. In: Skirven TM, Osterman AL, Fedorczyk J, Amadio PC, Shin E, editors. Rehabilitation of the hand and upper extremity, vol. 2. 7th ed. Chapter 98. Philadelphia, PA: Elsevier; 2020. p. 1378–92.
19. Moseley GL, Wiech K. The effect of tactile discrimination training is enhanced when patients watch the reflected image of their unaffected limb during training. Pain. 2009;144(3):314–9.
20. Ramachandran VS, Rogers-Ramachandran D. Synaesthesia in phantom limbs induced with mirrors. Proc Biol Sci. 1996;263:377–86.
21. Quintal I, Carrier A, Packham T, Bourbonnais B, Dyer J-O. Tactile stimulation programs in patients with hand dysesthesia after a peripheral nerve injury: a systematic review. J Hand Ther. 2021;34:3–17.
22. Bakshi P, Chang W-P, Fisher TF, Andreae B. Client buy-in: an essential consideration for graded motor imagery in hand therapy. J Hand Ther. 2020;S0894-1130(20):30045–4. https://doi.org/10.1016/j.jht.2020.03.014. Online ahead of print
23. World Health Organization. ICF: international classification of functioning, disability and health. Geneva: World Health Organization; 2001.
24. Jette AM. Toward a common language for function, disability, and health. Phys Ther. 2006;86:726–34.
25. Hudak PL, Amadio PC, Bombardier C. Development of an upper extremity outcome measure: the DASH (disabilities of the arm, shoulder and hand) [corrected]. The upper extremity collaborative group (UECG). Am J Ind Med. 1996;29:602–8.
26. Novak CB, Mackinnon SE, Anastakis DJ, McCabe SJ. Factor structure of the DASH questionnaire in upper extremity nerve injury. Plast Reconstruc Surg. 2019;144(5):1116–22.
27. Lehman LA, Woodbury M, Velozo CA. Examination of the factor structure of the disabilities of the arm, shoulder, and hand questionnaire. Am J Occup Ther. 2011;65:169–78.
28. Novak CB, Anastakis DJ, Beaton DE, Mackinnon SE, Katz J. Relationships among pain disability, pain intensity, illness intrusiveness and upper extremity disability in patients with traumatic peripheral nerve injury. J Hand Surg Am. 2010;35(10):1633–9.
29. O'Connell NE, Wand BM, McAuley JH, Marston L, Moseley GL. Interventions for treating pain and disability in adults with complex regional pain syndrome—an overview of systematic reviews. Cochrane Database Syst Rev. 2013;2013(4):CD009416. https://doi.org/10.1002/14651858.CD009416.pub2.
30. Beleckas CM, Guattery J, Chamberlain AM, Khan T, Kelly MP, Calfee RP. Using patient-reported outcomes measurement information system measures to understand the relationship between improvement in physical function and depressive symptoms. J Am Acad Orthop Surg. 2018;26(24):e511–8.
31. Beleckas CM, Padovano A, Guattery J, Chamberlain AM, Keener JD, Calfee RP. Performance of patient-reported outcomes measurement information system (PROMIS) upper extremity (UE) versus physical function (PF) computer adaptive tests (CATs) in upper extremity clinics. J Hand Surg Am. 2017;42(11):867–74.
32. Stratford P, Gill C, Westaway M, Binkley J. Assessing disability and change on individual patients: a report of a patient specific measure. Physiother Can. 1995;47(4):258–62.
33. Novak CB, Anastakis DJ, Beaton DE, Mackinnon SE, Katz J. Validity of the patient specific functional scale in patients following upper extremity nerve injury. Hand. 2013;8:132–8.
34. McMillan CR, Binhammer PA. Which outcome measure is the best? Evaluating responsiveness of the Disabilities of the Arm, Shoulder, and Hand Questionnaire, the Michigan Hand Questionnaire and the Patient-Specific Functional Scale following hand and wrist surgery. Hand (N Y). 2009;4(3):311–8.
35. Shapiro LM, Eppler SL, Roe AK, Morris A, Kamal RN. The patient perspective on patient-reported outcome measures following elective hand surgery: a convergent mixed-methods analysis. J Hand Surg Am. 2021;46(2):153.e1–153.e11. https://doi.org/10.1016/j.jhsa.2020.09.008.

Interventional Pain Management for Neuromas: Non-surgical Nerve Ablative Techniques

10

Maximilian Hsia-Kiung and Daniel Jung Pak

Introduction

Given the invasive nature of surgery and the fact that surgical amputation is often the cause of a painful neuroma, non-surgical techniques for the management of neuroma pain have been the focus of extensive investigation. The highly specific and targetable source of pain from neuromas also lends them to visualization and treatment using ultrasound guidance. Experiences from other pain management techniques, including those used in the neck and low back, have led to a variety of treatments for residual limb and phantom limb pain in an effort to provide long-term pain relief and functional capacity improvement. A number of injectable therapeutic substances have been used to treat painful neuromas including local anesthetics, corticosteroids, phenol, and alcohol. Other ablative techniques such as radiofrequency ablation and cryoablation have also been attempted with some limited success. In this chapter, we will review the use of injection and ablative techniques for the treatment of painful neuromas.

Corticosteroid Injection

The use of corticosteroids as adjuvants in peripheral nerve blocks has been studied for many years. A major limitation to local anesthetics is their short duration of action (up to 8 h with bupivacaine [1]). Corticosteroids have been used as a method of extending the duration of a peripheral nerve block, although their efficacy in achieving this beyond the systemic effects of local anesthetic activity has been questioned [2]. Corticosteroid injection has been widely employed in the treatment of many other painful neuropathic conditions, including Morton's neuroma, lumbar radiculopathy, and trigeminal neuralgia. In Morton's neuroma, corticosteroid injection has been studied extensively [3, 4] both in blind and ultrasound-guided techniques and found to be effective for short-term pain relief. Similarly, in lumbar radiculopathy, short-term pain relief with lumbar epidural corticosteroid injection has been used extensively and shown to be helpful early in the disease process, though effects are small and have not been shown to significantly change long-term surgical risk [5]. The severe and often recalcitrant pain of trigeminal neuralgia has also been successfully treated with corticosteroid injection with both immediate and long-term pain relief (up to 15 months) [6].

While these conditions all involve neuropathic pathologies, painful neuromas offer a different challenge in that nerves often have been intentionally transected, which initiates a complicated series of processes including ectopic impulses and hyperexcitability of axons that lead to pain [7]. Swelling of the neuroma has been thought to indicate an inflammatory process as contributing to the mechanism of pain generation, although identification of swollen neuromas by ultrasonographic exam has not always correlated with the occurrence of chronic post-amputation pain [8]. Nevertheless, injection of corticosteroid around a painful neuroma has been performed in several case studies in the literature, including the lower [9, 10] and upper extremities [11]. One small prospective case series examined the outcomes up to 6 months following single ultrasound-guided corticosteroid injection of painful stump neuroma and found that 50% of patients who underwent the injection had at least 50% reduction in pain from their baseline scores. [12]

The utility of corticosteroid injection in the treatment of painful neuroma needs further validation in larger randomized trials and, similar to use of such injectates in perioperative peripheral nerve blocks, should be compared with

M. Hsia-Kiung
Harvard Medical School, Massachusetts General Hospital, Pain Management Center, Boston, MA, USA
e-mail: MHSIA-KIUNG@mgh.harvard.edu

D. J. Pak (✉)
Pain Medicine Division, New York-Presbyterian Hospital/Weill Cornell Medicine, New York, NY, USA

K. R. Eberlin et al. (eds.), *Contemporary Neuroma Management*, https://doi.org/10.1007/978-3-031-59758-9_10

systemic steroids, which may have an effect on neuroma-related chronic pain. However, given the lack of suitable alternative injectable compounds and the relative ease and safety of injection of painful neuromas with the rising ubiquity of ultrasound, corticosteroid injection of painful neuroma is likely to continue to be used by practitioners who are seeking non-pharmacological and non-surgical methods of treating patients who are highly debilitated and often functionally incapacitated.

Cryoablation

Cryogenic nerve ablation, also known as cryoneurolysis or cryoablation, is a technique in which a probe is placed near a nerve or other structure and the tip is cooled to extremely low temperatures to cause tissue lesioning. Liquid nitrogen or argon is introduced into the probe in a controlled fashion, resulting in the freezing of intracellular and extracellular water in nearby surrounding tissue. The subsequent expansion disrupts cell membranes and inhibits other intracellular activities leading to cell death. The technique has been used for decades in the treatment of solid tumor ablation, particularly in renal cell carcinoma and prostate cancer.

Lesioning of nerves for the short- or long-term relief of pain using cryoablation has been used for a variety of different peripheral nerves. Ultrasound-guided intercostal nerve cryoablation has been used in place of a thoracic epidural to treat postoperative pain after pectus excavatum repair [13]. Other uses to treat chronic pain have included cryoablation of the genitofemoral nerve [14], the posterior femoral cutaneous nerve [15], and Morton's neuroma [16]. Cryoablation of nerve cells is believed to cause damage directly to nerve cell bodies, as well as vascular damage to the *vasa nervorum*, leading to severe endoneural edema and Wallerian degeneration of the nerve [17]. Because exposure of nerves to cold temperatures also reduces cellular activity very quickly, even before cellular damage occurs, the process is also usually painless. Also, unlike with nerve resection, cryoablation tends to disrupt nerve conduction but leaves the basal lamina of Schwann cells intact, which is thought to promote axonal regeneration without formation of another neuroma [18, 19].

Cryoablation of neuromas after amputation has been used to treat both residual limb and phantom limb pain [19]. While never studied in a randomized prospective trial, several case series have shown long-term pain relief. In one such study, 20 patients with painful neuromas following lower extremity amputation, who had failed prior conservative treatment, underwent cryoablation using nerve stimulation to localize the neuroma [20]. Fourteen of the 20 had reduction in their pain 1 year after cryoablation, with an average of a 5-point reduction on the visual analogue scale (VAS) for pain. The authors also noted that 18 of the 20 subjects stated they would have the procedure performed again, and all patients reported total pain relief immediately following the procedure. CT guidance has also been used for probe placement with similar results [21].

While technically challenging given the limited use of cryoablation probes by many pain management providers, cryoablation is a unique tool for the treatment of painful neuroma as it produces a lesion that is not merely characterized as anesthetization or transection, but somewhere in between. The ability to produce long-term anesthesia without the formation of another neuroma at the site of nerve injury presents the biggest challenge to non-surgical management of painful neuroma, and thus far cryoablation appears to come the closest to that goal; however, a large, prospective study is needed to further characterize the efficacy of this technique.

Chemical Ablation

Chemical neurolysis has been used extensively for the treatment of neuropathic pain syndromes, including neuromas. Following a positive diagnostic block with local anesthetic (lidocaine or bupivacaine) to confirm the neuroma as the primary pain generator, irreversible chemical ablation may be performed with alcohol (20–100%) or phenol (5–80%), with intraneural injections recently coming into favor to achieve the best results [22, 23]. This produces Wallerian nerve degeneration through dehydration and destruction of cellular proteins, particularly within large myelinated nerve fibers [23, 24]. While the extent of axonal degeneration can vary depending on the volume of the injectate and technique, if the axolemma remains intact, regeneration occurs, and pain may return in less than 6 months.

Typically performed under real-time ultrasound guidance with an in-plane technique to visualize the needle, the tip is placed in close proximity to the neuroma, and the spread of the injectate can be readily visualized. Care should be taken to ensure circumferential coverage of the neuroma and avoid vascular injection. Intraneural fibrosis may be seen under ultrasonographic examination afterward. Ultrasound also allows the operator to minimize spread of the alcohol to surrounding tissue, thus decreasing the risk of local tissue necrosis and myositis. Gruber and colleagues reported using 80% phenol for the treatment of post-amputation stump neuromas and demonstrated a reduction of 70% in visual analogue scale (VAS) pain scores at 6 months' follow-up [22].

Radiofrequency Ablation (RFA)

Conventional RFA: Conventional RFA utilizes thermal energy generated from electrical current to destroy peripheral nerve endings. Radiofrequency needle cannula placement is typically performed under real-time ultrasound guidance at the targeted neuroma, and stimulation testing is used to confirm correct placement of the needle tip at the desired nerve fibers. Proper sensory stimulation, typically indicated by paresthesias or pressure sensations, is confirmed at 50 Hz at less than 0.5 V [25]. There should be no motor stimulation, indicated by absence of local muscle contraction. Conventional RFA applies heat up to 90 °C for 60–120 s, which creates a well-demarcated, circumferential lesion at the active tip of the cannula (typically 5–10 mm) and destroys the neural tissue through coagulative necrosis [26]. Since the heat generated is localized to the tip of the electrode, RFA reduces the risk of injury to surrounding tissue compared to chemical neurolysis. It is important to note that radiofrequency current is generated in a long axis around the active tip of the cannula for selective destruction of nerve tissue; thus, we advise that the cannula be placed in parallel with the targeted neuroma to achieve maximum coverage and best results. Analgesic benefit has been observed for up to 2 years, and additional lesioning may be considered with recrudescence of symptomatology [3]. Given the destructive nature of RFA, diagnostic injection with local anesthetic is typically performed beforehand. Potential complications that should be discussed with the patient include motor nerve injury, neuritis, and deafferentation pain [26].

Cooled RFA (C-RFA): The use of C-RFA has also been described for the treatment of a large sciatic neuroma [27]. As its name implies, in C-RFA, room-temperature saline is circulated through the insulated tip, reducing the temperature of the active tip and allowing for a larger destructive lesion size in comparison to conventional RFA. This may be more effective for the treatment of larger neuromas, though there are sparse data to validate this. Sperry and colleagues demonstrated 95% reduction in phantom limb pain symptoms at 6 months postablation for a patient with a large post-amputation sciatic neuroma [27].

Pulsed RFA (P-RFA): For neuromas where loss of sensory or motor function is a concern, P-RFA may be considered. P-RFA applies bursts of high-voltage radiofrequency current, which keeps the generated temperature below 42 °C. While it has long been thought that P-RFA was non-destructive in nature and that the mechanism of action was through the modulation of the synapses of pain neural pathways, more recent studies have demonstrated that even P-RFA can cause structural injury to axons [26, 28]. This has been shown through endoneurial edema, though it appears that these changes are transient and that the magnitude of cellular destruction is substantially less than that seen with conventional RFA [28]. Furthermore, the risks of motor nerve injury and neuritis are theoretically less than conventional and cooled RFA. P-RFA also generates heat at the tip of the cannula, allowing access to neuromas where parallel cannula placement is not feasible.

Conclusion

Percutaneous interventions offer effective and minimally invasive therapies for the treatment of painful neuromas. Furthermore, the use of real-time ultrasound guidance not only aids in the diagnosis of neuromas but also enables more precise needle placement while reducing iatrogenic injury to surrounding tissue. Injection and neurolytic techniques should be used in conjunction with pharmacologic and behavioral therapies for best results (Table 10.1).

Table 10.1 Non-surgical nerve ablative techniques

Therapy	Benefits	Limitation
Corticosteroid injection	• Diagnostic utility prior to neurolysis procedure • Non-destructive injection	• Short duration of action
Cryoablation	• Less destructive compared to RFA • Less risk of deafferentation pain and neuroma formation • Faster onset of analgesia compared to RFA	• Shorter duration of action compared to RFA • Less user familiarity with cryoablation technology
Chemical ablation	• Destructive lesion, longer duration of action	• Systemic toxic reactions to ethanol and phenol • Tissue necrosis • Less localized lesion • Deafferentation pain
Radiofrequency ablation (RFA)	• Destructive lesion, longer duration of action • Precise, well-circumscribed lesion • Sensory and motor testing before neurolysis • User familiarity with technology	• Deafferentation pain • Neuroma formation

References

1. Barash PG, Cullen BF, Stoelting RK, Cahalan MK, Stock MC, Ortega R. Clinical anesthesia. 8th ed; 2017.
2. Pehora C, Pearson AME, Kaushal A, Crawford MW, Johnston B. Dexamethasone as an adjuvant to peripheral nerve block. Cochrane Database Syst Rev. 2017;2017(11):CD011770. https://doi.org/10.1002/14651858.CD011770.pub2.
3. Connors JC, Boike AM, Rao N, Kingsley JD. Radiofrequency ablation for the treatment of painful neuroma. J Foot Ankle Surg. 2020;59(3):457–61. https://doi.org/10.1053/j.jfas.2019.09.003.
4. Mahadevan D, Attwal M, Bhatt R, Bhatia M. Corticosteroid injection for Morton's neuroma with or without ultrasound guidance: a randomised controlled trial. Bone Joint J. 2016;98B(4):498–503. https://doi.org/10.1302/0301-620X.98B4.36880.
5. Chou R, Hashimoto R, Friedly J, et al. Epidural corticosteroid injections for radiculopathy and spinal stenosis: a systematic review and meta-analysis. Ann Intern Med. 2015;163(5):373–81. https://doi.org/10.7326/M15-0934.
6. Ho KWD, Przkora R, Kumar S. Sphenopalatine ganglion: block, radiofrequency ablation and neurostimulation—a systematic review. J Headache Pain. 2017;18(1):118. https://doi.org/10.1186/s10194-017-0826-y.
7. Lin EE, Horasek S, Agarwal S, Wu CL, Raja SN. Local administration of norepinephrine in the stump evokes dose-dependent pain in amputees. Clin J Pain. 2006;22(5):482–6. https://doi.org/10.1097/01.ajp.0000202980.51786.ae.
8. Buch NS, Qerama E, Brix Finnerup N, Nikolajsen L. Neuromas and postamputation pain. Pain. 2020;161(1):147–55. https://doi.org/10.1097/j.pain.0000000000001705.
9. Fischler AH, Gross JB. Ultrasound-guided sciatic neuroma block for treatment of intractable stump pain. J Clin Anesth. 2007;19(8):626–8. https://doi.org/10.1016/j.jclinane.2007.04.008.
10. Chen PJ, Liang HW, Chang KV, Wang TG. Ultrasound-guided injection of steroid in multiple postamputation neuromas. J Clin Ultrasound. 2013;41(2):122–4. https://doi.org/10.1002/jcu.21885.
11. Hung YH, Wu CH, Ozcakar L, Wang TG. Ultrasound-guided steroid injections for two painful neuromas in the stump of a below-elbow amputee. Am J Phys Med Rehabil. 2016;95(5):e73–4. https://doi.org/10.1097/PHM.0000000000000456.
12. Kesikburun S, Yaşar E, Dede I, Göktepe S, Tan AK. Ultrasound-guided steroid injection in the treatment of stump neuroma: pilot study. J Back Musculoskelet Rehabil. 2014;27(3):275–9. https://doi.org/10.3233/BMR-130444.
13. Keller BA, Kabagambe SK, Becker JC, et al. Intercostal nerve cryoablation versus thoracic epidural catheters for postoperative analgesia following pectus excavatum repair: preliminary outcomes in twenty-six cryoablation patients. J Pediatr Surg. 2016;51(12):2033–8. https://doi.org/10.1016/j.jpedsurg.2016.09.034.
14. Campos NA, Chiles JH, Plunkett AR. Ultrasound-guided cryoablation of genitofemoral nerve for chronic inguinal pain. Pain Physician. 2009;12(6):997–1000. https://doi.org/10.36076/ppj.2009/12/997.
15. Joshi DH, Thawait GK, Del Grande F, Fritz J. MRI-guided cryoablation of the posterior femoral cutaneous nerve for the treatment of neuropathy-mediated sitting pain. Skeletal Radiol. 2017;46(7):983–7. https://doi.org/10.1007/s00256-017-2617-6.
16. Cazzato RL, Garnon J, Ramamurthy N, et al. Percutaneous MR-guided cryoablation of Morton's neuroma: rationale and technical details after the first 20 patients. Cardiovasc Intervent Radiol. 2016;39(10):1491–8. https://doi.org/10.1007/s00270-016-1365-7.
17. Axonal viability and the persistence of thermal hyperalgesia after partial freeze lesions of nerve. https://pubmed.ncbi.nlm.nih.gov/8836969/. Accessed 2 May 2021.
18. Moorjani N, Zhao F, Tian Y, Liang C, Kaluba J, Maiwand MO. Effects of cryoanalgesia on post-thoracotomy pain and on the structure of intercostal nerves: a human prospective randomized trial and a histological study. Eur J Cardiothorac Surg. 2001;20(3):502–7. https://doi.org/10.1016/S1010-7940(01)00815-6.
19. Moesker AA, Karl HW, Trescot AM. Treatment of phantom limb pain by cryoneurolysis of the amputated nerve. Pain Pract. 2014;14(1):52–6. https://doi.org/10.1111/papr.12020.
20. Caporusso EF, Fallat LM, Ruth SM. Cryogenic neuroablation for the treatment of lower extremity neuromas. J Foot Ankle Surg. 2002;41(5):286–90. https://doi.org/10.1016/S1067-2516(02)80046-1.
21. Prologo JD, Gilliland CA, Miller M, et al. Percutaneous image-guided cryoablation for the treatment of phantom limb pain in amputees: a pilot study. J Vasc Interv Radiol. 2017;28(1):24–34.e4. https://doi.org/10.1016/j.jvir.2016.09.020.
22. Gruber H, Glodny B, Bodner G, et al. Practical experience with sonographically guided phenol instillation of stump neuroma: predictors of effects, success, and outcome. AJR Am J Roentgenol. 2008;190(5):1263–9. https://doi.org/10.2214/AJR.07.2050.
23. Rajput K, Reddy S, Shankar H. Painful neuromas. Clin J Pain. 2012;28(7):639–45. https://doi.org/10.1097/AJP.0b013e31823d30a2.
24. Lim K-B, Kim Y-S, Kim J-A. Sonographically guided alcohol injection in painful stump neuroma. Ann Rehabil Med. 2012;36(3):404–8. https://doi.org/10.5535/arm.2012.36.3.404.
25. Pangarkar S, Miedema ML. Pulsed versus conventional radio frequency ablation for lumbar facet joint dysfunction. Curr Phys Med Rehabil Rep. 2014;2(1):61–5. https://doi.org/10.1007/s40141-013-0040-z.
26. Choi EJ, Choi YM, Jang EJ, Kim JY, Kim TK, Kim KH. Neural ablation and regeneration in pain practice. Korean J Pain. 2016;29(1):3–11. https://doi.org/10.3344/kjp.2016.29.1.3.
27. Sperry BP, Cheney CW, Conger A, Shipman H, McCormick ZL. Cooled radiofrequency ablation of a large sciatic neuroma at the infrapiriformis foramen for recalcitrant phantom limb pain in a below-knee amputee. Pain Med. 2021;22(1):223–6. https://doi.org/10.1093/pm/pnaa154.
28. Byrd D, Mackey S. Pulsed radiofrequency for chronic pain. Curr Pain Headache Rep. 2008;12(1):37–41. https://doi.org/10.1007/s11916-008-0008-3.

Neuromodulation for Painful Neuromas

11

Yong Shen and Christopher J. Winfree

Abbreviations

DRG Dorsal root ganglion
PNS Peripheral nerve stimulation
SCS Spinal cord stimulation

Introduction

A neuroma is a mechanosensitive structure that may produce robust neuropathic pain when physically stimulated [1]. Therefore, medications appropriate for neuropathic pain may be effective in treating this pain. Monotherapy may be effective in some patients for treatment of neuropathic pain. However, at times it is ineffective, and in these cases, multimodal therapy should be instituted employing a combination of medications, working through different mechanisms [2]. Medically refractory neuroma pain may then respond to more invasive therapies, such as percutaneous ablative treatments or surgery. Unfortunately, a neuroma may often be a stubborn source of neuropathic pain, despite the use of all of these treatment modalities. In these cases, neuromodulation may be an effective treatment option.

Neuromodulation

Neuromodulation is defined as "the alteration of nerve activity through targeted delivery of a stimulus, such as electrical stimulation or chemical agents, to specific neurological sites in the body" [3]. The first implantable electrical devices used to treat neuropathic pain were developed in the 1960s following the development of the gate control theory of pain [4]. This theory describes a model of pain processing in the human nervous system, whereby there are two parallel sensory pathways, one mediating nonpainful signals and the other mediating painful signals. In essence, the brain only focuses on one pathway at any given time. Thus, when the nonpainful pathways are bombarded with gentle electrical signals, the subjective experience of pain is reduced in the part of the body where the electrical stimulus is perceived.

Soon thereafter, the first spinal cord stimulation (SCS) and peripheral nerve stimulation (PNS) systems were implanted in patients with medically refractory neuropathic pain [5, 6]. Since then, significant advances in technology and a wealth of clinical experience have allowed neuromodulation procedures to become minimally invasive, safe, evidence-based, and effective modalities to treat neuropathic pain. There are several neuromodulation choices that are potentially appropriate for use in patients with neuroma pain that is refractory to other therapies.

It is important to note that these neuromodulation therapies should be employed by appropriately credentialed practitioners with subspecialty training specific to their use. Given the relationship of these devices to the nervous system, significant and potentially catastrophic neurological (and other) complications can occur if used inappropriately [7]. In the correct hands, however, these techniques may yield impressive levels of pain relief, patient satisfaction, and reduction in opioid use.

Spinal Cord Stimulation (SCS)

Spinal cord stimulation (SCS) is a neuromodulation technique whereby electrodes are placed along the spinal dorsal epidural space. It is thought, according to the gate control theory of pain, that the electrical stimulation of the spinal cord dorsal column large diameter A-beta fibers can lead to

Y. Shen
Columbia University Vagelos College of Physicians and Surgeons, New York, NY, USA
e-mail: ys3420@cumc.columbia.edu

C. J. Winfree (✉)
Department of Neurological Surgery, Columbia University Vagelos College of Physicians and Surgeons, New York, NY, USA
e-mail: cjw12@cumc.columbia.edu

K. R. Eberlin et al. (eds.), *Contemporary Neuroma Management*, https://doi.org/10.1007/978-3-031-59758-9_11

neurotransmitter release that inhibits small diameter C fiber responses in dorsal horn neurons, thus dampening afferent nociceptive signals such that the subjective experience of pain is reduced. Typically, patients may be candidates for a SCS trial if they have not experienced sufficient pain relief with pharmacotherapy and in some cases interventional pain procedures such as epidural anesthetic and steroid injections. Patients must undergo a psychological screening to rule out un- or undertreated psychological comorbidities and medical clearance [7].

Once the patient is deemed a potential candidate for a spinal cord stimulator, he/she undergoes a stimulator trial [7]. Usually, one or two electrodes are percutaneously placed in the spinal epidural space under sedation (Fig. 11.1). Depending on the exact stimulator system being used, the patient may be awakened during the trial and the electrodes turned on. This is done to make sure the stimulator system is eliciting paresthesias in the correct location with stimulation, which should also overlap with the patient's pain. The stimulator trial is usually done as an outpatient procedure, and the patient is discharged home after the procedure once their education regarding the device is completed. The electrodes remain in place for about a week, after which they are removed by the implanting physician in the office. Patients who experience sufficient relief of pain and increased functionality during the trial are usually offered implantation of a permanent electrode system. A common outcome measure is ≥50% pain relief with stimulation to warrant permanent stimulator placement. This consists of the stimulator electrodes, placed either percutaneously or via a laminectomy in the spinal epidural space, connected to an implantable pulse generator (Fig. 11.2). After implantation, the patient undergoes a series of follow-up visits to ensure that the device programming achieves an optimal degree of pain relief. The patient has a remote controller to allow them to make adjustments to various parameters including turning the system on/off and adjusting the intensity of the stimulation. Patients may also toggle between specific programs based on body positioning, time of day, or personal preference.

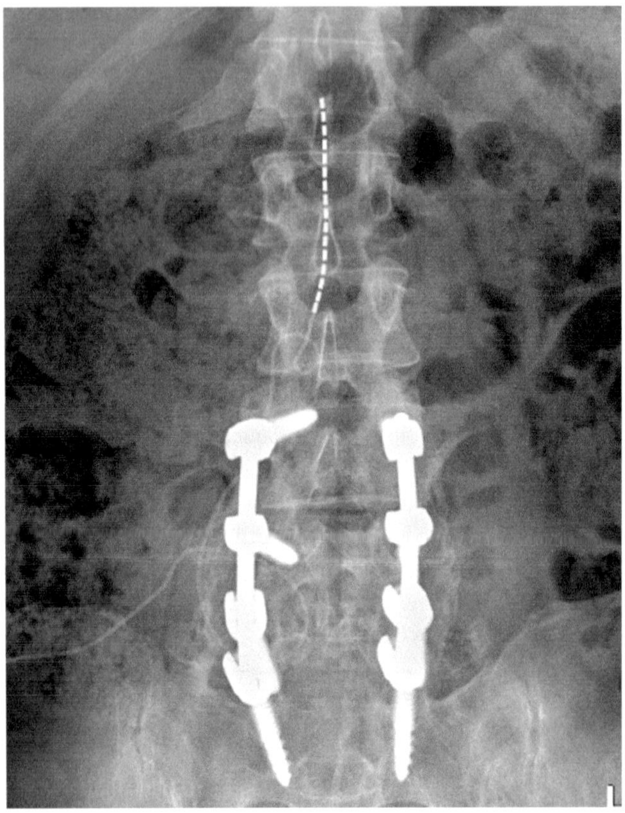

Fig. 11.1 Postoperative X-ray in a patient with a diagnosis of CRPS and a painful sensory neuroma. The SCS trial electrode was percutaneously placed on the midline to span the T12-L1 levels to best target bilateral foot pain

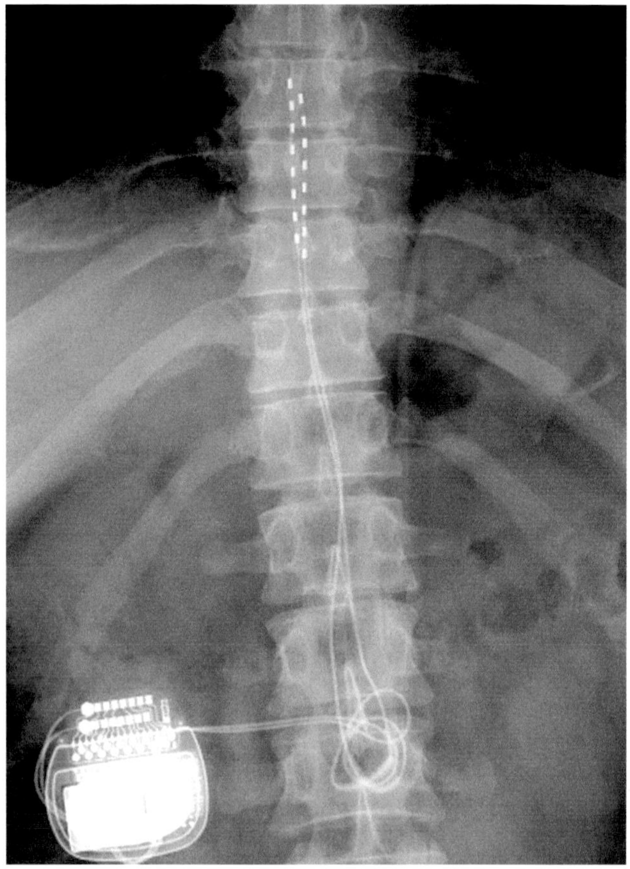

Fig. 11.2 Postoperative X-ray in a patient who had previously undergone a percutaneous SCS trial. In this case, dual percutaneous permanent SCS electrodes were placed in the spinal epidural space and connected to a right low back rechargeable implantable pulse generator

The first SCS devices were primitive systems that mostly just delivered an electrical current to the spinal cord with minimal programming options. Modern systems are produced by several different companies, each offering multiple electrode arrays and nuanced programming to deliver complex and effective waveforms to the spinal cord structures.

All systems are capable of delivering low-frequency (tonic) stimulation, which the patient perceives as stimulation paresthesias. In addition, each company offers one or more paresthesia-free waveforms, which the patient cannot feel when activated. Some patients find that they prefer tonic over paresthesia-free stimulation (or vice versa). Generally, their preferences are clarified during the stimulator trial. Most modern SCS systems offer rechargeable and MRI-compatible systems. Each company also offers larger electrode arrays (paddle leads) that are placed via a laminectomy rather than percutaneously. Laminectomy leads may be selected when percutaneous leads cannot be passed through the epidural space, as in the presence of epidural scarring. Laminectomy leads offer certain advantages over percutaneous leads, including resistance to migration, more efficient use of electrical current, and more complex programming options [8]. Percutaneous leads offer different advantages, including smaller size and reduced epidural scarring. The decision regarding what system to use and what approach to use is determined by the patient and the surgeon following a full and comprehensive informed consent process.

There are a number of FDA-approved indications for SCS in the United States currently, including pain of peripheral nerve origin. Painful neuralgias and complex regional pain syndrome (CRPS), including subtypes associated with neuromas, are two common indications. The most robust and high-quality evidence supporting the use of SCS is from randomized, prospective clinical trials with CRPS [9], postlaminectomy syndrome [10], and low back and neuropathic lower extremity pain [11]. There are a number of reports supporting the use of SCS specifically to reduce neuropathic pain associated with neuromas [12, 13]. Additionally, SCS is cost-effective compared to medical management of neuropathic pain [14]. Spinal cord stimulation may also represent an opioid-sparing treatment alternative for the treatment of neuropathic pain [15, 16].

When considering the use of SCS to treat neuropathic pain, patients should be offered a reasonable trial of medical and pharmacologic therapy first. Subsequent treatment options can include interventional procedures and/or surgery, if deemed appropriate. SCS can also be used in addition to surgical intervention to complement pain relief. Prolonged efforts to achieve sufficient pain relief prior to offering SCS should probably be avoided, as the success of SCS is inversely related to time between initial pain diagnosis and SCS implantation, with implantation within 2 years of pain diagnosis offering the best chance of therapeutic success [17]. Though the nature of this inverse relationship of the success of SCS and the time between pain diagnosis and SCS implantation remains unclear, adaptation of the nervous system to pain (e.g., centralization of pain), learned behavior, and the natural history of the disease process progression may contribute to this inverse relationship.

There have been steady technological improvements in SCS hardware and programming in recent years. New waveforms have improved patient outcomes and increased the durability of therapeutic benefits [18]. A recent trial of closed-loop SCS allows for real-time adjustments in current delivery to the spinal cord to effectively lock in a therapeutically beneficial stimulator program, obviating the need to have the devices manually reprogrammed [19]. Other SCS systems have done away with the need for an implantable pulse generator, thus reducing the invasiveness of the procedure and improving patient comfort levels [20]. It is expected that future technological advancements will continue to improve the safety, efficacy, and convenience of these systems.

Dorsal Root Ganglion (DRG) Stimulation

Dorsal root ganglion (DRG) stimulation is a form of spinal neurostimulation whereby the electrode arrays are placed along the spinal nerve roots as they exit the spinal canal. This enables focused electrical stimulation of the spinal nerve root and associated DRG at the target level, thus avoiding unwanted stimulation at other spinal levels. The DRG is an interesting target for neuromodulation given its importance as an integration and processing area for afferent pain signals [21]. The DRG connects widely with the sympathetic nervous system and with adjacent spinal levels. These characteristics make DRG stimulation an attractive option for treating CRPS, with its tendency to involve the sympathetic nervous system and the tendency for CRPS pain to spread to adjacent spinal levels. Electrical stimulation of the DRG has proven to be an effective means to treat dermatomal-distribution pain. Fortunately, neuroma pain often overlaps a single dermatomal level. Depending on the exact pain pattern, sometimes multiple dermatomal levels require DRG stimulation to achieve complete coverage of the neuroma pain. Thus, DRG stimulation may be used to treat neuroma pain, provided that the pain can be covered by a reasonable number of DRG electrodes (typically, ≤ 4, which is the total that can be inserted into a single implantable pulse generator).

Similar to SCS, DRG stimulation may be considered for patients with medically refractory pain unresponsive to less-invasive therapies. Treatment guidelines delineating the use of DRG systems are available [22], and important points are summarized in Table 11.1. Depending on patient and provider preference, DRG stimulation may be considered a treatment option either prior to, or subsequent to, surgical neuroma treatment. Once the decision is made to proceed with DRG stimulation, the patient undergoes a similar psychological and medical work-up as for SCS. There is also a 1-week trial period with percutaneously placed electrodes.

Table 11.1 Important guidelines regarding DRG stimulation from the Neuromodulation Appropriateness Consensus Committee (NACC) [22]

Point 1. DRG stimulation should be considered primarily for patients with focal neuropathic pain syndromes with known pathology
Point 2. DRG stimulation is recommended for CRPS type I or type II of the lower extremity
Point 3. DRG stimulation for CRPS type I or type II of the upper extremity requires more study
Point 4. The number of leads for unilateral vs. bilateral pain may differ, with a maximum of 4 leads per pulse generator
Point 5. DRG stimulation is superior to standard SCS for unilateral focal pain due to CRPS type I or II in the lower extremity
Point 6. Careful preoperative planning for tunneling from the lead placement incision to the pulse generator is needed, with central lead consolidation in situations of multiple leads
Point 7. During trialing before long-term placement, bilateral pain should be covered bilaterally. Unilateral coverage trialing for patients with bilateral pain complaints should not be performed

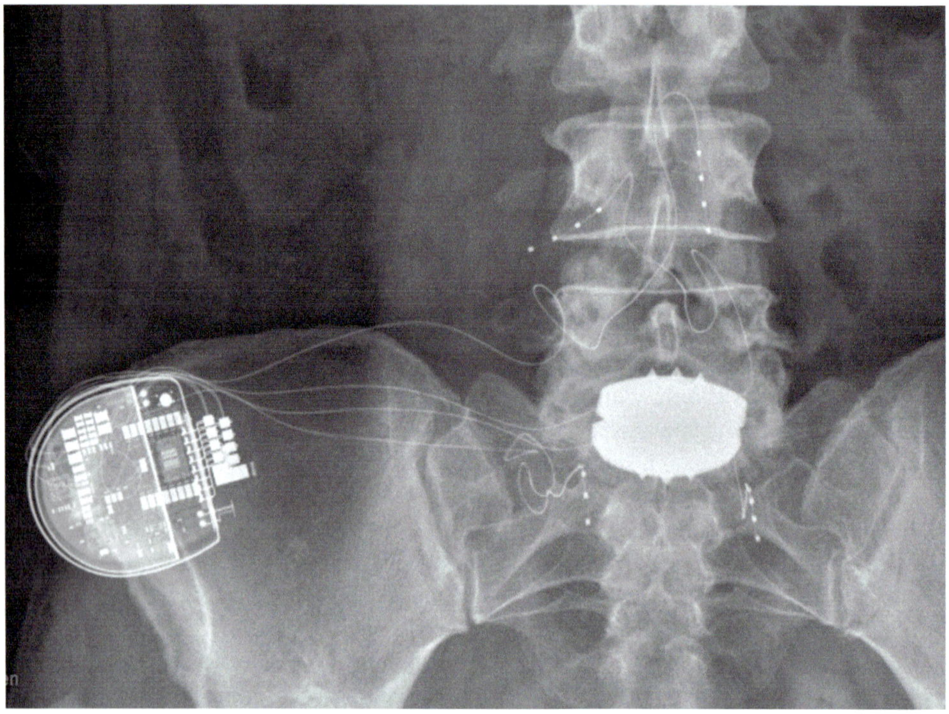

Fig. 11.3 Postoperative X-ray in a patient with bilateral knee and leg pain. In this case, DRG stimulator electrodes are in position at the bilateral L4 and S1 levels. Note that the left L4 lead has migrated out of the neural foramen and is in the incorrect position. The right L4 and both S1 leads are in the correct position

Patients who do well are offered permanent implantation. Like SCS, the DRG electrodes are connected to a subcutaneous implantable pulse generator (Fig. 11.3).

Recently developed, dedicated DRG stimulator systems have proven to be reasonably straightforward to use, albeit a bit more complicated than SCS systems. They are safe and effective for the treatment of neuropathic pain in multiple areas of the body, though with more robust evidence of treating pain in the lower extremities [23–25]. Given the compact nature of the DRG and spinal nerve root sleeve, there is little room for extra cerebrospinal fluid. Thus, patient perceptions of stimulation in this area tend to remain quite stable, with little of the positional variability seen in SCS systems, where there is more room for the spinal cord to move in relation to the electrode arrays. This compact anatomy also allows much lower electrical stimulation current levels to be used compared to SCS systems. Thus, it is typical for DRG stimulator patients to exhaust their implantable pulse generators less frequently than SCS patients.

Peripheral Nerve Stimulation (PNS)

Peripheral nerve stimulation (PNS) is a neuromodulation technique whereby the stimulator electrodes are placed adjacent to a peripheral nerve [26]. The patient experiences stimulation paresthesias and resultant pain relief, in the distribution of the affected nerve. Conceptually, the use of PNS to treat neuroma pain makes sense, given that neuroma pain is generally confined to the distribution of the affected peripheral nerve. Clinical experience confirms this notion. Patient selection is similar to the other neuromodulation systems described above.

Early PNS devices required the surgical exposure of the target nerve and implantation of a paddle lead in a fairly invasive procedure [27]. Current PNS devices are percutaneously placed and do not require surgical exposure of the target nerve. The leads are placed with ultrasound guidance to avoid damage to adjacent vascular or musculoskeletal structures. In the early years of percutaneous ultrasound-guided

PNS implantation, SCS hardware was adapted for use in the peripheral nervous system [28, 29]. More recently, newer systems that are specifically designed for use with peripheral nerves have been developed [30]. Unlike conventional SCS devices, these new systems have tined electrodes (electrode leads with sets of tines to allow for greater stability once placed) to limit the risk of migration and are connected to disposable external pulse generators that stick to the skin, thus obviating the need for surgical implantation of a battery. As expected, side effects and complications with such a minimally invasive system are rare. Clinical trial data has further shown these systems to be safe and effective for the treatment of peripheral nerve distribution pain [31]. For these reasons, percutaneous, ultrasound-guided PNS is an attractive treatment option for patients with medically refractory neuroma pain.

An alternative to permanent implantation of a PNS device is temporary placement of a PNS device [32]. As for the permanent PNS systems described above, ultrasound guidance is used to optimize placement alongside the target nerve and to avoid injury to nearby structures. The coiled structure of the electrode provides significant resistance to electrode migration and serves as a barrier to infection, thus permitting up to 60 days of externalized electrode placement. Clinical experience has shown that this short-term stimulation of painful nerves can result in long-term pain relief, although the exact mechanisms for this analgesia durability remain unclear [33]. Thus, temporary PNS is a safe, effective, and reversible treatment alternative for medically refractory neuroma pain.

Spinal Infusion Pump

Intrathecal medication may be a reasonable treatment option if other forms of neuromodulation are ineffective. These systems deliver one or more low-dose analgesics directly to the intrathecal space surrounding the spinal cord, where the drug exerts its effects [34]. Intrathecal analgesics include opioids as well as non-opioid medications. Patents undergo a similar selection process as for other forms of neuromodulation. There is a test dose of the medication, either done as a single injection during a lumbar puncture or as an infusion through an intradural or intrathecal catheter, to ensure that spinal delivery of the medication is effective and has few side effects. If the patient does well with the trial, then they can undergo permanent implantation of a spinal infusion pump system. The medication is delivered via an implantable catheter inserted into the spinal intrathecal space, usually near the thoracolumbar level. The catheter is then connected to an infusion pump. Most pump systems can be programmed to deliver either a constant dose of medication or a range of varying doses during the day. Intrathecal medication may be an appropriate treatment option for refractory neuropathic pain in general, including neuroma pain.

Choosing the Optimal Form of Neuromodulation

There are a number of considerations when choosing a specific form of neuromodulation in any given patient. Since there are no clinical trials comparing the different forms of neuromodulation in patients with neuroma, and since there is reasonably robust evidence for all of the available treatment options, the choice is often up to the patient and provider. In some cases, one option will have obvious advantages; in others, there is no best choice. Table 11.2 provides an overview of the advantages, disadvantages, and examples of using the neuromodulation modalities discussed.

Patients with pain confined to a single peripheral nerve distribution who desire the most minimally invasive approach often select percutaneous ultrasound-guided

Table 11.2 Selecting the optimal neuromodulation modality

Modality	Advantages	Disadvantages	Use example
Percutaneous PNS	Minimally invasive; no implantable generator; less bleeding risk; easier navigation in patients with extensive spinal surgery history; less complications overall	Extensive trauma; scarring can preclude use	Patient with neuroma of the sciatic nerve and localized pain along its distribution
SCS or DRG	Can treat non-localized pain in multiple nerve distributions; treat CRPS; paresthesia-free (SCS) SCS is preferred over DRG when pain is bilateral or overlaps several dermatomal regions	Foraminal stenosis is a contraindication for DRG Dorsal epidural scarring from prior at-level spinal surgery impairs DRG	Patient with CRPS and neuroma of the sciatic nerve, with pain in bilateral lower extremities, multiple dermatomal distributions
Spinal infusion pump	Can treat refractory neuropathic pain	Short-term risks (e.g., infection, drug overdosing, drug underdosing, CSF leak) Long-term risks (e.g., opioid-induced hyperalgesia, opioid dependence, catheter granuloma)	Patient with CRPS, neuroma of the sciatic nerve, refractory to percutaneous PNS, SCS, where the benefits of pain relief outweigh the risks of intrathecal pump

PNS as a treatment option. Given that no incision is required and there is no implantable pulse generator, this technique is also attractive for patients who are potentially coagulopathic and might be at increased risk for a catastrophic spinal hematoma. Likewise, PNS is a good option for patients who have had extensive spinal surgery where the presence of epidural scarring and/or fusion hardware precludes the straightforward use of spinal neurostimulators. Extensively scarred peripheral nerves, as often seen with traumatic amputations, may make PNS technically difficult (or impossible) to perform successfully. In these cases, spinal neurostimulation will likely be a better alternative.

When patients have pain that has spread beyond the confines of the neuroma, as in CRPS, then PNS might not provide sufficient coverage of the painful area. In these cases, SCS or DRG stimulation may be better options. When foraminal stenosis is present at the target levels, DRG is contraindicated, and SCS is a better option. When the pain overlaps several dermatomal levels or is bilateral, SCS might be a better option since adequate coverage of the painful areas usually can be accomplished with a maximum of two electrode arrays, whereas four or more DRG electrodes might be needed to achieve comparable degrees of coverage. Some patients prefer paresthesia-free stimulation, as they find tonic stimulation uncomfortable or distracting. Only SCS offers paresthesia-free programming option, although future systems will likely address this limitation.

Intrathecal drug delivery systems can have substantial short-term risks, including infection, drug over- and underdosing, and cerebrospinal fluid leaks. They can also have long-term risks, including opioid-induced hyperalgesia, opioid dependence, and catheter granuloma. Thus, the decision to proceed with intrathecal infusion is complicated and should likely be made once other, less risky treatment options are exhausted.

Summary

Surgeons who treat peripheral neuromas should be aware of the spectrum of therapies available for use in their treatment. Monotherapy and subsequent multimodal therapy with appropriate neuropathic agents should be considered first-line treatments for most neuromas. Interventional and surgical therapies are considered when pharmacotherapy is ineffective due to lack of efficacy or side effects. A variety of neuromodulation strategies are safe, effective, minimally invasive, and evidence-based alternatives to interventional and surgical neuroma therapies.

References

1. Wall PD, Gutnick M. Properties of afferent nerve impulses originating from a neuroma. Nature. 1974;248:740–3.
2. Chaparro LE, Wiffen PJ, Moore RA, Gilron I. Combination pharmacotherapy for the treatment of neuropathic pain in adults. Cochrane Database Syst Rev. 2012;(7):CD008943.
3. International Neuromodulation Society. Welcome to the International Neuromodulation Society. www.neuromodulation.com. Accessed 21 Dec 2016.
4. Melzack R, Wall PD. Pain mechanisms: a new theory. Science. 1965;150:971–9.
5. Shealy S, Mortimer JT, Reswick JB. Electrical inhibition of pain by stimulation of the dorsal columns: preliminary clinical report. Anesth Analg. 1967;46:489–91.
6. Wall PD, Sweet WH. Temporary abolition of pain in man. Science. 1967;155(3758):108–9.
7. Deer TR, Mekhail N, Provenzano D, Pope J, Krames E, Leong M, Levy RM, Abejon D, Buchser E, Burton A, Buvanendran A, Candido K, Caraway D, Cousins M, DeJongste M, Diwan S, Eldabe S, Gatzinsky K, Foreman RD, Hayek S, Kim P, Kinfe T, Kloth D, Kumar K, Rizvi S, Lad SP, Liem L, Linderoth B, Mackey S, McDowell G, McRoberts P, Poree L, Prager J, Raso L, Rauck R, Russo M, Simpson B, Slavin K, Staats P, Stanton-Hicks M, Verrills P, Wellington J, Williams K, North R, Neuromodulation Appropriateness Consensus Committee. The appropriate use of neurostimulation of the spinal cord and peripheral nervous system for the treatment of chronic pain and ischemic diseases: the neuromodulation appropriateness consensus committee. Neuromodulation. 2014;17(6):515–50.
8. North RB, Kidd DH, Petrucci L, Dorsi MJ. Spinal cord stimulation electrode design: a prospective, randomized, controlled trial comparing percutaneous with laminectomy electrodes: part II–clinical outcomes. Neurosurgery. 2005;57:990–6.
9. Kemler MA, Barendse GAM, van Kleef M, deVet HCW, Rijks CPM, Furnée CA, van den Wildenberg FAJM. Spinal cord stimulation in patients with chronic reflex sympathetic dystrophy. N Engl J Med. 2000;343:618–24.
10. Kumar K, Taylor RS, Jacques L, Eldabe S, Meglio M, Molet J, Thomson S, O'Callaghan J, Eisenberg E, Milbouw G, Buchser E, Fortini G, Richardson J, North R. Spinal cord stimulation versus conventional medical management for neuropathic pain: a multicentre randomised controlled trial in patients with failed back surgery syndrome. Pain. 2007;132:179–88.
11. Kapural L, Yu C, Doust MW, Gliner BE, Vallejo R, Sitzman T, Amirdelfan K, Morgan DM, Brown LL, Yearwood TL, Bundschu R, Burton AW, Yang T, Benyamin R, Burgher AH. Novel 10-kHz high-frequency therapy (HF10 therapy) is superior to traditional low-frequency spinal cord stimulation for the treatment of chronic back and leg pain: the SENZA-RCT randomized controlled trial. Anesthesiology. 2015;123:851–60.
12. Messina G, Nazzi V, Sinisi M, Dones I, Pollo B, Franzini A. Spinal cord stimulation for recurrent painful neuromas of the foot. Neurol Sci. 2011;32(4):723–5.
13. Rock AK, Truong H, Park YL, Pilitsis JG. Spinal cord stimulation. Neurosurg Clin N Am. 2019;30(2):169–94.
14. Kumar K, Rizvi S. Cost-effectiveness of spinal cord stimulation therapy in management of chronic pain. Pain Med. 2013;14:1631–49.
15. Sharan AS, Riley J, Falowski S, Pope JE, Connolly AT, Karst E, Dalal N, Provenzano DA. Association of opioid usage with spinal cord stimulation outcomes. Pain Med. 2018;19:699–707.
16. Gee L, Smith HC, Ghulam-Jelani Z, Khan H, Prusik J, Feustel PJ, McCallum SE, Pilitsis JG. Spinal cord stimulation for the

Affective processes such as symptoms of anger, depression, and anxiety are all linked to illnesses characterized by seeking care for persistent troubling pain. Anger, both cognitive (danger perception) and physiological (autonomic arousal) aspects, could be tied to uncertainty, treatment inadequacies, or loss of hope. Greater anger, despair, and worry are associated with greater pain intensity and activity intolerance [14].

Behaviors can also make an illness worse. For instance, activity avoidance can increase anticipatory anxiety about pain, which is associated with greater pain intensity and disability [15]. Deconditioning can decrease confidence and agility and may increase fatigue. Use of social queues when experiencing pain (e.g., a grimace or groan to demonstrate pain) may be reinforced by receiving attention and sympathy. Other examples of unhealthy behaviors include obtaining opioid medications when there are more potential harms than potential benefits and unhealthy work avoidance [14]. There is evidence that alongside cognitive strategies for accommodating pain, returning to usual work and other daily roles and routines can help alleviate symptoms and improve capability and contributes to earlier return to work [16, 17].

Sociocultural factors influence pain intensity. Promotion of cures for persistent troubling pain may represent false hope and exploitation of misery and may also set an unhealthy goal of zero symptoms. There is also a risk of stigmatizing pain and mischaracterizing it as a debilitating condition that has an easy fix rather than its more accurate depiction as a common aspect of a healthy human lifespan which most people accommodate. The Internet, advertisements, blogs, newspapers, and social contacts set norms that create the framework for people's interaction with pain and activity limitations. These influences can reinforce common misconceptions about how one's body needs to feel and move in order to be dependable and useful.

Psychosocial Factors Linked to Symptom Intensity and Activity Intolerance Among People with Injured Nerves and Other Types of Injuries

The nociception from nerve injury and recovery can be particularly unsettling. Patients may be more limited in motion and strength than one would expect based on the pathophysiology. The recovery from nerve injury is often emotionally taxing and stressful [18]. Psychosocial aspects of recovery include cognitive (beliefs, coping strategies, and biases), affective (depression, anxiety, anger, concern), behavioral (fear avoidance), social (secondary gain), and cultural considerations [14]. Awareness of these psychosocial considerations in patients with injured nerves may improve patient outcomes and, ultimately, the effectiveness and quality of our care.

Many neuromas are diagnosed after fingertip injury [19]. There is evidence that symptom intensity and magnitude of limitations after a fingertip injury are associated with psychosocial factors [5, 11]. One longitudinal study of 70 patients treated for a fingertip amputation found that illness behavior (symptom intensity, activity intolerance, and time off work) correlated with symptoms of depression and pain self-efficacy (a measure of adaptive cognition) [5]. Fifty-four percent of the variation in capability was accounted for by variation in symptoms of depression.

Another study of digital neuroma from the same institution found that higher PROMIS Depression scores were associated with greater activity intolerance and greater pain-related activity intolerance [11]. There is evidence of notable and persistent symptoms of PTSD and depression in many patients who had emergency hand surgery [20].

In a study of 158 people recovering from an upper extremity nerve injury, Novak et al. found that upper extremity symptoms and activity intolerance (measured with the DASH instrument) were significantly correlated with litigation, unemployment, pain intensity, catastrophic thinking, symptoms of depression, and work status [21].

Data from other types of injuries helps establish the importance of psychosocial factors. For instance, a cross-sectional study of 82 people with proximal interphalangeal joint sprain or dislocation found that both less motion and greater pain intensity and magnitude of incapability (measured using the QuickDASH questionnaire) correlated with lower self-efficacy when feeling pain and greater symptoms of depression, accounting for half of the variation [4].

In a study of 96 people recovering from open reduction and internal fixation of a fracture of the distal radius, finger stiffness (measured by distance from fingertip to distal palmar crease) 6 weeks after surgery was associated with catastrophic thinking [8]. In a randomized trial of vitamin C vs. placebo after distal radius fracture, pain interference (a measure which correlates strongly with catastrophic thinking) was found to correlate with less capability and less finger motion ROM 6 weeks after fracture [22].

A study of 191 patients with elbow fractures found that kinesiophobia within a week of injury and self-efficacy 2–4 weeks after injury were the strongest predictors of capability 6–9 months after injury [23]. Another study of 120 patients recovering from minor hand surgery (e.g., trigger finger and carpal tunnel) found that greater incapability correlated with lower self-efficacy and greater symptoms of depression. On multivariable regression, symptoms of depression were the only factor independently associated with both magnitude of incapability and pain intensity, accounting for about a quarter of the variation [24].

This is compelling and consistent evidence that symptom intensity, magnitude of incapability, and finger stiffness are strongly related to unhelpful thoughts and distress after various injuries including nerve injury. Given this evidence, treatment strategies that do not anticipate these mental health factors can be considered incomplete. Comprehensive, biopsychosocial treatment of the whole patient and the illness in all its complexity is warranted. A comprehensive approach can include strategies based in the science behind cognitive behavioral therapy and its derivatives, optimization of support systems and security, and empathic communication contributing to a strong patient-clinician relationship.

Treatment of Mental and Social Health Opportunities

Much of the evidence on neuroma treatment focuses on medications (carbamazepine, pregabalin), surgical treatments, and physical treatments (massage, electrostimulation). The vast majority of the data consists of uncontrolled case series that are difficult to interpret. We are not aware of any studies assessing the effectiveness of treatments intended to improve mental and social health on pain and function after nerve injury.

Cognitive behavioral therapy (CBT), a technique that can help people develop new automatic thoughts in response to symptoms, holds promise in facilitation of recovery from injury and in the amelioration of persistent daily nerve-related pain, but needs better experimental support. A systematic review that evaluated the effectiveness of CBT for alleviation of pain among people presenting for care of persistent daily nerve-related pain found only three randomized trials with no benefit demonstrated [25].

A systematic review of 35 studies found that CBT for adults seeking care for persistent pain as an illness found that CBT (but not behavior therapy alone) decreased pain intensity slightly immediately after treatment and had small effects on catastrophic thinking. This review also found that CBT is effective in altering mood, suggesting that there is more benefit to redirecting thoughts and behaviors combined than addressing behaviors alone [26].

There is some pilot evidence regarding psychological interventions for persistent pain hindering adaptation to amputation that addresses body image and negative emotions. One pilot study of six people that participated in an 8-week intervention of observation and imagination of missing limb movements found that four of the six reported greater than 30% reduction of pain, although only one out of four maintained this reduction after 6 months [27]. Another pilot of eight people with phantom limb pain treated with 8 weeks of virtual feedback (mirror therapy) [28] described a reduction of greater than 30% in pain intensity among five of the eight (mean, 38% decrease) [28].

Practical Tips

The clinical encounter looks different when the surgeon anticipates unhelpful thoughts, worry, despair, stress, and insecurity. Patient passivity and magical thinking ("just fix it doc") can be understood as part of the illness. Explanations of evidence and rationale can feel uncaring and even dismissive. People want to be heard and understood. They want their fears and worries to be normalized and legitimized. Surgeons do best when they prioritize the relationship over the medicine. A useful mantra one can center on prior to entering a patient's room is "soothe not solve." Listen actively and with curiosity. Follow empathic cues about what matters most to a patient. Summarize what you've heard using the patient's words. Legitimize the patient's concerns by repeating them and normalizing them. Use "we" language, and point to more accurate thoughts and hope for the future: "we always feel like pain means we're making the problem worse," "we all find it difficult to remember that the body needs time to heal." When people have a strong fusion with their thoughts, consider notable symptoms of anxiety and despair, and coordinate care with their regular doctor, or offer support from social work or psychology if available in your unit. Finally, it often seems like the problem needs to be solved today, so always keep in mind that care can be spread out over time and a variety of touch points (e.g., portal, email, phone, telemedicine). Think about how the discussion ends constructively today and when it picks up so that people don't feel abandoned.

Conclusion

Given the compelling and consistent evidence that mental and social health are strongly associated with symptom intensity and magnitude of activity intolerance after injury, biopsychosocial management strategies are warranted. Surgeons should anticipate common misconceptions, psychological distress, and stress after nerve injury. A trusting relationship is the highest priority as reorientation of common misconceptions and insight regarding the interdependence of physical, mental, and social health can take time and effort to develop. The following are important aspects of helping people with troubling symptoms after nerve injury: clinician training in effective communication strategies; development of management strategies that don't reinforce, stigmatize, or hinder attention to mental and social health opportunities; and incorporation of mental and social health expertise on the treatment team.

References

1. Arnold DMJ, Wilkens SC, Coert JH, Chen NC, Ducic I, Eberlin KR. Diagnostic criteria for symptomatic neuroma. Ann Plast Surg. 2019;82(4):420–7.
2. Gottlieb RW, Westenberg RF, Chen NC, Coert JH, Eberlin KR. Long-term outcomes after surgical treatment of radial sensory nerve neuromas: patient-reported outcomes and rate of secondary surgery. Plast Reconstr Surg. 2021;147(1):101–11.
3. Lans J, Gamo L, DiGiovanni CW, Chen NC, Eberlin KR. Etiology and treatment outcomes for sural neuroma. Foot Ankle Int. 2019;40(5):545–52.
4. Bot AG, Bekkers S, Herndon JH, Mudgal CS, Jupiter JB, Ring D. Determinants of disability after proximal interphalangeal joint sprain or dislocation. Psychosomatics. 2014;55(6):595–601.
5. Bot AGJ, Bossen JKJ, Mudgal CS, Jupiter JB, Ring D. Determinants of disability after fingertip injuries. Psychosomatics. 2014;55(4):372–80.
6. Novak CB, Anastakis DJ, Beaton DE, Mackinnon SE, Katz J. Relationships among pain disability, pain intensity, illness intrusiveness, and upper extremity disability in patients with traumatic peripheral nerve injury. J Hand Surg Am. 2010;35(10):1633–9.
7. Ring D. More pain than expected after losing a finger. J Hand Surg Am. 2018;43(4):e1.
8. Teunis T, Bot AG, Thornton ER, Ring D. Catastrophic thinking is associated with finger stiffness after distal radius fracture surgery. J Orthop Trauma. 2015;29(10):e414–20.
9. Cohen HH. Morton's metatarsalgia; interdigital neuroma. Am J Surg. 1952;83(2):209–11.
10. Fett HC, Pool CC. Plantar interdigital neuroma or Morton's toe. Am J Surg. 1949;78(4):522–5.
11. Lans J, Baker DJ, Castelein RM, Sood RF, Chen NC, Eberlin KR. Patient-reported outcomes following surgical treatment of symptomatic digital neuromas. Plast Reconstr Surg. 2020;145(3):563e–73e.
12. Horng S, Miller FG. Is placebo surgery unethical? N Engl J Med. 2002;347(2):137–9.
13. Zale EL, Ring D, Vranceanu AM. The future of orthopaedic care: promoting psychosocial resiliency in orthopaedic surgical practices. J Bone Joint Surg Am. 2018;100(13):e89.
14. Vranceanu AM, Barsky A, Ring D. Psychosocial aspects of disabling musculoskeletal pain. J Bone Joint Surg Am. 2009;91(8):2014–8.
15. Fischerauer SF, Talaei-Khoei M, Bexkens R, Ring DC, Oh LS, Vranceanu AM. What is the relationship of fear avoidance to physical function and pain intensity in injured athletes? Clin Orthop Relat Res. 2018;476(4):754–63.
16. Storheim K, Brox JI, Holm I, Bø K. Predictors of return to work in patients sick listed for sub-acute low back pain: a 12-month follow-up study. J Rehabil Med. 2005;37(6):365–71.
17. Tveito TH, Shaw WS, Huang YH, Nicholas M, Wagner G. Managing pain in the workplace: a focus group study of challenges, strategies and what matters most to workers with low back pain. Disabil Rehabil. 2010;32(24):2035–45.
18. Ring D. Symptoms and disability after major peripheral nerve injury. Hand Clin. 2013;29(3):421–5.
19. Vlot MA, Wilkens SC, Chen NC, Eberlin KR. Symptomatic neuroma following initial amputation for traumatic digital amputation. J Hand Surg Am. 2018;43(1):86.e1–8.
20. Richards T, Garvert DW, McDade E, Carlson E, Curtin C. Chronic psychological and functional sequelae after emergent hand surgery. J Hand Surg Am. 2011;36(10):1663–8.
21. Novak CB, Anastakis DJ, Beaton DE, Mackinnon SE, Katz J. Biomedical and psychosocial factors associated with disability after peripheral nerve injury. J Bone Joint Surg Am. 2011;93(10):929–36.
22. Özkan S, Teunis T, Ring DC, Chen NC. What is the effect of vitamin C on finger stiffness after distal radius fracture? A double-blind, placebo-controlled randomized trial. Clin Orthop Relat Res. 2019;477(10):2278–86.
23. Jayakumar P, Teunis T, Vranceanu AM, Moore MG, Williams M, Lamb S, et al. Psychosocial factors affecting variation in patient-reported outcomes after elbow fractures. J Shoulder Elb Surg. 2019;28(8):1431–40.
24. Vranceanu AM, Jupiter JB, Mudgal CS, Ring D. Predictors of pain intensity and disability after minor hand surgery. J Hand Surg Am. 2010;35(6):956–60.
25. Wetering EJ, Lemmens KM, Nieboer AP, Huijsman R. Cognitive and behavioral interventions for the management of chronic neuropathic pain in adults—a systematic review. Eur J Pain. 2010;14(7):670–81.
26. Williams AC, Eccleston C, Morley S. Psychological therapies for the management of chronic pain (excluding headache) in adults. Cochrane Database Syst Rev. 2012;11(11):Cd007407.
27. Beaumont G, Mercier C, Michon PE, Malouin F, Jackson PL. Decreasing phantom limb pain through observation of action and imagery: a case series. Pain Med. 2011;12(2):289–99.
28. Mercier C, Sirigu A. Training with virtual visual feedback to alleviate phantom limb pain. Neurorehabil Neural Repair. 2009;23(6):587–94.

Part IV

Surgical Management Strategies for Symptomatic Neuromas

Interdisciplinary Surgical Decision Making for Painful Neuroma

13

Benjamin W. Hoyt, Scott M. Tintle, Benjamin K. Potter, and Jason M. Souza

Background and Clinical Presentation of Neuroma

Neuromas

Peripheral nerves are physiologically primed to regenerate after minor injuries within an intact epineurium. In a physiologic state, the proximal stump of an injured axon degenerates to the proximal node of Ranvier and then reforms within the epineural conduit, following the neurotrophic signals of the denervated distal target. In the absence of appropriate intrinsic or extrinsic (in the setting of acute neurotmesis) repair, the regenerating proximal axons and associated supportive cells will grow in an uncoordinated fashion and form a neuroma [1–3]. Neuromas can exist in the setting of any nerve injury—craniofacial, trunk, intact extremity, or amputation. There are many commonalities in the presentation, diagnosis, and management that are independent of the presenting location.

Neuromas can be categorized as neuromas-in-continuity (NIC) and terminal/end neuromas. NIC occurs when the perineurial tissue is injured, permitting fascicular escape and disorganized axonal regeneration within the epineural tissue while maintaining sufficient continuity with the distal nerve end to allow for some degree of preserved function or successful regeneration [4]. The nerve fascicles may be partially to completely disrupted, resulting in a spectrum of downstream neurologic sequelae. Similar neuromas may form as a common complication after nerve grafting due to nerve graft size mismatch or misdirection of regenerating axonal fibers [5]. Terminal neuromas occur after complete neurotmesis where separation from the distal nerve segment results in failure of organized regeneration. They may also occur secondary to extremity amputation, where neuromas are inevitable due to absence of the distal nerve segment and end organs [6].

While neuroma formation after peripheral nerve disruption is typical, most neuromas remain quiescent. Sunderland [7] reported persistent pain secondary to neuroma after only 3–5% of nerve injuries, though reports in patients with major limb loss where prosthetic wear leads to pressure and persistent cyclical mechanical loading on these end neuromas suggest these rates are potentially far higher [8, 9]. Progression to chronic neuroma pain is not well understood but appears to be secondary to a combination of factors including direct external or internal compression (e.g., tethering in or confinement in scar tissue), abnormal hyperexcitability, local inflammation, and chemical sensitization of pain fibers [10–13].

Presentation and Multimodal Approach to Diagnosis

Appropriate diagnosis is important for guiding management of the painful neuroma. Given the variability of concurrent injuries, it may be challenging for a provider to confirm a specific neuroma as a primary pain generator. This is particularly true of the amputation neuroma, where the inherently distorted anatomy and abnormal weight bearing patterns can cause diagnostic confusion among a variety of potential pain etiologies. The goal of establishing a neuroma diagnosis is to guide management by (1) differentiating neuroma pain from other etiologies, (2) localizing the neuroma and identify the involved nerve, and (3) distinguishing neuroma-in-continuity (NIC) from a terminal neuroma.

Presentation

Neurogenic pain should first be differentiated from nociceptive pain and other pain syndromes. Patients typically describe neuroma-related pain as electric, burning, shooting, and/or aching and localized to the neuroma location or the

B. W. Hoyt · S. M. Tintle · B. K. Potter
USU-Walter Reed Department of Surgery, Walter Reed National Military Medical Center, Bethesda, MD, USA
e-mail: benjamin.k.potter.mil@mail.mil

J. M. Souza (✉)
Department of Plastic and Reconstructive Surgery, The Ohio State University, Columbus, OH, USA

K. R. Eberlin et al. (eds.), *Contemporary Neuroma Management*, https://doi.org/10.1007/978-3-031-59758-9_13

distribution of the affected nerve [14, 15]. Pathologic signaling activity produces characteristic symptoms including allodynia, hyperalgesia, and paresthesias [16]. Patients may also experience disproportionate scar site pain or cold intolerance, which can be functionally debilitating [17]. Patients may present with symptomatology concerning for complex regional pain syndrome (CRPS), which is not uncommonly secondary to, or concomitant, with a neuroma(s) [18]. Neuroma-induced CRPS is important to identify as these patients may achieve relief from operative intervention [19].

Amputation neuromas can be challenging; despite representing up to 25% of chronic pain after major limb loss, these neuromas are often overlooked given the multitude of confounding pain generators [20]. These patients may experience intolerance to wearing their prosthesis secondary to compression of neuromas in the distal residuum or phantom limb pain in the distribution of the injured nerve, which are thought to be partially due to ectopic discharge from stump neuromas [21]. Despite the absence of the distal extremity, the physical and diagnostic signs of neuroma remain largely consistent to those with an intact limb.

Exam

Physical exam should be correlated with the presenting history (described above) for management decisions. A Tinel sign overlying the site of neuroma is often present and should remain stable in its position over time. A distally migrating Tinel sign may indicate a regenerating nerve [2, 22]. Distal denervation produces downstream loss of motor function and denervation atrophy. Likewise, distal anesthesia on exam is characteristic of terminal neuroma, but is variably present in a NIC—incomplete axonal injury can leave some distal sensation intact, which may also affect management. Residual motor and sensory function of the nerve affected by a NIC should be carefully evaluated prior to any discussion of surgical intervention as addressing the neuroma via en bloc resection will compromise the remaining neurologic function. This risk and the potential benefits of neuroma surgery should be discussed with the patient prior to proceeding with invasive measures.

Imaging

Diagnostic imaging is also extremely helpful both for confirming clinical diagnosis and isolating the location of a neuroma, particularly in a deep wound bed or with an uncertain clinical picture. Ultrasound may be helpful for differentiating neuromas from other sources of pain such as hematoma, abscess, heterotopic ossification, and foreign bodies [23]. Ultrasound is commonly applied for initial evaluation; however, correct diagnosis will depend on user familiarity and may therefore necessitate consultation of physiatry or other specialists who commonly perform diagnostic and procedural ultrasound. In the setting of NIC, the practitioner may be able to visualize contiguous fibers providing distal function. A physician performing ultrasound may further confirm neuroma-related pain by performing a Tinel with the transducer probe [23–25] or by performing ultrasound-guided injection into the perineural tissue, which may be both diagnostic and therapeutic [26, 27]. Diagnostic injections can be particularly helpful when evaluating patients with symptoms in overlapping nerve distributions and to predict the likelihood of pain relief from operative intervention [27, 28]. It is our experience to work closely with our physiatrists who are very skilled in both diagnostic and therapeutic use of the ultrasound.

Advanced three-dimensional imaging such magnetic resonance imaging (MRI) is frequently used in conjunction with exam and ultrasound. MRI is particularly helpful for uncertain diagnosis or when planning operative intervention in a site that is either poorly visualized using ultrasonography, such as robust scar tissue or heterotopic bone, or where surrounding structures require further delineation. On T1-weighted imaging, neuroma will demonstrate iso-intensity to muscle, whereas they will be iso-intense or hyper-intense on T2-weighted images. Downstream, atrophy, and fatty changes may be visualized in denervated muscle. Magnetic resonance neurography (MRN) can also be applied to evaluate for sites of potential compression causing neurologic symptoms and to assess for continuous fibers in a potential NIC. These lesions are notable for surrounding scarring, a rounded mass, and nerve continuity on either side of the mass. When the nerve is completely severed, there is increased T2-weighted hyperintensity, discontinuity distal to the neuroma bulb, and decreased signal as the distal nerve segment degenerates [29]. As a note of caution, routine use of "screening" ultrasound or MRI without further diagnostic suspicion and focus for patients with limb loss is ill-advised; in the absence of prior primary nerve interventions, all of these patients have neuromas, with the real clinical question being which, if any, of these are symptomatic.

Electrodiagnostics

Electrodiagnostic studies are rarely needed for diagnosis but can confirm nerve injury by identifying prolonged latency or absent recording and can sometimes play a role in localizing the lesion if not clear on physical exam. The electrodiagnostic testing can, however, play a critical role in defining the residual function of nerve fibers in the setting of known or suspected NIC. This information coupled with the clinical exam forms the best framework for a discussion of risk versus benefit of various treatment options.

Non-operative and Adjunctive Therapies for Neuroma Management

An awareness of complementary management strategies and techniques is critical to providing comprehensive management of neuroma pain. The overarching goal of neuroma management is to manage pain symptoms while preserving or restoring function. Operative intervention is intended to provide pain relief by removing the neuroma and, ideally, preventing recurrence by providing the necessary substrates for coordinated nerve regeneration. However, not all patients require surgery to achieve pain relief and achieve their functional goals. Surgeons must carefully balance the potential morbidity of surgical intervention against the potential benefits, especially in the setting of a NIC with residual nerve function. Patients are often willing to trade non-critical sensation for pain relief, but rarely are willing to risk loss of function or plantar/palmar sensation. Non-operative interventions may offer sufficient relief to avoid surgery in higher-risk patients such as these, without the attendant morbidity or risk. In addition, non-operative interventions that are effective but may lack durability (i.e., nerve blocks, pulsed radiofrequency) can help to better define the potential pain benefit of surgery, so as to afford more informed assessment of the risks and benefits of surgical intervention. Non-operative therapies should also be considered as adjuncts for perioperative pain management to be used at various points throughout the perioperative period. Many of non-operative interventions can be applied proximal to the surgical site and employ complementary mechanisms for pain relief. Regardless of the pain management strategy employed, it is imperative to limit or prevent the need for chronic opioid use [30–32].

Medical Management

Oral and topical medications for symptomatic neuromas are targeted at decreasing the aberrant signaling or perception of such signaling from injured peripheral nerves. These medications demonstrate variable efficacy at achieving durable pain control, which is reported at rates up to 40% [33–35]. Medications include nonsteroidal anti-inflammatory drugs (NSAIDS, e.g., ibuprofen, celecoxib), tricyclic antidepressants (e.g., amitriptyline), calcium channel inhibitors (e.g., gabapentin, pregabalin), serotonin-norepinephrine reuptake inhibitors (e.g., duloxetine), cannabinoids, topical analgesics (e.g., capsaicin, lidocaine), and NMDA antagonists (e.g., ketamine) [36]. Opiate prescription for chronic management of this pain is inadvisable due to the addictive qualities and concerns of central sensitization. However, one major issue with medical management is inconsistent prescription practices between various provider types, reflective of the lack of consistent guidelines for management of neuroma-related pain [37]. Additionally, medical interventions alone typically provide transient relief, reduce in benefit over time, and are not free from side effects [36, 38, 39]. These observations support the role of an interdisciplinary team for decision-making, as patients may benefit from medication alone, procedural/surgical intervention, or escalation to more invasive interventions with adjunctive medication use.

Other Noninvasive Management

Noninvasive measures for symptomatic peripheral neuromas represent a broad category of options, which are best applied in combination with an appropriate selection of other interventions discussed in this section. As with medical management, the guiding principle for these techniques is to manage pain signaling or perception of nerve signals rather than to correct the underlying pathology. Noninvasive methods include desensitization, massage, acupuncture/auriculotherapy, biofeedback, and management of concurrent pathologies such as depression and post-traumatic stress that contribute to greater perception of neuropathic pain [40]. Other methods include enhancing resiliency through cognitive behavioral and other focused therapy, as resilience buffers against worse pain outcomes after amputation and neurologic injury [40, 41].

Noninvasive strategies may be particularly helpful in patients with other chronic pain disorders such as CRPS superimposed with, but not necessarily attributable to, symptomatic neuromas. Physical therapy and guided motor therapy help reduce pain in CRPS patients [42, 43], and acupuncture has demonstrated efficacy in the management of chronic pain disorders [44]. For amputees, additional skilled practitioners and resources may be complementary. Biofeedback therapy including mirror box and virtual reality is particularly helpful for the management of phantom limb symptoms, though they rarely eradicate these [45]. Prosthetic socket modifications may also be effective in appropriately chosen patients to offload neuromas in the weightbearing region of the residual limb.

Noninvasive management options can be applied in conjunction with other therapies. Many of these are complementary to operative intervention and demonstrate greater efficacy when addressed before surgery. Therapy measures to mitigate negative psychosocial factors and increase self-efficacy and resiliency may help to prevent development of chronic pain and pain catastrophizing and improve post-operative pain and functional outcomes [46–48]. Each of these modalities should be catered to the specifics of the patient's presentation and likely necessitates a collaborative team of practitioners with experience managing neuroma-related symptoms.

Interventional Pain Management

Interventional strategies for symptomatic peripheral neuroma require collaboration with an experienced regional pain team, interventional neurology, and/or physiatry and include a range of options including neuromodulation, nerve blocks, and nerve ablation. Neuromodulation, either at the level of the spinal cord or local to the peripheral nerve, is well studied in the management of chronic pain and is designed to interfere with aberrant or painful nerve signaling [49]. Current nerve stimulation devices can be implantable and provide long-lasting symptom relief for chronic pain, CRPS, and phantom limb pain [50]. These methods can provide substantial relief in more than half of patients, though efficacy appears to diminish over time and there is no strong evidence supporting persistent improvement after device removal [51, 52]. As with formerly mentioned therapies, these modalities do not resolve the underlying pathology but may be a viable management option for recalcitrant neuroma pain prior to, or following, operative intervention.

Nerve blocks and ablative options constitute a second arm of direct neurologic management which is a powerful tool when considering nerve intervention. While local anesthetic is most often injected, different agents such as botulinum toxin and etanercept, a TNF-alpha inhibitor, may also provide substantial pain relief for several months [53]. Nerve blocks provide both symptom relief and can be diagnostic as they are typically performed under direct ultrasound guidance to ensure an appropriate site of medication delivery, as pain relief after blind injections may occur with myofascial pain syndrome [54]. Despite this precaution, a substantial number of patients will not improve with nerve blocks, and a block alone should not be used to predict the efficacy of surgery [55]. However, they can be attempted in patients with NIC as a dense block will demonstrate the effect of neurectomy, if performed, and thus better clarify the residual nerve function in the continuous fascicles [55]. After confirmation with nerve block, ultrasound-guided standard or cooled radiofrequency ablation can provide longer-term relief of neuroma-related pain while potentially limiting compromise of residual neurologic function [56–58].

Interdisciplinary Management and Surgical Intervention

Benefits of an Interdisciplinary Approach

Management of neuroma symptoms is focused on improvement of function and quality of life. The ideal approach, therefore, is a multi-disciplinary, patient-centered team structure that enables the patient to participate in decisions and ensures clear communication between all parties and clarity of treatment goals. Formal scheduled multidisciplinary clinics with management conferences are becoming the preferred method for management of complicated medical and surgical problems [59, 60]. Models such as these limit redundancy in diagnostic and therapeutic strategies, improve both patient and provider communication, prevent mischaracterization of pain generation, and avoid delays in treatment, which may affect viability of restorative procedures for nerve injury [61, 62]. Our preferred approach to neuroma management involves close collaboration with partner services to personalize management and the progression to surgery based on the patient's symptoms, residual function, and desired outcomes.

Management Strategy

The reconstructive ladder is a well-established approach to wound closure which supports a progression of invasiveness and complexity of surgical intervention based on the specific needs of the wound [63–66]. Neuroma management is often approached according to this schema, with medical management and non-operative approaches often attempted earlier in the course of management. Unfortunately, symptomatic neuromas are not often effectively managed with non-operative interventions such as physical therapy, biofeedback, and medications alone. Oftentimes, patients have exhausted medical and behavioral strategies before being referred for consideration of surgical management. In these cases, interventional and surgical strategies are warranted in the event that the type and location of the neuroma can be determined. Rather than rigid adherence to a stepwise approach to management based on ascending complexity and risk, optimal outcomes can be achieved when patients are provided a comprehensive palette of interventions from which to make an informed decision based on tolerance of risk, surgical appetite, and desired durability of the outcome. As previously mentioned, a complete management plan often includes medical management and/or interventional strategies as perioperative adjuncts. Appropriate pre-operative pain control helps prevent pain potentiation, and therapy to improve resilience and manage depression or PTSD symptoms is beneficial for outcomes whether or not surgery is performed [46–48]. Peri-operatively, these management strategies may help to decrease pain, prevent development of chronic pain, and improve functional outcomes. Post-operative mobilization after neurologic surgery is critical to prevent scar formation and painful nerve tethering [34, 67]. Appropriate pre- and post-operative pain control may be protective from pain centralization and poor surgical outcome [68].

A Conceptual Framework for Operative Strategy

Historically, surgical treatment for symptomatic neuromas has suffered from variable efficacy, with pooled data supporting up to 77% rate of symptom resolution with interventions aimed at neuroma destruction or containment [62]. Long-term patient-reported outcome measures after these ablative treatments suggest durable improvement in only 59% of patients [69]. These methods include neuroma excision, burying nerve in muscle or bone, nerve capping, relocation grafting, and centro-central neurorrhaphy procedures. While sometimes beneficial due to the less inflammatory and irritating terminal nerve environment, these approaches are limited by failure to address the underlying pathophysiologic process of neuroma formation [8, 70–72]. They simply relocate the neuroma to a different, hopefully more favorable, biologic, and mechanical environment which may, or may not, result in reduced long-term symptoms. This ultimately may permit neuroma regrowth and persistent or recurrent pain [73, 74]. However, strategies that aim to guide, rather than ablate, the regenerative potential of injured nerves hold the promise of improved pain outcomes. Many of the factors previously discussed in this chapter factor into the surgical treatment of neuroma including neuroma type, position, presence of a distal limb, and presence of residual neurologic function. In this section, we discuss the operative strategy to neuroma management.

Management Options

The ideal reconstructive approach to treating symptomatic peripheral neuromas is to provide the regenerating proximal neuron the necessary elements to foster coordinated nerve regeneration, namely, a distal target, a neurotrophic signal, and a pathway or conduit across which to regenerate [8]. This follows the same theoretical approach as nerve repair and reconstruction, which generally manage to prevent symptomatic neuroma formation even in absence of functional recovery [73]. Therefore, the operative approach should follow the same overall strategy, with attempted reconstruction to functionally recreate the anatomic state or utilization of conceptual analogues to promote physiologic nerve regrowth.

When a distal nerve target is present, the surgeon should attempt tensionless repair or reconstruction. In most cases, resection of neuroma renders direct tensionless coaptation impossible, and nerve conduits or grafts are necessary to facilitate a tensionless reconstruction [75]. However, synthetic nerve conduit reconstruction is viable for only very small gaps if the goal is to restore nerve function; above this length, only pain relief appears reliable [76, 77]. Nerve autografts are considered the gold standard for these procedures but include the donor site morbidity of harvest site pain, sensory loss, and possible neuroma formation themselves [78–81]. Therefore, some surgeons prefer processed nerve allograft, which provide the biologic architecture and protein substrate for nerve regrowth and can have similar outcomes to autograft in gaps up to 70 mm [82–84]. Allograft reconstruction procedures for neuroma result in over 90% satisfaction rates and substantial improvement in pain and narcotic use, without creating a secondary surgical site [85–87].

In the absence of a distal nerve target, as is often the case after major trauma, distal injury, prolonged delays to reconstruction, and amputation, the same principles for reconstruction can be utilized to achieve a functional result. While passive treatment options for reconstruction are frequently applied for these neuromas, they do not provide a physiologic environment for organized nerve regeneration and frequently result in recurrence and should be avoided when better options exist [73, 74, 88]. These better options include end-to-side neurorrhaphy, regenerative peripheral nerve interface (RPNI), and targeted muscle reinnervation (TMR). While vascularized composite tissue transplant is also a reasonable approach that has been described with good results [89], flaps are rarely considered as a primary intervention for isolated neuroma given the added complexity with uncertain benefit, though variations of this are utilized in our practice of TMR and RPNI.

In end-to-side neurorrhaphy, the neuroma is excised and coapted into an epineural window created in an adjacent, intact nerve and stimulates axonal sprouting and ingrowth of the transected nerve into recipient budding fascicles [90–93]. This procedure provides the axons a pathway for regeneration and a conduit, though they lack a denervated target and pose a theoretical risk to the recipient. Despite this, experimental evidence supports good outcomes with this procedure and low risk of insult to the recipient neurologic function in experienced hands [94, 95].

Nerve interface procedures including TMR and RPNI aim to reduce the recurrence of symptomatic neuromas after neuroma resection [96, 97]. TMR, briefly, refers to the end-to-end coaptation of the transected neuroma proximal segment to a recipient motor nerve branch to an expendable muscle or muscle segment. As motor nerves do not form clinically relevant neuromas, the denervated proximal motor segment is inconsequential. RPNI is the wrapping of the proximal nerve segment from a resected neuroma in a devascularized and denervated muscle graft, which subsequently revascularizes. Both of these techniques provide a denervated muscle target and neurotropic signal to guide regeneration, which more closely mimics the microenvironment of a nerve repair [97, 98]. While the clinical benefit compared to RPNI is not yet known, TMR also provides a conduit for axonal regeneration, the third critical component to physiologic nerve regeneration [8], as well as a vascularized distal target. A perfused variant of RPNI, termed vascularized deinnervated muscle transfer (VDMT), has recently been described to ameliorate concerns regarding target atrophy and necrosis following RPNI, while adding to the complexity of that procedure and incurring additional target constraints [99].

Terminal Neuroma

The preferred management for terminal neuroma is highly dependent on the clinical scenario. Whenever available, a repair or physiologic reconstructive procedure with conduit or allograft should be attempted, with the goal of restoring function and treating pain. In the absence of the native distal nerve end for coaptation, TMR or RPNI is utilized in an effort to promote physiologic nerve regeneration and minimize the likelihood of neuroma recurrence. In practice, we prefer a TMR when the morbidity and minimal complexity of the procedure can be justified by the potential pain benefit.

Terminal Neuroma in the Setting of Limb Loss

Surgical management of neuromas in patients with major limb loss is common given the high rate of symptoms these patients experience and tendency for end bearing on neuromas [6, 100]. In this setting, the authors perform nerve interface procedures for all symptomatic nerves, similar to intact distal extremities. However, we have found that exclusively addressing only these symptomatic nerves can unmask other symptomatic nerves which were otherwise minimally symptomatic or asymptomatic, resulting in an eventual revision surgery. We have found this particularly problematic when an asymptomatic tibial nerve is left alone in the transtibial amputation setting. For amputation cases, TMR and RPNI strategies are balanced to limit dissection and operative time. Often, we will consider RPNI for the asymptomatic nerves addressed in this setting and/or preferentially for smaller sensory nerves (e.g., saphenous, sural) without an immediate adjacent motor branch target.

The importance of target volume and vascularity in RPNI is unclear. Smaller grafts with insufficient available neuromuscular junctions for reinnervation may develop neuromas at the graft interface, with unclear clinical significance [98]. However, larger graft sizes may not remain viable despite revascularization mechanisms and undergo volumetric loss in the first 4 months, particularly in the setting of a traumatic or dysvascular wound bed [101, 102]. Strategies to avoid this include dissection of larger nerves into smaller fascicles; providing sufficient healthy muscle fiber targets while minimizing the size of the muscle graft and volumetric loss and transfer of blood supply with the graft via VDMT, though this is cumbersome; and fascicular division for larger nerves to improve axon-to-graft volume ratio [89, 103]. We have attempted to overcome uncertain vascularity in traumatic or dysvascular amputations utilizing a strategy whereby the proximal nerve segment is buried into a vascularly intact but denervated muscle that has been proximally denervated in the course of performing conventional TMR to address a different nerve. This "in situ" vascularized RPNI strategy is commonly used for management of sural or posterior femoral cutaneous nerves in conjunction with transtibial or transfemoral TMR, respectively. Additionally, when muscle harvest from alternative body sites is needed for RPNI, the segmental innervation of the sartorius muscle [104] can be leveraged to produce muscle grafts that each possesses recipient nerves that can be utilized for direct nerve coaptation with the donor nerve. This technique essentially utilizes an RPNI graft with a TMR technique to provide the missing conduit.

Neuroma in Continuity

The approach to NIC should be based on a careful evaluation of neuroma symptoms, residual function, and patient goals. When possible, surgery is avoided for minimally symptomatic nerves with useful function. However, more severe symptoms may compel surgical intervention with neurolysis or selective bypass even with preserved functional innervation [105]. For more severe symptoms in the functional nerve, selective neuroma resection can be performed, though this can pose a substantial risk to the residual nerve. Finally, when residual function is absent or nearly non-existent and symptoms outweigh consequences of this loss, or when the extent of damage to the continuous fascicles is sufficiently severe, neurectomy and repair/reconstruction should be performed as a primary surgical intervention.

Prevention

The adage "an ounce of prevention is worth a pound of cure" is no less true in neuroma management, and the best approach to symptomatic neuromas is to prevent their occurrence in the first place. In the event of an iatrogenic nerve injury or a traumatic injury recognized at the time of surgery or suspected based upon pre-operative imaging or exam, the nerve should be repaired acutely with epineural coaptation [8, 106]. While return of function is not guaranteed, neuroma formation after such a repair is uncommon [73]. However, this does not have to be performed within the same operation, and surgeons without microvascular training should be encouraged to tag visible nerve ends and enlist the aid of microsurgeon colleagues for repair within 72 h to limit retraction of nerve stumps [107]. Post-operatively, for both partial and complete injuries, physical and/or occupational therapists should be consulted for early mobilization to prevent nerve entrapment by scar tissue.

When amputations are performed, the nerves to the distal extremity are necessarily transected, and repair or reconstruction to a native distal nerve segment and end organ target is, by definition, not available. Given the increasing strength of supportive evidence, TMR is our preferred option for neuroma prevention, and RPNI is used when the transected nerve is of poor quality or insufficient length to perform TMR, when no expendable target is available, or when TMR-related denervation atrophy is anticipated to be clinically problematic. In our experience, nerve symptomatology is relatively predictable based on amputation level. Transfemoral amputees experienced symptoms almost exclusively from the sciatic nerve, while transtibial amputees typically experience symptoms from the tibial and peroneal nerves. TMR is applied prophylactically to these most frequently symptomatic nerves (sciatic, tibial, and peroneal nerves), while RPNI is used in less problematic nerves or those less suited to TMR (saphenous, sural nerve, and posterior femoral cutaneous nerves).

Conclusion

Decision-making for symptomatic neuromas is best performed as a collaborative, multi-disciplinary, patient-centered process that takes into account patient treatment goals, deficits and retained function, and available treatment modalities. While physiologic reconstruction provides the theoretically ideal restorative environment, this is neither ideal nor feasible for every patient. Using a team-based approach and patient-directed ascent up the neuroma pain management ladder, providers may individualize treatment, limit unnecessary morbidity, and optimize adjunctive therapies to compliment operative intervention, when performed.

References

1. Maggi SP, Lowe JB, Mackinnon SE. Pathophysiology of nerve injury. Clin Plast Surg. 2003;30(2):109–26. https://doi.org/10.1016/s0094-1298(02)00101-3.
2. Brogan DM, Kakar S. Management of neuromas of the upper extremity. Hand Clin. 2013;29(3):409–20. https://doi.org/10.1016/j.hcl.2013.04.007.
3. Badalamente MA, Hurst LC, Ellstein J, McDevitt CA. The pathobiology of human neuromas: an electron microscopic and biochemical study. J Hand Surg Br Eur Vol. 1985;10(1):49–53. https://doi.org/10.1016/s0266-7681(85)80015-2.
4. Yüksel F, Kişlaoğlu E, Durak N, Uçar C, Karacaoğlu E. Prevention of painful neuromas by epineural ligatures, flaps and grafts. Br J Plast Surg. 1997;50(3):182–5. https://doi.org/10.1016/s0007-1226(97)91367-9.
5. Meek MF, Coert JH, Robinson PH. Poor results after nerve grafting in the upper extremity: Quo vadis? Microsurgery. 2005;25(5):396–402. https://doi.org/10.1002/micr.20137.
6. Tintle SM, Shawen SB, Forsberg JA, Gajewski DA, Keeling JJ, Andersen RC, Potter BK. Reoperation after combat-related major lower extremity amputations. J Orthop Trauma. 2014;28(4):232–7. https://doi.org/10.1097/bot.0b013e3182a53130.
7. Sir Sydney Sunderland. Nerve injuries and their repair: a critical appraisal, vol. 89. Churchill Livingstone; 1991. p. 1170.
8. Guse DM, Moran SL. Outcomes of the surgical treatment of peripheral neuromas of the hand and forearm: a 25-year comparative outcome study. Ann Plas Surg. 2013;71(6):654–8. https://doi.org/10.1097/sap.0b013e3182583cf9.
9. Geraghty TJ, Jones LE. Painful neuromata following upper limb amputation. Prosthetics Orthot Int. 1996;20(3):176–81. https://doi.org/10.3109/03093649609164440.
10. Yan H, Gao W, Pan Z, Zhang F, Fan C. The expression of α-SMA in the painful traumatic neuroma: potential role in the pathobiology of neuropathic pain. J Neurotraum. 2012;29(18):2791–7. https://doi.org/10.1089/neu.2012.2502.
11. Burchiel KJ, Ochoa JL. Pathophysiology of injured axons. Neurosurg Clin N Am. 1991;2(1):105–16. https://doi.org/10.1016/s1042-3680(18)30760-5.
12. England JD, Happel LT, Liu ZP, Thouron CL, Kline DG. Abnormal distributions of potassium channels in human neuromas. Neurosci Lett. 1998;255(1):37–40. https://doi.org/10.1016/s0304-3940(98)00635-1.
13. Neumeister MW, Winters JN. Neuroma. Clin Plast Surg. 2020;47(2):279–83. https://doi.org/10.1016/j.cps.2019.12.008.
14. Arnold DMJ, Wilkens SC, Coert JH, Chen NC, Ducic I, Eberlin KR. Diagnostic criteria for symptomatic neuroma. Ann Plas Surg. 2019;82(4):420–7. https://doi.org/10.1097/sap.0000000000001796.
15. Vernadakis AJ, Koch H, Mackinnon SE. Management of neuromas. Clin Plast Surg. 2003;30(2):247–68. https://doi.org/10.1016/s0094-1298(02)00104-9.
16. Lu C, Sun X, Wang C, Wang Y, Peng J. Mechanisms and treatment of painful neuromas. Rev Neurosci. 2018;29(5):557–66. https://doi.org/10.1515/revneuro-2017-0077.
17. Stokvis A, Ruijs ACJ, van Neck JW, Coert JH. Cold intolerance in surgically treated neuroma patients: a prospective follow-up study. J Hand Surg. 2009;34(9):1689–95. https://doi.org/10.1016/j.jhsa.2009.06.003.
18. Sebastin SJ. Complex regional pain syndrome. Indian J Plast Surg Off Publ Assoc Plastic Surg India. 2011;44(2):298–307. https://doi.org/10.4103/0970-0358.85351.
19. Li Z, Smith BP, Tuohy C, Smith TL, Koman LA. Complex regional pain syndrome after hand surgery. Hand Clin. 2010;26(2):281–9. https://doi.org/10.1016/j.hcl.2009.11.001.
20. Ducic I, Mesbahi AN, Attinger CE, Graw K. The role of peripheral nerve surgery in the treatment of chronic pain associated with amputation stumps. Plast Reconstr Surg. 2008;121(3):908–14. https://doi.org/10.1097/01.prs.0000299281.57480.77.
21. Flor H. Phantom-limb pain: characteristics, causes, and treatment. Lancet Neurol. 2002;1(3):182–9. https://doi.org/10.1016/s1474-4422(02)00074-1.
22. Schwarz D, Pedro MT, Brand C, Bendszus M, Antoniadis G. Nervenverletzungen und traumatische Läsionen des Plexus brachialis: Bildgebende Diagnostik und therapeutische Optionen. Radiologe. 2017;57(3):184–94. https://doi.org/10.1007/s00117-017-0207-1.

23. Aydemir K, Demir Y, Güzelküçük Ü, Tezel K, Yilmaz B. Ultrasound findings of young and traumatic amputees with lower extremity residual limb pain in Turkey. Am J Phys Med Rehabil. 2017;96(8):572–7. https://doi.org/10.1097/phm.0000000000000687.
24. Toia F, Gagliardo A, D'Arpa S, Gagliardo C, Gagliardo G, Cordova A. Preoperative evaluation of peripheral nerve injuries: what is the place for ultrasound? J Neurosurg. 2016;125(3):603–14. https://doi.org/10.3171/2015.6.jns151001.
25. O'Reilly MAR, O'Reilly PMR, O'Reilly HMR, Sullivan J, Sheahan J. High-resolution ultrasound findings in the symptomatic residual limbs of amputees. Mil Med. 2013;178(12):1291–7. https://doi.org/10.7205/milmed-d-13-00273.
26. Thomas AJ, Bull MJ, Howard AC, Saleh M. Peri operative ultrasound guided needle localisation of amputation stump neuroma. Injury. 1999;30(10):689–91. https://doi.org/10.1016/s0020-1383(99)00185-0.
27. Stokvis A, van der Avoort DJJC, van Neck JW, Hovius SER, Coert HJ. Surgical management of neuroma pain: a prospective follow-up study. Pain. 2010;151(3):862–9. https://doi.org/10.1016/j.pain.2010.09.032.
28. Mackinnon SE, Dellon AL. Results of treatment of recurrent dorsoradial wrist neuromas. Ann Plast Surg. 1987;19(1):54–61. https://doi.org/10.1097/00000637-198707000-00009.
29. Chhabra A, Williams EH, Wang KC, Dellon AL, Carrino JA. MR neurography of neuromas related to nerve injury and entrapment with surgical correlation. AJNR Am J Neuroradiol. 2010;31(8):1363–8. https://doi.org/10.3174/ajnr.a2002.
30. Häuser W, Schug S, Furlan AD. The opioid epidemic and national guidelines for opioid therapy for chronic noncancer pain. Pain Reports. 2017;2(3):e599. https://doi.org/10.1097/pr9.0000000000000599.
31. Kissin II. Long-term opioid treatment of chronic nonmalignant pain: unproven efficacy and neglected safety? J Pain Res. 2013;6:513–29. https://doi.org/10.2147/jpr.s47182.
32. McNicol ED, Midbari A, Eisenberg E. Opioids for neuropathic pain. Cochrane Database Syst Rev. 2013;8(8):CD006146. https://doi.org/10.1002/14651858.cd006146.pub2.
33. Robinson LR, Czerniecki JM, Ehde DM, Edwards WT, Judish DA, Goldberg ML, Campbell KM, Smith DG, Jensen MP. Trial of amitriptyline for relief of pain in amputees: results of a randomized controlled study 11No commercial party having a direct financial interest in the results of the research supporting this article has or will confer a benefit upon the authors(s) or upon any organization with which the author(s) is/are associated. Arch Phys Med Rehabil. 2004;85(1):1–6. https://doi.org/10.1016/s0003-9993(03)00476-3.
34. Decrouy-Duruz V, Christen T, Raffoul W. Evaluation of surgical treatment for neuropathic pain from neuroma in patients with injured peripheral nerves. J Neurosurg. 2018;128(4):1235–40. https://doi.org/10.3171/2017.1.jns161778.
35. Yao C, Zhou X, Zhao B, Sun C, Poonit K, Yan H. Treatments of traumatic neuropathic pain: a systematic review. Oncotarget. 2017;8(34):57,670–9. https://doi.org/10.18632/oncotarget.16917.
36. Cuménal M, Selvy M, Kerckhove N, Bertin C, Morez M, Courteix C, Busserolles J, Balayssac D. The safety of medications used to treat peripheral neuropathic pain, part 2 (opioids, cannabinoids and other drugs): review of double-blind, placebo-controlled, randomized clinical trials. Expert Opin Drug Saf. 2020;20:1–18. https://doi.org/10.1080/14740338.2021.1842871.
37. Sumitani M, Sakai T, Matsuda Y, Abe H, Yamaguchi S, Hosokawa T, Fukui S. Executive summary of the clinical guidelines of pharmacotherapy for neuropathic pain: second edition by the Japanese Society of Pain Clinicians. J Anesth. 2018;32(3):463–78. https://doi.org/10.1007/s00540-018-2501-0.
38. Schlereth T. Guideline "diagnosis and non interventional therapy of neuropathic pain" of the German Society of Neurology (deutsche Gesellschaft für Neurologie). Neurol Res Pract. 2020;2(1):16. https://doi.org/10.1186/s42466-020-00063-3.
39. Hall N, Eldabe S. Phantom limb pain: a review of pharmacological management. Br J Pain. 2017;12(4):202–7. https://doi.org/10.1177/2049463717747307.
40. Alschuler KN, Kratz AL, Ehde DM. Resilience and vulnerability in individuals with chronic pain and physical disability. Rehabil Psychol. 2016;61(1):7–18. https://doi.org/10.1037/rep0000055.
41. Müller R, Gertz KJ, Molton IR, Terrill AL, Bombardier CH, Ehde DM, Jensen MP. Effects of a tailored positive psychology intervention on well-being and pain in individuals with chronic pain and a physical disability: a feasibility trial. Clin J Pain. 2016;32(1):32–44. https://doi.org/10.1097/ajp.0000000000000225.
42. Daly AE, Bialocerkowski AE. Does evidence support physiotherapy management of adult complex regional pain syndrome type one? A systematic review. Eur J Pain. 2009;13(4):339–53. https://doi.org/10.1016/j.ejpain.2008.05.003.
43. Bowering KJ, O'Connell NE, Tabor A, Catley MJ, Leake HB, Moseley GL, Stanton TR. The effects of graded motor imagery and its components on chronic pain: a systematic review and meta-analysis. J Pain. 2013;14(1):3–13. https://doi.org/10.1016/j.jpain.2012.09.007.
44. Witt CM, Schützler L, Lüdtke R, Wegscheider K, Willich SN. Patient characteristics and variation in treatment outcomes: which patients benefit most from acupuncture for chronic pain? Clin J Pain. 2011;27(6):550–5. https://doi.org/10.1097/ajp.0b013e31820dfbf5.
45. Perry BN, Armiger RS, Wolde M, McFarland KA, Alphonso AL, Monson BT, Pasquina PF, Tsao JW. Clinical trial of the virtual integration environment to treat phantom limb pain with upper extremity amputation. Front Neurol. 2018;9:770. https://doi.org/10.3389/fneur.2018.00770.
46. Edwards RR, Dworkin RH, Sullivan MD, Turk DC, Wasan AD. The role of psychosocial processes in the development and maintenance of chronic pain. J Pain. 2016;17(9):T70–92. https://doi.org/10.1016/j.jpain.2016.01.001.
47. Schrier E, Geertzen JHB, Scheper J, Dijkstra PU. Psychosocial factors associated with poor outcomes after amputation for complex regional pain syndrome type-I. PLoS One. 2019;14(3):e0213589. https://doi.org/10.1371/journal.pone.0213589.
48. Miller MJ, Mealer ML, Cook PF, So N, Morris MA, Christiansen CL. Qualitative analysis of resilience characteristics of people with unilateral transtibial amputation. Disabil Health J. 2020;13(4):100925. https://doi.org/10.1016/j.dhjo.2020.100925.
49. Nayak R, Banik RK. Current innovations in peripheral nerve stimulation. Pain Res Treat. 2018;2018:1–5. https://doi.org/10.1155/2018/9091216.
50. Eisenberg E, Waisbrod H, Gerbershagen HU. Long-term peripheral nerve stimulation for painful nerve injuries. Clin J Pain. 2004;20(3):143–6. https://doi.org/10.1097/00002508-200405000-00003.
51. Krainick JU, Thoden U, Riechert T. Pain reduction in amputees by long-term spinal cord stimulation: long-term follow-up study over 5 years. J Neurosurg. 1980;52(3):346–50. https://doi.org/10.3171/jns.1980.52.3.0346.
52. Verrills P, Vivian D, Mitchell B, Barnard A. Peripheral nerve field stimulation for chronic pain: 100 cases and review of the literature. Pain Med. 2011;12(9):1395–405. https://doi.org/10.1111/j.1526-4637.2011.01201.x.
53. Dahl E, Cohen SP. Perineural injection of etanercept as a treatment for postamputation pain. Clin J Pain. 2008;24(2):172–5. https://doi.org/10.1097/ajp.0b013e31815b32c8.
54. Kern U, Martin C, Scheicher S, Müller H. Effects of botulinum toxin type B on stump pain and involuntary movements of the

stump. Am J Phys Med Rehabil. 2004;83(5):396–9. https://doi.org/10.1097/01.phm.0000124444.32257.04.

55. Malessy MJA, de Boer R, Romero IM, Eekhof JLA, van Zwet EW, Kliot M, Dahan A, Pondaag W. Predictive value of a diagnostic block in focal nerve injury with neuropathic pain when surgery is considered. PLoS One. 2018;13(9):e0203345. https://doi.org/10.1371/journal.pone.0203345.
56. Restrepo-Garces CE, Marinov A, McHardy P, Faclier G, Avila A. Pulsed radiofrequency under ultrasound guidance for persistent stump-neuroma pain. Pain Pract. 2011;11(1):98–102. https://doi.org/10.1111/j.1533-2500.2010.00398.x.
57. West M, Wu H. Pulsed radiofrequency ablation for residual and phantom limb pain: a case series: PRFA for residual limb and phantom limb pain. Pain Pract. 2010;10(5):485–91. https://doi.org/10.1111/j.1533-2500.2009.00353.x.
58. Tamimi MA, McCeney MH, Krutsch J. A case series of pulsed radiofrequency treatment of myofascial trigger points and scar neuromas. Pain Med. 2009;10(6):1140–3. https://doi.org/10.1111/j.1526-4637.2009.00646.x.
59. Meguid C, Ryan CE, Edil BH, Schulick RD, Gajdos C, Boniface M, Schefter TE, Purcell WT, McCarter M. Establishing a framework for building multidisciplinary programs. J Multidiscip Healthc. 2015;8:519–26. https://doi.org/10.2147/jmdh.s96415.
60. Barry MJ, Edgman-Levitan S. Shared decision making—the pinnacle of patient-centered care. N Engl J Med. 2012;366(9):780–1. https://doi.org/10.1056/nejmp1109283.
61. Wade SM, Nesti LJ, Cook GA, Bresner JS, Happel JP, Villahermosa AJ, Melendez-Munoz AM, Gomez YD, Reece DE, Miller ME, Souza JM. Managing complex peripheral nerve injuries within the military health system: a multidisciplinary approach to treatment, education, and research at Walter Reed National Military Medical Center. Mil Med. 2020;185(5–6):e825–30. https://doi.org/10.1093/milmed/usz415.
62. Poppler LH, Parikh RP, Bichanich MJ, Rebehn K, Bettlach CR, Mackinnon SE, Moore AM. Surgical interventions for the treatment of painful neuroma: a comparative meta-analysis. Pain. 2018;159(2):214–23. https://doi.org/10.1097/j.pain.0000000000001101.
63. Azoury SC, Bauder A, Souza JM, Stranix JT, Othman S, McAndrew C, Tintle SM, Kovach SJ, Levin LS. Expanding the top rungs of the extremity reconstructive ladder: targeted muscle reinnervation, osseointegration, and vascularized composite allotransplantation. Plast Aesthet Res. 2020;2020 https://doi.org/10.20517/2347-9264.2019.44.
64. Tintle SM, Levin LS. The reconstructive microsurgery ladder in orthopaedics. Injury. 2013;44(3):376–85. https://doi.org/10.1016/j.injury.2013.01.006.
65. Levin LS. Orthoplastic extremity reconstruction—from replantation to transplantation. Hamdan Med J. 2018;11(4):184–92. https://doi.org/10.4103/hmj.hmj_86_18.
66. Levin LS. The reconstructive ladder. An orthoplastic approach. Orthop Clin North Am. 1993;24(3):393–409.
67. Lipinski LJ, Spinner RJ. Neurolysis, neurectomy, and nerve repair/reconstruction for chronic pain. Neurosurg Clin N Am. 2014;25(4):777–87. https://doi.org/10.1016/j.nec.2014.07.002.
68. Stokvis A, Coert JH, van Neck JW. Insufficient pain relief after surgical neuroma treatment: prognostic factors and central sensitisation. J Plast Reconstr Aesthet Surg. 2010;63(9):1538–43. https://doi.org/10.1016/j.bjps.2009.05.036.
69. Anantavorasakul N, Lans J, Macken AA, Sood RF, Chen NC, Eberlin KR. Surgery for lower extremity symptomatic neuroma: long-term outcomes. J Plastic Reconstr Aesthet Surg. 2020;73(8):1456–64. https://doi.org/10.1016/j.bjps.2020.01.034.
70. Dellon AL, Mackinnon SE. Treatment of the painful neuroma by neuroma resection and muscle implantation. Plast Reconstr Surg. 1986;77(3):427–36. https://doi.org/10.1097/00006534-198603000-00016.
71. Mass DP, Ciano MC, Tortosa R, Newmeyer WL, Kilgore ES. Treatment of painful hand neuromas by their transfer into bone. Plast Reconstr Surg. 1984;74(2):182–5. https://doi.org/10.1097/00006534-198408000-00002.
72. Herbert TJ, Filan SL. Vein implantation for treatment of painful cutaneous neuromas. J Hand Surg Br Eur Vol. 1998;23(2):220–4. https://doi.org/10.1016/s0266-7681(98)80178-2.
73. Eberlin KR, Ducic I. Surgical algorithm for neuroma management: a changing treatment paradigm. Plast Reconstr Surg Global Open. 2018;6(10):e1952. https://doi.org/10.1097/gox.0000000000001952.
74. Pet MA, Ko JH, Friedly JL, Smith DG. Traction neurectomy for treatment of painful residual limb neuroma in lower extremity amputees. J Orthop Trauma. 2015;29(9):e321–5. https://doi.org/10.1097/bot.0000000000000337.
75. Ducic I, Safa B, DeVinney E. Refinements of nerve repair with connector-assisted coaptation. Microsurgery. 2017;37(3):256–63. https://doi.org/10.1002/micr.30151.
76. Boeckstyns MEH, Sørensen AI, Viñeta JF, Rosén B, Navarro X, Archibald SJ, Valss-Solé J, Moldovan M, Krarup C. Collagen conduit versus microsurgical neurorrhaphy: 2-year follow-up of a prospective, blinded clinical and electrophysiological multicenter randomized, controlled trial. J Hand Surg. 2013;38(12):2405–11. https://doi.org/10.1016/j.jhsa.2013.09.038.
77. Moore AM, Kasukurthi R, Magill CK, Farhadi HF, Borschel GH, Mackinnon SE. Limitations of conduits in peripheral nerve repairs. Hand. 2008;4(2):180–6. https://doi.org/10.1007/s11552-008-9158-3.
78. IJpma FFA, Nicolai JPA, Meek MF. Sural nerve donor-site morbidity. Ann Plas Surg. 2006;57(4):391–5. https://doi.org/10.1097/01.sap.0000221963.66229.b6.
79. Martins RS, Barbosa RA, Siqueira MG, Soares MS, Heise CO, Foroni L, Teixeira MJ. Morbidity following sural nerve harvesting: a prospective study. Clin Neurol Neurosurg. 2012;114(8):1149–52. https://doi.org/10.1016/j.clineuro.2012.02.045.
80. Tada K, Nakada M, Matsuta M, Yamauchi D, Ikeda K, Tsuchiya H. Long-term outcomes of donor site morbidity after sural nerve graft harvesting. J Hand Surg Global Online. 2020;2(2):74–6. https://doi.org/10.1016/j.jhsg.2020.01.001.
81. Catapano J, Shafarenko M, Ho ES, Zuker RM, Borschel GH. Sensory and functional morbidity following sural nerve harvest in paediatric patients. J Plast Reconstr Aesthet Surg. 2018;71(12):1711–6. https://doi.org/10.1016/j.bjps.2018.07.020.
82. Whitlock EL, Tuffaha SH, Luciano JP, Yan Y, Hunter DA, Magill CK, Moore AM, Tong AY, Mackinnon SE, Borschel GH. Processed allografts and type I collagen conduits for repair of peripheral nerve gaps. Muscle Nerve. 2009;39(6):787–99. https://doi.org/10.1002/mus.21220.
83. Rinker BD, Ingari JV, Greenberg JA, Thayer WP, Safa B, Buncke GM. Outcomes of short-gap sensory nerve injuries reconstructed with processed nerve allografts from a multicenter registry study. J Reconstr Microsurg. 2015;31(05):384–90. https://doi.org/10.1055/s-0035-1549160.
84. Zuniga JR, Williams F, Petrisor D. A case-and-control, multisite, positive controlled, prospective study of the safety and effectiveness of immediate inferior alveolar nerve processed nerve allograft reconstruction with ablation of the mandible for benign pathology. J Oral Maxillofac Surg Off J Am Assoc Oral Maxillofac Surg. 2017;75(12):2669–81. https://doi.org/10.1016/j.joms.2017.04.002.
85. Souza JM, Purnell CA, Cheesborough JE, Kelikian AS, Dumanian GA. Treatment of foot and ankle neuroma pain with processed nerve allografts. Foot Ankle Int. 2016;37(10):1098–105. https://doi.org/10.1177/1071100716655348.

86. Bibbo C, Rodrigues-Colazzo E. Nerve transfer with entubulated nerve allograft transfers to treat recalcitrant lower extremity neuromas. J Foot Ankle Surg. 2017;56(1):82–6. https://doi.org/10.1053/j.jfas.2016.09.005.
87. Bi A, Park E, Dumanian GA. Treatment of painful nerves in the abdominal wall using processed nerve allografts. Plastic Reconstr Surg Global Open. 2018;6(3):e1670. https://doi.org/10.1097/gox.0000000000001670.
88. Wolvetang NHA, Lans J, Verhiel SHWL, Notermans BJW, Chen NC, Eberlin KR. Surgery for symptomatic neuroma: anatomic distribution and predictors of secondary surgery. Plast Reconstr Surg. 2019;143(6):1762–71. https://doi.org/10.1097/prs.0000000000005664.
89. Valerio I, Schulz SA, West J, Westenberg RF, Eberlin KR. Targeted muscle reinnervation combined with a vascularized pedicled regenerative peripheral nerve interface. Plastic Reconstr Surg Global Open. 2020;8(3):e2689. https://doi.org/10.1097/gox.0000000000002689.
90. Tos P, Artiaco S, Papalia I, Marcoccio I, Geuna S, Battiston B. Chapter 14 end-to-side nerve regeneration from the laboratory bench to clinical applications. Int Rev Neurobiol. 2009;87:281–94. https://doi.org/10.1016/s0074-7742(09)87014-1.
91. Kovačič U, Žele T, Tomšič M, Sketelj J, Bajrović FF. Influence of breaching the connective sheaths of the donor nerve on its myelinated sensory axons and on their sprouting into the end-to-side coapted nerve in the rat. J Neurotraum. 2012;29(18):2805–15. https://doi.org/10.1089/neu.2011.2298.
92. Lundborg G, Zhao Q, Kanje M, Danielsen N, Kerns JM. Can sensory and motor collateral sprouting be induced from intact peripheral nerve by end-to-side anastomosis? J Hand Surg Br Eur Vol. 1994;19(3):277–82. https://doi.org/10.1016/0266-7681(94)90069-8.
93. Rovak JM, Cederna PS, Macionis V, Urbanchek MS, der Meulen JHV, Kuzon WM. Termino-lateral neurorrhaphy: the functional axonal anatomy. Microsurgery. 2000;20(1):6–14. https://doi.org/10.1002/(sici)1098-2752(2000)20:1<6::aid-micr2>3.0.co;2-5.
94. Al-Qattan MM. Prevention and treatment of painful neuromas of the superficial radial nerve by the end-to-side nerve repair concept: an experimental study and preliminary clinical experience. Microsurgery. 2000;20(3):99–104. https://doi.org/10.1002/(sici)1098-2752(2000)20:3<99::aid-micr1>3.0.co;2-y.
95. Aszmann OC, Moser V, Frey M. Treatment of painful neuromas via end-to-side neurorraphy. Handchirurgie Mikrochirurgie Plastische Chir Organ Der Deutschsprachigen Arbeitsgemeinschaft Für Handchirurgie Organ Der Deutschsprachigen Arbeitsgemeinschaft Für Mikrochirurgie Der Peripher Nerven Und Gefässe Organ Der Vereinigung Der Deutschen Plastischen Chir. 2010;42(4):225–32. https://doi.org/10.1055/s-0030-1255053.
96. Daugherty THF, Bueno RA, Neumeister MW. Novel use of targeted muscle reinnervation in the hand for treatment of recurrent symptomatic neuromas following digit amputations. Plast Reconstr Surg Global Open. 2019;7(8):e2376. https://doi.org/10.1097/gox.0000000000002376.
97. Souza JM, Cheesborough JE, Ko JH, Cho MS, Kuiken TA, Dumanian GA. Targeted muscle reinnervation: a novel approach to postamputation neuroma pain. Clin Orthop Relat R. 2014;472(10):2984–90. https://doi.org/10.1007/s11999-014-3528-7.
98. Bergmeister KD, Aman M, Muceli S, Vujaklija I, Manzano-Szalai K, Unger E, Byrne RA, Scheinecker C, Riedl O, Salminger S, Frommlet F, Borschel GH, Farina D, Aszmann OC. Peripheral nerve transfers change target muscle structure and function. Sci Adv. 2019;5(1):eaau2956. https://doi.org/10.1126/sciadv.aau2956.
99. Tuffaha SH, Glass C, Rosson G, Shores J, Belzberg A, Wong A. Vascularized, denervated muscle targets: a novel approach to treat and prevent symptomatic neuromas. Plastic Reconstr Surg Global Open. 2020;8(4):e2779. https://doi.org/10.1097/gox.0000000000002779.
100. Tintle L, Baechler L, Nanos C, Forsberg L, Potter M. Traumatic and trauma-related amputations. J Bone Jt Surg. 2010;92(18):2934–45. https://doi.org/10.2106/jbjs.j.00258.
101. Szczesny G, Veihelmann A, Nolte D, Messmer K. Changes in the local blood and lymph microcirculation in response to direct mechanical trauma applied to leg: in vivo study in an animal model. J Trauma Acute Care. 2001;51(3):508–17. https://doi.org/10.1097/00005373-200109000-00014.
102. Hu Y, Sando IC, Cederna PS, Urbanchek MG. Impact of muscle graft volume on signaling capacity in the regenerative peripheral nerve interface for neuroprosthetic control. Plast Reconstr Surg. 2015;136(4 Suppl):38–9. https://doi.org/10.1097/01.prs.0000472323.43630.7f.
103. Woo SL, Kung TA, Brown DL, Leonard JA, Kelly BM, Cederna PS. Regenerative peripheral nerve interfaces for the treatment of postamputation neuroma pain: a pilot study. Plastic Reconstr Surg Global Open. 2016;4(12):e1038. https://doi.org/10.1097/gox.0000000000001038.
104. Yang D, Morris SF, Sigurdson L. The sartorius muscle: anatomic considerations for reconstructive surgeons. Surg Radiol Anat. 1998;20(5):307–10. https://doi.org/10.1007/bf01630610.
105. Mackinnon S, Glickman L, Dagum A. A technique for the treatment of neuroma in-continuity. J Reconstr Microsurg. 1992;8(05):379–83. https://doi.org/10.1055/s-2007-1006722.
106. Tupper JW, Booth DM. Treatment of painful neuromas of sensory nerves in the hand: a comparison of traditional and newer methods. J Hand Surg. 1976;1(2):144–51. https://doi.org/10.1016/s0363-5023(76)80008-1.
107. Campbell WW. Evaluation and management of peripheral nerve injury. Clin Neurophysiol. 2008;119(9):1951–65. https://doi.org/10.1016/j.clinph.2008.03.018.

Neuroma-in-Continuity: Preoperative and Intraoperative Assessment

14

Jillian M. McLaughlin and Jonathan Isaacs

Introduction

The assessment and treatment of symptomatic end neuromas are focused on avoiding, relieving, or at least mitigating mechanical and deafferentation nerve pain. Though in some treatment paradigms function is restored, this is not typically the primary goal. Neuromas-in-continuity (NIC), by contrast, can have similar pain profiles but with preservation or the potential for preservation of distal sensory or motor function an additional consideration.

Although neuroma-in-continuity implies that at least one connective tissue layer is preserved, not all "in-continuity" injuries will form neuromas. To be considered a neuroma-in-continuity, like an end neuroma, local swirling axons must be entangled within fibrotic tissue at the zone of injury. Therefore, acute (and even subacute) injuries would not be considered neuromatous, and neuropraxic injuries with intact but demyelinated axons or pure axonotmetic injuries with unimpeded elongating axons would not fall into this category. Chronic injuries in which regenerating axons have not been able to bridge the disrupted internal architecture of the nerve and become entrapped in local scar tissue would be considered a NIC.

Unlike end neuromas, in addition to the neuromatous axons, some of the axons within a NIC may still be intact or may be contained within intact endoneurial tubes capable of supporting successful axonal regeneration. Therefore, the clinically relevant question is not whether or not an injured nerve has formed a NIC, but rather, are there functioning or regenerating axons within the NIC whose preservation can enhance the potential for functional recovery?

J. M. McLaughlin · J. Isaacs (✉)
Division of Hand Surgery, Department of Orthopaedic Surgery, Virginia Commonwealth University Health System, Richmond, VA, USA
e-mail: Jonathan.Isaacs@vcuhealth.org

Relevant Anatomy and Pathophysiology

The relevant components of the peripheral nervous system include the nerve cells (neurons), the connective tissue packaging that forms the anatomic structure referred to as a peripheral nerve, and the end organs (muscle fibers and sensory organelles). Motor neurons are located within the anterior column of the spinal cord (anterior horn cells), and the sensory neurons are located within the dorsal root ganglion. Specialized axonal extensions connect the cell bodies to target organelles and carry efferent motor signals from the spinal cord to the muscles or afferent signals from the sensory organelles in the periphery (i.e., the skin) to the central nervous system. Schwann cell produced myelin, a lipid-rich insulation, deposited around many of these axons is essential for efficient and effective signal transmission. Each myelinated axon is enclosed within a layer of connective tissue known as endoneurium, and groups of these "endoneurial tubes" are packaged within fascicles encircled by the perineurial tissue layer. Fascicles are the smallest component of a nerve that can be surgically manipulated. The fascicles are surrounded by the inner epineurium loose connective tissue, and the outermost layer of the nerve is known as the outer epineurium.

Crushing or stretching mechanisms of injury (including from displaced open or closed fractures, dislocations, blunt trauma, and even the pressure wave associated with bullet passage through nearby tissues) can result in different degrees of intraneural structural damage along an anatomic spectrum well described by the Sunderland classification (Fig. 14.1) [1, 2]. First-degree neuropraxic injuries indicate a purely demyelinating injury with maintenance of axonal continuity. In second-degree axonotmetic injuries, the transmitted energy is enough to rupture axons, but the surrounding endoneurial tubes remain intact. Separated from the cell body, the distal axonal segment is not viable and over the course of several days is broken down into cellular debris which is removed by phagocytic Schwann cells and macrophages in a process known as Wallerian degeneration [3].

K. R. Eberlin et al. (eds.), *Contemporary Neuroma Management*, https://doi.org/10.1007/978-3-031-59758-9_14

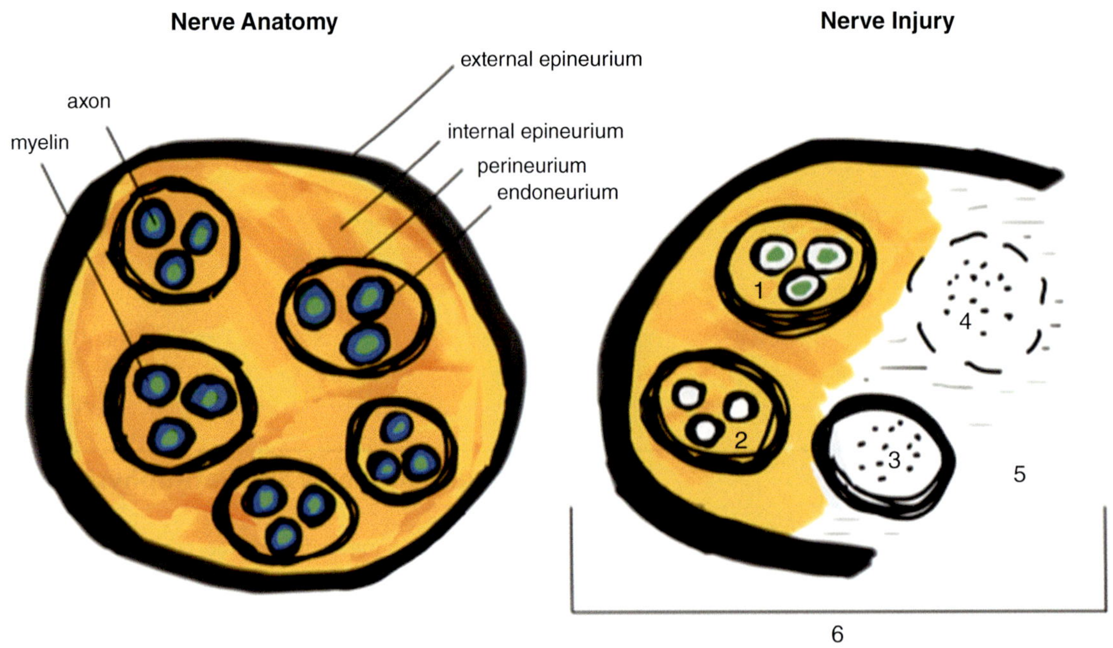

Fig. 14.1 Peripheral nerve anatomy and nerve injury. The numbers correspond to the grade of peripheral nerve injury as defined by the Sunderland classification

The distal segment of the cleared endoneurial tubes should predictably support axon regeneration though this process is quite slow and inefficient averaging 1–2 mm/day (or roughly an inch/month) [4]. With increasing trauma severity, additional connective tissue layers—the endoneurium, perineurium, and even the outer epineurium—are disrupted resulting in Sunderland type 3, type 4, and type 5 injuries. Additionally, intraneural hemorrhaging and subsequent inflammation result in varying amounts of fibrosis [5].

Pure neuropraxic injuries and pure second-degree axonotmetic injuries spontaneously recover (within a few weeks to several months depending on the severity of the demyelinating injury or the necessary regeneration length) and do not form clinically relevant neuromas-in-continuity [2, 6]. Complete ruptures (Sunderland type 5 or neurotmetic injuries) if not acutely treated form end neuromas on the proximal stump and gliomas (due to the absence of axons) on the distal stump [7]. Therefore, the injuries in which the nerve maintains gross continuity but with significant internal disruption (Sunderland type 3 and 4 injuries) are prone to form neuromas-in-continuity [8]. Further complicating conceptualization of nerve injury patterns, many nerves actually suffer more than one grade within the same zone of injury. In these type 6 injuries (reflecting MacKinnon's modification of the Sunderland scale), for example, some endoneurial tubes may be preserved, while others are disrupted [9]. These neuromas-in-continuity are probably most clinically relevant since the portions of the nerve with regeneration potential should be preserved while the remaining neuromatous tissue should be surgically addressed. Partial nerve lacerations are different, and if not repaired, the lacerated portion of the nerve will form a neuroma-in-continuity, while the intact portion will continue to function normally. In either case, the axons incapable of spanning the zone of injury form a haphazard bundle of undirected axons entrapped in fibrotic tissue [10]. Like end neuromas, this neuromatous tissue can produce spontaneous neuropathic or mechanically stimulated pain that can be more problematic than the functional deficits [5].

Denervation Atrophy

The temporal degradation of chronically denervated nerve and the target organs is an important consideration in appreciating contemporary assessment and treatment strategies of neuromas-in-continuity. With time (though exactly when this is clinically relevant has been difficult to define), guidance cues and neurotrophic factors within the denervated distal nerve stump seem to degrade [11]. Endoneurial tubes collapse and are filled with axon-inhibiting proteoglycans, and regenerative Schwann cells enter an inactive or senescence state [12]. When this occurs, the nerve stump no longer supports or guides axonal growth. Denervated muscle as well undergoes a gradual loss of reinnervation and recovery potential [13]. Contractile proteins degrade, motor endplates disappear, and fibrosis blocks terminal axons [14]. At a more clearly defined time point (around 18 months), the muscle seems to transition to a state known as irreversible denervation atrophy in which the chances of regaining meaningful recovery are statistically so low that alternative treatment strategies should be considered [15]. The detrimental effects of chronic denervation of sensory organelles are the least studied and understood, but these too seem to lose recovery potential if reinnervation is not achieved within a certain (though not well-defined) time period [16, 17].

Presentation

By understanding the pathophysiology of neuroma-in-continuity formation, the examiner can appreciate and recognize mechanisms likely to result in this pattern. Complete nerve laceration should be assumed when complete loss of corresponding sensory and motor function immediately follows sharp or penetrating trauma overlying the known anatomic path of a nerve. However, partial loss of function could suggest a partial transection. Though urgent exploration would be indicated (in either case), neuroma-in-continuity formation should be assumed with persistent partial loss of function following delayed presentation or a period of purposeful neglect. Crushing or traction mechanisms create a more difficult diagnostic dilemma and, even with complete loss of function in a known nerve distribution, could be compatible with any of the injury patterns along the Sunderland classification spectrum.

Preoperative Assessment

There are several assessment strategies that can differentiate neuromas-in-continuity (with potential for spontaneous functional recovery) from complete nerve disruption with or without endbulb neuroma formation. The simplest strategy is serial exams and observation for a few months. Neuropraxic injuries will spontaneously recover (assuming that the insult to the nerve has been removed) within a few hours but no more than 4 months [2]. If some or all of a nerve injury is neuropraxic, then within this time period, some function will be restored. Similarly, Sunderland type 2 axonotmetic injuries will also recover though the expected regeneration time must be calculated based on the approximated rate of recovery (1–2 mm/day) and the estimated distance between the nerve injury and the closest target [18]. Some "wiggle room" should be incorporated into this calculation since exact localization of the injury is difficult, regeneration rates may vary slightly depending on the individual and the level of the injury (proximal verses distal), and axons must grow into the muscle itself and reinnervated the deeper muscle fibers before clinical contraction can be appreciated. Serial examinations should specifically assess early signs of motor (subtle muscle contraction or increased pain with squeezing the target muscle) [19] or sensory (sharp/dull discrimination or hypodermic needle-induced "pain" response) reinnervation. A sharp, sometimes painful, tingling sensation (similar to the sensation associated with hitting one's "funny bone") can be elicited over regenerating and hyper-excitable axons though this is a common physical finding with endbulb neuromas as well. Referred to as a percussion or Tinel sign [20], this can be useful in identifying the zone of injury though is not always reliable as an indicator of peripheral nerve recovery [21]. The perils of denervation atrophy have to be considered, and prolonged observation can compromise post-surgical prognoses.

Imaging

The second strategy useful in differentiating intact (neuromas-in-continuity) versus disrupted closed nerve injuries is imaging. Both ultrasound and magnetic resonance neurography (MRN) have their advocates and indications. Ultrasound may be preferred to MRN for identifying neuromas in superficial sites [22] and allows for a wider and dynamic evaluation of an anatomical field in a single study [23]. Higher-frequency transducers (15 MHz) reliably depict nerve echotexture but are limited to the evaluation of nerves within 2 cm of the skin surface and depict only 30% of nerve fascicles when compared to light microscopy (Fig. 14.2) [24]. Ultrasound is most effective in differentiating the morphological continuity of neuromas [25–30]. In a prospective study of 14 patients with presumed peripheral nerve trauma, preoperative high-frequency ultrasound correctly identified six patients with end neuromas and five patients with neuroma-in-continuity confirmed by intraoperative exploration. A number of smaller retrospective case series have also observed strong correlation between ultrasound findings and neuroma continuity [28–30]. The majority of these articles, however, were subject to a high level of bias due to the retrospective nature, inadequate blinding of investigators, lack of predefined criteria of ultrasound findings of neuroma, and heterogeneity of study sample (e.g., tumor, trauma, entrapment neuropathy, etc.), but in all studies, evidence suggests that ultrasound reliably predicts structural continuity when the nerve can be visualized [29, 30].

Arguably more clinically meaningful is the ability to predict whether a neuroma-in-continuity will support functional recovery. At this time, the use of ultrasound findings on predicting neuroma prognosis is limited to one small retrospective study [31]. This study observed that neuromas >5 times the cross-sectional area on ultrasound to that of the normal uninjured nerve (on the contralateral side) significantly correlated with poor motor functional outcomes. The small sample size, over-simplification of motor strength assessment (binary, yes/no improvement), and short follow-up time (6 months) limit the utility of this study's findings.

Ultrasound has also been used intraoperatively in the assessment of neuromas-in-continuity. In a prospective case series of three patients, intraoperative ultrasound findings of neuroma-in-continuity correlated to histology in all patients,

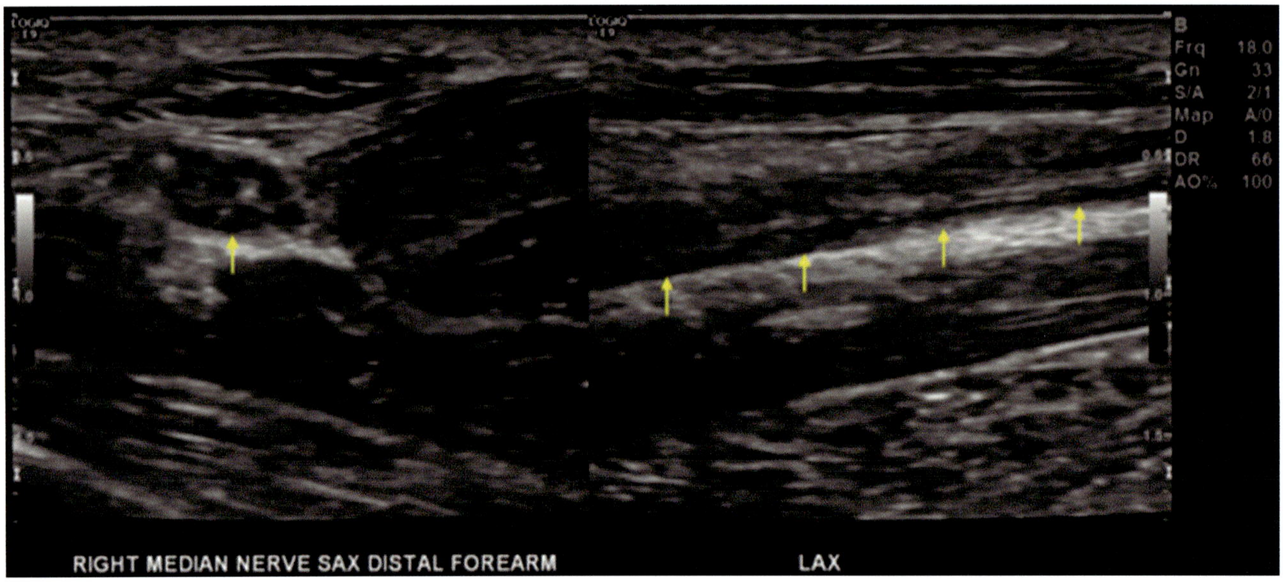

Fig. 14.2 High-frequency ultrasound imaging of median nerve of the forearm in both the short axis (left) and long axis (right) views

and surgeons found ultrasound useful in determining the extent of neuromatous resection [32]. Case studies also describe the beneficial use of intraoperative ultrasound in the identification of planned surgical incision, particularly in the presence of multiple neuromas [33]. Limitations of these studies include lack of comparative study group, small sample size, and lack of postoperative functional assessment.

Despite the number of studies describing its use, widespread adoption of ultrasound in the diagnosis and treatment of neuromas continues to be limited by technical challenges and by lack of high-level evidence demonstrated its utility [27, 34]. MRN can similarly predict structural continuity but not functional recovery. Although traditional MRI suffers from an inability to reliably detect peripheral nerves from surrounding structures [35], MR neurography utilizes tissue-selective imaging to identify and evaluate the characteristics of nerve tissue [36]. MR neurography is superior to ultrasound at assessing deep anatomic structures or structures deep to hyperechoic structures (e.g., bone) [37]. Similar to ultrasound, MR neurography interpretation depends on the skill of the reading physician and requires a detailed knowledge of anatomy. Many radiologists have limited experience with this technology in the evaluation of peripheral nerves, and imaging centers may lack adequate equipment to successfully perform these studies [38]. Evidence from small case series suggests that MRN can reliably differentiate between end and neuromas-in-continuity; however, motion artifact, expense, and a limited field of view are notable disadvantages. Additionally, the development of standardized protocols is incomplete given the multiple anatomic areas of interest [35].

Electrophysiology Testing

Nerve conduction studies (NCS) and electromyography (EMG) are the most utilized and probably helpful preoperative nerve assessment modalities. The basic principle of a nerve conduction study is that an electric impulse indirectly applied to nerve thru an overlying soft tissue envelop triggers a compound action potential which will travel along intact axons [39]. The action potential can be measured and recorded distally via electrodes on the skin (sensory axons) or over muscle (motor axons) [40]. Sensory nerve action potentials are directly recorded from the stimulated nerve either "orthodromically" (i.e., in the same direction as physiologic conduction) or "antidromically" (i.e., opposite direction of physiologic conduction) [41]. The findings can also be compared to the patient's "normal nerves" and to established population averages [42].

For both sensory nerve action potentials (SNAPs) and compound motor potentials (CMAPs), the intensity of the stimulus is increased until a supramaximal response is achieved so that all available axons are stimulated and represented by the signal amplitude [43]. The amount of time it takes for the stimulated action potential (correlated with electrode stimulus) to travel to the recording electrode is the latency [44]. Onset latency (O) reflects the conduction velocity of the fastest conducting myelinated fibers, while peak latency (P) reflects the average conduction velocity of all sensory fibers. Conduction velocity can be directly calculated from the latency divided by the distance between the electrodes [39].

Decreased conduction velocity typically indicates damage to the myelin sheath (though with axonal continuity), while low amplitude suggests axonal loss [43]. Any successful signal transmission (even if low amplitude and velocity) signifies that some of the nerve is in continuity [45]. Complete conduction block (i.e., no signal transduction across the zone of injury), however, can be seen in neuropraxic, axonotmetic, and neurotmetic injuries and, as a single data point, does not necessarily correlate with prognosis [45]. Neuropraxic nerve injury versus a more severe nerve injury (axonotmetic and neurotmetic) will maintain a signal output if both stimulation and recording are distal to the site of injury (axons are present and viable but just not conducting across the zone of injury) [43]. Serial conduction studies, typically 3 months apart, may detect regenerating axons but, similar to serial physical exams, must not overly delay surgical exploration [46, 47].

Functional recovery is more likely with early identification of either SNAPs or CMAPs, but this correlation is far from absolute [45]. Of the available evidence, which is limited to a few case series, a higher proportion of patients with normal or near normal SNAP amplitudes achieved functional sensory recovery. While functional sensory recovery was still possible in the absence of SNAPs, it was less likely [48, 49]. Similar findings can also be observed in relation to CMAP amplitude [45]. A retrospective study in patients with traumatic radial nerve injuries had return of anti-gravity motor strength or better in 92% of patients with an early recordable CMAP versus 65% of patients with a non-recordable CMAP [50]. Likewise, 81% of patients with a good CMAP versus 46% of patients with absent CMAP developed near normal motor strength following closed peroneal nerve injury [51].

Electromyography (EMG) evaluates the electrical activity of a muscle at rest and during activity [45]. Normal muscle fibers have individual endplates through which the terminal nerve fiber synapse initiates the cascade resulting in muscle fiber contraction. An intramuscular needle electrode will record some spontaneous discharges from random firing of these endplates. Electrical discharges increase with muscle fiber irritation by needle motion (during insertion) or by muscle recruitment (the patient actively "fires" the muscle being tested). A few weeks after muscle denervation, individual discrete endplates degenerate, but the entire muscle fiber surface transforms to behave like a giant electrically active endplate [6]. The resulting hyper-excitability can be detected by increased insertional and spontaneous electrical activity observed on needle EMG [39]. With enough time (measured typically in years, not months) and once complete denervation atrophy has developed, the muscle will become electrically silent—a dismal prognostic sign suggesting that the window of opportunity for surgical reconstruction has passed.

Though each innervated muscle fiber only has one motor endplate, each axon sprouts to innervate multiple muscle fibers following denervation [15]. The population of muscle fibers innervated by the same axon is referred to as a motor unit. These can be detected as motor unit action potentials (MUP) and assessed based on amplitude and duration [52]. Increased axonal sprouting can partially compensate for partial denervation or partial reinnervation [45], and on EMG, these "polyphasic potentials" are larger in amplitude (more fibers), longer in duration (slower conduction), and polyphasic (asynchronous summation) [53]. Any retained MUAPs indicate some intact axons, and polyphasic potentials indicate sprouting of these axons or active reinnervation [44]. A retrospective cohort of patients with traumatic radial nerve injury observed that electromyography findings of voluntary MUP recruitment of the brachioradialis led to anti-gravity muscle strength or better in 92% of patients [50]. Comparatively, only 67% of patients with discrete voluntary MUP recruitment and 33% of patients with absent MUP recruitment had return of anti-gravity motor strength. Normal or reduced MUP recruitment is associated with a better prognosis of peripheral nerve recovery, while discrete or absent MUP recruitment is associated with a poor prognosis of peripheral nerve recovery [51].

Intraoperative Assessment

Intraoperative assessment includes visual and tactile inspection, direct nerve stimulation, and direct nerve to nerve electrophysiology testing. The goal is to determine nerve continuity and the potential for some or all of the nerve segment to support axon regeneration. Generous proximal and distal exposure will help identifying appropriate planes of dissection and reveal the entire extent of injury requiring inspection. Neurolysis is performed, and extra-neural scar tissue excised in order to expose the underlying nerve tissue. Fusiform swelling along the zone of injury is typical of a neuroma-in-continuity, and palpation will reveal firm fibrotic tissue. Regeneration is still possible across even obviously neuromatous tissue, though the thicker and more fibrotic the tissue, the poorer the prognosis.

Intraoperative Nerve Stimulation

Handheld nerve stimulators can identify functioning motor axons spanning the neuroma-in-continuity but only if the axons are innervating muscle (Fig. 14.3) [54]. Nerve conduction and muscle contraction are metabolically expensive functions and will degrade quickly with tourniquet induced ischemia, so 15–20 min of reperfusion will improve the accuracy of testing [55]. Muscle paralysis, halogenated anesthetics, and nitrous oxide will also interfere with intraoperative nerve assessment and should be discussed with the anesthesia team ahead of time [56].

Some commercially available devices allow control of both amplitude and pulse duration. Starting with the lowest amplitude setting, the pulse width is gradually increased. If

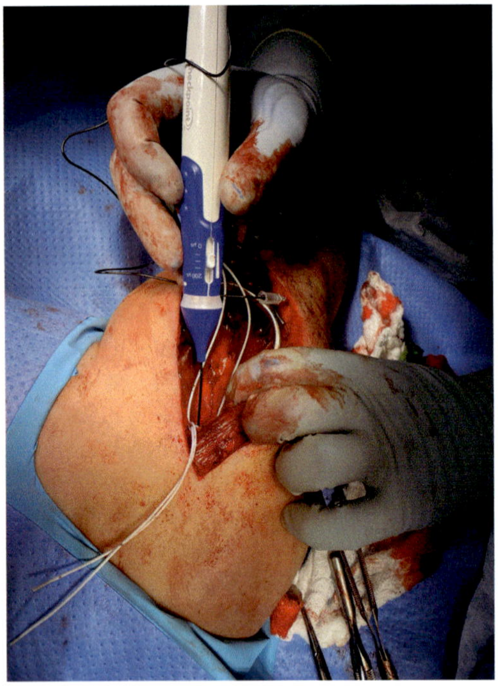

Fig. 14.3 Use of intraoperative nerve stimulation for assessment of intact motor axons

no muscle contraction is observed, the amplitude can be increased, and the steps repeated. The nerve should be circumferentially stimulated in several areas to identify any functioning fascicles. If muscle contracture is observed, interfascicular dissection should be performed above and below the neuroma-in-continuity to confirm and isolate the functioning from non-functioning fascicles.

Intraoperative Electrophysiology Testing

The advantage of nerve-to-nerve testing compared with intraoperative nerve stimulation and preoperative testing is the ability to assess axonal regeneration without target organ reinnervation [47, 53, 57–61]. Preoperative testing requires indirect nerve stimulation and signal detection (through an overlying soft tissue envelop) that decreases the accuracy and reliability compared with direct nerve stimulation and recording [59]. The disadvantage is the need for expensive equipment and typically an experienced electrophysiologist to interpret the recordings [56]. Sterile electrodes are placed on the nerve surface above and below the suspected injury site. Assuming an average regeneration rate of 1–2 mm/day (or an inch a month), the anticipated distance of regeneration can be approximated based on the time from injury to guide electrode positioning [58]. Maintaining at least 4 cm distance between electrodes will decrease shock artifact interference that may obscure the identification of any compound action potential recordings. Stimulation intensity can be gradually increased though typically 3–15 V would be adequate [60].

There is a paucity of literature comparing intraoperative nerve-to-nerve conduction findings across a NIC to postoperative motor and sensory recovery [47, 59, 61, 62]. The initial work performed by Kline and Happel in nonhuman primates demonstrated the potential of electrodiagnostic studies in evaluating peripheral nerve injuries [57]. A focal neurotmetic injury was created and assessed at 3-week intervals (up to 16 weeks post-injury) via clinical examination and intraoperative nerve-to-nerve conduction studies. Histologic examinations of injured nerves were obtained to determine axon counts, axon size, degree of myelination, and connective tissue/axon proliferation. The study found that nerve-to-nerve action potential (NAP) recordings could precede EMG evidence of distal reinnervation by several weeks. Although not clearly delineated in this original study's results, a later review by Kline noted the correlation between a detectable NAP and the histological identification of 4000 (inconsistently) myelinated moderate to large axons [58].

Kline and colleagues went on to report the correlation of intraoperative nerve-to-nerve testing across approximately 2000 nerve injuries-in-continuity and subsequent functional outcomes. The data includes many non-neuroma injuries (compression neuropathies, tumor, etc.), but all patients suffered from functional loss or pain. Patients with post-traumatic upper and lower extremity nerve injuries secondary to fracture or gunshot wound generally underwent surgical exploration by 2–3 months post-injury versus 4–5 months for brachial plexus injuries. The authors found that the presence of a detectable compound action potential corresponded to functional recovery in 96% of 246 median, ulnar, and radial nerve injuries; 90% of 193 lower extremity injuries; and 93 to 95% of 324 brachial plexus injuries. Neuromas-in-continuity without evidence of nerve action potential on intraoperative nerve-to-nerve testing were resected and consistently noted to have Sunderland type 4 findings [58]. The obvious conclusion that the identification of a compound action potential during intraoperative testing is associated with an approximately 90% chance of functional recovery has not been uniformly accepted, and the recommendation should be qualified with the observation that contemporary electrophysiologic testing equipment capable of averaging and amplifying even minute signals is much more sensitive than the instruments used in Kline's era.

Illustrative Case

A 32-year-old male presented 9 months after suffering a gunshot wound to his dominant right forearm complaining of ipsilateral hand weakness and decreased sensation.

Neuropathic pain was minimal. During surgical fixation of a radial shaft fracture, the median nerve was noted to be intact but contused, and the treating physician anticipated spontaneous recovery.

Physical examination revealed decreased sensation to light touch and absence of sharp/dull discrimination in the thumb, index, middle, and radial side of the ring finger. Focal thumb abduction weakness was accompanied by mild thenar atrophy. A strong Tinel sign was localized to the bullet wound though mild tingling was elicited along the median nerve distally and slightly more pronounced at the base of the thumb—approximately 9 inches distal to the zone of injury.

Nerve imaging was deferred since continuity had already been established and electrophysiologic testing was obtained. The right median sensory nerve conduction study was nonrecordable, but a low-amplitude CMAP response was detected. EMG revealed increased insertional activity, spontaneous fibrillations, and a few discrete motor unit action potentials.

Though the findings were suggestive of ongoing denervation, the small CMAP detected MUAPs, and progressing Tinel sign indicated spontaneous recovery was still possible and persistent sensory/motor loss was related to the prolonged regenerative distance. However, at 9 months post-injury, further observation could compromise the end result if surgical reconstruction was necessary and surgical exploration and intraoperative nerve assessment recommended.

An intraoperative nerve assessment company licensed to practice at our institution was consulted. The surgical plan was discussed with the anesthesia team, and paralytics, halothane gas, and nitrous oxide were avoided. The patient was placed in the lateral decubitus position to allow for exposure for right forearm median nerve exploration, intraoperative nerve assessment, and harvest of sural nerve autograft from the left leg if needed (Fig. 14.4). The patient's original incision from previous fracture fixation was extended proximally and distally (Fig. 14.5). The median nerve was identified, and evidence of neuroma-in-continuity and extensive perineural scarring noted. An extensive neurolysis was per-

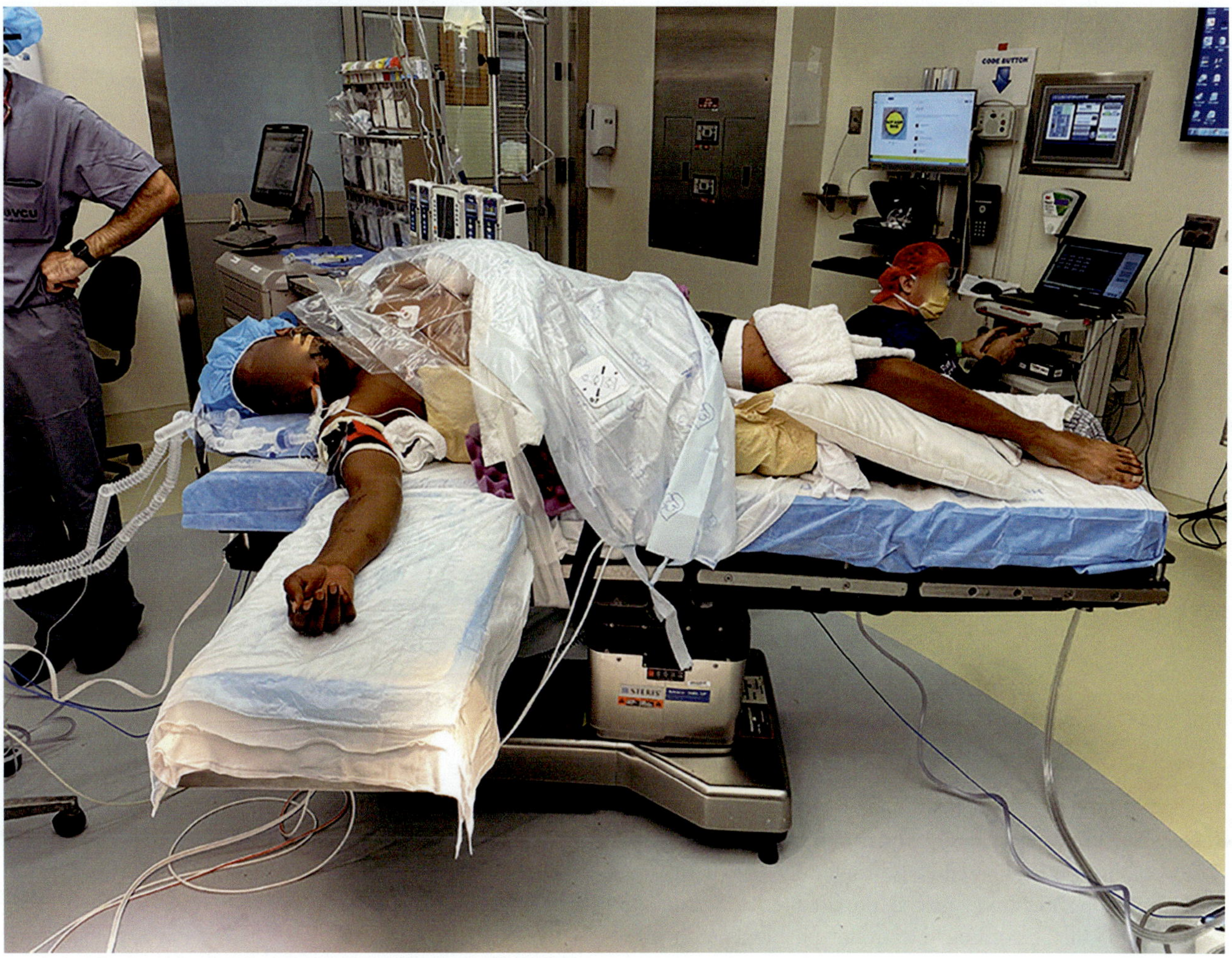

Fig. 14.4 Set-up and positioning for median nerve neurolysis and intraoperative electrophysiology testing with potential sural nerve graft harvest

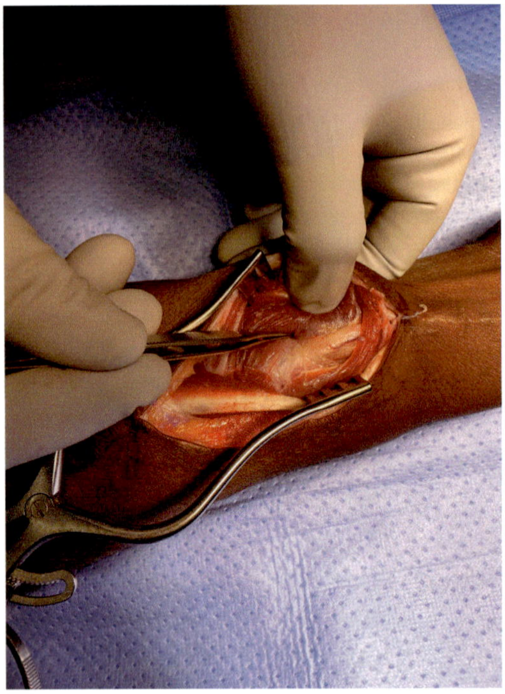

Fig. 14.5 Exposure of median nerve within the forearm with evidence of scar tissue along the proximal median nerve

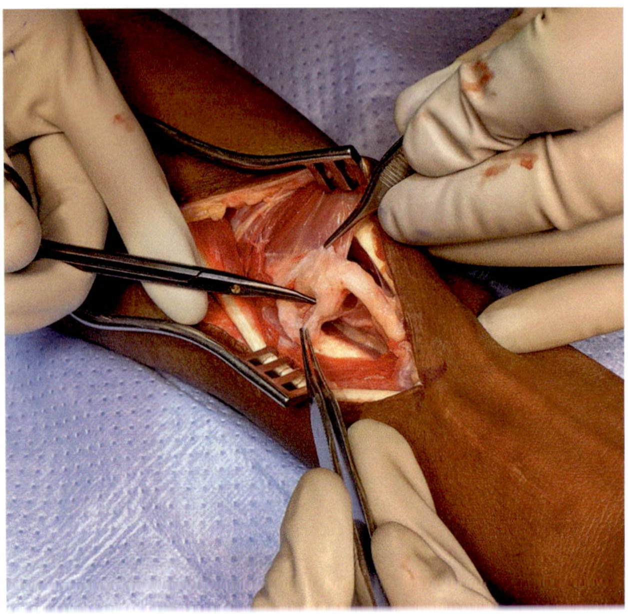

Fig. 14.6 Neurolysis of the neuroma-in-continuity of the median nerve in the forearm

formed (Fig. 14.6). The tourniquet was deflated to allow reperfusion of the nerve tissue, and hemostasis was obtained. The nerve testing equipment was brought into the field, and the stimulating electrode placed proximal to the zone of injury and the recording electrode positioned distally (Fig. 14.7). A proximal stimulus was applied and gradually

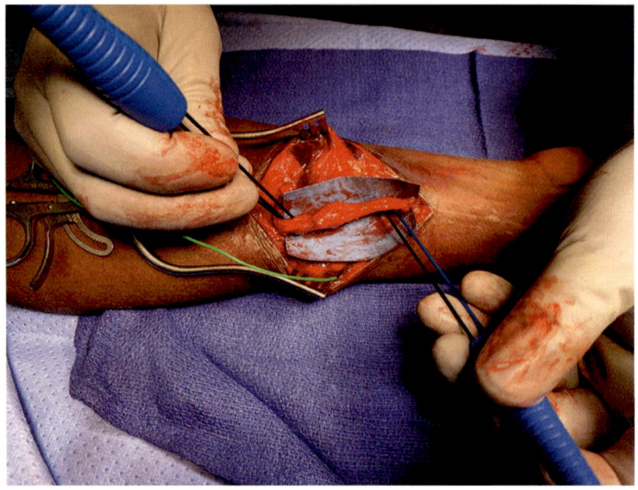

Fig. 14.7 Intraoperative electrophysiology study equipment and set-up for assessment of a median neuroma-in-continuity using nerve-to-nerve stimulation

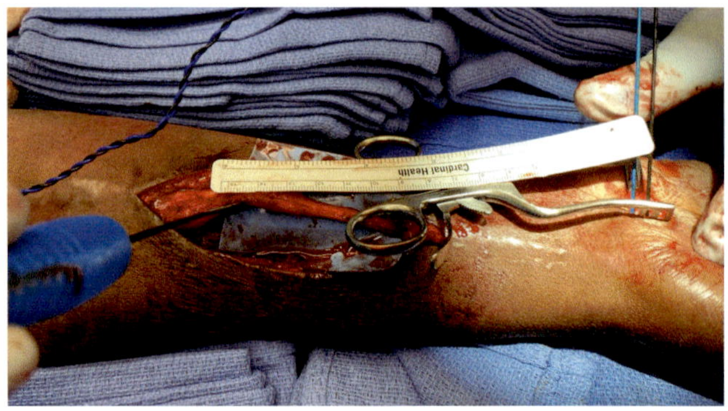

Fig. 14.8 Repeat intraoperative nerve-to-nerve stimulation across median neuroma-in-continuity with the recording electrode moved distally to decrease shock artifact

increased to 5 volts though shock artifact obscured the distal signal. Additional distal dissection allowed the recording electrode to be placed on the median nerve within the carpal canal (Fig. 14.8), and failure to generate a compound action potential was confirmed. The decision was made to proceed with complete neuroma resection and nerve reconstruction.

Pearls and Pitfalls

- Even subtle physical findings can demonstrate preservation of some axons-in-continuity though this should be confirmed with imaging and/or electrophysiological testing.
- Uncontrolled neuropathic pain can be a sign of neuroma and often leads to earlier surgical intervention and can interfere with musculoskeletal functional testing.

- Tinel sign can be useful but is not always present, can be nonfocal, and can be blunted by neuropathic pain medications.
- Even a dismal initial nerve conduction study can improve with time.
- Muscle and nerve recovery decrease with time, and excessive expectant observation is a risky strategy.
- Prolonged tourniquet time creates nerve ischemia and can result in inaccurate intraoperative nerve conduction assessment if the tissue is not allowed adequate reperfusion and recovery time.
- Even with careful intraneural dissection, downgrading is still possible, and proper patient counseling is necessary to manage patient expectations.

Conclusions

Serial physical examinations, electrodiagnostic studies, and imaging can assess nerve injuries-in-continuity and guide management toward expectant observation, early reconstruction, or delayed surgical exploration. MRN and US can identify nerve disruptions and end neuromas, and NCS/EMG can identify neuropraxic and some pure axonotmetic injuries with excellent prognoses for spontaneous recovery. Often a final diagnosis requires intraoperative inspection and direct nerve-to-nerve electrodiagnostic testing. While still not infallible, this strategy can identify intact or regenerating axons to be considered in delineating treatment options.

References

1. Sunderland S. Nerve injuries and their repair: a critical appraisal. Edinburgh; New York: Churchill Livingstone; 1991.
2. Seddon HJ. Peripheral nerve injuries. Glasgow Med J. 1943;139(3):61–75.
3. Gordon T. Nerve regeneration: understanding biology and its influence on return of function after nerve transfers. Hand Clin. 2016;32(2):103–17. https://doi.org/10.1016/j.hcl.2015.12.001.
4. Hamlin E Jr, Watkins AL. Regeneration in the ulnar, median and radial nerves. Surg Clin North Am. 1947;27:1052–61. https://doi.org/10.1016/s0039-6109(16)32231-9.
5. Cravioto H, Battista A. Clinical and ultrastructural study of painful neuroma. Neurosurgery. 1981;8(2):181–90. https://doi.org/10.1227/00006123-198102000-00007.
6. Campbell WW. Evaluation and management of peripheral nerve injury. Clin Neurophysiol. 2008;119(9):1951–65. https://doi.org/10.1016/j.clinph.2008.03.018.
7. Grafstein B. The nerve cell body response to axotomy. Exp Neurol. 1975;48(3 pt. 2):32–51. https://doi.org/10.1016/0014-4886(75)90170-3.
8. Brogan DM, Kakar S. Management of neuromas of the upper extremity. Hand Clin. 2013;29(3):409–20. https://doi.org/10.1016/j.hcl.2013.04.007.
9. Mackinnon SE. New directions in peripheral nerve surgery. Ann Plast Surg. 1989;22(3):257–73. https://doi.org/10.1097/00000637-198903000-00013.
10. Battista A, Cravioto H. Neuroma formation and prevention by fascicle ligation in the rat. Neurosurgery. 1981;8(2):191–204. https://doi.org/10.1227/00006123-198102000-00008.
11. Fu SY, Gordon T. Contributing factors to poor functional recovery after delayed nerve repair: prolonged axotomy. J Neurosci. 1995;15(5 Pt 2):3876–85.
12. Gordon T, Tyreman N, Raji MA. The basis for diminished functional recovery after delayed peripheral nerve repair. J Neurosci. 2011;31(14):5325–34. https://doi.org/10.1523/JNEUROSCI.6156-10.2011.
13. Lee SK, Wolfe SW. Peripheral nerve injury and repair. J Am Acad Orthop Surg. 2000;8(4):243–52. https://doi.org/10.5435/00124635-200007000-00005.
14. Burden SJ, Sargent PB, McMahan UJ. Acetylcholine receptors in regenerating muscle accumulate at original synaptic sites in the absence of the nerve. J Cell Biol. 1979;82(2):412–25. https://doi.org/10.1083/jcb.82.2.412.
15. Aird RB, Naffziger HC. The pathology of human striated muscle following denervation. J Neurosurg. 1953;10(3):216–27. https://doi.org/10.3171/jns.1953.10.3.0216.
16. Kallio PK, Vastamaki M. An analysis of the results of late reconstruction of 132 median nerves. J Hand Surg Br. 1993;18(1):97–105. https://doi.org/10.1016/0266-7681(93)90205-t.
17. Gutmann E, Young JZ. The re-innervation of muscle after various periods of atrophy. J Anat. 1944;78(Pt 1–2):15–43.
18. Seddon HJ, Medawar PB, Smith H. Rate of regeneration of peripheral nerves in man. J Physiol. 1943;102(2):191–215. https://doi.org/10.1113/jphysiol.1943.sp004027.
19. Lee EY, Karjalainen TV, Sebastin SJ, Lim AY. The value of the tender muscle sign in detecting motor recovery after peripheral nerve reconstruction. J Hand Surg Am. 2015;40(3):433–7. https://doi.org/10.1016/j.jhsa.2014.12.018.
20. Tinel J. "Tingling" signs with peripheral nerve injuries. 1915. J Hand Surg Br. 2005;30(1):87–9. https://doi.org/10.1016/j.jhsb.2004.10.007.
21. Isaacs J. Major peripheral nerve injuries. Hand Clin. 2013;29(3):371–82. https://doi.org/10.1016/j.hcl.2013.04.006.
22. Nazarian LN. The top 10 reasons musculoskeletal sonography is an important complementary or alternative technique to MRI. AJR Am J Roentgenol. 2008;190(6):1621–6. https://doi.org/10.2214/AJR.07.3385.
23. Toia F, Gagliardo A, D'Arpa S, Gagliardo C, Gagliardo G, Cordova A. Preoperative evaluation of peripheral nerve injuries: what is the place for ultrasound? J Neurosurg. 2016;125(3):603–14. https://doi.org/10.3171/2015.6.JNS151001.
24. Silvestri E, Martinoli C, Derchi LE, Bertolotto M, Chiaramondia M, Rosenberg I. Echotexture of peripheral nerves: correlation between US and histologic findings and criteria to differentiate tendons. Radiology. 1995;197(1):291–6. https://doi.org/10.1148/radiology.197.1.7568840.
25. Toros T, Karabay N, Ozaksar K, Sugun TS, Kayalar M, Bal E. Evaluation of peripheral nerves of the upper limb with ultrasonography: a comparison of ultrasonographic examination and the intra-operative findings. J Bone Joint Surg Br. 2009;91(6):762–5. https://doi.org/10.1302/0301-620X.91B6.22284.
26. Zhu J, Liu F, Li D, Shao J, Hu B. Preliminary study of the types of traumatic peripheral nerve injuries by ultrasound. Eur Radiol. 2011;21(5):1097–101. https://doi.org/10.1007/s00330-010-1992-3.
27. Holzgrefe RE, Wagner ER, Singer AD, Daly CA. Imaging of the peripheral nerve: concepts and future direction of magnetic resonance neurography and ultrasound. J Hand Surg Am. 2019;44(12):1066–79. https://doi.org/10.1016/j.jhsa.2019.06.021.
28. Causeret A, Lapegue F, Bruneau B, Dreano T, Ropars M, Guillin R. Painful traumatic neuromas in subcutaneous fat: visibility and morphologic features with ultrasound. J Ultrasound Med. 2019;38(9):2457–67. https://doi.org/10.1002/jum.14944.

29. Koenig RW, Pedro MT, Heinen CP, Schmidt T, Richter HP, Antoniadis G, et al. High-resolution ultrasonography in evaluating peripheral nerve entrapment and trauma. Neurosurg Focus. 2009;26(2):E13. https://doi.org/10.3171/FOC.2009.26.2.E13.
30. Lee FC, Singh H, Nazarian LN, Ratliff JK. High-resolution ultrasonography in the diagnosis and intraoperative management of peripheral nerve lesions. J Neurosurg. 2011;114(1):206–11. https://doi.org/10.3171/2010.2.JNS091324.
31. Coraci D, Pazzaglia C, Doneddu PE, Erra C, Paolasso I, Santilli V, et al. Post-traumatic neuroma due to closed nerve injury. Is recovery after peripheral nerve trauma related to ultrasonographic neuroma size? Clin Neurol Neurosurg. 2015;139:314–8. https://doi.org/10.1016/j.clineuro.2015.10.034.
32. Burks SS, Cajigas I, Jose J, Levi AD. Intraoperative imaging in traumatic peripheral nerve lesions: correlating histologic cross-sections with high-resolution ultrasound. Oper Neurosurg (Hagerstown). 2017;13(2):196–203. https://doi.org/10.1093/ons/opw016.
33. Haldeman CL, Baggott CD, Hanna AS. Intraoperative ultrasound-assisted peripheral nerve surgery. Neurosurg Focus. 2015;39(3):E4. https://doi.org/10.3171/2015.6.FOCUS15232.
34. Zaidman CM, Seelig MJ, Baker JC, Mackinnon SE, Pestronk A. Detection of peripheral nerve pathology: comparison of ultrasound and MRI. Neurology. 2013;80(18):1634–40. https://doi.org/10.1212/WNL.0b013e3182904f3f.
35. Marquez Neto OR, Leite MS, Freitas T, Mendelovitz P, Villela EA, Kessler IM. The role of magnetic resonance imaging in the evaluation of peripheral nerves following traumatic lesion: where do we stand? Acta Neurochir. 2017;159(2):281–90. https://doi.org/10.1007/s00701-016-3055-2.
36. Howe FA, Filler AG, Bell BA, Griffiths JR. Magnetic resonance neurography. Magn Reson Med. 1992;28(2):328–38. https://doi.org/10.1002/mrm.1910280215.
37. Martin Noguerol T, Barousse R, Gomez Cabrera M, Socolovsky M, Bencardino JT, Luna A. Functional MR neurography in evaluation of peripheral nerve trauma and postsurgical assessment. Radiographics. 2019;39(2):427–46. https://doi.org/10.1148/rg.2019180112.
38. Filler AG, Maravilla KR, Tsuruda JS. MR neurography and muscle MR imaging for image diagnosis of disorders affecting the peripheral nerves and musculature. Neurol Clin. 2004;22(3):643–82, vi–vii. https://doi.org/10.1016/j.ncl.2004.03.005.
39. Leonard JA, Spires MC, Wolfe J. Chapter 17—Practical application of electrodiagnostic studies to evaluate adult brachial plexus lesions. In: Chung KC, Yang LJS, McGillicuddy JE, editors. Practical management of pediatric and adult brachial plexus palsies. Philadelphia: W.B. Saunders; 2012. p. 220–33.
40. Establishing standards for acceptable waveforms in nerve conduction studies. Muscle Nerve. 2020;62(4):455–61. https://doi.org/10.1002/mus.27004.
41. Kane NM, Oware A. Nerve conduction and electromyography studies. J Neurol. 2012;259(7):1502–8. https://doi.org/10.1007/s00415-012-6497-3.
42. Zhao B, Diao HM, Wen QX, Sui KX, Zhang YQ. Inter-practitioner comparisons of nerve conduction studies with standardized techniques in normal subjects: reap as you sow. Medicine (Baltimore). 2020;99(17):e19558. https://doi.org/10.1097/MD.0000000000019558.
43. Jones LK Jr. Nerve conduction studies: basic concepts and patterns of abnormalities. Neurol Clin. 2012;30(2):405–27. https://doi.org/10.1016/j.ncl.2011.12.002.
44. Slutsky DJ. Chapter 21—Electrodiagnostic testing of the upper extremity. In: Slutsky DJ, Hentz VR, editors. Peripheral nerve surgery. Philadelphia: Churchill Livingstone; 2006. p. 319–55.
45. Robinson LR. Predicting recovery from peripheral nerve trauma. Phys Med Rehabil Clin N Am. 2018;29(4):721–33. https://doi.org/10.1016/j.pmr.2018.06.007.
46. Bergquist ER, Hammert WC. Timing and appropriate use of electrodiagnostic studies. Hand Clin. 2013;29(3):363–70. https://doi.org/10.1016/j.hcl.2013.04.005.
47. Kline DG. Timing for exploration of nerve lesions and evaluation of the neuroma-in-continuity. Clin Orthop Relat Res. 1982;163:42–9.
48. Sahin F, Atalay NS, Akkaya N, Ercidogan O, Basakci B, Kuran B. The correlation of neurophysiological findings with clinical and functional status in patients following traumatic nerve injury. J Hand Surg Eur. 2014;39(2):199–206. https://doi.org/10.1177/1753193413479507.
49. Machetanz J, Roricht S, Gress S, Schaff J, Bischoff C. Evaluation of clinical, electrophysiologic, and computed tomographic parameters in replanted hands. Arch Phys Med Rehabil. 2001;82(3):353–9. https://doi.org/10.1053/apmr.2001.19741.
50. Malikowski T, Micklesen PJ, Robinson LR. Prognostic values of electrodiagnostic studies in traumatic radial neuropathy. Muscle Nerve. 2007;36(3):364–7. https://doi.org/10.1002/mus.20848.
51. Derr JJ, Micklesen PJ, Robinson LR. Predicting recovery after fibular nerve injury: which electrodiagnostic features are most useful? Am J Phys Med Rehabil. 2009;88(7):547–53. https://doi.org/10.1097/PHM.0b013e3181a9f519.
52. Houdek MT, Shin AY. Management and complications of traumatic peripheral nerve injuries. Hand Clin. 2015;31(2):151–63. https://doi.org/10.1016/j.hcl.2015.01.007.
53. Kline DG. Chapter 16—Operative neurophysiology of the brachial plexus intraoperative electrodiagnostic studies. In: Chung KC, Yang LJS, McGillicuddy JE, editors. Practical management of pediatric and adult brachial plexus palsies. Philadelphia: W.B. Saunders; 2012. p. 212–9.
54. Mackinnon SE, Glickman LT, Dagum A. A technique for the treatment of neuroma in-continuity. J Reconstr Microsurg. 1992;8(5):379–83. https://doi.org/10.1055/s-2007-1006722.
55. Bowen JB, Ruter D, Wee C, West J, Valerio IL. Targeted muscle reinnervation technique in below-knee amputation. Plast Reconstr Surg. 2019;143(1):309–12. https://doi.org/10.1097/PRS.0000000000005133.
56. Ozyurekoglu T, Breidenbach WC. Chapter 22—Intraoperative nerve recordings in the management of peripheral nerve injuries. In: Slutsky DJ, Hentz VR, editors. Peripheral nerve surgery. Philadelphia: Churchill Livingstone; 2006. p. 357–68.
57. Kline DG, Hackett ER, May PR. Evaluation of nerve injuries by evoked potentials and electromyography. J Neurosurg. 1969;31(2):128–36. https://doi.org/10.3171/jns.1969.31.2.0128.
58. Kline DG, Happel LT. Penfield Lecture. A quarter century's experience with intraoperative nerve action potential recording. Can J Neurol Sci. 1993;20(1):3–10. https://doi.org/10.1017/s0317167100047338.
59. Kline DG, Nulsen FE. The neuroma in continuity. Its preoperative and operative management. Surg Clin North Am. 1972;52(5):1189–209. https://doi.org/10.1016/s0039-6109(16)39836-x.
60. Tiel RL, Happel LT Jr, Kline DG. Nerve action potential recording method and equipment. Neurosurgery. 1996;39(1):103–8; discussion 8–9. https://doi.org/10.1097/00006123-199607000-00019.
61. Williams HB, Terzis JK. Single fascicular recordings: an intraoperative diagnostic tool for the management of peripheral nerve lesions. Plast Reconstr Surg. 1976;57(5):562–9.
62. Oberle JW, Antoniadis G, Rath SA, Richter HP. Value of nerve action potentials in the surgical management of traumatic nerve lesions. Neurosurgery. 1997;41(6):1337–42; discussion 42–4. https://doi.org/10.1097/00006123-199712000-00018.

Surgical Treatment of Neuroma-in-Continuity

15

Daniel Umansky and Rajiv Midha

Introduction

Following the diagnosis of a nerve injury with a symptomatic (pain and/or loss of function) neuroma, non-surgical management strategies including pain management, physical therapy, neurorehabilitation, and psychological support should be instituted. The patient is serially followed for response and neurological improvement. Surgical intervention should be reserved in cases of failure to relieve symptoms which are debilitating to daily activities and when the targeted function of a nerve has been compromised and fails to recover.

Patient counselling prior to surgical decision-making is mandatory and preferentially performed by a multidisciplinary approach involving the surgical team as well as neurologists, physiatrists, physiotherapists, and occupational therapists, along with family members, as to meet realistic goals and patient expectations [1]. That being said, surgical management is expected to occur in approximately three out of four patients who harbor painful neuromas [2, 3]. A recent report found no significant differences between stump neuromas and neuroma-in-continuity (NIC) in both preoperative and intraoperative findings and decision-making [4]. This chapter will focus on the role of neurolysis, neuroma excision, and grafting as well as nerve wrapping and flap utilization for NIC management.

D. Umansky
Department of Neurosurgery, Clinical Neurosciences Center, University of Utah Health, Salt Lake City, UT, USA
e-mail: daniel.umansky@hsc.utah.edu

R. Midha (✉)
Department of Clinical Neurosciences, Calgary Zone, Alberta Health Services, Calgary, AB, Canada

Hotchkiss Brain Institute, Cumming School of Medicine, University of Calgary, Calgary, AB, Canada
e-mail: rajmidha@ucalgary.ca; rajiv.midha@ahs.ca; rajiv.midha@albertahealthservices.ca

General Considerations

Patients with NIC and scarred nerves harbor similar symptoms as stump or end neuromas, although with slight differences of emphasis from the latter. While a patient with a scar-tethered nerve may complain mainly of pain on movement of the long tendons tethered to the nerve, the large swelling of a neuroma-in-continuity of a major nerve (e.g., the median nerve), visualized as virtually subcutaneous at the wrist, often makes pain on direct pressure to the main, or sole, complaint. Neuromas-in-continuity of most nerves, however, usually do not have visible swelling when this nerve is involved at the wrist [5]. In these cases, a past history, which includes nerve injury and sometimes repair, along with some visible nerve swelling seen at operation, is usually the only difference between this condition and scarring neuritis. Elliot et al. in a prospective study of 14 patients demonstrated that in all cases of NIC, external neurolysis was needed to separate the NIC from its surrounding tissue; in several of these cases, nerve fascicles were found to form less than half of the neuroma ball, while the remainder of the swelling was composed of scar tissue, with the authors concluding that a clear differentiation between NIC and scar tethering is difficult to impossible [6]. While there is an abundance of treatment options for end neuromas, there currently exists a relatively poverty of literature regarding targeted NIC treatment.

We prefer the use of general anesthesia without tourniquet utilization, so as to not hinder intraoperative electrophysiology assessment. Surgical principles of exploration from normal to abnormal nerve beginning well both proximally and distally, especially in cases of a previously injured site, are employed [7]. Clinical and electrophysiologic examinations provide guidance as to the completeness of the injury to the nerve fibers, such that sparing of one or more fascicles may produce partial neurological deficits and preserved but diminished nerve action potentials (NAPs) across the injury site [8]. This must be stressed during preoperative planning and during the operative

K. R. Eberlin et al. (eds.), *Contemporary Neuroma Management*, https://doi.org/10.1007/978-3-031-59758-9_15

course. This key point is further exemplified by the importance of intraoperative NAPs investigation and whether or not deficit distal to the NIC is complete or incomplete via the above modalities. Seminal work by Kline and colleagues [9, 10] introducing and validating NAPs utilization recommended external neurolysis in nerve lesions in continuity with a reproducible NAP (these being likely axonotmetic lesions with a good prognosis), whereas nerve lesions in continuity without a recordable NAP (more likely neurotmetic) should be resected and repaired. Furthermore, epineurial or interfascicular scar can prevent axonal regrowth, and once it is removed (fascicles remain intact), internal anatomy will usually permit regrowth. That being said, fascicular continuity does not always promise a useful recovery; such is the case with some stretch injury mechanisms, one of the most common injury patterns, where intrafascicular anatomy is completely disorganized and useful regeneration will not occur [11]. This dogma is still popular; however, the case where the nerves' spontaneous functional recovery is hindered by scar tissues in different peripheral nerve compartments was challenged by Milessi et al. [12, 13], who recommended epineurotomy, epineurectomy, and internal neurolysis as a standard approach to the operative management of a NIC. Adjunct use of neuropathological laboratory histological sectioning can assist intraoperatively when cases are equivocal, when the NIC is evaluated intraoperatively, and when there is a decision to allow functional fascicles to persist while selectively excising the non-functional section is performed. Once neurolysis has been completed, use of Tisseel™ (Baxter, Westlake Village, CA) fibrin glue can provide a temporary barrier between the epineurium and the surgical bed for differing scar formation on the nerve [14].

Neurolysis

Two types of neurolysis are generally considered: external and internal. The decision to undertake either will depend on preoperative motor grading and nerve conduction studies (NCS), along with presence or absence of intraoperative NAPs. If NAPs are present, these provide evidence of early axon regeneration through an injury [9], and simple external neurolysis is usually satisfactory [15]. In cases of partial nerve lesions or when the NIC is present but sub-served by partial nerve continuity and split nerve repair is deemed appropriate management, internal neurolysis should be employed. Some instance of severe neuritic pain may be offered internal neurolysis of a NIC lesion, but outcomes are variable [16] and further depend on the time from injury [10]. In cases were no NAPs on nerve stimulation are present, the neuroma should be resected and either primarily repaired or grafted, as detailed later.

Whether neurolysis assists in continued regeneration or hastens recovery or whether recovery will occur regardless of adhesions and scar tissue has been a matter of debate for over half a century [9, 15, 17]. This relies on the interplay between the percentage of a neurpraxic block or axonotmetic change element, which can allow good recovery and regrowth or rather—albeit being in continuity—are predominantly or totally neuretmetic, thus not permitting functional regeneration [10]. NAPs presence supports axons of sufficient number, caliber (moderate or large in diameter), and maturity providing reassurance of useful functional recovery of at least the partial cross section of the nerve—favoring a return of useful function [18]. However, their absence portends that recovery will not take place without resection and repair. Final surgical decision-making, therefore, would eventually be done intraoperatively (Figs. 15.1 and 15.2) following a detailed preoperative conversation with the patient explaining the possible approaches.

External neurolysis involves dissecting the nerve free from its surrounding tissue, including scar tissue, and thus exposing the entire circumference of the nerve [7]. Dissection from normal nerve to abnormal NIC tissue is adhered to as a general principal. Scar tissue around the nerve and thickened epineurium should be resected, thus allowing nerve segment mobilization with minimal blood supply compromise. Whether external neurolysis provides beneficial functional gain beyond a more established neuritic pain gain is still debatable [10, 19]. Adequate external neurolysis will permit utilization and optimal placement of intraoperative stimulation and recording electrodes under direct vision and onto clear nerve tissue. Initially these are placed well distal and proximal to the lesion, with slow advancement toward the lesion site. Finally, patients with NIC in proximal-predominant sensorimotor nerves, at points of anatomical entrapment, can have successful outcomes [20]. Yet, whether this outcome improvement is due to external neurolysis per se or actually by nerve transposition, diminishing the subsequent trauma and pain perception, is debatable.

Internal neurolysis was originally proposed to be performed and localized by saline injection underneath the epineurium as localizing the boundaries of intraneural scaring [17]. Internal neurolysis has been categorically criticized to cause intraneural fibrosis and nerve fiber damage when compared with simple decompression alone [21]. Some have described internal neurolysis as by definition implying a significant trauma to the nerve, thus inducing microvascular damage and new intraneural scar formation [22], while oth-

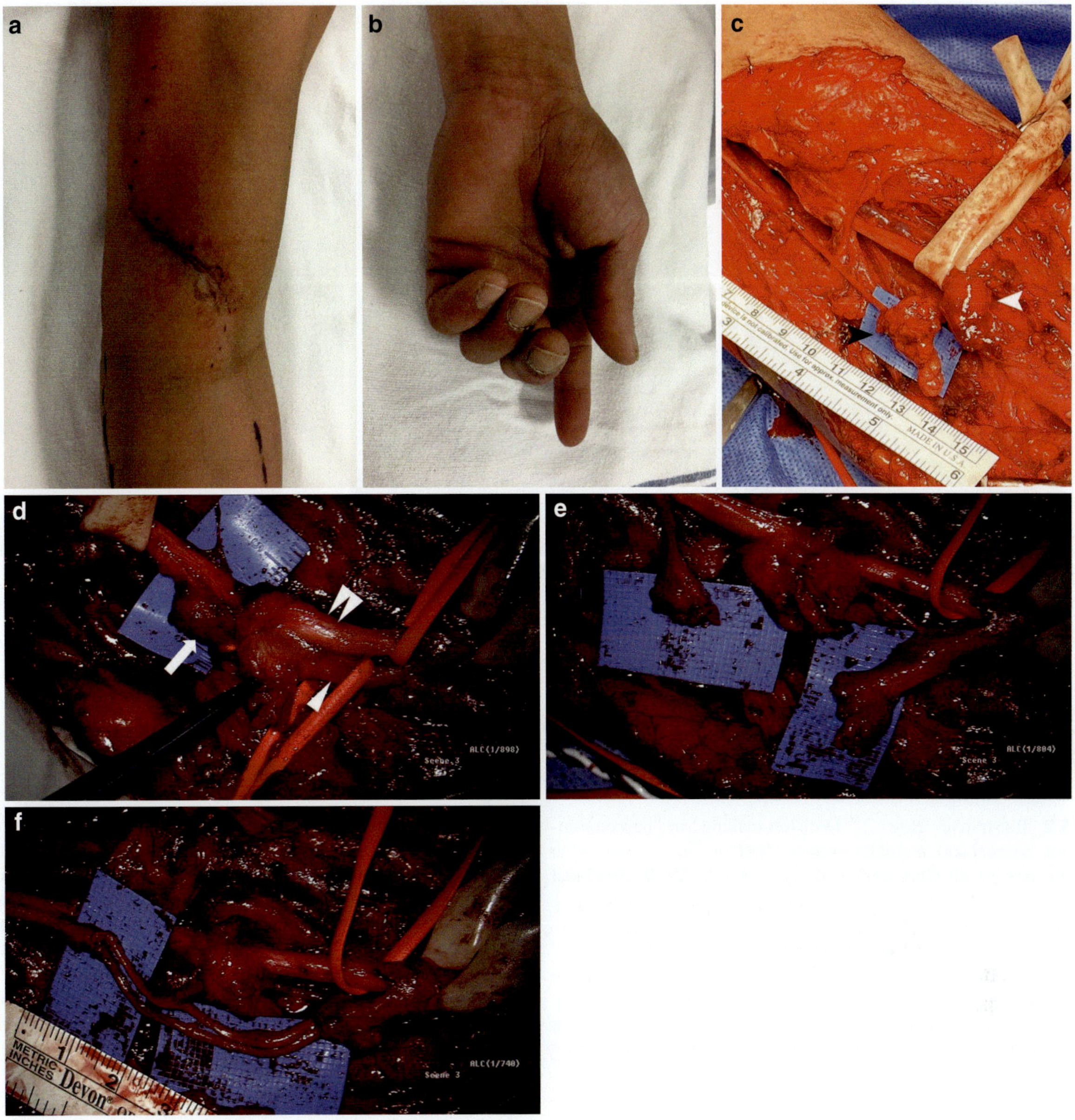

Fig. 15.1 Illustrative case 1. Decision-making in neuroma-in-continuity and end stump neuroma using nerve grafting. With permission from: Umansky D, Midha R. Peripheral Nerve Injury. In: Steinmetz MP, Berven SH, Benzel Edward C, editors. Steinmetz Benzel Pathophysiology of Spinal Disorders. 5th ed. [51]

This illustrative case demonstrates decision-making in neuroma-in-continuity and end stump neuroma management using nerve grafting. A healthy 42-year-old male sustained a laceration from a blunt instrument to his left medial upper arm and was subsequently seen in the emergency room, where his laceration was sutured. Immediately following the injury, he noticed inability to flex the thumb and the index finger. When seen 2 months after injury in our specialized nerve clinic, he reported no improvement since time of injury and also severe scar as well as regional pain with numbness and dysesthesia in medial forearm. Physical examination revealed (**a** and **b**) a 7 cm healed laceration proximal to the antecubital fossa; thumb interphalangeal joint extended; and index finger distal interphalangeal joint extended. Motor examination disclosed no flexor pollicis longus (FPL) and index flexor digitorum profundus (FDP) function, absent wrist flexion (flexor carpi radialis (FCR), and weak pronation (MRC grade 4). Decreased sensation and allodynia were noted in the medial forearm, while palpation over the scar resulted in significant painful electrical sensation evoked distally into forearm. Electromyography showed denervation in both FPL and pronator teres but preserved sensory potential in median nerve, consistent with a proximal but partial median nerve insult. Sensory nerve action potentials demonstrated absent medial antebrachial cutaneous nerve (MACN) responses. The patient underwent exploration of median and MACN nerves (**c**), where a MACN stump neuroma was identified (*black arrow head*) along with a neuroma in continuity (NIC) along the median nerve (*white arrow head*). The NIC along the median nerve had about 50% of the lateral fibers intact and continuous, supported by electrophysiology stimulation and recording from hand muscles (**d** *arrow*, median nerve NIC; *single arrow head*, medial fibers; *double arrow heads*, lateral fibers). No conduction was evident stimulating the medial part of the neuroma throughout the surgery, and the intervening NIC was excised (**e**). In addition, the stump neuroma of the MACN previously tethered to subcutaneous layer was excised, the MACN proximal to neuroma mobilized, and the nerve was sharply transected well proximally, with its cephalad aspect allowed to retract back deep to fascia in the upper arm. From the excised MACN, two 4 cm nerve graft segments (whose combined cross-sectional area provided good coverage of the median nerve stumps) were fashioned and interposed to overcome the 3 cm gap length in the partial median nerve injury, and tension-free nerve coaptation was performed using microsuture and reinforced with fibrin glue (**f**)

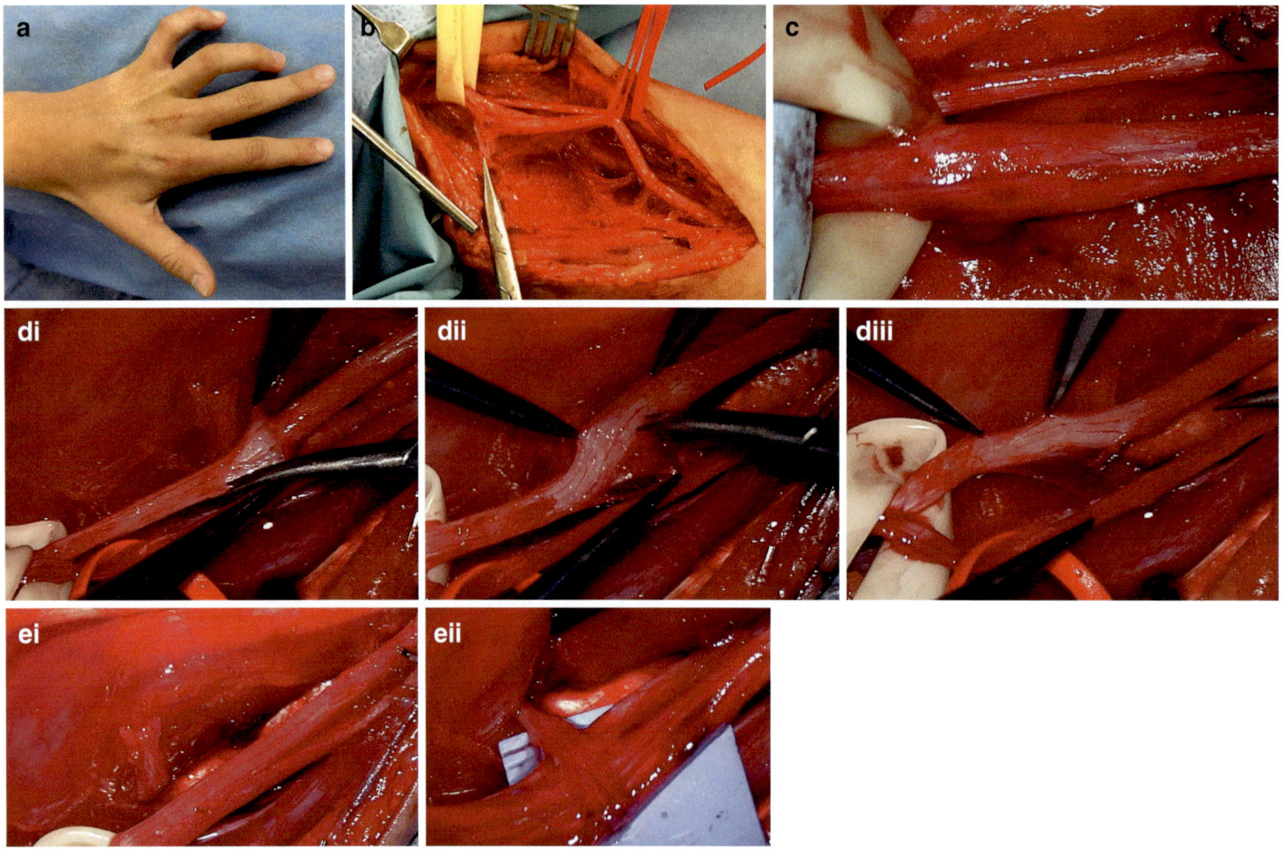

Fig. 15.2 Illustrative case 2. Decision-making in neuroma-in-continuity, external and internal neurolysis, NAP utilization, and end to side nerve transfer. Modified with permission from Midha R, Grochmal J. Surgery for nerve injury: current and future perspectives. J Neurosurg. 2019 Mar;130(3):675–85 [41]

A young woman sustained a blunt contusion to the medial arm several months prior, with a resulting clinically complete ulnar nerve injury, with atrophy of interossei and claw hand posture (**a**). Intraoperative photographs demonstrate external neurolysis (**b**) to reveal a focal neuroma in continuity (**c**). Internal neurolysis, using microsurgical techniques and operative microscopic magnification, with epineurotomy (**di**), and intraneural dissection (**dii**) revealed fascicular continuity (**diii**). Electrical stimulation produced a small NAP across the lesion and EMG-discerned, but not clinically apparent, forearm muscle contraction. Given the presence of likely spontaneous regeneration from the original injury, an end to side transfer was performed from the end of the motor pronator quadratus fascicle of the anterior interosseous nerve (**ei**) to the side of the motor fascicle of the ulnar nerve in the distal forearm (**eii**), in an attempt to augment functional recovery

ers concluded that internal neurolysis would not produce any significant long-lasting morphological or physiological alterations in a peripheral nerve [23]. However, these works, mostly performed on small animal models, were challenged later by Mackinnon and Dellon in a primate median nerve compression model, demonstrating no difference between simple decompression and internal neurolysis (complete interfascicular epineurectomy), stressing morphological abnormalities will not necessarily correspond to clinical correlation. Still, it is important to consider these latter studies were not performed on NIC per se, but rather on healthy or compressed nerves. We support Nordborg and colleagues' [22] early notion that internal neurolysis, if performed, is justified when the preoperative intraneural fibrosis is more severe than possibly induced scarring outcome of the surgical procedure itself (Fig. 15.3). If intraoperative decision to perform internal neurolysis is chosen, it should begin proximal to the region of compression at the epineurial level and include epineurotomy and free dissection of the targeted nerve into its fascicular groups while avoiding perineurial damage and achieving interfascicular epineurectomy in a stepwise fashion [21, 24] (Fig. 15.2).

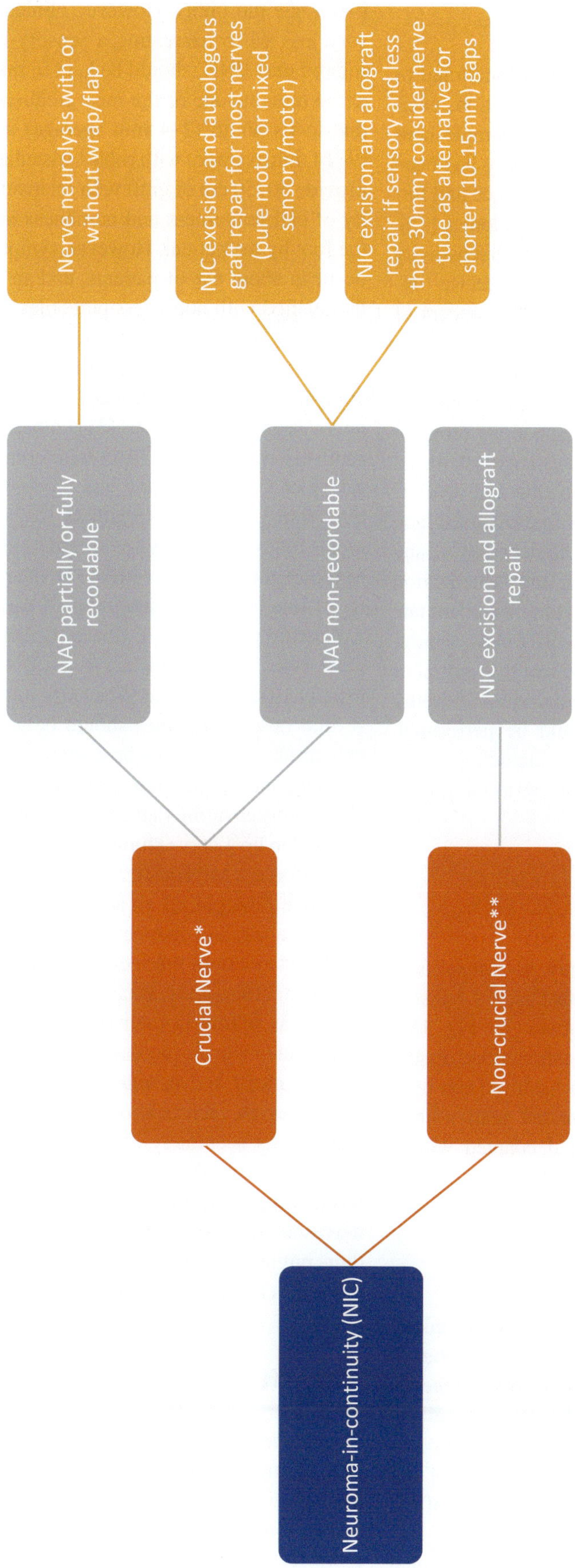

*Crucial nerve- a nerve whose function restoration will provide meaningful motor and or critical sensory outcome
**Non-crucial nerve- a small caliber nerve whose resection will not hamper or degrade important motor and or sensory function

Fig. 15.3 Intraoperative NIC decision-making algorithm

Excision and Grafting

Once a neuroma-in-continuity is deemed non-functional or non-conducting via intraoperative electrostimulation, excision and nerve reconstruction are performed. Simple neuroma excision without providing nerve continuity has been shown to be associated with high rates of recurrence and further surgical procedures due to unacceptable outcomes [25]. Furthermore, central mechanism for nerve hypersensitivity will become apparent. This pain centralization precise timing and impact are not known, but the accepted concept of long-standing neuropathic pain, related to neuroma, is more challenging to treat and has worse outcomes than earlier treatment [3]. Currently, somatosensory cortex reorganization following injury and neuroma formation along progressive ongoing cortical reorganization and plasticity is believed to play a key role [3, 26] in both neuropathic and deafferented pain [27]. The center of the NIC is first removed, and then proximal and distal stumps should be debrided of any microscopic apparent scarring or fibrosis, and visualization of clear fascicular structures is identified along with punctate bleeding [14]. Nerve grafting in NIC will follow similar principles used for nerve repair. Given the fact that partial or complete excision of a NIC will create a non-continuity bridging gap, a tension-free repair should be performed. Several nowadays obsolete procedures including nerve stretching, bone shortening, and extremity positioning have been used in the past [28].

Split Repair

Following neurolysis, if deemed necessary, with identification of both damaged and non-damaged fascicles, a decision to perform a split repair may be appropriate (see Fig. 15.1 illustrative case example). Using magnification-aided dissection of fascicles and NAPs to determine healthy from non-healthy fascicles, the latter can be resected until normal fascicular architecture is appreciated and coapted with a graft using an interfascicular technique [29].

Autograft

Nerve autografting has remained the gold standard technique for nerve gaps over 3 cm that require bridging. Autologous donors include the lateral and medial antebrachial cutaneous nerves and the sural nerve in upper and lower extremities, respectively. Additional possible grafts include the superficial sensory radial nerve, dorsal cutaneous branch of the ulnar nerve, and the lateral femoral cutaneous nerve of the thigh, keeping in mind the preferential benefit of using a harvested graft from the same operated limb reducing additional donor site morbidity. However, clinically unacceptable sensory loss when harvesting a sensory nerve adjacent to the injured nerve/NIC should be kept in mind. Overall, the sural nerve remains one of the most frequently used graft donors due to its width (2–4 mm average) and multiple fascicles (9–14 mm average) with robust vascular supply. Thus, it may provide 30–50 cm of graft with relatively acceptable morbidity of calf tenderness and numbness in the lateral aspect of the foot by the patient. However, symptomatic neuromas can occur in about 6% of patients, and an additional 9% can be dissatisfied with numbness outcomes [30]. In a recent retrospective work by Wilson and Sakamuri, allograft nerve repair of sural nerves significantly reduced neuropathic pain to 4% compared to 28% in standard sural nerve biopsy (3–5 cm nerve segments) patients [31], albeit being a higher than routinely reported pain. A current clinical trial assessing the safety of a biodegradable and biocompatible polycaprolactone fumarate (PCLF) scaffold for 6 cm sural nerve gap repair following biopsy is currently recruiting patients in the Mayo Clinic, Rochester MN [32], the results of which might be of interest to this subgroup of patients as well as graft harvesting patients. Still, these methods are not feasible in most cases where sural nerve grafts that are harvested are usually 10 cm or longer. When size mismatching is apparent, several fascicular cables should be used and bridged using epineurial sutures in the host stump with interfascicular epineurium and perineurium sutures of the isolated grafted fascicles, thus ensuring that a greater surface area of the graft is coapted to host nerve stumps. Fibrin glue might then be used to reinforce a tension-free coaptation. Finally, the repaired site should be placed on a well-vascularized bed as to promote healing and reduce scarring. Smaller cross-sectional grafts relatively to the recipient nerve have been associated with better outcomes, as larger diameter grafts have compromised vascularity in their core leading to possible necrosis and greater scar formation [28]. The harvested graft should be kept moist and its interfascicular alignment verified. In distal nerves, sensory or motor components should be matched as accurately as possible. Graft length should be 10–20% longer than the repaired gap, providing room for retraction and shrinkage. When short gaps in small caliber nerves are reconstructed (such as digital nerve injuries), conduits might be used as they have been shown to provide similar results to autografts 10–12 mm in size [33, 34].

Allograft

Several reports on functional outcomes using nerve allografts in both stump neuromas and NIC have been popularized in the past decade, especially in cases of less-critical nerve gap (sensory nerve) cases. Both cadaveric donor allografts and more recent decellularized allografts are in use. Cadaveric donors' allografts provide guidance and viable donor Schwann cells for the regenerating host axons. As such, their immunogenicity requires immunosuppressive therapies to prevent donor nerve blood-nerve barrier breakdown, graft revascularization along with immune cell infiltration, and ultimately graft rejection [28]. This immunogenicity has however been shown, experimentally, to decrease over time as the process of Schwann cell exchange from donor to host proceeds [35, 36]. Certain graft rejection strategies can be utilized including major histocompatibility complex (MHC I and II) matching, nerve allograft preparation using cryopreservation, and more recent interest and popularized technique using immunosuppression by FK-506 (tacrolimus, a calcineurin inhibitor, ultimately inhibiting T cell proliferation activation) [37, 38]. Decellularized allografts in contradiction to cadaveric donor allografts do not require immunosuppression as they do not harbor foreign Schwann cells but rather act as a scaffold provided by the extracellular matrix for axon regeneration. Recent reports support the scaffold role in utilization of the decellularized allograft (i.e., Avance® AxoGen Inc., Alachua FL) along rapid revascularization and nerve end growth into the allograft, directing axonal growth and resolving donor site morbidity [33, 39, 40]. However, their utilization for gaps exceeding 3 cm as well as larger diameter especially mixed sensory and motor nerves of upper and especially lower extremity has been negatively correlated with reported outcomes [4, 28]. Indeed the outcomes (especially motor) from allograft use in mixed large caliber nerve for acute or early nerve repair with allografts (see Leckenby et al., Table 1 [4]) compare unfavorably to those from large series with cases of nerve injuries, many of which are chronic NIC cases repaired with nerve [16]. In a recent retrospective work by Sakamuri and Wilson [31], allograft nerve repair of sural nerves significantly reduced neuropathic pain to 4% compared to 28% in standard sural nerve biopsy (3–5 cm nerve segments) patients. While higher than routinely encountered pain was reported in this work in the control cohort, the use of acellular allografts offers potential for reducing pain following their use in sensory nerve reconstruction.

Augmented Nerve Transfer

A caveat to the above NIC excision and grafting exists in certain cases of the injured nerve element when both complete and partial neuroma resection decision-making is needed along with consideration of possible better functional outcome with a distal nerve transfer. An example is the relatively common axillary nerve injury following shoulder dislocation with pathology typically starting at the level of the posterior cord in the axilla at the emergence of the axillary nerve and then for variable distance into the quadrangular space as the nerve traverses from anterior to a posterior location before entering into the deltoid muscle. Many of these injuries do recover spontaneously. For the ones that do not, the traditional management has been to explore the nerve with usually resection of the intervening neuroma and long graft repairs. The outcomes from such repairs are relatively good for deltoid recovery. Yet many of these injuries are now being repaired surgically with the seemingly simpler technique of doing a posterior exploration of the axillary nerve and then transferring one of the triceps branches to one of the divisions of the axillary nerve. This transfer has a highly reliable recovery of function, but one could argue that this is not better than and perhaps not even as good as the traditional reconstructive approach [41]. Perhaps more germane is the utilization of augmented nerve transfer techniques for both complete nerve transection and NIC pathologies in cases of proximal ulnar and radial nerves [42] (Fig. 15.2) which can possibly allow better outcome when distal preserved fascicular transfers are used [41].

Nerve Wrap and Flaps

Decision-making for NIC centers around non-functional, partially functional/conducting, and non-functional/conducting neuromas. As such, treatment modalities should concentrate on the extent of neurolysis and possible nerve grafting using autografts or allografts as described previously. The role for nerve wrapping and utilization of flaps is thus significantly different than, for instance, resection of stump or end neuroma, which is discussed in other chapters of this book and of less relevance in surgical NIC management. Furthermore, current literature consists of mostly case series which suggests that effectiveness of these procedures is unpredictable and the success rates of surgeries lower than ideal with often no further management options left if they fail [5]. Nonetheless, we have chosen to elaborate and review current approach and possible utilization of these two modalities, which in essence are mainly adjuncts to nerve reconstruction and not a substitute.

Most of these approaches have originated from plastic surgeons, generally favoring local pedicled, or free, microvascular transferred, muscle, or adipofascial, flaps as wraps. This utilization originated in treating intractable pain over the brachial plexus with free omental flaps. Other approaches include long autograft and allograft veins, which can be sutured around the nerve being repaired [12, 43–45]. It is important to note that these papers are anecdotal case series, without controlled or true comparison reporting. Free, distant fat grafting, which was popularized in the 1990s, was later mostly abandoned additionally due to unsatisfying end results to patients to using directly vascularized or underlying fascia fat from around surgical site allowing shorter operation time, localized morbidity, and reduced total scarring and bulk of reconstruction [6]. Yamamoto et al. reported a case of recurrent carpal tunnel syndrome with a severe NIC treated with an anterolateral thigh flap with a vascularized lateral femoral cutaneous nerve for a 2 cm median nerve gap repair with good motor, sensory, and pain outcomes [46]. Local muscle flaps used [47] tend to be small to cover lengths of most major nerves and have also not seen ample popularity. The Becker and Gilbert fasciocutaneous flap has shown popularity and utilized technique for NIC of the median nerve at the wrist as well as significant distal forearm and wrist defect reconstruction [48]. These NICs are usually localized in position and length allowing them to be completely wrapped. Dorsal fascial feeding branches of the ulnar artery at the wrist can be rotated across the wrist flexor aspect as to position the flap over the NIC in a transverse orientation, thus completely covering it and isolating it from adjacent finger flexor tendons [5]. Current ongoing experimental research in synthetic collagen-based wraps (NeuraWrap (Integra LifeSciences, Plainsboro, NJ)) used for clinical chronic scarring and acute injury barriers [49] might provide future additional adjunctive treatment options [50] for NIC.

Conclusion

NIC surgical treatment is reserved for patients once non-operative modalities and patient education have been exhausted and discussed by a multidisciplinary team. External neurolysis remains the preferred modality if the NIC is functional while resection and grafting using autologous nerve grafts remain the mainstay for non-functional cases (Figs. 15.2 and 15.3). The use of nerve conduits and allografts is mostly reserved for repair of gaps in small diameter sensory nerves, while ongoing studies are investigating broader indications. In cases of very proximal nerve injuries to radial and ulnar nerves along with appropriate graft repair, distal transfers have emerged as suitable options in select cases to improve outcomes. The use of flaps and nerve wraps is an adjunct to consider in rare cases to prevent recurrent scarring.

References

1. Umansky D, Midha R. Commentary: the presence and persistence of unrealistic expectations in patients undergoing nerve surgery. Neurosurgery. 2020;86(6):E522–3.
2. Poppler LH, Parikh RP, Bichanich MJ, Rebehn K, Bettlach CR, Mackinnon SE, et al. Surgical interventions for the treatment of painful neuroma: a comparative meta-analysis. Pain. 2018;159(2):214–23.
3. Eberlin KR, Ducic I. Surgical algorithm for neuroma management: a changing treatment paradigm. Plast Reconstr Surg Glob Open. 2018;6(10):1–8.
4. Leckenby JI, Furrer C, Haug L, Juon Personeni B, Vögelin E. A retrospective case series reporting the outcomes of avance nerve allografts in the treatment of peripheral nerve injuries. Plast Reconstr Surg. 2020;145:368e–81e.
5. Elliot D. Surgical management of painful peripheral nerves. Clin Plast Surg [Internet]. 2014;41(3):589–613. https://doi.org/10.1016/j.cps.2014.03.004.
6. Elliot D, Lloyd M, Hazari A, Sauerland S, Anand P. Relief of the pain of neuromas-in-continuity and scarred median and ulnar nerves in the distal forearm and wrist by neurolysis, wrapping in vascularized forearm fascial flaps and adjunctive procedures. J Hand Surg Eur. 2010;35(7):575–82.
7. Kline DG. Surgical repair of peripheral nerve injury. Muscle Nerve. 1990;13(9):843–52.
8. Tiel RL, Happel LT, Kline DG. Nerve action potential recording method and equipment. Neurosurgery. 1996;39(1):103–9.
9. Kline DG, Hackett ER, May PR. Evaluation of nerve injuries by evoked potentials and electromyography. J Neurosurg. 1969;31(2):128–36.
10. Kline DG, Happel LT. Penfield lecture. A Quarter century's experience with intra-operative nerve action potential recording. Can J Neurol Sci. 1993;20:3–10.
11. Oberle JW, Antoniadis G, Rath SA, Richter HP. Value of nerve action potentials in the surgical management of traumatic nerve lesions. Neurosurgery. 1997;41(6):1337–44.
12. Millesi H, Zöch G, Rath T. The gliding apparatus of peripheral nerve and its clinical significance. Ann Chir la main du Memb Super organe Off des Soc Chir la main Ann hand Up limb Surg. 1990;9(2):87–97.
13. Millesi H. Nerve grafting. Clin Plast Surg. 1984;11(1):105–13.
14. Challoner T, Nijran A, Power D. The surgical management of traumatic neuromas. J Musculoskelet Surg Res. 2019;3(1):22.
15. Awasthi D, Alan H, Kline D. Chapter 3: Treatment strategies for the patient suffering from peripheral nerve injury. In: Benzel EC, editor. Practical approaches to peripheral nerve surgery. American Association of Neurological Surgeons; 1992. p. 25–47.
16. Kim D, Midha R, Murovic J, Spinner R. Kline and Hudson: nerve injuries. 2nd ed. Philadelphia: Elsevier; 2008.
17. Brown BA. Internal neurolysis in traumatic peripheral nerve lesions in continuity. Surg Clin North Am [Internet]. 1972;52(5):1167–75. https://doi.org/10.1016/S0039-6109(16)39834-6.
18. Kline DG, Nulsen FE. The neuroma in continuity. Its preoperative and operative management. Surg Clin North Am [Internet]. 1972;52(5):1189–209. https://doi.org/10.1016/S0039-6109(16)39836-X.
19. Mackinnon SDAL. Surgery of the peripheral nerve diagnosis of nerve injury. New York: Thieme; 1988. p. 74–8.
20. Burchiel K, Johans T, Ochoa J. The surgical treatment of painful traumatic neuromas. J Neurosurg. 1993;78:714–9.
21. Mackinnon SE, Lee DA. Evaluation of microsurgical internal neurolysis in a primate median nerve model of chronic nerve compression. J Hand Surg Am [Internet]. 1988;13(3):345–51. https://doi.org/10.1016/S0363-5023(88)80006-6.
22. Rydevik B, Lundborg G, Nordborg C. Intraneural tissue reactions induced by internal neurolysis: an experimental study on the blood-nerve barrier, connective tissues and nerve fibres of rabbit tibial nerve. Scand J Plast Reconstr Surg Hand Surg. 1976;10(1):3–8.
23. Gentili F, Hudson A, Kline D, Hunter D. Morphological and physiological alterations following internal neurolysis of normal rat sciatic nerve. In: Gorio A, Millesi H, Mingrino S, editors. Posttraumatic peripheral nerve regeneration: experimental basis and clinical implications. Raven Press; 1981. p. 183–96.
24. Spencer PS, Weinberg HJ, Raine CS, Prineas JW. The perineurial window—a new model of focal demyelination and remyelination. Brain Res. 1975;96(2):323–9.

25. Guse DM, Moran SL. Outcomes of the surgical treatment of peripheral neuromas of the hand and forearm: a 25-year comparative outcome study. Ann Plast Surg. 2013;71(6):654–8.
26. Simões EL, Bramati I, Rodrigues E, Franzoi A, Moll J, Lent R, et al. Functional expansion of sensorimotor representation and structural reorganization of callosal connections in lower limb amputees. J Neurosci. 2012;32(9):3211–20.
27. Socolovsky M, Malessy M, Lopez D, Guedes F, Flores L. Current concepts in plasticity and nerve transfers: relationship between surgical techniques and outcomes. Neurosurg Focus [Internet]. 2017;42(3):E13. https://doi.org/10.3171/2016.12.FOCUS16431.
28. Ramachandran S, Midha R. Surgical repair of nerve lesions: neurolysis and neurorrhaphy with grafts or tubes. In: Socolovsky M, Rasulic L, Midha RGD, editors. Manual of peripheral nerve surgery. Thieme; 2018. p. 74–83.
29. Spinner RJ, Kline DG. Surgery for peripheral nerve and brachial plexus injuries or other nerve lesions. Muscle Nerve. 2000;23(5):680–95.
30. Ortigüela ME, Wood MB, Cahill DR. Anatomy of the sural nerve complex. J Hand Surg Am. 1987;12(6):1119–23.
31. Sakamuri S, Wilson TJ. Allograft nerve repair reduces postoperative neuropathic pain following nerve biopsy. Neurosurgery. 2020;87:E638.
32. Wang H, Spinner RJ. Commentary: allograft nerve repair reduces postoperative neuropathic pain following nerve biopsy. Neurosurgery [Internet]. 2020;87(6):E646–7. https://doi.org/10.1093/neuros/nyaa287.
33. Whitlock EL, Tuffaha SH, Luciano JP, Yan Y, Hunter DA, Magill CK, et al. Processed allografts and type I collagen conduits for repair of peripheral nerve gaps. Muscle Nerve. 2009;39(6):787–99.
34. Waitayawinyu T, Parisi DM, Miller B, Luria S, Morton HJ, Chin SH, et al. A comparison of polyglycolic acid versus type 1 collagen bioabsorbable nerve conduits in a rat model: an alternative to autografting. J Hand Surg Am. 2007;32(10):1521–9.
35. Midha R, Mackinnon SE, Evans PJ, Best TJ, Hare GM, Hunter DA, et al. Comparison of regeneration across nerve allografts with temporary or continuous cyclosporin A immunosuppression. J Neurosurg. 1993;78(1):90–100.
36. Midha R, Mackinnon SE, Becker LE. The fate of Schwann cells in peripheral nerve allografts. J Neuropathol Exp Neurol. 1994;53(3):316–22.
37. Moore AM, Ray WZ, Chenard KE, Tung T, Mackinnon SE. Nerve allotransplantation as it pertains to composite tissue transplantation. Hand. 2009;4(3):239–44.
38. Brushart TM. Nerve repair. New York: Oxford University Press; 2011. p. 196–249.
39. Brooks DN, Weber RV, Chao JD, Rinker BD, Zoldos J, Robichaux MR, et al. Processed nerve allografts for peripheral nerve reconstruction: a multicenter study of utilization and outcomes in sensory, mixed, and motor nerve reconstructions. Microsurgery. 2012;32(1):1–14.
40. Moore AM, MacEwan M, Santosa KB, Chenard KE, Ray WZ, Hunter DA, et al. Acellular nerve allografts in peripheral nerve regeneration: a comparative study. Muscle Nerve. 2011;44(2):221–34.
41. Midha R, Grochmal J. Surgery for nerve injury: current and future perspectives. J Neurosurg. 2019;130(3):675–85.
42. Bertelli JA, Ghizoni MF. Results of nerve grafting in radial nerve injuries occurring proximal to the humerus, including those within the posterior cord. J Neurosurg. 2016;124(1):179–85.
43. Jones NF. Treatment of chronic pain by "wrapping" intact nerves with pedicle and free flaps. Hand Clin [Internet]. 1996;12(4):765–72. http://europepmc.org/abstract/MED/8953295
44. Masear VR, Colgin S. The treatment of epineural scarring with allograft vein wrapping. Hand Clin. 1996;12(4):773–9.
45. Brunelli G, Brunelli F. Surgical treatment of actinic brachial plexus lesions: free microvascular transfer of the greater omentum. J Reconstr Microsurg. 1985;1(3):197–200.
46. Yamamoto T, Narushima M, Yoshimatsu H, Yamamoto N, Mihara M, I K. Free anterolateral thigh flap with vascularized lateral femoral cutaneous nerve for the treatment of neuroma-in-continuity and recurrent carpal tunnel syndrome after carpal tunnel release. Microsurgery. 2014;34:145–8.
47. Botte MJ, von Schroeder HP, Abrams RA, Gellman H. Recurrent carpal tunnel syndrome. Hand Clin. 1996;12(4):731–43.
48. Becker C, Gilbert A. The cubital flap. Ann Chir la main organe Off des Soc Chir la main. 1988;7(2):136–42.
49. Stocco E, Barbon S, Macchi V, Tiengo C, Petrelli L, Rambaldo A, et al. New bioresorbable wraps based on oxidized polyvinyl alcohol and leukocyte-fibrin-platelet membrane to support peripheral nerve neurorrhaphy: preclinical comparison versus NeuraWrap. Sci Rep [Internet]. 2019;9(1):1–13. https://doi.org/10.1038/s41598-019-53812-z.
50. Dy CJ, Benjamin A, Brogan DM. Barriers to epineural scarring: role in treatment of traumatic nerve injury and chronic compressive neuropathy. J Hand Surg Am. 2018;43(4):360–7.
51. Umansky D, Midha R. Peripheral nerve injury. In: Steinmetz MP, Berven SH, Benzel Edward C, editors. Steinmetz benzel pathophysiology of spinal disorders. 5th ed. Elsevier; 2021.

16 Intramuscular, Intraosseous, and Intravenous Implantation of Nerve in Treatment of Painful Peripheral Neuroma

J. Henk Coert and A. Lee Dellon

Introduction

For it would be better to die once and for all, than to suffer pain for all one's life.—Aeschylus, *Prometheus Bound*, 480 BC

It is easier to find men who will volunteer to die, than to find those who are willing to endure pain with patience.—Julius Caesar, 50 BC

War, the greatest single agent responsible for amputation, invariably stimulates interest in and a study of the problem of painful amputation neuroma. The various hypotheses advanced to account for the pain which occurs in a small percentage of these neuromas include: Inflammation and ascending neuritis; strangulation of the neuraxes in contracting scar, and repeated trauma. Treatment has been unsatisfactory; hence attention has been directed toward prevention of the neuroma or at least a minimization of its size and vulnerability. That such efforts have not been entirely successful is shown by the legion of suggested approaches to the problem.

Probably the oldest preventive method, one still commonly recommended, consists of pulling down the nerve as far as it will conveniently stretch, cutting it with a sharp scalpel and allowing the proximal end to retract into the areolar tissue well above the end of the stump. Bardenheuer (1908) modified this method by turning the cut end of the nerve back and implanting it beneath the sheath of the same nerve higher up, forming a loop. Kruger (1916), merely crushed the nerve in forceps. Sicard (1916) felt that sensory fibers only would be destroyed by 6o per cent alcohol and recommended its use. Chapple (1917) turned back an epineurial cuff several millimeters in width, cut off the neuraxes and pulled down the cuff, tying it below the cut ends. Moscowicz (19I8), inserted the end of the nerve into muscle. Corner (19I8), excised an inverted wedge to form a 'swinging door flap,' the edges of which were sutured together. Hedri (1920), used the cautery to seal the end of the nerve and prevent the irritating effect of secretions from the wound. Huber and Lewis (1920) tied off the nerve and injected about one cubic centimeter of Absolute alcohol from one to three centimeters above the site of the ligature ... Lawen (I925), used refrigeration. Foerster (1927), injected 5 per cent formalin into the central stump. Beswerschenko (1929), recommended Federoff's method of phenolization of the end of the nerve and the injection of liquid phenol into the stump above the cut end. Lexer (1931), tried electrocoagulation.—Edwin Boldrey, MD, University of California Medical School, San Francisco—Read before American Academy of Neurological Surgery, Chicago, Ill., October, 1942.

The search for a way to treat a painful nerve injury surely must go back to pre-recorded history. In the sixteenth century, pre-occupation with wound healing was written about, but surely the associated pain had to be part of the concern (Fig. 16.1). Silas Weir Mitchell, MD, a neurologist, who treated pain during the American Civil War, established his own hospital in Philadelphia for this pursuit and wrote eloquently of his patients' suffering, coining the phrase "causalgia." [1–3] The quote above, from Edwin Boldrey [4], during the Second World War, recounts the attempts during the preceding 80 years to treat a painful neuroma. Clifford Snyder, MD, then Professor of Plastic Surgery at the University of Utah, wrote more than 150 techniques described to treat or prevent a painful neuroma [5]. The publication of this book on *Contemporary Neuroma Management*, in 2024, is a testament that we are still searching for answers to this pain problem. In this chapter, we will review what has become *the now gold standard or "traditional" method of preventing neuroma formation, implanting or transposing the proximal end of a nerve into a muscle after the neuroma resection* [6]. Also in this chapter we will review the attempts to prevent neuroma formation by implanting the proximal end of the nerve into a bone or into a vein. These techniques stand in contrast to the newer approaches of targeted muscle reinnervation (TMR) and creating a regenerative peripheral nerve interface (RPNI), techniques that are covered extensively in other chapters within this book, techniques originally developed to control a neuroprosthesis. For TMR procedures more extensive dissection is commonly needed risking scarring, adhesions, and new neuropathic areas.

J. H. Coert
Department of Plastic Surgery, Utrecht University, Utrecht, Netherlands

A. L. Dellon (✉)
Department of Plastic Surgery, Johns Hopkins University, Baltimore, MD, USA

Department of Neurosurgery, Johns Hopkins University, Baltimore, MD, USA
e-mail: aldellon@dellon.com

K. R. Eberlin et al. (eds.), *Contemporary Neuroma Management*, https://doi.org/10.1007/978-3-031-59758-9_16

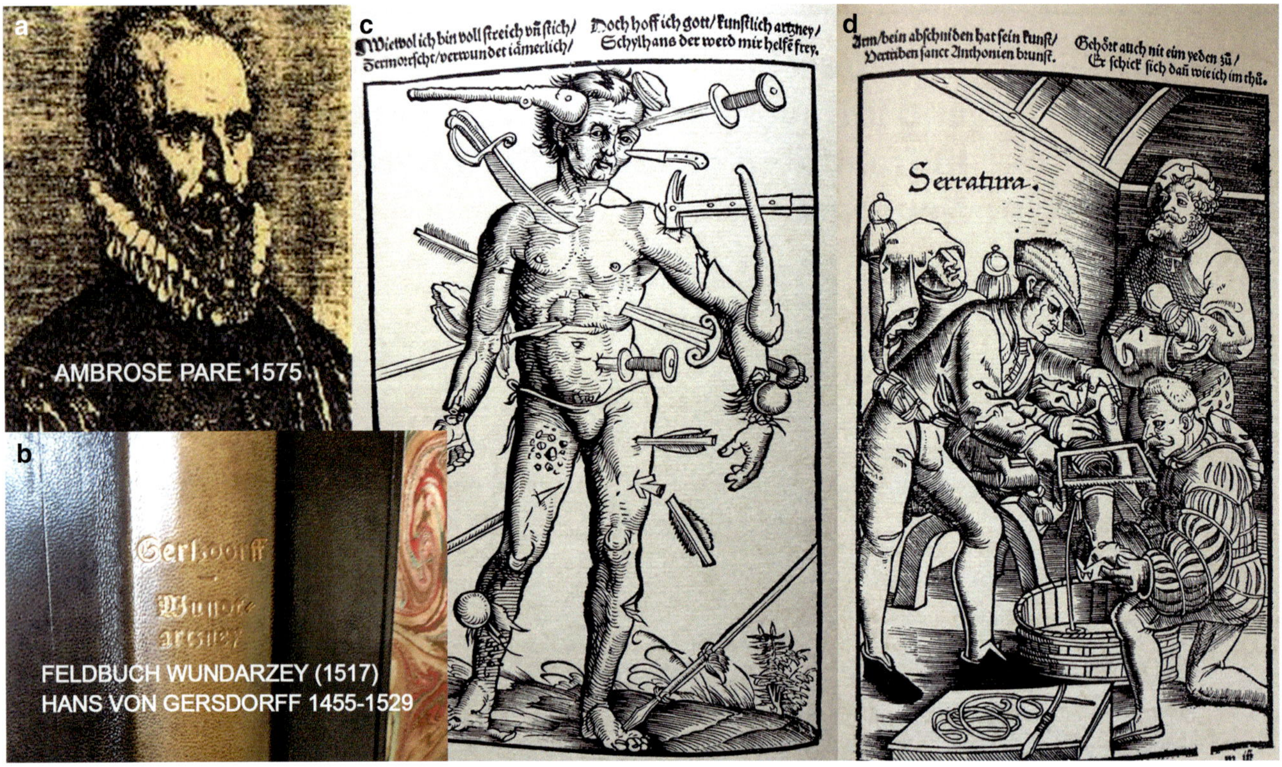

Fig. 16.1 Sixteenth-century depiction of wounds caused by conflict. (**a**) Ambroise Pare is often given credit for use of gentle wound care and use of ligatures for tying vessels during amputation; however, it was Hans von Gersdorff (**b**), in his Field Book for Wound Medicine, the generation preceding Pare, that contained the woodcut seen in (**c**). von Gersdorff's publication had the woodcut in (**d**) of how to do an amputation. Note the ligature material at the bottom of woodcut

While TMR and RPNI are new on the horizon, and while they offer young microsurgeons the excitement of intra-operative motor nerve location, nerve repair, and muscle grafting techniques, the *older techniques that have withstood the test of time need not be discarded.* This is not to say that new approaches to the treatment of neuroma pain are not encouraged but that they should be viewed carefully in terms of our current understanding of cost/benefit analysis. An editorial on this point was published in 2020 and relates the additional intra-operative time, additional CPT codes for billing, and added operating room time to be considered in the analysis of choosing the best operation for the particular patient (Table 16.1) [7]. A more recent economic cost-benefit analysis (2021) [8] concludes "The least expensive option to treat the painful neuroma surgically is implanting the nerve into an adjacent muscle. In contrast, TMR costs $14,278.78 per QALY [quality adjusted life year] [gained and RPNI costs $ 8,693.28 per QALY gained."

It must be emphasized that a painful nerve that supplies critical function to a body part should be reconstructed by means of graft (autograft, acellular allograft, conduit) in order to restore function, as the goal is not *just to relieve pain but to restore function.* An example of this would be reconstruction of the radial digital nerve to the index finger. There are reports that just combine all painful neuromas into groups requiring reconstruction versus implantation versus neurolysis. It is not possible really to compare the results of these three approaches for the treatment of pain, yet reports often do, and reconstruction does provide the best end result for

Table 16.1 Possible [7] CPT codes for neuroma prevention[a]

Name of procedure	CPT code
Neuroma resection	64784
Neuroma resection and	64784
implantation of nerve into muscle	64787
Neuroma resection and	64784
targeted muscle reinnervation[b]	
(requires a nerve suture code,	64874-22[c]
a nerve pedicle transfer code)	64905
Neuroma resection and	64784
regenerative peripheral nerve	64787
interface[b]	
(requires a muscle graft code)	15769

[a]Codes suggested by originators of the surgical techniques
[b]If a microscope is used, then add 69990
[c]Use modifier for increased work if checkpoint stimulator/locator is used

quality of life when a graft is done for a critical sensory or mixed nerve [9, 10]. This chapter, however, relates to the treatment of the proximal end of peripheral nerve divided to stop the input from the intact painful neuroma.

Implanting Nerve into a Muscle

Historical Perspective

The first reported implantation of the proximal end of a nerve, after neuroma resection, into a muscle, was by Ludwig Moszkowicz, MD, in 1918, in Vienna [11]. He simply described this as being a successful strategy in two patients. A more scientific approach was reported in 1949, by Teneff, in Italy [12]. Using rabbits, he implanted what today we would call the peroneal nerve (external popliteal sciatic nerve) into the gastrocnemius muscle. He concluded that "there is no trace of connective tissue proliferation" or "formation of amputation neuroma and terminal cicatrix is prevented." After these experimental results, he tried his technique, reportedly successfully, in six patients. In another experimental study, using a dog model, Petropoulos and Stefanko, in Poland, implanted a mixed nerve into a muscle and reported that no neuroma formed [13].

It was known that nerve growth factor, released from the distal Schwann cells after a proximal nerve injury, would diffuse in the skin, attracting a proximally cut nerve to regenerate distally. The goal of treating the painful neuroma should include moving the proximal end of the divided peripheral nerve into a "quiet" region and away from this distal source of nerve growth factor. In 1984, Mackinnon and Dellon, hypothesizing that innervated muscle would have no circulating nerve growth factor (NGF) to encourage continued sprouting from the proximal end of the nerve (after neuroma resection), suggested that the regenerating axon sprouts, from that proximal end, would regenerate into the muscle, find no scar tissue forming, and not form a classic end-bulb neuroma [14, 15]. Their experimental model involved creating, in cynomolgus monkeys, neuromas of the palmar cutaneous branch of the median nerve, of the radial sensory nerve, and of the dorsal cutaneous branch of the ulnar nerve (Fig. 16.2). After neuroma formation, the neuroma was resected and implanted into a more proximal muscle, and that region was biopsied 3 months later for histology. A classic neuroma did not form in contrast to the control proximal nerves that were left in the subcutaneous tissue, exposed to distal nerve growth factor.

Following that basic science research, this approach, implanting the proximal end of the nerve into a muscle, after neuroma resection, was applied to patients with clinically painful neuromas. The first peripheral nerves treated had painful neuromas of the radial sensory, the lateral antebrachial cutaneous nerves, the palmar cutaneous branch of the median nerve (Fig. 16.3), the posterior cutaneous nerve of the forearm, and the medial antebrachial cutaneous nerve [16–20]. With success in the upper extremity, this approach, implanting the proximal end of the nerve into an adjacent muscle, was then applied to the lower extremity, for the superficial peroneal nerve, the saphenous nerve (Fig. 16.4), and the interdigital nerves (recurrent "Morton's neuroma") [21–25]. This approach was found to be effective, also, for the intercostal nerves (Fig. 16.5), in patients following thoracic and abdominal wall surgery (Fig. 16.6) [26–31], for example, after thoracoabdominal incisions, after endoscopic cholecystectomy, and after cosmetic or reconstructive breast surgery, implanting the proximal end of the nerve into either the latissimus dorsi, the serratus anterior, or the intercostal muscle (see Chap. 23 for clinical examples). The same technique can be applied to the branches of the cervical plexus, for example, the greater and lesser occipital nerves after trauma or for treatment of occipital migraines, the lesser occipital and greater auricular nerve after trauma or iatrogenic (facelift) injury [32].

Surgical Technique

Once a nerve block has identified the nerve or nerves that contribute to the patient's pain (Fig. 16.7), a surgical plan is developed to identify each nerve in the area where there is an adjacent muscle into which the nerve can be transposed (implanted). *If a nerve block does not relieve pain, then the nerve blocked is not removed.* ***Note: it is not necessary to excise the end-bulb neuroma, if the planned surgical incision site is not at the site of injury***. In the upper extremity, for example, where there has been a nerve injured at the wrist level, like the radial sensory nerve, during a surgery for extensor tenosynovitis, the incision to identify the peripheral nerve can be in the proximal forearm, next to the site of implantation of the nerve into the brachioradialis muscle (Fig. 16.8). In the lower extremity, for example, where there has been a nerve injured at the ankle level, like the superficial peroneal nerve, during repair of the peroneus tendon(s), the incision to identify the peripheral nerve can be in the lower leg over the anterior and lateral compartments, next to the site into which the superficial peroneal nerves will be implanted into the extensor digitorum longus muscle. If for some reason, the nerve cannot be identified proximally, the site of injury distally can be opened, the neuroma identified and excised, and by this means the distal nerve used to identify the proximal nerve, anatomically.

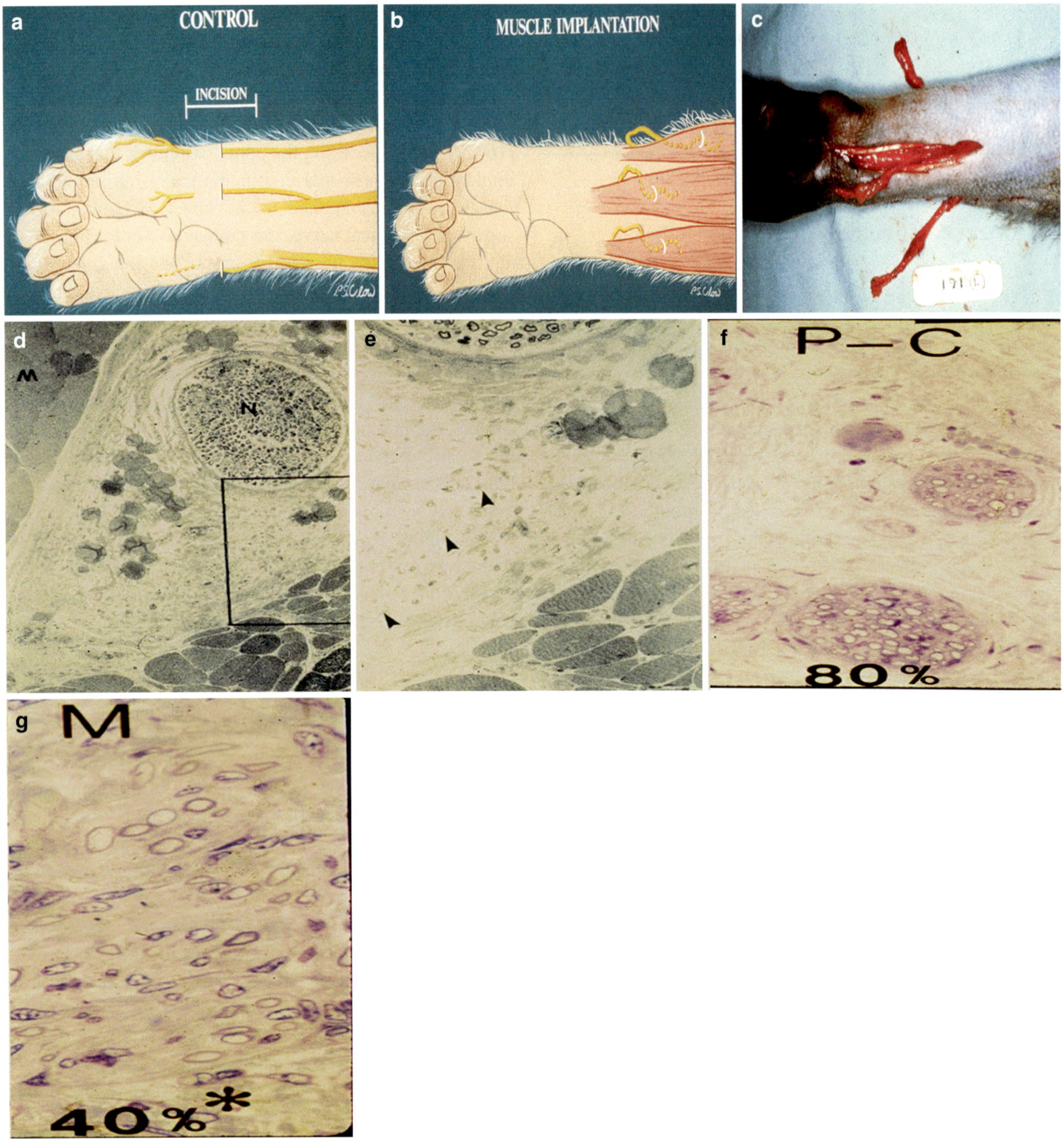

Fig. 16.2 Experimental approach to changing the microenvironment of a regenerating peripheral nerve after neuroma resection [14, 15]. (**a, b**) show the design of using just a neuroma resection leaving proximal end of nerve in the subcutaneous tissue (**a**) versus an implantation of proximal end of nerve into adjacent muscle (**b**). (**c**) The actual neuromas formed in the cutaneous nerves about the wrist in a cynomolgus monkey. Histology 3 months after implantation demonstrated (**d**) that the nerve (N) was within the muscle (M), and the enlarged view (**e**) demonstrates absence of a classic end-bulb neuroma in scar, but rather axon sprouts (arrow heads). In (**f**) the amount of connective tissue (scar) was quantitated with the control (PC) containing 80% collagen, while the nerve into muscle (M) group had just 40% connective tissue

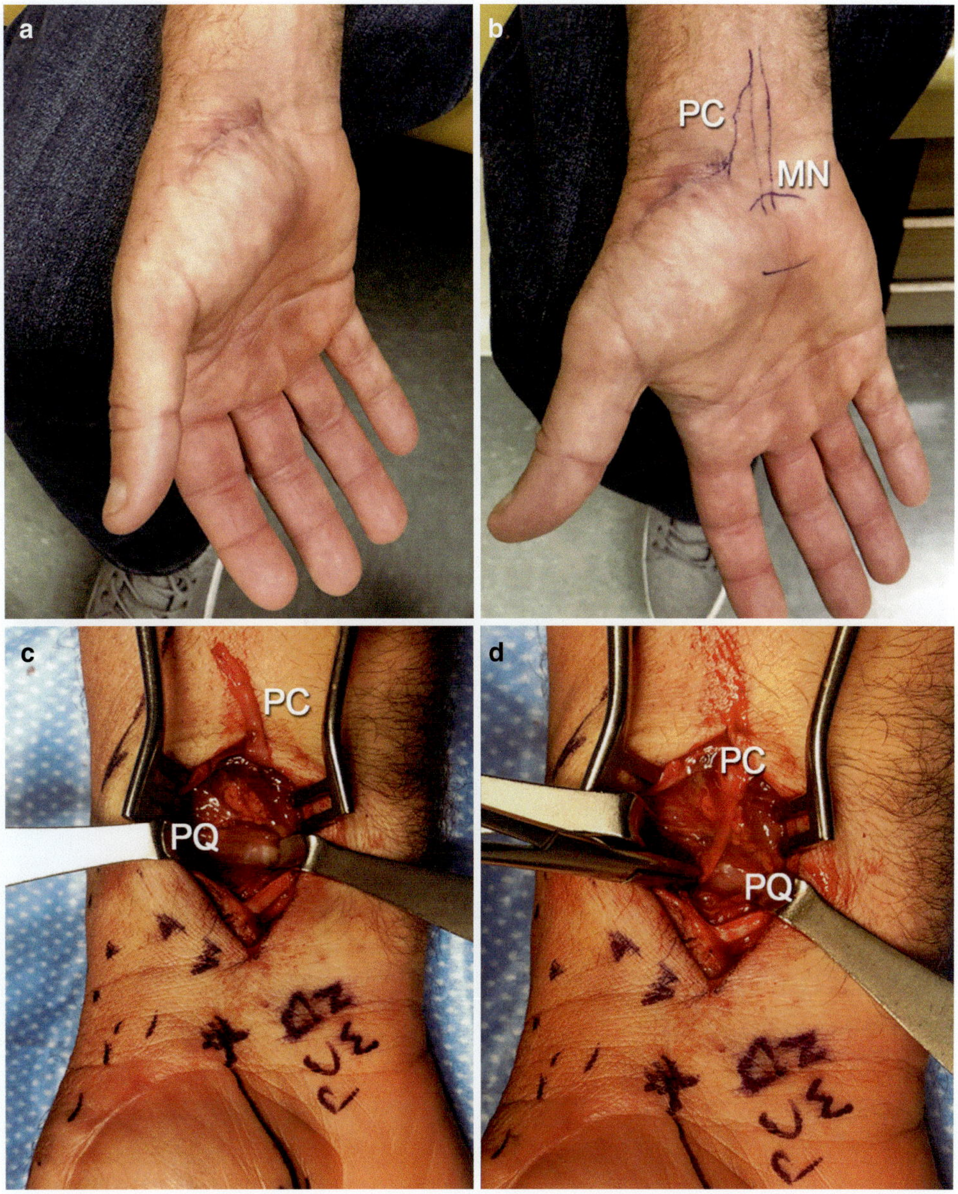

Fig. 16.3 Clinical example of nerve, the palmar cutaneous (PC) branch of the median nerve (MN) is implanted into the muscle, the pronator quadratus (PQ). (**a**) The scar at base of thumb that injured the (**b**) PC branch of the MN. (**c**) The PC has been distinguished from the MN and confirmed using intra-operative electrical stimulation, before being divided. (**d**) With tendons and median nerve retracted, the PC is implanted into the PQ

When the nerve transmitting the pain impulses is divided proximal to the neuroma, the nerve is first injected with a local anesthetic to prevent the pain message from being transmitted centrally (pre-emptive anesthesia) and then cauterized with a bipolar coagulator, not to prevent neuroma formation but to prevent the divided end from bleeding into the muscle after the nerve is implanted.

The actual "implantation" is done by taking the proximal end of the divided nerve, held within a clamp, and simply pushing the clamp with the nerve into the muscle for a length of about 2 cm. The site for implantation should be on the deep surface of the muscle at a point well proximal to its distal tendon or insertion, so there is sufficient muscle bulk to protect the nerve from superficial pressure. A typical mistake, for example, in surgical technique is, for the radial sensory nerve, to be implanted too distally into the brachioradialis muscle, in the forearm, near its tendon origin, instead of closer to the elbow, where there is more bulk to the muscle (Fig. 16.6).

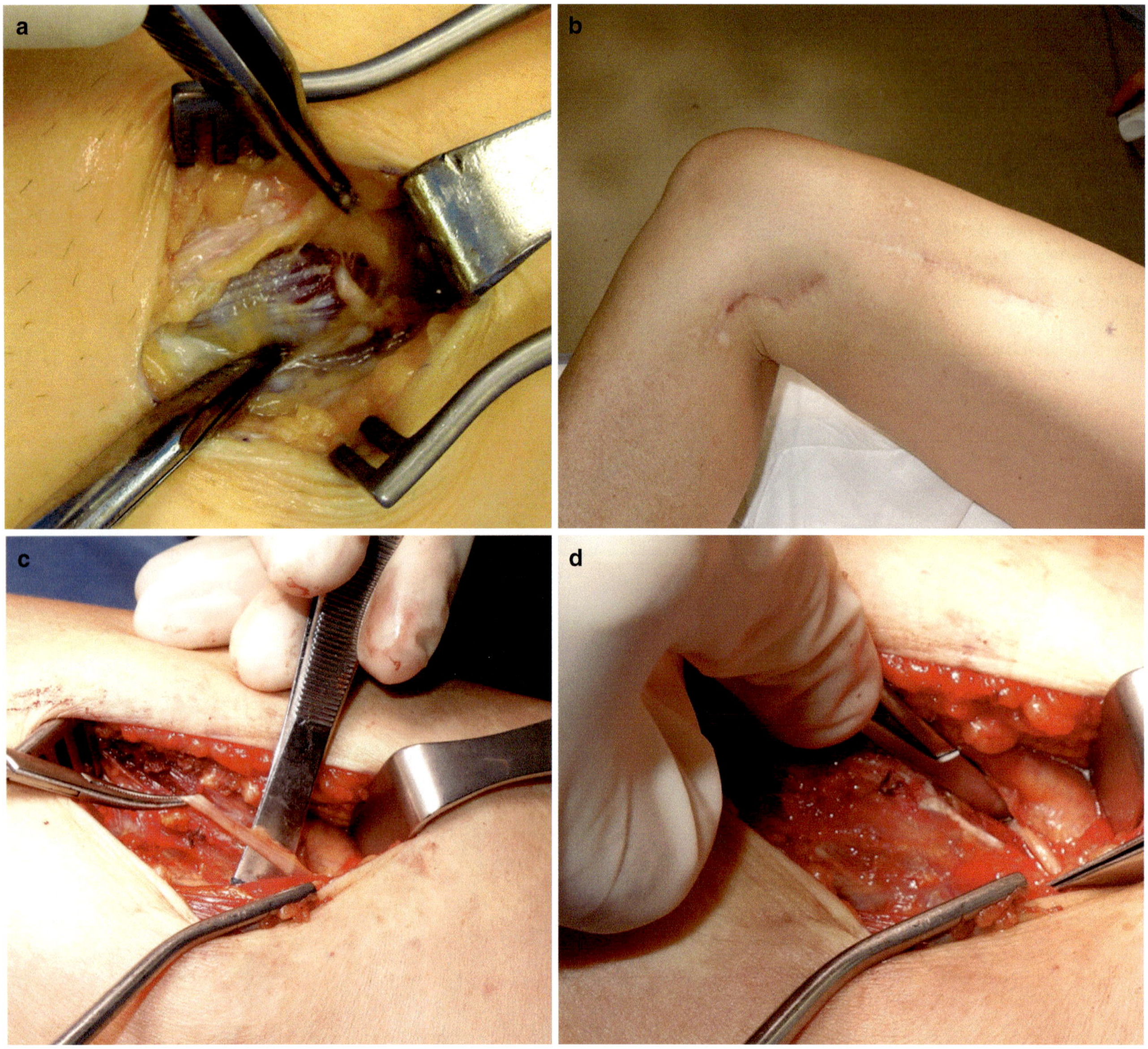

Fig. 16.4 The saphenous neuroma can be at the lower leg (**a**) or recurrent and needs to be approached in the thigh (**b–d**). In (**a**), usually to treat a painful tarsal tunnel release incision, the saphenous nerve is identified next to the saphenous vein and implanted into the soleus muscle. When previous saphenous surgery about the knee or thigh has failed to give relief (**b**), the saphenous nerve must be identified in the adductor canal (**c**) and implanted into either the vastus medialis or preferably an adductor muscle (**d**)

With a nerve injury at the ankle, for example, to the calcaneal nerve (Fig. 16.9) or wrist (Fig. 16.3), the nerve must be implanted proximal to the joint to prevent joint extension from pulling upon the site into which the nerve has been implanted into the muscle. The joint proximal to the nerve implantation site, for example, the elbow joint if the nerve is implanted into the brachioradialis or the knee joint if the nerve is implanted into a toe extensor muscle, must be extended during surgery, with ankle flexed during the surgical implantation portion of the procedure, again to prevent joint range of motion from pulling the implanted nerve out of the muscle.

The term "implanted" or "transposed" is preferred rather than "sutured" into the muscle. ***The nerve is not sutured into the muscle, as suturing the nerve may injure the nerve.*** If for some reason, there is insufficient length on the nerve to implant the nerve *loosely yet deeply* into the muscle, a suture can be placed through the *epineurium, not the nerve,* to secure it to the muscle.

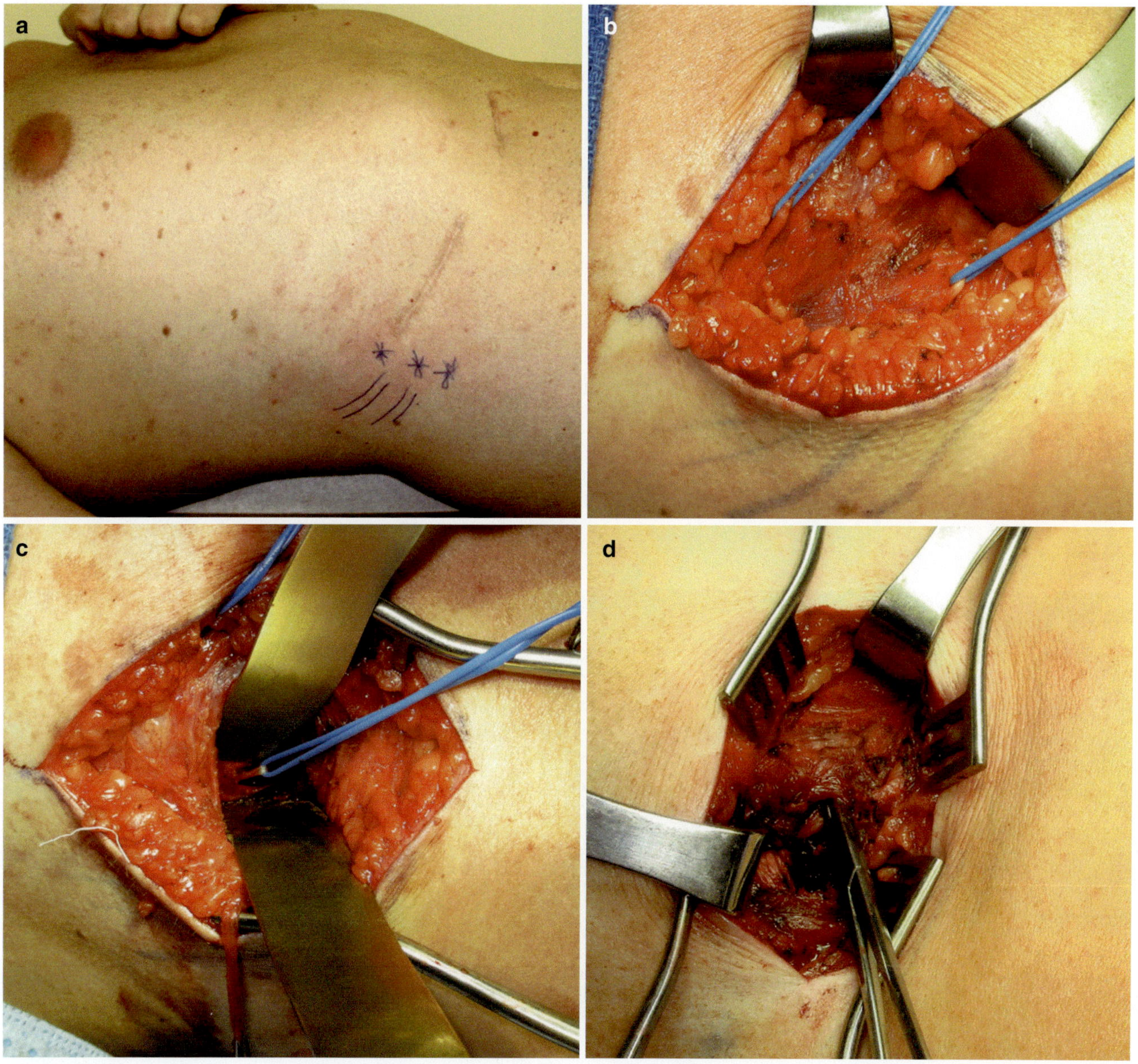

Fig. 16.5 Intercostal nerve can be implanted into the intercostal muscles. (**a**) Patient who has had a rib injury and surgery, with subsequent intercostal neuroma pain. Note that the physical examination can identify three separate intercostal nerves contributing to the pain. (**b**) Two of the three nerves are identified with vessel loops. (**c**) The third nerve branch has been identified. (**d**) In a different patient, close-up view of nerve being implanted into the intercostal space

Technical Mistakes to Avoid

There are technical mistakes that can be made when implanting a nerve into a muscle. ***A muscle must be chosen that does NOT have a large excursion.*** In the early work with muscle implantation, Mackinnon and Dellon implanted the radial sensory nerve into the extensor pollicis longus, creating pain when the thumb was utilized [16]. Changing the muscle choice to the brachioradialis solved this problem (Fig. 16.8). Tables 16.2 and 16.3 list the muscle of choice for each peripheral nerve.

Anatomic anomalies are another real source of failure, with variations in the **superficial peroneal nerve** (SPN) being the most common. The first type of variation is the overlap of the SPN with the sural nerve (SN), over the lateral aspect of the foot (Fig. 16.10). Here, as with the dorsoradial

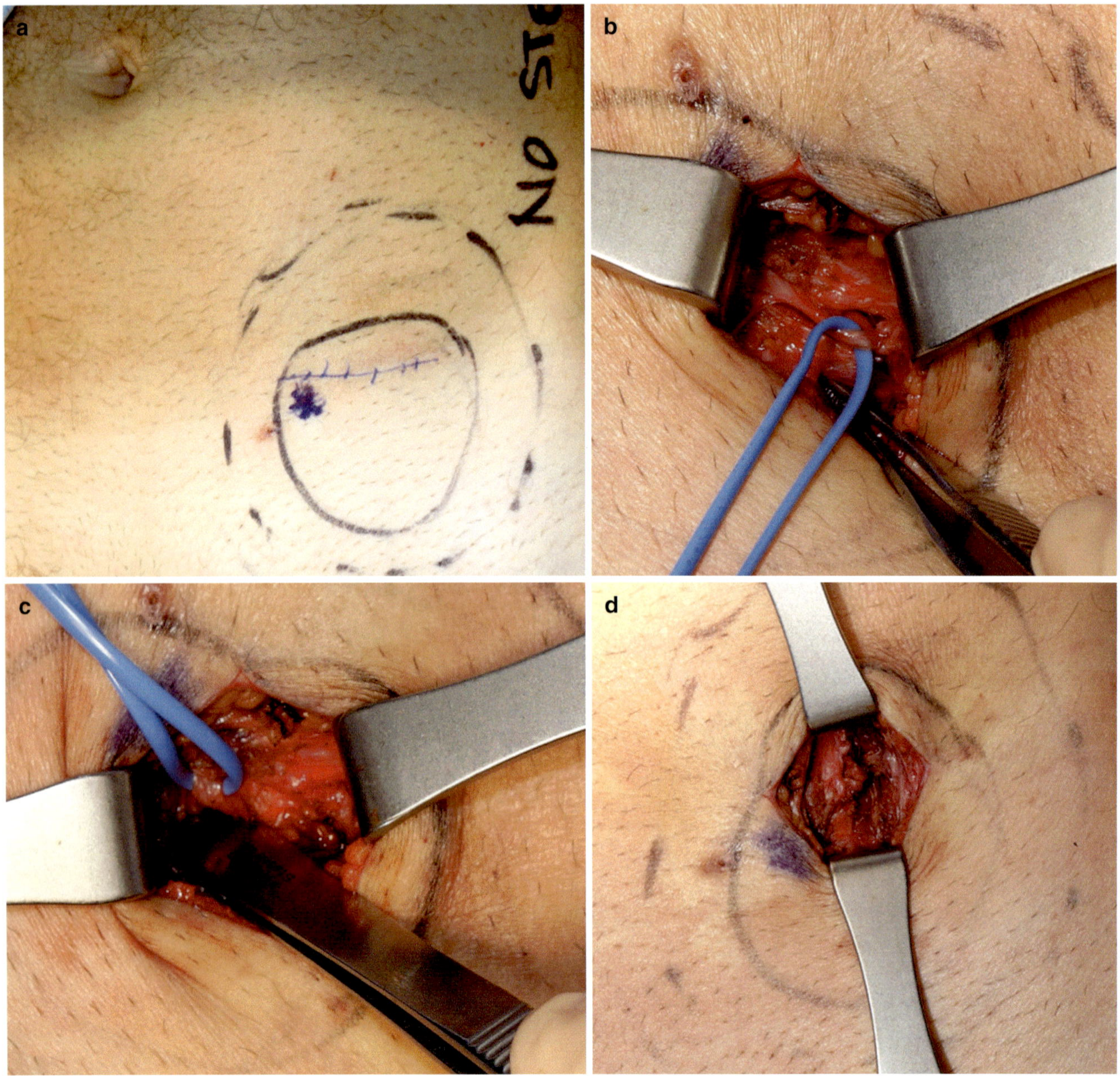

Fig. 16.6 Clinical example of an injured intercostal nerve, probably T11, causing post-operative pain 3 years after a general surgical procedure using an endoscope. (**a**) Clinical location of pain. (**b**) Intercostal nerve exposed. (**c**) Proximal end of intercostal nerve being implanted into the rectus muscle. (**d**) Appearance of rectus muscle after nerve has been implanted

aspect of the hand, where a nerve block at the base of the thumb is to be avoided, a nerve block just proximal to the ankle near the heel can anesthetize both of the SPN and SN and is to be avoided. Rather block the SPN in the leg about 8 cm proximal to the lateral malleolus first, as about 20% of patients will have a posterior branch of the SPN go posterior and joint the SN, and then block the sural at the ankle. The second type of variation is the location of the SPN itself. Although the SPN is described classically as being in the lateral compartment, in 25% of patients, it will be in the anterior compartment, and in some patients there will be a branch in both (Fig. 16.11). Therefore, when approaching the SPN for resection, both the anterior and the lateral compartment must be opened, and when the SPN is transposed from the lateral compartment into the extensor longus muscle, the intervening septum must be excised to prevent a new site for compression of the transposed nerve.

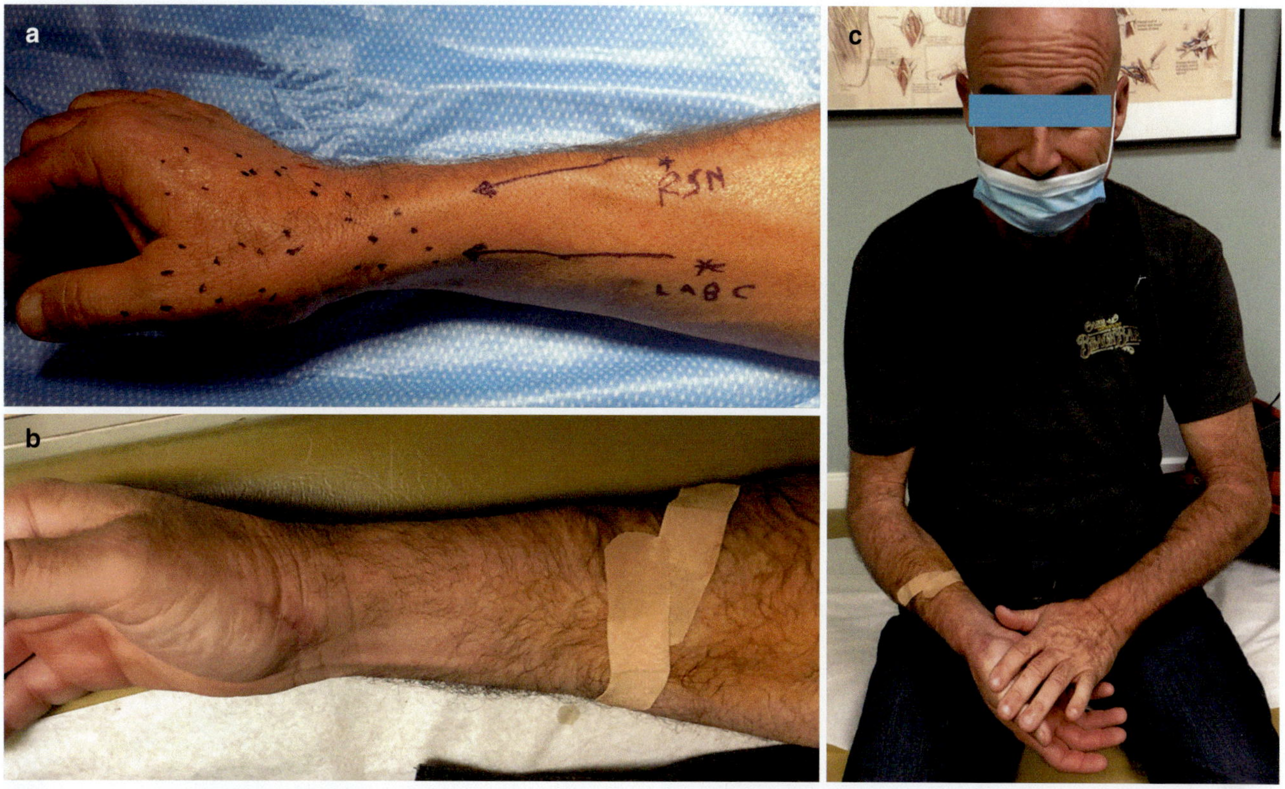

Fig. 16.7 A nerve block is critical to prove that the hypothesized painful nerve is actually the one transmitting the pain message. In this clinical example of a painful dorsoradial area after elective surgery in the "anatomic snuffbox," it is hypothesized that both the radial sensory nerve (RSN) and the lateral antebrachial cutaneous nerve (LABC) are involved in the pain mechanism (**a**). The site of pain is not injected as it would block both nerves. Rather, first the RSN is blocked dorsally, and then, if pain remains, the LABC is blocked adjacent to the cephalic vein (**b**). In (**c**), despite the facemask, it is clear the patient can touch the previously painful area and is now smiling

Finally, ***the nerve block result is important.*** If a patient's pain goes from an 8 to a 3 after a block, and the appropriate skin territory loses sensation, one can conclude that the blocked nerve is *part* of the pain etiology (Fig. 16.7). Another nerve is still present accounting for that remaining 3 out of 10 pain. Remember that that nerve might be one innervating a subjacent joint [36, 37]. With this concept, given pain coming from a dorsoradial incision near the wrist, resecting the radial sensory and lateral antebrachial nerves might still leave pain with wrist range of motion if the initial cutaneous injury also injured the innervation of the wrist joint. At the ankle, the analogous situation occurs when the inversion sprain injury that tears the peroneus longs and brevis tendon also injuries the innervation of the sinus tarsi [38, 39]. In this situation, resecting the superficial peroneal and sural nerves will still leave residual deep anterolateral ankle pain, requiring resection of the distal deep peroneal nerve to denervate the sinus tarsi. In a prospective study from 2010 [40], on the results of treating a painful neuroma, it was found that "VAS scores after diagnostic nerve block were predictive of post-operative VAS scores ($p < 0.001$) … If a diagnostic nerve block is ineffective in relieving pain, patients will most likely not benefit from surgical treatment."

Results of Nerve Implantation into a Muscle

The overall success rate for the "simple," nerve transposition or implant into a muscle, as referred to for the clinical applications reported in the preceding paragraph, is at least 80% good to excellent results, if a pre-operative nerve block is utilized to determine which nerve(s) to resect. This statement is supported by the recent meta-analysis of Poppler et al. [6].

The optimal muscle into which to implant the proximal end of a nerve after neuroma resection is given in Table 16.2 for the lower extremity, for the thorax and neck regions,

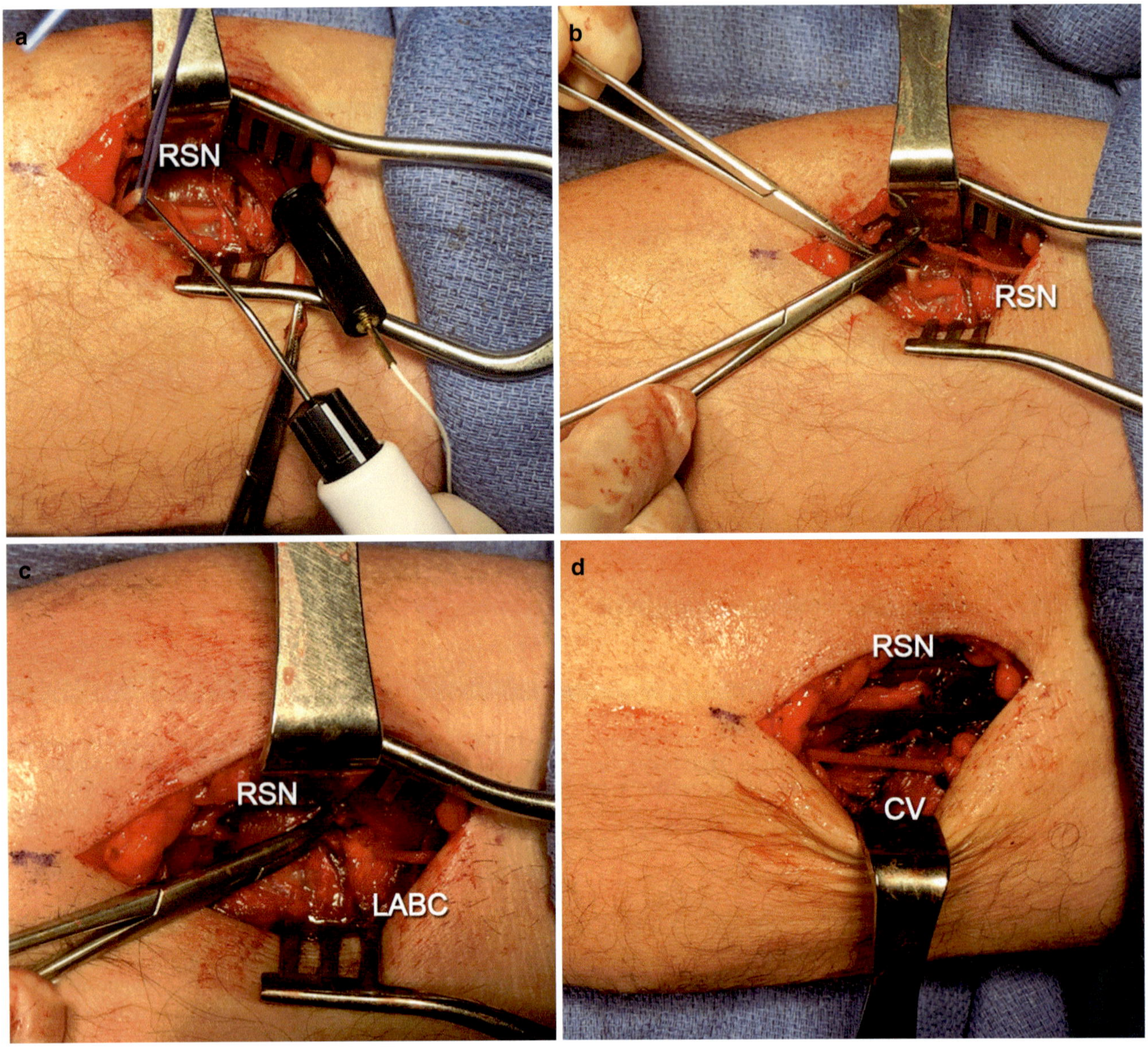

Fig. 16.8 Implanting nerves into the brachioradialis (BR) muscle. In the same patient as in Fig. 16.5, the implantation site is chosen quite proximally, avoiding implantation near the BR tendon. In (**a**) electrical stimulation is used to positively identify the radial sensory nerve (RSN) as distinct from the posterior interosseous nerve. (**b**) A clamp holds the proximal RSN ready to implant. (**c**) The lateral antebrachial cutaneous (LABC) nerve has already been implanted into a more proximal site of the BR. (**d**) The RSN implanted into the deep surface of the BR muscle. The cephalic vein is noted, after the LABC has been separated from it and implanted

while for the lower extremity, these choices are given in Table 16.3. In the upper extremity, for example, in 1986, using the approach described above, which includes reliance upon successful nerve block(s), Mackinnon and Dellon reported [16]:

> Seventy-eight neuromas in 60 patients with a mean follow-up of 31 months (range 18 to 43 months) were evaluated. Sixty-seven percent of these patients involved Workmen's Compensation and 57 percent had had at least one previous operation to treat their pain. The results demonstrated good to excellent results in 82 percent of the treated nerves in the entire group. Factors that were predictive of a poorer outcome were (1) digital neuroma ($p < 0.0005$), (2) Workmen's Compensation ($p < 0.01$), and (3) three or more previous operations for pain ($p < 0.01$). Transposition of nerves into small superficial muscles or muscles with significant excursion resulted in treatment failures… Treatment of radial sensory neuromas by transposition of the radial sensory nerve into the brachioradialis muscle when any associated injury to the lateral antebrachial cutaneous nerve was also treated, gave good to excellent relief of pain, and improved hand function in 88 percent of the patients.

Reporting on a series of 70 patients, including painful neuromas throughout the upper extremity, and using patient, self-reported outcomes for the endpoint of pain relief, Novak and Mackinnon, in 1995, achieved the same order of magnitude of success with the exception of digital nerves [41]. For

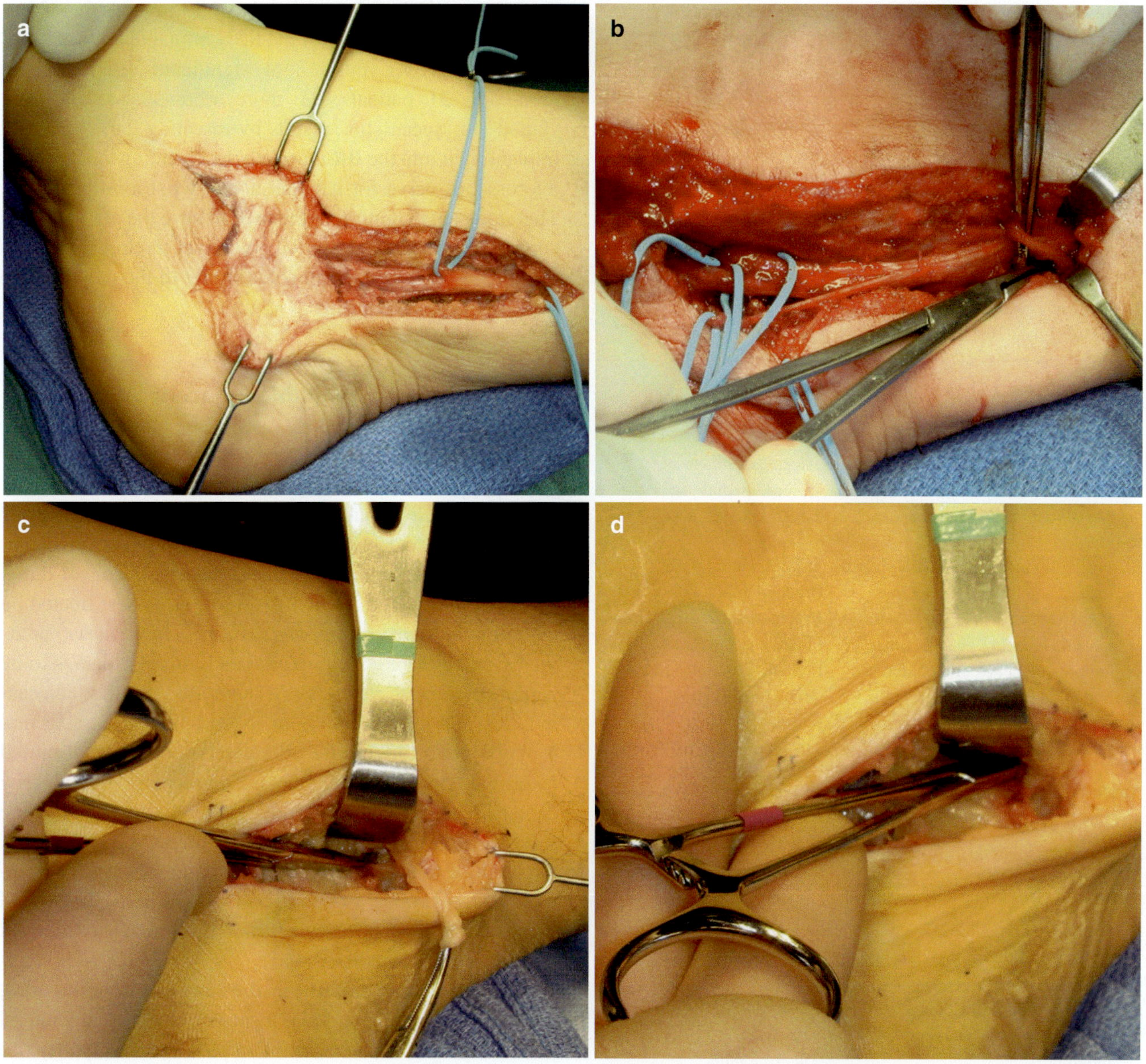

Fig. 16.9 Clinical cases of neuroma of the calcaneal nerve being implanted into a muscle. (**a**) Patient one has heel pain associated with a recurrent tarsal tunnel syndrome of the right foot. The scarring from previous surgery is seen, and the blue vessel loop is around a medial calcaneal nerve arising from the medial plantar nerve anterior to the tibial nerve [33]. (**b**) In this same patient, the proximal end of the calcaneal nerve overlies the clamp that is creating a tunnel in the distal muscle of the flexor hallucis longus, posterior to the tibial nerve [34]. (**c**) Another patient, with neuroma of the main calcaneal nerve. Clamp holds the divided proximal end of medial calcaneal nerve arising from the posterior border of the tibial nerve. The second clamp exposes the muscle of the flexor hallucis longus. (**d**). The calcaneal nerve is implanted into the muscle

example, the success was 100% in the dorsal cutaneous branch of the 3 ulnar nerve-injured patients, 83.5% in the palmar cutaneous branch of the 6 median nerve-injured patients, and 91.5% in the 12 lateral antebrachial cutaneous nerve-injured patients. Their worst results were obtained in treating digital nerves, with just 12 of 21 patients achieving a good to excellent result (54.5%), which will be discussed below in the section on what to do when there is not an appropriate proximal muscle into which to implant the nerve.

This magnitude of good to excellent results for upper extremity peripheral nerve pain patients extends to the lower extremity peripheral nerve patients with the same success rate and to the patients with painful neuromas of the thorax and upper abdominal wall. Again, ***the most common cause for failure or a poor result is not resecting sufficient number of different, usually overlapping, peripheral nerves***. For example, a patient with post-endoscopic cholecystectomy pain, who has had resection of T6 and T7 intercostal nerves,

Table 16.2 Muscle into which to implant a peripheral nerve

Neck, chest, trunk, upper extremity	
Name of peripheral nerve	Muscle for implantation
Cervical plexus	
Greater occipital	Semispinalis capitis
Lesser occipital	Sternocleidomastoid
Greater auricular	Sternocleidomastoid
Transverse facial	Sternocleidomastoid
Intercostobrachial (T2/T3)	Subscapularis
Intercostal, lateral branches, T4-T7	Latissimus, serratus
Intercostal, lateral branches, T8-T12	Intercostals
Intercostal, dorsal branches, T2-T12	Paravertebral
Superior cluneal, L2-L4	Quadratus lumborum
Middle cluneal, S1-S3	Erector spinae
Inferior cluneal, S2-S4	Gluteus maximus
Anococcygeal	Coccygeus
Upper extremity	
Medial brachial cutaneous	Triceps, medial head
Medial antebrachial cutaneous	Triceps, medial head
Nerve to medial humeral epicondyle	Triceps, medial head
Posterior cutaneous nerve, forearm	Triceps, lateral head
Lateral antebrachial cutaneous	Brachioradialis
Radial sensory	Brachioradialis
Dorsal cutaneous branch, ulnar	Flexor carpi ulnaris
Palmar cutaneous branch, median	Pronator quadratus
Digital nerves	(Bone implantation recommended)

Table 16.3 Muscle into which to implant a peripheral nerve

Lower extremity	
Name of Peripheral Nerve	Muscle for Implantation
Lower Extremity	
Sciatic	
Peroneal component	biceps femoris proximal thigh
Tibial component	semimembranosus, prox. thigh
Lateral femoral cutaneous	(drop into pelvis)
Posterior Femoral Cutaneous	Gluteus Maximus
Anterior femoral cutaneous	Rectus femoris
Obturator	Adductor longus
Pudendal, perineal branch	Obturator internus
Saphenous	
Thigh (Hunter's canal)	Adductor longus
Medial cutaneous nerve, thigh	Vastus medialis
Infra-patellar	Sartorius
Sural	(lie deeply in distal thigh)
Medial retinacular (genicular)	Vastus medialis
Superficial peroneal	Extensor digitorum longus
Deep peroneal (distal)	Extensor digitorum longus
Plantar digital nerve	(arch of the foot)

may have post-operative residual pain superior or inferior to those skin territories, such as T5 or T8 [29]. A 2021 study confirming this studied retrospectively the effect of just resecting the radial sensory nerve (RSN) for dorsoradial forearm pain [42]. In this study, 71 patients had 105 operations upon the RSN, with their mean length of pain prior to the index procedure for this study of 36 months. Just 23 or the 43 patients who had just the RSN implanted into the brachioradialis (BR) muscle got significant relief. Of the remaining 21 patients, 11 more were "salvaged" from "failed" to "successful" results by resecting the LABC and implanting it into the BR muscle or by resecting the posterior interosseous nerve for residual dorsal wrist joint pain [43]. This study again reinforces the need to have the pre-operative nerve blocks reduce the initial pain level to close to zero to be sure no other nerves are contributing to the pain prior to resecting just one nerve.

When there is no Available Adjacent Suitable Muscle

What approach should be taken when there is no available adjacent muscle suitable for proximal nerve implantation? This is most obviously true in **the facial skeleton**. For example, a painful neuroma in the eyebrow, the result of direct trauma or iatrogenic (brow lift) in origin, is best treated by resecting the *supra-orbital and supra-trochlear nerves* proximally and allowing the proximal ends of these nerves to lie within the orbital cavity, since there are no bulky adjacent muscles, and the adjacent bone is too thin [44]. Similar reasoning applies to the infra-orbital nerve, commonly injured by orbital floor or zygoma fracture, or, increasingly today, by dental implants, to the anterior and medial portions of the superior alveolar branch of the infra-orbital nerve [45, 46]. (Note: these branches arise proximal to the infra-orbital foramen [47].) Through a trans-maxillary approach, the injured nerve branches can be resected, and the proximal end allowed to lie within the maxillary sinus.

While there are muscles in **the lower abdominal wall**, where the *ilioinguinal and iliohypogastric nerves* are injured commonly by C-sections, endoscopies, hernia repairs, and cosmetic and reconstructive abdominoplasties, implantation of theses nerves proximally into the internal oblique muscle can create the situation where trunk movement, such as during sit-up exercises or golfing, requiring trunk rotation, can elicit pain. In this situation, the preferred technique is dividing the nerve proximal to, that is, deep to, the transversalis muscle, so it lies in the pre-peritoneal space. In this location it is away from denervated skin, and tension, and can lie quietly during athletic maneuvers [48]. Using a TMR approach to the intercostal nerves that innervate the obliques muscles is contraindicated, as it can result in a weakened abdominal wall with a bulge that is difficult to reconstruct [49]. Another would be with persistent groin pain after an inguinal hernia repair, where just the ilioinguinal nerve was resected, when both the ilioinguinal nerve and iliohypogastric nerves should have been resected. Similarly, testicular pain remaining after resecting both the ilioinguinal nerve and iliohypogastric

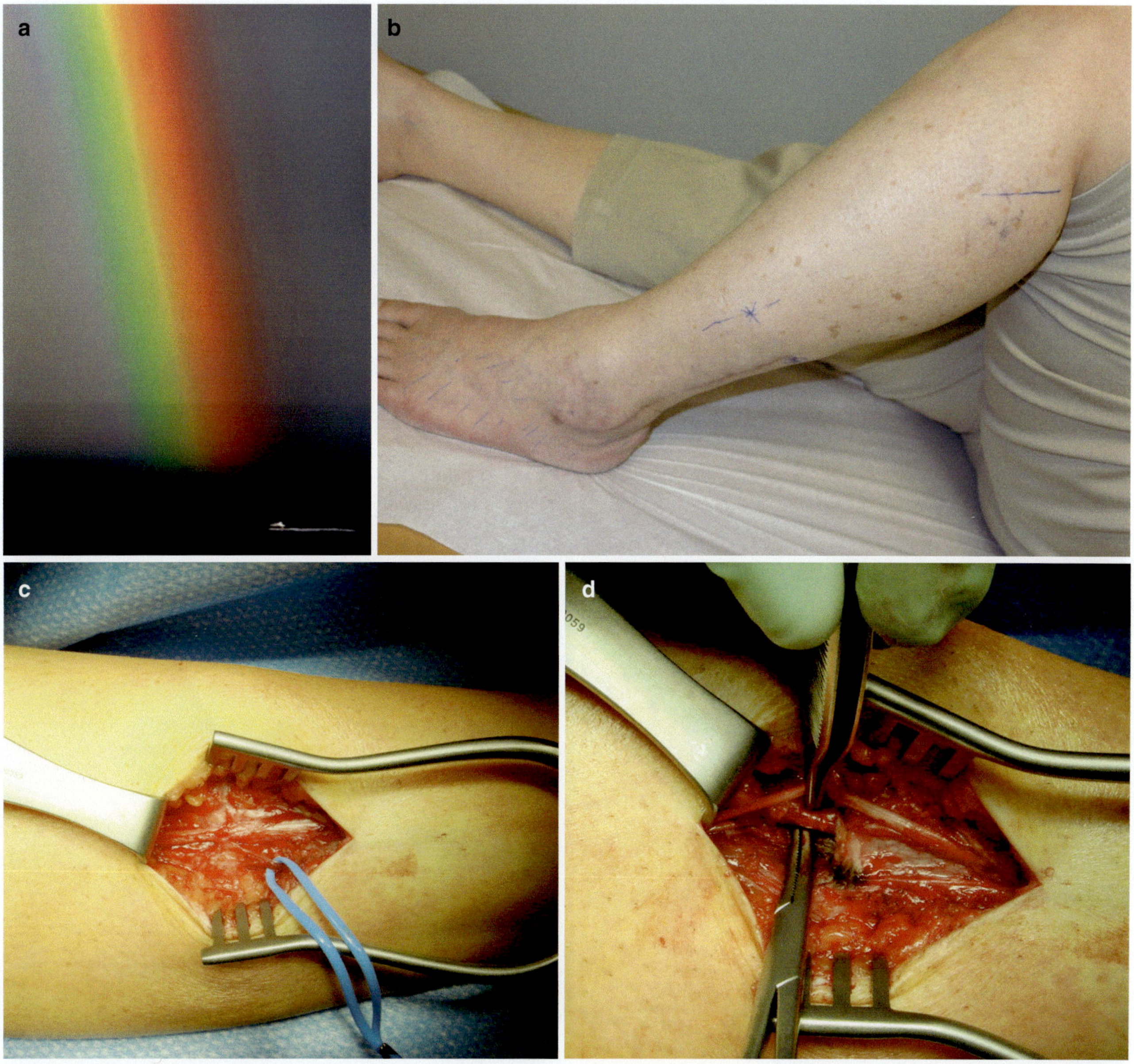

Fig. 16.10 Potential cause of failure with muscle implantation; overlap of skin territories, demonstrated for the lower extremity. (**a**) This rainbow demonstrates the overlap of colors that can occur in nature, similar to the way the superficial peroneal nerve (SPN) can overlap with the sural nerve (SN), but not the saphenous nerve. (**b**) Clinical example of a right foot/ankle previously operated on to repair torn peroneus tendons. Painful area denoted by ink marks. Positive Tinel sign over the SPN and the sural nerve. (**c**) A left lower leg with distal to the right, demonstrate that the SPN can have a posterior branch that joins the sural behind the ankle. A nerve block in this lower location will give great pain relief, but if only the SN is resected, the pain will remain. (**d**) The posterior branch of SPN, shown in (**c**), has been resected and implanted into the extensor digitorum longus muscle

nerves means *the genitofemoral nerve* is the source of pain and requires a nerve block of L1/L2 and further nerve resection [50, 51]. Exiting through the external inguinal ring and traveling with the spermatic cord in men and the round ligament in women, the genitofemoral nerve can be injured during inguinal hernia repair, surgery for vasectomy and varicocele, and orchiectomy. The treatment for this injured nerve is to operate at the level of the external ring; identify this nerve, posterolateral to the spermatic cord or round ligament; and divide it such that the proximal end drops into the pelvis, since there is no adjacent muscle [52]. A similar situation exists for the *lateral femoral cutaneous nerve*, which, when injured adjacent to the anterior superior iliac crest or proximal thigh, has no adjacent muscle into which it can be buried [53]. The most common situation is compression of this nerve, as it is a common compression site in diabetics and can be directly injured in by the seat belt in motor vehicle accidents or by tightening the inguinal ligament during a

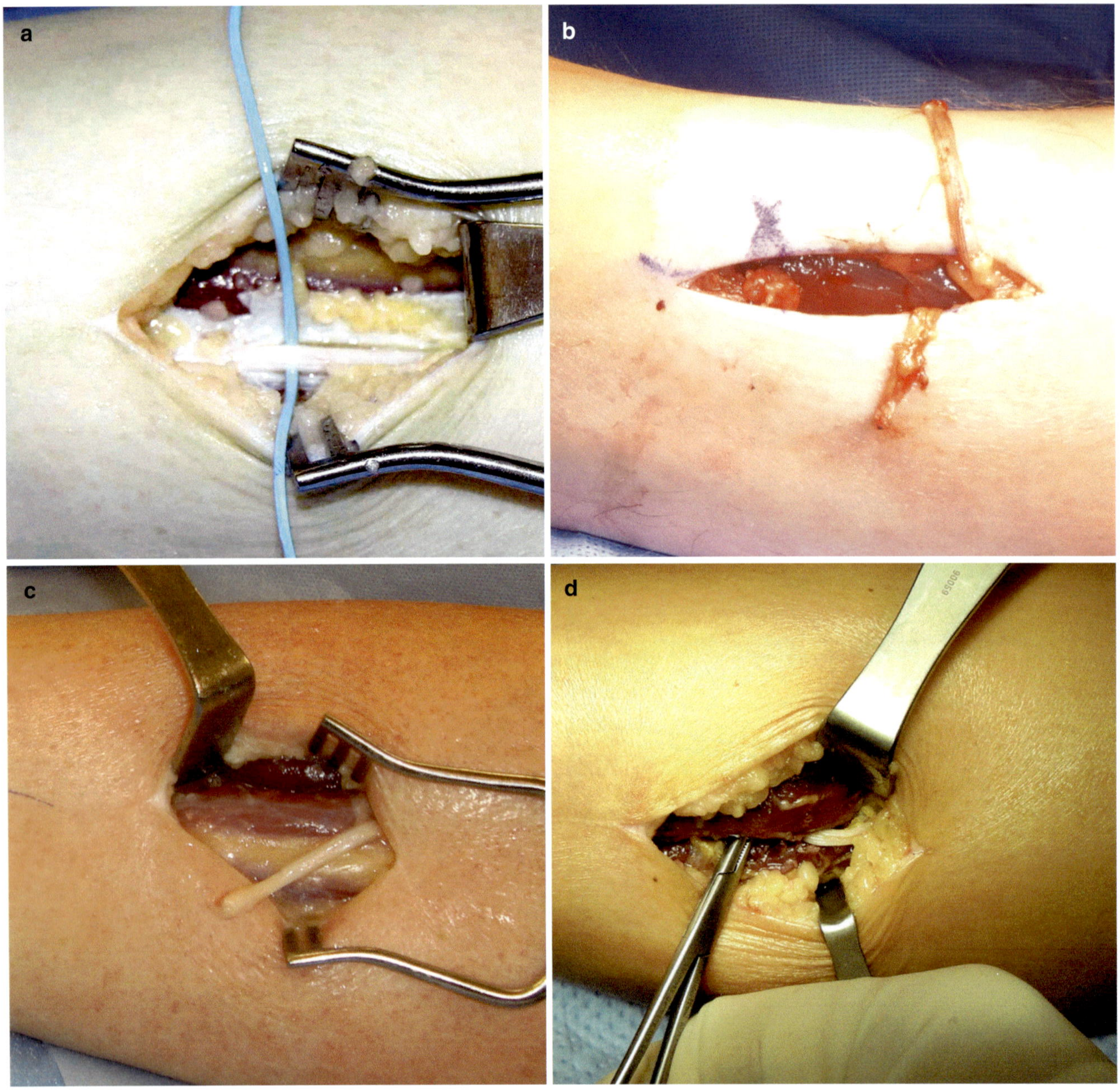

Fig. 16.11 Anatomic variations of the superficial peroneal nerve (SPN) [35]. In each example, the foot, distal, is to the left. (**a**) Typical location with SPN located in the lateral compartment of the leg. (**b**) Example with a branch of the SPN in both the anterior and the lateral compartment, indicating a high division of the SPN. (**c**) A single SPN from the lateral compartment is seen, with the septum between the compartments having been excised, and is then implanted (**d**) into the deep surface of muscles of the anterior compartment

hernia repair. However if neurolysis fails to relieve the pain, or if lateral femoral cutaneous nerve has formed a lateral neuroma from traction against the iliac crest, or is injured during the lateral approach to a total hip arthroplasty [54], then the treatment is to resect the nerve allowing the proximal end to drop into the pelvis [48, 55].

In ***the upper extremity***, the most difficult area remaining today to treat a painful neuroma is *in the hand*. It is clear that if the palmar digital nerve or common digital nerve is injured, the correct choice, after neuroma resection, is reconstruction with a graft or conduit of some type. But if no distal nerve is available, as after a digital amputation, the muscles in the hand, such as the lumbricals, are too small and too mobile into which to implant the nerve. This is a *prime indication to implant a nerve into a bone*, which will be discussed in the next section of this chapter. However, dissecting the digital nerve/common digital nerve into the forearm, without injuring the adjacent nerve, is possible [56] and can be used to transpose this injured nerve(s) into the forearm muscles [41]. Of the 12 patients reported to have this procedure done, 8 had good to excellent relief of their pain. TMR procedures are tedious when the target is the motor branch to an interosseus muscle.

Conclusion: Nerve into a Muscle

Implanting nerve into a muscle after neuroma resection is a time-tested, clinically proven method to help patients with a painful neuroma. With respect to considering the other techniques being discussed elsewhere in this book, it is important to keep in mind that the surgeon wishes to help the patient using **the most effective, least expensive, and least complicated method possible**. The extra time in surgery required to implant a nerve into a muscle might be 5 min. The CPT codes for this approach are a neuroma resection code, such as 64784, and an implantation of a nerve into a muscle code, 64787. See Table 16.1. An economic cost-benefit analysis has shown that implanting the nerve into a muscle, for the same degree of success in treating the painful neuroma, offers the patient the same quality of life for significantly less cost that does either TMR or RPNI. While supporters of TMR and RPNI point to the increased availability of "targets" for the sensory axons to reinnervate in the denervated muscle of the TMR and the denervated muscle graft of the RPNI, this theoretical difference has ***NOT resulted in better clinical outcomes at less cost for either TMR or RPNI.*** Table 16.1 contains the additional CPT codes required to submit payment for TMR and RPNI, clearly demonstrating why TMR and RPNI are more costly than simply implanting a nerve into muscle. A 2021 analysis of TMR [57], summarizing the UK experience, concludes that while TMR is effective in relief of neuroma and phantom limb pain, "complications were common" [70%], and "the surgery is complex requiring prior experience in microsurgical techniques."

Implanting Nerve into a Bone

> … an infallible method devised to accomplish this end has been known for forty years. It was originated during World War I at Sir Robert Jones's clinic in Liverpool and was widely discussed at that time in medical circles in England and France, particularly by Dr. McMurray, Sir Robert's associate. It was described in 1921 by Elmslie [1]. It has been referred to previously [2], but we believe it will be worthwhile again to call it to the attention of the profession …. In this method, which was advocated by Boldrey [3] in 1943, the distal end of the proximal part of the freshly cut peripheral nerve is inserted in a hole bored through the cortex of any conveniently adjacent bone. Stitches are so placed as to keep the nerve end in place. This method is based on the theory that the bony walls of the passage will prevent the active confused growth of [Schwannian] sheaths and axons that make up a neuroma. We have no follow-up data and too few cases to justify any comment on the efficiency of this method although other surgeons with more experience have reported favorably on it by word of mouth. We have been unable to find any published article that describes the end results.—D. Munro, Chief of Neurosurgery, Boston City Hospital, MK. Mallory, Professor of Pathology, Boston University, New England Journal of Medicine, 19;260 (8):358–361.1959 [58].

Historical Perspective

In 1943, Edwin Boldrey, MD, a General Surgeon at the University of California in San Francisco inspired by his review of the literature, did not find any reports of implanting the proximal end of a nerve, after neuroma resection, into an adjacent bone [4]. He thought this perhaps even more unusual because adjacent to most injured nerves there is usually a bond. He cites Huber and Lewis, in 1920 [59], having described a patient in whom they found a nerve implanted by the force of the trauma into a bone, and that nerve did not have a neuroma formation. He cites another anecdotal, similar case that had been reported to him ("Craig, W. McK., and Walker, E.: Personal communication") [4]. As noted above, Munro and Mallory [58], there were discussions about this approach during WWI by Sir Robert Jones, one of England's most respected, pioneering orthopedic surgeons. Jones, born in Wales, became one of the few orthopedic surgeons interested in adult fracture and in 1894 was instrumental in forming the British Society of Orthopedic Surgery [60]. Boldrey's depiction of a nerve implanted into a bone is now a classic (Fig. 16.12).

Much as Teneff had done to investigate, experimentally in dogs, the results of implanting a nerve into a muscle in 1945, Boldrey commenced to investigate, experimentally in dogs, the results of implanting a nerve into a bone [4]. In six dogs, the ulnar nerve was divided and implanted into the humerus by drilling a hole the same size as diameter of the nerve. In two dogs, the nerve pulled out, and he observed a typical end-bulb neuroma formed. In the remaining dogs, evaluated at about 315 days, the nerve had formed a small "neuroma" that remained in the medullary cavity of the humerus. Following this research, two of his colleagues, Dr. K. O. Haldeman and Dr. Helen Hagey, of the Department of Orthopedics, used this technique during an elective amputation for a malignant forearm tumor and reported that at 5 months post-operatively, there was no neuroma pain at the implanted neuroma site.

Surgical Technique

The classic description is by Boldrey (Fig. 16.12). After the neuroma resection, the proximal end of the nerve is brought into position geometrically with the adjacent bone. Two holes are drilled into the bone, one large enough to accept the

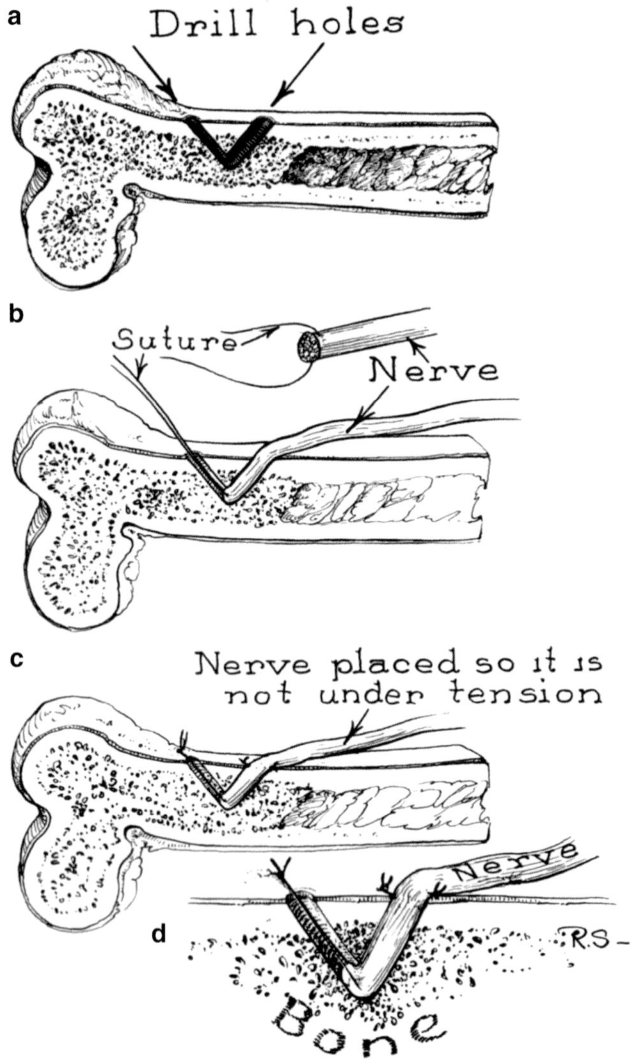

Fig. 16.12 (a–d) Nerve implanted into bone. Classic description from Boldrey 1943 [4] (figure in the public domain)

nerve and the other much smaller. A suture is placed into the epineurium, and a needle passed through the larger hole and then out the smaller hole. The holes can be placed longitudinal to each other or on opposing sides of the bone, depending upon the size of the bone and its geometry. Then the nerve is pulled into the medullary cavity of the bone, with the suture either being pulled out of the nerve or sutured into the periosteum to prevent the nerve pulling out, again, depending upon the geometry.

This technique is illustrated in a clinical case of an index ray amputation, where the digital nerves can be placed directly into the medullary canal of the metacarpal base through bone amputation site (Fig. 16.13) and in another clinical case that includes reconstruction of the distal thumb (Figs. 16.14, 16.15 and 16.16).

Preventing Complications

Be sure that when the nerve is drawn into the hole in the bone, it is not acutely angled to prevent a site of compression/traction. Be sure the perineurium is securely fixated with nylon to the periosteum. Be sure not to implant into a bone distal to a joint such that flexion/extension of the joint will create traction, leading to pulling the nerve out of the hole.

Results of Implantation of a Nerve into a Bone

In the meta-analysis by Poppler et al. [6], they concluded that "excision of a neuroma and transposition of the distal nerve end into muscle, bone or vein…were superior to excision-only or excision and capping in patients who had neuroma pain for more than two years and in patients who had more than one previous surgery specifically to deal with neuroma pain." From this conclusion we can infer that for the appropriate clinical situation, for example, a digital amputation or neuroma in the palm, where there is no adequate size muscle for implantation, implanting the proximal end of the nerve into a bone should yield the same expected relief of pain as implanting the nerve into a muscle.

Review of the few retrospective reports of implanting a muscle into a bone is meaningful. Hemmy, a neurosurgeon at the Medical College of Wisconsin, in 1981, reported on five patients for whom he had implanted a peripheral nerve into a bone [62]. Two patients had their radial sensory nerve sharply transected, one patient had a posterior tibial nerve transected by gunshot, and two patients had the sciatic nerve transected during an above knee amputation. Both amputates had had two previous operations to relieve their pain, and the patient with the tibial neuroma had had seven previous operations. A nerve block of each nerve (patient) was done prior to the surgery, and in each there was good relief of their neuroma pain. The surgical technique Hemmy used was exactly as Boldrey had described. "These five patients have been followed for intervals varying from 3 to 5 years. In no case has there been a recurrence of pain."

The remaining retrospective case series was published in 1985 by Goldstein and Sturim from Brown University in Providence, Rhode Island [63]. The reported on 11 patients in whom the proximal nerve, after neuroma excision, was implanted into a bone. Their surgical technique differed only in that the two holes into the bone were directly opposed to each other, which was easier to do since 10 of their 11 patients had digital nerve injuries and the bone chosen for implantation was a metacarpal. Ten of the 11 had good to excellent results. One nerve that was implanted into a pha-

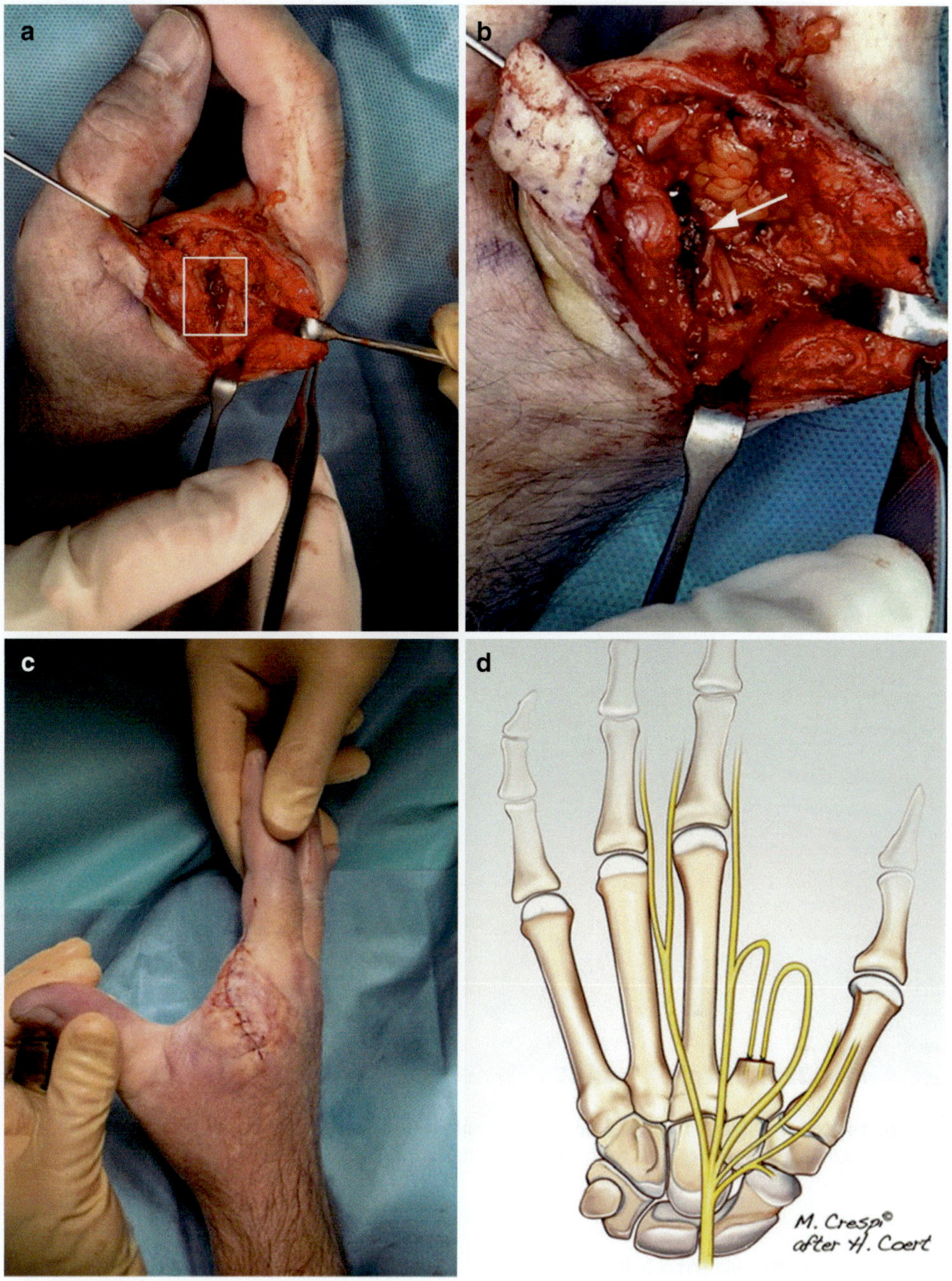

Fig. 16.13 Nerve implanted into bone: index ray amputation. (**a**) Overall view demonstrating exposure within webspace with proximal ends of both digital nerves and the dorsal radial sensory nerve to that webspace. (**b**) Enlarged view demonstrating the three nerves implanted into the base of the index metacarpal through its site of resection. (**c**) View following closure of flaps. (**d**) Illustration of the procedure

lanx pulled out. One of their patients had a radial sensory nerve injury in the forearm, while all the rest were injuries within the hand. The one patient who failed to improve had four digital nerves from two digits that were injured.

A remaining retrospective report is hard to interpret as those patients who had nerve implanted into a bone cannot be distinguished from those who had nerve implanted into a bone, nerve reconstruction, or neurolysis [10].

For a plantar digital nerve, since the foot intrinsic muscles are too small to permit nerve implantation, implantation of the branches of the medial or lateral plantar nerves can be done into the non-weight-bearing arch of the foot [25]. While this fibrous region accepts the nerve being implanted into it, it is not truly a bone implantation. This site is covered by the plantar quadratus and flexor brevis muscles. This is perhaps a "hybrid" implantation site that serves well for recurrent interdigital (Morton's) neuroma treatment.

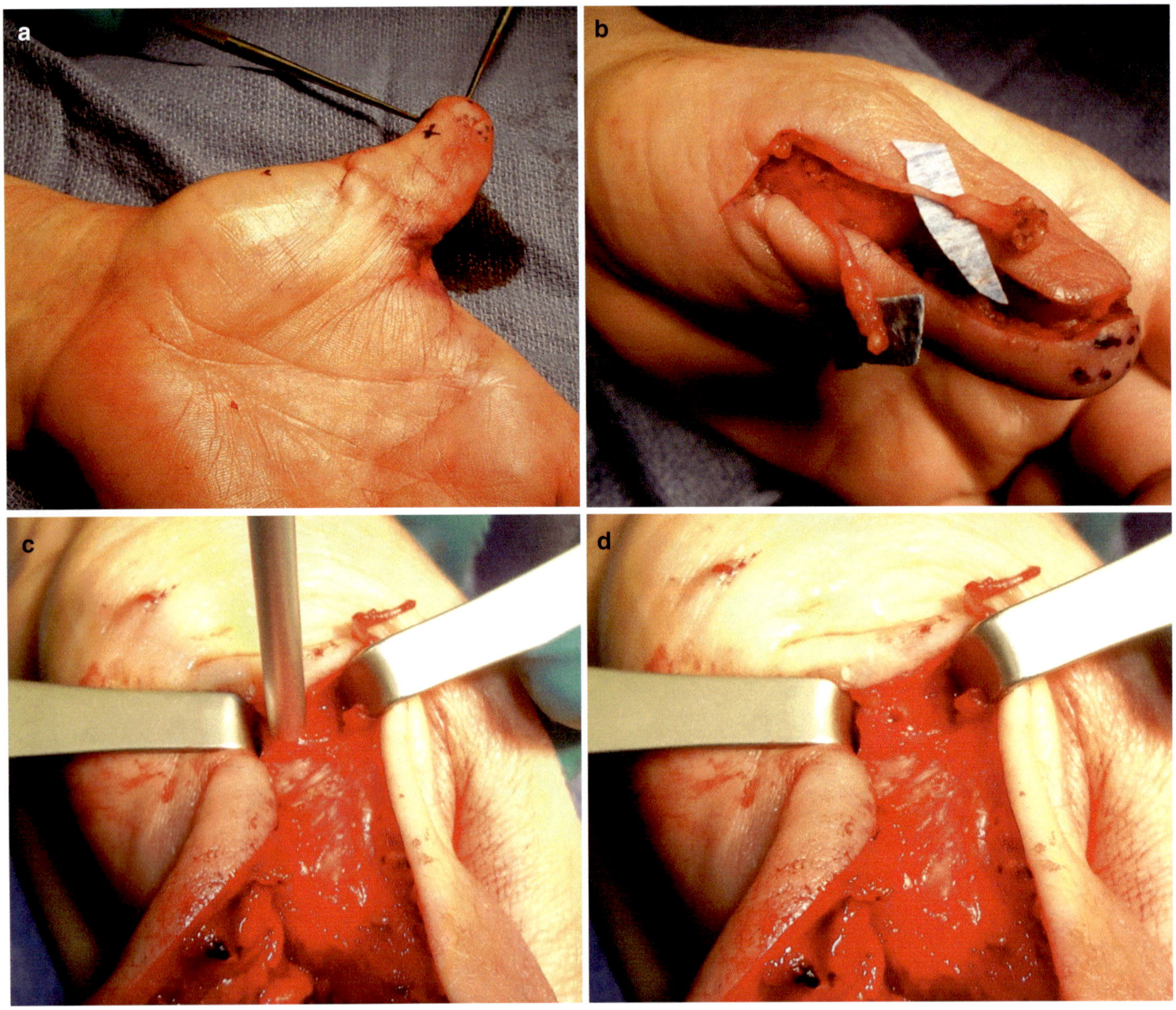

Fig. 16.14 Nerve implanted into a bone: distal thumb avulsion. (**a**) Distal thumb closed primarily with sites of pain dotted in blue ink. (**b**) Exposed digital neuromas. (**c**) Hole being drilled into metacarpal. (**d**) The hole

Conclusion: Nerve into a Bone

Implantation of the proximal end of a nerve into the medullary cavity of a bone after resecting the painful neuroma is a good alternative to implanting a nerve into a muscle if there is no suitable muscle available for the implantation site. The most common situation is an injury to a digital nerve in the finger or hand. If the digital nerve in the finger can be reconstructed with a graft, that is the best approach; however, for a distal amputation, with no distal neural target, resecting the neuroma and relocating the nerve into a metacarpal in the palm are the best alternative. For a large nerve, like the tibial nerve, implantation of this nerve into the tibia is a good alternative.

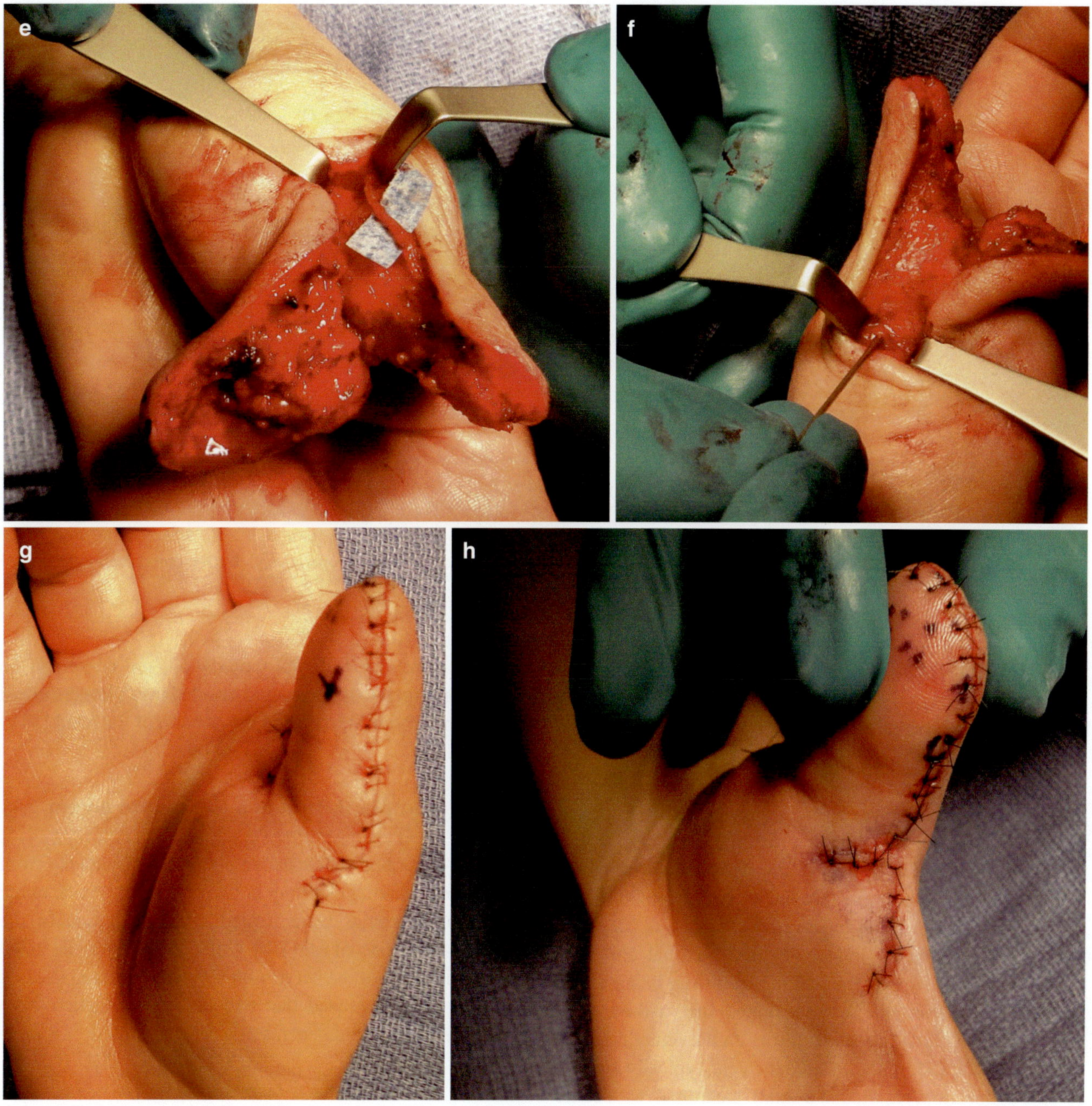

Fig. 16.15 (**e**) Reconstruction of patient's thumb from Fig. 16.14 continued: reconstruction is planned with an extended volar advancement flap [61]. (**e**) Radial digital nerve to thumb being implanted into a bone. (**f**, **g**) Reconstructed thumb following advancement flap closure

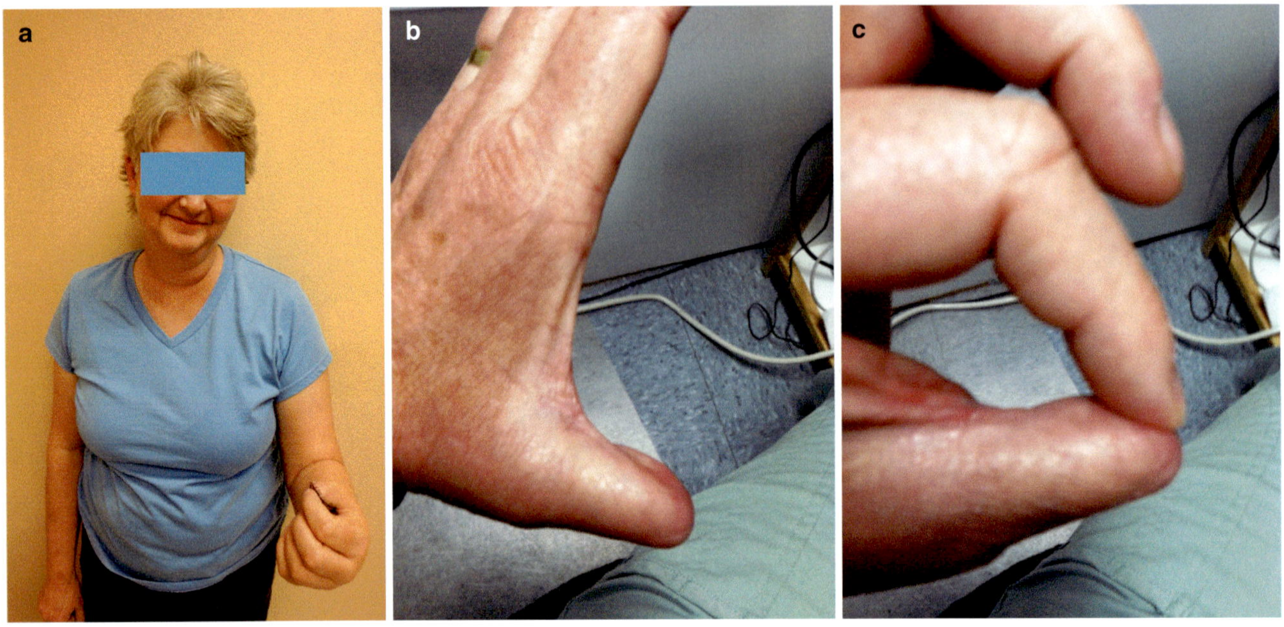

Fig. 16.16 (**a**) Follow-up of patient from Figs. 16.14 and 16.15. (**a**) Patient is shown at 2 years post-operatively. (**b**) Demonstration of maintained webspace and (**c**) pinching without pain

Implanting Nerve into Vein

Historical Perspective

In 1982, David Chiu, a plastic surgeon-trained hand surgeon, working then at New York University and Columbia Presbyterian Hospital, began investigation into nerve regeneration using a vein as a conduit [64]. This demonstrated the ability of a nerve to regenerate into a venous environment devoid of blood. In 1998, experimental work was begun on treating a neuroma by implanting the proximal end of a nerve, in this case the rat femoral nerve, into an intact femoral vein [65]. This study demonstrated that without vein implantation a classic neuroma forms on the femoral nerve. In contrast, the end implanted into the vein, typically an end-to-side connection, resulted in a small "neuroma" with some growth into the vein. These observations with the rat femoral vein model were confirmed by other investigators [66–68].

Surgical Technique

After resecting the painful neuroma, the proximal nerve is dissected free of scar tissue that might tether it, and then an adjacent vein is identified. Microsurgical technique is utilized to do either an end-to-end or an end-to-side connection of the nerve into the vein, using either 8-10 or 10-0 nylon depending upon the size of the vein and the nerve (Fig. 16.17).

If the nerve is slightly too large for the vein, the lumen of the vein can be gently stretched with micro-forceps.

In the hand, for a digital amputation, the nerve can be brought proximal to the wrist and inserted into a larger vein in the forearm [69] or into one on the dorsum of the hand [34].

Results of Implantation of a Nerve into a Vein

In a well-described retrospective cohort of 23 patients from 2003, from Scharnagl's group in Graz, Austria, a wide range of painful neuromas were treated by implantation of the nerves into an adjacent vein [70]. Criteria for surgery included a favorable block of the nerve with 1% lidocaine, and in cases where it was recognized that two nerves overlapped, both nerves were blocked independently. They reported:

> Patient age ranged from 18 to 73 years (average, 42 years). Etiologies were amputation ($n = 7$), ganglion or other tumor excision ($n = 5$), laceration injury ($n = 4$), wrist surgery ($n = 3$), vein-stripping procedures ($n = 1$), open fracture of the radius ($n = 1$), and toe harvest for thumb reconstruction ($n = 1$). The affected nerves were branches of the superficial branch of the radial nerve ($n = 5$), the saphenous and the sural nerves ($n = 3$ each), branches of the medial and lateral antebrachial nerves ($n = 2$ each), the dorsal branch of the ulnar nerve ($n = 2$), and the palmar digital nerves (3 neuromas in 2 patients). The musculocutaneous nerve, the palmar branch of the median nerve, a cutaneous branch of the femoral nerve, and the medial nerve of the second toe were affected in one case each. The duration of painful symptoms at the time of operation ranged from 12 to 431 weeks (average, 66.7 weeks) …. Average follow-up was 26.5 months. In 22 patients the symptoms improved permanently. Twelve patients experienced complete and permanent relief of pain; some mild degree of pain returned in 8 patients. Two patients experienced moderate pain, and pain recurred unchanged 2 months postoperatively in 1 patient.

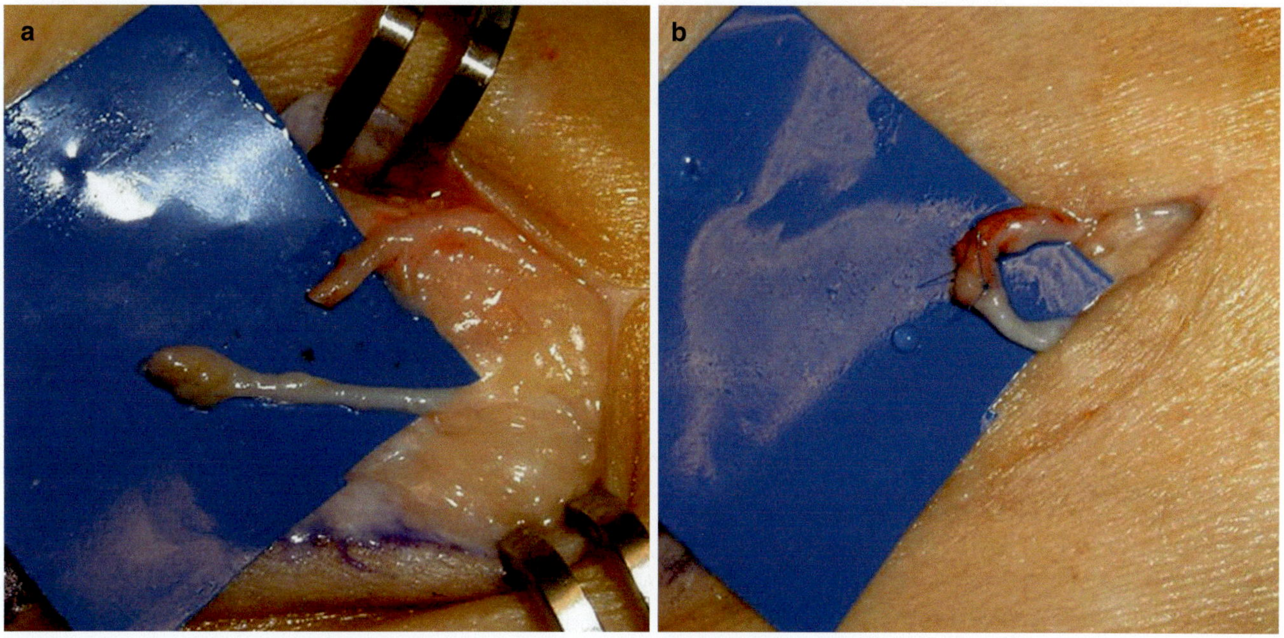

Fig. 16.17 (**a–b**) Clinical example of a nerve implanted into a vein. For an injured branch of the superficial peroneal nerve, its dorsal intermediate branch, the nerve can be implanted end to end into a dorsal vein. (Photo courtesy of Dan Kalbermatten, MD, Chief of Plastic Surgery, University Hospital, Geneva, Switzerland)

One randomized control trial has been reported comparing implanting the proximal end of the nerve into either a muscle or vein [34]. In this study, from the Plastic Surgery Department in Basal, Switzerland, in 2009, 20 patients were randomized. All had lower extremity painful neuromas distributed as follows: ten patients involved the sural nerve; in five patients, the dorsal cutaneous nerves of the foot; in three patients, the superficial branch of the peroneal nerve; and in two patients, the saphenous nerve. At 12 months after surgery, this study concluded that the nerve implanted into vein group did significantly better than the nerve implanted into muscle group, for pain relief and improved activity at the $p < 0.01$ level. Careful inspection of their data however demonstrates that at 12 months, each group had the same number of patients with "persistent steady pain" and the same number with pain with movement of the foot. At 12 months, pain medication was still required for 5 in the muscle implantation group and for 3 in the vein implantation group. An important lesson from this RCT is that there were too few patients to really control for the particular nerve and that many of these nerves overlap, such that persistent pain might well have been eliminated further for patients in each group by more pre-operative nerve blocks and excision of multiple peripheral nerves in the same patient. An example is that pain in the lateral ankle region often requires resection of both the superficial peroneal nerve and the sural nerve, which overlap greatly.

Conclusion: Nerve into a Vein

As discussed above, Poppler's review [6] found equivalent results treating a painful neuroma's proximal end by implanting the nerve into a muscle, bone, or vein. For the indication of a painful neuroma in the palm of the hand, implanting the nerve into a dorsal vein makes sense, and relocation of the nerve into a vein proximal to the wrist makes sense. The necessity to use microsurgical techniques to implant the nerve into a vein does require extra time and coding for the use of a microscope and operative time to do the implantation.

Conclusion: Implantation of Nerve

The most important message from this chapter is that up to 80% of patients with a painful neuroma can have an excellent chance of relief of their pain with time-tested, proven, and relatively simple techniques of transplanting the proximal end of the nerve, after neuroma resection, into an adjacent, deep, muscle that has little excursion. This statement only needs the modifier that pre-operative nerve blocks are essential to be sure that more than one nerve is not involved in the pain pattern. The commonest cause of failure is not removing all the nerves involved in the pain mechanism. Also, time since injury and number of previous procedures will influence the outcome and can be evaluated with the nerve block as well.

Is it always necessary to provide a "target" for the regenerating axon sprouts from the proximal end of the nerve? It is true that the normal muscle into which the nerve is implanted has no apparent target "end-organ" for the regenerating axon sprouts. However, the equally successful approach, when an adjacent deep muscle is not available, implanting the proximal end either between muscle layers (the distal forearm or anterior and lateral compartments of the leg) or into the medullary cavity of a bone, or into a vein, *also offers no distal targets for axon sprouts and may be equally effective.* Thus, burying nerves in a muscle is not obsolete and still can produce good to excellent results. It has advantages of limited tissue dissection and scarring, but also eliminates the potential loss of motor function of the TMR muscle. TMR, furthermore, with TMR for large nerves and size mismatch, despite dividing the proximal nerve into several different fascicles, may be a cause of axonal escape causing new (painful) neuromas to form. RPNI strategy, while providing denervated muscle as a target for the proximal sensory nerve, actually relies on the same principle as burying the nerve in a muscle. The final RPNI is buried into an adjacent muscle. "Cuff" is always and everywhere available in contrast to muscle burying. The muscle is denervated and may be a strong target for the nerve. On the other hand, the interface may be not vascularized and end up being a cap of scar on the end of the nerve. Vascularized RPNIs may prevent this, but they are more difficult to create. Overall, TMR and RPNI have also shown promising results in relatively small groups. We need RCTs, comparing "passive versus active" techniques.

Our "take-home message" is that traditional muscle burying techniques are still quite successful. This suggests that it may not be necessary to go through the extra intraoperative time (and procedure codes) and extra dissection and scarring to do a TMR or RPNI for the purpose of relief of neuroma pain.

References

1. Mitchell SW, Morehouse GR, Keen WW. Gunshot wounds and other injuries of nerves. Philadelphia: J.B. Lippincott & Co; 1864.
2. Mitchell SW. Injuries of nerves and their consequences, vol. 64. Miami, FL: Hard Press Publishing; 1872. p. 229.
3. Klifto KM, Dellon AL, Mitchell SW. Neurologic Evaluation & Rehabilitation of the injured upper extremity. Hand. 2021;16:128–33.
4. Boldrey E. Amputation neuroma in nerves implanted into bone. Ann Surg. 1943;118:1052–7.
5. Snyder C. The surgical handling of tissue, proceedings, seventh annual convention. Fort Worth, TX: Am Assoc Equine Prac; 1961.
6. Poppler LH, Parikh RP, Bichanich MJ, Rebehn K, Bettlach CR, Mackinnon SE, Moore AM. Surgical interventions for the treatment of painful neuroma: a comparative meta-analysis. Pain. 2018;159(2):214–23.
7. Dellon AL, Aszmann O. In musculus, veritas? (nerve in muscle versus TMR versus RPNI). Microsurgery. 2020;40:516–22.
8. Yesantharao PS, Aravind P, Dellon AL. Economic cost-benefit analysis of nerve implanted into muscle versus Targeted Muscle Reinnervation versus Regenerative Peripheral Nerve Interfacefor treatment of the painful neuroma. J Reconstr Microsurg. 2024; https://doi.org/10.1055/a-2273-3940.
9. Burchiel KJ, Johans TJ, Ochoa J. The surgical treatment of painful neuromas. J Neurosurg. 1993;78:714–9.
10. Guse DM, Moran SL. Outcomes of the surgical treatment of peripheral neuromas of the hand and forearm: a comparative outcome study. Ann Plast Surg. 2013;71:654–8.
11. Moszkowicz L. Zur Behandlung der schmerzhaften neurome. Zmtralbl Clair. 1918;45:547.
12. Teneff S. Prevention of amputation neuroma. J Int Coll Surg. 1949;12:16–20.
13. Petropoulos PC, Stefanko S. Experimental studies of posttraumatic neuromas under various physiologic conditions. J Surg Res. 1961;1:235–48.
14. Dellon AL, Mackinnon SE, Pestronk., A. Implantation of sensory nerve into muscle: preliminary clinical and experimental observations on neuroma formation. Ann Plast Surg. 1984;12:30–40.
15. Mackinnon SE, Dellon AL, Hudson AR, Hunter DA. Alteration of neuroma formation by manipulation of neural environment. Plast Reconstr Surg. 1985;76:345–52.
16. Dellon AL, Mackinnon SE. Treatment of the painful neuroma by neuroma resection and muscle implantation. Plast Reconstr Surg. 1986;77(3):427–38.
17. Mackinnon S, Dellon A. Results of treatment of recurrent dorsoradial wrist neuromas. Ann Plast Surg. 1987;19(1):54–61.
18. Evans G, Dellon A. Implantation of the palmar cutaneous branch of the median nerve into the pronator quadratus for treatment of painful neuroma. J Hand Surg. 1994;19(2):203–6.
19. Dellon AL, Kim J, Ducic I. Neuroma of the posterior cutaneous nerve of the forearm. J Hand Surg. 2004;29A:387–39.
20. Stahl S, Rosenberg N. Surgical treatment of painful neuroma in medial antebrachial cutaneous nerve. Ann Plast Surg. 2002;48(2):154–8.
21. Dellon AL, Aszmann OC. Treatment of superficial and deep peroneal neuromas by resection and translocation of the nerves into the anterolateral compartment. Foot Ankle Int. 1998;19:300–3.
22. Chiodo C, Miller S. Surgical treatment of superficial peroneal neuroma. Foot Ankle Int. 2004;25(10):689–94.
23. Ducic I, Levin M, Larson E, Al-Attar A. Management of chronic leg and knee pain following surgery or trauma related to saphenous nerve and knee neuromata. Ann Plast Surg. 2010;64(1):35–40.
24. Dellon AL. Treatment of recurrent metatarsalgia by neuroma resection and muscle implantation: case report and proposed algorithm of management for Morton's "neuroma". Microsurgery. 1989;10:256–9.
25. Wolfort SF, Dellon AL. Treatment of recurrent neuroma of the interdigital nerve by implantation of the proximal nerve into muscle in the arch of the foot. J Foot Ankle Surg. 2001;40:404–10.
26. Wong L. Intercostal neuromas: A treatable cause of postoperative breast surgery pain. Ann Plast Surg. 2001;46:481–4.
27. Ducic I, Larson EE. Outcomes of surgical treatment for chronic postoperative breast and abdominal pain attributed to the intercostal nerve. J Am Coll Surg. 2006;203:304–10.
28. Williams EH, Williams CG, Rosson GD, Heitmiller RF, Dellon AL. Neurectomy for treatment of intercostal neuralgia. Ann Thorac Surg. 2008 May;85(5):1766–70.
29. Dellon AL. Intercostal neuroma pain after laparoscopic cholecystectomy: diagnosis and treatment. Plast Reconstr Surg Global. 2014;133(3):718–21.

30. Broyles JM, Tuffaha SH, Williams EH, Glickman L, George TA, Dellon AL. Pain after breast surgery: etiology, diagnosis, and definitive management. Microsurgery. 2016;36:535–8.
31. Kokosis, G, Chopra, K, , Dellon, AL, Williams, EH, Revisiting post-breast surgery pain syndrome: risk factors, peripheral nerve associations and clinical implications, Gland Surg, 8:407–415, 2019.
32. Brown D, Dellon AL. Cervical plexus injuries. Plast Reconstr Surg. 2018;141:1021–5.
33. Kim J, Dellon AL. Neuromas of the calcaneal nerves: diagnosis and treatment. Foot Ankle Int. 2001;22:890–4.
34. Balcin H, Erba P, Wettstein R, Schaefer DJ, Pierer G, Kalbermatten DF. A comparative study of two methods of surgical treatment of painful neuroma. J Bone Joint Surg (Br). 2009;91B:803–8.
35. Rosson GD, Dellon AL. Superficial peroneal nerve anatomic variability changes surgical technique. Clin Orthop Relat Res. 2005;438:248–52.
36. Dellon AL, Andonian E, Rosson GD. CRPS I of the upper or lower extremity: surgical treatment outcomes. J Brachial Plex Peripher Nerve. 2009;4:1–15.
37. Dellon AL. Joint denervation. Springer Nature; 2019.
38. Rab M, Ebmer J, Dellon AL. Innervation of the sinus tarsi: implications for treating anterolateral ankle pain. Ann Plastic Surg. 2001;47:500–4.
39. Dellon AL, Barrett S. Sinus tarsi denervation: clinical results. J Am Podiatr Med Assoc. 2005;95:108–13.
40. Stokvis A, van der Avoort DJJC, van Neck JW, Hovius SER, Coert JH. Surgical management of neuroma pain: A prospective follow-up study. Pain. 2010;151:862–9.
41. Novak CB, van Vleit D, Mackinnon SE. Subjective outcome following surgical management of upper extremity neuromas. J Hand Surg. 1995;20A:221–6.
42. Brakkee EM, Stokvis A, DeVinney E, Ducic I, Coert JH. Surgical treatment strategies for injuries of the "unforgiving" superficial branch of the radial nerve. Plast Reconstr Surg. 2021;150: 845.
43. Dellon AL. Partial dorsal wrist denervation: resection of distal posterior interosseous nerve. J Hand Surg. 1985;10A: 527–33.
44. Dellon AL. Treatment strategies for supraorbital and supratrochlear neuroma. J Trauma Treatment. 2014;3(4) https://doi.org/10.4172/2167-1222.1000213.
45. Dorafshar A, Dellon AL, Wan E, Reddy S, Wong V. Injured anterior superior alveolar nerve endoscopically resected within maxillary sinus. J Craniomaxillofac Trauma Reconstr. 2017;10:208–11.
46. Musavi L, Macmillan A, Pedriera R, Lopez J, Dorafshar AH, Dellon AL. Resection of the posterior, middle, and anterior superior alveolar nerves and infraorbital neurolysis for refractory maxillary pain. J Oral Maxillofac Surg. 2018;76:1175–80.
47. Olenczac JB, Cho-hui H, Aguilar K, Dellon AL, Manson PM. Anatomic location of the superior alveolar nerve to the incisors. Ann Plast Surg. 2015;75:543–7.
48. Lee CH, Dellon AL. Surgical management for groin pain of neural origin. J Am Coll Surg. 2000;191:137–42.
49. Van Ramhorst VH, Kelirensink GJ, Hermans JJ, Terkivatan T, Lange JF. Abdominal wall paresis as a complication of laparoscopic surgery. Hernia. 2009;13:539–43.
50. Rab M, Ebmer J, Dellon AL. Anatomic variability of the ilioinguinal and genitofemoral nerve: implications for the treatment of groin pain. Plast Reconstr Surg. 2001;108:1618–23.
51. Ducic I, Dellon AL. Testicular pain after inguinal hernia repair: an approach to resection of the genital branch of the genitofemoral nerve. J Am Coll Surg. 2004;198:181–4.
52. Dellon AL, Hashemi SS, Tollestrup T. Orchialgia after orchiectomy. Plast Reconstr Surg. 2014;134(6):998e–9e.
53. Aszmann OC, Dellon ES, Dellon AL. The anatomic course of the lateral femoral cutaneous nerve and its susceptibility to compression and injury. Plast Reconstr Surg. 1997;100:600–4.
54. Dellon AL, Mont M, Ducic I. Involvement of lateral femoral cutaneous as a source of persistent pain alter total hip arthroplasty. J Arthroplast. 2008;23:480–5.
55. Coert JH, Connolly J, Dellon AL. Documenting compressive neuropathy of the lateral femoral cutaneous nerve. Ann Plast Surg. 2003;50:373–7.
56. Ross DC, Mackinnon SE, Chang YL. Intraneural anatomy of the median nerve provides "third web space" donor nerve graft. J Reconstr Microsurg. 1992;8:225–32.
57. Kang NV, Woollard A, Michno DA, Ajam Y, Tan J, Hansen E. 40 consecutive targeted muscle reinnervation (TMR) for relief of neuroma and phantom limb pain—a UK perspective. J Plast Reconstr Aesthet Surg. 2022;75:960–9.
58. Munro D, Mallory GK. Elimination of the so-called amputation neuromas of divided peripheral nerves. N England J Med. 1959;260(8):358–61.
59. https://en.wikipedia.org/wiki/Sir_Robert_Jones,_1st_Baronet. Accessed 26 April 2021.
60. Huber GC, Lewis D. Amputation neuromas: their development and prevention. Arch Surg. 1920;1:85–113.
61. Dellon AL. The extended palmar advancement flap in thumb reconstruction. J Hand Surg. 1983;8:190–4.
62. Hemmy DC. Intramedullary nerve implantation in amputation and other traumatic neuromas. J Neurosurg. 1981;54(6):842–3.
63. Goldstein SA, Sturim HS. Intraosseous nerve transposition for treatment of painful neuromas. J Hand Surg Am. 1985 Mar;10(2):270–4.
64. Chiu DT, Janecka I, Krizek TJ, Wolff M, Lovelace RE. Surgery. 1982;91(2):226–33.
65. Herbert T, Filan S. Vein implantation for treatment of painful cutaneous neuromas. A preliminary report. J Hand Surg Br. 1998;23:220–4.
66. Low CK, Chew SH, Song IC, Ng TH. Implantation of a nerve ending into a vein. Clin Orthop Relat Res. 2000;279:242–6.
67. Kakinoki R, Ikeguchi R, Matsumoto T, Shimizu M, Nakamura T. Treatment of painful peripheral neuromas by vein implantation. Int Orthop. 2003;27(1):60–4.
68. Koch H, Haas F, Hubmer M, Rappl T, Scharnagl E. Treatment of painful neuroma by resection and nerve stump transplantation into a vein. Ann Plast Surg. 2003;51:45–50.
69. Mackinnon SE. Wandering nerve graft technique for management of the recalcitrant painful neuroma in the hand: a case report. Microsurgery. 1988;9:95–102.
70. Koch H, Hubmer M, Welkerling H, Sandner-Kiesling A, Scharnagl E. The treatment of painful neuroma on the lower extremity by resection and nerve stump transplantation into a vein. Foot Ankle Int. 2004;25(7):476–81.

Targeted Muscle Reinnervation for Treatment of Symptomatic Neuroma

17

Grant M. Kleiber, Jason H. Ko, Ian L. Valerio, and Gregory A. Dumanian

The treatment of symptomatic injured nerves has been an unsolved problem since the beginning of modern medicine. A recent report stated that "Outside of trigeminal neuralgia, there are no surgical approaches with established efficacy in neuropathic pain." [1] It is not understood why some nerves that are minimally dissected during surgery become painful and have a lack of function, while other nerves that are completely divided become pain-free over time. Amputations are a useful model for the study of nerve injuries, because every amputation is associated with multiple cut nerve endings. Over 200,000 major lower limb amputations are performed annually in the United States, and over 2 million people are currently living with a major amputation [2, 3]. Amputees frequently suffer from residual limb pain—defined as pain associated with the end of the limb and that is exacerbated by manipulation, pressure, and other types of contact. This type of pain is distinguished from phantom limb pain which is perceived in the amputated portion of the limb that is no longer present. These two types of neuropathic pain often interfere with the ability to ambulate with a prosthesis, can increase the dependence on pain medications and/or polypharmacy, and can decrease the quality of life for the amputee patient. The ability of an amputee to ambulate with a prosthesis is critically important, and non-ambulatory status correlates to a significant decrease in functional status with corresponding increase in mortality [4, 5].

Residual limb pain in amputees can be due to poor soft tissue padding, heterotopic ossification, ischemia, or stump neuroma formation. Amputation stump neuromas are a common problem and can affect any of the nerves transected at the amputation level. Amputation requires division of every nerve of the amputated limb, and each nerve fascicle within these transected nerves will sprout and attempt to find a terminal nerve receptor to innervate. These proliferated axons become encased in the scar tissue at the amputation level from locally released nerve growth factors. The resultant neuromas may be transfixed to the fascia, skin, and bone. We have found that specific nerves are more likely than others to form symptomatic neuromas at an amputation stump. In the lower extremity, the superficial peroneal nerve and the saphenous nerve are particularly likely to form symptomatic neuromas, though it is unclear why some nerves become more painful and irritated than others [6]. Symptomatic neuromas are comprised of sensory as opposed to motor neurons, and so it is understandable that the superficial peroneal nerve is more problematic than the deep peroneal nerve. Superficial peroneal neuromas are often tethered up to the crural fascial edge or scarred down to the fibular stump. Amputees presenting with stump neuromas complain of pain radiating into the affected nerve distribution that is worsened by prosthetic ambulation. The affected nerve can be identified usually by the patient's description of the radiating area, and the

Supplementary Information The online version contains supplementary material available at https://doi.org/10.1007/978-3-031-59758-9_17.

G. M. Kleiber
Department of Plastic Surgery, MedStar Georgetown University Hospital, Washington, DC, USA
e-mail: grant.m.kleiber@medstar.net

J. H. Ko
Department of Surgery, Division of Plastic and Reconstructive Surgery, Northwestern University Feinberg School of Medicine, Chicago, IL, USA

Department of Orthopaedic Surgery, Northwestern University Feinberg School of Medicine, Chicago, IL, USA
e-mail: jason.ko@nm.org

I. L. Valerio
Department of General Surgery, Division of Plastic and Reconstructive Surgery, Massachusetts General Hospital, Boston, MA, USA
e-mail: ivalerio@mgh.harvard.edu

G. A. Dumanian (✉)
Department of Surgery, Division of Plastic Surgery, Northwestern Memorial Hospital, Chicago, IL, USA
e-mail: gdumania@nm.org

K. R. Eberlin et al. (eds.), *Contemporary Neuroma Management*, https://doi.org/10.1007/978-3-031-59758-9_17

presence of a Tinel's sign over the affected nerve end. A recent study implies that pain and phantoms are more *patient-specific* rather than related to events at the time of the amputation. A survey on amputee pain and phantoms in the community (i.e., patients who underwent amputation without any defined maneuvers to help prevent neuropathic pain) demonstrated that approximately 25% of patients have no pain or phantoms, 25% describe their symptoms as mild, 25% have moderate symptoms, and fully 25% of amputees have severe pain and phantoms [7].

Phantom limb pain is a complex problem, and the neurophysiologic basis for it is not yet clearly understood. Multiple hypotheses exist for the mechanism of phantom pain. Aberrant changes occur to the peripheral and central nervous system following amputation, with a loss of afferent-efferent feedback and spinal and cortical reorganization beginning at the time of amputation [5, 8, 9]. Phantom pain affects 60–80% of patients after a major amputation, and 5–10% report their phantom pain as severe [10]. The presentation of phantom pain is quite variable, with some patients describing an intolerable burning pain, while others describe only a sensation that their limb is still present. It may affect the entire phantom limb, or it may be confined to a single nerve distribution.

Management of terminal neuromas involves excision of the neuroma and some form of adjunctive neurostabilization procedure to prevent the new cut nerve endings from becoming symptomatic. Traditionally, this has involved translocating the cut nerve endings into the muscle or bone—thereby "hiding" the nerves from pressure or manipulation. Other methods of distal nerve stabilization include a blind-end allograft, prosthetic or biologic nerve caps, or centro-central coaptation [11]. In recent years, a concept of physiologic neurostabilization has evolved, in which nerves are redirected into freshly denervated motor endplates. While innervated muscle will not accept a new nerve input for innervation, denervated muscle will allow a regenerating proximal nerve to reinnervate the motor endplates [12]. Two techniques employ the concept of healing the end of a nerve rather than hiding it: targeted muscle reinnervation and regenerative peripheral nerve interfaces (RPNI). The latter will be discussed in a separate chapter.

Targeted Muscle Reinnervation—Concepts and Principles

Targeted muscle reinnervation (TMR) is a technique in which a nerve transfer is performed to an expendable motor target nerve. In contrast to a centro-central coaptation where two proximal stumps are coapted together (and no terminal nerve endplates are available within the substance of the nerve), TMR is an antegrade nerve transfer of a proximal nerve to a distal target motor nerve. This surgical technique was originally described in 2002 to create an interface for signal transduction to control myoelectric prostheses in a bilateral shoulder-level amputee [13, 14]. The technique was expanded to transhumeral amputees for enhanced myoelectric prosthetic control, allowing multiple control sites for surface electrode arrays that would have previously been unavailable [15]. The procedure was later found to have the unexpected effect of substantially reducing the patient's pain [16]. Histological studies using a rabbit model have shown restoration of normal fascicular architecture after neuroma excision and TMR nerve transfer [17–19]. Over the past decade, the role of TMR nerve transfers has expanded beyond myoelectric prosthetic control to encompass *the surgical treatment of all types of painful nerves* [20].

Certain principles should be applied to TMR nerve transfers to optimize outcomes.

1. *Expendable motor target*

   Motor nerve transection will lead to loss of function in at least a portion of the affected target muscle, and therefore motor targets must be carefully selected to minimize loss of function. In a lower extremity amputee, particularly below knee, there are many muscles that may be potential targets for transfer since the foot and ankle have been removed. However, surgeons must consider the substantial importance of soft tissue padding at the stump. If a muscle has redundant innervation, one of the redundant nerves may be selected as a target, and native innervation still preserved through the other motor nerves, preserving muscle bulk and function.
2. *Anatomic feasibility of transfer*

   The proximal nerve and the distal motor target must be within close enough proximity to allow for a tension-free coaptation. If possible, it is advantageous for the motor target to be in the same anatomic compartment as the proximal nerve to avoid scarring and entrapment from crossing fascial planes or septa. The best planned transfers will require a movement of only 1–3 cm of the injured nerve to reach the target motor nerve.
3. *Nerve transposition with mobilization away from the amputation stump*

   When possible, it is advantageous to perform TMR nerve transfers proximal within the amputation stump to prevent the nerve transfer from being stimulated by prosthetic ambulation. Direct pressure can cause the nerve coaptation site to be uncomfortable during prosthetic wear. This concept is one argument to perform nerve transfers for below-knee amputations behind the proximal leg near the popliteal fossa, rather than within the distal wound. Proximal TMR nerve transfers allow for a more reliable identification of motor targets with larger caliber.

4. *Axonal capture*

   A motor target with an adequate size match to the proximal nerve is rarely available in TMR nerve transfers, though the size mismatches have not been associated with worse outcomes. Experience shows that providing any amount of distal axonal target for the transected sensory nerve, in effect giving it "somewhere to go and something to do," is effective in improving or avoiding amputee pain and phantoms. However, there are methods to overcome this size mismatch and prevent "axonal escape" from the proximal nerve stump. If there is a significant size mismatch at the TMR site, the entire coaptation can be anchored to the muscle at the target neuromuscular junction. This effectively creates a TMR/RPNI dual effect, anchoring the mismatched nerve transfer to the newly denervated muscle formerly innervated by the target motor nerve [21].
5. Consideration of preserving muscle bulk

   The loss of muscle bulk after a TMR nerve transfer is a theoretical issue that some centers regard as more important than others. For below-knee amputations, some centers use the posterior calf musculature including the lateral gastrocnemius and soleus muscle as targets, while other centers leave the posterior calf untouched to maintain the bulk over the distal tibia. The importance of the issue of denervation atrophy and decreased soft tissue padding is unclear, and the issue of stable soft tissues must be compared to an unsuccessful treatment of neuroma pain and phantom pain that could also limit ambulation in a prosthetic. Significant atrophy can be treated with fat grafting if it were to occur. In the near future, direct skeletal attachment of prosthetics may make this issue less important.

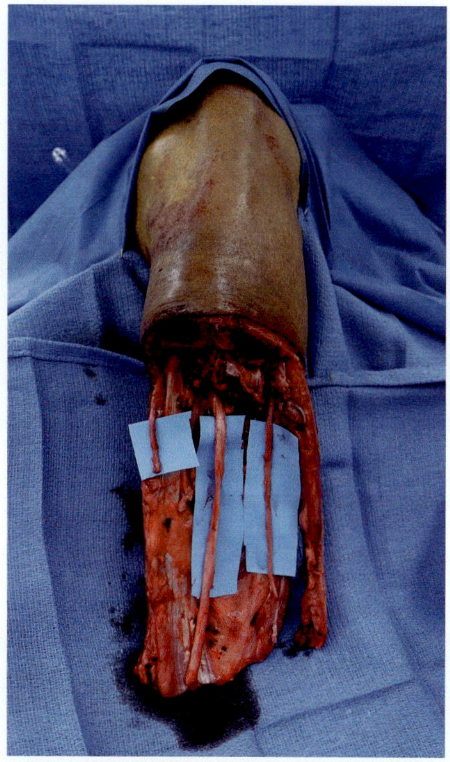

Fig. 17.1 Length of the superficial peroneal, tibial, and saphenous nerves is preserved at the time of below-knee amputation to facilitate the performance of TMR

Targeted Muscle Reinnervation Techniques for the Lower Extremity

Primary Below-Knee Amputation

We advocate TMR nerve transfers on all major amputations above the ankle. Even highly comorbid patients derive significant benefit in terms of postoperative pain control and prosthetic tolerance. Either general anesthesia or regional anesthesia with indwelling perineural catheters can be used for analgesia for this procedure, with the latter preferred for patients' advanced comorbidities. There are five nerves typically identified during below-knee amputation: the tibial, superficial peroneal, deep peroneal, saphenous, and sural branches. We typically manage the tibial, superficial peroneal, and saphenous nerves primarily, as these are the nerves that are most problematic for phantom pain and neuroma pain [8]. These nerves are identified during the amputation and length is preserved (Fig. 17.1). The three nerve transfers described below can be performed by an experienced surgeon in approximately 30 min under loupe magnification.

The superficial peroneal nerve (SPN) is typically identified immediately posterior to the anterolateral septum. However, not infrequently the nerve is identified in an aberrant location such as the lateral aspect of the anterior compartment or within the anterolateral septum itself. Our preference is to transpose the superficial peroneal nerve proximally and perform an interfascicular transfer to a motor fascicle within the common peroneal nerve, typically the extensor digitorum longus. This is preferred due to its ease of identification, similar size match with the SPN, and insignificant contribution to distal stump padding. A small oblique incision is made just below the fibular head, and the common peroneal nerve (CPN) is identified beneath the crural fascia. The CPN is dissected distally until it dives deep to the posterior crural intermuscular septum at the border of the lateral compartment. The motor nerve to the tibialis anterior has already left the substance of the CPN on its superior aspect. The peroneus longus muscle is exposed and retracted anteriorly away from the septum, and the septum is divided distally over the CPN to fully expose and decompress it. An internal neurolysis is performed of the CPN to separate its

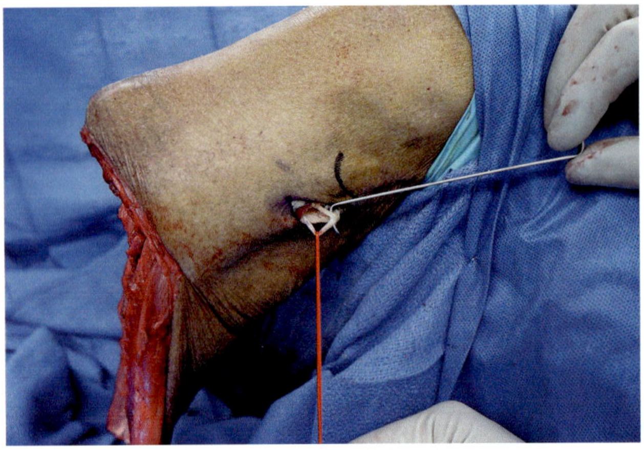

Fig. 17.2 The common peroneal nerve is exposed through a 2 cm counter-incision beneath the fibular head. An internal neurolysis is performed and the fascicles are mapped with nerve stimulation. The nerve to the extensor digitorum longus is selected as the motor target

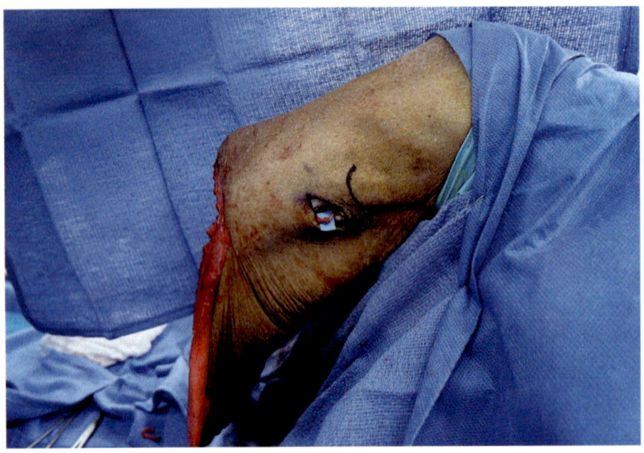

Fig. 17.3 The superficial peroneal nerve is translocated into the proximal peroneal exposure, and an antegrade end-to-end nerve transfer is performed to the motor target. Isolation of the motor target at this level often provides a 1:1 size match

fascicular groups, which are mapped with a handheld nerve stimulator to visualize muscle stimulation at the stump. The anterior compartment branch is typically the most anterolateral fascicular group, but we have found this to be inconsistent. The motor fascicle to the selected target is dissected and marked (Fig. 17.2). At this point the superficial peroneal nerve is transposed from the distal stump wound into the proximal peroneal tunnel exposure. The motor target nerve is divided proximally, the excess is trimmed, and an antegrade end-to-end nerve transfer is performed from the SPN to the motor target [22] (Fig. 17.3). Alternatives to this approach include finding a small motor nerve to the peroneus brevis or longus through the amputation wound or turning the patient prone and performing the nerve transfer through the popliteal fossa. The latter facilitates the simultaneous treatment of the tibial and sural nerves.

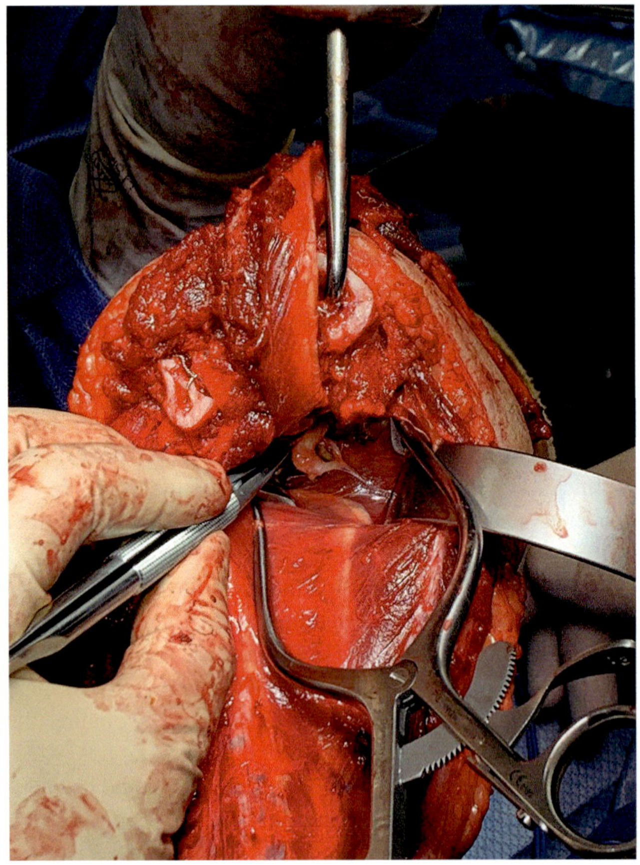

Fig. 17.4 Tibial nerve transfer to flexor hallucis longus motor nerve

The tibial nerve is identified in the posterior plane of the deep posterior compartment, adjacent to the posterior tibial vessels. Retrograde dissection is performed along the tibial nerve from the amputation stump until a motor nerve is identified. Any branch from the tibial nerve is a viable motor target. At the typical level of a below-knee amputation, the tibial nerve has already given off motor branches to the gastrocnemius and soleus muscles. There are numerous branches from the tibial nerve into the muscles of the deep posterior compartment at the level of a below-knee amputation [21]. This includes the tibialis posterior, flexor digitorum longus, and flexor hallucis longus. Since these muscles are fairly small and contribute little to stump padding and are usually cut flush with the tibial osteotomy, they are ideal motor targets for transfer. When a motor branch is identified, it is dissected proximally and separated from the main trunk of the tibial nerve. The motor target is divided as far proximally as can be visualized and brought distally into the wound. An end-to-end antegrade nerve transfer is then performed to the motor target (Fig. 17.4). A substantial size mismatch is expected for tibial nerve transfers, and for this reason we routinely anchor the coaptation to the denervated muscle. Alternatively, the tibial nerve may be split into multiple fascicular groups to minimize size mismatch if multiple targets can be identified at this level.

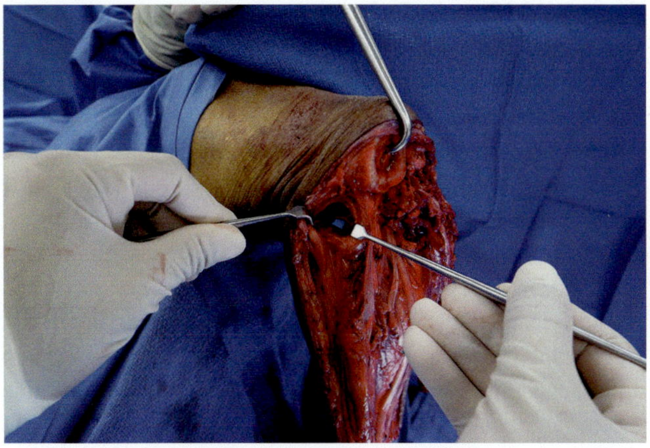

Fig. 17.5 Dissection is performed within the tibialis posterior muscle until an intramuscular motor nerve is identified and selected as a motor target for the saphenous nerve transfer

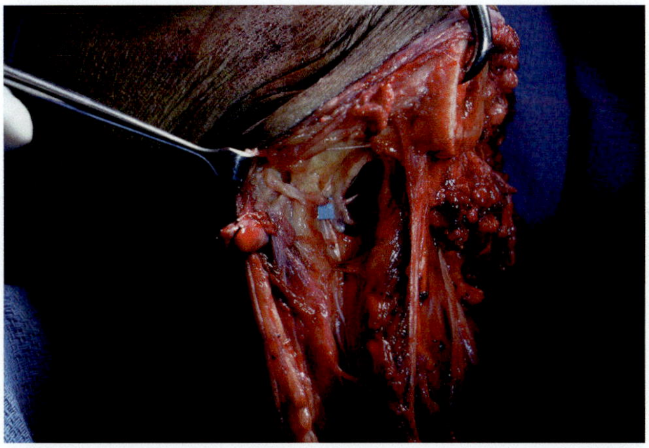

Fig. 17.6 The saphenous nerve is transposed through the fascial window and transferred to the intramuscular motor nerve of the tibialis posterior

The saphenous nerve is identified adjacent to the saphenous vein. There is often some arborization at the level of the amputation, and as many branches as possible are recruited. The fascia beneath the saphenous nerve at the medial border of the tibia is opened to expose the deep posterior compartment. Intramuscular dissection is performed within the tibialis posterior muscle until a distal motor nerve is identified (Fig. 17.5). This is transected proximally and brought out into the wound. The saphenous nerve is translocated through the fascial window, and a nerve transfer is performed to the intramuscular motor nerve (Fig. 17.6). Intramuscular motor nerves are typically small, so a size mismatch is to be expected, and the nerve coaptation is anchored within the denervated muscle. If a suitable target cannot be identified, we perform a crush-and-bury neurectomy of the saphenous nerve, and if saphenous neuralgia is an issue postoperatively, a formal saphenous TMR can be performed in the medial thigh.

The sural nerve may be transferred to gastrocnemius or soleus branches, again with the consideration of the loss of muscle bulk when the calf muscles are used. Some centers perform a traction neurectomy of the sural nerve and manage postoperative neuralgia with a secondary TMR transfer if indicated. An alternative is to dissect the sural nerve from the posterior flap. A hemostat can draw the nerve anteriorly through the gastrocnemius muscle, where an intramuscular nerve branch can be the recipient for TMR, or an RPNI can be performed.

The deep peroneal nerve may be transferred to any distal motor nerve in the anterior compartment. The tibialis anterior muscle should be avoided to not cause peritibial atrophy. The deep peroneal nerve is not a priority and may be transferred if the surgeon desires, but this has not been seen to have a significant effect on outcomes.

Primary Knee Disarticulation

Knee disarticulation, or through-knee amputation, is a relatively uncommon lower extremity amputation which is typically reserved for non-ambulatory patients where BKA would not be an option. The preservation of the distal femur allows the patient counterbalance during chair transfers. However, prosthesis fitting tends to be more problematic than above-knee amputation given the resulting longer length discrepancy for various prosthetic knee functions. The nerves addressed during a knee disarticulation are the tibial nerve, the common peroneal nerve, and the saphenous nerve. At this level, all nerves are addressed through the amputation stump wound. If possible, the sural nerves are preserved to maintain sensation on the calf skin that covers the distal stump. Retrograde dissection is performed along the tibial nerve until the branches to the medial and lateral gastrocnemius muscle are identified and marked. Although we would not select these nerves as motor targets in ambulatory patients, they are expendable in non-ambulatory knee disarticulation patients. This provides two large motor targets within easy range of the tibial and common peroneal nerve. The common peroneal nerve is rerouted into the tibial nerve tunnel. The target medial and lateral gastrocnemius motor nerves are divided in order to receive transfers from tibial and common peroneal nerves. The saphenous nerve can be found at the level of Hunter's canal where a transfer can be performed to the sartorius or vastus medialis [23]. An alternative is to harvest a small piece of muscle from the amputated specimen and perform an RPNI.

Primary Above-Knee Amputation

Above-knee amputation is a morbid procedure and is associated with significantly higher ambulatory energy expenditure than below-knee amputation. The sciatic, saphenous, and posterior femoral cutaneous nerves are addressed during above-knee amputation. Each of these can contribute to post-amputation pain, and the sciatic is the most commonly involved in neuroma formation at this level.

The sciatic and posterior femoral cutaneous nerves are addressed from a posterior approach—and therefore the amputation will need to be performed in the prone/lateral position, or else the patient will require a position change after the amputation. The majority of motor innervation points are located proximal to the midpoint of the femur [24], and a typical above-knee amputation is performed quite a bit distal to this, making these motor nerves inaccessible from the distal amputation stump wound. A useful rule of thumb is that the motor nerves to the biceps femoris and the semitendinosis/semimembranosis are located at the junction of the proximal and middle thirds of the thigh. This posterior approach required to perform above-knee amputation adds significant time to the procedure due to the position change. Since these patients usually have medical comorbidities, one option is to perform the posterior portion of the TMR either the day before or the day after the amputation.

A longitudinal incision is made between the medial and lateral hamstring groups centered over the midpoint of the thigh. The posterior femoral cutaneous nerve is identified immediately deep to the fascia, and this is isolated and marked for later nerve transfer. Dissection is carried down the medial border of the biceps femoris, and typically at least one distal motor nerve is identified entering the short head of the biceps femoris which is selected as a motor target. The sciatic nerve is palpated within the fat pad between the hamstring groups and isolated. Retrograde dissection is carried proximally along the sciatic nerve until motor branches are identified. These are usually found branching from the deep or lateral surface of the nerve. Several motor branches can typically be identified, and at least two are selected as motor targets (Video 17.1).

The sciatic nerve is bluntly split into the tibial and peroneal components, and each is transferred to a large motor target. Due to the significant size mismatches, the nerve coaptation is anchored to the denervated muscle at the neuromuscular junction. The posterior femoral cutaneous nerve is typically transferred to the most superficial motor target, usually one which is identified on the medial border of the biceps femoris short head.

The saphenous nerve is treated at Hunter's canal, either through the amputation wound or through a separate incision if necessary. The vastus medialis or sartorius can serve as motor targets for saphenous TMR. A more complete treatment of femoral nerve sensory branches can be achieved with a groin incision just medial and parallel to the sartorius [25]. Any femoral nerve branch that does not elicit a muscle response with stimulation is transferred to one of the many segmental nerves of the sartorius muscle.

Targeted Muscle Reinnervation for Secondary Neuroma Management of the Lower Extremity

Amputation stump neuromas can affect any nerve at the amputation level, but they occur most commonly in the superficial peroneal, saphenous, and sciatic nerves. Surgical approaches and specific transfers are tailored to the nerves involved. In a well-healed amputation stump, every effort is made to leave the stump intact, since stump breakdown is a significant problem in amputees. Instead, the nerves are approached proximal to the stump, at a level where a suitable motor target can be identified. If a soleus myodesis was not performed at the previous amputation, or the muscle has dehisced from the bone, the stump is approached from the distal end and a revision myodesis is performed in addition to the neuroma excision and nerve transfer. This may require modest bone shortening, so the muscle may be anchored to the anterior tibia.

Sciatic neuromas are approached posteriorly, in a manner similar to a primary sciatic TMR. In these cases, we recommend excising the sciatic terminal neuroma to prevent unnecessary procedures if the patient has imaging of the stump in the future, though our internal data shows that excision of the actual neuroma does not improve outcomes.

For chronic pain after below-knee amputation, the superficial peroneal nerve can be approached through a longitudinal incision over the anterolateral septum. The TMR technique is identical to a primary amputation, with the CPN exposed at the fibular head, the SPN translocated into the peroneal tunnel, and an interfascicular transfer performed to an expendable motor nerve such as extensor digitorum longus or peroneus longus. The saphenous nerve is usually approached in the distal medial thigh at Hunter's canal, where the anatomy of the nerve is quite consistent and there are an abundance of motor targets adjacent to the nerve. The layer of fascia connecting the vastus medialis and adductor longus, the vastus-adductor septum, is opened, and the saphenous nerve can be reliably identified immediately deep to this layer. It is important not to confuse the large suprafascial saphenous cutaneous nerve with the main trunk of the saphenous nerve. As in a primary above-knee amputation, the sartorius and vastus medialis serve as reliable and expendable motor targets for the saphenous nerve (Fig. 17.7). An alternative for treatment of the saphenous nerve in the femoral triangle is described below.

Some centers preferentially perform secondary TMR for below-knee amputees with a single incision behind the calf. This is typically a virgin operative dissection, it provides the greatest diameters and selection of motor nerves, and it is furthest away from the neuroma. There may be a benefit of being far upstream from the end of a painful nerve. An incision is made between the heads of the gastrocnemius muscle

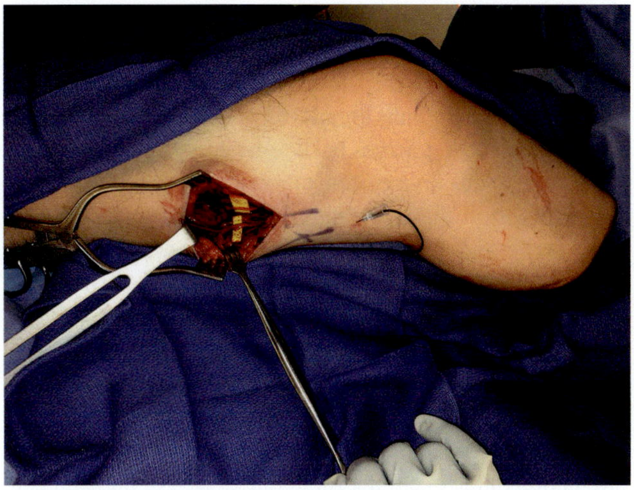

Fig. 17.7 A vastus medialis motor nerve (above) serves as an excellent motor target for the saphenous nerve (below) in Hunter's canal

with the incision beginning at the popliteal skin crease. The tibial and sural nerves are transferred to the motor nerves of the soleus muscle and flexor hallucis longus, respectively. The common peroneal nerve is transferred to the motor nerve of the lateral gastrocnemius muscle. If there is a peroneal component of the sural nerve, it is transferred to an intramuscular motor nerve of the lateral gastrocnemius muscle, or an RPNI is created. The medial head of the gastrocnemius is left alone for knee flexion and bulk. This approach theoretically would cause the most loss of muscle bulk, though this has not been seen yet clinically. With successful reinnervation of major mixed nerves to these muscles, the loss of muscle bulk may not be clinically important.

Targeted Muscle Reinnervation Techniques for the Upper Extremity

TMR for Digit and Hand Amputations

When performing finger amputations distal to the metacarpophalangeal (MP) joint, the authors traditionally perform traction neurectomies of the digital nerves in the distal fingers. For patients who have developed neuromas of the digital nerves distal to the MP joint, RPNI is an option in the fingers, as is TMR of the digital nerve into a motor point within the palm. The authors believe that TMR has more of a role for more proximal amputations, such as MP disarticulation or ray amputations, whereby the digital nerves can be transferred into motor points in the lumbrical or interossei muscles volarly [26–28]. By extending the incision into the palm, the fascia over the lumbrical muscles can be incised, and the nerve stimulator can be used to identify a small motor point within the muscle that can be used as a target

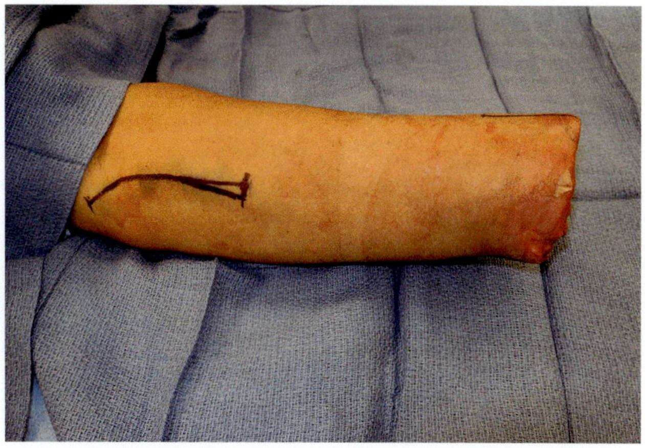

Fig. 17.8 Single incision for acute TMR for transradial amputee

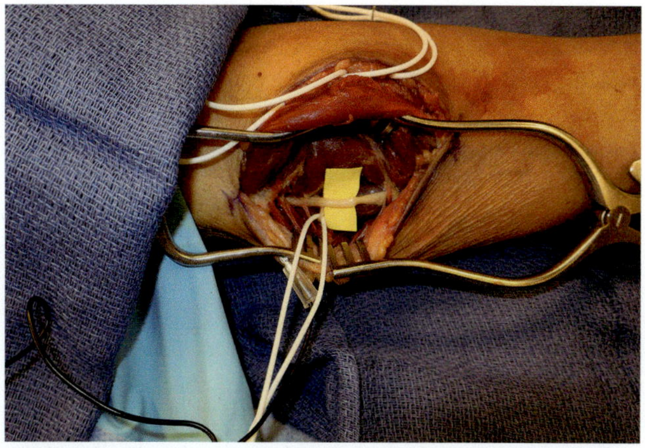

Fig. 17.9 Transradial amputee with ulnar nerve dissected and vessel loop around motor nerve of flexor carpi ulnaris

(Figure). For dorsal sensory branches of the radial and ulnar nerves, the fascia over the dorsal interossei can be incised, and motor points identified for transfer.

TMR for Transradial Amputations

In the forearm, the majority of the motor branches to the musculature are in the proximal forearm. For this reason, primary amputations at the wrist or distal forearm level will require a separate incision in the proximal volar forearm (Figs. 17.8, 17.9, and 17.10). If the primary amputation is in the mid- or proximal forearm level, then TMR can be performed through the amputation site. For prevention of neuroma and phantom limb pain, any number of nerve transfer combinations can be performed [29, 30], so long as at least one strong wrist/finger flexor and one strong wrist/finger extensor are maintained to control standard myoelectric prostheses. The authors prefer to perform all nerve transfers through a single incision in the proximal volar forearm,

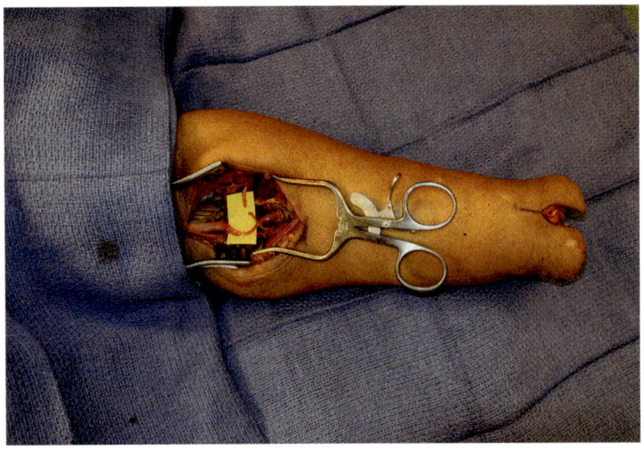

Fig. 17.10 Transradial amputee with divided median nerve being transferred to anterior interosseous nerve and radial nerve being coapted to motor nerve of flexor digitorum superficialis

which is placed longitudinally between the mobile wad and flexor-pronator wad with a proximal ulnar extension. These nerve transfers can be performed either with or without a tourniquet. When a tourniquet is used, all motor targets should be identified first to avoid tourniquet neurapraxia. With modern nerve stimulators, motor nerves can still be identified after 45 min of ischemia time. The incision is made, and the lateral antebrachial cutaneous (LABC) nerve can be identified as it travels adjacent to the cephalic vein. The fascia is then incised, exposing the radial vessels. Dissecting lateral to the radial vessels will identify the radial sensory nerve deep to the brachioradialis muscle. The motor nerve to the brachioradialis is located immediately on its deep surface at the level of the elbow flexion crease. Dissection ulnar to the radial vessels will help identify the median nerve, including the branches to the flexor digitorum superficialis (FDS) and the anterior interossesous nerve (AIN). It is possible to identify the ulnar nerve through this single incision, though some authors may prefer to make a separate, more ulnar, incision near the medial epicondyle. The ulnar nerve is identified, and a motor branch to the flexor carpi ulnaris (FCU) can be located after retrograde dissection. For patients where the medial antebrachial cutaneous (MABC) is a known source of pain, this nerve can be identified in the subcutaneous plane along the ulnar aspect of the proximal forearm.

For pain control, no set algorithm for nerve transfer is followed although typically we advocate transferring the sensory components of the amputated nerves deep into the tissues and away from the skin and prosthetic interface. The median nerve can be transferred to the AIN, which provides a reasonable size match. The radial sensory nerve can be transferred to a motor branch to the FDS or to the extensor carpi radialis brevis (ECRB), though other options exist. The ulnar nerve is transferred to a motor branch to the FCU. For patients with established neuromas of the MABC and/or LABC nerves, TMR can be performed to nearby motor branches, such as to the FDS for the MABC and to the ECRB or extensor carpi radialis longus (ECRL) for the LABC. What matters is resecting nerves back to healthy fascicles, and the creation of a tension-free coaptation to a nearby motor nerve that will permit the channeling of axons into newly denervated motor end plates and other terminal nerve receptors.

TMR for Transhumeral Amputations

For transhumeral amputations, it is helpful to mark Tinel's signs in the preoperative holding area, since it is easy to lose orientation in the operating room due to lack of humeral condyles. The surgery can most easily be performed in the supine position for the median and ulnar nerves, followed by a position change to prone for the radial nerve [31]. For the purpose of neuroma and phantom limb pain control, the entire TMR procedure can be performed through a single anterior incision in the supine position without requiring a position change [32]. A longitudinal anterior incision is made over the raphe between the long and lateral heads of the biceps brachii muscle. A proximally (superiorly) based adipofascial flap can be designed to separate the electromyography signals for each head of the biceps brachii, which will help with myoelectric prosthesis control, though pattern recognition has made the adipofascial "insulation" less essential. Dissecting between the two heads of the biceps will reveal the musculocutaneous nerve, which gives off one (or sometimes two) motor branches to each heads. The motor entry points are located within the proximal third of the biceps muscle. More distally, the musculocutaneous nerve provides a motor branch to the brachialis muscle near the junction of the middle and distal thirds of the brachialis muscle before continuing on as the LABC. The brachialis motor branch can only be used as a TMR target in longer transhumeral amputations. The motor branch to the short (medial) head of the biceps is identified and marked, as is the motor branch to the brachialis. It should be noted that the motor branch to the brachialis splits into two separate branches before entering the muscle, so both brachialis motor branches can be used as targets for TMR for the prevention and treatment for pain.

Once the motor targets have been identified, the median nerve is identified adjacent to the brachial vessels, anterior to the medial intermuscular septum. The MABC can then be found superficial and slightly posterior to the median, adjacent to the basilica vein. The MABC is smaller than the median and ulnar nerves, but it can still be confused with the ulnar nerve. The ulnar nerve is identified posterior to the MABC and deep to the muscular fascia.

Common patterns of TMR nerve transfer are to coapt the median nerve to the motor branch of the short head of the biceps and the ulnar nerve to the motor nerve of the brachialis when present. If the brachialis motor branch is not present, the ulnar nerve can be transferred to a secondary motor point in the short head of the biceps or the long head of the triceps. Whether to transfer the MABC and/or LABC will depend on the availability of motor targets and whether the patient already has established pain in those nerves. It is important to leave the inherent innervation to the long (lateral) head of the biceps for myoelectric prosthesis control. If an adipofascial flap has been raised, it is then inset between the two heads of the biceps.

After completing the anterior nerve transfers, the posterior arm is accessed. A longitudinal incision is made between the long and lateral heads of the triceps brachii muscle, and a proximally (superiorly) based adipofascial flap can be raised. The radial nerve can be identified deep in this interval, and the motor branches to the lateral head are typically identified at the junction of the proximal and middle thirds of the triceps. The most common TMR transfer for the radial nerve at this level is to the lateral head of the triceps, although the motor branch to the medial head is another potential target within this surgical incision. If an adipofascial flap has been raised, it is then placed between the long and lateral heads of the triceps brachii.

TMR for Shoulder Disarticulation Amputations

Neuropathic pain in shoulder disarticulation patients can be more challenging than more distal amputation levels, especially since it is more likely that there are soft tissue deficiencies that may need to be addressed to minimize nerve pain and to improve prosthesis durability. It is important to recognize preoperatively whether a shoulder-level amputee has had a brachial plexus injury. Previous medical records and imaging can help determine this. The easiest way to determine this with physical examination is to see if the patient can actively contract the pectoralis major muscle. Preoperative X-rays can determine whether the humeral head is still present, which is important because if the humeral head is absent, the pectoralis major—in addition to the nerves—will be displaced several centimeters more medial than one would normally expect.

A transverse incision is made two fingerbreadths caudal to the clavicle in order to locate the junction of the clavicular and sternal heads of the pectoralis major. A medially based adipofascial flap can be raised to separate the electromyographic signals, if needed. There is a fascial condensation that marks the interval between the two heads of the pectoralis major, and dissection of this space will reveal the thoracoacromial vessels and motor nerves to the sternal and clavicular heads. The superior, middle, and lateral motor branches to the sternal head are identified and marked, and the motor branch to the clavicular head is also identified and marked. To avoid co-contraction and to optimize prosthesis control, it is important to identify and denervate all motor branches to the pectoralis major. For neuroma and phantom limb pain control, this is less important, but still recommended.

After identifying the motor branches to the pectoralis, the branches of the brachial plexus can be identified within the space between the sternal and clavicular heads. The cords of the brachial plexus will likely be scarred and can be found either lateral or medial to the pectoralis minor. If the cords are found laterally and more length is needed, they can be delivered medial to the pectoralis minor to achieve more tension-free coaptations. To improve visualization of the brachial plexus cords, the pectoralis minor can be divided. Traditional TMR nerve transfer patterns include the musculocutaneous nerve to the motor branch of the clavicular head, the median and ulnar nerves to the split segments of the sternal head, and the radial nerve to the thoracodorsal nerve. We typically avoid nerve transfer to the motor branch of the pectoralis minor as the muscle signal is deep limiting signal detection, though it is an option for neuroma control. After the nerve transfers are performed, the adipofascial flap can then be placed between the sternal and clavicular heads of the pectoralis.

TMR for Painful Nerves in Non-amputees

The lessons learned for amputees can be applied to the treatment of all types of painful nerves anywhere in the body. First, a distinction is made between tolerable and intolerable neuropathic pain. Multi-modal strategies for dealing with pain are employed, including biofeedback, medicines, and injections in an attempt to render all painful nerves "tolerable." Surgery is reserved for intolerable pain that has failed to respond to these non-surgical treatments and has continued over time. Localized pain that has an anatomic reason for a nerve injury is assessed on physical examination. An injection of local anesthetic in the office is helpful in the identification of which nerve is causing pain. The better response to the local anesthesia, the more likely that surgery can be helpful.

Any painful nerve can potentially be treated with TMR. However, division of the painful nerve must be compared to possible outcomes of neurolysis or nerve reconstruction with autografts or allografts. For neurolysis, we have been unimpressed with any improvement in symptoms after neurolysis of a scarred sensory nerve. TMR (as opposed to neurolysis) for a painful sensory nerve is performed when it is diagnosed that the nerve is intrinsically damaged, rather than normal but resting in a scarred bed. Reconstruction of the nerve with autografts or allografts avoids the bothersome dysesthesias that develop with division of a partially injured nerve in the distribution of skin that the nerve innervates. We tend to avoid using autografts in patients with pain, since autografts will require harvest of a healthy nerve, and it is possible that these patients may be more susceptible to painful neuroma formation than the general population. While we avoid use of sural nerve grafts for reconstruction of painful nerves, we will on occasion use the motor nerve to the vastus lateralis, because we know from our TMR experience that a motor nerve can be cut without the development of chronic pain. Allograft nerve reconstruction has been done in the extremities and originally had encouraging results [33]. However, some late failures with allografts in the extremities make us suspect that the pain relief with nerve reconstruction is not as complete as the pain relief with TMR.

For optimal treatment, the injured nerve is resected, and then a strategy must be devised so that the new end of the nerve is less painful than the previous irritated and/or injured nerve. We believe that the optimal pain management for an injured nerve is upstream division of the nerve and channeling the axons into a denervated muscle target. We therefore have generally abandoned neurolysis and nerve reconstruction as methods of treatment, other than for the upper intercostal nerves of the abdominal wall where TMR is difficult to perform anatomically [34].

The following are examples of commonly performed TMR nerve treatments in non-amputees:

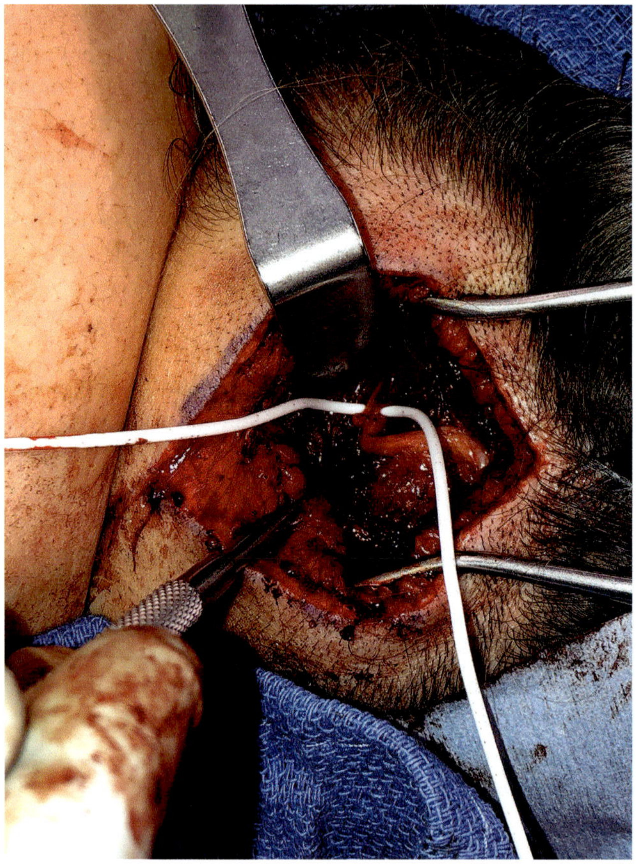

Fig. 17.11 Right occipital nerve after dissection, with recipient motor nerve of the erector spinae musculature identified by a surrounding vessel loop

1. Occipital nerve transfer to a motor nerve of the erector spinae. This is for failed neurolysis or even for primary occipital neuralgias that respond to lidocaine in the office. In the prone position, the occipital nerve is identified and dissected back to its exit site from the erector spinae muscles. Within the erector spinae musculature and adjacent to the occipital nerve, a motor nerve is typically identified. TMR is performed by excision of the occipital nerve and transfer to this intramuscular motor nerve (Fig. 17.11). Patients have some dysesthesia of the scalp that improves over time.
2. Superficial radial nerve transfer to the motor nerve of the brachioradialis. A 5-cm-long incision between the brachioradialis and the brachialis muscles is made just proximal to the elbow flexion crease and deepened to identify the superficial radial nerve and the motor nerve to the brachioradialis located immediately adjacent to each other. The transfer requires the movement of the superficial radial nerve by no more than 1 cm.
3. The ilioinguinal nerve transfer to a motor nerve of the internal oblique. This is a very common clinical issue, as 5–8% of men will have chronic groin pain after a mesh hernia repair. In susceptible individuals, the nerve injury or the nerve scarring from the mesh causes chronic pain that can be intolerable. If blocks in the pain clinic are successful, TMR can be performed. The external oblique is opened, and the ilioinguinal nerve is identified at the area of pain. The nerve is dissected backward toward its emergence from within the internal oblique muscle. Very consistently, the ilioinguinal nerve throws off a motor branch to the internal oblique that often can be visible running on the surface of the muscle [12]. The nerve coaptation takes two stitches of 7-0 polypropylene suture, and the procedure takes less than 1 h. We typically only treat the area of greatest tenderness, rather than performing a "triple neurectomy."
4. The sural nerve transfer to the motor nerve of the lateral gastrocnemius muscle. This is another common procedure, considering the length and exposure of the sural nerve that almost invites injury. We tend to start distally at the site of nerve injury, so as not to miss finding both tibial and peroneal components of the sural nerve. The sural is dissected back until the popliteal groin crease, ensuring being outside of the zone of injury. The size match to the motor nerve of the lateral gastrocnemius muscle is excellent, and we have yet to see this nerve

transfer fail for neuropathic pain. This has largely replaced allograft reconstruction of the sural nerve in our centers, which has shown only modest outcomes in long-term follow-up.

5. A branch of the superficial peroneal nerve on the foot to the motor nerve of the extensor digitorum brevis, or further up the calf the entire superficial peroneal nerve is transferred to the motor nerve of the peroneus longus. The superficial peroneal nerve, like the sural nerve, is prone to injury due to its superficial unpadded position and its long length. Like the occipital and ilioinguinal nerve, dissection up the superficial peroneal nerve will invariably reveal a motor nerve coming off it to innervate a foot evertor muscle. Dysesthesias to the dorsal foot after division of the superficial peroneal nerve must be managed and tends to improve over time.

Outcomes

While targeted muscle reinnervation was originally described for enhanced prosthetic control, over the last decade, the technique has been increasingly utilized as a method of controlling or mitigating post-amputation pain. This was initially described by Souza et al. after a review of pain outcomes in the early TMR patients [18]. This prompted expansion of the indications for TMR to include management of post-amputation pain as opposed to just for upper extremity amputees for prosthetic control. A multi-center randomized controlled trial of 28 amputees with phantom pain and residual limb pain compared the results of neuroma excision with implantation into muscle vs neuroma excision with TMR [35]. TMR was found to be significantly more effective, with average improvements in phantom and residual limb pain scores of 3.7 and 3.2, respectively, compared to minimal improvements in the non-TMR group. Following these successful applications of targeted muscle reinnervation to patients with post-amputation pain, surgeons began to perform preemptive TMR nerve transfers at the time of amputation. A multi-institutional study of 51 patients undergoing immediate TMR at the time of below-knee amputation was performed, and these patients were found to have significantly less phantom limb pain and residual limb pain compared to patients with standard below-knee amputation without nerve transfers [36]. These patients were also compared to patients undergoing secondary TMR procedures for post-amputation pain, and the primary TMR patients were found to have significantly better outcomes with regard to pain and function.

The technique for immediate TMR has also been applied to highly comorbid amputees and found to be safe and effective. A single-surgeon cohort study compared 100 standard below-knee amputations to 100 below-knee amputations with primary TMR in medically complex patients. The amputees in the TMR group reported significantly less phantom limb pain (19% TMR vs 47% non-TMR) and residual limb pain (14% TMR vs 57% non-TMR). Pain severity was significantly lower in the TMR group than the non-TMR group (average pain score 3.2 for TMR vs 5.2 non-TMR). TMR patients were much less likely to have experienced moderate or severe pain (8% TMR vs 46% non-TMR), and TMR patients were significantly less likely to require ongoing opioids for pain control (6% TMR vs 24% non-TMR). TMR patients were twice as likely to report no pain at all (71% TMR vs 36% non-TMR). Most importantly, TMR patients had a significantly higher rate of functional prosthetic ambulation (91% TMR vs 71% non-TMR) [37, 38]. Now that there is significant data to support primary TMR at the time of amputations, institutions are implementing protocols to ensure that nerve transfers are available for all major amputations [39].

As can be seen from the data, some patients do not respond well or completely with TMR. Below are the theoretical reasons for TMR failure:

1. Under-appreciation of injury to nearby nerves. Successful treatment of a single painful nerve can "unmask" the abnormal nerve signals produced by an adjacent nerve. The phenomenon of "unmasking" has caused us to be aggressive at the time of amputation to treat all the nerves of an amputated limb, as opposed to just one. This explains why a patient who was originally doing well "develops" pain in another spot.
2. Under-appreciation of the zone of injury. Reconstruction of injured nerves limits the amount of nerve resected, and therefore the end of the newly divided nerve still may not be able to undergo normal nerve healing. We believe that this is the cause for failed pain surgeries with reconstruction. TMR permits the excision of injured nerves far upstream in order to reach the target motor nerve.
3. Under-appreciation of axon escape from the coaptation and failure to capture the majority of proximal axons. We think that this is the least probable cause for continued pain, as patients rarely come back for pain at the nerve coaptation sites. Technical innovations of nerve coaptation may help to appreciate if this is truly a cause for failure or not [21].
4. Centralized pain. Chronic pain due to nerve injury may lead to central nervous system involvement. Patients with centralized pain state that manipulation of the terminal nerve(s) even with division and transfer does not change their level or quality of pain at any time after surgery. The incidence of centralized pain is debated. Complex regional pain syndrome (CRPS) may be a form of centralized pain, where alterations in nerve physiology can exist all the way toward the spinal cord. Neurotomy for TMR

may not be "above" the level of nerve changes and thus may not lead to improvement in symptoms.
5. Non-neuropathic etiology of pain. This may include structural causes or psychogenic issues.
6. The target was not completely denervated. This conceivably could happen with segmentally innervated muscles.
7. Symptomatic neuroma formation at the coaptation site. The effect of this may be mitigated with proximal nerve transfers rather than placing the nerve coaptations near the contact surface of the stump.
8. Underlying spinal cord pathology and/or back pain which can reduce the impact of procedures to peripheral nerves distal to the spinal cord region.
9. For patients who have undergone neurotomy and TMR nerve transfer but who have not undergone neuroma excision, on occasion aberrant innervation that leads to the neuroma persists, and the neuroma can remain painful. Excision of the neuroma can treat this condition.

Conclusions

This chapter is a multi-author compilation that distills the treatment of hundreds of patients. While there are variations in technical details and operative approaches, the overarching strategy is to actively "heal" rather than "hide" irritated, injured, or transected nerves. The concept of "giving the nerve somewhere to go and something to do" is a unifying theme that has been shown to decrease neuropathic pain via application of TMR surgery.

References

1. Scadding JW. Treatment of neuropathic pain: historical aspects. Pain Med. 2004;5:s3–8.
2. Owings MF, Kozak LJ. Ambulatory and inpatient procedures in the United States, 1996. Vital Health Stat. 1998;13:1–119.
3. Ziegler-Graham K, MacKenzie EJ, Ephraim PL, Travison TG, Brookmeyer R. Estimating the prevalence of limb loss in the United States: 2005 to 2050. Arch Phys Med Rehabil. 2008;89:422–9.
4. Stern JR, et al. A meta-analysis of Long-term mortality and associated Risk Factors following lower extremity amputation. Ann Vasc Surg. 2017;42:322–7.
5. Flor H, Nikolajsen L, Jensen TS. Phantom limb pain: a case of maladaptive CNS plasticity? Nat Rev Neurosci. 2006;7:873–81.
6. Nigam M, Webb A, Harbour P, Devulapalli C, Kleiber G. Symptomatic neuromas in lower extremity amputees: implications for pre-emptive–targeted muscle reinnervation. Plast Reconstr Surg Glob Open. 2019;7:80.
7. Mioton L, Dumanian GA, Fracol M, Apkarian V, Valerio I, Souza J, Potter BK, Tintle S, Nanos G, Ertl W, Ko J, Jordan SW. Benchmarking residual limb pain and phantom limb pain in the general amputee population: a cross-sectional patient reported outcomes survey establishes baseline pain scores and identifies risk factors for increased pain scores. Plast Reconstr Surg. 2020;8(7):e2977. https://doi.org/10.1097/GOX.0000000000002977. eCollection 2020 Jul.
8. Jensen TS, Krebs B, Nielsen J, Rasmussen P. Phantom limb, phantom pain and stump pain in amputees during the first 6 months following limb amputation. Pain. 1983;17:243–56.
9. Jensen TS, Krebs B, Nielsen J, Rasmussen P. Immediate and long-term phantom limb pain in amputees: incidence, clinical characteristics and relationship to pre-amputation limb pain. Pain. 1985;21:267–78.
10. Nikolajsen L, Pain, T. J. C. R. O. Phantom limb pain. Springer; 2000.
11. Eberlin KR, Ducic I. Surgical algorithm for neuroma management: a changing treatment paradigm. Plast Reconstr Surg Glob Open. 2018;6:e1952.
12. Chappell AG, Jordan SW, Dumanian GA. Targeted muscle reinnervation for treatment of neuropathic pain. Clin Plast Surg. 2020;47:285–93.
13. Kuiken TA, Dumanian GA, Lipschutz RD, Miller LA, Stubblefield KA. The use of targeted muscle reinnervation for improved myoelectric prosthesis control in a bilateral shoulder disarticulation amputee. Prosthetics Orthot Int. 2004;28:245–53.
14. Hijjawi JB, et al. Improved myoelectric prosthesis control accomplished using multiple nerve transfers. Plast Reconstr Surg. 2006;118:1573–8.
15. O'Shaughnessy KD, et al. Targeted reinnervation to improve prosthesis control in transhumeral amputees. A report of three cases. J Bone Joint Surg Am. 2008;90:393–400.
16. Souza JM, et al. Targeted muscle reinnervation: A novel approach to postamputation neuroma pain. Clin Orthop Relat Res. 2014;472:2984–90.
17. Kim PS, Ko J, O'Shaughnessy KK, Kuiken TA, Dumanian GA. Novel model for end-neuroma formation in the amputated rabbit forelimb. J Brachial Plex Peripher Nerve Inj. 2010;5:6–e28.
18. Kim PS, et al. The effects of targeted muscle reinnervation on neuromas in a rabbit rectus abdominis flap model. J Hand Surg Am. 2012;37:1609–16.
19. Ko JH, et al. A quantitative evaluation of gross versus histologic neuroma formation in a rabbit forelimb amputation model: potential implications for the operative treatment and study of neuromas. J Brachial Plex Peripher Nerve Inj. 2011;6:8–e32.
20. Lanier ST, Jordan SW, Ko JH, Dumanian GA. Targeted muscle reinnervation (TMR): a solution for nerve pain. Plast Reconstr Surg. 2020;146:651e–63e.
21. Kurlander DE, Wee C, Chepla KJ, Lineberry KD, Long TC, Gillis JA, Valerio IL, Khouri JS. TMRpni: combining two peripheral nerve management techniques. Plast Reconstr Surg Glob Open. 2020;8(10):e3132. https://doi.org/10.1097/GOX.0000000000003132.
22. Chang BL, Kleiber GM. Below-knee amputation with targeted muscle reinnervation: operative technique and technical pearls of inter-fascicular superficial peroneal nerve targeted muscle reinnervation. PRS GO. 2020;8(9S):132–3.
23. Janes L, Fracol ME, Ko JH, Dumanian GA. Treatment of unreconstructable saphenous nerve injuries with TMR. Plast Reconstr Surg Glob Open. 2020;8(1):e2383. https://doi.org/10.1097/GOX.0000000000002383. eCollection 2020.
24. Agnew SP, Schultz AE, Dumanian GA, Kuiken TA. Targeted reinnervation in the transfemoral amputee: a preliminary study of surgical technique. Plast Reconstr Surg. 2012;129:187–94.
25. McInnes CW, Ha AY, Power HA, Tung TH, Moore AM. Femoral nerve decompression and sartorius-to-quadriceps nerve transfers for partial femoral nerve injury: a cadaveric study and early case series. J Neurosurg. 2020:1–8. https://doi.org/10.3171/2020.6.JNS20251. Epub ahead of print.

26. Daugherty THF, Mailey BA, Bueno RA Jr, Neumeister MW. Targeted muscle reinnervation in the hand: an anatomical feasibility study for neuroma treatment and prevention. J Hand Surg Am. 2020;45(9):802–12.
27. Daugherty THF, Bueno RA Jr, Neumeister MW. Novel use of targeted muscle reinnervation in the hand for treatment of recurrent symptomatic neuromas following digit amputations. Plast Reconstr Surg Glob Open. 2019;7(8):e2376.
28. Elmaraghi S, Albano NJ, Israel JS, Michelotti BF. Targeted muscle reinnervation in the hand: treatment and prevention of pain after ray amputation. J Hand Surg Am. 2020;45(9):884.e1–6.
29. Morgan EN, Kyle Potter B, Souza JM, Tintle SM, Nanos GP 3rd. Targeted muscle reinnervation for transradial amputation: description of operative technique. Tech Hand Up Extrem Surg. 2016;20(4):166–71.
30. O'Brien AL, Jordan SW, West JM, Mioton LM, Dumanian GA, Valerio IL. Targeted muscle reinnervation at the time of upper-extremity amputation for the treatment of pain severity and symptoms. J Hand Surg Am. 2021;46(1):72.e1–72.e10.
31. Gart MS, Souza JM, Dumanian GA. Targeted muscle reinnervation in the upper extremity amputee: a technical roadmap. J Hand Surg Am. 2015;40(9):1877–88.
32. Daly MC, He JJ, Ponton RP, Ko JH, Valerio IL, Eberlin KR. A single incision anterior approach for transhumeral amputation targeted muscle reinnervation. Plast Reconstr Surg Glob Open. 2020;8(4):e2750.
33. Souza JM, Purnell CA, Cheesborough JE, Kelikian AS, Dumanian GA. Successful Treatment of Foot and Ankle Neuroma pain with Processed Nerve Allografts. Foot and Ankle Int. 2016;37(10):1098–105.
34. Chappell AG, Yang CS, Dumanian GA. Surgical treatment of abdominal wall neuromas. Plast Reconstr Surg Glob Open. 2021;9:e3585.
35. Dumanian GA, Potter BK, Mioton LM, Ko JH, Cheesborough JE, Souza JM, Ertl WJ, Tintle SM, Nanos GP, Valerio IL, Kuiken TA, Apkarian AV, Porter K, Jordan SW. Targeted Muscle Reinnervation Treats Neuroma and Phantom pain in Major Limb Amputees. A Randomized Clinical Trial. Ann Surg. 2019;270:217–26.
36. Valerio IL, Dumanian GA, Jordan SW, Mioton LM, Bowen JM, West JM, Porter K, Ko JH, Souza JM, Potter BK. Preemptive Treatment of Phantom and Residual Limb pain with Targeted Muscle Reinnervation at the Time of Major Limb Amputation. J Am Coll Surg. 2019;228:217–26.
37. Chang BL, Mondshine J, Attinger CE, Kleiber GM. Prophylactic Targeted Muscle Reinnervation Reduces pain and Improves Ambulation in Patients Undergoing a below-the-Knee Amputation. PRS GO. 2020;8(9S):79.
38. Chang BL, Attinger CE, Akbari CM, Kleiber GM. Targeted Muscle Reinnervation Reduces pain and Improves Ambulation in Patients Undergoing below-Knee Amputation: A Single-Institution Matched-Cohort Study. J Vasc Surg. 2020;72(1):e30–1.
39. Alexander JH, et al. Targeted Muscle Reinnervation in Oncologic Amputees: early Experience of a Novel Institutional Protocol. J Surg Oncol. 2019;120:348–58.

Regenerative Peripheral Nerve Interfaces for Treatment of Symptomatic Neuromas

18

Nishant Ganesh Kumar, Paul S. Cederna, and Theodore A. Kung

Introduction

Painful neuromas result in considerable burden to patients because they disrupt work-related productivity, day-to-day activities, and social interactions. Despite several psychological, pharmaceutical, medical, and surgical treatment options, no consensus exists on the optimal method for treating symptomatic neuromas [1]. Nevertheless, management algorithms and treatment guidelines have been proposed to guide physicians treating neuropathic pain originating from neuromas [2, 3]. Non-surgical interventions demonstrate varying levels of efficacy. For instance, because medications achieve satisfying pain relief in only 30%–40% of patients with neuroma pain, surgical treatment of painful neuromas is often recommended [4]. Furthermore, because surgical treatment of neuromas has been shown to improve patient-reported pain, depression, and quality of life, operative intervention has been recommended in patients with symptomatic neuromas refractory to medical management [5].

When considering which surgical technique to employ for symptomatic neuroma management, the peripheral nerve surgeon has a variety of options to choose from. Eberlin et al. [6] summarized these options and classified them as "passive/ablative" and "active/reconstructive" solutions. Passive solutions (e.g., traction neurectomy, implantation into a bone or muscle) are non-physiologic because after neuroma excision the regenerating peripheral nerve is not provided a distal denervated target to reinnervate. Importantly, without reinnervation, continued peripheral nerve regeneration will lead to an inevitable reformation of the neuroma. In contrast, active solutions provide regenerating axons with denervated targets for reinnervation and are therefore considered physiologic interventions. Successful reinnervation of a denervated target reduces the number of aimless axons arising from the transected peripheral nerve, and this in turn limits aberrant and disorganized axonal regeneration that contributes to neuroma formation. In this manner, active solutions can physiologically prevent the formation of symptomatic neuromas and relieve neuroma pain.

The regenerative peripheral nerve interface (RPNI) is a physiologic solution for treatment of symptomatic neuromas that also has considerable potential to facilitate neuroprosthetic control [7]. The RPNI comprises a free autologous skeletal muscle graft into which the terminal end of a peripheral nerve or nerve fascicle is implanted (Fig. 18.1). RPNIs leverage the physiologic properties of nerve regeneration, muscle revascularization, and muscle reinnervation to minimize symptomatic neuroma formation [8, 9]. Clinically, RPNIs have been used successfully to treat and prevent neuromas and neuroma pain in the upper and lower extremity [8, 10, 11].

Disclosure Statement: There are no commercial or financial conflicts of interest and no funding sources for all authors for the work presented in this chapter.

N. Ganesh Kumar · P. S. Cederna · T. A. Kung (✉)
Section of Plastic Surgery, Department of Surgery, University of Michigan, Ann Arbor, MI, USA
e-mail: nganeshk@med.umich.edu; cederna@med.umich.edu; thekung@med.umich.edu

K. R. Eberlin et al. (eds.), *Contemporary Neuroma Management*, https://doi.org/10.1007/978-3-031-59758-9_18

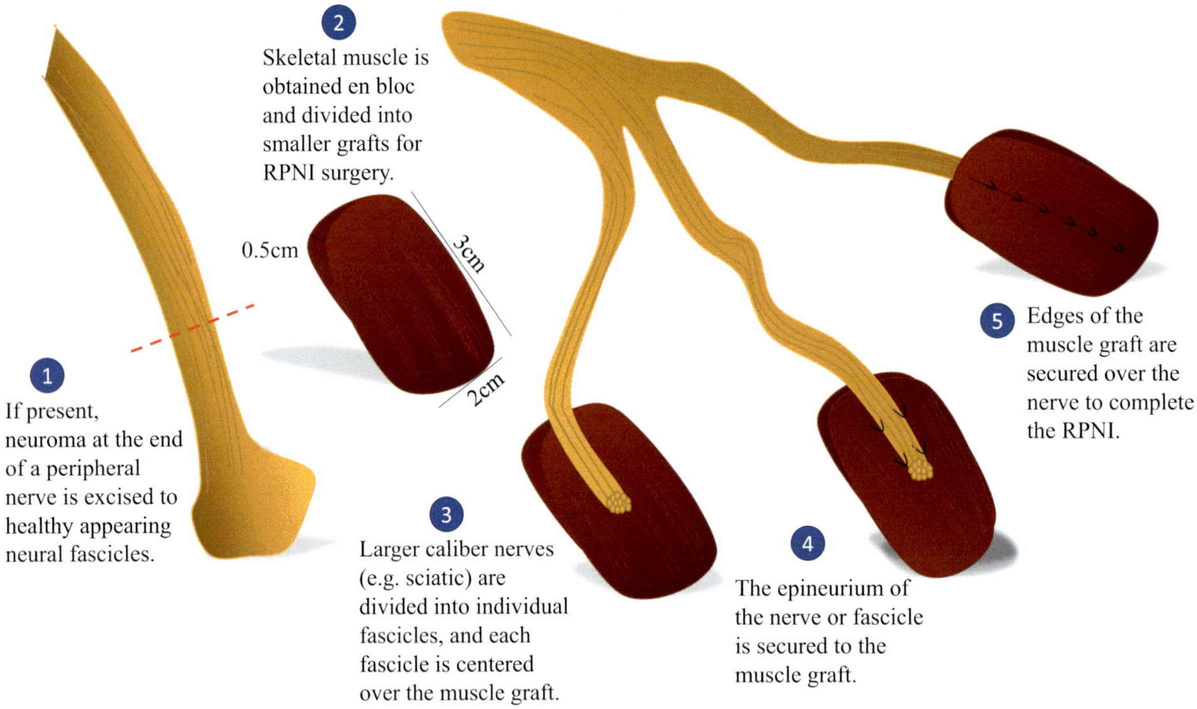

Fig. 18.1 Key components in regenerative peripheral nerve interface (RPNI) surgery. (1) If a terminal neuroma is present at the end of a peripheral nerve, it is excised to healthy-appearing fascicles. (2) Skeletal muscle grafts are harvested to create individual grafts. (3) For larger caliber nerves, meticulous intraneural dissection is performed to separate the nerve into component fascicles. (4) During RPNI surgery, each fascicle is implanted into the substance of a free muscle graft. (5) RPNIs are positioned in a protected location within the surgical site and can be in contact with each other

RPNI as a Physiologic Solution to Treat Neuroma Pain

Mechanisms of Neuropathic Pain: Peripheral and Central Sensitization

After peripheral nerve transection, Wallerian degeneration occurs and commences a cascade of events that include cellular and molecular changes such as macrophage invasion, Schwann cell recruitment and activation, and neurotrophin and cytokine upregulation [12]. These processes facilitate axonal sprouting, elongation, and attempted reinnervation; however, when this process is interrupted or unsuccessful, axonal sprouting and elongation persist resulting in neuroma formation [12–14]. Histologically, neuromas comprise disorganized bundles of neural, peri-neural, and inflammatory cells within dense fibrous tissue that is poorly vascularized [14–17]. As a result of disruption of the blood-nerve barrier from the neural injury and disorganized neural growth, neuropathic pain and allodynia occur at the site of peripheral nerve injury due to ectopic sensitivity to mechanical stimuli as well as spontaneous neural activity [18–20]. Therefore, merely protecting the end of an injured peripheral nerve from compression or mechanical stimulation will not always result in resolution of pain symptoms to the patient.

In addition to pain originating directly from neuromas and at the site of peripheral nerve injury, maladaptive cellular changes occurring over time also result in peripheral and central sensitization of pain. In peripheral sensitization, inflammatory mediators activate signal transduction pathways in nociceptor terminals that result in upregulation of transducer channels and voltage-gated ion channels [21]. As a result, the threshold for neural activation is reduced, and membrane excitability is increased, thereby leading to abnormal pain responses to sub-threshold and innocuous stimuli. This ongoing activity in injured peripheral nerves then becomes a source of central sensitization resulting in chronic neuropathic pain [21]. Peripheral hyperactivity induces changes in the dorsal horn of the spinal cord that in turn results in hyper-excitability and synaptic efficacy of spinal cord neurons. This central sensitization of pain results in the experience of pain to the individual that is unrelated to any external noxious or mechanical stimuli [22–24].

Preventing the development of central sensitization of pain is important because once centralization of pain occurs, it can continue without sustained peripheral sensory input and can contribute to states of chronic pain [25]. As the transection of a peripheral nerve will inevitably lead to neuroma formation that can result in peripheral and central sensitization, prophylactic treatment of transected peripheral nerves should be considered. By providing denervated targets for the regenerating axons of a transected peripheral nerve, RPNIs can prevent disorganized neural growth associated with neuromas and mitigate the maladaptive processes of peripheral and central sensitization.

For instance, in addition to pain in the residual limb and neuroma hyperactivity, centralization of pain has been implicated as a mechanism in the development of phantom limb pain (i.e., pain in a region of the body that is no longer present after amputation) [26, 27]. By performing prophylactic RPNIs at the time of major limb amputation, both the peripheral (pain from the neuroma) and central mechanisms (centralization of pain from aberrant neural regeneration) that produce phantom limb pain can be targeted resulting in clinically meaningful outcomes. It has been shown that patients undergoing prophylactic RPNI surgery at the time of major lower limb amputation have been found to have a lower incidence of phantom limb pain compared to patients not undergoing prophylactic RPNI surgery [10]. An appreciation of these peripheral and central mechanisms of neuropathic pain supports the prophylactic treatment of peripheral nerves that are transected during amputation to minimize neuroma formation and curtail the development of peripheral and central sensitization.

RPNIs Leverage Nerve Regeneration, Muscle Revascularization, and Muscle Reinnervation

RPNI surgery utilizes free autologous skeletal muscle grafts as targets for reinnervation. Small free muscle grafts undergo a well-described process of degeneration followed by regeneration and revascularization [28, 29]. Vascularity to support this physiologic process comes from both the local environment and from the vasa nervorum of the implanted peripheral nerve. In vivo testing of RPNIs in a rodent model has demonstrated that the viability of smaller muscle grafts was superior to larger muscle grafts [30]. In smaller muscle grafts, the central region of the free skeletal graft is replaced by regenerated muscle fibers, while in larger muscle grafts, there are central necrosis and replacement by dense fibrous connective tissue [30, 31]. Therefore, when free skeletal muscle grafts are harvested for RPNI surgery in humans, we recommend that each graft should be no more than 5 mm thick. The use of excessively large muscle grafts will greatly increase the likelihood of graft necrosis, infection, and fibrosis and ultimately can lead to RPNI failure. For this reason, large-caliber nerves (e.g., sciatic nerve) should be separated into component fascicles to create multiple RPNIs rather than implanting the whole nerve into a single large muscle graft. In our experience, the sciatic nerve is easily separated into three to four fascicles to ensure a more optimal ratio of regenerating axons to denervated muscle fibers. Using a smaller muscle graft for each fascicle enhances muscle graft viability and optimizes the number of denervated muscle fibers available for reinnervation. An inadequate ratio of denervated muscle fibers to regenerating axons can result in neuroma formation within the muscle graft, persistent pain, and unsatisfactory outcomes that may necessitate additional surgery.

Concurrent with skeletal muscle regeneration and revascularization, the transected peripheral nerve regenerates within the RPNI, and these axons reinnervate the surrounding denervated muscle fibers. Kung et al. [32] demonstrated the presence of axonal sprouting, elongation, synaptogenesis, and absence of neuromas within RPNIs of a transected peroneal nerve in a rat model. In addition, this study demonstrated that after reinnervation of the muscle grafts, RPNIs were biologically stable structures that remained viable [32]. Subsequent studies testing RPNIs in non-human primates (rhesus macaques) demonstrated its viability at 20 months without causing any functional deficits or safety concerns [33]. Experimental studies in human patients have also confirmed that muscle grafts successfully regenerate and are reinnervated by the implanted peripheral nerve with documented long-term viability [33, 34].

RPNI Surgery Patient Selection

Peripheral and central sensitization after peripheral nerve injury results in allodynia, hyperalgesia, paresthesias, dysesthesias, and spontaneous pain [21]. Although surgical intervention may significantly alleviate neuropathic pain originating from neuromas, established and maladaptive feedback loops involving the peripheral and central nervous systems may result in persistent pain after surgery [18]. For example, patients that have symptoms of pain longer than 3 months are considered to have chronic pain, and they may be more prone to experience some level of continued pain even if surgery produces noticeable pain relief [35]. Patients seeking surgical interventions have typically tried multiple non-surgical solutions to alleviate symptomatic neuroma pain. Therefore, it is important to have a discussion with each patient to set goals and expectations of RPNI surgery and to identify any factors that might contribute to persistent pain postoperatively. Frequently, patients can benefit from a multi-modal medication plan as an adjunctive therapy for neuropathic pain in addition to surgery [3]. These medications target the peripheral and central nervous systems and include a combination of non-steroid anti-inflammatory drugs (NSAIDs), tricyclic antidepressants (TCAs), gabapentinoids, selective serotonin norepinephrine reuptake inhibitors (SNRI), and selective serotonin reuptake inhibitor

(SSRIs) [3, 36–38]. Changes in pain medication utilization regimen can serve as an indirect measure of pain relief achieved from surgical intervention.

The diagnosis of symptomatic neuroma is made clinically. Manual percussion at the suspected site of the neuroma will often elicit a painful neuropathic response (Tinel's sign). Diagnostic confirmation may be achieved by injecting a local anesthetic at the site of the neuroma to ascertain if there is resolution or improvement of pain symptoms on subsequent percussion. If clinical suspicion is high for a neuroma but the physical examination is uncertain, or the location of the neuroma is uncertain, ultrasound or magnetic resonance imaging can be valuable [39, 40]. Other potential sources of pain should be evaluated and diagnosed; for example, limb amputation patients with symptomatic neuromas may also present with phantom limb pain, heterotopic ossification, bone spurs, malunion, bursitis, osteomyelitis, ischemic pain, or complex regional pain syndromes [41].

During the initial office visit, patients should be informed of the possibility that successful treatment of one or more symptomatic neuromas may unmask other sources of pain, including other neuromas. This occurs when a less symptomatic neuroma is not addressed during the initial RPNI surgery and becomes more bothersome to the patient after effective treatment of the more symptomatic neuromas. Unmasking is a known cause of persistent residual limb pain in amputation patients and has been described in other peripheral nerve pain syndromes as well [42–44]. If a less symptomatic neuroma is identified prior to surgery, or if in the process of ultrasound imaging a mildly symptomatic neuroma is identified, the surgeon should discuss the potential value of surgically addressing these neuromas as well at the time of the initial operation. Otherwise, if unmasking of painful neuromas does occur after the first RPNI surgery, patients may benefit from additional RPNI surgery to treat these additional neuromas. Our protocol seeks to treat all symptomatic neuromas only. However, because even asymptomatic neuromas may cause maladaptive central nervous system feedback and contribute to centrally mediated pain, future studies will need to investigate the utility of performing RPNI surgery to treat even asymptomatic neuromas in a given anatomic region.

Complete assessment of comorbidities is critical to appropriately selecting patients for RPNI surgery. Emphasis should be placed on any comorbidity that may interfere with successful free muscle graft regeneration and revascularization. For instance, although RPNIs have been performed successfully in patients with diabetes and peripheral vascular disease, disease severity should be characterized and managed preoperatively and postoperatively to ensure optimal outcomes. In patients with peripheral vascular disease, ankle-brachial-indices, toe-brachial-indices, and angiogram may be helpful to ensure adequate distal perfusion to the wound bed where the RPNI surgery will be performed. If needed, vascular intervention to address inadequate distal perfusion should be considered to ensure both successful maturation of the RPNI free muscle grafts and successful wound healing. Similarly, although RPNIs have been performed successfully in patients that smoke, preoperative smoking cessation should be strongly encouraged prior to RPNI surgery. Smoking adversely impacts RPNI vascularization and viability due to the effects of nicotine on platelet activation, induction of vasoconstriction and thrombogenesis, and deleterious effects on angiogenesis [45–47]. Therefore when feasible, smoking cessation should be encouraged for at least 1 month prior to RPNI surgery.

There are several special considerations when RPNIs are performed prophylactically during amputation surgery. First, traction neurectomy of any major peripheral nerves is avoided to preserve length for RPNI surgery and to facilitate intraneural dissection when necessary. Second, unless contraindicated (e.g., tumor, ischemia), the distal amputated limb may be used as the source of autologous free muscle grafts. For example, during below-knee amputation, multiple free muscle grafts may be harvested from the posterior compartments of the amputated distal leg. Third, the amputation site should be assessed to ensure that the environment is favorable for the free muscle grafts. For instance, when a guillotine amputation is prudent in the setting of critical limb ischemia, gangrene, or necrotizing fasciitis, these indications for amputation should preclude prophylactic RPNI surgery.

Operative Technique

When performing RPNI surgery prophylactically at the time of an amputation, all major peripheral nerves should be considered for RPNIs. For instance, during below-knee amputation, prophylactic RPNIs should be considered for the tibial, superficial peroneal, deep peroneal, saphenous, and sural nerves. During above-knee amputation, RPNIs can be performed on the sciatic, anterior femoral cutaneous, and posterior femoral cutaneous nerves. Given the caliber of the sciatic nerve, at least three fascicular RPNIs are usually created after careful intraneural dissection into the epineurium to separate the tibial, superficial peroneal, and deep peroneal fascicles. In the upper extremity, many superficial peripheral nerves can be treated with whole-nerve RPNI surgery. However, larger caliber nerves such as the proximal median, ulnar, or radial nerves can also be dissected into component fascicles in order to optimize the ratio of denervated muscle fibers to regenerating axons.

When RPNI surgery is used to treat symptomatic neuromas, the neuromas are confirmed preoperatively, and a surgical incision is planned to provide wide exposure. Design of the surgical incision may also include consideration of other

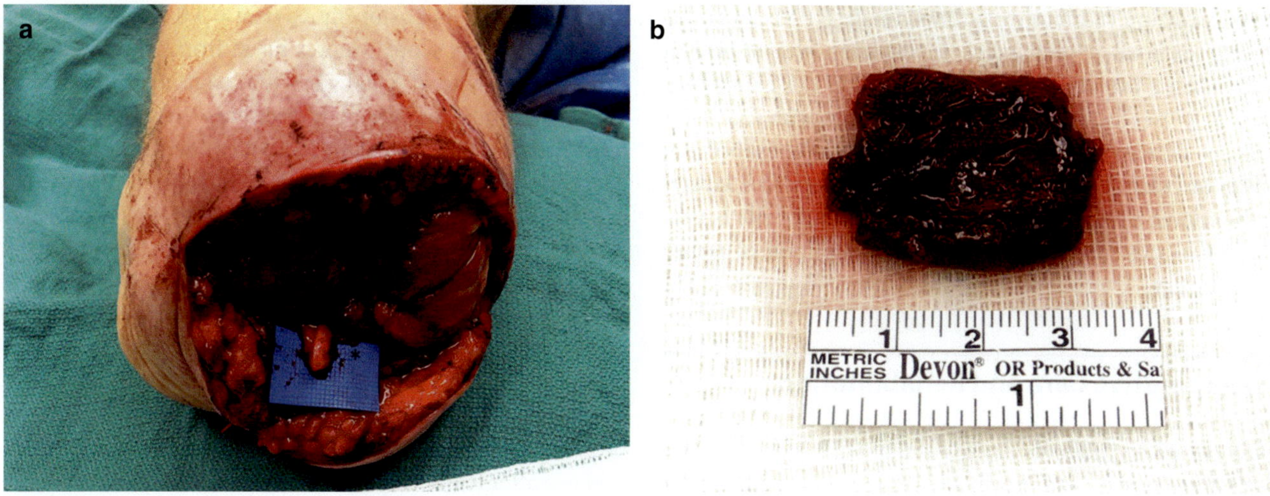

Fig. 18.2 Intra-operative photo of a residual limb after previous below-knee amputation with symptomatic neuroma pain. (**a**) The end neuroma of the tibial nerve has been transected to healthy-appearing fascicles (*). Autologous free skeletal muscle grafts are harvested from a healthy donor muscle. In this case, free skeletal muscle grafts were harvested in an en bloc fashion in the direction of the muscle fibers from the ipsilateral lower limb undergoing amputation. Subsequently, (**b**) individual muscle grafts were created, each measuring 3.0–4.0 cm long, 1.5–2.0 cm wide, and no more than 0.5 cm thick. All connective tissue is trimmed away before the muscle grafts are used for RPNI surgery

concurrent goals of surgery, such as excision of bony spurs or recontouring of the distal residual limb. The surgical dissection proceeds until each neuroma bulb is identified and isolated with several centimeters of peripheral nerve proximally. The bulb is sharply excised with a knife proximally until healthy-appearing fascicles are seen (Fig. 18.2a). When fascicular RPNIs are needed, careful intraneural dissection is performed with microsurgical instruments under loupe magnification to isolate component fascicles without causing undue iatrogenic neural injury. Each fascicle should have several centimeters of length to allow implantation into the skeletal muscle graft for creation of the RPNI. Frequently, freshly divided peripheral nerves will bleed from the vasa nervorum, and hemostasis is achieved with pinpoint bipolar cautery.

The autologous free muscle grafts are then harvested from either the distal amputated limb or another regional or distant donor muscle (Table 18.1). Local muscle within a residual limb is usually avoided because of the desire to maintain soft tissue bulk for appropriate prosthetic fit. Common donor sites for RPNI muscle graft harvest include vastus lateralis, brachioradialis, and latissimus dorsi muscles. The muscle tissue is usually harvested en bloc in the direction of the muscle fibers and then carefully divided into individual free muscle grafts, being careful to removal as much connective tissue as possible. To maximize the viability of the free muscle grafts, the use of electrocautery is avoided until after the muscle has been harvested. For major peripheral nerves and component fascicles of the lower and upper extremity, individual muscle grafts typically measure 3.0–4.0 cm long, 1.5–2.0 cm wide, and no more than 0.5 cm thick (Fig. 18.2b). When performing RPNIs for smaller caliber nerves, such as digital nerves, muscle grafts typically measure 1.0 cm long, 1.0 cm wide, and 0.3 cm thick [11]. Each RPNI is constructed by implanting the distal end of the peripheral nerve into the mid-substance of the muscle graft. Several 6-0 nylon sutures are placed to secure the nerve parallel to the direction of the muscle fibers by placing sutures between the epineurium and the muscle graft. Subsequently, the edges of the muscle graft are wrapped around the nerve and sealed with 6-0 nylon suture to prevent axonal escape (Fig. 18.1).

After RPNI surgery is complete, each RPNI is placed into a bluntly-dissected pocket within the soft tissues with a focus

Table 18.1 RPNI donor muscle options and target peripheral nerves for different level amputations[a]

2Amputation type	Target peripheral nerves	Common donor muscle
Below knee	Tibial, superficial peroneal, deep peroneal, saphenous, and sural nerves	Vastus lateralis Gracilis
Above knee	Sciatic nerve (including tibial and peroneal components), anterior and posterior femoral cutaneous nerves	Vastus lateralis Gracilis
Transradial	Median, ulnar, and radial	Brachioradialis Vastus lateralis
Transhumeral	Median, ulnar, and radial	Brachioradialis Vastus lateralis Gracilis
Hand	Median, ulnar, and radial	Brachioradialis
Digit	Digital nerve	Brachioradialis

[a]In general, healthy well-vascularized skeletal muscle can be used as donor muscle for RPNIs. In addition to those listed above, previously used donor muscles for RPNIs include gastrocnemius, biceps femoris, gluteus maximus, semitendinosus, soleus, and flexor digitorum superficialis

on maximizing vascularity surrounding the RPNIs and minimizing external stimuli (such as avoiding weight-bearing areas during use of a prosthetic device). In our experience, several RPNIs can be placed in juxtaposition with each other without noticeable detriment to muscle graft regeneration and revascularization. The surgical site is closed in a layered fashion over a penrose drain. If a separate donor site is used for autologous free muscle graft harvest, a drain is usually unnecessary.

Postoperative Care and Rehabilitation

Postoperatively, patients are advised to wear a compression wrap for 4 weeks, and prosthetic use is avoided during that time. To optimize pain control, a multi-modal and opioid-sparing analgesic regimen is continued for several months after surgery. Patients are typically seen 1 week after surgery to check the healing of the surgical site. Delayed wound healing at the incision sites is possible, but this is typically minor and can be managed with diligent wound care. Interestingly, patients will frequently report amelioration of symptomatic neuroma pain during the first postoperative visit. This can be attributed to removal of the hypersensitive neuroma bulb because at this stage, reinnervation of the free muscle grafts has not yet occurred. Around 4–6 weeks, one can expect resolution of the majority of postoperative edema with satisfactory wound healing such that patients can slowly resume regular activities. Patients who have just undergone limb amputation with prophylactic RPNIs may need more time to recuperate. With adequate healing after 4–6 weeks, patients may be referred to a prosthetist and follow up with the physical medicine and rehabilitation physician to initiate the process of prosthetic rehabilitation. In our experience, patients undergoing RPNI surgery have not experienced a delay in prosthetic rehabilitation.

Clinical Outcomes and Complications

RPNIs to Treat Neuroma Pain

RPNI surgery can be performed for a wide variety of symptomatic neuromas after transection injury, including for mixed peripheral nerves and for pure sensory peripheral nerves. Woo et al. [8] reported promising results using RPNIs to treat neuroma pain and phantom limb pain in patients with upper and lower extremity amputations. At a mean of 7.5 months postoperatively and using the numeric pain rating scale from 0 to 10, patients reported significant reductions in both neuroma pain scores (71% reduction; preoperative pain = 8.7 ± 1.4 vs postoperative pain = 2.5 ± 2.1; $p < 0.01$) and phantom pain scores (53% reduction, preoperative pain = 8.0 ± 2.1 vs postoperative pain = 3.8 ± 3.3; $p < 0.01$). Pain interference scores (scores range from 1 to 5 where an interference score of 1 indicates that pain interferes "not at all" and 5 indicates the pain interferes "very much" with enjoyment of life and daily activities) were recorded by adapting questions from specific Patient-Reported Outcomes Measurement Information System (PROMIS) instruments. The pain interference score dropped significantly from 4.6 ± 0.9 preoperatively to 2.15 ± 1.3 postoperatively ($p < 0.01$) following performance of RPNIs. In addition to positive results in patient-reported outcomes, objective indicators also supported the efficacy of RPNIs in reducing the need for pain medications and improving prosthetic use. Overall, 56% of patients reported reduction in pain medication use after RPNI surgery, and no patient required increase in their pain medication use. From a functional standpoint, 56% of patients reported using a prosthetic device, while after RPNI surgery this increased to 81%. On telephone interview, 75% (12 patients) felt satisfied or highly satisfied with RPNI surgery, and 94% (15 patients) reported they would undergo the RPNI surgery again [8].

The most common complication in this study was minor delayed wound healing that was experienced in four patients. Of these four patients, three had a history of chronic osteomyelitis and/or recent cellulitis, and one patient had a postoperative hematoma. These factors could have contributed to delayed wound healing, and therefore comorbidities such as chronic osteomyelitis and cellulitis should be adequately treated prior to RPNI surgery.

RPNIs involving autologous free muscle grafts have also been used to treat sensory neuromas. Hooper et al. [11] examined the use of 30 RPNIs to treat symptomatic digital neuromas in 14 patients. At an average of 37 weeks after surgery, the majority of patients (85%) reported being completely pain-free or considerably improved. Functionally, no patient had difficulty with tendon gliding, and no patients experienced flexion contracture after RPNI surgery. Furthermore, only two patients developed infections although the authors were unable to ascertain if these were due to the RPNIs or due to the sequelae of contaminated traumatic hand injuries. Other than these two patients, no patient experienced delayed wound healing.

Although published work has shown the formation of neuromuscular junctions in RPNIs, the physiologic mechanism behind the successful use of skeletal muscle grafts to treat sensory peripheral nerves is under ongoing investigation. One of the hypothesized mechanisms behind the successful use of skeletal muscle grafts to treat neuroma pain from sensory nerves is that some of the regenerating axons reinnervate sensory organs within denervated muscle (e.g., Golgi tendon organs and spindle cells) [11]. By providing sensory targets for regenerating axons, a significantly fewer number may be available to form symptomatic neuromas.

Given the physiologic basis of RPNIs to leverage muscle reinnervation in skeletal muscle grafts, similar peripheral nerve interfaces are being investigated using dermal grafts to treat neuropathic pain from sensory nerves that would normally innervate skin [48]. Such dermal based peripheral nerve interfaces have demonstrated successful reinnervation in animal models, have demonstrated an ability to transduce sensory nerve action potentials, and may provide an alternative treatment option for transected sensory peripheral nerves causing neuropathic pain [48].

RPNIs to Prevent Neuroma Pain

RPNIs have also been shown to be effective in preventing neuroma pain when they are performed prophylactically at the time of major limb amputation [10]. The authors compared 45 patients who underwent prophylactic RPNIs at the time of major limb amputation to a control group of 45 patients matched for age, amputation level, and follow-up who did not undergo RPNI surgery. Traditional approaches were used to manage the peripheral nerves at the time of amputation in the non-RPNI group, with suture ligature and traction neurectomy being the most common. Prophylactic RPNI was associated with a lower incidence of both neuroma pain (RPNI group = 0% vs control group = 13.3%; $p = 0.026$) and phantom limb pain (RPNI group = 51.1% vs control group = 91.1% $p < 0.0001$). The mean follow-up was similar for both the groups (RPNI group = 357 days vs control group = 358 days).

While RPNI surgery did add measurable operating room time to the amputation case (RPNI group = 152 ± 68 min vs control group = 90 ± 38 min; $p < 0.0001$), inpatient length of stay was not significantly different between groups. In both cohorts, patients reported a variety of comorbidities including tobacco use, diabetes, peripheral vascular disease, heart disease, liver disease, and chronic obstructive pulmonary disease. Complications were predominantly related to minor delayed wound healing, and the overall complication rate was similar to published rates after lower limb amputation and no greater than the control group (RPNI group = 26.7% vs control group = 53.3%; $p = 0.0174$). The relatively high rate of complications in the control group was attributed to a higher incidence of vascular disease (RPNI group = 15.6% vs control group = 44.4%). Only three patients in the RPNI treatment group developed a major complication (defined as events that resulted in unplanned readmission or operation). This included one patient with a postoperative infection requiring washout, one patient with wound dehiscence secondary to a fall which required operative intervention, and one patient with delayed wound healing requiring OR debridement.

Persistent Pain After RPNI Surgery

Some patients may report no improvement in pain after RPNI surgery. Often, upon further questioning, these patients will describe that although their pain persists, the quality of the pain is different. Additionally, patients with chronic pain from peripheral and central sensitization may still experience favorable outcomes after RPNI surgery, such as reduced pain medication intake or enhanced prosthetic use, despite reporting persistently high levels of pain. It is valuable to implement the use of validated patient-reported outcome (PRO) measures to provide a more objective evaluation of any improvements in the patient's quality of life and pain symptoms after surgical intervention. Frequently used measures to monitor the outcome from surgery include the Numerical Rating Scale (NRS), PROMIS, and the Short Form McGill Pain Questionnaire (SF-MPQ) [49, 50].

Continued pain after RPNI surgery warrants a thorough re-evaluation. Possibly, a recurrent neuroma could have formed after RPNI surgery if there was an inadequate number of denervated muscle fibers compared to regenerating axons within the RPNI. Alternatively, treatment of one symptomatic RPNI may have unmasked other symptomatic neuromas or additional causes of pain within the residual limb. In our experience, a common reason for RPNI surgery failure results from the use of a free muscle graft that is so large that significant central necrosis occurs during the muscle regeneration and revascularization phase. This breakdown promotes inflammation and scarring that impedes reinnervation efforts by the regenerating axons and directly contributes to neuroma formation.

Future Directions and Conclusions

RPNI surgery is an effective solution to treating and preventing both symptomatic neuromas and phantom limb pain. The operation demonstrates a favorable complication profile and is straightforward to perform without the need for specialized equipment. Good patient selection is critical in optimizing outcomes. A randomized controlled clinical trial is underway to test the efficacy of RPNIs in treating and preventing neuroma pain and phantom limb pain. The study utilizes a series of validated PROs to prospectively evaluate pain outcomes in patients undergoing major lower limb amputation. In addition, because major limb amputation is associated with the onset of depression, anxiety, and long-term opioid use, this clinical trial uses validated PROs to assess changes in these domains after RPNI surgery [51, 52]. Another outcome particularly relevant to the population of patients who have undergone an amputation is the use of prosthetic devices and successful prosthetic rehabilitation. As neuroma pain can limit prosthetic device use in these patients, the ongoing clinical trial is also investigating changes in prosthetic use patterns after RPNI surgery. Preliminary results demonstrate promising findings to consider adopting RPNI surgery [53].

RPNI surgery is a technique that can be used anywhere in the body to prevent neuroma formation and alleviate neuropathic pain after peripheral nerve injury. Therefore, the principles of RPNI surgery can be applied to any clinical situation where peripheral nerve injury occurs. For example, clinical research is underway to determine the efficacy of RPNI surgery to mitigate neuropathic pain associated with neuromas of the ilioinguinal, iliohypogastric, and genitofemoral nerves after hernia surgery. Additional investigation is being conducted to evaluate the potential role of RPNIs in the prevention of recurrent synkinesis after selective facial nerve neurectomy for patients with a history of Bell's palsy. These emerging indications for RPNI surgery highlight the fundamental advantages of providing injured and regenerating peripheral nerves a physiologic opportunity to reinnervate distal targets.

Finally, RPNIs continue to be tested as an advanced neuroprosthetic interface that permits intuitive motor control and facilitates sensory feedback. RPNIs have excelled in human trials enabling execution of fine motor control of advanced neuroprosthetic devices. In addition, preliminary investigations indicate that afferent signals can be transmitted through RPNIs and registered as cutaneous sensations and proprioceptive percepts [7, 54]. Along with the ability to treat and prevent neuropathic pain, the RPNI has potential to revolutionize the rehabilitation of thousands of patients undergoing amputation each year.

Conflict-of-Interest: Confirm no financial/commercial conflicts of interests and no funding source for the work presented in this chapter.

References

1. Ives GC, Kung TA, Nghiem BT, et al. Current state of the surgical treatment of terminal neuromas. Neurosurgery. 2018;83:354–64.
2. Ducic I, Mesbahi AN, Attinger CE, Graw K. The role of peripheral nerve surgery in the treatment of chronic pain associated with amputation stumps. Plast Reconstr Surg. 2008;121:908–14; discussion 15–7.
3. Yao C, Zhou X, Zhao B, Sun C, Poonit K, Yan H. Treatments of traumatic neuropathic pain: a systematic review. Oncotarget. 2017;8:57,670–9.
4. Decrouy-Duruz V, Christen T, Raffoul W. Evaluation of surgical treatment for neuropathic pain from neuroma in patients with injured peripheral nerves. J Neurosurg. 2018;128:1235–40.
5. Domeshek LF, Krauss EM, Snyder-Warwick AK, et al. Surgical treatment of neuromas improves patient-reported pain, depression, and quality of life. Plast Reconstr Surg. 2017;139:407–18.
6. Eberlin KR, Ducic I. Surgical algorithm for neuroma management: a changing treatment paradigm. Plast Reconstr Surg Glob Open. 2018;6:e1952.
7. Vu PP, Vaskov AK, Irwin ZT, et al. A regenerative peripheral nerve interface allows real-time control of an artificial hand in upper limb amputees. Sci Transl Med. 2020;12:eaay2857.
8. Woo SL, Kung TA, Brown DL, Leonard JA, Kelly BM, Cederna PS. Regenerative peripheral nerve interfaces for the treatment of postamputation neuroma pain: a pilot study. Plast Reconstr Surg Glob Open. 2016;4:e1038.
9. Kubiak CA, Kemp SWP, Cederna PS. Regenerative peripheral nerve interface for management of postamputation neuroma. JAMA Surg. 2018;153:681–2.
10. Kubiak CA, Kemp SWP, Cederna PS, Kung TA. Prophylactic regenerative peripheral nerve interfaces to prevent postamputation pain. Plast Reconstr Surg. 2019;144:421e–30e.
11. Hooper RC, Cederna PS, Brown DL, Haase SC, Waljee JF, Egeland BM, Kelley BP, Kung TA. Regenerative peripheral nerve interfaces for the management of symptomatic hand and digital neuromas. Plast Reconstr Surg Glob Open. 2020;8:e2792.
12. Dubový P. Wallerian degeneration and peripheral nerve conditions for both axonal regeneration and neuropathic pain induction. Ann Anat. 2011;193:267–75.
13. Gaudet AD, Popovich PG, Ramer MS. Wallerian degeneration: gaining perspective on inflammatory events after peripheral nerve injury. J Neuroinflammation. 2011;8:110.
14. Oliveira KMC, Pindur L, Han Z, Bhavsar MB, Barker JH, Leppik L. Time course of traumatic neuroma development. PLoS One. 2018;13:e0200548.
15. Yan H, Zhang F, Kolkin J, Wang C, Xia Z, Fan C. Mechanisms of nerve capping technique in prevention of painful neuroma formation. PLoS One. 2014;9:e93973.
16. Egami S, Tanese K, Honda H, Kasai H, Yokoyama T, Sugiura M. Traumatic neuroma on the digital tip: immunohistochemical analysis of inflammatory signaling pathways. J Dermatol. 2016;43:836–7.
17. Khan J, Noboru N, Young A, Thomas D. Pro and anti-inflammatory cytokine levels (TNF-α, IL-1β, IL-6 and IL-10) in rat model of neuroma. Pathophysiology. 2017;24:155–9.
18. Campbell JN, Meyer RA. Mechanisms of neuropathic pain. Neuron. 2006;52:77–92.
19. Lu C, Sun X, Wang C, Wang Y, Peng J. Mechanisms and treatment of painful neuromas. Rev Neurosci. 2018;29:557–66.
20. Baron R, Maier C, Attal N, et al. Peripheral neuropathic pain: a mechanism-related organizing principle based on sensory profiles. Pain. 2017;158:261–72.
21. Costigan M, Scholz J, Woolf CJ. Neuropathic pain: a maladaptive response of the nervous system to damage. Annu Rev Neurosci. 2009;32:1–32.
22. Latremoliere A, Woolf CJ. Central sensitization: a generator of pain hypersensitivity by central neural plasticity. J Pain. 2009;10:895–926.
23. Ji RR, Kohno T, Moore KA, Woolf CJ. Central sensitization and LTP: do pain and memory share similar mechanisms? Trends Neurosci. 2003;26:696–705.
24. Woolf CJ, Salter MW. Neuronal plasticity: increasing the gain in pain. Science. 2000;288:1765–9.
25. Ji RR, Nackley A, Huh Y, Terrando N, Maixner W. Neuroinflammation and central sensitization in chronic and widespread pain. Anesthesiology. 2018;129:343–66.
26. Collins KL, Russell HG, Schumacher PJ, et al. A review of current theories and treatments for phantom limb pain. J Clin Invest. 2018;128:2168–76.
27. Subedi B, Grossberg GT. Phantom limb pain: mechanisms and treatment approaches. Pain Res Treat. 2011;2011:864605.

28. White TP, Devor ST. Skeletal muscle regeneration and plasticity of grafts. Exerc Sport Sci Rev. 1993;21:263–95.
29. Dumont NA, Bentzinger CF, Sincennes MC, Rudnicki MA. Satellite cells and skeletal muscle regeneration. Compr Physiol. 2015;5:1027–59.
30. Hu Y, Ursu DC, Sohasky RA, et al. Regenerative peripheral nerve interface free muscle graft mass and function. Muscle Nerve. 2021;63:421–9.
31. Carlson BM, Gutmann E. Regeneration in grafts of normal and denervated rat muscles. Contractile properties. Pflugers Arch. 1975;353:215–25.
32. Kung TA, Langhals NB, Martin DC, Johnson PJ, Cederna PS, Urbanchek MG. Regenerative peripheral nerve interface viability and signal transduction with an implanted electrode. Plast Reconstr Surg. 2014;133:1380–94.
33. Irwin ZT, Schroeder KE, Vu PP, et al. Chronic recording of hand prosthesis control signals via a regenerative peripheral nerve interface in a rhesus macaque. J Neural Eng. 2016;13:046007.
34. Vu PP, Irwin ZT, Bullard AJ, et al. Closed-loop continuous hand control via chronic recording of regenerative peripheral nerve interfaces. IEEE Trans Neural Syst Rehabil Eng. 2018;26:515–26.
35. CDC Guideline for Prescribing Opioids for Chronic Pain. Centers for Disease Control and Prevention; 2019. https://www.cdc.gov/drugoverdose/prescribing/guideline.html. Accessed 2 Oct 2020.
36. Finnerup NB, Kuner R, Jensen TS. Neuropathic pain: from mechanisms to treatment. Physiol Rev. 2020;
37. Binder A, Baron R. The pharmacological therapy of chronic neuropathic pain. Dtsch Arztebl Int. 2016;113:616–25.
38. Fornasari D. Pharmacotherapy for neuropathic pain: a review. Pain Ther. 2017;6:25–33.
39. Ali ZS, Pisapia JM, Ma TS, Zager EL, Heuer GG, Khoury V. Ultrasonographic evaluation of peripheral nerves. World Neurosurg. 2016;85:333–9.
40. Holzgrefe RE, Wagner ER, Singer AD, Daly CA. Imaging of the peripheral nerve: concepts and future direction of magnetic resonance Neurography and ultrasound. J Hand Surg Am. 2019;44:1066–79.
41. Neil M. Pain after amputation. BJA. Education. 2016;16:107–12.
42. Zanette G, Cacciatori C, Tamburin S. Central sensitization in carpal tunnel syndrome with extraterritorial spread of sensory symptoms. Pain. 2010;148:227–36.
43. Stahl S, Calif E. Latent pisotriquetral arthrosis unmasked following carpal tunnel release. Orthopedics. 2010;33:673.
44. Punjabi A, Brown M, Guyuron B. Emergence of secondary trigger sites after primary migraine surgery. Plast Reconstr Surg. 2016;137:712e–6e.
45. Rau AS, Reinikovaite V, Schmidt EP, Taraseviciene-Stewart L, Deleyiannis FW. Electronic cigarettes are as toxic to skin flap survival as tobacco cigarettes. Ann Plast Surg. 2017;79:86–91.
46. Davies CS, Ismail A. Nicotine has deleterious effects on wound healing through increased vasoconstriction. BMJ. 2016;353:i2709.
47. Aker JS, Mancoll J, Lewis B, Colen LB. The effect of pentoxifylline on random-pattern skin-flap necrosis induced by nicotine treatment in the rat. Plast Reconstr Surg. 1997;100:66–71.
48. Sando ICG, Gregory J, Ursu DC, Sugg KB, Hu Y, Haase SC, Langhals NB, Cederna PS, Urbanchek MG. Dermal-based peripheral nerve interface for transduction of sensory feedback. Plast Reconstr Surg. 2015;136:19–20.
49. Ehde DM, Czerniecki JM, Smith DG, et al. Chronic phantom sensations, phantom pain, residual limb pain, and other regional pain after lower limb amputation. Arch Phys Med Rehabil. 2000;81:1039–44.
50. Melzack R. The short-form McGill pain questionnaire. Pain. 1987;30:191–7.
51. Sullivan MD. Depression effects on long-term prescription opioid use, abuse, and addiction. Clin J Pain. 2018;34:878–84.
52. Padovani MT, Martins MR, Venancio A, Forni JE. Anxiety, depression and quality of life in individuals with phantom limb pain. Acta Ortop Bras. 2015;23:107–10.
53. Ganesh Kumar N, Kubiak CA, Hamill JH, et al. Preliminary results of a clinical trial to determine the efficacy of regenerative peripheral nerve interfaces for postamputation pain after lower limb amputation. American Society for Peripheral Nerve; 2021.
54. Vu PP, Lu C, Vaskov AK, et al. Abstract 100: restoration of proprioceptive and cutaneous sensation using regenerative peripheral nerve interfaces (RPNIs) in humans with upper-limb amputations. Plast Reconstr Surg Glob Open. 2020;8:65.

19 Other Surgical Techniques for Treatment of Neuroma: Relocation Nerve Grafting, Centro-Central Neurorrhaphy, Nerve Cap, End-to-Side Neurorrhaphy

Jason Nydick, Meera Gill, Peter Evans, Gregor Längle, and Oskar Aszmann

Introduction

Painful neuromas following nerve injury are difficult for both patients and surgeons. They can be disabling for patients, resulting in poor quality of life, and effective management remains a challenging problem. Surgical intervention of symptomatic neuromas is an option for patients who have failed nonoperative measures. While surgical treatment can be complex with multiple factors involved, evidence has shown success in improvement of chronic pain and risk of symptomatic neuroma recurrence [1, 2].

Numerous surgical techniques following neuroma excision have been described for the treatment of symptomatic neuromas, with goals of reducing pain and preventing recurrence. These techniques can be categorized based on the availability of an intact distal nerve end. In the setting of a nerve laceration or crush injury, the presence of an intact distal nerve end allows for surgical treatment by way of native nerve repair or reconstruction with an autograft, allograft, or hollow tube construct. A neuroma with some distal nerve function is known as a neuroma in continuity, and it is often treated with resection and reconstruction, as mentioned in previous chapters. Having the nerve successfully regenerate distally and perform its native function is likely the best way to treat neuroma pain, if possible.

In the setting of an amputation, the distal nerve end is absent, creating a terminal or end neuroma, and therefore, repair or reconstruction of the native nerve is not an option. In these cases, the surgical techniques available focus on the proximal nerve stump and include options such as intramuscular or interosseous burying, targeted muscle reinnervation, regenerative peripheral nerve interfaces, nerve cap, relocation nerve grafting, centro-central neurorrhaphy, or end-to-side neurorrhaphy. The decision on which technique to employ depends on factors such as patient history and confounders, neuroma type and location, and condition of the surrounding soft tissue [3, 4].

Relocation nerve grafting, centro-central neurorrhaphy, and nerve cap are considered passive or ablative techniques as they do not address nerve regeneration for functional outcome. The aim of passive techniques is to prevent mechanical or biological irritation of the nerve end which can lead to neuroma formation. End-to-side neurorrhaphy can be considered an active or reconstructive technique. Like native nerve repair or reconstruction with a nerve graft or conduit, this technique aims to facilitate neuronal regeneration to reconstitute nerve function with the premise that the regenerated nerve will no longer be irritable [4].

Relocation nerve grafting is a surgical option for symptomatic neuromas with an unavailable distal nerve end and limited surrounding soft tissue. This technique utilizes a nerve autograft or processed nerve allograft (to avoid possible new neuroma formation in donor nerve stump), as a neural scaffold to intentionally guide the regenerating nerve stump toward a less painful distal target such as muscle or to regenerate over a long enough, contained distance to cause it to cease [5]. Though a nerve graft is used to direct axonal regeneration, this technique is considered passive as there is no restoration of the reconstructed nerve's function. This concept is also referred to as a "graft to nowhere" [3].

J. Nydick (✉)
Florida Orthopaedic Institute, Tampa, FL, USA
e-mail: orthojason@me.com

M. Gill
Orthopedic Surgery, Broward Health Medical Center, Fort Lauderdale, FL, USA

P. Evans
Department of Orthopaedic Surgery, Cleveland Clinic, Cleveland, OH, USA
e-mail: evansp2@ccf.org

G. Längle · O. Aszmann
Medical University of Vienna, Vienna, Austria
e-mail: gregor.laengle@meduniwien.ac.at; oskar.aszmann@meduniwien.ac.at

K. R. Eberlin et al. (eds.), *Contemporary Neuroma Management*, https://doi.org/10.1007/978-3-031-59758-9_19

Techniques

All techniques begin with soft tissue dissection over the affected nerve to expose the symptomatic neuroma. The neuroma and its nerve are mobilized as proximal as is necessary for the technique chosen. The amount of proximal nerve resection to get out of the zone of neuromatous tissue is based upon the feel of the nerve and the visual inspection of normal appearing fascicles.

Nerve Cap

With the failure of simple nerve resection or proximal crush and resection, treatments that provide a barrier between the regenerative front of the nerve and surrounding trophic lures may be achieved with a nerve cap. Caps have been created from autogenous vein grafts, silastic, xenograft tissues, and more. While simple blind end caps have been used, others have designed a complex structure providing a long regenerative distance spiraling in a short tube. Although clinical indications for nerve caps are evolving, utilization of nerve caps may be suitable for neuromas where nerve reconstruction or TMR/RPNI is not available.

In Fig. 19.1 is an example of a 35-year-old male who had chronic pain and distal motor and sensory deficit subsequent to a radial nerve injury associated with fixation of a humeral fracture for a gunshot wound. Exploration revealed an end neuroma (Fig. 19.1a) with no distal stump nearby, and due to the chronicity of the injury, no distal regeneration was deemed possible, and this was thus treated with neuroma resection back to healthy nerve (Fig. 19.1b), and a blind ended cap made from a porcine submucosal sheet was rolled and then folded to allow regeneration into the cap over a distance of approximately 1 cm (Fig. 19.1c). The nerve was then buried deep into the triceps muscle. Pain was successfully resolved, and excellent long-term functional improvement was obtained.

In Fig. 19.2 is an example of a persistently painful neuroma in the medial antebrachial cutaneous nerve post ulnar nerve decompression and submuscular transposition. The nerve was explored (Fig. 19.2a), and the neuroma resected

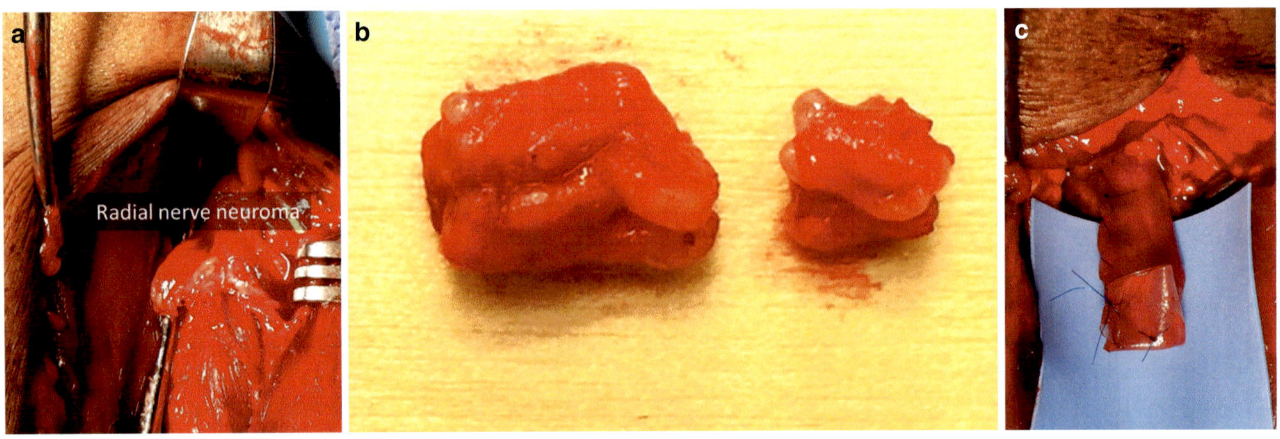

Fig. 19.1 (**a**) Radial nerve freed from scar and ending at the humeral plate level. (**b**) Neuroma is resected and radial nerve cut back to healthy nerve. (**c**) Nerve cap created and sutured to epineurium of radial nerve proximally

Fig. 19.2 (**a**) Medial antebrachial cutaneous nerve neuroma palpable and visualized. (**b**) Medial antebrachial cutaneous nerve neuroma and abnormal proximal segment of nerve resected. (**c**) Medial antebrachial nerve cap with a commercially designed cap

(Fig. 19.2b) back to healthy nerve. Due to the superficial nature of the nerve and constant contact of the forearm in the cutaneous nerve distribution, it was decided to cap the nerve in a commercially designed cap (Fig. 19.2c) and reflect it back proximal to the elbow and bury it into the brachialis muscle (which has low excursion).

Relocation Nerve Grafting

Another option for surgical treatment of neuroma includes relocation nerve grafting. A nerve autograft can be used, but risks include donor site pain, neuroma formation, and infection and should be reviewed with the patient beforehand. The use of an allograft avoids donor site morbidity as well as a second surgical site [5]. If processed nerve allograft will be used, appropriate nerve diameter and length must be chosen. Following neuroma excision, end-to-end neurorrhaphy of the nerve stump to the graft is then performed. The distal free end of the nerve graft is relocated and buried into an area of innervated muscle with adequate bulk and minimal excursion, away from the painful site.

Relocation of the nerve stump and graft into muscle prevents both mechanical and biological stimulation that can result in neuroma formation. Additionally, the use of the graft provides a neural runway for the regenerating nerve axons to grow in a structured fashion, also theoretically reducing chance for neuroma formation [5].

Figure 19.3 is an example of a teenage boy who sustained a partial thumb amputation with a power saw (Fig. 19.3a). Following two subsequent surgeries with a simple cutback, neuroma resection of the ulnar digital nerve again caused inability to grip a hammer and baseball bat due to chronic contact pain and a small webspace. He underwent a webspace Z-plasty, neuroma exposure (Fig. 19.3b), and revision resection back to healthy nerve (Fig. 19.3c) followed by relocation nerve grafting (Fig. 19.3d–e). He was pain free and was able to use the hand without restriction quickly following wound healing, and no recurrence was encountered.

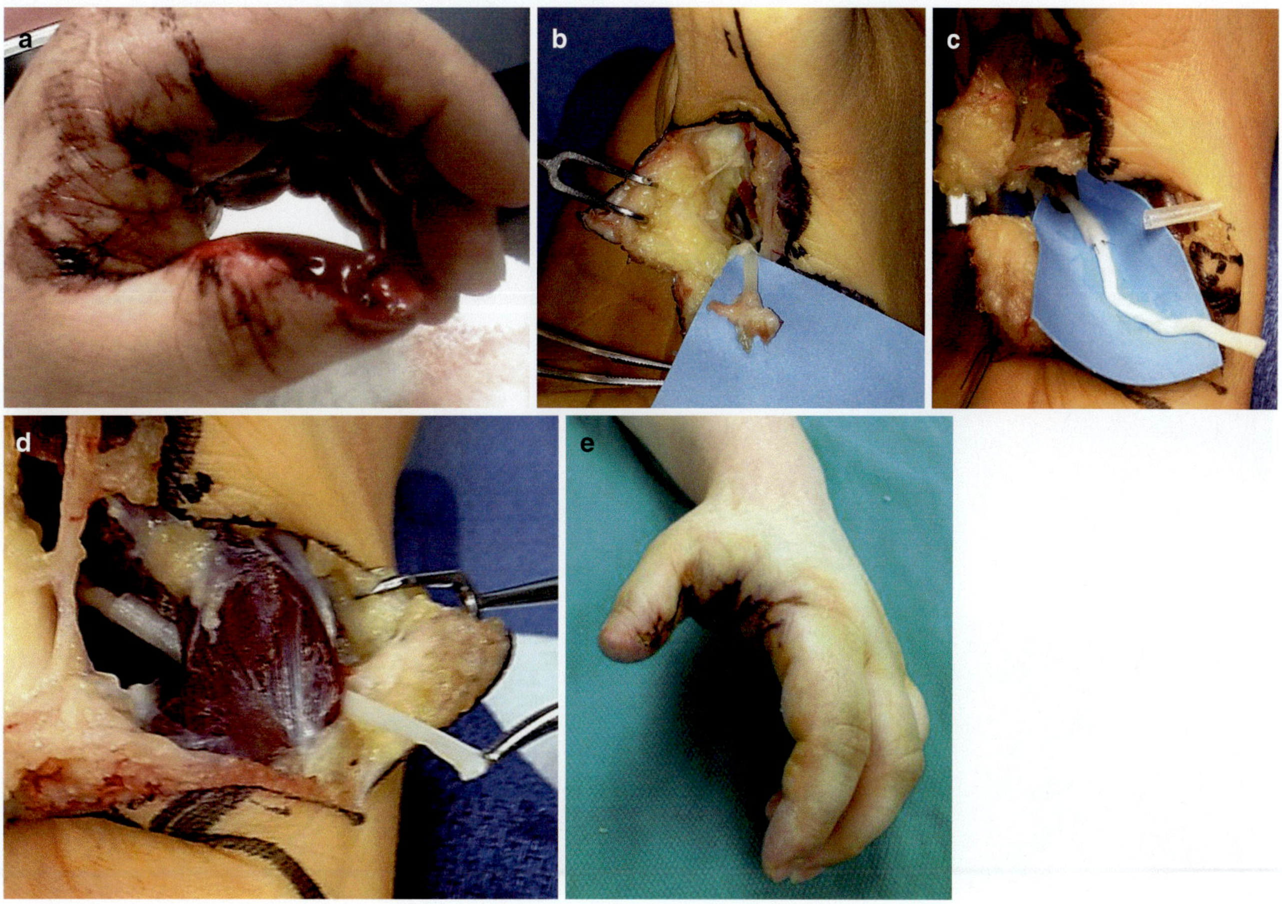

Fig. 19.3 (**a**) Partial thumb amputation treated with thumb shortening amputation. (**b**) Left thumb ulnar digital nerve neuroma. (**c**) Connector-assisted-repair (CAR) grafting of a nerve allograft to relocate the regenerating digital nerve out of the palm. (**d**) CAR of the nerve allograft to the digital nerve can be seen, and the allograft is pulled through the adductor to the dorsum of the hand. (**e**) Completed relocation nerve grafting a webspace deepening

Centro-Central Neurorrhaphy

Like relocation grafting, this technique is based on the premise that the nerve will regenerate more orderly in a nerve environment, but over a distance will cease to regenerate due to a lack of trophic lure. Also, by creating a closed loop, it is theorized that intrafascicular pressure is elevated, further inhibiting regeneration. This technique has mostly been used for digital/ray amputations in the hand or upper or lower extremity limb amputation.

Figure 19.4 is an example of combined relocation grafting and centro-central neurorrhaphy. This patient had a prior index ray amputation and soft tissue coverage several years prior, and he presented with continued debilitating rest and activity-related pain in three sites: radial sensory nerve proximal and distal and the index radial digital nerve stump.

End-to-Side Neurorrhaphy

Although end-to-side (ETS) neurorrhaphy was first described in the late nineteenth century, it was not until the recent decades that it grew to a major interest in the scientific community [6]. In ETS neurorrhaphy an injured distal or proxi-

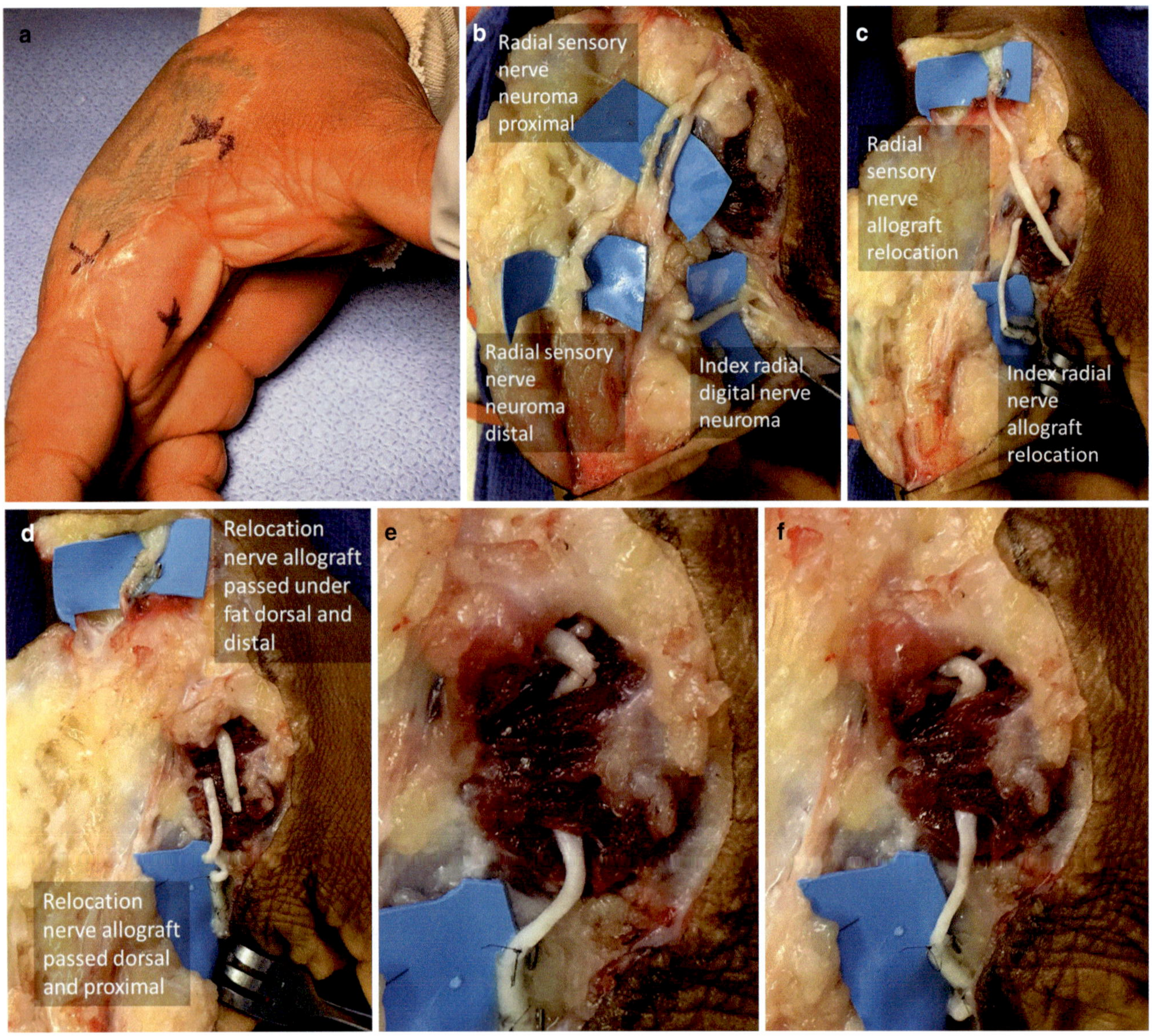

Fig. 19.4 (**a**) Locations of persistent neuroma pain in radial sensory nerve proximal and distal and the radial digital nerve stump of the amputated index ray finger. (**b**) Neuromas identified in radial sensory nerve proximally and distally and also in the amputated index radial digital nerve palmarly. (**c**) CAR nerve allografting of both the radial sensory nerve and digital nerve and relocating both to the dorsum of the adductor muscle. (**d**) Radial sensory nerve relocation graft placed under a dorsal fat flap to protect it. (**e**) Centro-central neurorrhaphy performed between the radial sensory and digital nerve relocation grafts. (**f**) Centro-central neurorrhaphy placed into the adductor muscle

mal nerve stump is coaptated right-angled to an existing healthy nearby nerve through a microsurgical epineural suture. Since the uninjured nerve's epineural sheath is still intact, a small epineural window may be created to facilitate axonal sprouting. Many indications were postulated for ETS neurorrhaphy, which mainly focus on regeneration of motor or sensory function [7]. In these "classical" ETS neurorrhaphies, the *distal* stump of the severed nerve is transferred to a healthy one, to receive new axonal input via collateral sprouting. This indication is given, when the proximal nerve stump is not available for nerve reconstruction.

In contrast, ETS coaptation of a *proximal* nerve stump pursues a different aim. This technique can either be used to supercharge a proximally injured nerve with additional axon load or prevent undirected axonal sprouting leading to development of painful neuromas [8]. The latter indication should be further discussed in this section.

First Attempts in Neuroma Prevention

The first works of ETS neurorrhaphy addressing neuroma formation were published at the turn of the millennium [9–12]. Low et al. describes an ETS neurorrhaphy in rats, performed as a back-looped coaptation of the peroneal portion of the sciatic nerve [9]. In the histological analysis, they reported of improved axonal arrangement in ETS coaptation compared to the control group with epineural stump closure. They further highlighted differences in histomorphology of spindle cells and myelin formation.

Al-Qattan performed a similar animal experiment in rats, where he utilized ETS neurorrhaphy for prevention of neuroma formation [10]. Specifically, he sutured both proximal and distal nerve stumps of a transected tibial nerve to an epineural window of the peroneal nerve in an end-to-side fashion. This led to the epineural conjunction of both nerves and neuroma prevention. However, in the histology no axonal outgrowth into the healthy nerve was visible. He further proposed a technique for managing crush injuries or neuromas of an entire nerve trunk, respectively, the superficial radial nerve, which he performed at eight patients, resulting in substantial pain relief and improvement of sensation.

Directed Axonal Growth

For better understanding of the regenerative properties in ETS neurorrhaphy, Aszmann et al. focused on retrograde labeling of lower limb nerves in the rat after ETS neurorrhaphy of the saphenous nerve to the tibial nerve. In a control group, segmental distribution of pseudounipolar neurons at spinal ganglion level was determined. Intriguingly, after intradermal injection of the planta pedis and gastrocnemius muscle with a retrograde labeling tracer, not only the exclusive tibial (L5-6) but also the respective saphenous dorsal ganglions (L2-3) were highlighted in the fluorescence microscope. These findings imply that the regenerative potential of axons is not limited by an ETS neurorrhaphy, as it might be with epineural ligatures or grafts [13]. In fact, the healthy nerve acts as a guiding structure leading to a new, yet occupied target. This phenomenon proves the ability of a formerly severed sensory axon to establish a new connection to a distal target, as the plantar skin and gastrocnemius muscle. Still, it is not clear whether this new connection exhibits functional properties, like true sensation and how distribution of sensory organ innervation changes after additional axonal input. However, there must be some neurotrophic signals promoting survival of the axon and maintenance of retrograde transport.

Histologic analysis of the coaptation site supports the conception of an organized axonal outgrowth into the uninjured nerve. At the level of ETS suture, the perineurium is diffusely infiltrated by sprouting axons. This is due to the nature of an injured nerve seeking a signal to retrieve its target. Axonal growth is led by certain factors like extracellular molecules (e.g., laminin), growth factors (e.g., NGF), or Schwann cells, which are usually upregulated in conditions of tissue damage and injury [14]. Hence, a healthy nerve is not expected to express regenerative stimuluses. Different mechanisms were postulated to explain ETS nerve regeneration. It has been reported that the manipulation of the healthy nerve during neurorrhaphy and epineural incision may create regenerating stimuluses through axonal damage [15]. Although nerve infiltration may be possible, even when the epineural sheath is kept intact, epineural incision is likely to facilitate axonal sprouting while preserving function [16].

The Axon and Its Target

The activated intrinsic growth state of a nerve after damage preserves axonal sprouting, unless a proper target is reached. This "homeless" condition of a nerve is the major cause for the development of neuromas. Successful target reinnervation in ETS coaptation has been demonstrated [11]. This effect however does not account for quality of function. During nerve regeneration axons are competitively approaching a new target, which might be either the correct or false end organ of the respective nerve. Even if Schwann cells can influence distinctive motor and sensory axon regeneration, disorganized axonal growth is a main problem in nerve regeneration, resulting in attenuated function [17, 18]. However, in the context of neuroma formation, the functional aspect is neglectable, for the main goal is the reduction or prevention of pain.

Hence, the incorrect innervation would only be relevant if the nerves are eliciting nociceptive sensations. So far, there is no evidence that improper target reinnervation leads to painful perception. Moreover, during the course of regeneration, the majority of incorrect projected axons are pruned, while correct projections are stabilized until the end organ is reached [14]. It is still not clear how supernumerary axons might behave after arriving at their new end organ. Possible consequences can be either competition for the occupied target or just termination of regenerative state. If new end organs are able to form and build connections to additional sensory axons cannot be answered yet.

Sensory nerve ends are able to collaterally sprout in order to compensate sensory loss of an autonomously innervated skin area [19]. Moreover, clinical evidence suggests that ETS neurorrhaphy leads to mixed sensitive reinnervation, which supports the idea of a new functional connection of the formerly transected nerve [20]. This has been shown by ETS nerve coaptation of the digital nerve of the thumb to the digital nerve of the middle finger, resulting in a mixed perception. It is also noteworthy that proximal ETS coaptation did not show to attenuate motor or sensory function of the uninjured nerve, which might be caused by epineural incision.

Surgical Technique

The level of ETS coaptation is dependent on the anatomical location of the neuroma or transection and the desired site for nerve coaptation. In general, the nerve suture should not be placed in proximity to joints, due to mechanical stress. Hence, a more proximal site might be preferable. The choice of receiver nerve or fascicle should be made by individual considerations (anatomic location, motor vs. sensory etc.). Using optical magnification, the epineural and optional perineural sheath of the recipient nerve is opened through a longitudinal incision. A clean neurotomy of the affected nerve stump is performed, and the stump is sutured to the epineural window of the recipient nerve with usually two 10-0 single sutures.

Clinical Evidence

To date, the clinical evidence on ETS coaptation in neuroma surgery is quite underrepresented. Al-Qattan et al. investigated the results of his preclinical experiments in eight patients suffering either acute nerve injury or preexisting neuroma of the superficial radial nerve [10]. His approach was to suture both proximal and distal stumps and the adjacent branch, which theoretically allows functional reinnervation of the distal segment. When the main trunk was affected, the severed segment was resected followed by interfascicular neurolysis of the proximal and distal nerve stumps. This permitted harvesting a fascicular nerve graft, which could be utilized as an interpositional graft to partly reconstruct the nerve defect. The remaining loose fascicular stumps were sutured ETS to the healthy portions of the same nerve, proximal and distal to the defect. This technique resulted in persistent pain relief and prevention of neuroma development. Furthermore, a substantial improvement of tactile sensation of the autonomous skin area could be seen, indicating successful nerve regeneration.

In 2010, Aszmann et al. reported of clinical experience of ETS coaptation in 16 patients with chronic neuroma in both upper and lower extremities [20]. In this series branches of all main nerves of the hand (median, radial, ulnar) were affected at below elbow level. In the lower extremity, the saphenous nerve was impacted. The receiving nerve types were both motor and sensory fibers and usually generated from the same proximal nerve trunk (e.g., stump palmar branch of the median nerve sutured to the distal median nerve). The site of nerve coaptation was either at the level of neuroma or further proximal. After a follow-up of 2 years, all patients except one experienced significant improvement in pain perception, and most of them could abandon their pain medications. The progressing Tinel-Hoffman sign in the clinical evaluation indicates the advancing axonal regeneration after ETS coaptation, which appeared to be inferior in terms of regeneration speed compared to end-to-end repair.

Although the scientific interest for ETS neurorrhaphy in neuroma surgery has been tempered, some valuable aspects can be observed. Next to other surgical techniques, as targeted muscle reinnervation (TMR) or regenerative peripheral nerve interfaces (RPNI), ETS neurorrhaphy is an "active" method in neuroma management, due to the guided and organized progression of axons with possible end organ reinnervation. However, the reduced speed in axon regeneration may have burdensome implications to the patient, who might sense neuropathic feelings at the level of the proceeding nerve end [20].

Supplying a transected nerve with a new target is a substantial aspect to prevent ongoing axonal sprouting. Nonspecific axonal regeneration does not seem to play a role in pain generation. Contrary to other conventional methods, like transposition into a muscle or epineural closure, ETS coaptation does account for pathophysiologic mechanisms in nerve regeneration. Another advantage of ETS neurorrhaphy is the surgical versatility of this technique—the only prerequisite is an adjacent, viable nerve connected to a target.

In total, end-to-side neurorrhaphy is a potential method for neuroma treatment with valuable aspects and can be performed in both upper and lower extremities. While larger nerves in amputation surgery may benefit from other techniques (e.g., TMR), several conditions do qualify for the application of end-to-side neurorrhaphy to treat neuroma.

References

1. Ducic I, Yoon J, Eberlin KR. Treatment of neuroma-induced chronic pain and management of nerve defects with processed nerve allografts. Plast Reconstr Surg Glob Open. 2019;7(12):e2467. Published 2019 Dec 19. https://doi.org/10.1097/GOX.0000000000002467.
2. Poppler LH, Parikh RP, Bichanich MJ, et al. Surgical interventions for the treatment of painful neuroma: a comparative meta-

analysis. Pain. 2018;159(2):214–23. https://doi.org/10.1097/j.pain.0000000000001101.

3. Challoner T, Nijran A, Power D. The surgical management of traumatic neuromas. J Musculoskelet Surg Res. 2019;3:22. https://doi.org/10.4103/jmsr.jmsr_81_18.
4. Eberlin KR, Ducic I. Surgical algorithm for neuroma management: a changing treatment paradigm. Plast Reconstr Surg Glob Open. 2018;6(10):e1952. Published 2018 Oct 16. https://doi.org/10.1097/GOX.0000000000001952.
5. Freniere BB, Wenzinger E, Lans J, Eberlin KR. Relocation nerve grafting: a technique for management of symptomatic digital neuromas. J Hand Microsurg. 2019;11(Suppl 1):S50–2. https://doi.org/10.1055/s-0038-1677320.
6. Tos P, Colzani G, Ciclamini D, et al. Clinical applications of end-to-side neurorrhaphy: an update. BioMed Res Int. 2014. Epub ahead of print 2014.; https://doi.org/10.1155/2014/646128.
7. Konofaos P, Bassilios Habre S, Wallace RD. End-to-side nerve repair: current concepts and future perspectives. Ann Plast Surg. 2018;81:736–40.
8. Dunn JC, Gonzalez GA, Fernandez I, et al. Supercharge end-to-side nerve transfer: systematic review. Hand (N Y). 2019;16:151–6.
9. Low CK, Chew SH, Song IC, et al. End-to-side anastomosis of transected nerves to prevent neuroma formation. Clin Orthop Relat Res. 1999:327–32.
10. Al-Qattan MM. Prevention and treatment of painful neuromas of the superficial radial nerve by the end-to-side nerve repair concept: an experimental study and preliminary clinical experience. Microsurgery. 2000;20:99–104.
11. Aszmann OC, Korak KJ, Rab M, et al. Neuroma prevention by end-to-side neurorraphy: an experimental study in rats. J Hand Surg Am. 2003;28:1022–8. Epub ahead of print 2003. https://doi.org/10.1016/S0363-5023(03)00379-4.
12. Ayan I, Bora A, Karakaplan M, et al. Effect of end-to-side repair of proximal nerve stumps of transected peripheral nerves on the development of neuroma (experimental study). Hand. 2007;2:199–205.
13. Yüksel F, Kişlaoğlu E, Durak N, et al. Prevention of painful neuromas by epineural ligatures, flaps and grafts. Br J Plast Surg. 1997;50:182–5.
14. Brushart TM. Nerve repair. Oxford University Press; 2011.
15. Beris AE, Lykissas MG. Chapter 13 experimental results in end-to-side Neurorrhaphy. Int Rev Neurobiol. 2009;87:269–79.
16. Viterbo F, Trindade JC, Hoshino K, et al. Latero-terminal neurorrhaphy without removal of the epineural sheath. Experimental study in rats. Rev Paul Med. 1992;110:267–75.
17. Höke A, Redett R, Hameed H, et al. Schwann cells express motor and sensory phenotypes that regulate axon regeneration. J Neurosci. 2006;26:9646–55.
18. Bolívar S, Navarro X, Udina E. Schwann cell role in selectivity of nerve regeneration. Cells. 2020;9. Epub ahead of print September 20. https://doi.org/10.3390/cells9092131.
19. Aszmann OC, Muse V, Dellon AL. Evidence in support of collateral sprouting after sensory nerve resection. Ann Plast Surg. 1996;37:520–5.
20. Aszmann OC, Moser V, Frey M. Die Behandlung chronisch schmerzhafter Neurome mittels End-zu-Seit Neurorraphie. Handchirurgie Mikrochirurgie Plast Chir. 2010;42:225–32.

Part V

Surgical Atlas: Surgical Treatment of Symptomatic Neuromas

Head and Neck Neuroma Cases

20

J. T. Brothers, John R. Zuniga, Lisa Gfrerer, William G. Austen, and Ivica Ducic

Neuromas involving the trigeminal nerve (CNV) are recorded in the known literature as a result of severe injuries to every division of CN V and are associated with Sunderland Class IV or V injuries created by mechanical, thermal, or chemical insult during intentional or unintentional procedure-related events. For oral and maxillofacial, otolaryngology, plastic reconstructive, and head and neck surgeons, examples of such procedures leading to iatrogenic injuries include dentoalveolar, endosseous implant, orthognathic, craniofacial, cosmetic, temporomandibular, and trauma repair surgery, while intentional injuries can occur during the treatment of benign and malignant oncologic surgery and facial pain management surgery [1, 2]. We will address those neuromas associated with CNV3 and V2 injuries and their presentation, diagnosis, and treatment and present cases demonstrating surgical technique.

Neuromas of the inferior alveolar, lingual, and infraorbital nerves were described by Gregg in 1990 in a study including 59 neuromas [3]. He used surgical exposure and a 10× operating microscope to diagnose and describe four patterns of neuromas including amputation neuroma, neuroma-in-continuity, lateral neuroma, and lateral adhesive neuromas. The literature has a sparsity of information on the treatment of painful neuromas.

Diagnosis of neuromas should begin with a thorough history. It is often beneficial to have the patient fill out a questionnaire with a list of descriptive words to assist in finding the best way to describe the subjective sensation [4]. The patient should be asked if pain is constant or intermittent, spontaneous, or stimulus induced and to estimate their degree of impairment. The history should include the inciting incident that preceded the altered sensation. This can be helpful in localizing the neuroma and determining timing of surgical repair. In the case of a suspected lingual nerve injury, patients will often complain of altered taste or dysgeusia.

A complete exam of the head and neck should be completed prior to focusing on the region of interest. The clinician should inspect the oral cavity for any obvious signs of injury. Palpation in an area of suspected injury can assess for triggers and signs of acute injury. Specifically, the clinician should palpate the lingual aspect of mandibular molars for LN injuries, the mental foramen for IAN injuries, and below the orbital rim of ION injuries. A diagnostic nerve block with local anesthesia is useful in determining if an injury is peripheral versus central in etiology. With this test, a resolution of symptoms after a block is consistent with a peripheral nerve injury. Clinical neurosensory testing (NST) is the current gold standard for diagnosis of trigeminal nerve injury and has shown to be a reliable and inexpensive tool for the clinician. The test consists of a three-level dropout algorithm that grades the extent of injury into five categories. In brief, Level A consists of 2-point discrimination and directional brushstrokes. Level B consists of contact detection assessed with the wood end of a cotton swab or Semmes-Weinstein monofilaments. Level C consists of pain threshold and toler-

Supplementary Information The online version contains supplementary material available at https://doi.org/10.1007/978-3-031-59758-9_20.

J. T. Brothers
Department of Oral & Maxillofacial Surgery, University of Texas, Southwestern, Dallas, TX, USA
e-mail: JOHN.BROTHERS@phhs.org

J. R. Zuniga
Department of Surgery, University of Texas Southwestern in Dallas, Dallas, TX, USA

Department of Neurology, University of Texas Southwestern in Dallas, Dallas, TX, USA
e-mail: john.zuniga@utsouthwestern.edu

L. Gfrerer
Division of Plastic and Reconstructive Surgery, Weill Cornell Medical Center, New York City, NY, USA
e-mail: lig4013@med.cornell.edu

W. G. Austen
Division of Plastic Surgery, Massachusetts General Hospital, Harvard Medical School, Boston, MA, USA
e-mail: wausten@mgh.harvard.edu

I. Ducic (✉)
Washington Nerve Institute, McLean, VA, USA

K. R. Eberlin et al. (eds.), *Contemporary Neuroma Management*, https://doi.org/10.1007/978-3-031-59758-9_20

ance values assessed with a sharp instrument or an algometer. Extent of injury is graded as normal, mild (level A abnormal), moderate (levels A and B abnormal), severe (levels A and B abnormal with increased level C), and complete (levels A and B abnormal with no level C response). In a prospective clinical trial, Zuniga et al. used surgical findings to determine that NST has a sensitivity and specificity of 100% and 62.5% (PPV = 95%, NPV = 100%) for lingual nerve injuries and sensitivity and specificity of 85% and 47%,(PPV = 77%, NPV = 60%) for inferior alveolar nerve injuries [5]. NST testing is limited in that results are reliable only after 3 months following injury, patient reaction to testing can be highly subjective, and the interpretation of results relies heavily on the experience of the clinician performing the test. Furthermore, NST testing provides no information regarding the size of the neuroma, margins of normal tissue, and specific anatomic location of the injury.

CT imaging can be useful to assess damage to structures adjacent the trigeminal nerve such as the lingual plate of the mandible in the case of LN injuries or extraction sockets for IAN injuries, but it provides no value in the actual diagnosis of a neuroma. Magnetic resonance neurography (MRN) has emerged as a promising modality that can provide objective information regarding the extent of peripheral nerve damage rather than relying on NST alone. MRN has been shown to accurately demonstrate neuromas and differentiate normal from abnormal nerves with excellent correlation between MRN and intra-operative findings [6]. Figure 20.1 shows an amputation neuroma of the right lingual nerve in a Class V injury. Importantly, MRN is capable of reliably identifying

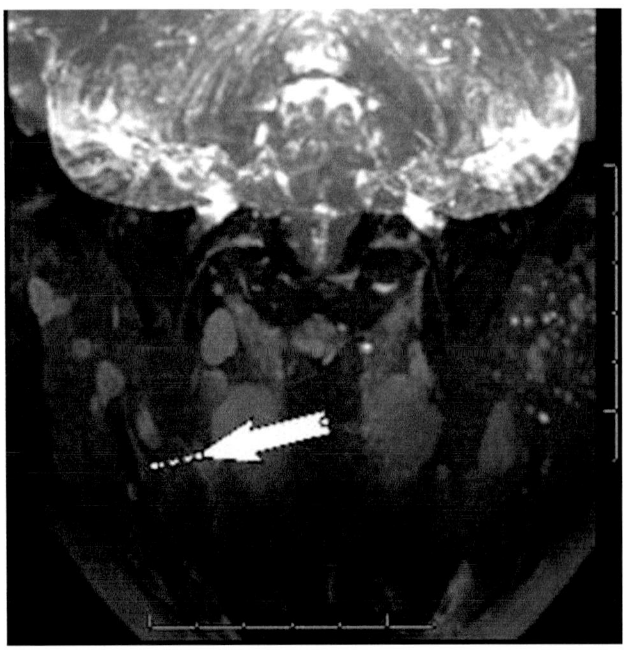

Fig. 20.1 MRN demonstrating a right lingual nerve Sunderland Class IV injury with neuroma

neuromas at 1 month, allowing the clinician to expediate surgical intervention for non-recoverable injuries [7].

Treatment of trigeminal nerve neuromas has two main goals: remove the neuroma and reapproximate normal nerve ends to enhance the potential recovery of neurosensory function and manage neuropathic pain. Thus, surgery is indicated when there is clinical testing consistent with a Sunderland Grade IV or V injury (NST findings of severe or complete sensory impairment at 3 months) or MRN shows a neuroma present with a Grade IV or V injury. Optimal timing of surgical repair remains a topic of debate with conflicting reports in the literature with the general consensus being that clinical success declines with greater delay in surgery [8]. As previously mentioned, the advent of MRN identification of neuromas may prove to assist the microsurgeon in identifying the presence of neuromas leading to earlier surgical intervention. When identified, neuromas require removal with either direct neurorrhaphy or a conduit to span the gap when tension-free connection cannot be achieved. Historically, vein conduits, sural nerve, or great auricular nerve was used as donor grafts for trigeminal Grade IV and V injuries requiring resection of neuromas resulting in surgical size defects of 5 or more millimeters. Our prospective and ambispective, controlled cohort studies demonstrate that short- (15 mm–40 mm) and long-span (45 mm–70 mm) nerve allografts (AVANCE®, AxoGen, Alchuala, Florida) provide S3 to S4 functional sensory recovery in 89% of post-traumatic cases such as those associated with third molar surgery when the repair is completed within 90 days [9] and 94% when done immediately in adults [10] and 100% in pediatric patients of the IAN following resection of the mandible for benign pathology [11].

Lingual Nerve Neuroma: Case Report #1

A 27-year-old female was referred for opinion and evaluation of neurosensory complaint involving the right lingual nerve injury post wisdom tooth #32 extraction performed under sedation 4 months prior. Despite systemic steroids there was no change in complaint. Pain was localized to the posterior right floor mouth/tongue site that was intermittent with movement of tongue and tactile stimulus by tooth brushing with pain scaling daily 0–6. She was tolerating a normal diet but reported daily frequent tongue biting but no self-inducing injury. There were reports of speech difficulty, xerostomia, and loss of taste with metallic dysgeusia that was constant and reduced by foods/drinks and paresthesia that was constant with pricking and burning.

On oral exam she demonstrated generalized good oral hygiene with tooth #32 surgical site well healed and remaining dentition in good repair. There was loss of fungiform papillae on the right side with no evidence of self-inducing injury and a positive trigger without radiation with aftersensation in the right paralingual sulcus with palpable mass consistent with neuroma of the right lingual nerve. Nerve testing measures included two-point discrimination threshold greater than 25 mm on the right and normal on left (4.5 mm); contact detection threshold measured with Semmes-Weinstein monofilament on right >6.65 and normal on left (2.2); pressure pain threshold using an algometer on right-1.6 lb and normal on left (0.5 lb); and tolerance of 2.0 lb on right and normal on left (0.8 lb). A magnetic resonance neurography study was obtained using previous published protocols [6]. The results were consistent with Sunderland Class IV injury of the right lingual nerve with mild atrophy of the right submandibular gland. The MRN showed a right lingual nerve neuroma incontinuity measuring 6.5 mm. There was a distal nerve abnormality with increased signal and thickening measuring 8.5 mm.

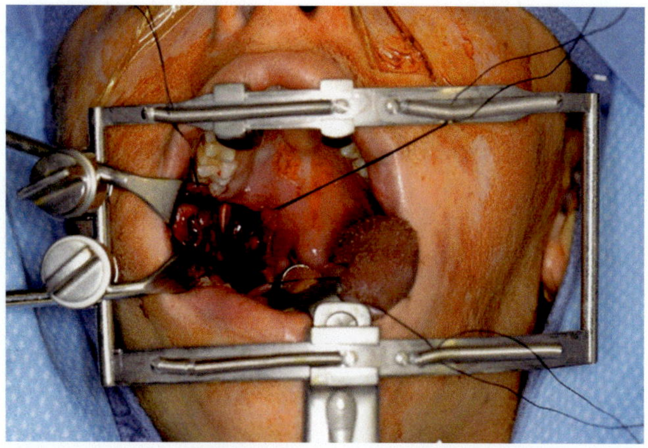

Fig. 20.2 A modified Dingman retractor in place with silk sutures allowing visualization of the surgical site

Surgical Steps for Lingual Nerve Neurorrhaphy with Allograft

Step 1: Incision

Figure 20.2 shows the use of a modified Dingman retractor (Lorenz Instrumentation) during the preparation phase of the procedure to the lingual nerve on the right side. Surgery of a left lingual nerve would be performed using the same methods with the retractor moving the tongue downward and to the right side. A supra-periosteal incision is made over the pterygomandibular raphe down to the alveolar crest just short of the second molar. The incision is then continued down the lingual crest anteriorly along the floor of mouth. A buccal releasing incision is completed connecting from posterior to the second molar creating a "Y"-shaped supra-periosteal dissection. The flaps are then secured with silk sutures to the Dingman retractor.

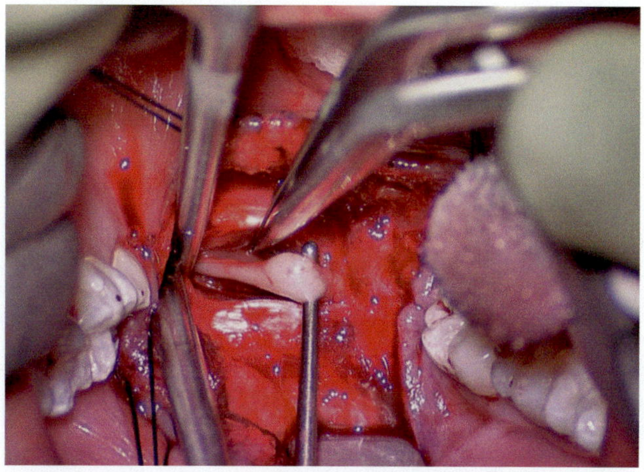

Fig. 20.3 Nerve hook elevating the proximal segment of the lingual nerve into view. Once fat is encountered inferior and lateral to the medial pterygoid, the nerve hook is placed deep to fat in order to elevating the lingual nerve superiorly

Step 2: Nerve Identification and Access Phase

Under a surgical microscope, the temporalis tendon attachment to the ascending ramus and the medial pterygoid muscle is identified. Blunt dissection is performed in a sweeping fashion in the plane medial to the temporalis tendon and lateral to the belly of the medial pterygoid muscle in an inferior direction until fat is observed. Figure 20.3 shows a nerve hook inserted below the fat and elevated superiorly bringing the proximal segment of the lingual nerve into view. A vessel loop is placed around the proximal end and secured to the drapes to suspend the nerve segment. Next, the distal segment of the lingual nerve is dissected in the anterior medial extent of the designed incision until fat is identified and a nerve hook is used to elevate and suspend this segment of the nerve (Fig. 20.4). Figure 20.5 shows both ends identified with vessel loops placed to secure the nerve ends allowing

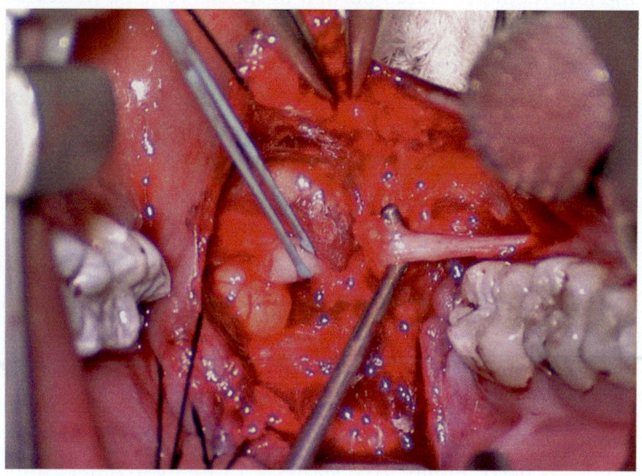

Fig. 20.4 Nerve hook elevating the distal segment of the lingual nerve. The distal segment is suspended with a vessel loop

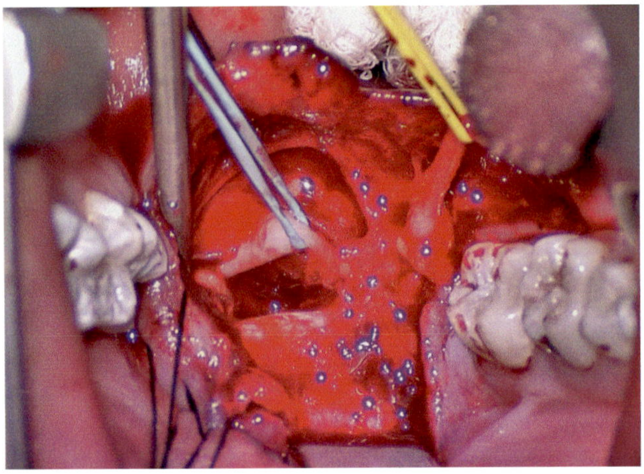

Fig. 20.5 Both proximal and distal segments of the lingual nerve are elevated with vessel loops. Note the intermediate injured portion is adhered to the adjacent soft tissue

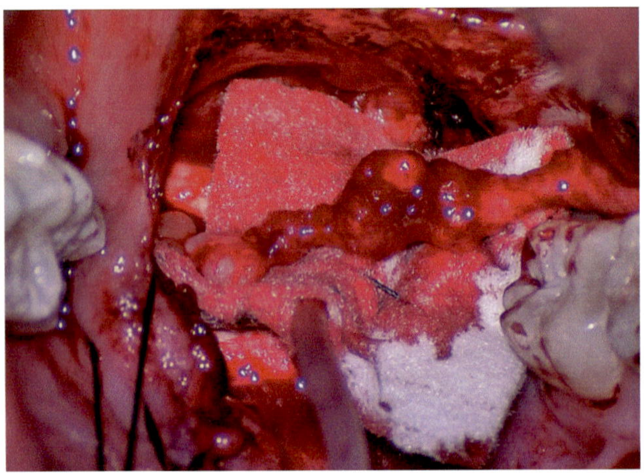

Fig. 20.6 The neuroma dissected free, placed on a neuropaddy

the intermediate injured portion of the nerve to be dissected free. Figure 20.6 shows a modified 1 inch neuropaddy attached to a butterfly catheter with a suction placed below the nerve in order to isolate the surgical site. This completes the identification and access phase of the operation.

Step 3: Neuroma Excision and Preparation and Microsurgery Phase

Figure 20.7 shows a Class IV injury of the right lingual nerve under high magnification (25×) in another example. Neuroma and scar tissue are excised, and remaining nerve endings must be examined and trimmed until normal fascicular anatomy is observed. If the surgical gap size is greater than 5 mm, then an allograft or autograft using tension-free techniques is used. Figure 20.8 shows a 13 mm gap defect after removal of abnormal nerve in Fig. 20.7. We recently completed an ambispective cohort study that showed the mean

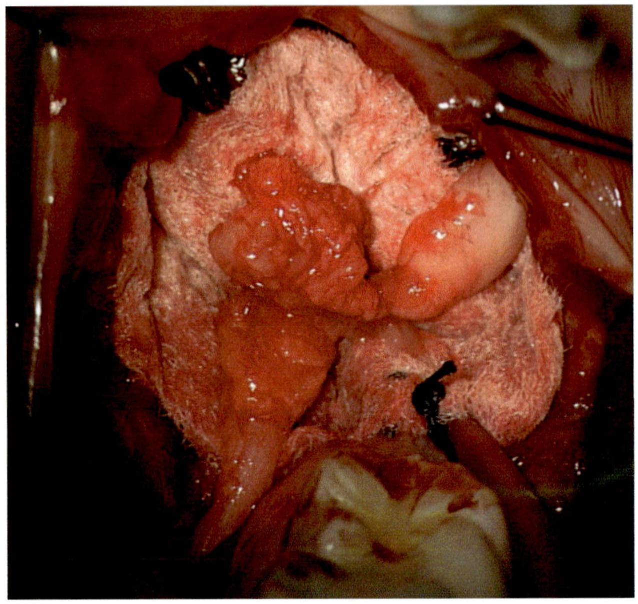

Fig. 20.7 Class IV injury of the left lingual nerve with a large neuroma and attached scar tissue

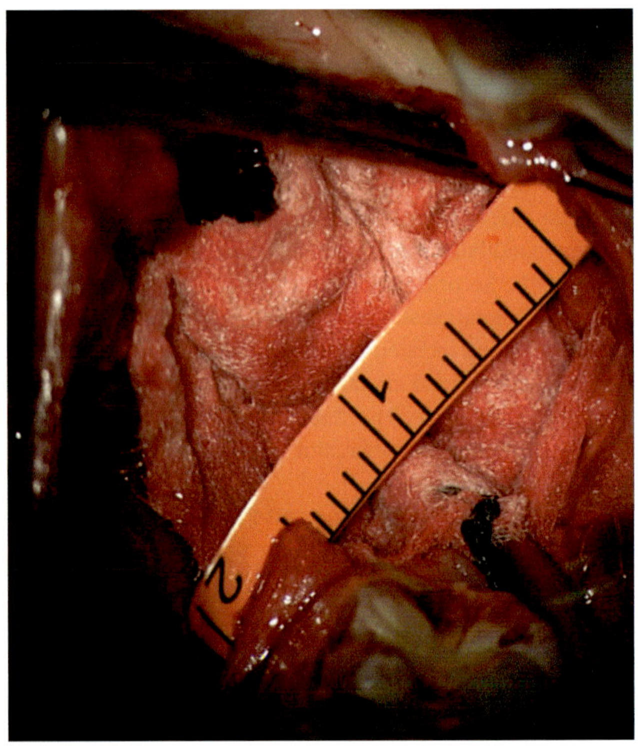

Fig. 20.8 Proximal and distal segments of left lingual nerve with a 13 mm gap after excision of neuroma and scar

size of lingual nerve neuromas (n = 36) was 11.1 ± 5 mm, ranging 4–22 mm and with a median of 10 mm [7]. The mean gap size was 12.5 ± 4.5 mm, ranging 3–22 mm and with a median of 13 mm. Thus, the majority of cases for LN the mean gap size exceed the 5 mm threshold for direct neu-

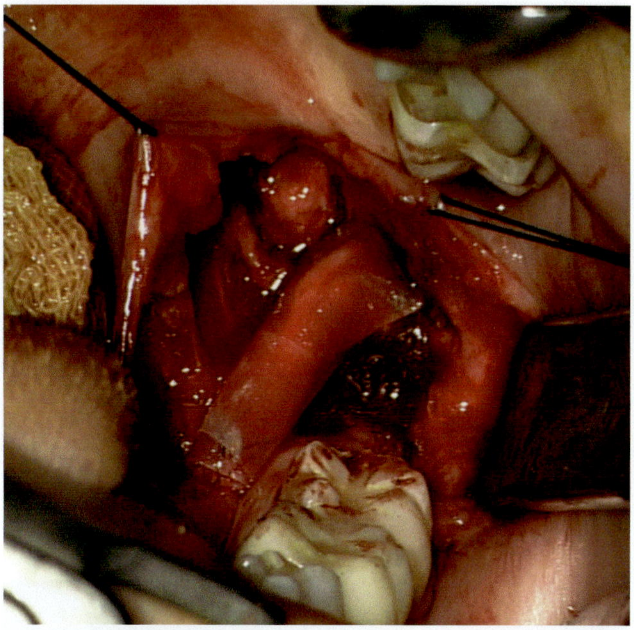

Fig. 20.9 Completed repair using a processed nerve allograft (AVANCE) and an AxoGuard connector using the Connector-Assisted-Repair sequence

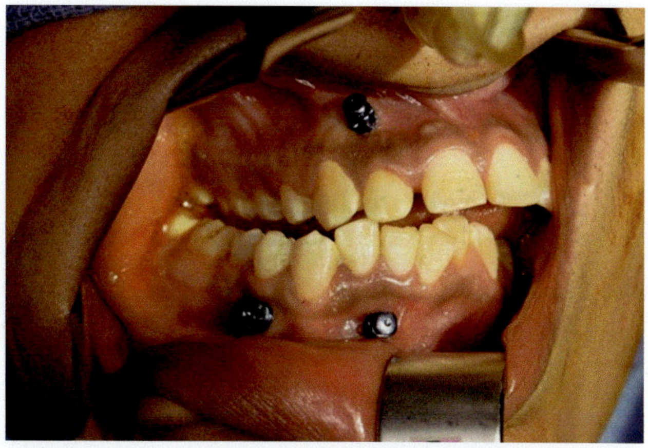

Fig. 20.10 Intermaxillary fixation screws in place prior to subluxation of the mandible

rorrhaphy without a graft (allograft or autograft). A processed nerve allograft (AVANCE®, AxoGen Inc., Alchuala, Florida) is selected based on length of the defect and diameter of the proximal stump. The allograft is then sutured on the back table to a porcine nerve connector (AxoGuard Connector, 4 × 10 mm, AxoGen Inc., Alchuala, Florida) using 8.0 nylon sutures at the 12 o'clock positions at each end. The graft is then brought into the surgical field, and the distal and proximal stumps are secured to the nerve connector in a similar fashion with 8.0 nylon suture. It is important that the connector provides a gap between native nerve and allograft that is less than 3 mm. Figure 20.9 shows the completed repair using the Connector-Assisted-Repair (CAR) sequence described above.

Step 4: Closure

The incisions are closed using 3.0 chromic gut sutures.

Inferior Alveolar Neuroma: Case Report #2

A healthy 25-year-old female presented with chief complaint of "numbness of my left lip and chin" after extraction of third molars 4 months prior. After extractions she developed a submasseteric abscess requiring incision and drainage at site #17 1 month after her extractions. She subsequently developed neuropathic pain over the left mental nerve distribution that was intermittent and associated with tactile and thermal stimuli not resolved with systemic steroids, opioids, or NSAIDs. Pain scales ranged from 6 to 9. She was tolerating normal diet, no speech difficulty, and no lip biting. On exam she had generalized good oral hygiene with dentition in good repair. There was no evidence of self-inducing injury to the lip with allodynia and hyperpathia present. On clinical neurosensory testing, two-point discrimination threshold was greater than 25 mm on the left and on the right was normal (10 mm); contact detection threshold using Semmes-Weinstein monofilaments was 3.6 on the left and normal on the right (2.83); pressure pain threshold was 0.5 lb, and tolerance was 0.7 lb on the left, and threshold was 1.2 lb, and tolerance was 2.5 lb on the right. She demonstrated allodynia to moving brush stroke, hyperpathia to repetitive suprathesh-old Semmes-Weinstein monofilament, and hyperalgesia to pressure pain stimuli. These findings were consistent with moderate sensory impairment or S2 on MRCS. A magnetic resonance neurography study showed Class IV injury of the left inferior alveolar nerve with abnormally enlarged and hyperintense signal with a focal neuroma incontinuity measuring 3.2 mm.

Surgical Steps for Inferior Alveolar Nerve with Allograft

Step 1: Mandibular Subluxation

IMF screws in are placed the mandible and maxilla in the premolar regions (Fig. 20.10). A 24 g wire is passed from the mandibular to maxillary IMF screws to subluxate the mandible away from the side of the injury (Fig. 20.11).

Step 2: Incision and Access Phase

An incision is made from the ascending ramus down the lateral oblique ridge. A subperiosteal dissection is completed down to the inferior and posterior border of the mandible exposing the lateral mandible at the site of injury. Channel

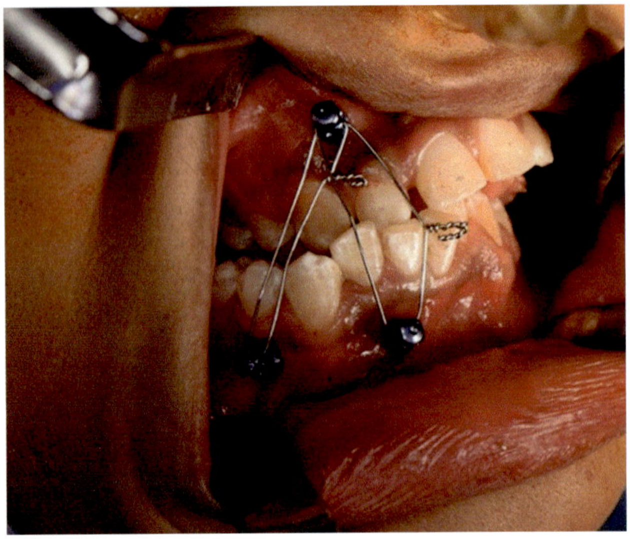

Fig. 20.11 The mandible subluxated to the right with the use of 24 g wires and IMF screws

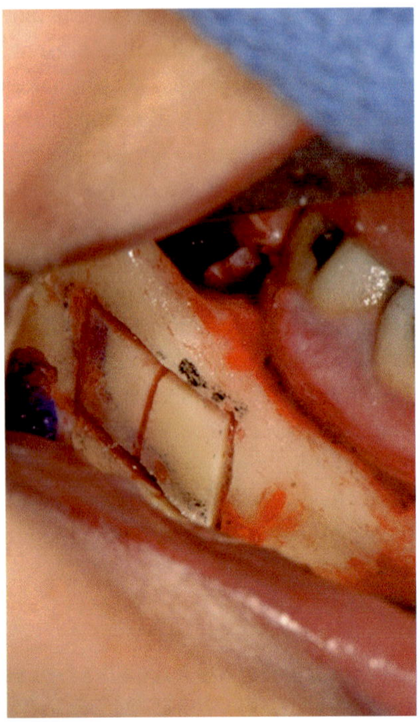

Fig. 20.12 Lateral corticotomies completed through the buccal cortex to create a window to access the inferior alveolar nerve

retractors are placed anterior and posterior to the site of injury. Figure 20.12 shows lateral corticotomies are completed through the buccal cortex using power drills with a 703 round-end fissure bur (Steiger), a piezo-instrument or micro-claw sonopet ultrasound device on the right side for illustration. We prefer the micro-claw sonopet set at 100% cutting power through the cortex decreased to 40% cutting through the medullary mandible till the mandibular canal is

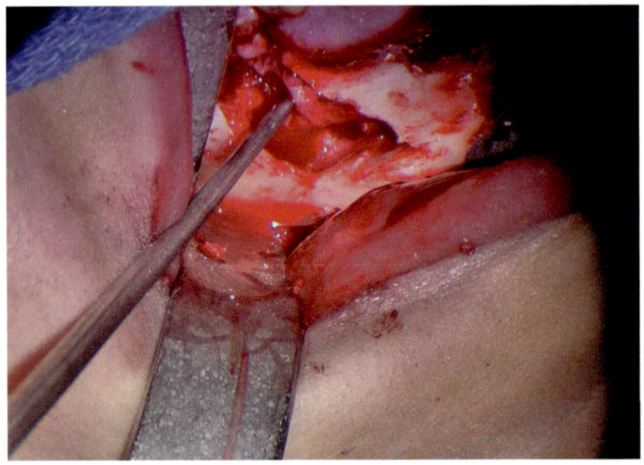

Fig. 20.13 Inferior alveolar nerve visualized after buccal corticotomy

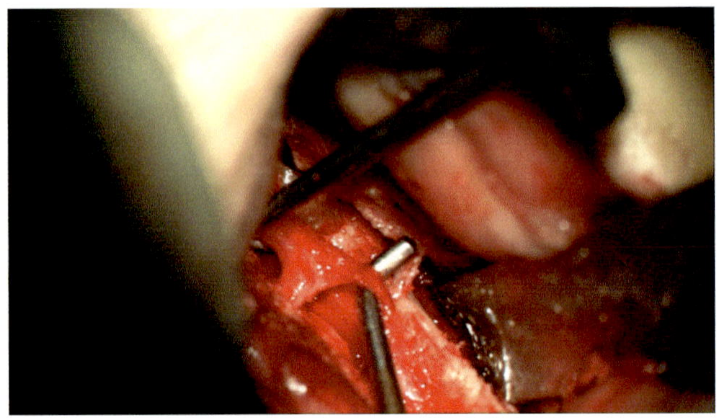

Fig. 20.14 Inferior alveolar nerve with a Class IV injury at the site of the third molar extraction with a lateral neuroma

identified. The lateral bony shell over the canal is then fractured out and the IAN is identified. A large enough window must be created in order to allow adequate access to the injured nerve.

The goal is to expose 1 cm of the proximal and distal IAN from the site of injury (Fig. 20.13). This completes the access phase of the operation.

Step 3: Neuroma Excision, Preparation, and Microsurgery Phases

Under a surgical microscope on 25× magnification, neuroma and scar tissue are excised, and remaining nerve endings must be examined and trimmed until normal fascicular anatomy is observed. In the ambispective cohort study, the greatest dimension of the IAN ($N = 7$) was 7 ± 4.3 mm, ranging 3–17 mm and with a median of 6 mm. The mean gap size for IAN was 10.2 ± 2.9 mm, ranging 6–15 mm and with a median of 10 mm [7]. Figure 20.14 shows a left IAN Class IV injury at the site of the third molar extraction with a lateral neuroma. Figure 20.15 shows the 13 mm surgical gap created after removal of the neuroma and abnormal nerve in

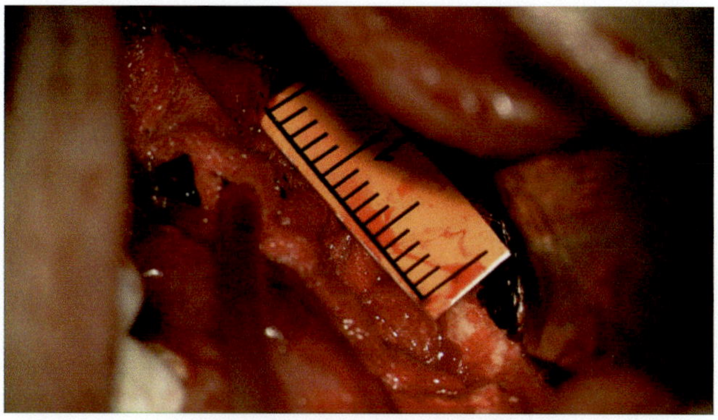

Fig. 20.15 A 13 mm surgical gap after resection of the neuroma

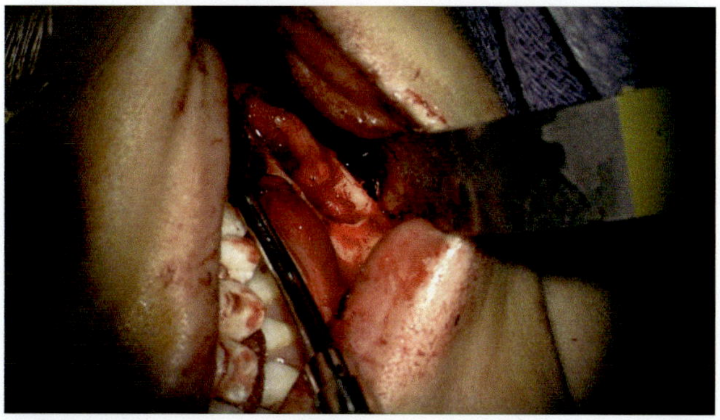

Fig. 20.16 Inferior alveolar nerve after repair with a nerve allograft using Connector-Assisted-Repair technique

Fig. 20.14. Using the same method as described for LN, Fig. 20.16 shows the insertion of the nerve allograft using CAR technique.

Step 4: Closure

The incision is then closed using 3.0 chromic gut suture. Subluxation is released and IMF screws are removed.

Infraorbital Nerve Neuroma: Case Report #3

A 72-year-old man presented with chief complaint of “left facial jaw pain” with onset 22 years ago. He had a left infraorbital nerve (ION) neurectomy 5 years prior with numbness of left upper lip but no relief of pain. He had attempted medical management without relief. His pain was localized to a left V2 distribution with radiation to temporal and forehead region. He described constant, burning pain (7/10). He also had tactile, thermal, and positional induced pain. On exam he had allodynia and hyperpathia across left V2 and with some relief with a left ION local anesthesia block. A magnetic resonance neurography study showed an enlarged left ION with a small neuroma and surrounding scarring at the infraorbital foramen. He was diagnosed with chronic neuropathic pain of left ION likely central and peripheral with allodynia and hyperpathia.

Figure 20.17 shows the MRN pointing to the left ION demonstrating a bulbous neuroma at the infraorbital fora-

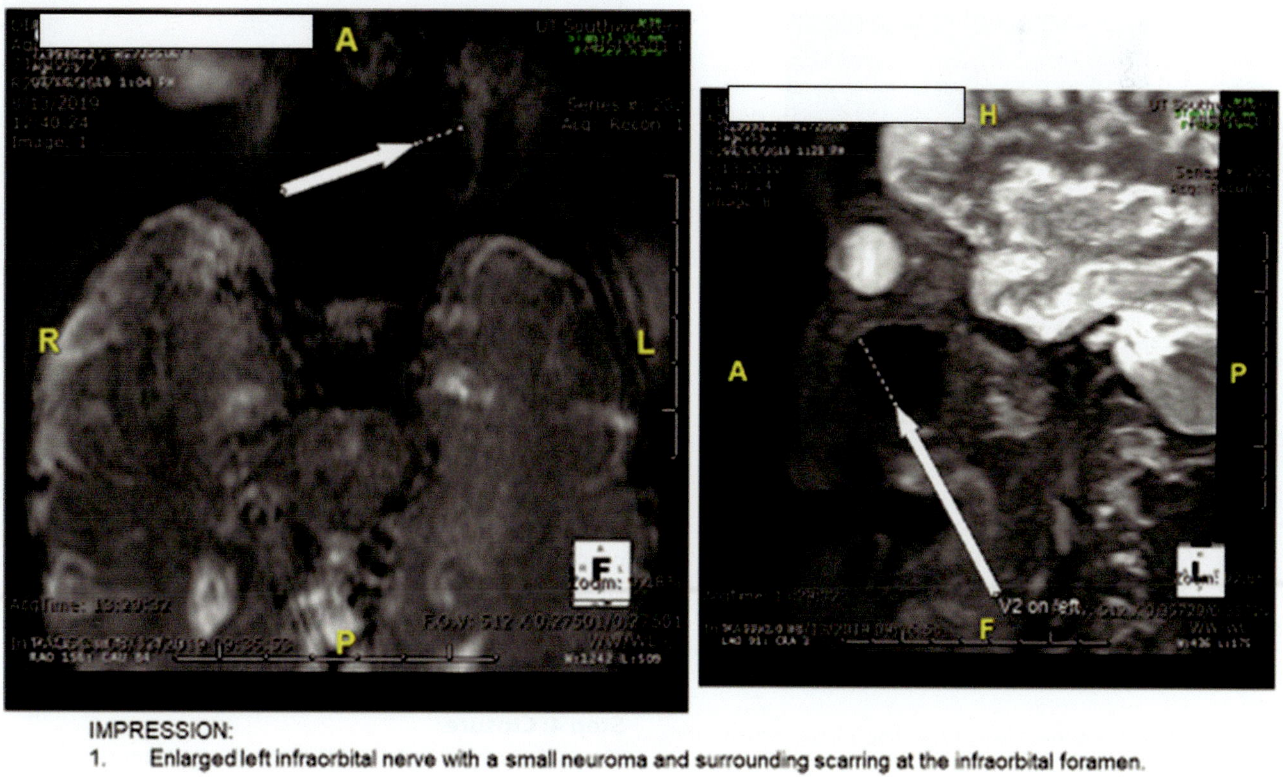

Fig. 20.17 MRN in sagittal and axial views with arrows pointing to bulbous neuroma of the left infraorbital nerve at the foramen

men. Figure 20.16 shows a large amputation neuroma of the left infraorbital nerve.

Surgical Steps for Infraorbital Neuroma Resection

Step 1: Incision

A maxillary vestibular incision is completed on the side of injury 5 mm above the mucogingival junction from the incisor to second molar and carried down through the periosteum. A subperiosteal dissection is carried superiorly to the infraorbital rim, exposing the infraorbital foramen. If the injury site is proximal to the inferior orbital rim, the approach should be via a transconjunctival/floor of orbit approach rather than a transoral approach.

Step 2: Nerve Isolation and Access Phase

The infraorbital nerve should be identified with initial dissection. If the neuroma extends within the IO canal, a bony window must be created to access a more proximal segment of the nerve. A circular osteotomy is created with an ultrasonic saw creating a window to the maxillary sinus in a Caldwell Luc fashion (Fig. 20.18).

Step 3: Preparation and Microsurgery Phase

Under a surgical microscope on 25× magnification, neuroma and scar tissue are excised, and remaining nerve endings must be examined and trimmed until normal fascicular anatomy is observed. Figure 20.19 shows the prepared proximal stump of the same nerve in Fig. 20.18. In this case, the distal end of the ION was not available due to the atrophy (10 years) from the initial neurolysis procedure, and the ION was capped off (Fig. 20.20). However, if the distal end of the ION is available, the microsurgical reconstruction would be the same as described for the LN and IAN.

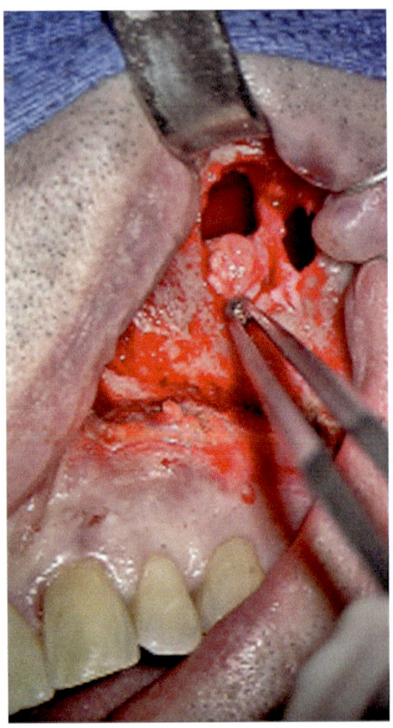

Fig. 20.18 Bony window removed revealing a large neuroma of the left infraorbital nerve

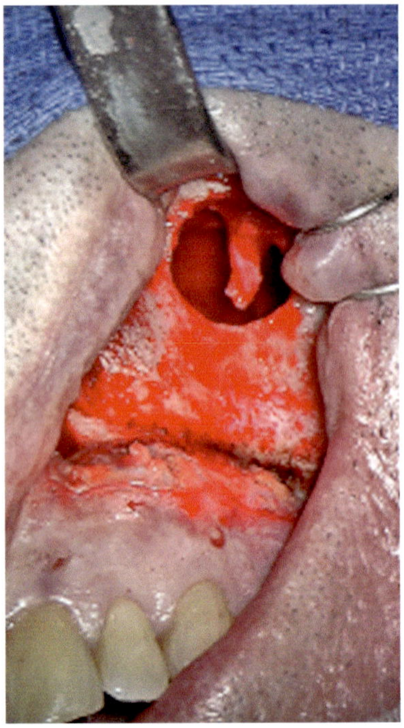

Fig. 20.19 Left infraorbital nerve after excision of the amputation neuroma

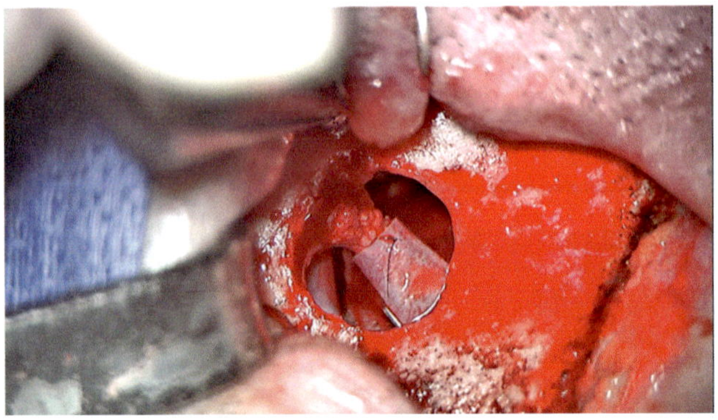

Fig. 20.20 Left infraorbital nerve capped off due to inability to repair atrophic distal nerve stump

Step 4: Closure

The incision is closed using 3.0 chromic gut sutures.

Greater and Lesser Occipital Nerve Neuroma: Case Report #4

This 65-year-old female suffered from right-sided occipital pain for 40 years. She initially developed pain after resection of a malignant tumor of the scalp. She underwent multiple reconstructive procedures after tumor resection including skin grafting, tissue expander placement, and scalp flap advancement. Subsequent to these procedures, she developed severe pain in the occipital region on the right. The pain was constant. Her pain sketch showed a typical greater occipital nerve (GON) radiation pattern on the right [12]. On exam, she had severe pain and a positive Tinel sign on palpation of the GON and Lesser Occipital Nerves (LON). After nerve block, her pain improved from 8 to 2 on a visual analogue scale. The decision was made to offer her nerve exploration with possible nerve decompression, possible nerve transection, and possible removal of neuroma.

Preoperatively, the area of maximum pain was marked. After re-opening of a previous oblique incision along her scalp flap, careful dissection down to the trapezius muscle and midline raphe was performed. The GON nerve was identified and found to be transected on the right. A large (~1 cm) stump neuroma was present (Fig. 20.21a, b). The dissection was then carried laterally, where the LON was identified and dissected free. Similarly, the nerve appeared to be transected with a large stump neuroma (Fig. 20.21c, d). The neuromas of the GON and LON nerve were resected back to healthy nerve. Two motor branches of the semispinalis capitis muscle were identified using nerve stimulation, and the proximal GON and LON nerve stumps were sutured to the semispinalis capitis motor nerve branches for targeted muscle reinnervation using 9.0 Nylon suture (Video 20.1). The incision was closed in a standard fashion [13].

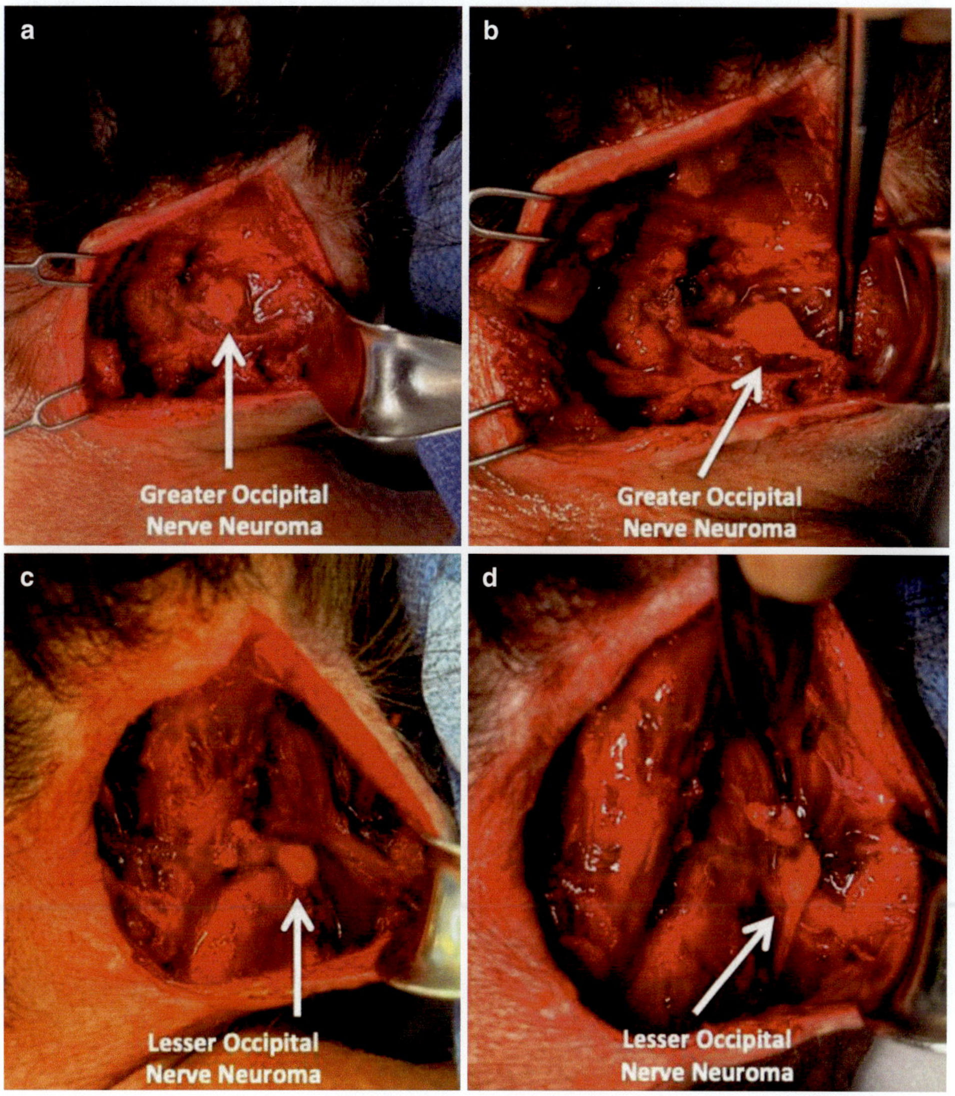

Fig. 20.21 **Neuromas of the Greater Occipital Nerve and the Lesser Occipital Nerve.** (**a**, **b**) The Greater Occipital Nerve (GON) neuroma was found at the exit point of the nerve from the semispinalis capitis muscle. (**c**, **d**) The Lesser Occipital Nerve neuroma was found lateral to the GON neuroma. Both neuromas were at the maximum point of pain perceived by the patient

Post-Operative Considerations

Patients should be advised to avoid self-inflicted trauma in the immediate post-operative period when hypoesthesia may initially be increased. Jaw opening physiotherapy is advised after lingual nerve repair due to stripping of the medial pterygoid during surgical exposure. Patients can begin sensory retraining immediately post-op using a toothbrush to stimulate sensory nerves on the tongue or a cotton tip on the lip and chin in front of a mirror [14].

Serial sensory exams should begin at 1 month and continue on a monthly basis assessing for improvement. If patients fail to improve at 3 or 6 months post repair, a repeat MRN can be completed to assess for formation of secondary neuromas which may require a second surgery.

References

1. Bagheri SC, Meyer RA, Cho SH, Thoppay J, Khan HA, Steed MB. Microsurgical repair of the inferior alveolar nerve: success rate and factors that adversely affect outcome. J Oral Maxillofac Surg. 2012;70(8):1978–90. https://doi.org/10.1016/j.joms.2011.08.030.
2. Bagheri SC, Meyer RA, Khan HA, Kuhmichel A, Steed MB. Retrospective review of microsurgical repair of 222 lingual nerve injuries. J Oral Maxillofac Surg. 2010;68(4):715–23. https://doi.org/10.1016/j.joms.2009.09.111.
3. Gregg JM. Studies of traumatic neuralgias in the maxillofacial region: surgical pathology and neural mechanisms. J Oral Maxillofac Surg. 1990;48(3):228–37. https://doi.org/10.1016/0278-2391(90)90385-F.
4. Phillips C, Essick G, Zuniga J, Tucker M, Blakey G. Qualitative descriptors used by patients following orthognathic surgery to portray altered sensation. J Oral Maxillofac Surg. 2006;64(12):1751–60. https://doi.org/10.1016/j.joms.2005.11.100.
5. Zuniga JR, Meyer RA, Davis LF. The accuracy of clinical neurosensory testing for nerve injury diagnosis. J Oral Maxillofac Surg. 1998;56:2–8.
6. Dessouky R, Xi Y, Zuniga J, Chhabra A. Role of MR neurography for the diagnosis of peripheral trigeminal nerve injuries in patients with prior molar tooth extraction. Am J Neuroradiol. 2018;39(1):162–9. https://doi.org/10.3174/ajnr.A5438.
7. Zuniga JR, AbdleBaky O, Alian A, Thakur U, Pezeshk P, Xi Y, Chhabra A. Does presurgical magnetic resonance neurography predict neuroma and surgical gap size in trigeminal class IV and V injuries. J Oral Maxillofac Surg. 2021;79:2574–81. https://doi.org/10.1016/j.joms.2021.07.023.
8. Ziccardi VB, Steinberg MJ. Timing of trigeminal nerve microsurgery: a review of the literature. J Oral Maxillofac Surg. 2007;65(7):1341–5. https://doi.org/10.1016/j.joms.2005.11.090.
9. Zuniga JR. Sensory outcomes after reconstruction of lingual and inferior alveolar nerve discontinuities using processed nerve allograft—a case series. J Oral Maxillofac Surg. 2015;73(4):734–44. https://doi.org/10.1016/j.joms.2014.10.030.
10. Zuniga JR, Williams F, Petrisor D. A case control, multi-site, positive controlled, prospective study of the safety and effectiveness of immediate inferior alveolar nerve processed nerve allograft reconstruction with ablation of the mandible for benign pathology. J Oral Maxillofac Surg. 2017;75:2669–81. https://doi.org/10.1016/j.joms.2017.04.002.
11. Miloro M, Zuniga JR. Does immediate inferior alveolar nerve allograft reconstruction result in functional sensory recovery in pediatric patients. J Oral Maxillofac Surg. 2020;78:2073–9. https://doi.org/10.1016/j.joms.2020.06.033.
12. Gfrerer L, Hansdorfer MA, Ortiz R, et al. Patient pain sketches can predict surgical outcomes in trigger-site deactivation surgery for headaches. Plast Reconstr Surg. 2020;146(4):863–71.
13. Gfrerer L, Wong FK, Hickle K, Eberlin KR, Valerio IL, Austen WG Jr. RPNI, TMR, and reset neurectomy/relocation nerve grafting after nerve transection in headache surgery. Plast Reconstr Surg Glob Open. 2022;10(3):e4201. https://doi.org/10.1097/GOX.0000000000004201.
14. Phillips C, Blakey G, Essick GK. Sensory retraining: a cognitive behavioral therapy for altered sensation. Atlas Oral Maxillofac Surg Clin. 2011;19(1):109–18. https://doi.org/10.1016/j.cxom.2010.11.006.

Upper Extremity Neuroma Cases

21

Brendan J. MacKay, Cameron T. Cox, Steve K. Lee,
Adam B. Strohl, Matthew S. Wilson, and Bauback Safa

Case 1: Proximal Median Nerve—Allograft, Nerve Transfer, and Tendon Transfer

Adam B. Strohl and Matthew S. Wilson

Pathogenesis: A 29-year-old male punched glass, sustaining a deep laceration proximal to elbow. At the time of the injury, a local trauma surgeon documented that he had "sutured bleeding vessels." Two years later, the patient presented with complaints of severe neuropathic pain at the laceration site. VAS pain was 9/10.

Clinical Physical Examination Findings

- Absent median nerve function (sensory or motor).
- Positive Tinel's sign at brachial scar with allodynia.

Imaging and Diagnostic Studies: Given the patient's history and symptoms, no additional diagnostic studies were performed.

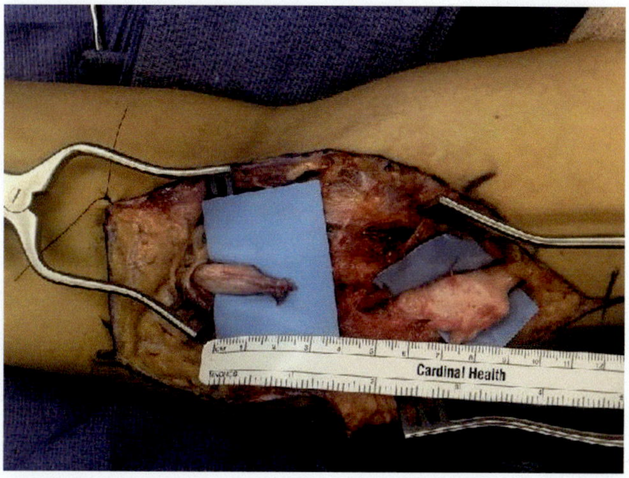

Fig. 21.1 Complete transection of median nerve with a large neuroma

Preoperative Planning: Surgery was planned for neuroma resection, nerve allografting, nerve transfers, and tendon transfers.

Technique: Exploration revealed complete transection of the median nerve with a 3.2 cm neuroma (Figs. 21.1 and 21.2). The neuroma was resected, and mobilization of median nerve allowed for 5 × 70 mm nerve allograft (Axogen, Alachua, FL) reconstruction to prevent recurrent neuroma formation. Distal radial sensory nerve transfers were performed with the goal of restoring sensation to the index finger radial digital nerve (RDN) and thumb ulnar digital nerve (UDN).

Side to side tendon transfers of the index and long finger flexor digitorum profundus (FDP) to the ring finger FDP were performed, as well as brachioradialis (BR) to flexor pollicis longus (FPL) tendon transfer.

Outcomes (2-Year Follow-Up)

- VAS pain: 0/10
- 2-pd: unable to discern up to 15 mm in thumb and index finger with protective sensation (1 point perception) intact
- Tinel's sign: no Tinel's sign or discomfort at reconstruction site

B. J. MacKay (✉)
Orthopaedic Surgery, Texas Tech University Health Sciences Center, University Medical Center, Lubbock, TX, USA
e-mail: Brendan.j.MacKay@ttuhsc.edu

C. T. Cox
Orthopaedic Surgery, Texas Tech University Health Sciences Center, Lubbock, TX, USA
e-mail: cameron.cox@ttuhsc.edu

S. K. Lee
Orthopaedic Surgery, Hand and Upper Extremity Surgery Service, Hospital for Special Surgery, Weill Medical College of Cornell University, New York-Presbyterian Hospital, New York, NY, USA
e-mail: lees@hss.edu

A. B. Strohl · M. S. Wilson
Hand and Upper Extremity Surgery, Philadelphia Hand to Shoulder Center, Thomas Jefferson University Hospital, Philadelphia, PA, USA
e-mail: abstrohl@handcenters.com; mswilson@handcenters.com

B. Safa
Plastic and Reconstructive Surgery, The Buncke Clinic, Stanford Medical Center, UCSF Medical Center, San Francisco, CA, USA

K. R. Eberlin et al. (eds.), *Contemporary Neuroma Management*, https://doi.org/10.1007/978-3-031-59758-9_21

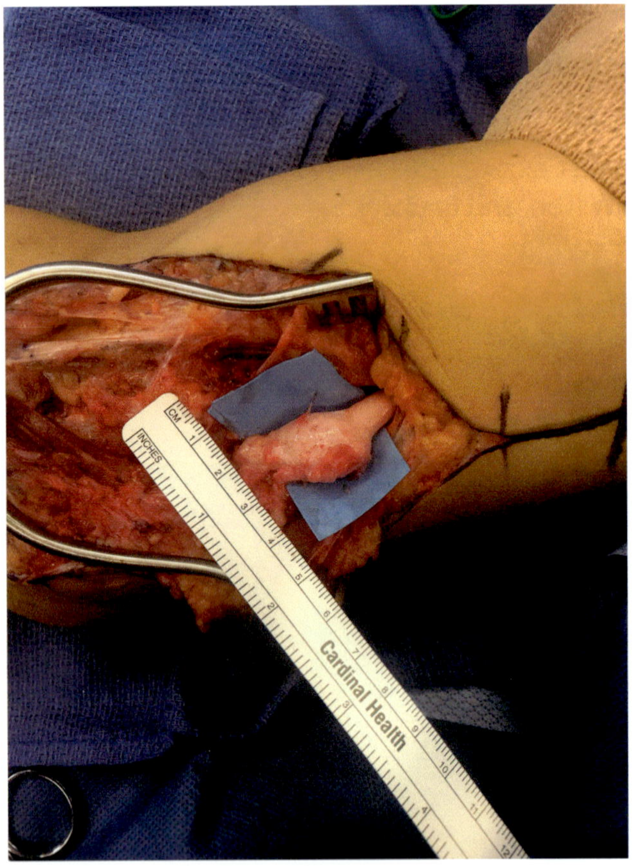

Fig. 21.2 Complete transection of median nerve with a large neuroma

- No return of motor function in the median distribution from nerve reconstruction, but FPL and FDP restored via tendon transfers

Case 2: Distal Median Nerve 1 —Allograft

Brendan J. MacKay

Pathogenesis: A 35-year-old female seen 20 months after bilateral carpal tunnel release (CTR) by another surgeon. She reported persistent pain; numbness in the right thumb, index, and long fingers; weakness; and dropping objects. Prior to the initial right CTR, the patient had punched through a glass window, sustaining a forearm laceration just proximal to the right wrist. Subsequently, she had persistent numbness in the palmar cutaneous and median nerve distributions. VAS pain was 7/10.

Clinical Physical Examination Findings

- 2-point discrimination (2-pd): unable to discern up to 15 mm in median nerve distribution of right hand compared to 6 mm on the left
- Right grip strength: 50 lbs
- Right pinch: 17 lbs
- Tinel's sign: positive along median nerve at the level of the pronator quadratus
- ROM: 100% active

Imaging and Diagnostic Studies: EMG revealed no changes in the right hand (compared to EMG taken prior to original surgery), with continued entrapment at the carpal tunnel and prolonged distal motor latency in the median nerve.

Preoperative Planning: Surgery was scheduled for extended CTR to explore the nerve through the potential zone of injury.

Technique: At the carpal tunnel, the median nerve appeared inflamed and scarred on gross examination, and neurolysis revealed a neuroma-in-continuity just proximal to the carpal tunnel involving 50 mm of length and approximately 75% cross-sectional area of the median nerve (Fig. 21.3). The neuroma was resected, and the nerve was trimmed back to healthy fascicles (Fig. 21.4). Uninjured fascicles were located on the proximal, radial aspect of the nerve.

A 4–5 × 50 mm nerve allograft (Axogen, Alachua, FL) was cut to 47 mm and used to bridge the defect (Fig. 21.5), and it was decided that the remaining 25% of continuous nerve would

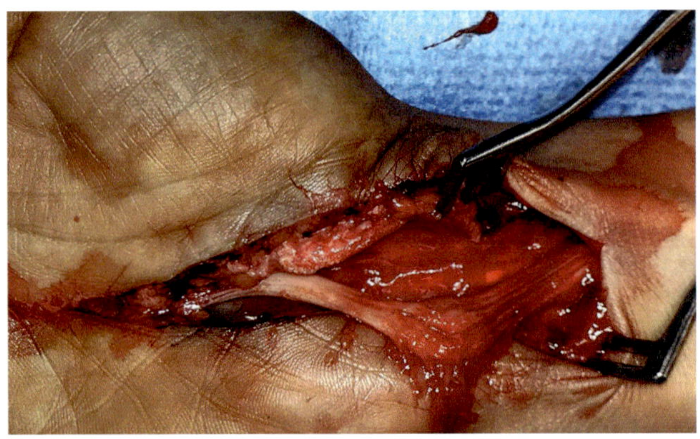

Fig. 21.3 Neuroma-in-continuity just proximal to the carpal tunnel involving 50 mm of length and 75% cross-sectional area of the median nerve

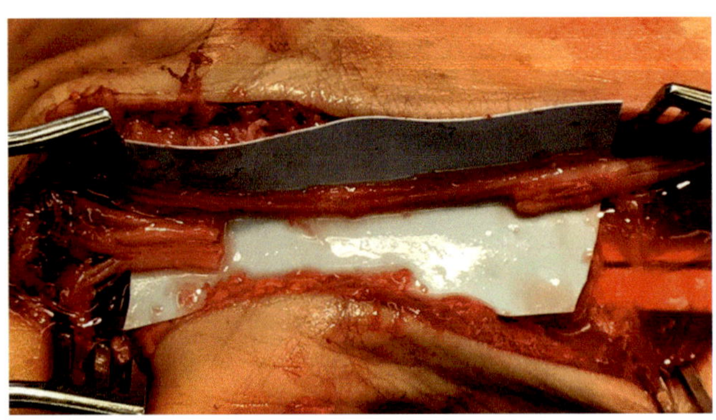

Fig. 21.4 Nerve gap and remaining intact fascicles following neuroma resection

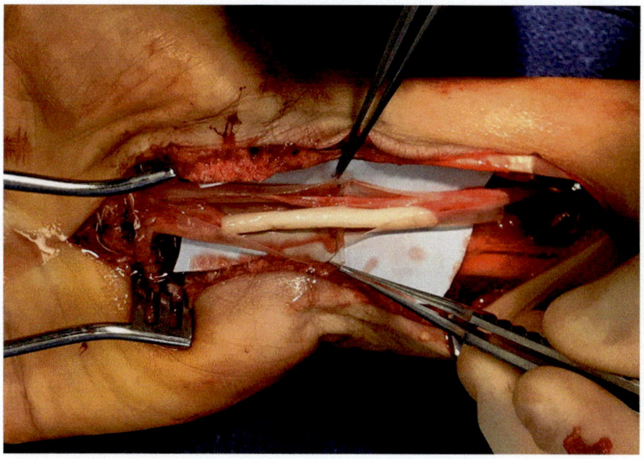

Fig. 21.5 Nerve allograft measuring 4–5 × 47 mm placed in the nerve gap following neuroma resection

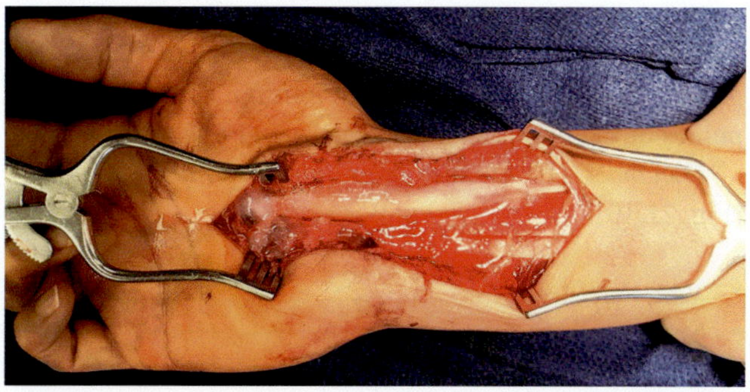

Fig. 21.6 Final repair with nerve allograft secured, wrapped in conduit, and coated with fibrin glue

provide enough length stability to allow placement of the graft using only fibrin glue (Baxter, Deerfield, IL), without the use of sutures. Axoguard nerve protector (Axogen, Alachua, FL) was then wrapped around the repair and secured with fibrin glue at each end. The graft was fashioned without tension, and the nerve protector was coated in fibrin glue (Fig. 21.6).

Outcomes (1-Year Follow-Up)

- VAS pain: 0/10
- 2-pd: ≤8 mm
- Grip strength (lbs): right, 70; left, 50
- Thumb opposition: 5/5
- ROM: 100% active

Case 3: Distal Median Nerve 2—Allograft; Anterior Interosseous Nerve (AIN) to Ulnar Nerve Transfer

Brendan J. MacKay

Pathogenesis: A 58-year-old male with previous endoscopic release (3.5 years prior) for carpal tunnel and cubital tunnel syndromes. Symptoms did not improve and became progressively worse after initial surgery, with weakness and sensory changes in the median nerve distribution. VAS pain was 6/10.

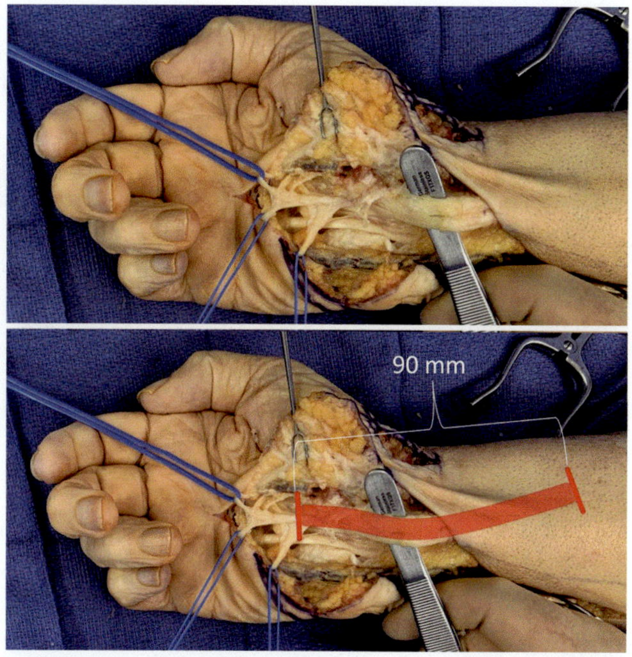

Fig. 21.7 Median nerve transected distal to the transverse carpal ligament with neuroma, severe adhesion, and surrounding fibrosis involving 90 mm of nerve length

Clinical Physical Examination Findings

- Strength: 3/5 abductor pollicis brevis (APB). Severe thenar wasting, wasting of the first dorsal interossei and first webspace, positive Wartenberg's sign.

Imaging and Diagnostic Studies: EMG performed 3 years after the patient's original carpal tunnel release (CTR) showed severe neuropathy of bilateral median and ulnar nerves.

Preoperative Planning: Given that the patient was right handed, the decision was made to proceed with revision of the right CTR, cubital tunnel release, Guyon's canal release, and AIN to ulnar nerve transfer.

Technique: Upon exploration, the right median nerve was found to be transected, just distal to the transverse carpal ligament in the palm with neuroma, severe adhesion, and surrounding fibrosis (Fig. 21.7). Dissection was carried distally to identify the digital nerve branches and recurrent median nerve which were found to be intact. The nerve was trimmed back to healthy fascicles proximally and distally. The resultant gap was 90 mm. This was bridged using two 4–5 mm × 45 mm nerve allografts (Axogen, Alachua, FL) sutured end-to-end to span a total gap length of 90 mm (Fig. 21.8). The allograft was secured to the proximal and distal nerve stumps with Axoguard nerve protector (Axogen, Alachua, FL) using fibrin glue (Baxter, Deerfield, IL) and epineural suturing (Figs. 21.8 and 21.9).

The ulnar nerve was found intact in Guyon's canal, and neurolysis was performed proximally and distally. The inci-

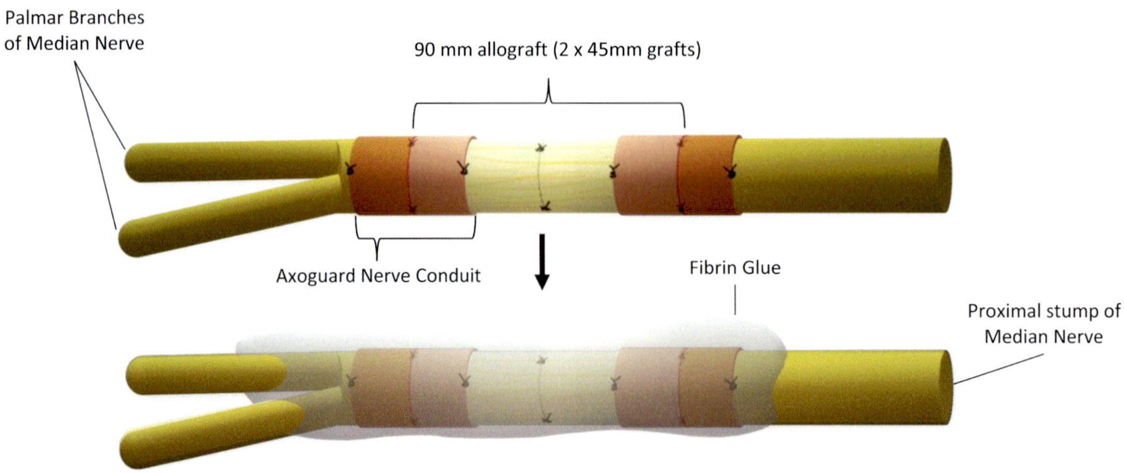

Fig. 21.8 Schematic showing repair technique with two nerve allografts sutured end-to-end and secured to proximal and distal nerve stumps with Axoguard nerve protectors using fibrin glue and epineural suturing

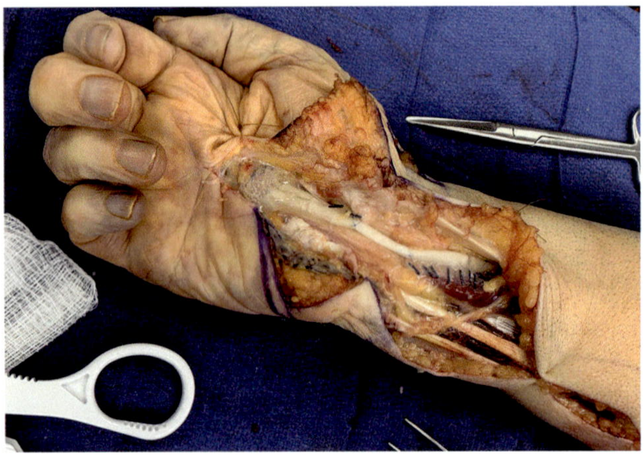

Fig. 21.9 Intraoperative image showing final repair with two nerve allografts secured to proximal and distal nerve stumps with Axoguard nerve protectors using fibrin glue and epineural suturing

sion was extended proximally from the forearm to the distal third of the medial upper arm. The ulnar nerve was identified, found to be intact through the cubital tunnel. This was neurolyzed proximally and distally, wrapped with an Axoguard nerve protector, transposed anteriorly subcutaneously, and secured with fibrin glue.

Attention was then turned to the AIN transfer. The AIN was identified as it entered the proximal aspect of pronator quadratus. This was transected prior to its branching into the muscle. The nerve was then swung ulnarly to meet the ulnar nerve. A small cleavage was made in the ulnar nerve at the branching point to sensory and motor divisions. The AIN was placed and secured with an Axoguard nerve protector and vascular clips.

The patient underwent a second surgery 8 months after neuroma resection which included volar plate advancement to the index, long, ring, and small fingers, APL tendon transfer to the first dorsal interosseous muscle with palmaris longus autograft, EIP to APB tendon transfer, and release of A1 pullies of the index, long, ring, and small fingers.

Outcomes (10 Months After Initial Neuroma Resection (Fig. 21.10)*)*

- VAS Pain: 0/10
- Semmes-Weinstein
  - Dorsal IF, LF, and RF-P2, light touch (3.61); P3, protective (4.31)
  - Dorsal thumb, palm: light touch (3.61)
  - Volar IF-P1: light touch (3.61); P2: protective (4.31); P3, pressure only (6.65)
  - Volar LF and RF-P1, light touch (3.61); P2: protective (4.31); P3, loss of protective (4.56)
  - Volar palm: light touch (3.61)
- Grip strength (lbs): right, 22; left, 40
- Key pinch (lbs): right, 0.5; left, 3.5
- Tip pinch (lbs): right, 0.5; left, 0.5
- Right-hand ROM: 75% active (lacking active extension and flexion in DIP joints of ring and index fingers); 100% passive

Outcomes (20.5 Months After Initial Neuroma Resection)

- VAS pain: 0/10
- Semmes-Weinstein
  - Dorsal IF, LF, and RF-P2: normal (2.83); P3, protective (4.31)
  - Dorsal thumb and palm: normal (2.83)
  - Volar IF, LF, and RF: loss of protective (4.56)
  - Volar thumb: protective (4.31)
  - Volar Palm: light touch (3.61)
- Grip strength (lbs): right, 25; left, 20
- Key pinch (lbs): right, 1; left, 1
- Tip pinch (lbs): right, 1; left, 1

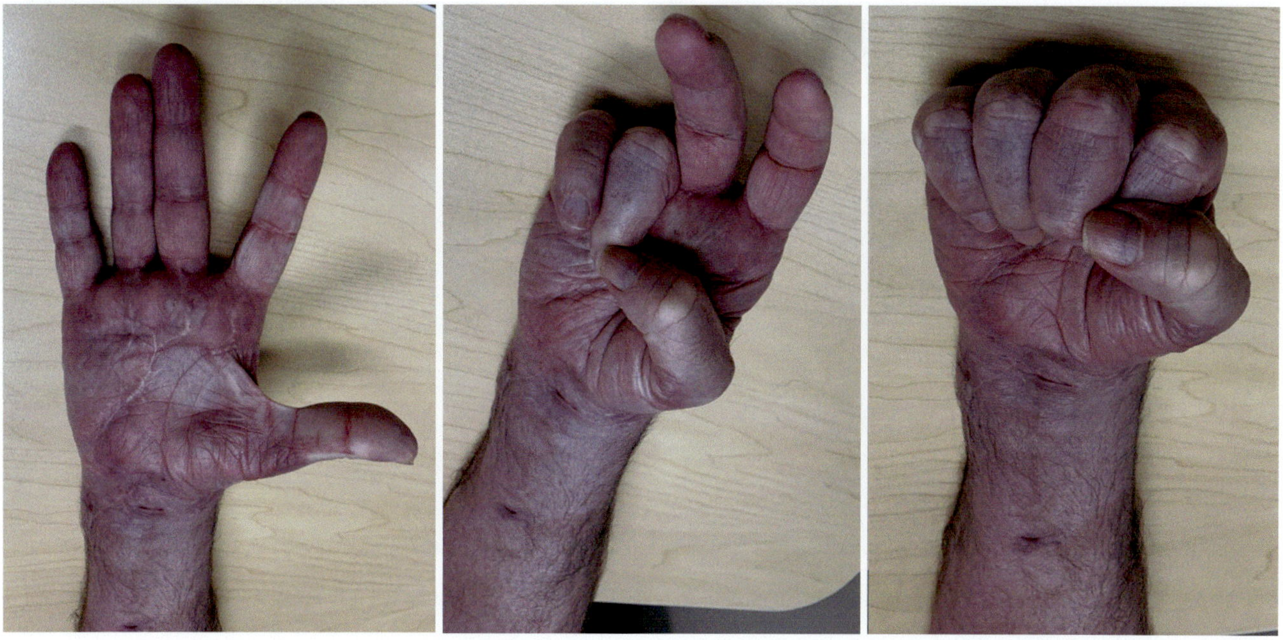

Fig. 21.10 10-month postoperative images showing active range of motion

Case 4: Distal Median Nerve 3—Allograft

Bauback Safa

Pathogenesis: A 35-year-old male underwent endoscopic CTR and sustained an iatrogenic injury to the common digital nerves (CDNs) to the second and third web spaces. Three months later, the patient underwent open exploration by another surgeon which was aborted due to excessive scar tissue impeding visualization of structures. Three years after iatrogenic injury, the patient complained of pain and numbness in distribution of the second and third CDNs.

Clinical Physical Examination Findings

- Reduced sensation in the common digital nerve distributions to the second and third web spaces.

Imaging and Diagnostic Studies: Given the patient's history and symptoms, no additional diagnostic studies were performed.

Preoperative Planning: Surgery was planned for exploration of the right thumb and index fingers, with possible reconstruction versus nerve cap placement to prevent neuropathic pain and/or paresthesia.

Technique: Dissection revealed a neuroma in the median nerve at the branching point to the common digital nerves of the first, second, and third web spaces (Fig. 21.11). After resecting the neuroma and trimming back to healthy fascicles, there was a length-stable residual nerve in the first webspace. Neuroma resection in the second and third CDNs left final defects of 3 cm and 8 cm, respectively (Fig. 21.12).

Given that the largest available allograft is 70 mm (Axogen, Alachua, FL), the decision was made to graft

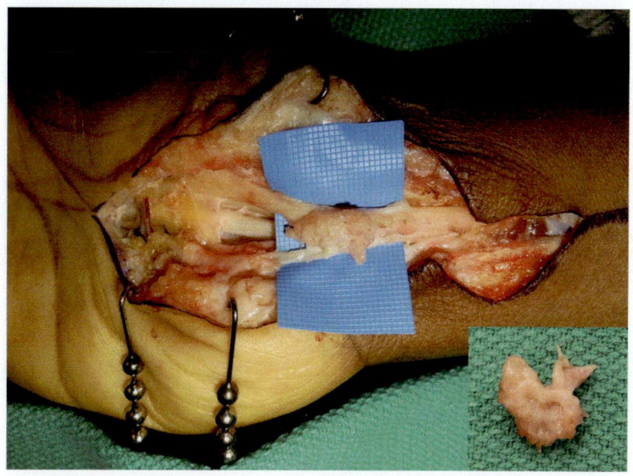

Fig. 21.11 Intraoperative photograph showing neuroma in the median nerve at the branching point to the common digital nerves of the first, second, and third web spaces

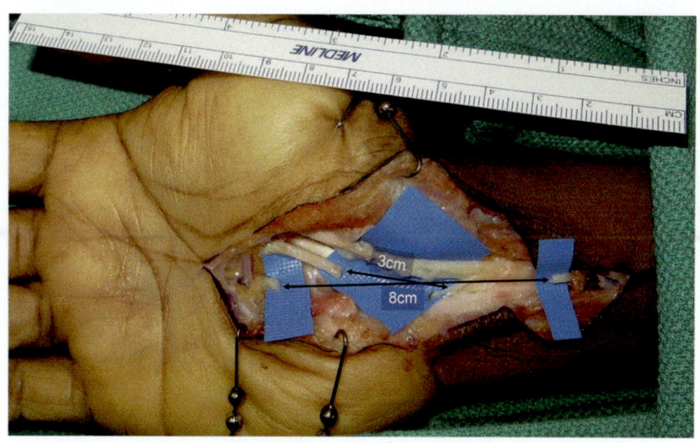

Fig. 21.12 Image taken after neuroma resection in the second and third CDNs with resultant defects of 3 cm and 8 cm

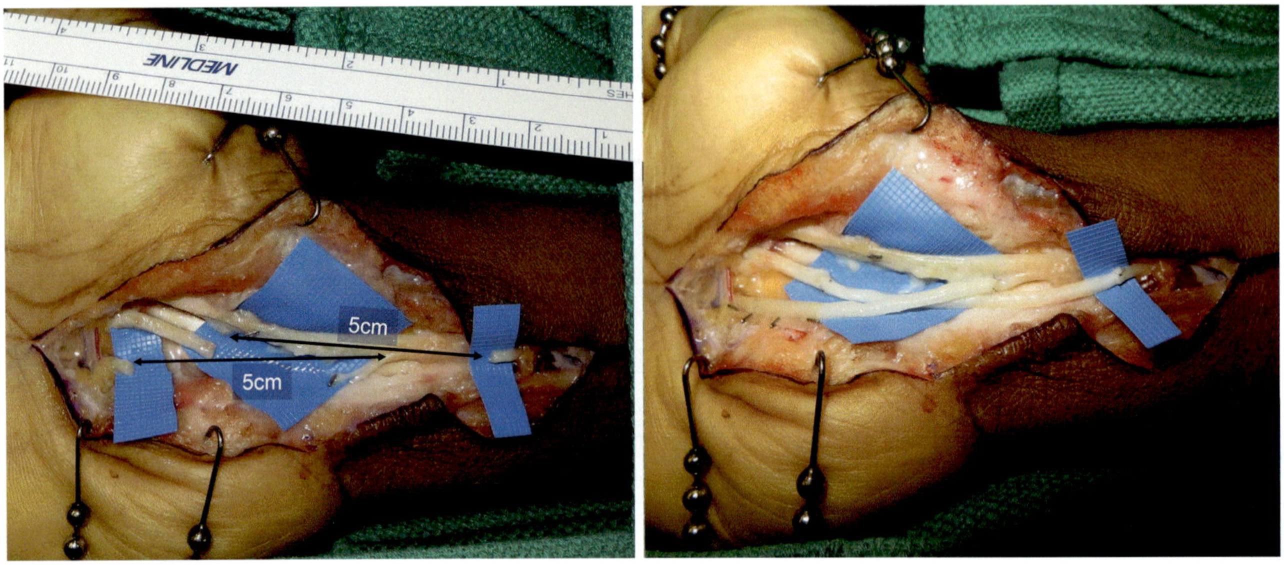

Fig. 21.13 Intraoperative image showing nerve allograft placement from the proximal CDN of the second webspace to the distal CDN of the of the third webspace and vice versa

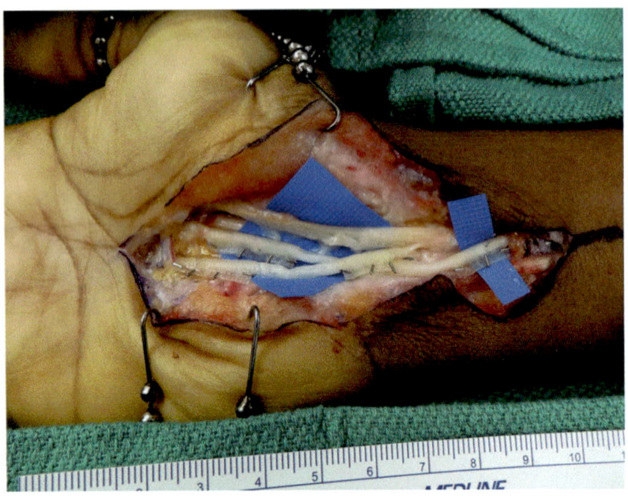

Fig. 21.14 Final allograft repair wrapped with Axoguard Nerve Protector and secured with vascular clips

from the proximal CDN of the second webspace to the distal CDN of the third webspace and vice versa. This reduced the necessary allograft length to 5 cm for both CDNs, allowing the use of a 4–5 × 50 mm allograft (Axogen, Alachua, FL) for each defect (Fig. 21.13). The grafts were placed with epineural suture, wrapped with Axoguard Nerve Protector (Axogen, Alachua, FL) and secured with vascular clips (Fig. 21.14).

Outcomes (14 Months Follow-Up (Figs. 21.15 and 21.16)*)*

- VAS Pain: 0/10
- Semmes-Weinstein
  - Index ulnar tip: light touch (3.61)
  - Long finger radial tip, light touch (3.61); long finger ulnar tip, protective (4.31)
  - Ring finger radial tip: protective (4.31)
- 2-pd: IF ulnar tip, 10 mm; LF radial tip, none; LF ulnar tip, 12 mm; RF radial tip, 10 mm

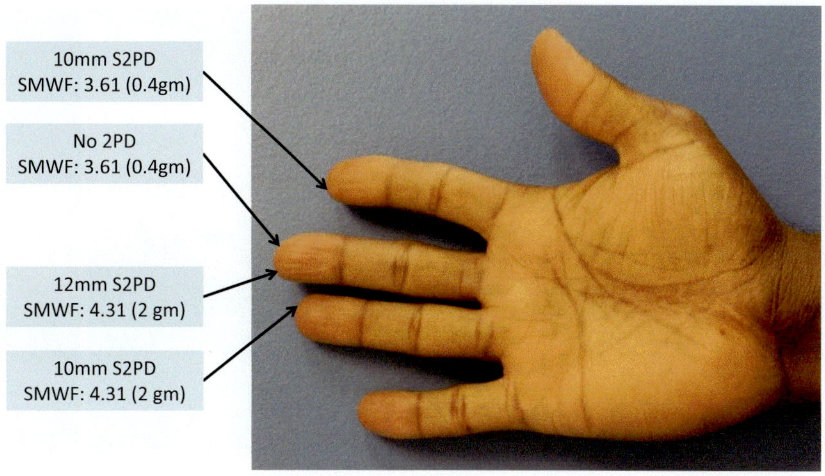

Fig. 21.15 Sensory outcomes of the affected digits at 10 months postoperatively

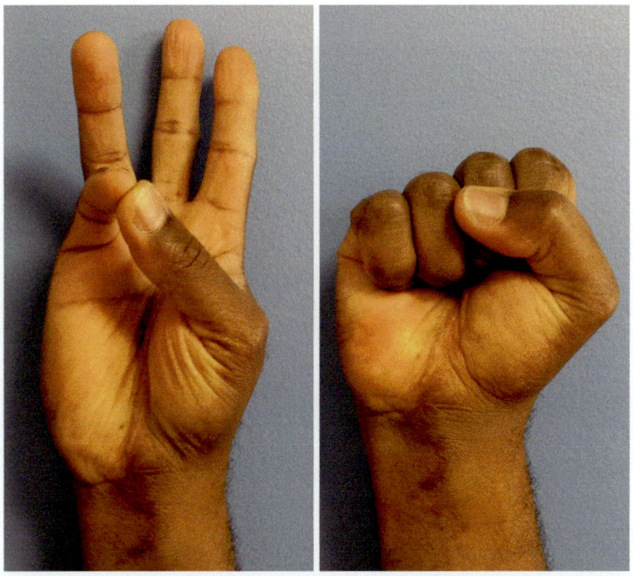

Fig. 21.16 10-month postoperative images showing active range of motion

Case 5: Distal Median Nerve 4—Saphenous Vein Wrap

Bauback Safa

Pathogenesis: A 44-year-old male sustained a stab wound to the right forearm which was repaired 8 years prior at an outside hospital. There was no available operative note, and the patient was unaware of the exact repair. Presumably, the operation involved median nerve and flexor tendon repair.

Clinical Physical Examination Findings

- Severe pinpoint pain (Fig. 21.17) over the:
  - Mid-forearm radiating into median distribution
  - Dorso-radial forearm radiating along distribution of the radial sensory nerve (RSN)
- Sensory: S3 sensation in median nerve distribution
- Motor: normal

Imaging and Diagnostic Studies: No additional diagnostic studies were performed.

Preoperative Planning: Surgery was planned for exploration of the zone of injury, with neuroma resection and other nerve surgery as needed.

Technique: A large median nerve neuroma-in-continuity was identified intraoperatively (Fig. 21.18). It was not possible to safely peel scar tissue from intact fibers. Given the preserved distal function, the decision was made not to resect and reconstruct but to cushion with saphenous vein wrap.

An 18 cm section of saphenous vein was harvested, incised, and opened longitudinally (Fig. 21.19). The vein was tacked away from the neuroma at the distal end with 7-0 Prolene (Ethicon, Raritan, NJ) epineural suture and wrapped distal to proximal around the nerve with the endothelial surface contacting nerve tissue. After each loop around the nerve, the vein was tacked to the preceding loop with an additional suture. At the proximal end, the vein was tacked away from the neuroma in the same manner described for the distal end (Fig. 21.20).

The neuroma impacting the RSN (Fig. 21.21) was then identified and resected. The residual nerve was trimmed to healthy fascicles and buried under the brachioradialis muscle.

Outcomes (12 Months Follow-Up)

- VAS Pain
  - Median nerve: 2/10
  - Radial sensory nerve: 0/10

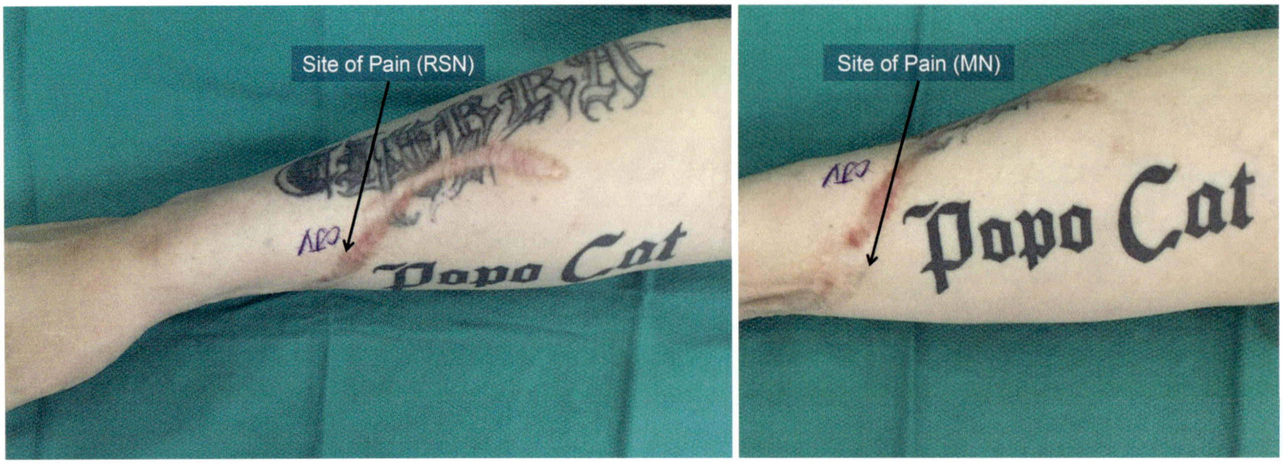

Fig. 21.17 Clinical images showing sites of pinpoint pain in the median and radial sensory nerve distributions

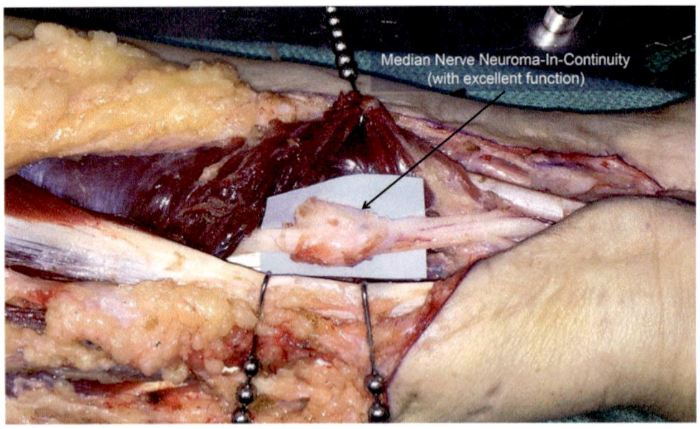

Fig. 21.18 Intraoperative image showing large median nerve neuroma-in-continuity

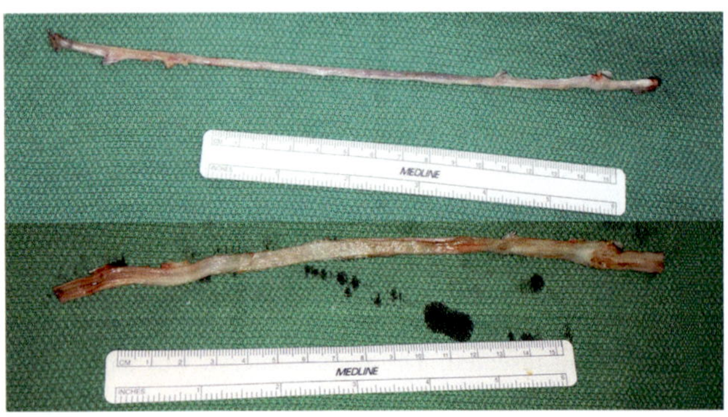

Fig. 21.19 Preparation of an 18 cm section of saphenous vein which was opened longitudinally for nerve wrapping

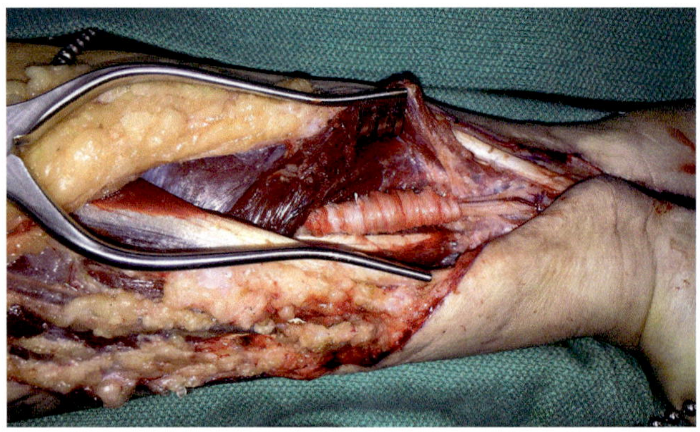

Fig. 21.20 Image showing the median nerve after wrapping with the saphenous vein

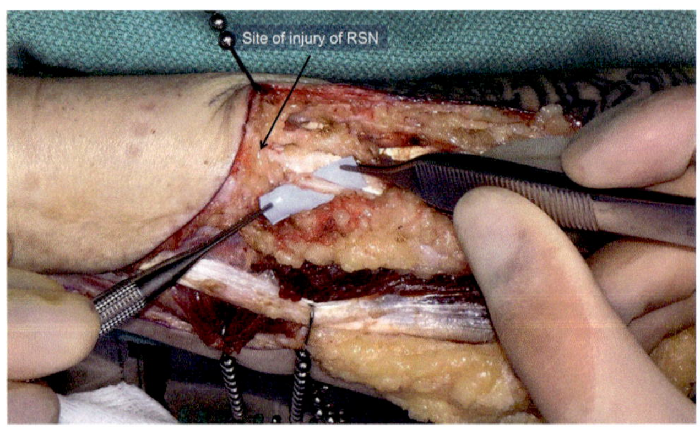

Fig. 21.21 Intraoperative image showing the site of injury for the radial sensory nerve (RSN)

Case 6: Proximal Ulnar Nerve—Allograft

Brendan J. MacKay

Pathogenesis: A 15-year-old male involved in a motor vehicle collision (MVC) was initially treated with wound irrigation only of the proximal left arm (Fig. 21.22) and intramedullary nail fixation for a left femoral shaft fracture. The patient presented to the hand clinic 1 month post-injury with numbness to the ring and small fingers, decreased ROM, and weakness in his left hand. VAS pain was 3/10.

Clinical Physical Examination Findings

- Sensation: lacking in the ulnar palm, absent to the RF and SF. Remainder of the hand was normal on sensory exam
- Clawing of ring and small fingers with absent ulnarly innervated intrinsic function
- Strength: absent ulnarly innervated interosseous function, positive Wartenberg's sign.
- Tinel's sign: Positive at healed laceration to the upper brachium and at the cubital tunnel

Imaging and Diagnostic Studies: EMG was scheduled, but not completed due to long distance from specialized care.

Preoperative Planning: Given the distance between the proximal nerve laceration and distal reinnervation targets, time to potential spontaneous motor reinnervation was estimated at >18 months. Due to age, distance from care, and timing considerations, ulnar nerve repair and anterior interosseus nerve (AIN) to ulnar nerve transfer were planned.

Technique: Exploration revealed a large neuroma in the ulnar nerve at the site of the traumatic injury. The neuroma was resected back to bleeding fascicles, resulting in a 68 mm gap. A 4–5 × 70 mm nerve allograft (Axogen, Alachua, FL) was cut to appropriate length, placed, sutured to proximal and distal ulnar nerve stumps using 7-0 Prolene (Ethicon, Raritan, NJ), and secured with vascular clips and fibrin glue (Baxter, Deerfield, IL) (Fig. 21.23).

The ulnar nerve was then decompressed at Guyon's canal, and the incision was carried proximally to the AIN as it entered the proximal aspect of pronator quadratus. This was transected prior to its branching into the muscle. The nerve was then swung ulnarly to meet the ulnar nerve. A small cleavage was made in the ulnar nerve at the branching point to sensory and motor divisions. The AIN was placed and secured end-to-side to the ulnar nerve using 7-0 Prolene (Ethicon, Raritan, NJ) with a 6 × 15 mm Axoguard nerve connector (Axogen, Alachua, FL) and fibrin glue.

The patient underwent a second surgery 7 months later which included ulnar shortening osteotomy with ORIF of the ulna, fourth and fifth MCP volar plate advancements, and APL to EPB tendon transfer.

Outcomes:

7 months after initial repair (Fig. 21.24)

14 months after initial repair (7 months after the second surgery) (Fig. 21.25)

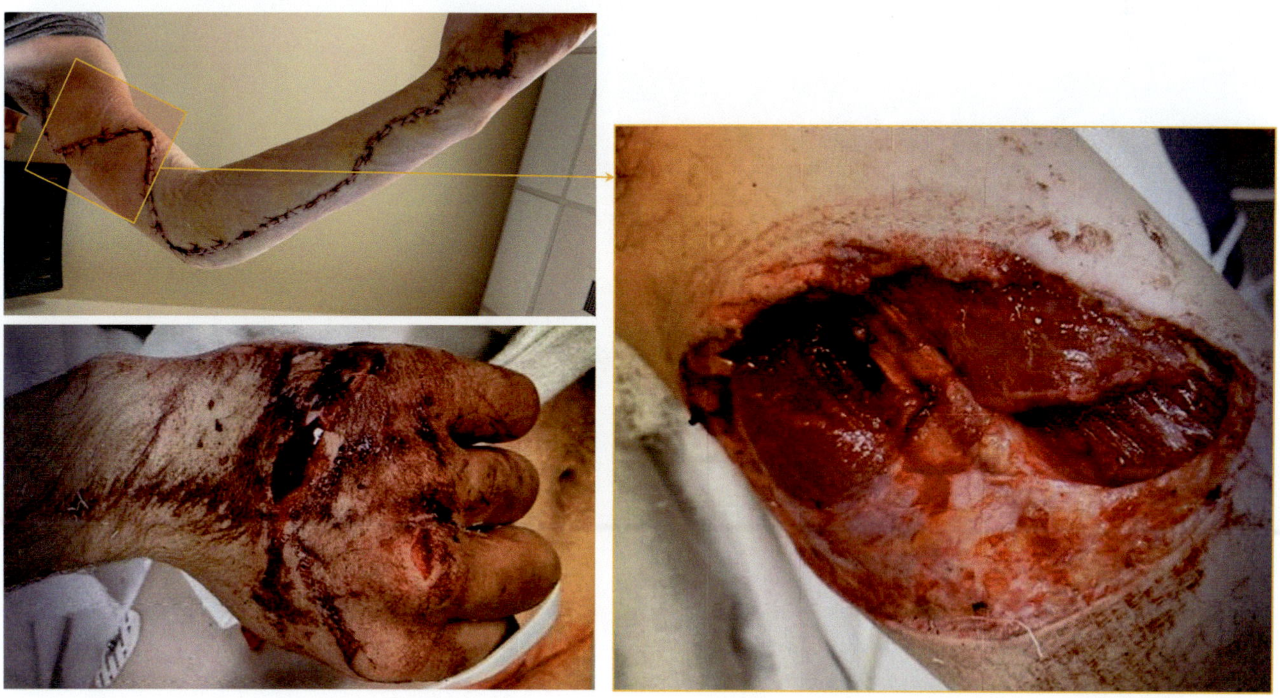

Fig. 21.22 Images of wounds sustained to the hand and proximal arm taken prior to nerve repair

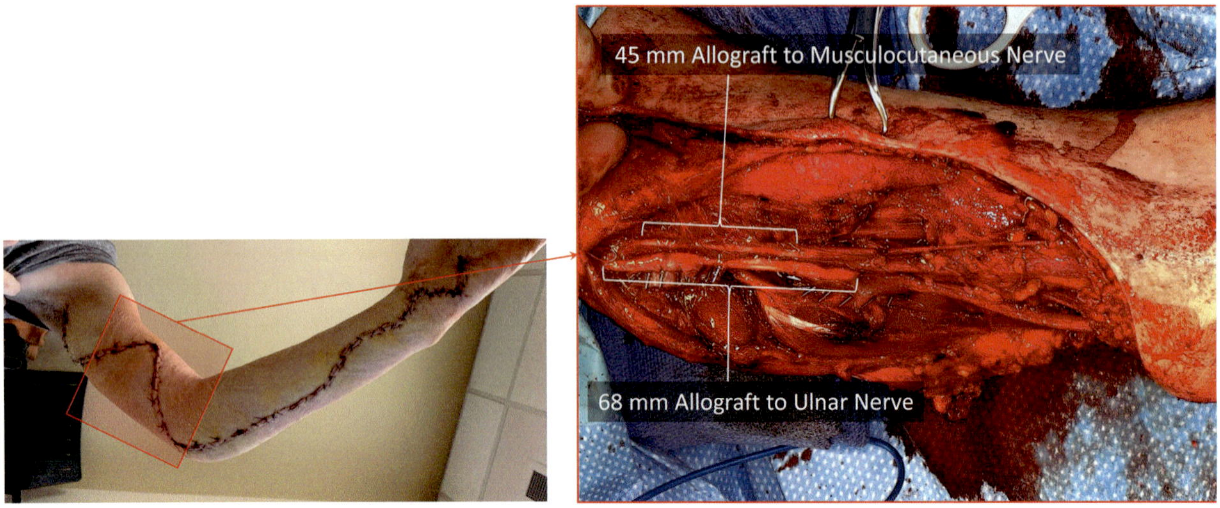

Fig. 21.23 Intraoperative images showing length of gaps bridged by allograft repairs of the musculocutaneous and ulnar nerves

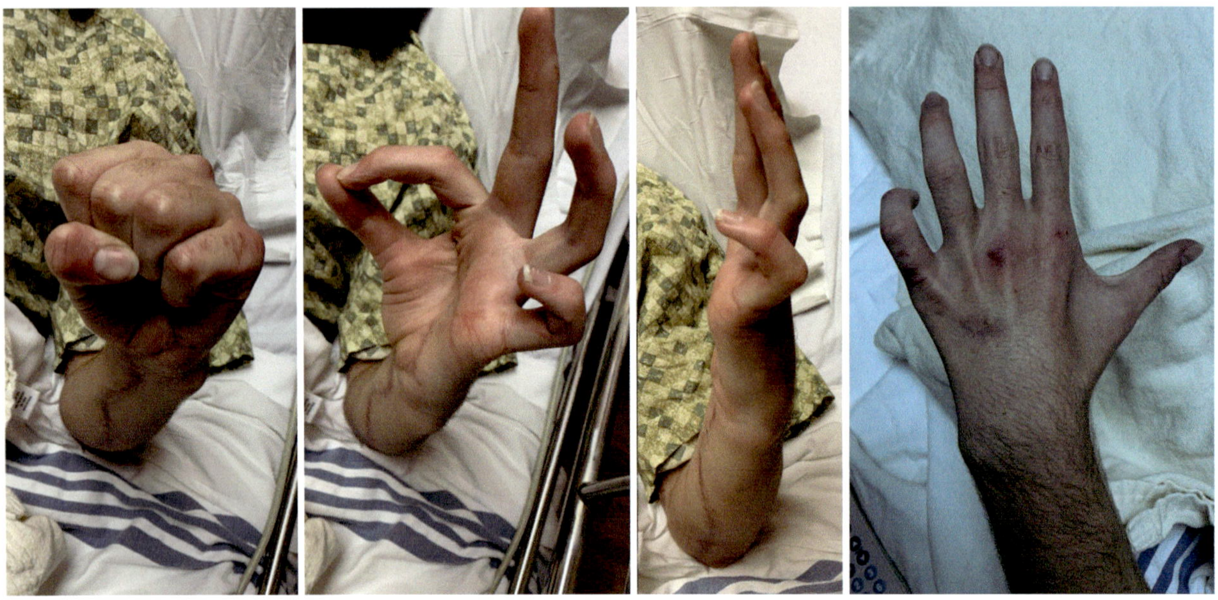

Fig. 21.24 Clinical images showing active range of motion taken 7 months after the initial nerve repair

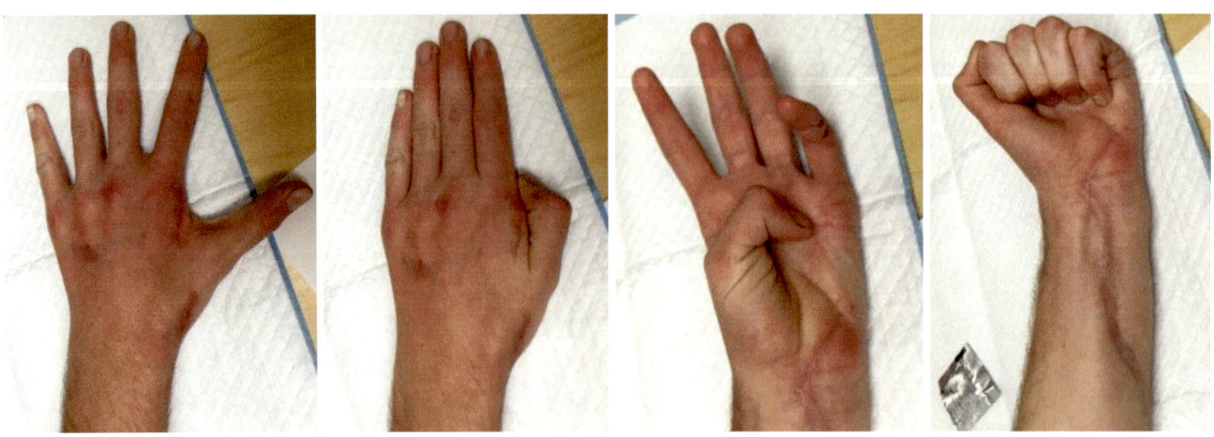

Fig. 21.25 Clinical images showing active range of motion taken 14 months after the initial nerve repair

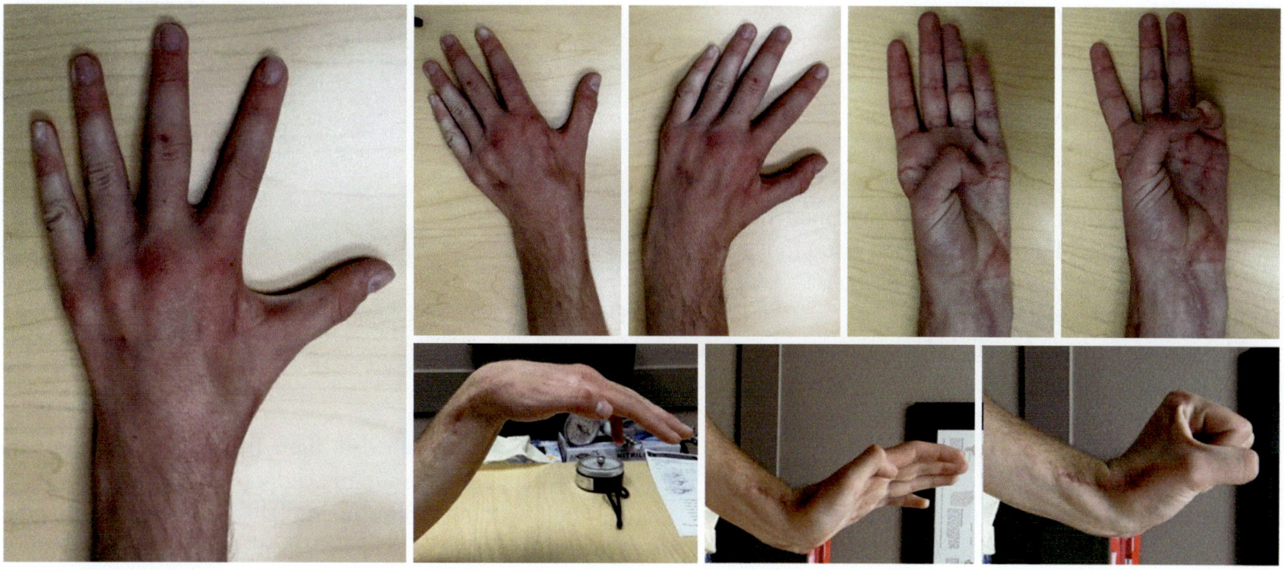

Fig. 21.26 Clinical images showing active range of motion taken 16 months after the initial nerve repair

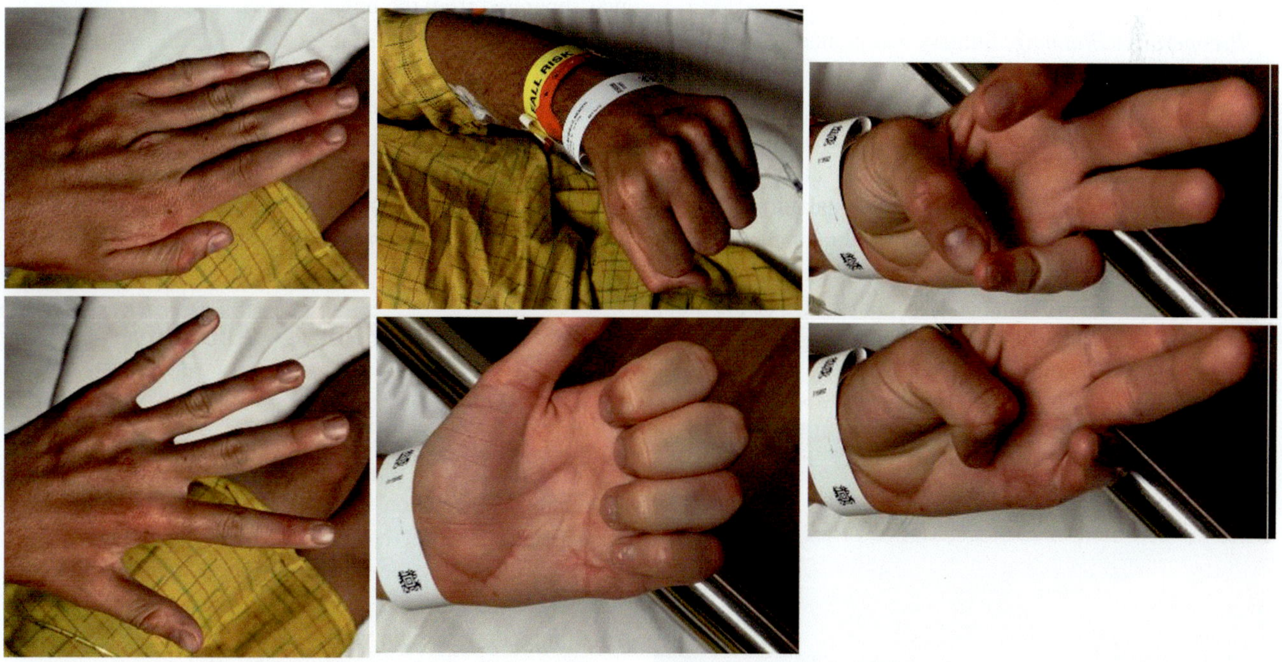

Fig. 21.27 Clinical images showing active range of motion taken 19 months after the initial nerve repair

16 months after initial repair (9 months after the second surgery) (Fig. 21.26)

- VAS pain: 0/10
- QuickDASH: 11.4%.
- Semmes-Weinstein: all normal (2.83)
- Grip strength (lbs): right, 74; left, 50
- Key pinch (lbs): right, 14; left, 4
- Tip pinch (lbs): right, 4; left, 1.5
- 3-jaw pinch (lbs): right, 11; left, 5
- ROM: 100% active

Nineteen Months After Initial Repair (12 Months After the Second Surgery) (Fig. 21.27, Video Available upon Request)

- VAS pain: 0/10
- Semmes-Weinstein: all normal (2.83)
- ROM: 100% active

Case 7: Ulnar Nerve Mid-Forearm—Autograft (MABC)

Adam B. Strohl and Matthew S. Wilson

Pathogenesis: A 37-year-old male sustained a work-related laceration to the ulnar mid forearm. He had immediate repair by another surgeon of ulnar nerve at the distal forearm using a 4–5 × 40 mm allograft (Axogen, Alachua, FL), as well as multiple Zone 8 flexor tendon repairs.

The patient presented to clinic for a second opinion due to severe persistent pain in the entire hand, paresthesia in small and ring fingers, and flexion contracture.

Clinical Physical Examination Findings

- Sensation: Diminished in the ring and small fingers
- Lacking full extension of digits

Imaging and Diagnostic Studies: Given the patient's history and symptoms, no additional diagnostic studies were performed.

Preoperative Planning: Surgery was planned for exploration with neuroma resection and other nerve surgeries as needed.

Technique: Exploration revealed a large neuroma in the ulnar nerve proximal to the previous allograft repair (Fig. 21.28). The neuroma was resected to healthy fascicles, leaving a 7.5 cm defect. The medial antebrachial cutaneous nerve (MABC) was harvested, and cables were sutured to the perineurium of the proximal and distal fascicles of the ulnar (recipient) nerve (Fig. 21.29). The remaining distal end of the MABC was attached to the adjacent median nerve via end-to-side repair to minimize donor site morbidity.

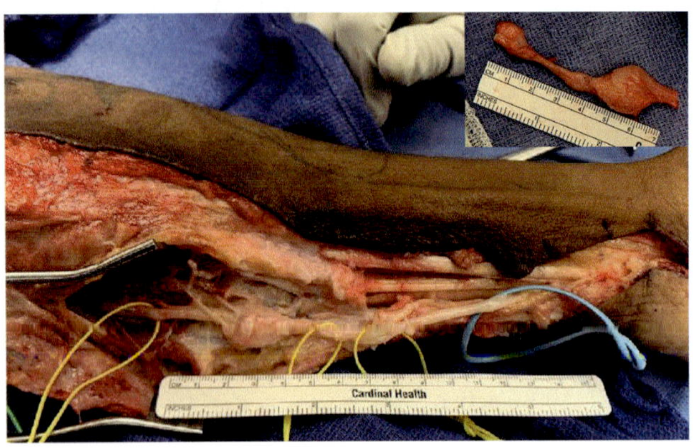

Fig. 21.28 Intraoperative image showing a large neuroma in the ulnar nerve proximal to the previous allograft repair

Fig. 21.29 Schematic showing cabled autograft repair technique with harvested medial antebrachial cutaneous nerve (MABC) cables sutured to the perineurium of ulnar nerve (recipient) fascicles

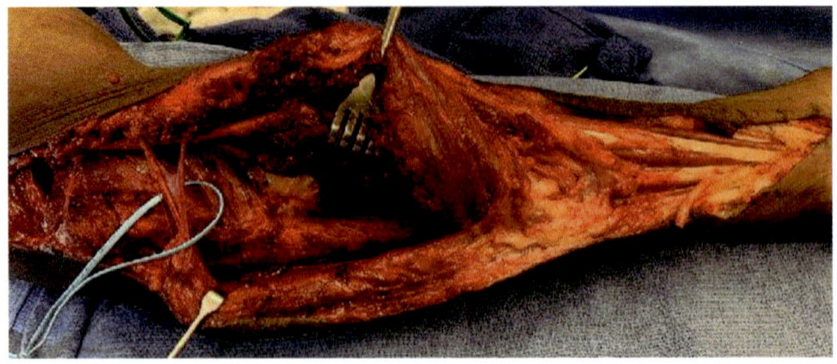

Fig. 21.30 Intraoperative images showing reconstruction of ulnar nerve gap with medial antebrachial cutaneous nerve (MABC) cable autografts and flexor/pronator slide

The flexor digitorum superficialis (FDS) and flexor carpi radialis (FCP) were detached from the medial epicondyle, the flexor pollicis longus (FPL) was detached from the radius, and the flexor carpi ulnaris (FCU) was lengthened (Fig. 21.30. The distal portion of the pronator teres tendon was separated from the finger flexors.

Outcomes (15 Months Follow-Up)

- Improved sensitivity at the injury site with residual hypersensitivity in the palm and forearm
- Tinel's sign: mild at the mid forearm
- Significant improvement in hand opening. Limited flexor function and weak grasp when holding objects

Case 8: Distal Ulnar Nerve—Allograft

Brendan J. MacKay

Pathogenesis: A 47-year-old male fell through a window, sustaining a laceration to the right ulnar wrist. The ulnar nerve laceration was repaired by another surgeon 8 months prior. At this time, the patient reported improved, but not normal, sensation and persistent clawing of the ring and small fingers. VAS pain was 0/10.

Clinical Physical Examination Findings

- Sensation: Ulnar nerve sensory deficits remain. Qualitative assessment showed improved sensation to the SF and ulnar border of RF.
- ROM: 100% passive. Clawing of ring and small fingers with absent ulnarly innervated intrinsic function.
- Strength: No intrinsic function, visible adductor wasting.
- Ulnar pulse not palpable distal to the laceration site.

Imaging and Diagnostic Studies: EMG and NCS showed inadequate regeneration of the nerve with no recruitment of abductor digiti minimi or first dorsal interosseous muscles.

Preoperative Planning: Operative options included nerve exploration with neurolysis, possible AIN supercharge, or tendon transfers. The patient elected to proceed with surgical exploration and repair.

Technique: The ulnar nerve was neurolyzed, just distal to the dorsal ulnar sensory branch takeoff. The nerve appeared fibrotic, without evidence of regeneration (Fig. 21.31). The neuroma was resected, leaving a 70 mm defect.

The distal ulnar nerve stump was secured to a 4–5 × 70 mm allograft (Axogen, Alachua, FL) via connector-assisted neurorrhaphy using a 10 × 40 mm nerve protector (Axogen, Alachua, FL) (Fig. 21.32). Using 8-0 nylon, the connector was sutured to the distal stump epineurium and the graft epineurium. A 5 × 15 mm nerve connector (Axogen, Alachua, FL) was placed proximally to connect the proximal ulnar nerve stump to the allograft in the same fashion (Fig. 21.32). The entire repair was coated with fibrin glue (Baxter, Deerfield, IL) (Fig. 21.33).

The patient underwent a second surgery to improve range of motion 32.5 months after revision allografting which included fourth and fifth MCP volar plate advancement.

Outcomes.

Thirty-five months from initial revision allografting (3 months after volar plate advancements) (Fig. 21.34)

- VAS pain: 0/10
- QuickDASH: 34.1%
- Semmes-Weinstein: small fingertip, light touch (3.61); P2-P3, normal (2.83); ring finger, all normal (2.83)
- 2-pd: all <6 mm
- Grip strength (lbs): right, 74; left, 98
- Key pinch (lbs): right, 8.5; left, 18
- Tip pinch (lbs): right, 2; left, 5
- 3-Jaw pinch (lbs): right, 3; left, 7
- ROM
  - 90% Active, 100% passive
  - Composite fist present
  - Lacking active extension: small finger, 10°; ring finger, 5°

Forty months post-revision (8 months after volar plate advancements): lacking 10° active extension in the small finger (Fig. 21.35).

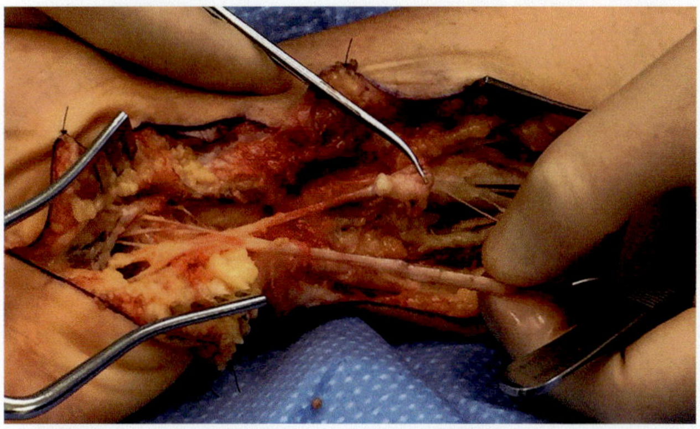

Fig. 21.31 Intraoperative image showing fibrotic neuroma in the ulnar nerve

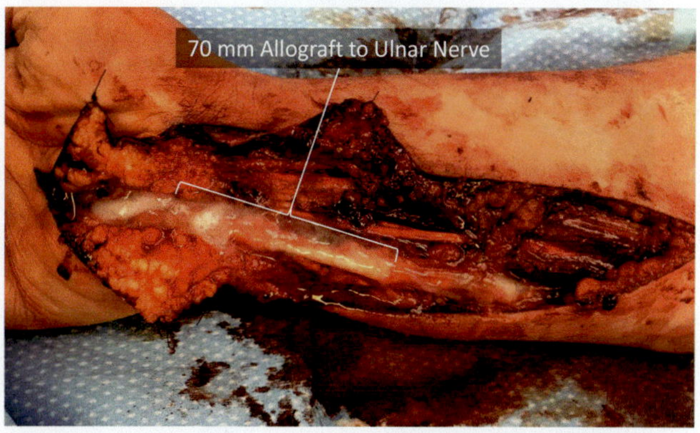

Fig. 21.33 Intraoperative image of the final repair coated in fibrin glue

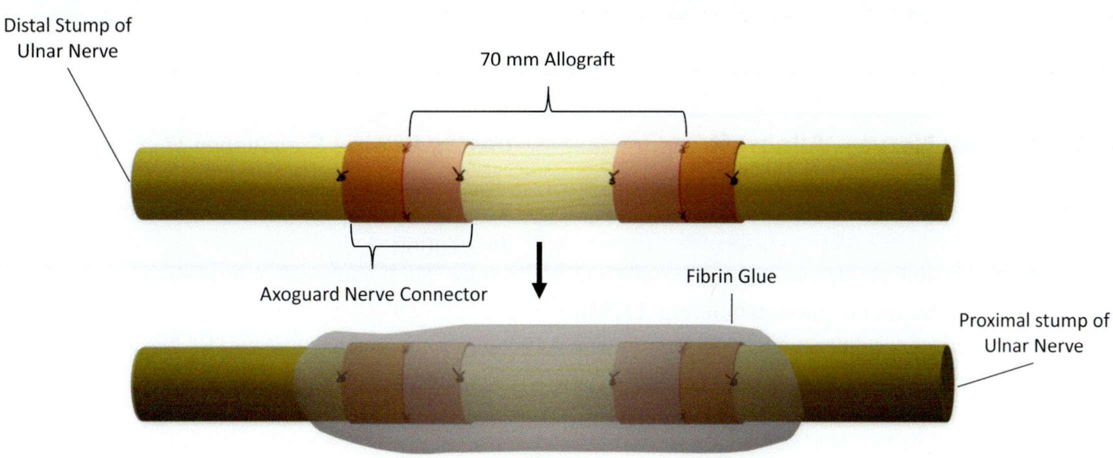

Fig. 21.32 Schematic showing the technique used to span the nerve gap, 4–5 × 70 mm allograft via connector-assisted neurorrhaphy (10 × 40 mm nerve protectors)

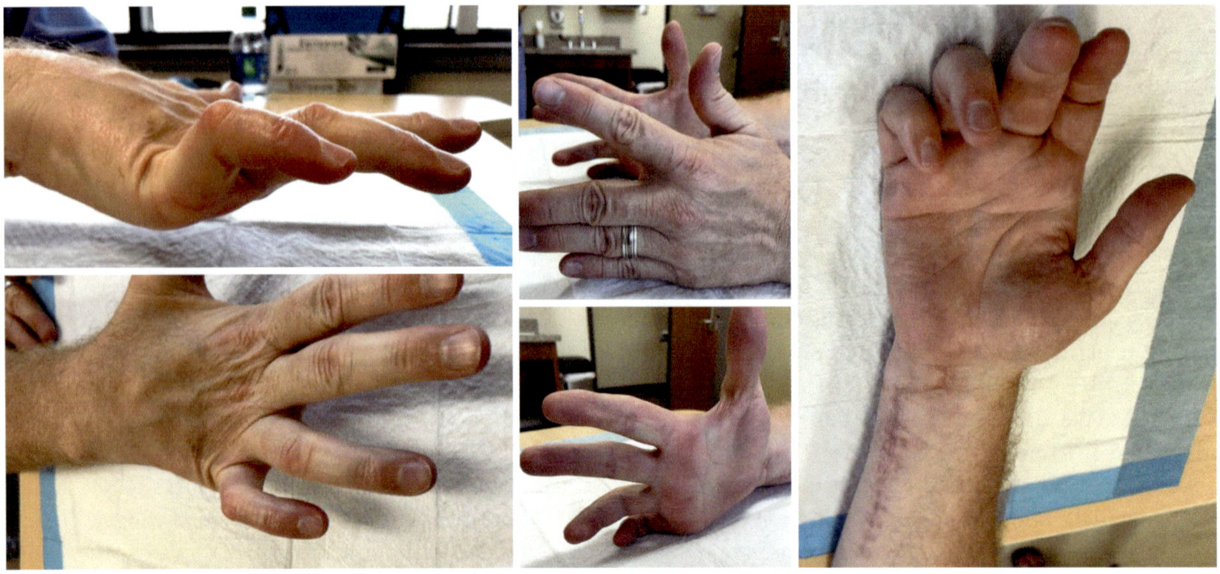

Fig. 21.34 Clinical images showing active range of motion at 35 months after initial revision allograft repair (3 months after volar plate advancements)

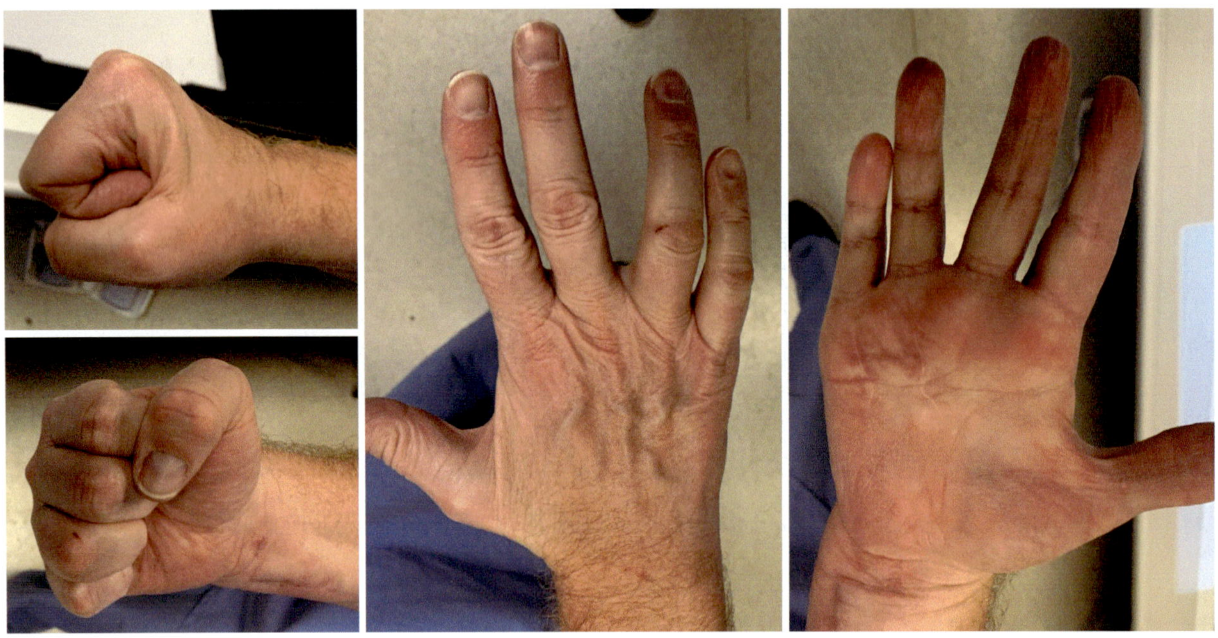

Fig. 21.35 Active range of motion at 40 months after initial revision repair (8 months after volar plate advancements)

Case 9: Distal Ulnar Nerve—Allograft

Bauback Safa

Pathogenesis: A 17-year-old female sustained a laceration to her distal forearm 3 months prior to presentation (Fig. 21.36). The patient complained of weakness and numbness in the ulnar nerve distribution of her left hand.

Clinical Physical Examination Findings

- Sensory: No response to sensory testing in the ulnar nerve distribution
- Motor: No hypothenar or lumbrical muscle function

Imaging and Diagnostic Studies: No additional diagnostic studies were performed.

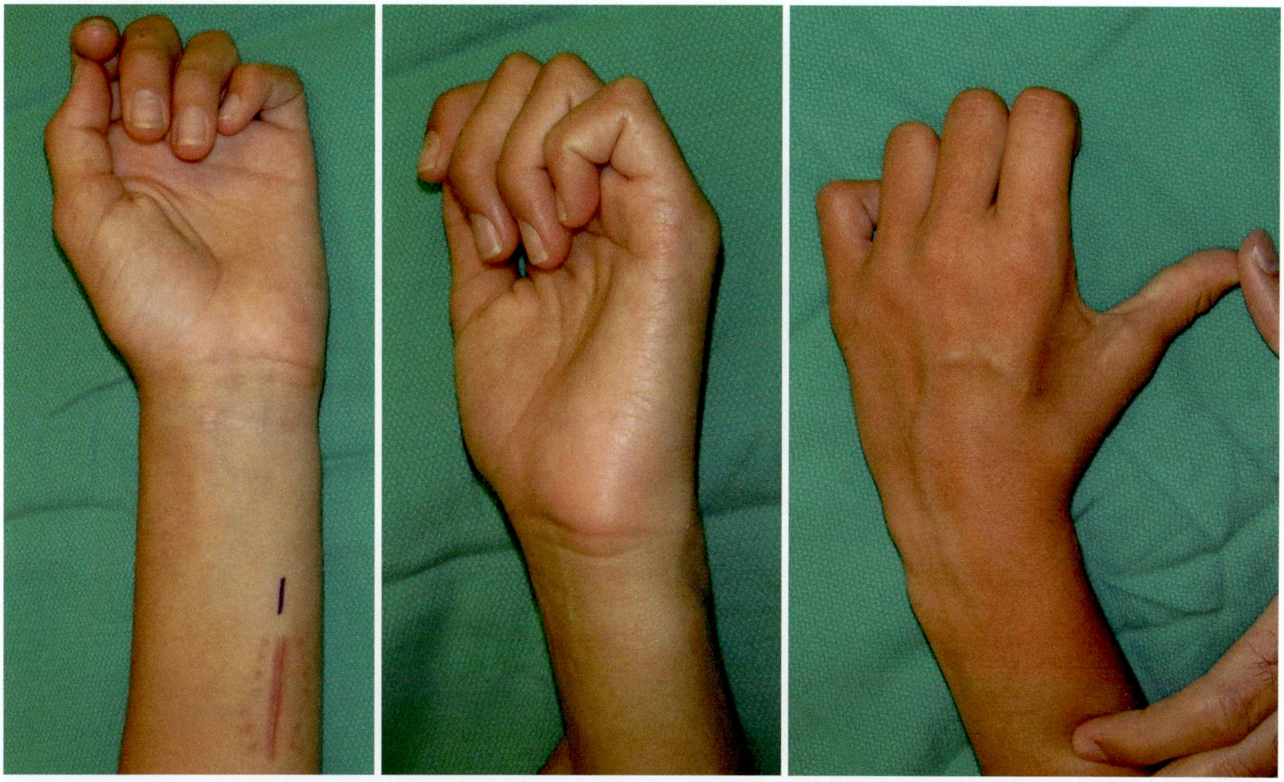

Fig. 21.36 Preoperative images showing scarring and range of motion

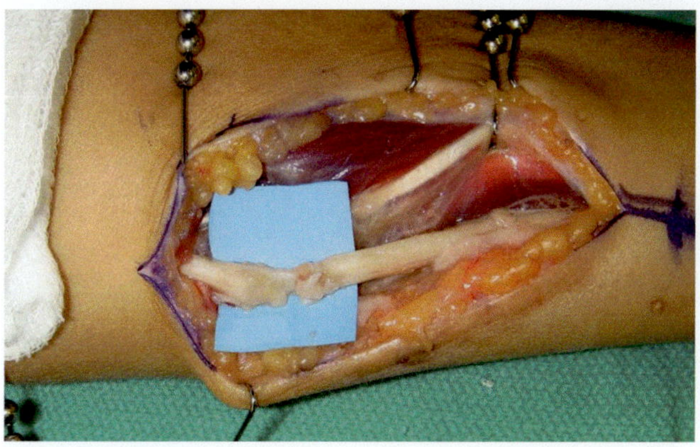

Fig. 21.37 Intraoperative images showing partial transection of the ulnar nerve just proximal to the preexisting scar with fibrous neuroma formation

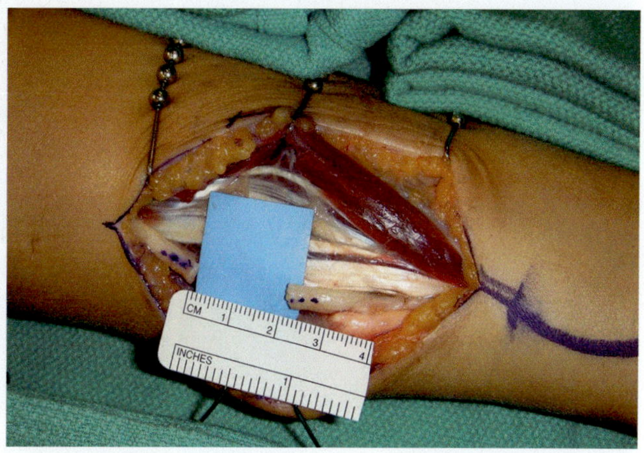

Fig. 21.38 Ulnar nerve gap after neuroma resection

Preoperative Planning: Surgery was planned for exploration of the zone of injury, with neuroma resection and possible allografting.

Technique: Dissection revealed that the ulnar nerve was partially transected just proximal to the preexisting scar with fibrous neuroma formation (Fig. 21.37). The neuroma was resected, and the proximal and distal stumps were trimmed back to healthy, bleeding fascicles (Fig. 21.38).

A 4–5 × 21 mm allograft (Axogen, Alachua, FL) was placed with Axoguard nerve connectors (Axogen, Alachua, FL) sutured to the epineurium away from the coaptation site to offload tension. The entire repair was coated in fibrin glue (Baxter, Deerfield, IL) (Fig. 21.39).

Outcomes (14 Months Follow-Up) (Fig. 21.40)

- VAS pain score: 0/10
- Sensory recovery: normal
- ROM: 100% active, excellent abduction, able to cross fingers, hypothenar and lumbrical muscles firing

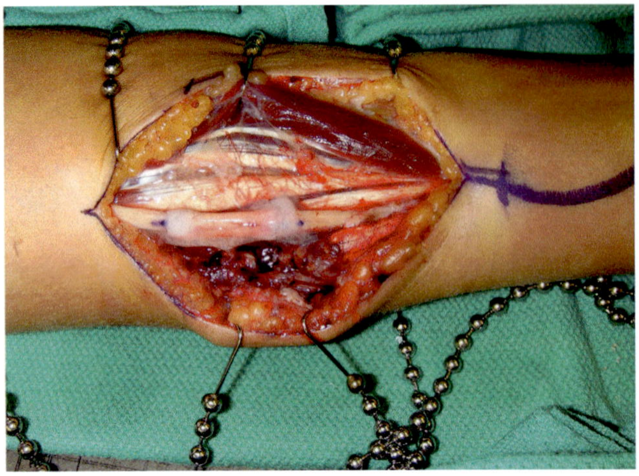

Fig. 21.39 Repair with 4–5 × 21 mm allograft and nerve connectors sutured to the epineurium away from the coaptation site to offload tension, coated in fibrin glue

Case 10: Superficial Branch of Radial Nerve (SBRN)—Allograft

Steve K. Lee

Pathogenesis: A 36-year-old woman presented to the emergency center after she sustained an open both bone forearm fracture. The patient was referred to orthopedic service and underwent I&D and ORIF the following day. Eight months after her initial surgery, the patient presented to the hand clinic complaining of severe pain in the forearm, numbness and tingling in the radial nerve distribution, and loss of forearm rotation.

Clinical Physical Examination Findings

- +Tinel over SBRN
- Dysesthesia in SBRN distribution
- Supination 20/pronation 30
- 5/5 motor distally

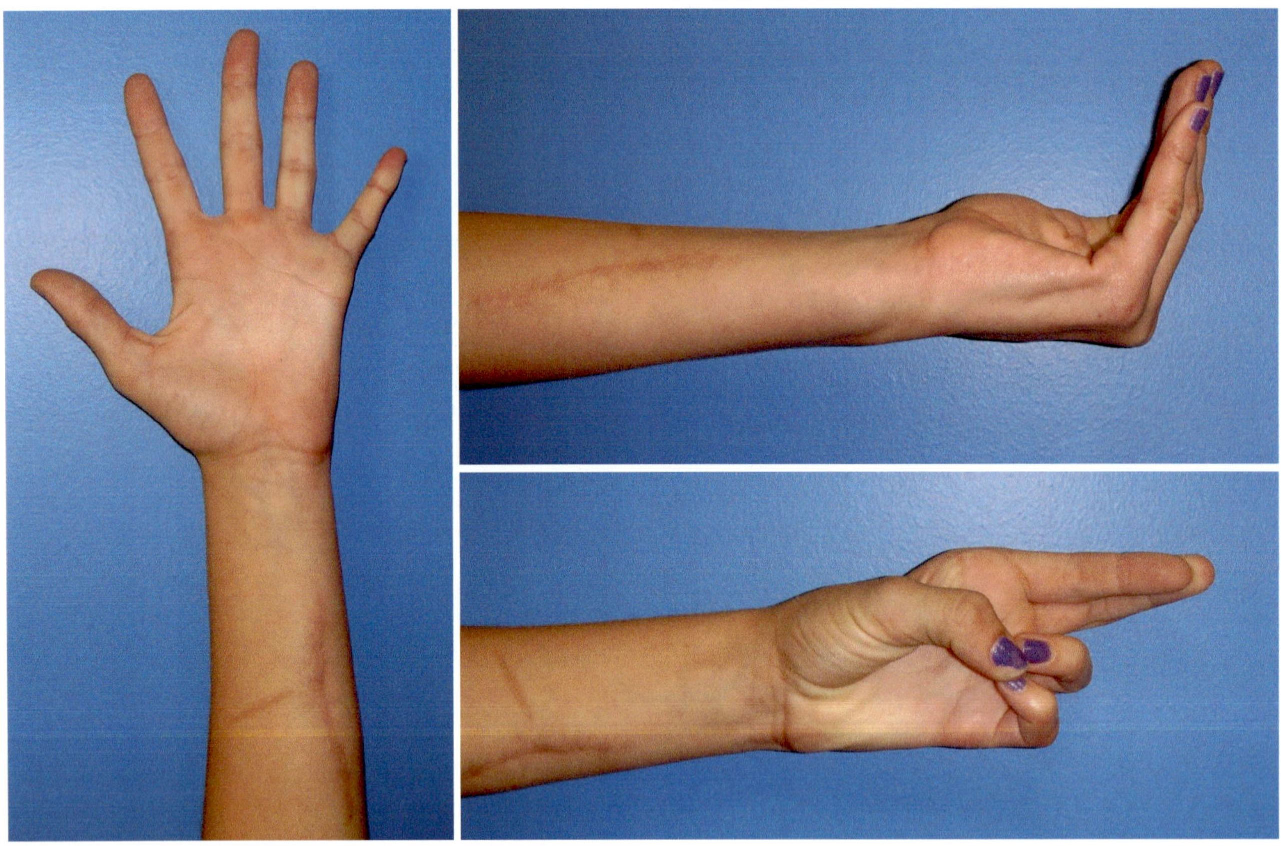

Fig. 21.40 Clinical images showing active range of motion at 14 months follow-up

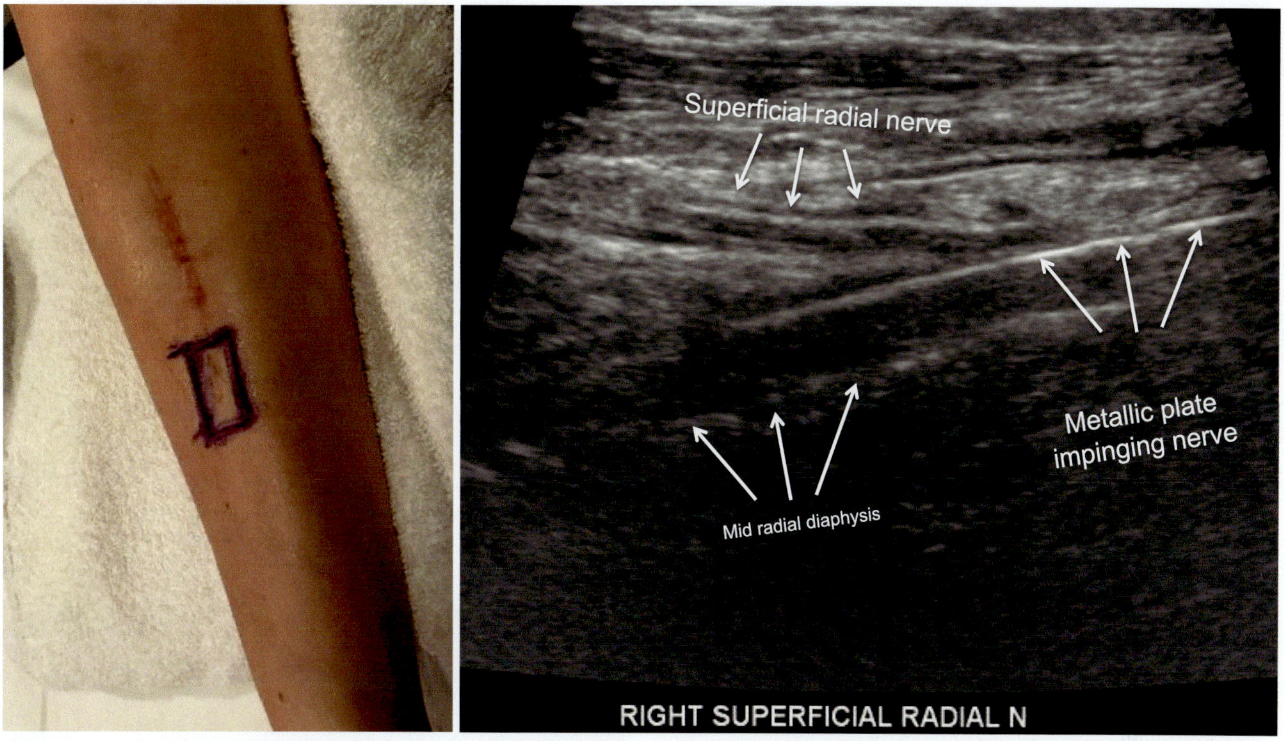

Fig. 21.41 Ultrasound image showing impingement of SBRN by a radial fixation plate. Clinical image indicates the region of ultrasound

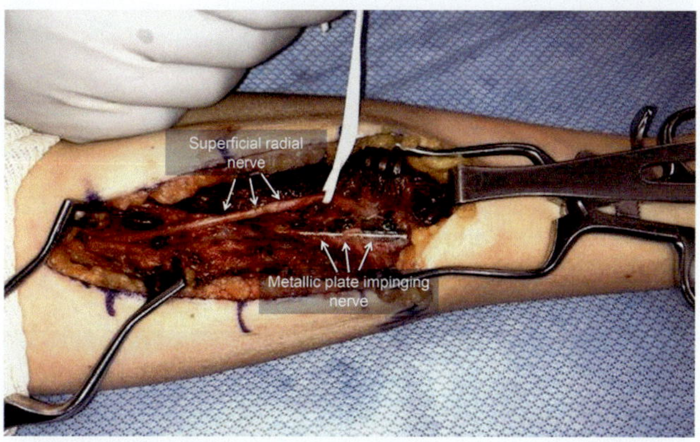

Fig. 21.42 Intraoperative image confirming impingement of SBRN by a radial fixation plate

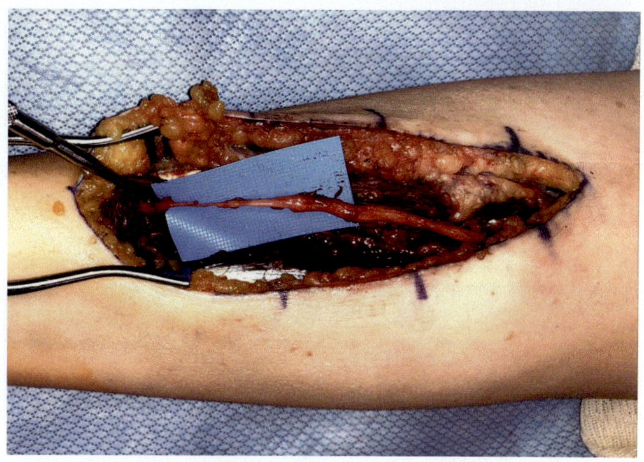

Fig. 21.43 Fibrous neuroma in the SBRN

Imaging and Diagnostic Studies: Radiographs (X-ray) showed healed both bone forearm fracture (BBFAF). CT scans revealed a proximal portion of radius plate contacting the ulna. Ultrasound showed impingement of the SBRN by the radial fixation plate (Fig. 21.41).

Preoperative Planning: Surgery was planned for plate removal and potential neuroma resection with allograft repair.

Technique: Exploration confirmed that the radius plate was impinging on the SBRN (Fig. 21.42). The plate was removed, revealing a fibrous neuroma on the SBRN (Fig. 21.43). The neuroma was resected, and the nerve was trimmed back to the level of healthy fascicles (Fig. 21.44). A 4–5 × 32 mm allograft (Axogen, Alachua, FL) was cut to length, placed, and sutured to the epineurium of the proximal and distal stumps (Fig. 21.45). Fibrin glue (Baxter, Deerfield, IL) was used to coat the entire repair (Fig. 21.46).

Outcomes (10 Months Follow-Up):

- VAS pain score: 0/10
- Semmes-Weinstein: light touch (3.61)
- Tinel's sign: negative
- Abductor strength: 4/5
- ROM: supination 70°, pronation 80°

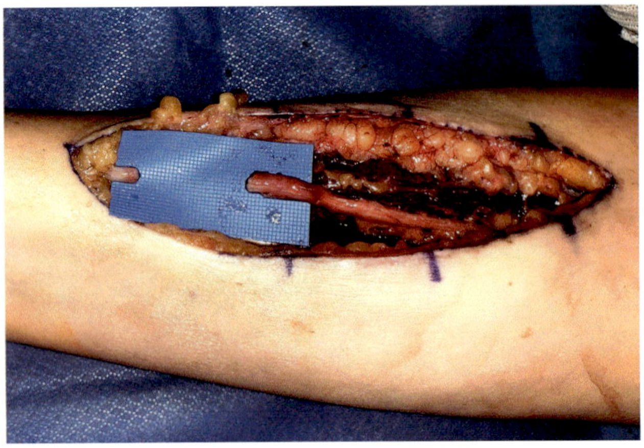

Fig. 21.44 SBRN gap after neuroma resection

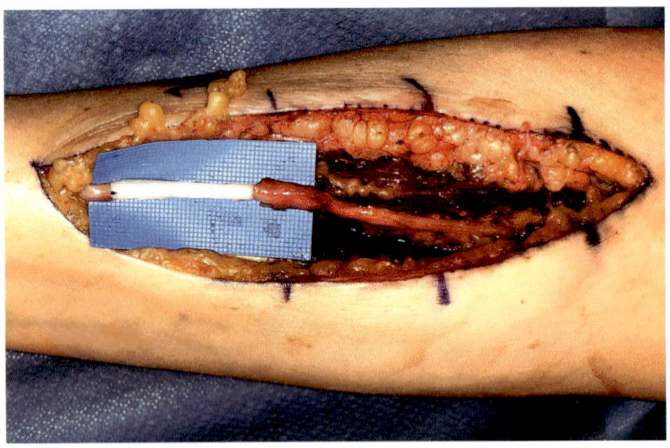

Fig. 21.45 Nerve allograft (4–5 × 32 mm) placement with epineural suture

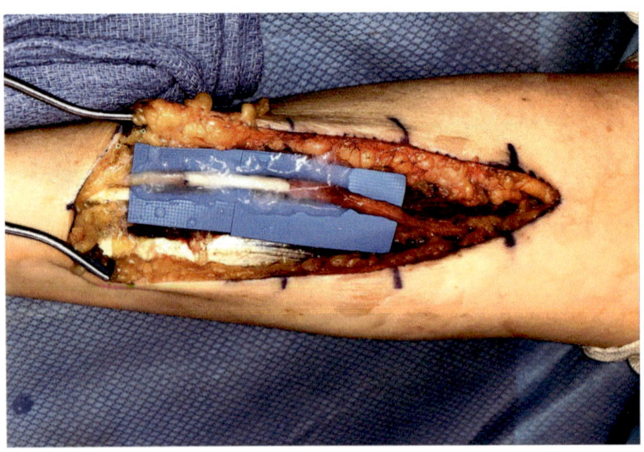

Fig. 21.46 Final allograft repair of the SBRN coated in fibrin glue

Case 11: Superficial Branch of Radial Nerve (SBRN)—Radial Forearm Fascial Flap

Bauback Safa

Pathogenesis: A 62-year-old female underwent CMC arthroplasty at another institution 1 year prior to presenting with hypersensitivity in the SBRN distribution (Fig. 21.47).

Clinical Physical Examination Findings

- Paresthesia in SBRN distribution.

Imaging and Diagnostic Studies: No additional diagnostic studies were performed.

Preoperative Planning: Surgery was planned for exploration with neuroma resection and potential allografting.

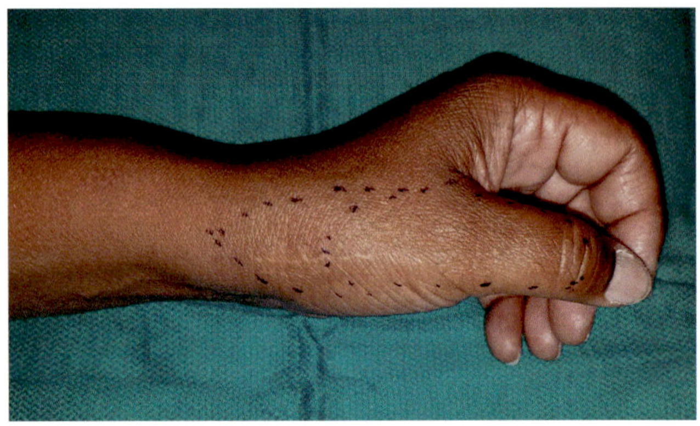

Fig. 21.47 Preoperative clinical image showing the area of hypersensitivity in the SBRN distribution

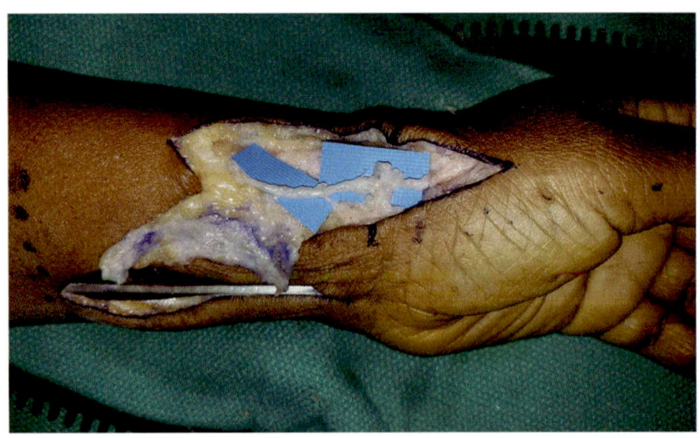

Fig. 21.48 Intraoperative image showing a small neuroma-in-continuity in the SBRN

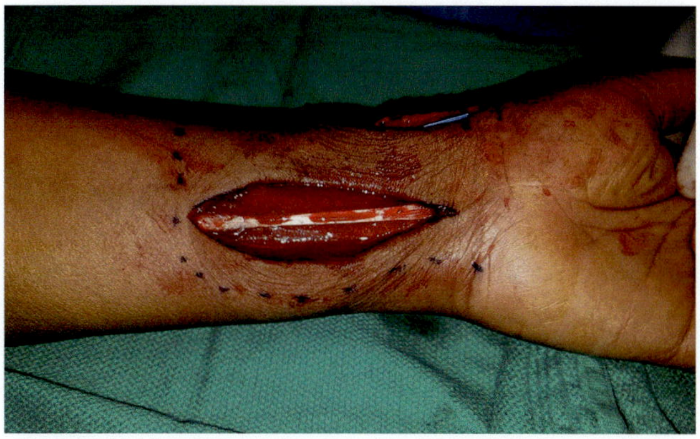

Fig. 21.49 Length-stable portion of the SBRN remaining post-neuroma resection

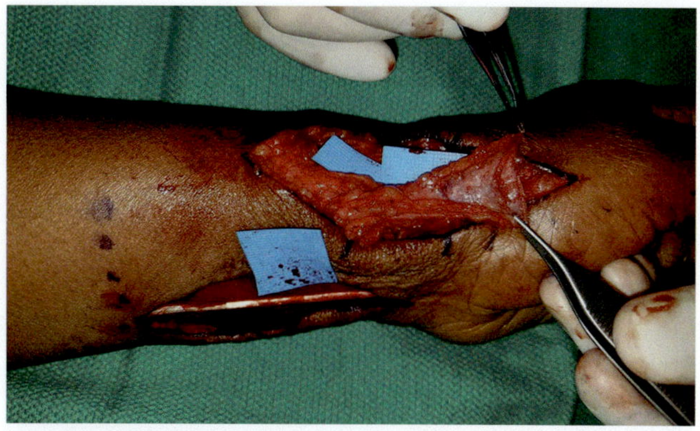

Fig. 21.51 Radial forearm fascial flap opened to wrap around the remaining SBRN

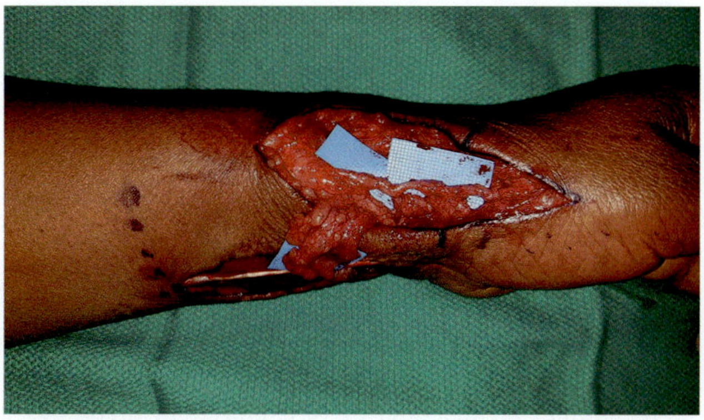

Fig. 21.50 Elevated radial forearm fascial flap with perforators preserved

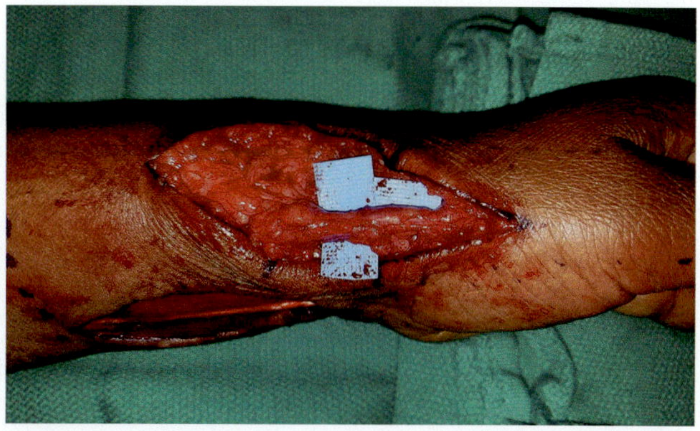

Fig. 21.52 Final SBRN repair with radial forearm fascial flap sutured in place

Technique: Partial neuroma-in-continuity identified during exploration (Fig. 21.48). After resecting the neuroma and trimming back to healthy fascicles, a length-stable portion of the nerve remained intact (Fig. 21.49). Given the retained fibers and distal sensation, the decision was made to wrap the residual nerve to prevent scarring, adhesion, and painful neuroma formation.

A radial forearm fascial flap was then elevated with perforators preserved (Fig. 21.50). The flap was wrapped around the SBRN and sutured in place (Figs. 21.51 and 21.52).

Outcomes (8 Months Follow-Up): Hypersensitivity fully resolved.

Case 12: Radial Digital Nerve (Thumb)—Allograft

Brendan J. MacKay

Pathogenesis: A 15-year-old female cut her left thumb on a can 5 months prior to presenting in clinic unable to flex her thumb with abnormal sensation on the radial aspect. VAS pain was 2/10.

Clinical Physical Examination Findings

- Sensation: Diminished on the radial aspect of the thumb
- Strength: FPL not firing, but EPL was intact

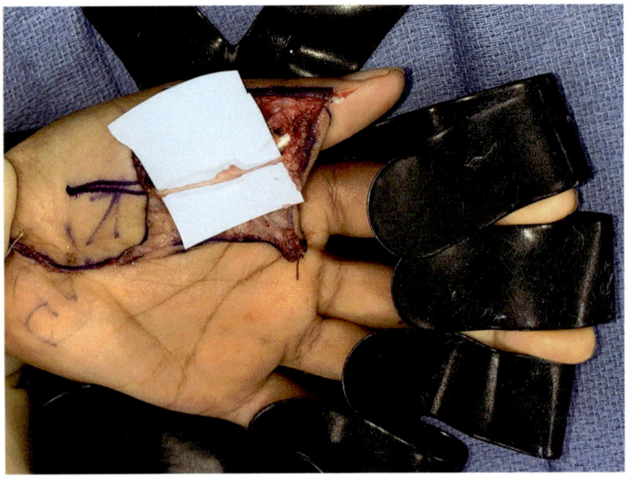

Fig. 21.53 Intraoperative image showing near-complete laceration of the radial digital nerve with a large neuroma at the IP joint

Imaging and Diagnostic Studies: No additional diagnostic studies were performed.

Preoperative Planning: After discussion of functional goals and potential benefit of surgery, the decision was made to undergo staged tendon reconstruction with potential nerve allograft for the radial digital nerve.

Technique: Exploration revealed laceration of the FPL tendon with a 1 cm distal stump and retraction of the proximal FPL. There was near-complete laceration of the radial digital nerve with a large neuroma at the IP joint (Fig. 21.53).

The FPL tendon was released and the stump was found in and just proximal to the carpal tunnel. Frayed edges were trimmed at the proximal and distal stumps. A 4 mm Hunter rod was sutured in place distally, fed through the palm and carpal tunnel, and sutured to the proximal stump. Excursion and flexion were observed, and the final tendon defect was 6 cm.

After neuroma resection, there was a 22 mm nerve defect. A 2–3 × 30 mm nerve allograft (Axogen, Alachua, FL) was cut to length, placed, and connected to proximal and distal stumps with 7-0 Prolene suture (Ethicon, Raritan, NJ). Two 2 × 15 mm Axoguard connectors (Axogen, Alachua, FL) were wrapped around both neurorrhaphy sites and secured with fibrin glue (Baxter, Deerfield, IL).

Outcomes (12 Months Follow-Up):

- VAS pain score: 0/10
- Semmes-Weinstein: All normal (2.83)

Case 13: Radial Digital Nerve (Thumb)—Autograft → Allograft

Adam B. Strohl and Matthew S. Wilson

Pathogenesis: A 50-year-old male sustained a table saw injury resulting in complete amputation of the left index finger, as well as 2.5 cm EPL loss and 2.5 cm RDN loss at the thumb. The decision was made not to attempt replantation of the index finger. The thumb was initially treated via autologous nerve graft and extensor tendon graft from the amputated index finger, with reverse radial forearm flap for soft tissue coverage (Figs. 21.54 and 21.55). Four months after the initial repair, the patient had persistent pain in his index finger stump area.

Clinical Physical Examination Findings

- Sensation: No finger present for sensibility and no phantom sensation reported. Positive Tinel present over the end of the index finger metacarpal stump.

Imaging and Diagnostic Studies: Given the patient's history and symptoms, no additional diagnostic studies were performed.

Preoperative Planning: Surgery was planned for exploration with neuroma resection and other nerve surgery as needed.

Technique: At the time of re-exploration, there was a 6 mm neuroma in the RDN, and it appeared that the RDN and ulnar digital nerve (UDN) were sewn together during the initial surgery. The nerves were separated, and the RDN neuroma was resected. The residual RDN was buried within the interosseous muscle bed to prevent neuroma formation.

Initially, the patient reported improvement in pain, but similar pain returned about 3 months later, and revision surgery was planned. The 5 mm neuroma was resected, and 1–2 × 15 mm nerve allograft (Axogen, Alachua, FL) was secured to the residual RDN stump in a connector-assisted fashion (Fig. 21.56). The allograft was then buried within the metacarpal canal of the index finger secured to the periosteum with bone tunnel suture (Fig. 21.56). At 6-month follow-up, neuroma symptoms and pain had resolved.

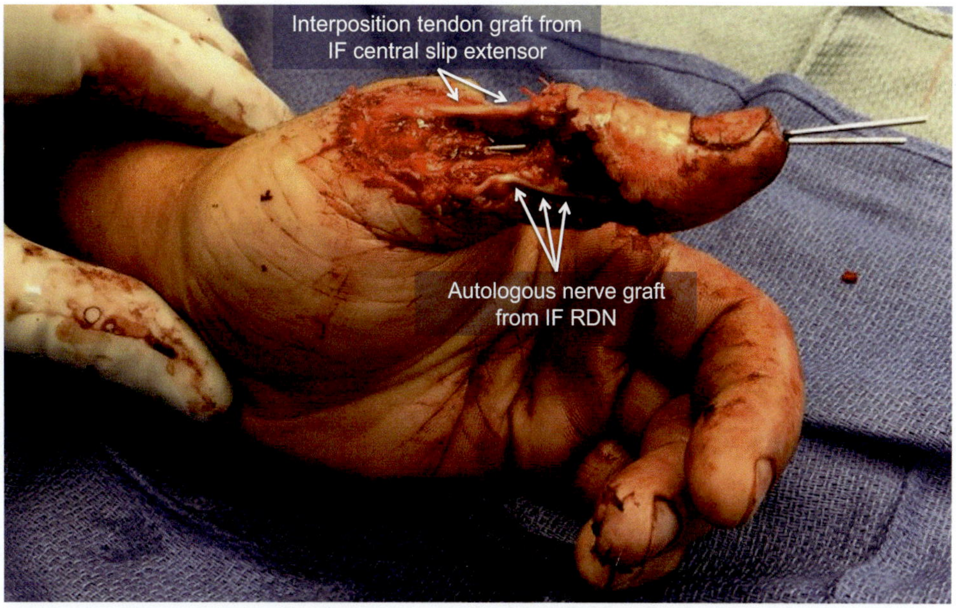

Fig. 21.54 Intraoperative image showing the initial repair via autologous nerve graft and extensor tendon graft from the amputated index finger

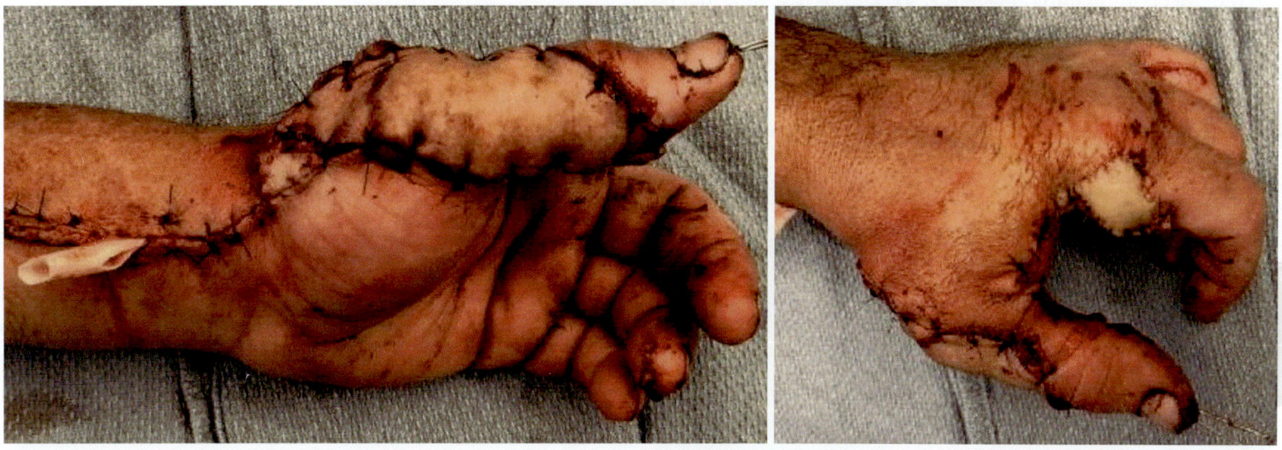

Fig. 21.55 Immediate postoperative images showing soft tissue coverage with reverse radial forearm flap

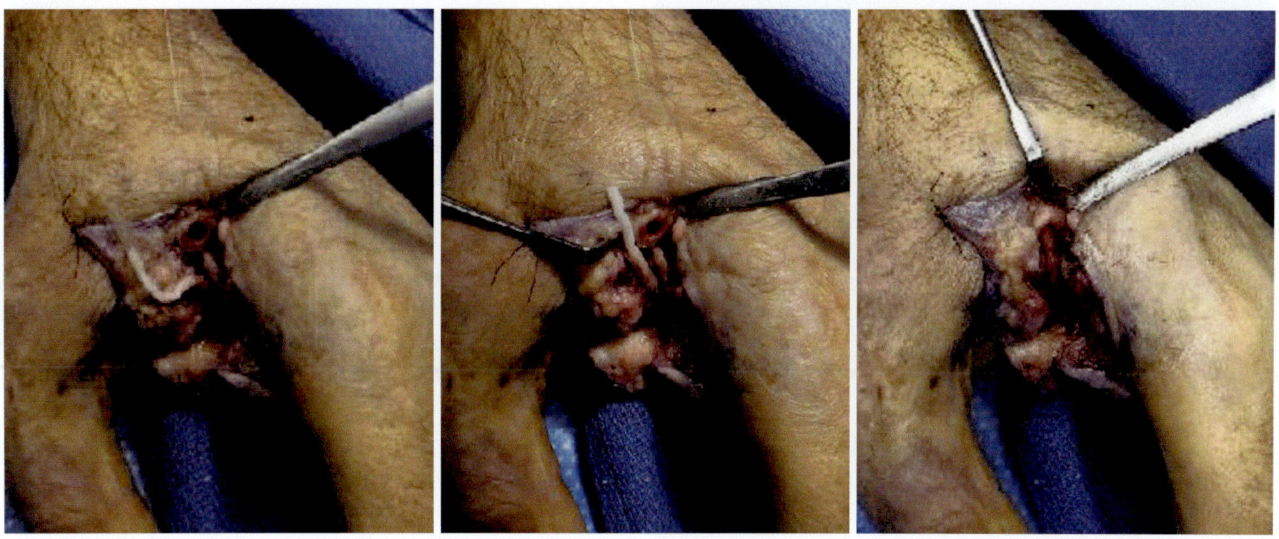

Fig. 21.56 Revision surgery with nerve allograft secured to the RDN stump in a conduit-assisted fashion and burial within the metacarpal canal of the index finger

Case 14: Proper Digital Nerve (Thumb)—Allograft

Bauback Safa

Pathogenesis: The patient sustained a blunt impact to the left palm (Fig. 21.57) and presented in the clinic with paresthesia and pain in the distribution of the proper digital nerve of the thumb.

Clinical Physical Examination Findings

- Reduced sensation along the palmar aspect of the thumb.

Imaging and Diagnostic Studies: No additional diagnostic studies were performed.

Preoperative Planning: Surgery was planned for exploration of the radial palm and base of the thumb.

Technique: Exploration revealed a neuroma in the palmar digital nerve of the thumb (Fig. 21.58), which was resected to the level of healthy fascicles. A 2–3 × 27 mm nerve allograft (Axogen, Alachua, FL) was placed and secured to proximal and distal stumps with 7-0 Prolene suture (Ethicon, Raritan, NJ) and 2 × 15 mm Axoguard nerve connectors (Axogen, Alachua, FL) secured with fibrin glue (Baxter, Deerfield, IL) (Fig. 21.59).

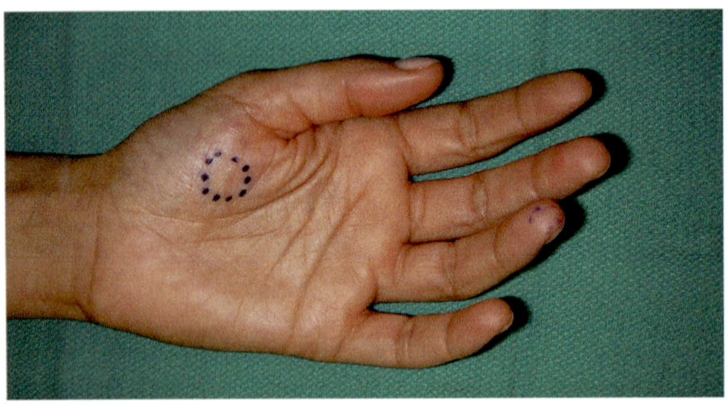

Fig. 21.57 Clinical image showing where the patient sustained a blunt impact

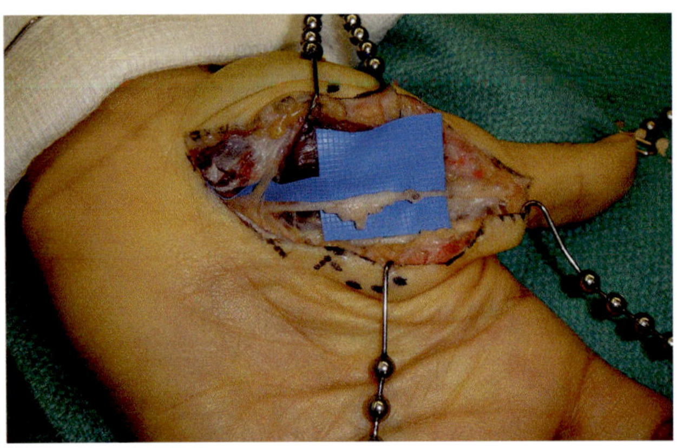

Fig. 21.58 Intraoperative image showing neuroma in the palmar digital nerve of the thumb

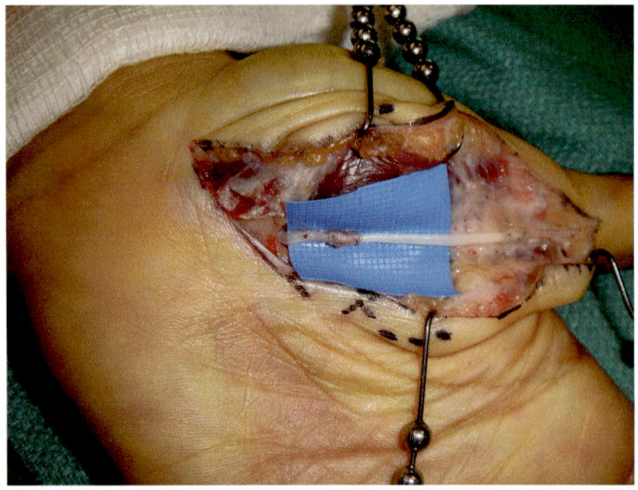

Fig. 21.59 Final repair with 2–3 × 27 mm nerve allograft secured to proximal and distal stumps by 7-0 Prolene suture, 2 × 15 mm Axoguard nerve connectors, and fibrin glue

Case 15: Radial and Ulnar Digital Nerves (Thumb, Index)—Nerve Caps

Brendan J. MacKay

Pathogenesis: A 46-year-old male sustained a traumatic crush amputation of right thumb at the MCP and left index finger at the PIP (Fig. 21.60). He was seen in the ER in another city at the time of injury (7 days prior), and thumb replantation was attempted unsuccessfully. The patient complained of pain in his right thumb and numbness to the residual index finger. VAS pain was 5/10 in the right hand.

Clinical Physical Examination Findings

- Sensation: Reduced sensation in the left index finger.

Imaging and Diagnostic Studies: No additional diagnostic studies were performed.

Preoperative Planning: Surgery was planned for exploration of the right thumb and left index finger, with possible capping for neuroma formation to prevent pain and/or paresthesia.

Technique: Dissection revealed neuroma formation in the ulnar digital nerve of the index finger. The nerve was pulled in traction and cut back healthy, bleeding fascicles. A 2 × 15 mm Axoguard nerve cap was placed on the nerve and secured to the epineurium using 8-0 nylon sutures. The nerve was then buried deep within soft tissue (Fig. 21.61).

The common digital nerve of the thumb was exposed, showing a neuroma in the common digital nerve. This was resected and capped in the manner described above for the patient's index finger.

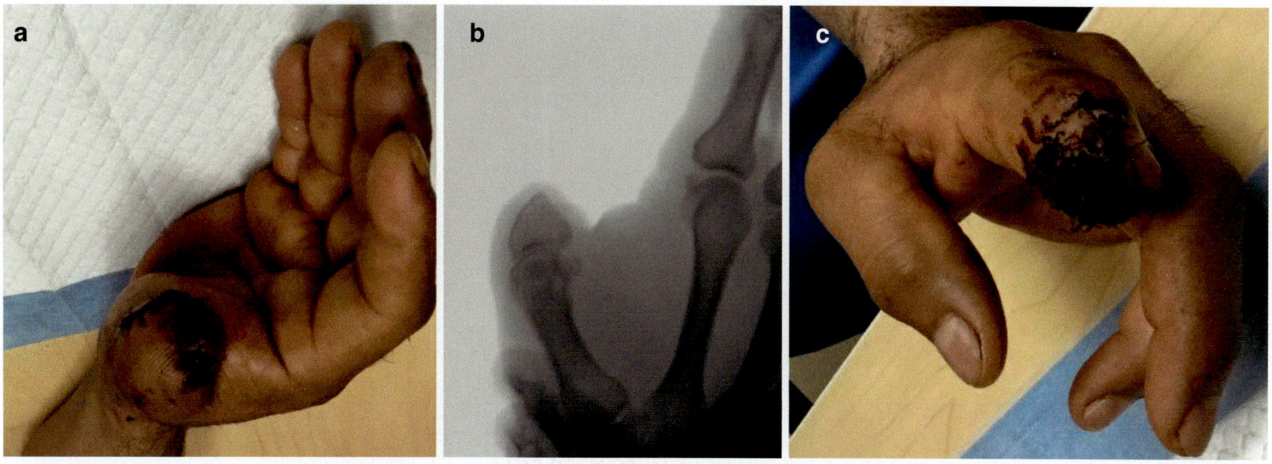

Fig. 21.60 Preoperative images of a traumatic crush amputation involving the (**a**, **b**) right thumb and (**c**) left index finger

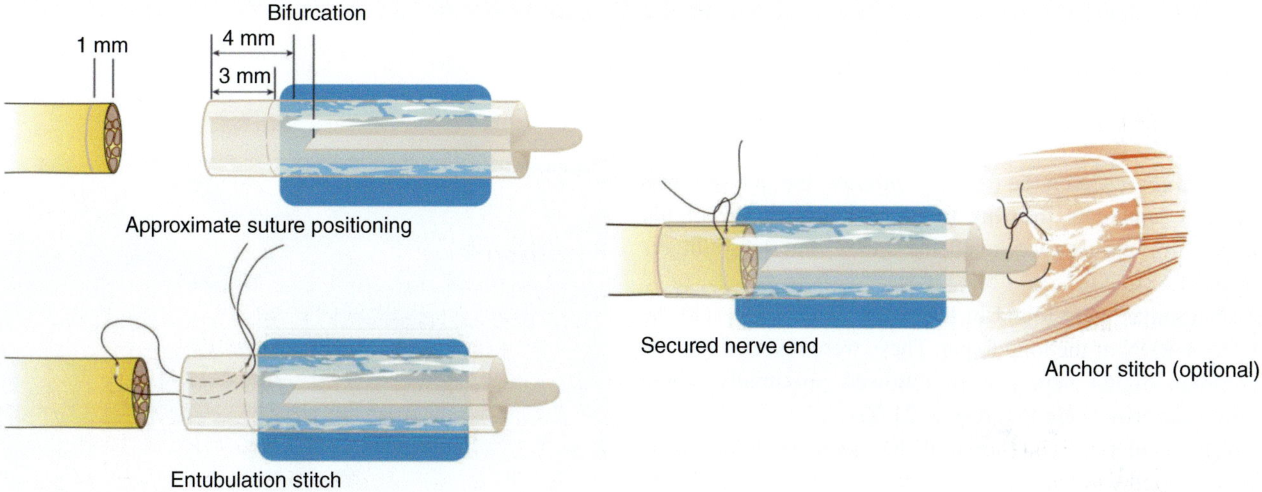

Fig. 21.61 Schematic showing the technique used to cap the nerve stump

Outcomes (16 Months Follow-Up):

- VAS pain score: index finger, 0/10; thumb, 3/10
- Hypersensitivity at tip of thumb and ulnar aspect of index finger

Case 16: Radial and Ulnar Digital Nerves (Index and Long Fingers)—Allograft + Autograft

Adam B. Strohl and Matthew S. Wilson

Pathogenesis: A 37-year-old male accidentally discharged a shotgun, causing blast injury to his right palm. Initially, the patient was treated via ORIF for osseous injuries, including index finger metacarpal (MC) shaft fracture, long finger MC neck fracture, and loss of the ring finger MC head and majority of the proximal phalanx.

The gunshot also caused UDN injury in the index finger, UDN + RDN injury in the long finger, and UDN + RDN injury in the ring finger. The FDS and FDP tendons of the ring finger were damaged as well. The patient presented 3 months after the initial injury complaining of electrical sensation and allodynia in his palm. This interfered with his routine hand therapy and prevented him from advancing with his therapy regimen. VAS pain was 5/10.

Clinical Physical Examination Findings

- Diminished sensation and paresthesia in the palm as well as the index, long, and ring fingers—absent 2PD.
- Lacking flexion in the ring finger.

Imaging and Diagnostic Studies: No additional diagnostic studies were ordered. Serial radiographs had already been obtained for repairs of extensive bony trauma.

Preoperative Planning: Surgery was planned for exploration with neuroma excision and potential nerve grafting.

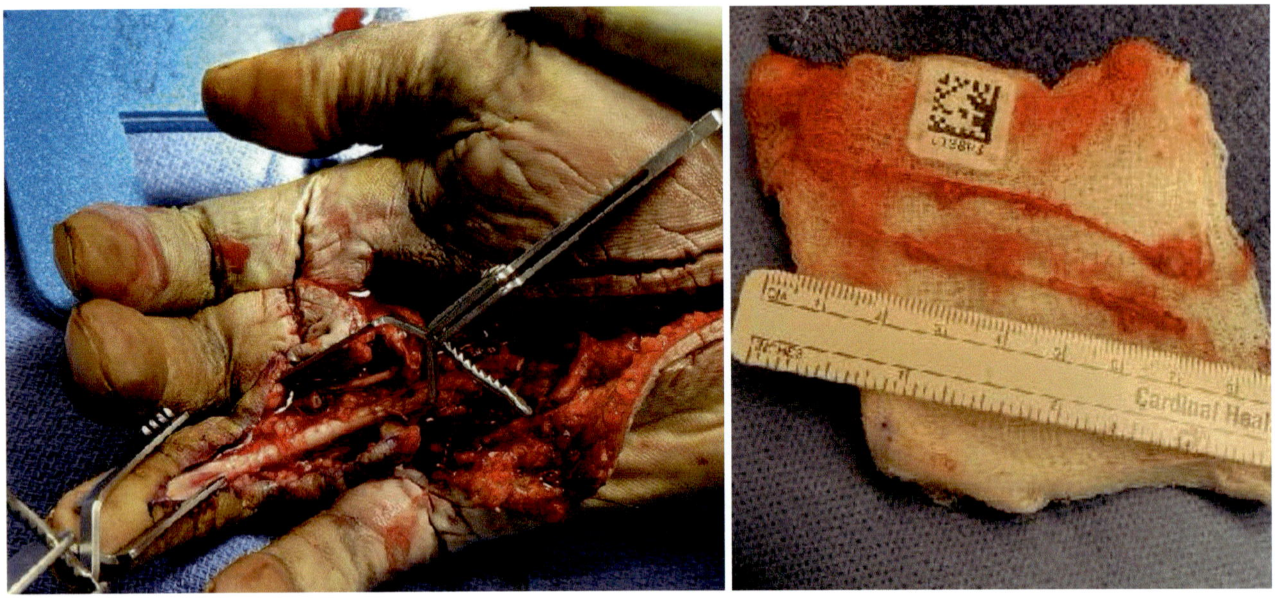

Fig. 21.62 Intraoperative images showing autografts harvested from the amputated ring finger

Technique: Given the extent of injuries, the decision was made to amputate the ring finger and harvest the digital nerves for reconstruction of the index and long fingers (Fig. 21.62).

Neuromas were found in the index finger UDN and the UDN + RDN of the long finger. These were resected and the common digital nerves were followed proximally where large neuromas were found (Fig. 21.63).

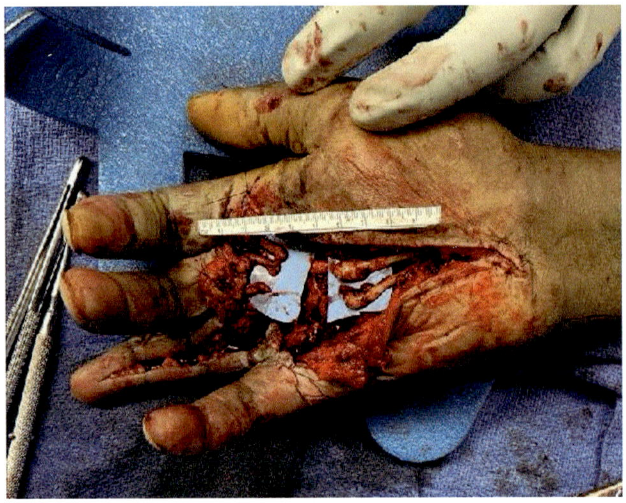

Fig. 21.63 Neuromas found in the common digital nerve of the index and long fingers, as well as the ulnar digital nerve (UDN) of the index and long fingers and the radial digital nerve (RDN) of the long finger

The common digital nerve of the index and long fingers was repaired with two bundles of 50 mm autograft and a single 50 mm allograft (Axogen, Alachua, FL) running between them. One strand of autograft was secured to the distal UDN stump of the long finger, and the other was secured to the UDN of the index finger and the RDN of the long finger. The allograft was divided at the distal end and secured to the digital nerve stumps using fibrin glue (Baxter, Deerfield, IL) (Fig. 21.64). A filet flap was used for wound closure.

The patient later underwent a first webspace release with external fixator placement and radial forearm flap, allowing for weak pinch.

Outcomes (9 Months Follow-Up)

- VAS pain score: 0/10
- 2-pd: index fingertip, 12 mm; long fingertip, 15 mm
- Tinel's sign: advancing through digits
- ROM: significant contractures and poor flexor tendon pull, minimal use of the hand.

*Additional follow-up not possible secondary to suicide.

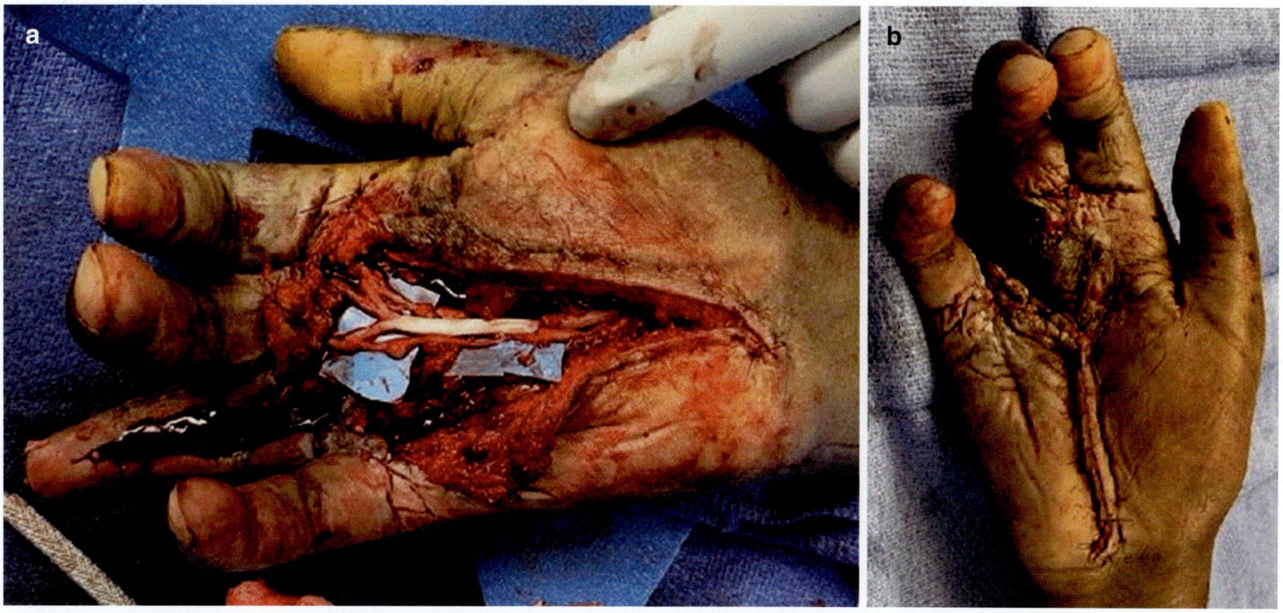

Fig. 21.64 (**a**) Repair of common digital nerve of the index and long fingers with a 40 mm allograft which was divided at the distal end and sutured to 10 mm autografts feeding the digital nerve stumps. (**b**) Closure immediately after neuroma repair

Case 17: Radial Digital Nerve (Long Finger)—Relocation Nerve Grafting

Ian L. Valerio

Pathogenesis: A 67-year-old, right-hand-dominant male had previous ray resection of his right long finger due to sarcoma. The patient underwent radiation after ray resection, but no chemotherapy.

Clinical Physical Examination Findings

- Symptomatic neuroma in the right long finger.

Imaging and Diagnostic Studies: No additional diagnostic studies were performed.

Preoperative Planning: Surgery was planned for neuroma resection with potential relocation nerve grafting or nerve capping.

Technique: Upon exploration, a neuroma was found in the radial digital nerve. The neuroma was excised, and the nerve stump was trimmed back to healthy, bleeding fascicles. Nerve and allograft (Axogen, Alachua, FL) ends were approximated (Fig. 21.65), and tension-free neurorrhaphy was performed with a 9-0 nylon suture. An Axoguard nerve protector (Axogen, Alachua, FL) was wrapped around the site and secured in place with vascular clips (Fig. 21.66).

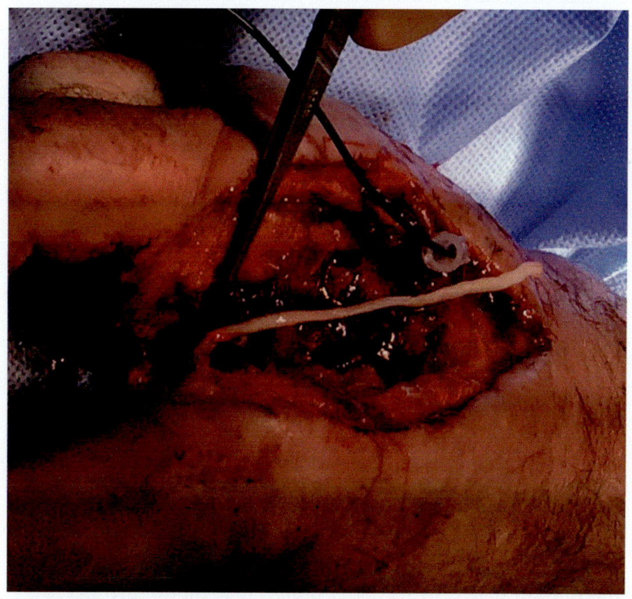

Fig. 21.65 Intraoperative image showing approximation of allograft ends prior to neurorrhaphy

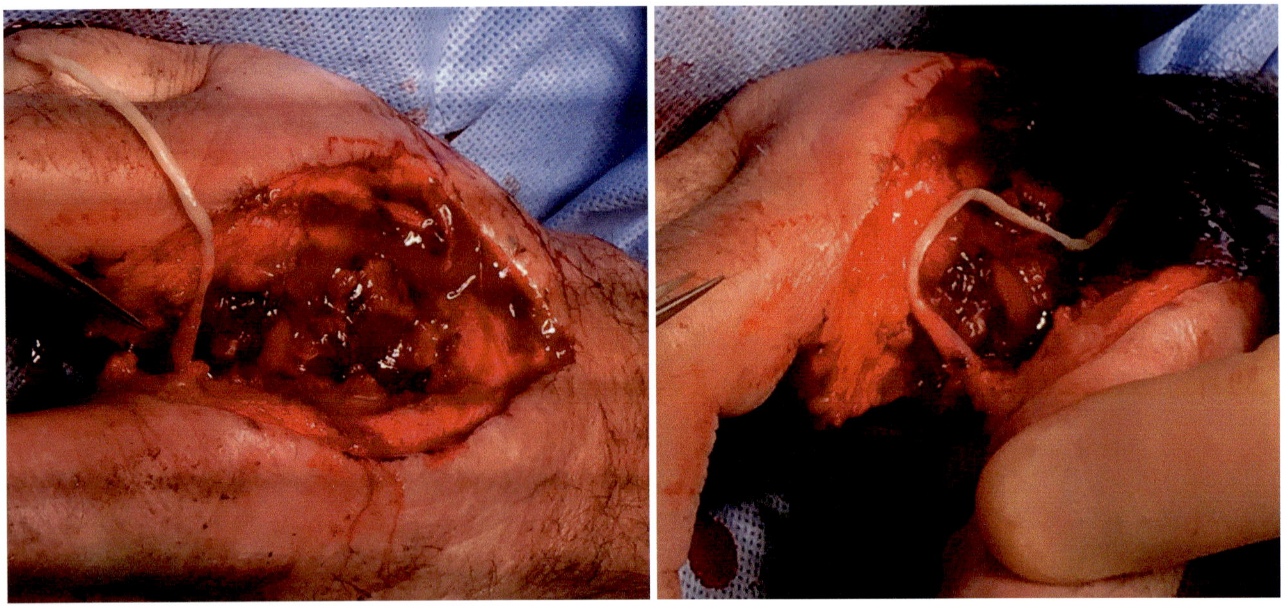

Fig. 21.66 Nerve allograft secured to nerve stump with Axoguard nerve protector and the nerve allograft tunneled proximally for relocation nerve grafting

Case 18: Radial Digital Nerve (Ring Finger)—Nerve Cap

Brendan J. MacKay

Pathogenesis: A 28-year-old male sustained a traumatic crush amputation of the right ring finger at the DIP 1 week prior to presenting in clinic with complaints of constant burning pain at the fingertip and hypersensitivity along the radial aspect. VAS pain was 4/10.

Clinical Physical Examination Findings

- Tinel's sign: positive at PIP joint and volar ring finger
- Palpable neuroma on radial aspect of ring finger.
- Grip strength (lbs): right, 10; left, 100

Imaging and Diagnostic Studies: 6.5 months after the injury, the patient was sent for MRI which was inconclusive.

Preoperative Planning: Given that severe symptoms were impeding the patient's ability to work and that he saw no improvement after 1 year of physical therapy, surgery was planned for exploration and neuroma excision.

Technique: Dissection revealed neuroma formation in the radial digital nerve of the ring finger (Fig. 21.66). The nerve was trimmed back to healthy, bleeding fascicles, and a 2–3 × 15 mm Axoguard nerve cap (Axogen, Alachua, FL) was placed, secured to the epineurium using 7-0 Prolene sutures (Ethicon, Raritan, NJ), and tucked in position.

Outcomes (6.7 Months Follow-Up)

- VAS pain: 3/10

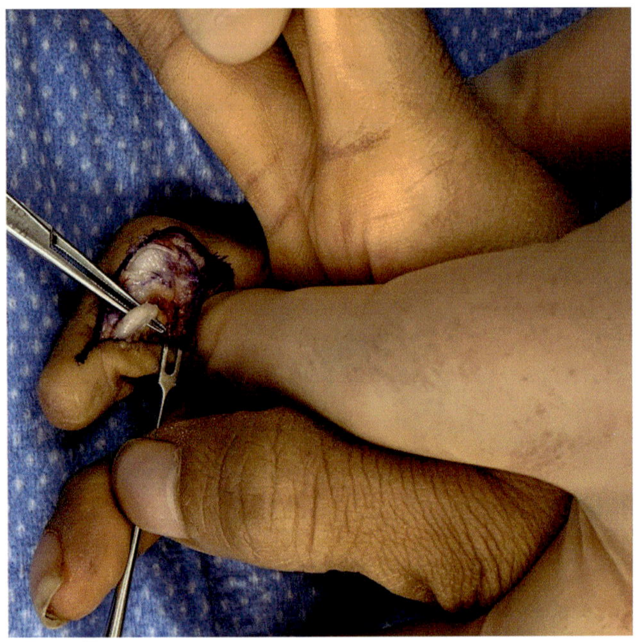

Fig. 21.67 Intraoperative image showing neuroma formation in the radial digital nerve (RDN) of the ring finger

- Grip strength (lbs): right, 32; left, 109

Reference

1. Suryavanshi JR, Cox C, Osemwengie BO, Jones HB, MacKay BJ. Sutureless repair of a partially transected median nerve using Tisseel glue and Axoguard nerve protector: a case report. Microsurgery. 2020;40(8):896–900.

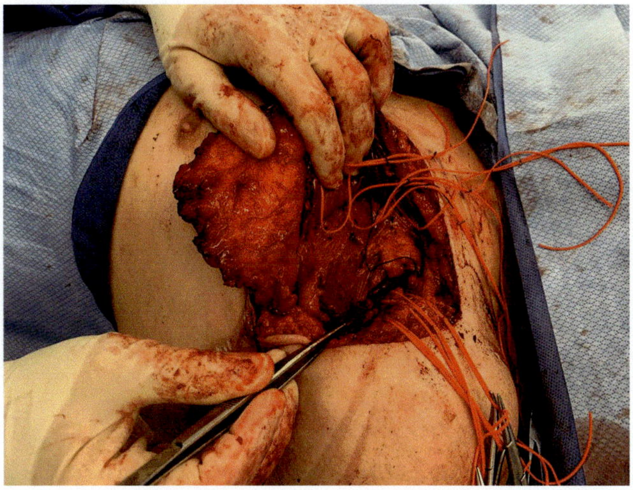

Fig. 22.15 The pectoralis muscle has been elevated exposing the underlying pectoralis minor muscle. Vessel loops in the upper portion of the image are around pectoralis major motor branches

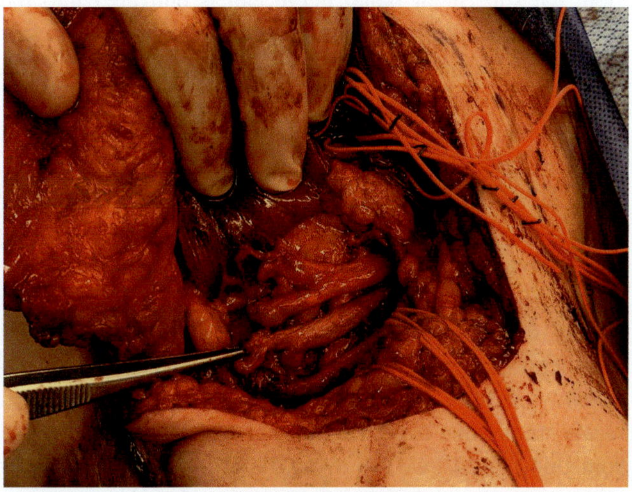

Fig. 22.16 Pectoralis minor muscle is elevated and branches of the of the plexus are seen. Motor branches to the pectoralis minor muscle can be seen on its undersurface

fascicular architecture was encountered. The radial nerve was transferred to the pectoralis minor, the median and musculocutaneous nerves were transferred to two discrete portions of the clavicular head of pectoralis major, and the ulnar nerve was transferred to the sternal head of pectoralis major. All transfers were performed in a similar fashion. The recipient motor branch was first sutured to the mid-portion of the donor nerve with an 8-0 nylon suture under loupe magnification. The donor was then oversewn to the surrounding epimysium with 6-0 prolene suture. The distance between the selected recipient nerves in the pectoralis was maximized to prevent "cross-talk," and additional motor branches that were dissected but not used for transfer were transected as they entered the muscle. Additionally, a segment of these nerves was excised to prevent inadvertent reinnervation and create denervated areas of the muscle between the transfers to facilitate surface EMG signal differentiation. The pectoralis minor muscle was elevated into a more superficial position from underneath the pectoralis major and sutured to the deltoid in order to decrease the distance to the skin surface and improve surface EMG signal strength before the wounds were closed in a layered fashion.

Postoperatively, the patient was evaluated by one of our prosthetic providers and was initially fit with a body-powered device with terminal hook and locking elbow. This allowed for early use of the extremity for activities of daily living and prosthetic training while waiting for EMG signal development in the recipient muscles and later fitting of his myoelectric prosthetic device.

Case 6: Neuroma Burying into Bone

Bryan J. Loeffler and R. Glenn Gaston

In 2017, a 51-year-old man sustained a traumatic left, middle-third transradial amputation secondary to a machine press at work. He was emergently transferred and underwent initial debridement of nonviable tissue, ligation of the radial and ulnar arteries, and application of a temporary wound VAC. He returned to the operating room 2 days later for a repeat washout at which time the soft tissues were deemed suitable for definitive management. This procedure was performed under general anesthesia in the supine position with a brachial tourniquet. Through the traumatic wound, the median, ulnar, and radial sensory nerves were identified. The median and ulnar nerves underwent targeted muscle reinnervation into the FDS and FPL, respectively. The technique of TMR is well elaborated elsewhere in this chapter, and this section will focus on the technique of nerve implantation into bone. Of note, this was our preferred technique for sensory nerve neuroma management prior to our adoption of RPNI.

The distal edges of the radius and ulna were prepared by smoothing and rounding the exposed bone edges with an oscillating saw. We prefer to have the distal edge of the radius slightly shorter than the distal edge of the ulna to allow better load distribution to the forearm and to reduce prominence of the residual radius when loading the forearm in a neutrally rotated position (which is the typical position for amputees at this level). In our experience, mid-forearm level amputees typically have less than 60° of total residual limb rotation, and the forearm tends to remain near the neutral position when lifting objects in their prosthesis. In this position, if the radius is longer than the ulna and especially if it has not been beveled or rounded, it will often result in a painful region during prosthetic use with the potential for skin irritation.

Beveling the radius, rounding the ulna, and adding a myodesis at the conclusion of the procedure can optimize load bearing comfort of the residual limb (Fig. 22.17).

The radial sensory nerve was trimmed back with a scalpel until healthy nerve was identified based on healthy fascicular bulging and absence of neural contusion. A 4-0 Monocryl suture was then placed into the epineurium and a knot tied leaving the two suture limbs long (Fig. 22.18). Next, with the distal edge of the radius having been beveled and smoothed, a 3.5 mm drill was used to drill into the ulnar side of the radius 2–3 cm proximal to the bone end—adjacent to the interosseous membrane (Fig. 22.19). A Keith needle was then passed through the existing drill hole on the ulnar aspect of the radius and exiting the radial cortex opposite the drill hole (Fig. 22.20). A single limb of the Monocryl suture was shuttled out the opposite cortex (Fig. 22.21). Next, this step was repeated with the Keith needle though exiting at a different location on the radial cortex opposite the drill hole and the second limb shuttled through. When traction is applied to the two suture limbs while the elbow is in maximal extension, the superficial radial nerve end is delivered into the medullary canal of the radius. The suture limbs are then tied over the bony bridge created on the radial cortex. It is critical to have redundant length of the proximal nerve end to avoid tension or traction on the nerve. If sufficient length is not present to avoid all tension, then the bony entry location must be moved proximal. Finally, a myodesis of the flexor pronator and extensor supinator masses was carried out distally followed by a layered closure.

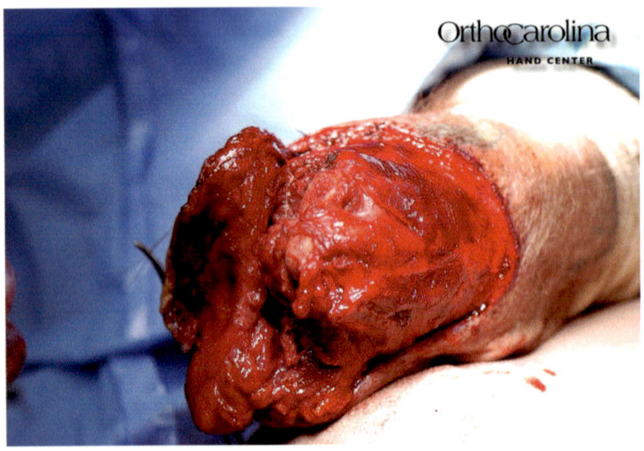

Fig. 22.17 A left transradial amputation status post distal bony preparation of beveling the radius and rounding the ulna

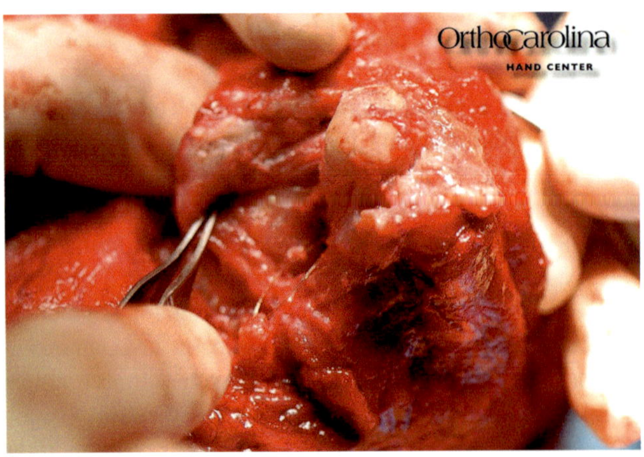

Fig. 22.18 The superficial radial nerve neuroma has been trimmed back to healthy nerve ends and tagged with a 4-0 Monocryl epineural suture

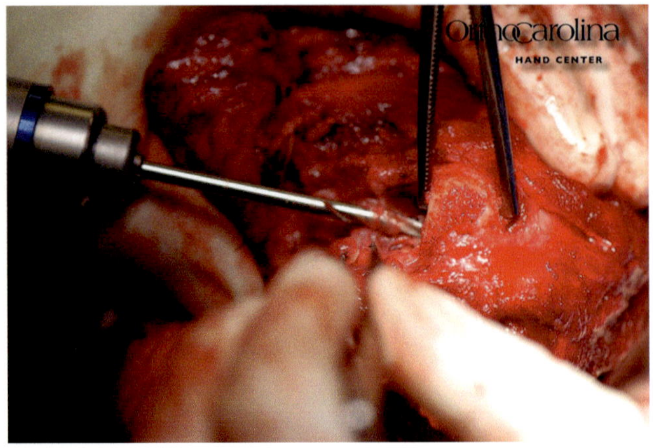

Fig. 22.19 A 3.5 mm drill is used to create an entry point for the nerve implantation into the ulnar cortex of the radius

Chronic residual limb pain as well as phantom limb pain remain difficult problems to manage in upper extremity amputees. Prior treatment strategies have proven to be inconsistently effective [4]. TMR and RPNI have demonstrated in recent studies that by "giving the nerve somewhere to go and something to do," we can avoid the formation of symptomatic neuromas and their painful sequalae [5–11].

Going forward, the next question to answer is whether TMR or RPNI should be performed at the index amputation procedure to prevent neuroma formation in the first place. Some studies have found that the rate of symptomatic neuroma formation is as low as 6.6% in the hand and 9% across the upper extremity [12, 13]. Yet we know that rates of residual and phantom limb pain exceed these, regardless of whether or not a discrete neuroma is identified [4, 5, 13]. To answer this question, consideration by level of amputation may be warranted. For instance, transradial amputations were found to have the highest rates of PLP and need for neuropathic pain medications compared to other levels [13]. In addition, certain risk factors have been found to predispose patients to symptomatic neuromas in digital amputations including index finger involvement, avulsion mechanism, multiple finger amputations, younger age, and worker's compensation status. It has been theorized that younger patients undergo more robust nerve regeneration and therefore may be more likely to

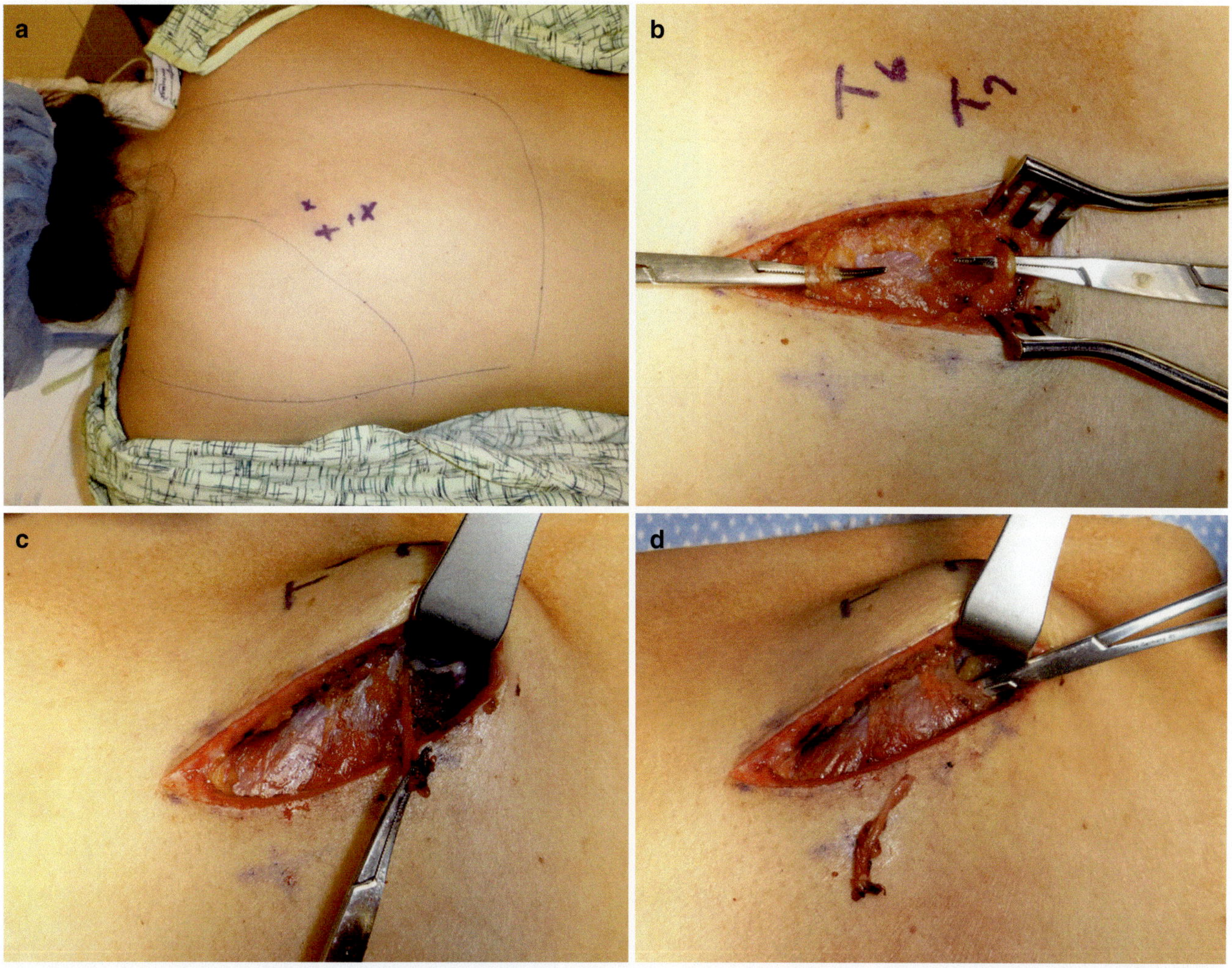

Fig. 23.2 (**a**) The site of localized pain is used as the location for the nerve block. (**b**) An incision is made at the trigger point location and the nerve identified. (**c**) The nerve is resected and the proximal end implanted into an adjacent muscle (**d**)

[9]. An example of this approach is given in Fig. 23.2. At the site of pain, where a nerve block has given relief, the nerve is identified (a). If the site is close to the vertebra, the proximal end of the divided nerve is implanted into a paraspinal muscle. If the site is closer to the scapula, as shown in Fig. 23.2b, the nerve is implanted into an adjacent muscle, such as the teres or rhomboid (Fig. 23.2c, d).

Case 2: Rib Fracture

A. Lee Dellon

Chronic pain resulted in a patient who suffered from multiple rib fractures requiring reconstruction resulting in diffuse pain across the thorax. In Fig. 23.3, the reconstruction plates are shown (a) as well as the physical exam identifying multiple trigger points radiating along the course of the lateral branches of multiple intercostal nerves (b). Intraoperatively, the lateral cutaneous branches are identified exiting the serratus muscles, encircled with a vessel loop (c). In (d), the divided proximal branch of the intercostal nerve is implanted along the path of the nerve between intercostal muscles.

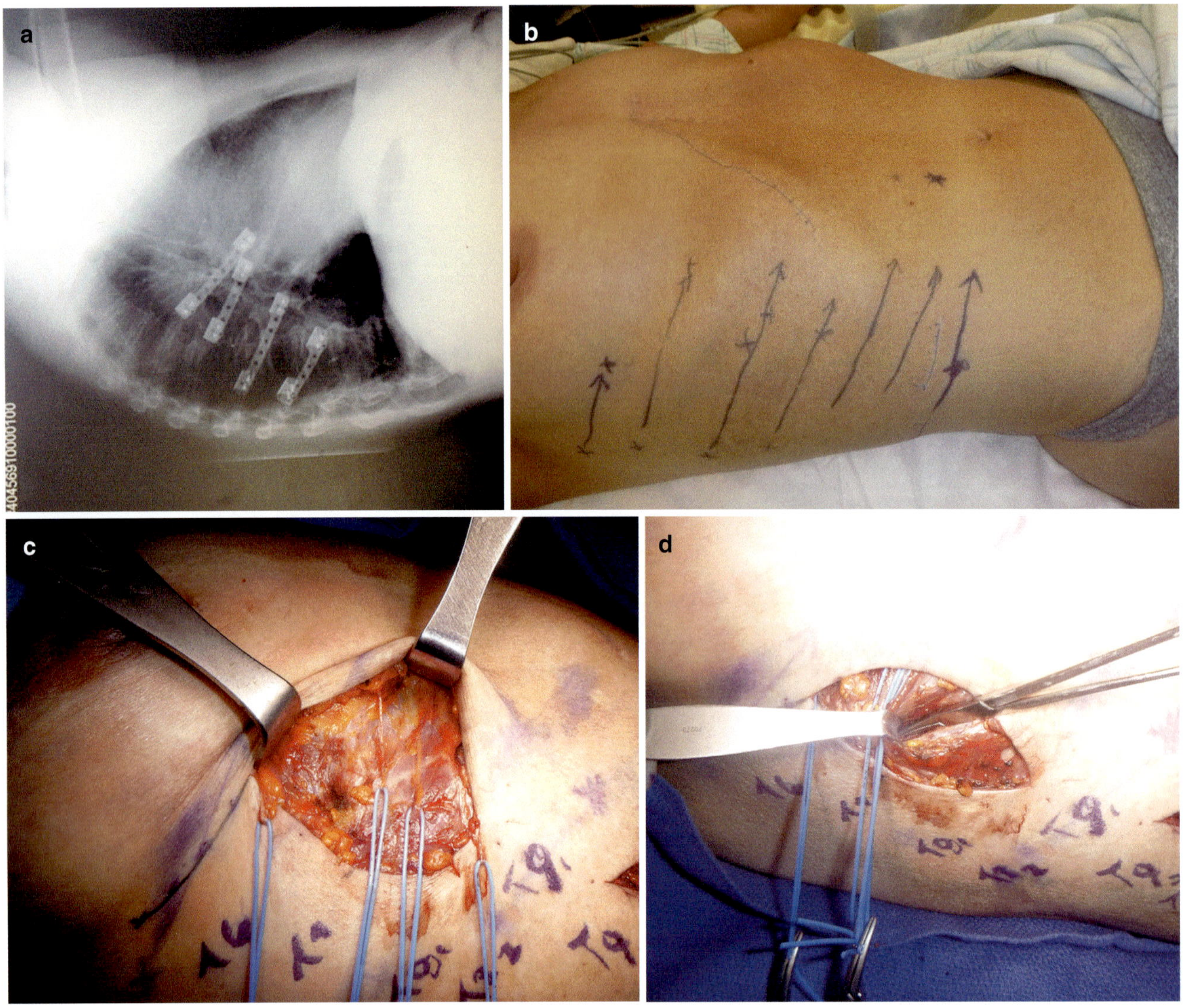

Fig. 23.3 (**a**) Reconstruction plates across multiple rib fracture repairs, (**b**) the physical exam showing multiple focal points triggering pain radiating along the course of the lateral branches of multiple intercostal nerves. (**c**) Intraoperative view of the lateral cutaneous branches identified as exiting the serratus muscles (vessel loop). (**d**) Proximal branches of the intercostal nerve are divided and implanted along the path of the nerve between intercostal muscles

Case 3: Breast Surgery

A. Lee Dellon

"Post-mastectomy syndrome," "breast pain syndrome," and "mastodynia" are examples of names that have been given to women who have surgery on their breasts and have persistent postoperative pain. The breast surgery may have been for tumor removal, reconstructive breast surgery, or aesthetic surgery. The differences in nomenclature imply a lack of understanding of the cause of this pain, when, in fact, this pain can usually be attributed to an injury during surgery to a branch of an intercostal nerve(s) [3–5]. As many as 23–60% of postmastectomy patients report chronic postoperative chest wall pain following mastectomy, which is thought to be neurogenic in nature [14–16].

One theory for the development of chronic chest wall pain in breast surgery involves the transection of intercostal nerves during mastectomy and subsequent disorganized nerve growth [17]. The patient's description of the pain location gives a clue as to which branch or branches of the intercostal nerve have been injured during the oncologic breast surgery. This pain may be elicited by palpation and manipulation typically in the lateral aspect of the breast reproducing the pain. Once located, a block may be performed to confirm the location and diagnosis.

As an example, a 58-year-old woman had a combined mastopexy and breast augmentation. Following this, she had severe pain in her lower breasts so that she could not tolerate her bra touching her skin. This pain was primarily located in the bilateral inframammary incisions. Moreover, she could patient had previous endoscopy with injury to the anterior branch of T9 /T10, and therefore, the incision is more medial than might be expected for a spontaneously occurring case of ACNES.

Case 6: Post-Cholecystectomy Syndrome Pain

A. Lee Dellon

Another cause of pain to the abdominal wall may be encountered after simple surgical procedures such as laparoscopic cholecystectomies where the portals may injure the intercostal nerves. This was first reported in 2008 in a series of five patients with a variety of postoperative intercostal neuromas. One of these five patients had pain after cholecystectomy, which required resection of T6 and T7 to obtain relief of pain [6]. In a subsequent study, eight additional patients were reported with pain after laparoscopic cholecystectomy [7]. In this latter study, the number of intercostal nerves resected was 2 in two patients, 3 in four patients, 4 in one patient, and 5 in one patient. The most common intercostal nerve combination resected was T6, T7, and T8. The proximal end of the intercostal nerves was implanted into the serratus or latissimus dorsi muscle, or when the main "trunk" of the intercostal nerve had to be resected, the proximal end was placed more proximally in the intercostal space. For this group of patients, at a mean of 18.3 months after surgery, preop mean VAS of 8.9 (range 7–10) decreased to a mean of 3.6 (range 0–6), $p < 0.01$. Overall results were five excellent (63%), two good (25%), and one failure (12%).

The critical technical considerations for success in operating on patients with lateral thoracic and anterior abdominal wall pain relate to the location at which the intercostal nerve is injured and how many nerves are injured. Preoperative nerve blocks are critical to deciding how many intercostal nerves must be removed. We think of these decisions in terms of dermatomal distribution. The dermatome illustrations commonly utilized were developed by Ottfried Foerster [22], and he determined, in injured soldiers, that it required three adjacent intercostal nerves to create one anesthetic region on the anterolateral thorax [23]. The point at which the laparoscope enters the abdomen in front of the ribs is the most common location for the intercostal nerve injury. Most often, two or more intercostal nerves are injured. Another location frequently encountered is at the site of the umbilical portal where the anterior branch of the T10 may be injured in this location. The patterns of typical post-cholecystectomy pain are shown in Fig. 23.9. Note that the pain can radiate far posteriorly (Fig. 23.9a), as that is the origin of the intercostal nerves. Most patterns are related to the lateral branch of the intercostal nerves (Fig. 23.9b–d). The surgical planning requires correctly identifying the lateral branch in the subcutaneous region just proximal to the pain location and then following this branch proximally to identify the main branch of the intercostal nerve (Fig. 23.10). If the pain pattern includes the medial abdominal wall, then we must conclude that the anterior branch is involved, and therefore the main intercostal nerve must be divided proximal to the takeoff of the lateral branch, in the intercostal space (Fig 23.10c).

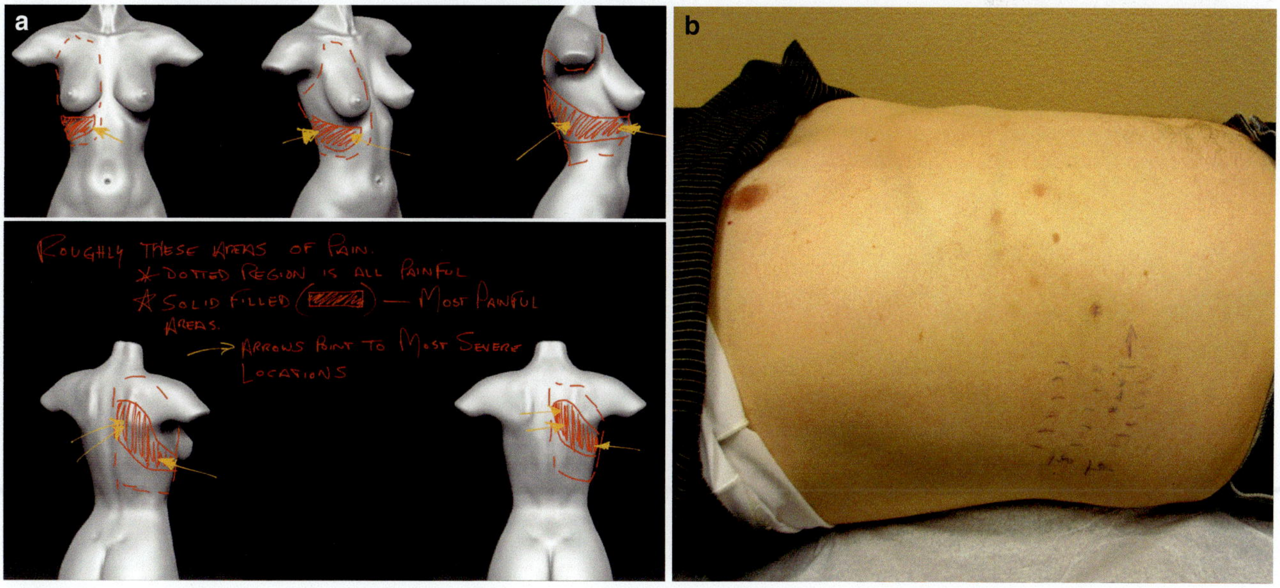

Fig. 23.9 Patterns of pain associated with intercostal nerve injuries after laparoscopic cholecystectomy. (**a**) Patient's self-illustration of pain pattern. (**b**) Note the portals and demarcation of trigger points and relation to the underlying ribs. (**c**) Red circle illustrates pain region. Note that the most medial abdominal skin is *not* included, meaning injury is to the lateral cutaneous branch and does not include the anterior branch. (**d**) Another example of portals and location of trigger points in relation to the ribs

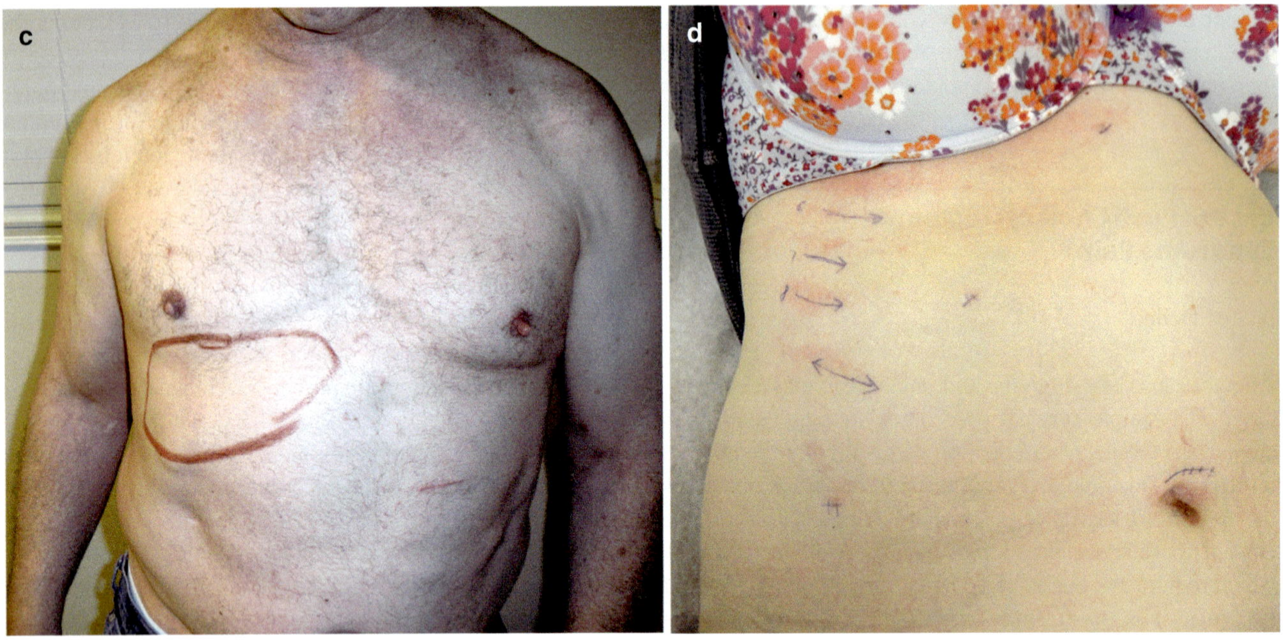

Fig. 23.9 (continued)

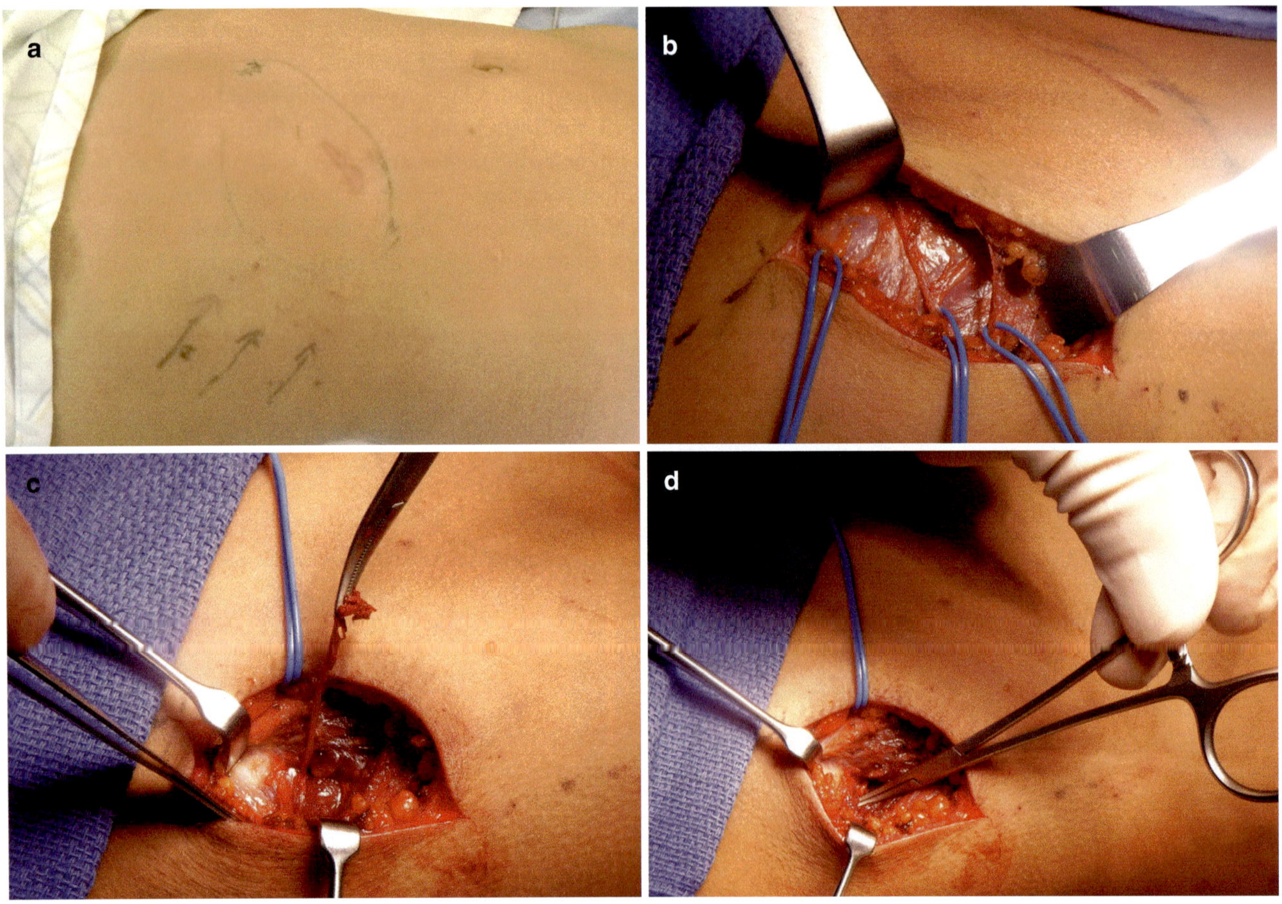

Fig. 23.10 Intraoperative views of surgical approach to resecting intercostal nerves after laparoscopic cholecystectomy. (**a**) Note the asterisk medial near xiphoid indicating the anterior branch of the intercostal nerve is involved in this pain. (**b**) Note the blue loops around three intercostal nerves, most likely T7, T8, and T9. (**c**) Note intercostal nerve identified in the interspace, with the white periosteum of the rib. (**d**) This intercostal nerve is implanted proximally into the intercostal space

Postoperatively, the patient will experience numbness in the same distribution as was experienced during the preop nerve block. This total area decreases in size over time due to collateral sprouting [24, 25]. However, remaining pain superior or inferior to the region of numbness may represent that another intercostal nerve remains and was involved in the original pain, so that a second operation may be required. This must be explained to the patient preoperatively.

Case 7: Groin—Ilioinguinal, Iliohypogastric, and Genitofemoral Nerves

A. Lee Dellon

Although we do not normally think of intercostal nerves innervating the abdominal lower quadrants, they do. Following the "intercostals" nomenclature which terminates at T12 corresponding with the thoracic ribs, the subsequent nerves—the lumbar "intercostals"—are named the ilioinguinal (II) and iliohypogastric (IH) and are comprised of the branches of T12 and L1. In plastic surgery, lower quadrant pain related to injuring these nerves was reported first in 1994 related to an abdominoplasty [26]. Pain related to injuring these nerves may result from aesthetic or reconstructive surgery (e.g., harvesting autologous abdominal tissue in reconstruction flap). However, the most common source of injury to these nerves is inguinal herniorraphy which can cause disabling pain in more than 10% of the 500,000 herniorrhaphies each year as well as endoscopies for endometriosis and C-sections (Fig. 23.11) [8]. Eighty percent good to excellent results may be anticipated from resecting these nerves and transposing the proximal end into the preperitoneal space [27]. The patient with this type of pain most often cannot sit normally and has a characteristic position (Fig. 23.12a) while seated. Examples of injured II and IH are given in Fig. 23.12b–d.

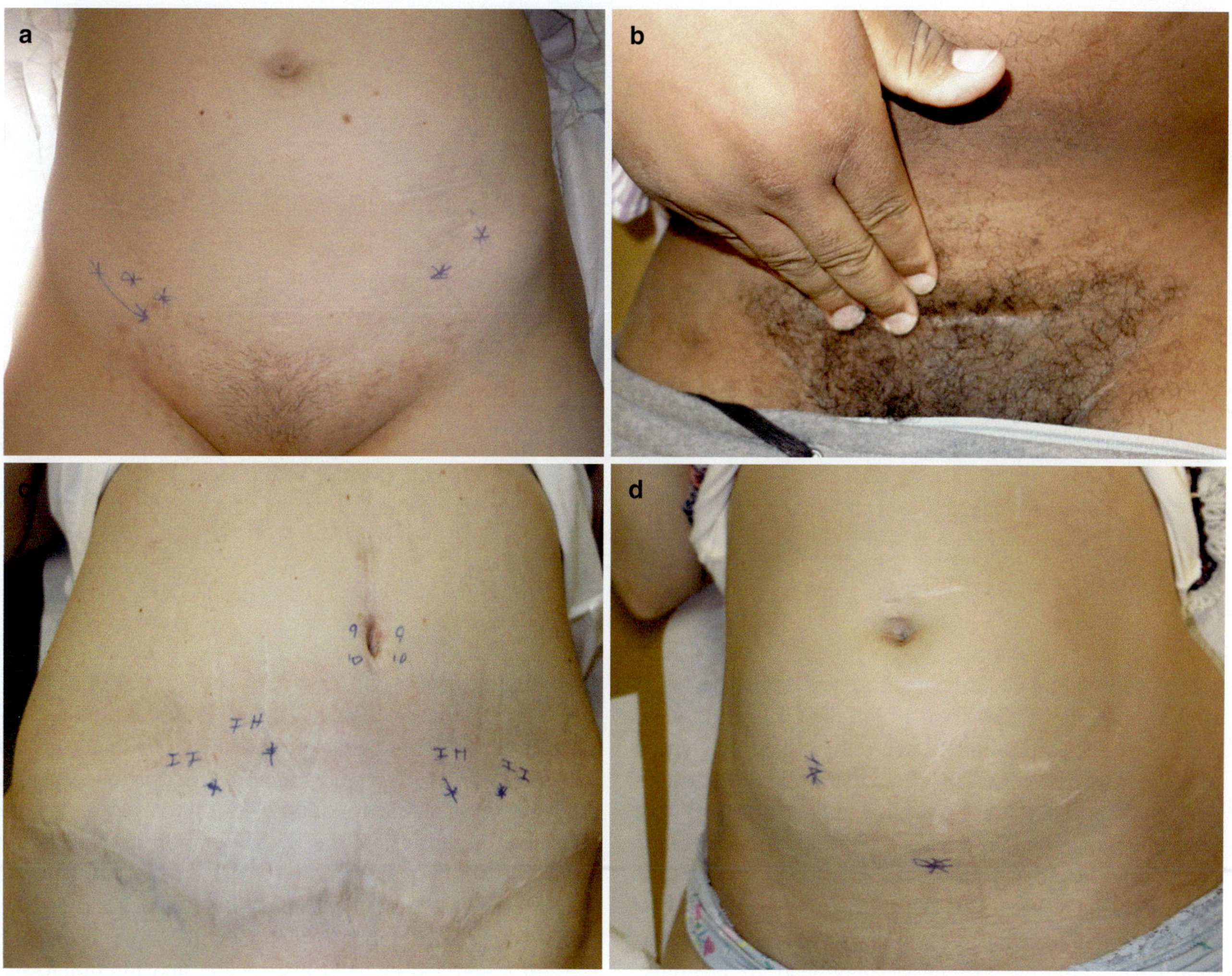

Fig. 23.11 Patients with injury to the ilioinguinal and iliohypogastric nerves related to (**a**) endoscopies for endometriosis and hernia repair, (**b**) placement of metal plate to fix a pelvic fracture, with incision similar to a Pfannenstiel incision, (**c**) abdominoplasty and note pain at the neo-umbilicus as well, and (**d**) endoscopy for endometriosis

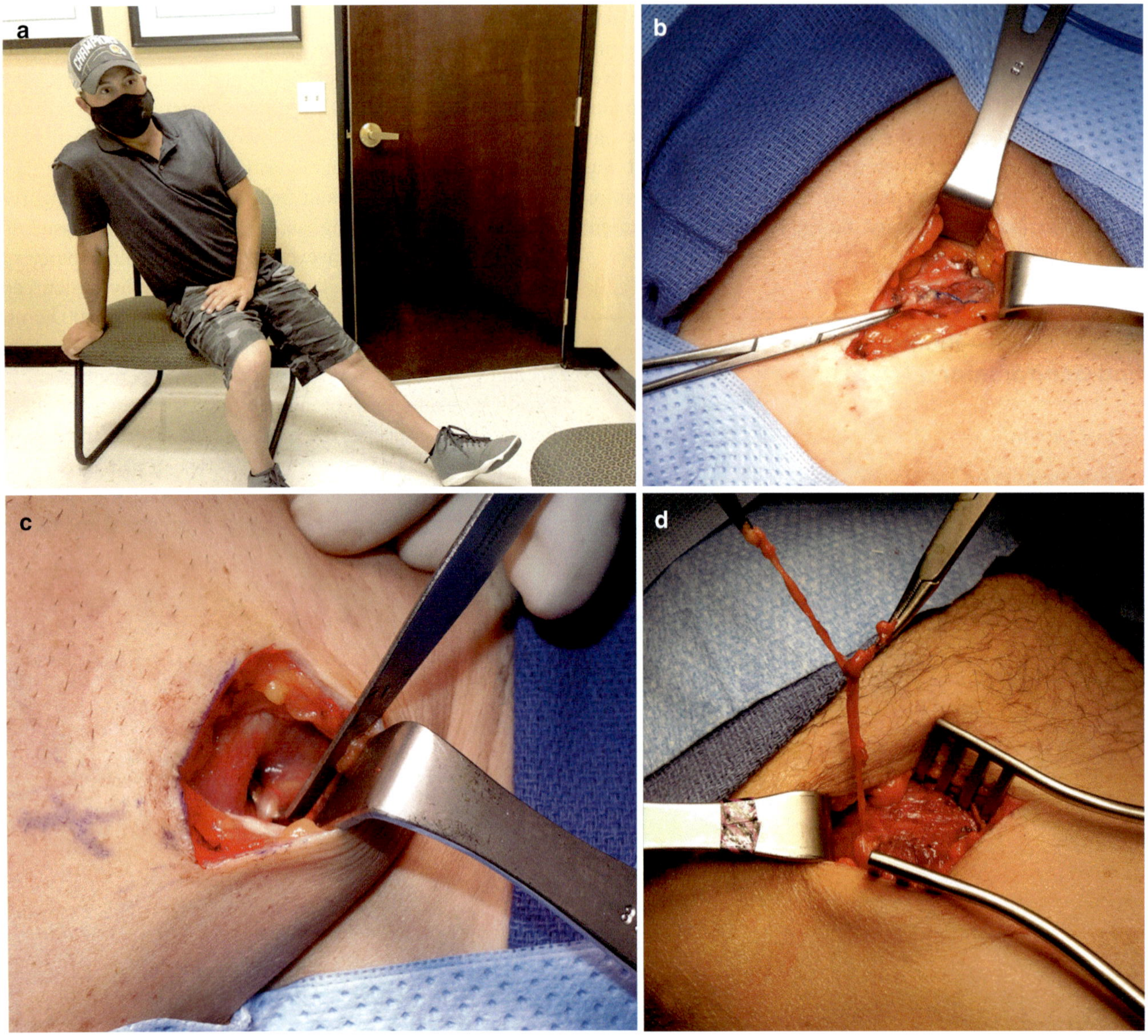

Fig. 23.12 (**a**) Typical sitting position of a patient with left ilioinguinal (II) or iliohypogastric (IH) nerve pain, preventing them from sitting upright. Surgical approach to resecting the II and IH nerve through a 3 cm transverse incision at level of anterior superior iliac crest: (**b**) note sutures found through the II nerve. (**c**) Note large II nerve going into mesh used for hernia repair. (**d**) Note a single origin of the II and IH nerves

The genital branch of the genitofemoral (GF) nerve is a similar anatomic situation in which the L1 and L2 nerve roots form the genitofemoral nerve over the psoas muscle in the retroperitoneum. The GF exits through the external inguinal ring, lateral and posterior to the spermatic cord/round ligament, and innervates the testicle in men and the inside of the labia majora in women [28]. This nerve, too, is injured during inguinal hernia repair but also during vasectomy and varicocele surgery. Sadly, the lack of familiarity with the GF nerve may lead to urologists resecting the testicle instead of resecting the GF nerve (Fig. 23.13) [29].

The nerve blocks for the II, IH, and GF can be complicated. Most often, pain management doctors will use ultrasound to locate these nerves in the lower quadrants and do the nerve blocks in this location. Due to previous surgery, scarring, or anatomic variability [30], these blocks can be "negative" when in fact the II, IH, and GF nerves are the source of pain. For this reason, a block using radiographic imaging targeted at the T12/L1/L2 nerve roots is preferred.

The surgical technique for the II and IH nerves is to make a 3 cm transverse incision just medial and inferior to the anterior superior iliac crest (ASIC), descent through Scarpa's fascia, incise the external oblique in the direction of its fibers,

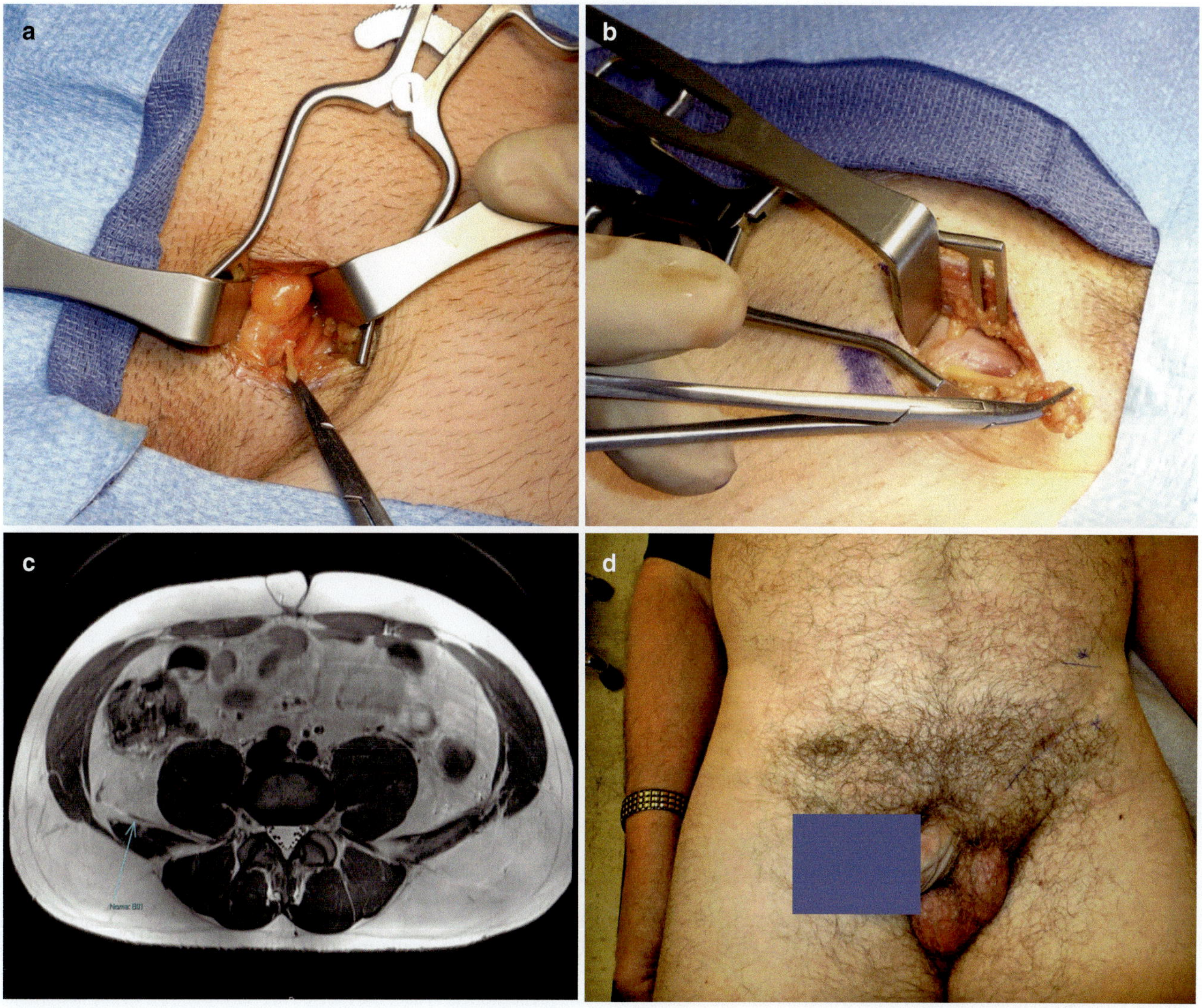

Fig. 23.13 The genitofemoral (GF) nerve is noted in surgery on the (**a**) right side and the (**b**) left side of two different patients. Note that it is located posterior and lateral to the spermatic cord. (**c**) A 3 T MRI shows the GF in the retroperitoneum crossing the psoas muscle. (**d**) A man who had bilateral orchiectomy for testicular pain after a vasectomy. He has been reconstructed with silicone ovals. He still has testicular pain and is a candidate for bilateral resection of the GF nerves

and look for a small 1 mm white iliohypogastric nerve lying just inferior the internal oblique fascia on top of the red internal oblique muscle. Then identify a larger, 1.5–2 mm II nerve, closer to the inguinal ligament. Each is blocked with local anesthetic, and dissected proximally, using the bipolar coagulator to cauterize segmental vessels, until you are deep to the internal oblique muscle and well lateral to the ASIC. The II and IH are each put under tension, cauterized, and allowed to drop into the preperitoneal space (Fig. 23.14). They are not implanted into the muscle to prevent pain with abdominal twisting activity, such as situps, golfing, and swimming. This is an anatomic region in which a targeted muscle reinnervation (TMR) approach may be contraindicated. Attempting to connect the II and IH to the motor nerve to the oblique muscles may create a weakness or abdominal bulging that will be disturbing to the patient [31]. Similarly, often these patients are thin, and the bulge of either a muscle or dermal regenerative peripheral nerve interface (RPNI) may be visible and disturbing to the patient.

The surgical technique for the GF nerve is different from that for the II and IH nerves. A 3 cm longitudinal incision is made directly over the spermatic cord, distal to the external inguinal ring. The dissection approaches the spermatic cord, which is gently retracted medially. On the surface of the spermatic cord lies the II nerve, which may be damaged at this phase of the operation (Fig. 23.13a, b). The GF nerve exits the inguinal canal posterior and lateral to the spermatic cord [28]. Once identified, this nerve is blocked with the local anesthetic and a portion resected and sent to pathology. The proximal end may then be followed into the inguinal

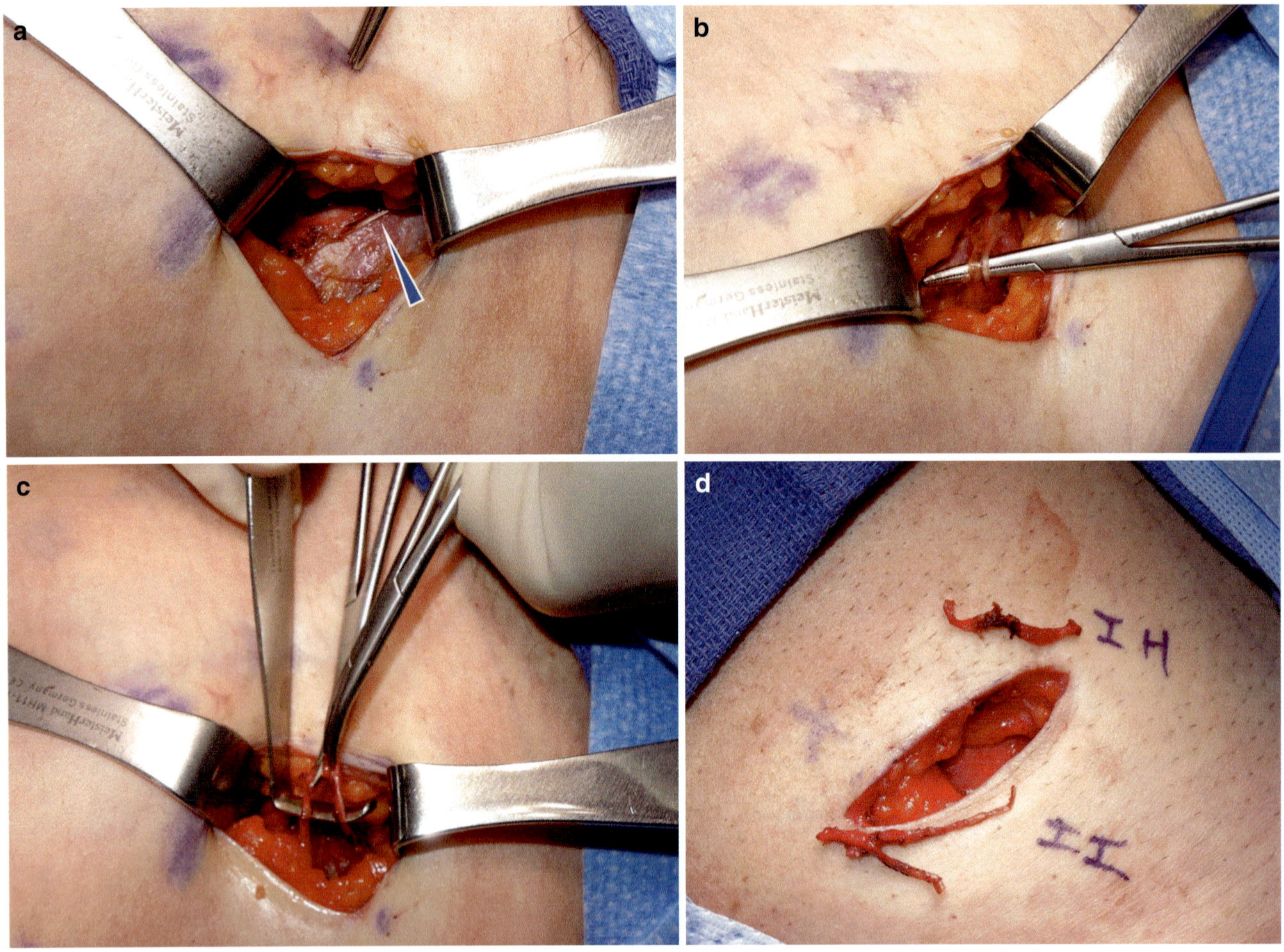

Fig. 23.14 Operative approach to resect right ilioinguinal (II) and iliohypogastric (IH) nerves. (**a**) External oblique has been incised and is retracted. The IH is denoted by the arrow, lying inferior to the white internal oblique fascia and on top of the red internal oblique muscle. (**b**) The II nerve is elevated on a clamp, more inferiorly toward the inguinal ligament. (**c**) II and IH are each divided and help in a clamp which facilitates putting gentle traction on then as they are dissected proximally. (**d**) After the proximal ends of II and IH nerves have been left in the preperitoneal space, the excised nerves are shown on the abdominal wall

canal where it is placed under tension and divided allowing the proximal end to retract into the pelvis. In the occasional patient who has had a mesh repair of an inguinal hernia, mesh will block this approach, in which case, a #11 blade is used to create a window through the mesh into which the GF can be dropped into the pelvis.

There will be patients whose actual injury to the II, III, or GF nerve has occurred in the retroperitoneum (Fig. 23.13c). These patients will benefit from MRI where the nerve can be seen in relation to the psoas muscle. If the injury was incurred during retroperitoneal surgery, such as nephrectomy, or by placement of mesh in a deeper layer, then the surgical techniques described here will not permit successful treatment of this intercostal pain. In this instance, a retroperitoneal endoscopic approach, combined with identification of the lateral femoral cutaneous nerve through an "external" approach at the ASIC, can help identify these small nerves in the retroperitoneum, permitting resection in the retroperitoneum [32].

Case 8: Perineal Pudendal Nerve

A. Lee Dellon

Pelvic pain includes a wide variety of etiologies, such as endometriosis, uterine and ovarian pathology, pelvic floor dysfunction, and vulvodynia. This is, however, one source of pelvic pain of neural origin, all too often being termed by the ob-gyn physicians as "pudendal neuralgia" [33]. It became clear that pelvic pain of neural origin could be best understood by considering, as is done with other peripheral nerve problems, whether the pudendal nerve is compressed or injured and where along its course this injury has occurred [10, 34].

Pudendal is Latin for "shameful," presumably so named because its most proximal branch is the rectal nerve, its second branch is the perineal branch (perineum, labia in the vagina/scrotum), and its terminal branch is the dorsal branch (clitoris/penis). Its anatomy, beginning with its origin from sacral nerve

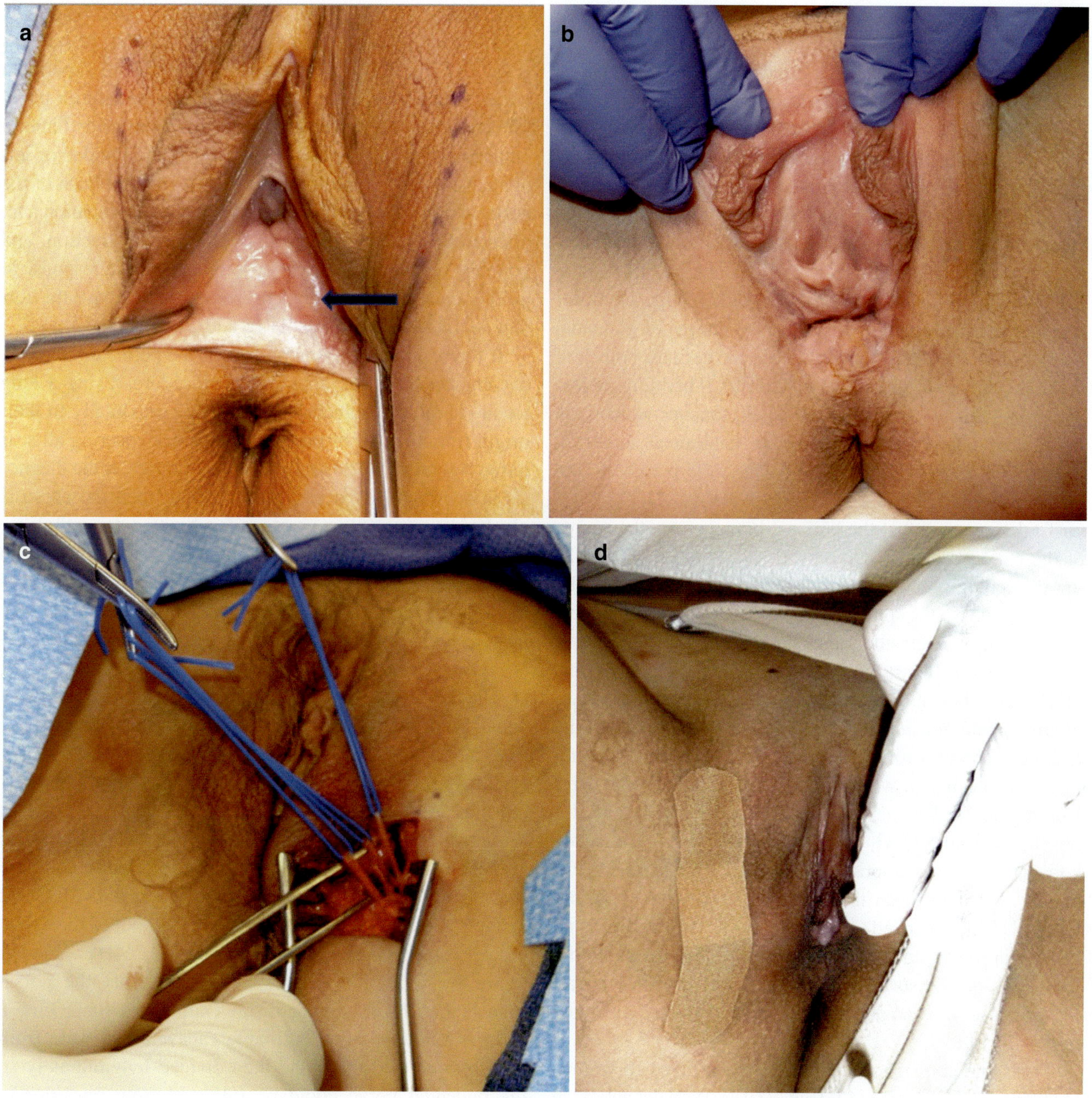

Fig. 23.15 Injury to the perineal branch of the pudendal nerve from (**a**) episiotomy (note scar, arrow) and (**b**) vestibulectomy; views are from the lithotomy position. (**c**) The perineal "branch" of the pudendal nerve most often has three branches (blue loops), one superior leading to the urethral meatus, one central leading to the vagina/labia, and one posterior innervating the perineum back to the anal verge. (**d**) The perineal branches can be blocked by aiming needle through the skin to a point inferior to the inferior pubic ramus at junction with ischial tuberosity (site of adhesive bandage)

roots 2, 3, and 4, ventral branches, is complex, leaving the pelvis at the sacrotuberous ligament, reentering the pelvis through the canal of Alcock, and exiting the canal beneath the inferior pubic ramus, just posterior to the ischial tuberosity [35].

When the source of injury to the pudendal nerve is in the perineal region, it is our view that the diagnosis should not be "pudendal neuralgia" or "vulvodynia" but rather compression neuropathy of the perineal branch of the pudendal nerve which could be caused by repetitive trauma such as by bicycle riding, or an iatrogenic neuroma of the perineal branch of the pudendal nerve after a procedure such as an episiotomy or vestibulectomy (Fig. 23.15).

Injuries can occur to these branches in both men and women. Other common causes are falls with the legs being stretched apart (often associated with a groin pull), or gym activities such as lunges, squats, or leg presses. It is important to note that men may have injury to the pudendal nerve during prostate surgery, either directly at surgery, or from implanted radiation seeds or external radiation [36, 37].

The gynecology community has come to accept the position that all pudendal nerve problems should be approached through a transgluteal incision with division of the sacrotuberous ligament. Not surprisingly, the overall success rate of dividing the sacrotuberous ligament for any pudendal nerve symptoms is low: about 30% of patients get about 30% better. This is probably because, with the exception of fall on to the buttocks, or congenital problem with a large obturator internus muscle, or a tumor [38], most causes of pudendal nerve symptoms come from injuries to the perineal branch of the pudendal nerve and not its main trunk. Therefore, unless symptoms involve primarily the rectal branches which may occur after coloproctectomy or other anal/rectal surgeries, the surgical approach should be through the perineum into the ischiorectal fossa [10, 39].

To demonstrate that the perineal branches are the source of the patient's pain, a nerve block can be done. Typically, the gynecologist might block this nerve, transvaginally by palpating the ischial spine and directing a needle to that location, which is where the main trunk of the pudendal nerve exits the pelvis. Most gynecologists will no longer do this block but rather refer to interventional radiology. The radiologists again aim for the ischial spine. At this location the pudendal nerve is millimeters away from the posterior femoral cutaneous nerve, which has a perineal branch that overlaps the perineal branches of the pudendal nerve, and also originates from S2, S3, and S4. Therefore, it is critical to know if the buttock or posterior thigh goes numb during this block, as it may mean the pudendal nerve was either not blocked or also blocked. This problem can be avoided using an MRI approach and doing the pudendal nerve block within the pelvis on the surface of the obturator internus muscle [40]. Finally, you can do the block in the office as illustrated in Fig. 23.15d.

The same surgical technique can be utilized in women [41] (Fig. 23.16) or men [42] (Fig. 23.17). With the patient in the lithotomy position, pubic hairs are clipped, and prepping is done using betadine. The incision is made just to the outside, lateral, to the labia majora in women and to the lateral side of the scrotum in men, beginning just cephalad to the ischial tuberosity, so that the patient is not sitting on the scar postoperatively. Prior to incision, xylocaine with epinephrine is injected into the skin and then more deeply into the ischiorectal fossa, which can be vascular in women. Typically, the incision is 3–4 cm in length. Because this entrance into the ischiorectal fossa is narrow, nasal specula are utilized instead of traditional obstetrical specula. Gentle spreading of this space will demonstrate branches of the perineal branch of the pudendal nerve traversing across the space from below the inferior pubic ramus to the vagina (Fig. 23.16b) or scrotum (Fig. 23.17b). You may encounter a thin, more superficial nerve, which will be located superficial to the inferior pubic ramus and is the perineal branch of the posterior femoral cutaneous nerve. This can be cauterized and divided or left alone if it does not interfere with the dissection. Each of the perineal branches can be followed to its own destination and, after anesthesia, may be gently placed under traction, and you may see the vaginal scar or scrotum move in response to pulling upon this nerve branch, to confirm you have the correct neural structure (Figs. 23.16 and 23.17).

If the diagnosis is compression of the perineal branches, decompression is the appropriate procedure. Using a long tonsil clamp, the branches are followed proximally to their origin from the exit of the canal of Alcock ensuring all scar tissue is removed. The branches are left intact. If the diagnosis is neuroma of the perineal branches, then the nerve is blocked, a segment excised and submitted to pathology, without entering the vagina (women) or rectum (men). The proximal end of the nerve(s) is then followed into the exit of the canal of Alcock and implanted into the obturator internus muscle, lying just within the pelvis (Fig. 23.16d). The wound is closed as you wish.

The dorsal branch of the pudendal nerve to the clitoris or penis is at risk during the above operation. The classic description and depiction are that the pudendal nerve accompanies the pudendal artery across the obturator internus muscle, deep to its fascia, to exit the canal of Alcock. In this concept, the dorsal branch would exit with the perineal branches and be at risk for injury during a resection of these branches. Anatomical atlases including Grant's Atlas [43] and the Mayo Clinic [44] demonstrate that indeed the dorsal branch exits with the perineal branches. However, another figure from Grant's Atlas [43] suggests that the dorsal branch may have a more distal exit. To evaluate this, a cadaver study was done utilizing cadavers that were from mid-torso to mid-thigh and then divided longitudinally so the pudendal nerve could be followed from posterior to anterior [34]. Just one of the ten cadavers had the dorsal nerve exit from the canal of Alcock, while nine of them had the nerve exit beneath the inferior pubic ramus about 2 cm more anteriorly. This anatomy can be further delineated in three-dimensional anatomic study by Dellon et al. [39]. Therefore, during the dissection, the most superior of the branches must be gently pulled upon to make sure it is not the dorsal branch, but 90% of the time it will have its own separate more anterior exit from beneath the inferior pubic ramus. The dorsal branch lies in its own separate tunnel, where it can be compressed by the corpora cavernosa against the inferior pubic ramus [45].

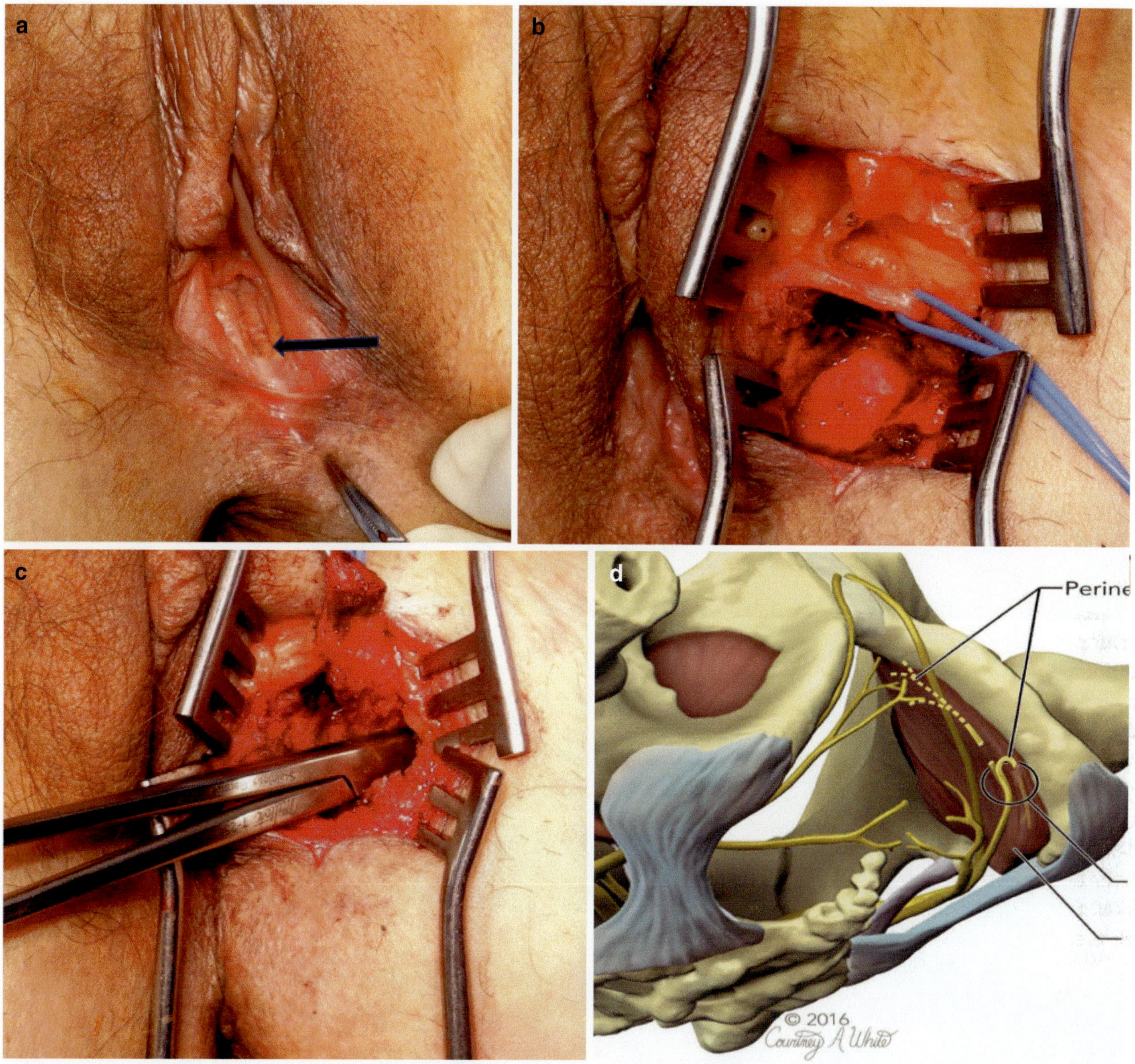

Fig. 23.16 Resection of the perineal branches of the pudendal nerve in women. Operative position is lithotomy. (**a**) This female patient has had a previous episiotomy (arrow marks the painful scar). (**b**) Through a left para-labial incision, the ischiorectal fossa is opened and the perineal branches are identified. Here, the three branches are stuck together into one 3 mm nerve held in blue loop, pulling laterally. The nerve innervates through the posterior vaginal wall, medially. (**c**) A tonsil clamp has gently opened and is into the exit of the canal of Alcock, implanting the proximal end of the nerve(s) into the obturator internus within the pelvis. (**d**) Illustration of divided proximal end of perineal branches of pudendal being implanted into obturator internus muscle (pink)

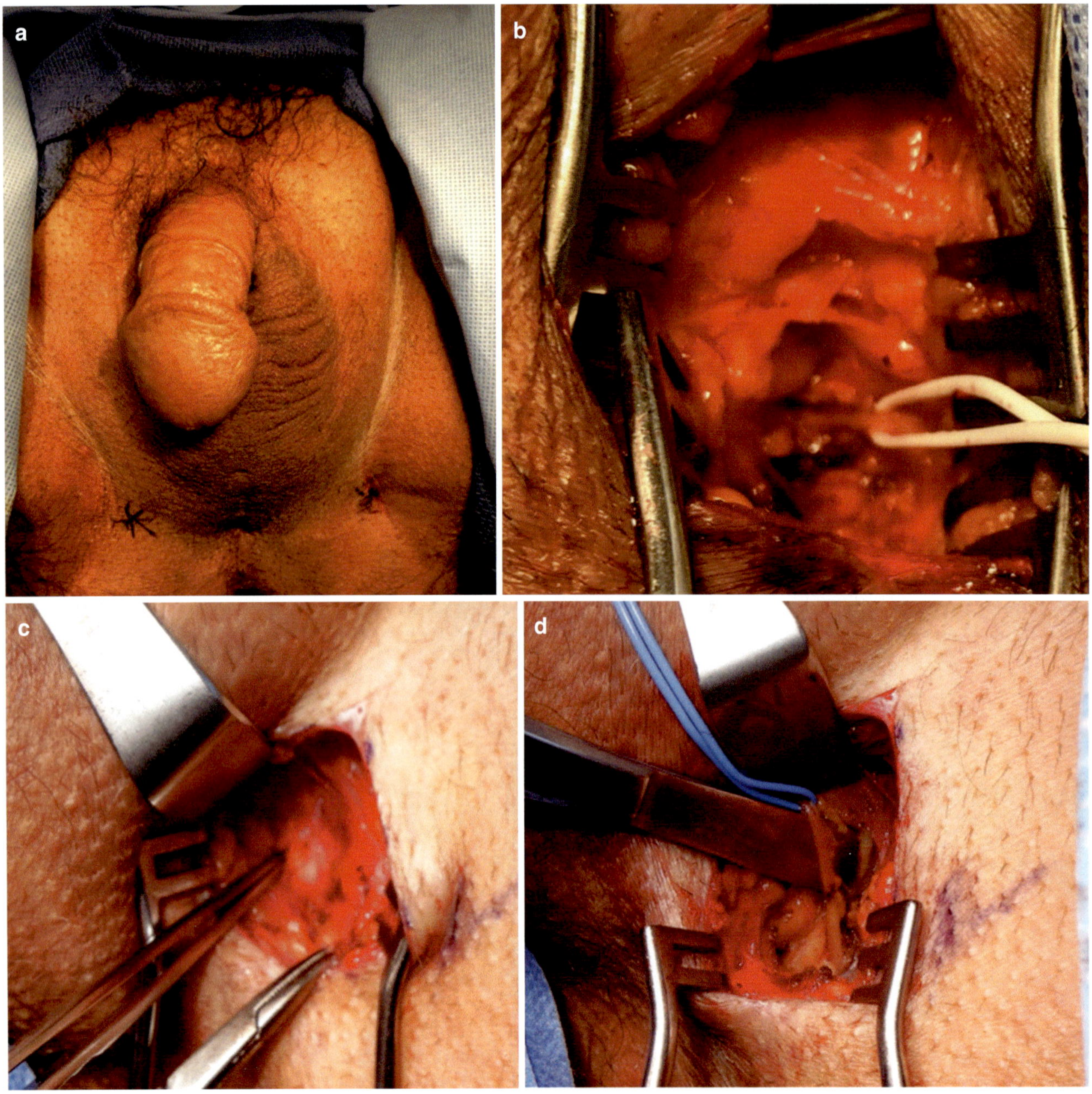

Fig. 23.17 In men, the surgical procedure is similar to that illustrated in Fig. 23.16. (**a**) Example of a man whose prostate cancer was treated with external beam radiation, which injured the pudendal nerve. Note the darkened scrotum from radiation and white lines in creases which were spared during radiation. The asterisks mark sites of pain on physical examination at the exit of the canal of Alcock. (**b**) Same man, with white loop around radiation-injured perineal nerve branch. (**c**) Another man whose gym squats tore structures within ischiorectal fossa, on the left side. The clamp points to the white scar tissue that surrounded the perineal branch of the pudendal nerve, shown in (**d**), after neurolysis. This nerve was preserved and not resected

Conclusion

Pain in the trunk, abdominal wall, and pelvis can be debilitating and greatly impacts patients' lives. Nerves that supply these areas may be attributed to transected or entrapped intercostal nerves and may present after trauma or iatrogenically after surgical procedures. Various techniques have been described to treat these painful neuromas, and the surgical approaches and considerations are presented. With the appropriate awareness and consideration of these patients with chronic pain, the symptoms caused by these painful neuromas may be ameliorated, thus greatly improving these patients' quality of life.

References

1. Glenesk NL, Rahman S, Lopez PP. Anatomy, Thorax, Intercostal Nerves. [Updated 2020 Jul 27]. In: StatPearls [Internet]. Treasure Island (FL): StatPearls Publishing; 2020. https://www.ncbi.nlm.nih.gov/books/NBK538238/
2. Scheltinga MF, Roumen RM. Anterior cutaneous nerve entrapment syndrome (Acnes). Hernia. 2018;22:507–16.
3. Broyles JM, Tuffaha SH, Williams EH, Glickman L, George TA, Dellon AL. Pain after breast surgery: etiology, diagnosis, and definitive management. Microsurgery. 2016;36:535–8.
4. Kokosis G, Chopra K, Dellon AL, Williams EH. Revisiting post-breast surgery pain syndrome: risk factors, peripheral nerve associations and clinical implications. Gland Surg. 2019;8:407–15.
5. Chopra K, Kokosis G, Slavin B, Dellon AL, Williams EH. Painful complications after aesthetic surgery. Aesthetic Surg J. 2019;39:1427–35.
6. Williams EH, Williams CG, Rosson GD, Heitmiller R, Dellon AL. Neurectomy to treat intercostal neuralgia. Ann Thoracic Surgery. 2008;85:1766–70.
7. Dellon AL. Intercostal neuroma pain after laparoscopic cholecystectomy: diagnosis and treatment. Plast Reconstr Surg Global. 2014;133(3):718–21.
8. Dellon AL, Invited Discussion of Wijsmuller AR, Lange JFM, Kleinrensink GJ, Keekel J, van Geldere D, Simons MP, Huygern FJPM, Lange JF, Nerve-identifying inguinal hernia repair: a surgical anatomical study, World J Surg, 31:421–422, 2007.
9. Williams EH, Rosson GD, Elsaminoudi I, Dellon AL. Surgical decompression for notalgia paresthetica. Microsurgery. 2010;30:70–2.
10. Dellon AL, Coady D, Harris D. Pelvic pain of pudendal nerve origin: surgical outcomes and learning curve lessons. J Reconstr Microsurg. 2015;31:283–90.
11. Astwazaturow M. Uber paresthetische Neuralgien und eine besondere Formderselben-Notalgia paresthetica. Nervenh. 1934;133:188.
12. Ehrlich W, Dellon AL, Mackinnon SE. Cheiralgia Paresthetica (entrapment of the radial sensory nerve). J Hand Surg. 1986;11A:196–8.
13. Mülkoğlu C, Nacır B. Notalgia paresthetica: clinical features, radiological evaluation, and a novel therapeutic option. BMC Neurol. 2020;20(1):191. https://doi.org/10.1186/s12883-020-01773-6.
14. Kraft CT, AL OB, Skoracki RJ. Postmastectomy pain syndrome: a primer for plastic surgeons. Ann Plast Surg. Published online October 25. 2019; https://doi.org/10.1097/SAP.0000000000002070.
15. Carpenter JS, Andrykowski MA, Sloan P, et al. Postmastectomy/postlumpectomy pain in breast cancer survivors. J Clin Epidemiol. 1998;51(12):1285–92.
16. Caviggioli F, Maione L, Forcellini D, Klinger F, Klinger M. Autologous fat graft in postmastectomy pain syndrome. Plast Reconstr Surg. 2011;128(2):349–52. https://doi.org/10.1097/PRS.0b013e31821e70e7.
17. Kehlet H, Jensen TS, Woolf CJ. Persistent postsurgical pain: risk factors and prevention. Lancet. 2006;367(9522):1618–25. https://doi.org/10.1016/S0140-6736(06)68700-X.
18. Carnett JB. Intercostal neuralgia as a cause of abdominal pain and tenderness. Surg Gynecol Obstet. 1926;42:625–32.
19. Applegate WV. Abdominal cutaneous nerve entrapment syndrome. Surgery. 1972 Jan;71(1):118–24.
20. Appelgate WV. Abdominal cutaneous nerve entrapment syndrome (ACNES): a commonly overlooked cause of abdominal pain. Permanente J. 2002;6:20–7.
21. Bolens OB, van Assen T, Houterman S, Sheltinga MR, Roumen RM. A double-blind, randomized, controlled trial on surgery for chronic abdominal pain due to anterior cutaneous nerve entrapment syndrome. Ann Surg. 2013;257:845–9.
22. Gohritz A, Dellon AL, Spies M, Vogt PM. Ottfried Foerster (1873-1941): a widely unrecognized pioneer of reconstructive peripheral nerve surgery. J Hand Surg. 2007;32B(E):34.
23. Foerster O. The dermatomes in man: Schorstein lecture, London, 1932. Brain. 1933;56:1–39.
24. Diamond J. The patterning of neuronal connections. Integr Comp Biol. 1982;22(1):153–72.
25. Dellon AL, Aszmann OC, Muse V. Collateral sprouting documentation using the PSSD. Ann Plast Surg. 1996;37:520–5.
26. Liszka TG, Dellon AL, Manson PN. Iliohypogastric nerve entrapment following abdominoplasty. Plast Reconstr Surg. 1994;93:181–4.
27. Lee CH, Dellon AL. Surgical management for groin pain of neural origin. J Amer Col Surg. 2000;191:137–42.
28. Ducic I, Dellon AL. Testicular pain after inguinal hernia repair: an approach to resection of the genital branch of the genitofemoral nerve. J Am Coll Surg. 2004;198:181–4.
29. Dellon AL, Hashemi SS, Tollestrup T. Orchialgia after orchiectomy. Plast Reconstr Surg. 2014;134(6):998e–9e.
30. Rab M, Ebmer J, Dellon AL. Anatomic variability of the ilioinguinal and genitofemoral nerve: implications for the treatment of groin pain. Plast Reconstr Surg. 2001;108:1618–23.
31. van Ramhorst GH, Kleinrensink GJ, Hermans JJ, Terkivatan T, Lange JF. Abdominal wall paresis as a complication of laparoscopic surgery. Hernia. 2009;13:539–43.
32. Williams E, Taylor G, Franklin R, Dellon AL. Two-team surgical approach to improve retroperitoneal nerve identification in the treatment of groin pain. Ann Plast Surg. 2018;82:82–4.
33. Dellon AL, Coady D. Vulvar and pelvic pain terminology review: implications for microsurgeons. Microsurgery. 2015;35:85–90.
34. Furtmueller GJ, McKenna CA, Ebmer J, Dellon AL. Pudendal nerve 3-dimensional illustration gives insight into surgical approaches. Ann Plast Surg. 2014;73:679–8.
35. Colebunders B, Matthew MK, Broer N, Persing JA, Dellon AL. Benjamin Alcock and the pudendal canal. J Reconstr Microsurg. 2011;27:349–55.
36. Dellon AL, Wright EJ, Manson PN. Chronic pelvic pain after laser prostatectomy: treatment by resection of the perineal branches of the pudendal nerve. J Reconstr Microsurg. 2014;30:547–50.
37. Bonham LW, Herati A, McCarthy EF, Dellon AL, Fritz J. Magnetic resonance visualization of brachytherapy-mediated pudendal nerve injury in prostate cancer. Transl Androl Urol. 2020;9(3):1442–7.
38. Tollestrup T, Dellon AL. Schwannoma of the pudendal nerve at the sciatic notch. J Reconstr Microsurg. 2014;30:283–6.
39. Dellon AL. Pelvic pain, Chapter 12. In: Pain solutions, 3rd ed., pp 310–384; 2014. https://dellon.com/images/book/2_fig_12-35_cha12update.pdf. Accessed 15 Feb 2021.
40. Sonnow L, Dellon AL, Fritz J, 3-Tesla MRI-guided block algorithm distinguishes sitting pain of pudendal and/or posterior femoral cutaneous nerve origin. Skeletal.
41. Wan EL, Goldstein AT, Tolson H, Dellon AL. Injury to the perineal branch of the pudendal nerve in women: outcomes from surgical resection of the perineal branches and implantation of proximal end into the obturator internus muscle. J Reconstr Microsurg. 2017;33:395–401.
42. Wan E, Dellon AL. Injury to perineal branch of pudendal, nerve in men: outcome from resection of the perineal branches. Microsurgery. 2018;38:172–6.
43. Agur AMR, Lee MJ, Grant's atlas of anatomy, 10th ed., Fogre 3.22c, p 193;1999.
44. Mayo Foundation, pudendal nerve, sagittal view. https://images.search.yahoo.com/search/images;_ylt=Awr9DsgaEytgWYQAshtXNyoA;_ylu=Y29sbwNncTEEcG9zAzEEdnRpZAMEc2VjA3BpdnM-?p=pudendal+nerve&fr2=piv-web&fr=aaplw#id=2&iurl=http%3A%2F%2Fwww.foundationalconcepts.com%2Fwp-content%2Fuploads%2F2017%2F03%2FPudendal-Neuralgia.jpg&action=click. Accessed 15 Feb 2021.
45. Hruby S, Ebmer J, Dellon AL, Aszmann OC. Anatomy of the pudendal nerve at the urogenital diaphragm: a new critical site for nerve entrapment. Urology. 2005;66:949–52.

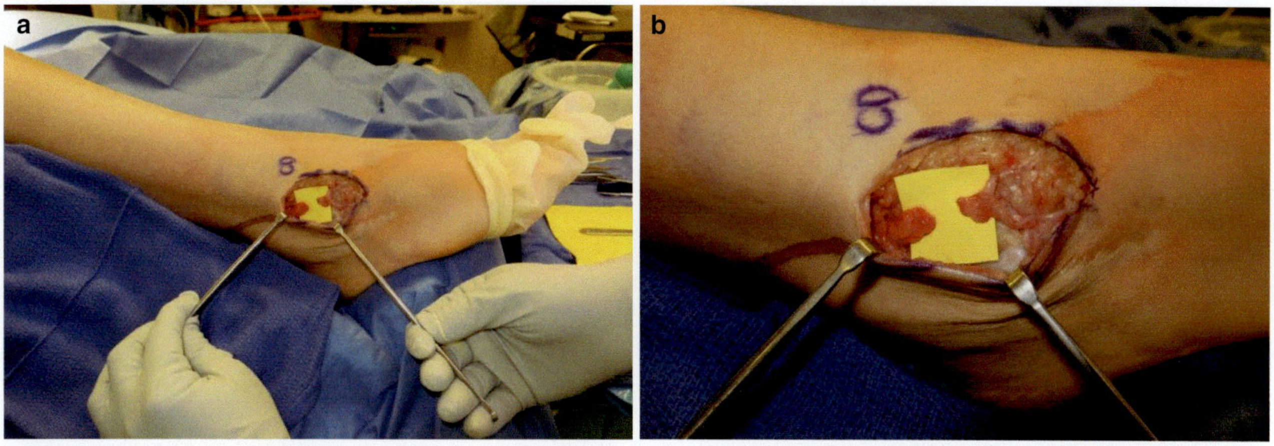

Fig. 24.8 (**a**) A longitudinal incision was made over the ankle arthroscopy scar, and (**b**) the transected SPN with proximal neuroma was encountered

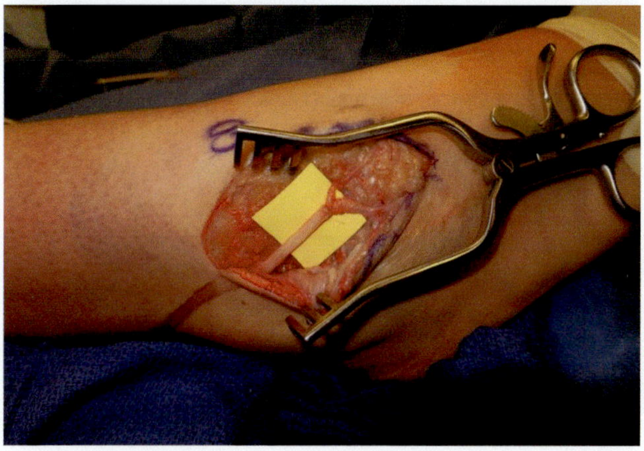

Fig. 24.9 The SPN was reconstructed with a 3 cm nerve allograft, with the ankle in plantarflexion

ble, representing either a neuroma or suture material. She had absent sensation on the dorsum of the foot in the distribution of the superficial peroneal nerve (SPN), but deep peroneal nerve sensation was intact to light touch. A diagnostic lidocaine injection was offered in the office, but the patient declined.

Exploration of the SPN at the site of her ankle arthroscopy scar was discussed with the patient. Given this most likely represented a focal injury to the SPN (<3 cm in length), the plan was made for reconstruction of the SPN with processed nerve allograft (PNA).

Under tourniquet control, a longitudinal incision was made over the ankle arthroscopy scar. A transected SPN with proximal neuroma was encountered (Fig. 24.8a, b).

After excising the proximal and distal ends of the SPN to the level of healthy-appearing fascicles, the resulting defect was 2.5 cm in length, so the SPN was reconstructed with a 3 cm length, 3–4 mm in diameter PNA with the ankle in plantarflexion (Fig. 24.9). Nerve coaptations were performed using the operating microscope with 9-0 nylon epineural sutures and fibrin glue, and the nerve reconstruction was tension-free.

No immobilization was required, and the patient was allowed to gradually weight-bear after 2 weeks postoperatively.

Case 5: Sural Nerve Neuroma Treated with TMR

John M. Felder

A 54-year-old female presented with a chief complaint of symptomatic sural nerve neuroma. Two decades earlier, during a trigger thumb release, she had sustained a thumb digital nerve injury which was repaired with sural nerve grafting. She developed a symptomatic sural nerve neuroma that was treated with excision. The neuroma eventually recurred, causing chronic pain and prompting her to seek treatment.

Examination was notable for a faint scar overlying the proximal Achilles tendon, with a slight soft tissue fullness at the proximal extent of the scar and an associated Tinel's sign (Fig. 24.10).

The patient specifically requested that the neuroma be removed, and so excision of sural nerve neuroma distally and transection of the tibial and common peroneal branches of the sural nerve proximally (Figs. 24.11 and 24.12) just distal to the popliteal crease with targeted muscle reinnervation were chosen as the surgical treatment plan, with nerve transfer of the medial and lateral sural nerve branches to the lateral gastrocnemius motor branch (Fig. 24.13).

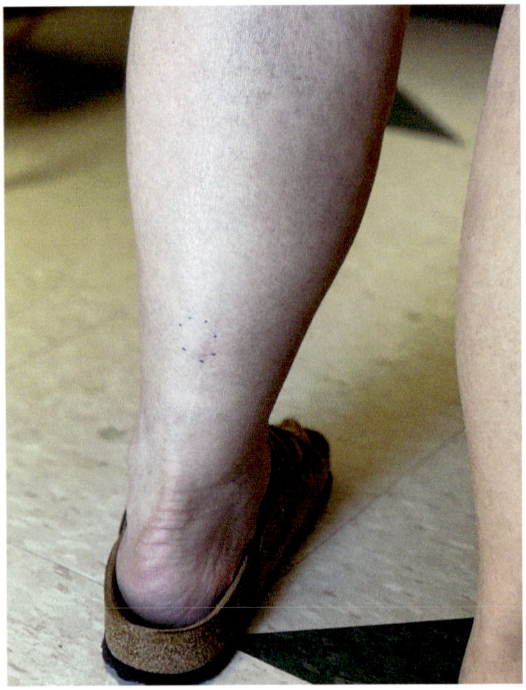

Fig. 24.10 Left posterior lower leg. Dotted circle represents a soft tissue fullness at the proximal extent of the scar, and location of the Tinel's sign

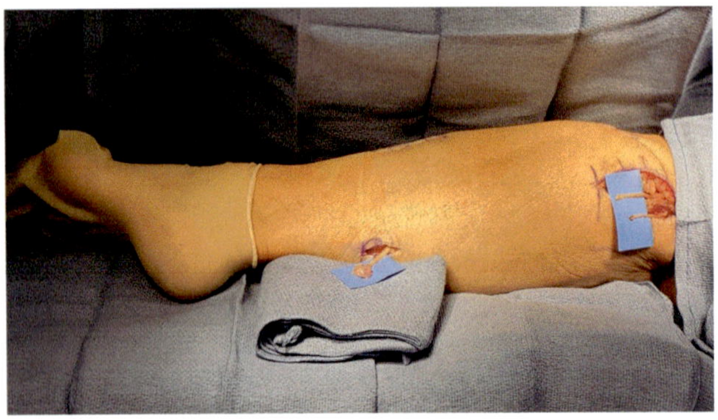

Fig. 24.11 Excision of sural nerve neuroma distally and transection of the tibial and common peroneal branches of the sural nerve proximally

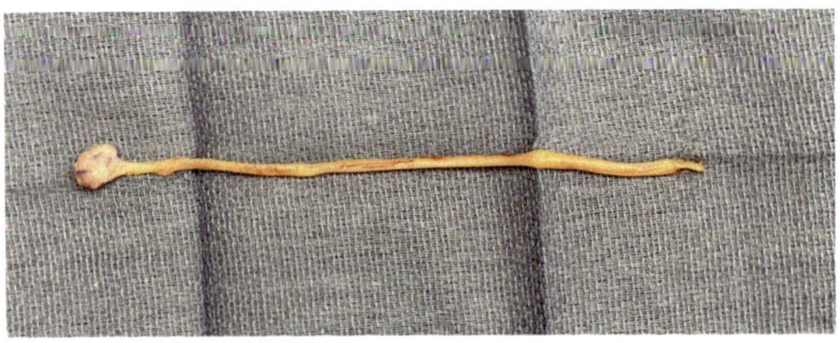

Fig. 24.12 Specimen of resected sural nerve with distal neuroma

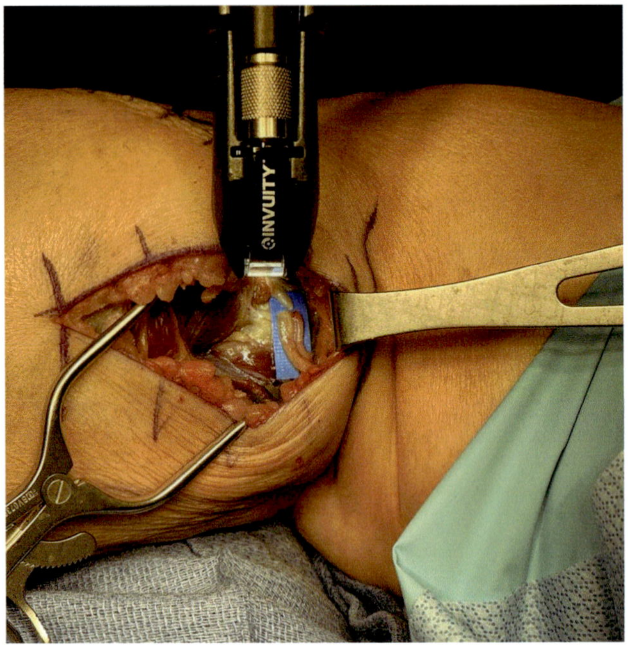

Fig. 24.13 Targeted muscle reinnervation with nerve transfer of the medial and lateral sural nerve branches to the lateral gastrocnemius motor branch

Case 6: Sural and Superficial Peroneal Neuritis Treated with TMR

Jason H. Ko

The patient is a 67-year-old female who has had three previous surgeries in the right foot and ankle region at an outside institution. During the most recent surgery, the orthopedic surgeon performed neurolysis of the sural nerve, after which she had significant pain in the dorsolateral aspect of her right foot and ankle region. Electrodiagnostic testing demonstrated sural mononeuropathy, and ultrasound demonstrated substantial scar tissue along the entire sural nerve in the region of her retromalleolar incisional scar. Orthopedics planned to perform a debridement of the peroneus longus and brevis tendons, fibular osteotomy with groove deepening, tendon reconstruction, and tendon transfer to the flexor digitorum longus, using her previous lateral retromalleolar scar. The patient was referred for evaluation of her sural neuritis.

On examination, the patient had excruciating pain on the dorsolateral aspect of the right foot and ankle. She had hyperesthesia in the distributions of both the sural and superficial peroneal nerves. Strong Tinel's signs were present over the sural nerve for the entire length of her

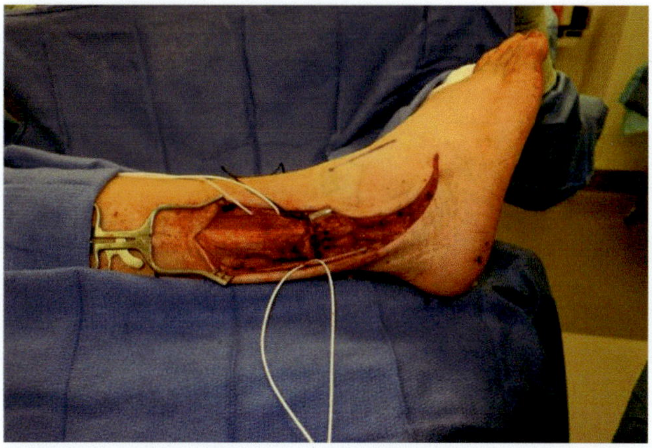

Fig. 24.14 The sural and superficial peroneal nerves were identified at the ankle, and dissection proximal to the zone of injury was performed

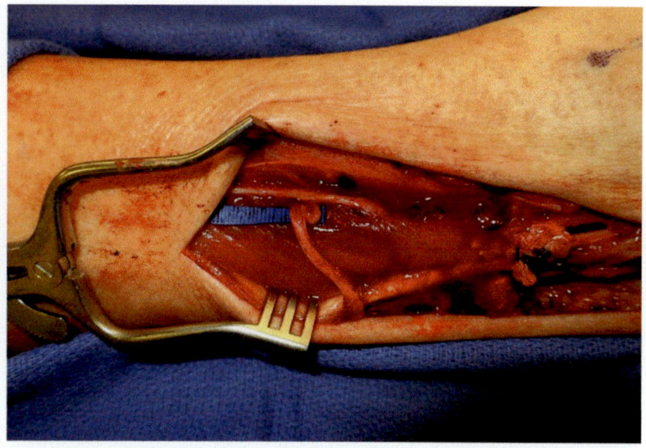

Fig. 24.15 Targeted muscle reinnervation nerve transfers were performed of the sural nerve and SPN to the two separate motor points within the peroneus longus muscle

retromalleolar scar. The patient had Tinel's signs along the SPN at the ankle with significant point tenderness for a length of 3–4 cm at the ankle, though there was no surgical scar in that area. Numerous surgical options were discussed with the patient, but given that the expected length of damaged sural nerve would be >10 cm, the best option in that scenario was to perform targeted muscle reinnervation (TMR) to a nearby motor point. In terms of the SPN, the etiology of her significant nerve pain was unclear, and the options of reconstruction with PNA (if defect <3 cm in length), autograft nerve (if >3 cm but <6–8 cm in length), or TMR were discussed with the patient. Since she had significant dysesthesias in both the SPN and sural nerve distributions already, the patient requested TMR of both the SPN and sural nerve through a single incision. It was discussed with the patient that TMR involves transecting the SPN and sural nerves, which will lead to permanent numbness, tingling, and dysesthesias in those nerve distributions, in which the patient was amenable to in an effort to effectively treat her pain.

After completion of the lateral ankle procedures by our orthopedic surgery colleagues through a lateral retromalleolar incision, this incision was then extended proximally to get outside of the "zone of injury" to the sural nerve. The sural nerve was identified at the ankle, as was the SPN. Vessel loops were placed around each nerve (Fig. 24.14).

Two separate motor points were identified within the peroneus longus muscle. Targeted muscle reinnervation nerve transfers were performed of the sural nerve and SPN to the two separate motor points within the peroneus longus muscle, using 8-0 nylon suture under loupe magnification (Fig. 24.15). For each nerve, the TMR construct was sutured to the epimysium and augmented with fibrin glue.

She was placed in a short-leg splint to keep the ankle at neutral, and she was then transitioned to a CAM boot 3 weeks postoperatively.

Case 7: Excision of Neuroma-in-Continuity of the SPN Reconstructed with Sural Nerve Autograft and TMR Nerve Transfer of the Proximal End of the Sural Nerve

Jason H. Ko

The patient is a 40-year-old female who had previously undergone excision of a schwannoma in the superficial peroneal nerve at an outside institution. She initially did well postoperatively, but after several months, she developed significant numbness, tingling, and shooting pain in the SPN distribution distal to her previous surgical scar in the anterolateral aspect of her mid-right leg. The dysesthesias were impeding her activities of daily living, and she eventually presented for evaluation. Preoperative US demonstrated significant scarring along the SPN for a length of approximately 5 cm in the region of her previous surgical scar. On examination, the patient had diminished sensation in the SPN distribution with a strong Tinel's sign along the previous surgical scar. Deep peroneal nerve sensation was intact to light touch, and ankle dorsiflexion, eversion, and toe extension were all 5/5.

Various surgical options were discussed with the patient. Given the US demonstrated that the length of affected SPN was approximately 5 cm, PNA reconstruction was not recommended. Although TMR was briefly discussed, the patient expressed interest in wanting to restore her SPN sensation, if possible. Therefore, the plan was made to explore the SPN, excise the injured area of SPN, and reconstruct with sural nerve autograft. Since the length of sural nerve resected would likely be >5 cm, the plan was made to perform TMR of the proximal cut end of the sural nerve to a nearby motor point in the gastrocnemius-soleus complex.

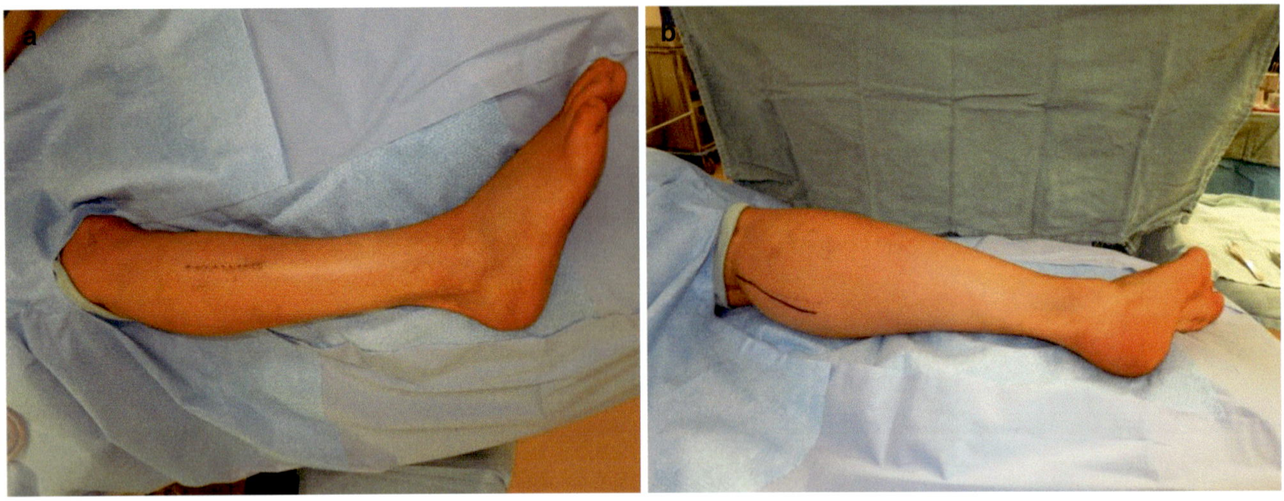

Fig. 24.16 Patient in the left lateral decubitus position to give access to both the (**a**) SPN and (**b**) the posterior calf area where the medial sural nerve graft would be harvested

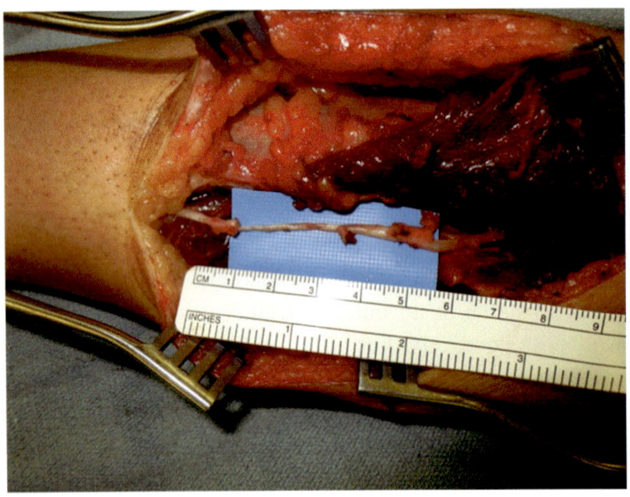

Fig. 24.17 The previous scar was re-incised, and a 5.5 cm length segment of SPN was found to be scarred and atrophic

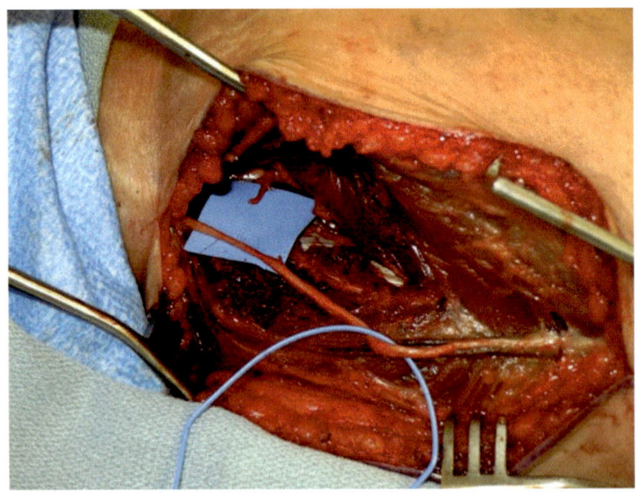

Fig. 24.18 The medial sural nerve was identified between the heads of the gastrocnemius muscles

The procedure was performed in the left lateral decubitus position with the use of a thigh tourniquet. This would give us access to the anterolateral leg scar over the affected SPN, along with the posterior calf area where the medial sural nerve graft would be harvested (Fig. 24.16a, b).

The previous scar was re-incised, and a 5.5 cm length segment of the SPN was found to be scarred and atrophic (Fig. 24.17).

A longitudinal "stocking seam" incision was made over the raphe between the two heads of the gastrocnemius muscles in the posterior calf (Fig. 24.18). After dissecting between the medial and lateral heads of the gastrocnemius muscles, the medial sural nerve was identified. A motor branch to the soleus muscle was identified and transected (Fig. 24.19).

The proximal end of the planned sural nerve autograft was transected, and the proximal cut end of the sural nerve still in the leg then underwent a TMR nerve transfer to the motor point of the soleus muscle, using 8-0 nylon suture under loupe magnification (Fig. 24.20).

A 6-cm length sural nerve graft was then harvested and then used to reconstruct the defect in the SPN with the ankle in maximal plantarflexion (Fig. 24.21). This nerve reconstruction was performed with the operating microscope using 9-0 nylon sutures placed in an epineurial fashion and was tension-free (Fig. 24.22).

The patient did not require immobilization but was restricted to partial weightbearing for 2 weeks, followed by normal ambulation.

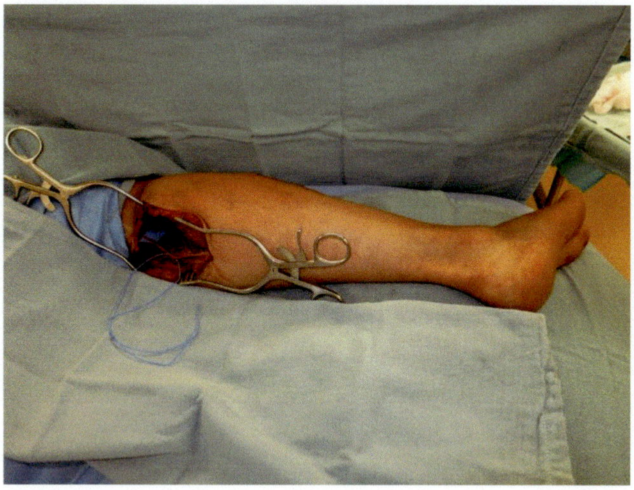

Fig. 24.19 A motor branch to the soleus muscle was identified and transected

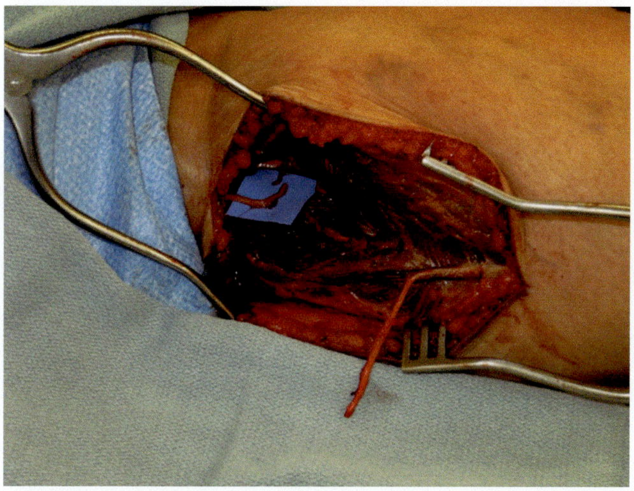

Fig. 24.20 The proximal end of the sural nerve autograft was transected, and the proximal cut end underwent a TMR nerve transfer to the motor point of the soleus muscle

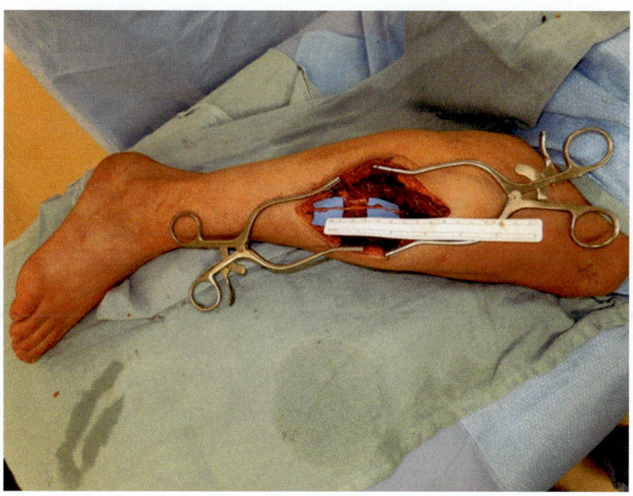

Fig. 24.21 A 6-cm sural nerve graft was used to reconstruct the defect in the SPN

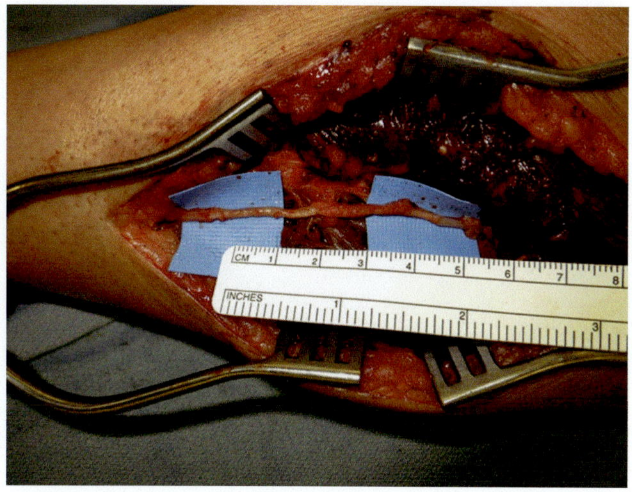

Fig. 24.22 The nerve reconstruction was performed

Summary

Chronic pain can be determined to be of neuropathic origin with a straightforward history (timing vs trauma or surgery), character (sharp, burning, superficial), and location (in the distribution(s) of known sensory nerve innervation), combined with a physical examination including tenderness and/or Tinel's sign over the area of suspected compression or injury and distally, decreased sensibility to light touch and/or paresthesias/allodynia, and confirmation of patient pain in a defined area of sensory innervation. The diagnosis of (1) nerve involvement, (2) which nerve(s) are injured, and (3) where on the nerve is proximal to the injury (for designating a site for surgical transaction) can be confirmed with either a blind or ultrasound-guided nerve block. Not only is this confirmation helpful to the practitioner but also to the patient for gauging the potential postoperative relief and area of numbness created.

Although each of these cases involves different post-neurectomy treatment of the proximal nerve end, the most important messages are correctly diagnosing neuropathic pain, confirming the specific nerve(s) involved, and operating on a location proximal to the injury. Transection above this point is the primary driver of pain relief. Additional methods such as RPNI (regenerative peripheral nerve interface; muscle graft wrapping of the nerve end), DSI (dermal wrapping), or TMR (targeted muscle innervation) serve to attempt to decrease recurrence rates from the live proximal end of the nerve continuing to send pain signals to the brain.

Lower-Extremity Amputee Neuroma Cases

25

Sean Figy, Matthew J. Carty, and Ian L. Valerio

Above the Knee

Case 1: AKA TMR with Sciatic Nerve Neuroma

Sean Figy

Patient: A 45-year-old female with history of being struck by a vehicle went on to develop a debilitating arteriovenous malformation of her left leg, eventually undergoing an above-the-knee amputation. She subsequently developed a large sciatic and painful neuroma which prevented her from donning and doffing her prosthetic and ambulating. She also suffered from severe phantom limb and neuropathic pain. Her phantom pain presented as severe calf cramps and the sensation that her foot was on fire. She had failed previous nonsurgical treatments and failed medication therapy.

Surgical Approach: The patient was positioned into a prone position and an incision was made between the muscle bellies of the biceps femoris and the semimembranosus and semitendinosus muscles. Dissection was carried down through the subcutaneous tissues of the posterior thigh and between the aforementioned muscles to identify and liberate the sciatic nerve (Fig. 25.1). Internal neurolysis of the sciatic nerve was performed for 4 cm to divide it into two primary nerve pedicles (the tibial and peroneal components of the sciatic nerve, respectively). This dissection along the perineural plane gave necessary length for the pending nerve transfer. These two distinct pedicle nerves were then transferred to identified motor branches within the biceps femoris and the semimembranosus muscles as direct nerve transfers

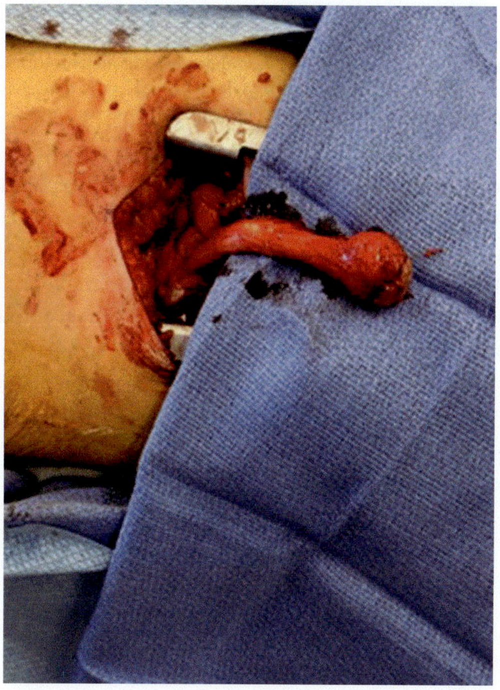

Fig. 25.1 Bulbous neuroma of the sciatic nerve prior to internal neuroloysis of the sciatic nerve to divide it into two primary nerve pedicles (the tibial and peroneal components of the sciatic nerve, respectively)

Supplementary Information The online version contains supplementary material available at https://doi.org/10.1007/978-3-031-59758-9_25.

S. Figy
Department of Surgery-Plastic and Reconstructive Surgery, University of Nebraska Medical Center, Omaha, NE, USA
e-mail: sean.figy@unmc.edu

M. J. Carty
Division of Plastic Surgery, Brigham and Women's Hospital, Boston, MA, USA

Department of Surgery, Harvard Medical School, Boston, MA, USA
e-mail: mcarty@bwh.harvard.edu

I. L. Valerio (✉)
Department of Surgery, Harvard Medical School, Boston, MA, USA

Division of Plastic and Reconstructive Surgery, Department of General Surgery, Massachusetts General Hospital, Boston, MA, USA

Department of Surgery, Uniformed University of the Health Sciences, Bethesda, MD, USA
e-mail: ivalerio@mgh.harvard.edu

K. R. Eberlin et al. (eds.), *Contemporary Neuroma Management*, https://doi.org/10.1007/978-3-031-59758-9_25

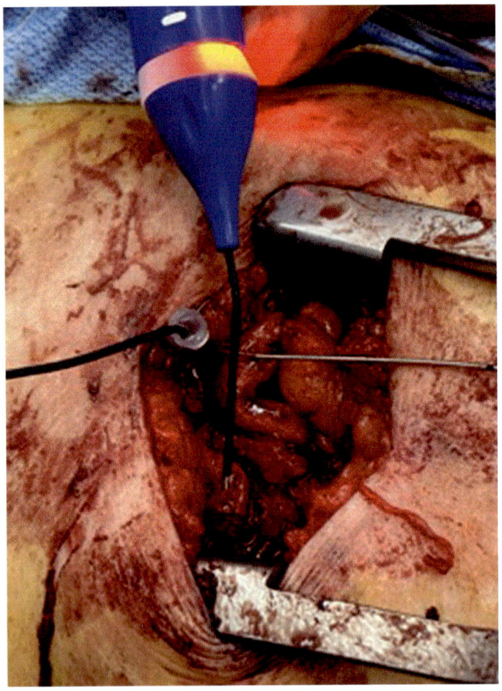

Fig. 25.2 Use of intraoperative stimulation to identify motor nerve targets for recipients of nerve transfers (tibial and peroneal nerve transfers)

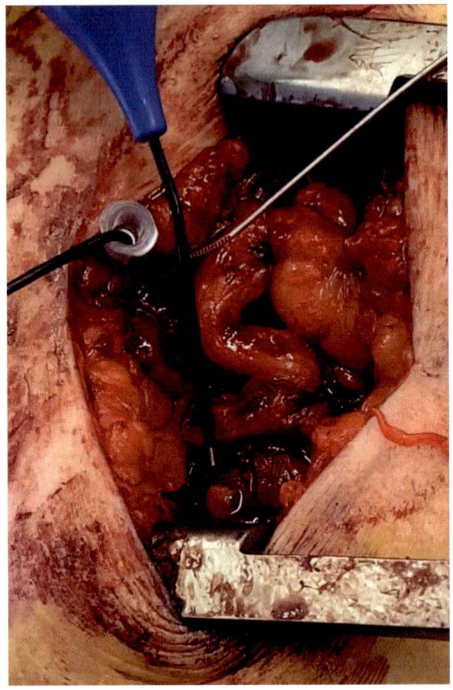

Fig. 25.3 Post-coaptation of tibial and peroneal nerve transfers to motor nerves of the biceps femoris and semimembranosus muscles, respectively

and coapted in an end-to-end fashion with 8-0 nylon microsutures (Figs. 25.2 and 25.3, Supplemental Video 25.1). The surrounding "freshly" denervated yet vascularized local muscle was then imbricated over the nerve transfer coaptation and secured with a 4-0 vicryl suture. Direct intraoperative stimulation was performed with a handheld nerve stimulator demonstrating signal crossing the coaptation and firing of the specific muscle target to be reinnervated as the nerve transfer regenerates into this targeted motor nerve and its associated muscle.

Case 2: AKA Allograft TMR

Ian L. Valerio

Patient: A 54-year-old male with an AKA experienced multiple prior neuroma excisions and a prior failed attempt at targeted muscle reinnervation at an outside institution.

Surgical Approach: With the patient in the prone position, a longitudinal incision was made in the posterior aspect of the thigh. Dissection was carried down to the underlying hamstring muscles, and the sciatic nerve and its large neuroma were identified and isolated (Fig. 25.4). After appropriate preparation of the sciatic nerve which was cut back to healthy-appearing fascicles, the remaining nerve length was insufficient for a direct nerve transfer and primary coaptation to the distal motor nerve and muscle targets. The sciatic nerve was split into four nerve segments (two from the tibial and two from the peroneal distributions), and a series of 7 cm nerve allografts were used for segmental reconstruction of

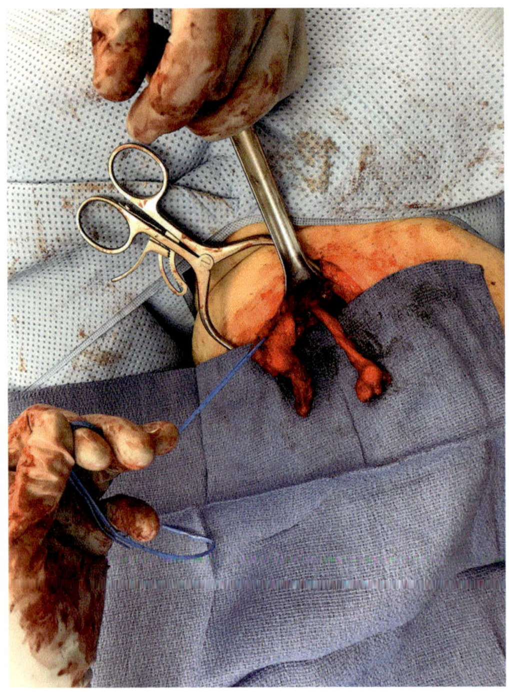

Fig. 25.4 Sciatic nerve and its division into the tibial and peroneal nerve components after internal neurolysis and prior to respective neuroma excisions

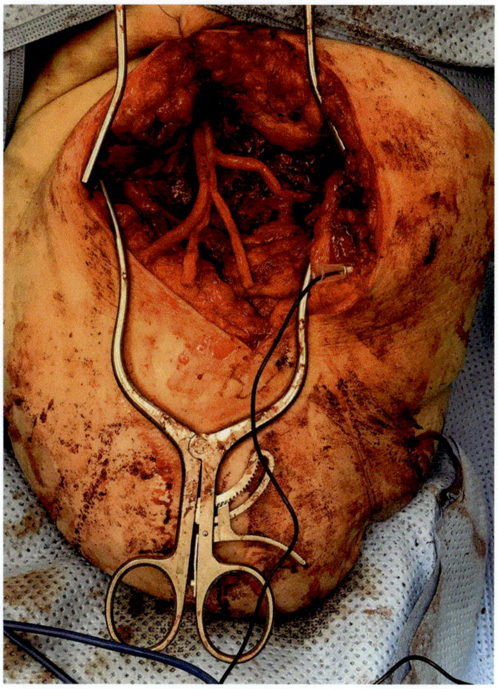

Fig. 25.5 Sciatic nerve and its division into four separate group fascicular units after internal neurolysis and coaptation to four intercalary allografts which were coapted to four distinct motor nerves identified within the biceps femoris and semimembranosus and semitendinosus muscles

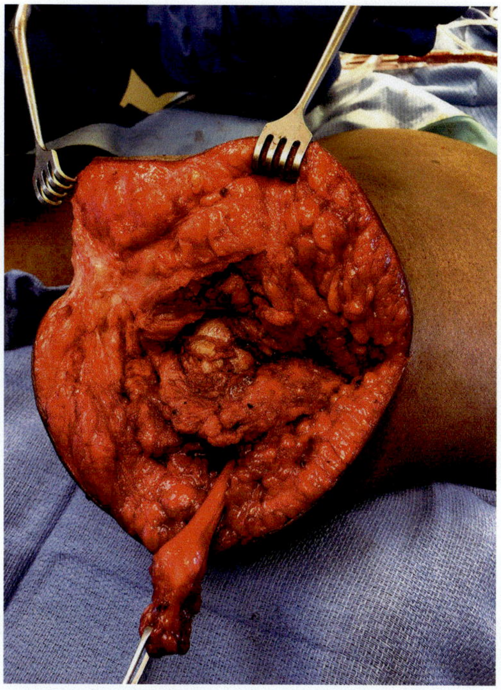

Fig. 25.6 Bulbous neuroma of the sciatic nerve prior to internal neuroloysis

the proximal nerve stumps which were coapted to the targeted motor nerves of the biceps femoris and semitendinosus muscles with a series of 9-0 nylon microsutures. Similar to the concept of "relocation nerve grafting" where allografts can be coapted and buried within distal muscles, allografts can be also used to span a gap to aid in coaptation to distal motor targets for targeted muscle reinnervation procedures as well (Fig. 25.5).

Case 3: AKA RPNI

Matthew J. Carty

Patient: A 55-year-old female sustained severe injuries to her left lower extremity in the setting of a motor vehicle accident and ultimately underwent an above-knee amputation. Over the ensuing years, she developed intractable neuropathic residual limb and phantom limb pain, as well as evidence of a failed myodesis.

Surgical Approach: With the patient in the supine position, an incision was made within the confines of her prior AKA scar. Dissection was carried down through subcutaneous fat and muscle to the underlying distal femur. The distal sciatic nerve was identified and isolated; a large terminal neuroma was noted (Fig. 25.6). The terminal neuroma was excised and a fascicular split of the distal sciatic nerve was performed in order to isolate the common peroneal and tibial components of the nerve (Fig. 25.7). Two 3 × 2 cm free muscle grafts were then harvested from the residual gracilis muscle in the residual limb (Fig. 25.8) and were affixed to the distal ends of the terminal common peroneal and tibial nerves as RPNIs (Fig. 25.9). The RPNIs were then buried in the distal limb musculature, and a revision myodesis was performed prior to definitive skin closure.

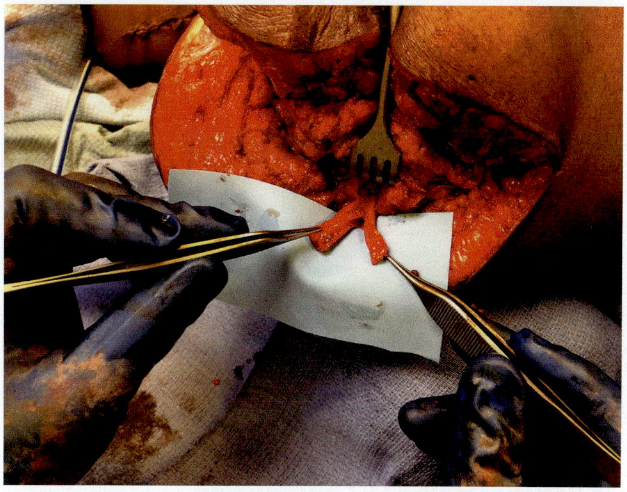

Fig. 25.7 Appearance of sciatic nerve after division into the tibial and peroneal components of the sciatic nerve, respectively

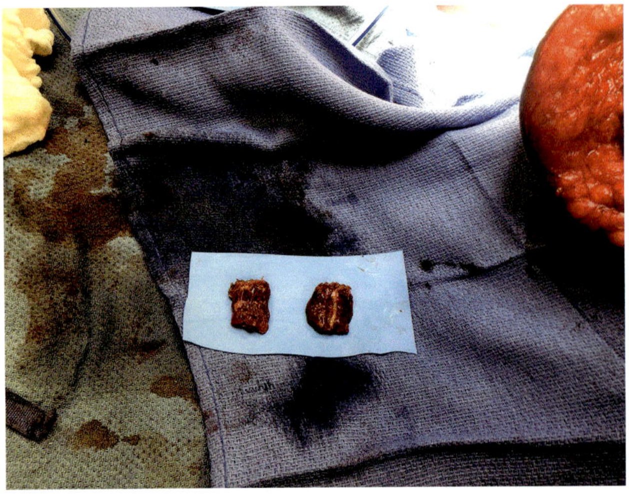

Fig. 25.8 Free muscle grafts to be used as regenerative peripheral nerve interfaces (RPNIs)

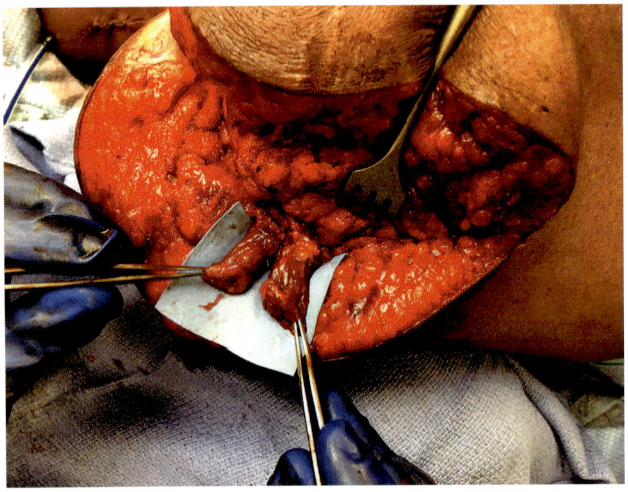

Fig. 25.9 RPNIs example as prior harvested two free muscle grafts are wrapped around previously prepared distal nerve stumps (the tibial and peroneal components of the sciatic nerve, respectively)

Case 4: AKA RPNI as the First Stage to Regenerative AMI Construction

Matthew J. Carty

Patient: A 55-year-old male sustained a traumatic above knee amputation in the setting of an industrial accident. He thereafter developed severe neuropathic residual limb and phantom limb pain. He was subsequently deemed to be an appropriate candidate for an experimental trial involving placement of an osseointegrated implant (eOPRA) with internal electromyographic sensors for augmented motor control.

Surgical Approach: With the patient in the prone position, a longitudinal incision was made in the posterior aspect of the thigh. Dissection was carried down to the underlying hamstring muscles, and the sciatic nerve was identified and

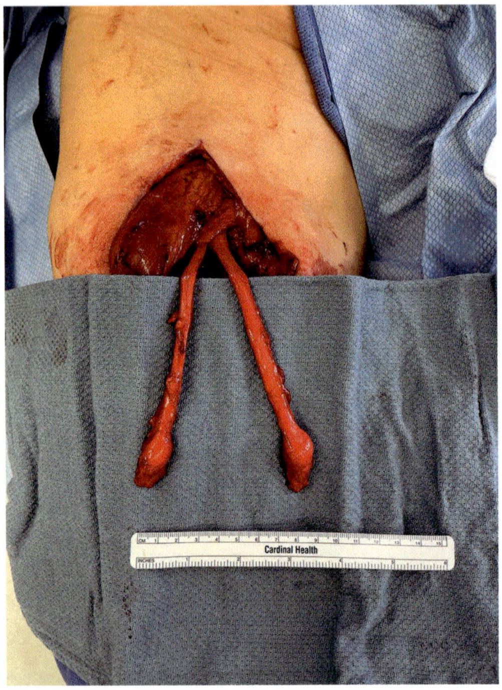

Fig. 25.10 Bulbous neuromas of the tibial and peroneal components of the sciatic nerve

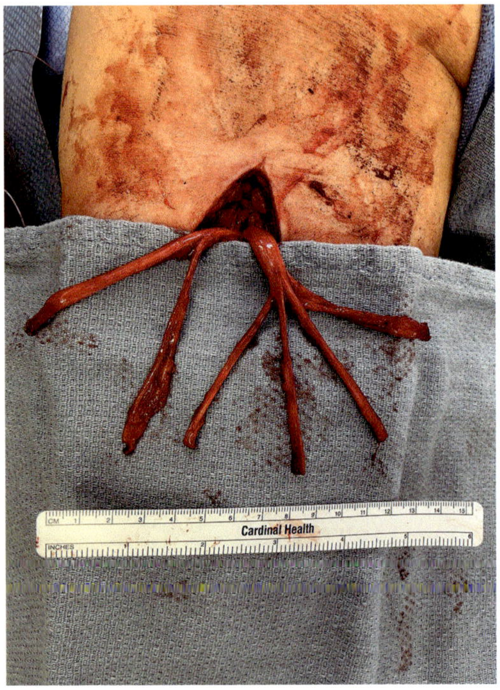

Fig. 25.11 Appearance of sciatic nerve after division into six group fascicular units for pending RPNIs

isolated. Dissection was then carried distally, and the common peroneal and tibial nerve branches were identified and isolated completely. Large terminal neuromas were noted on each of the nerves (Fig. 25.10). Both neuromas were excised. Fascicular splits of both the common peroneal and tibial nerves were then performed; this included discrete

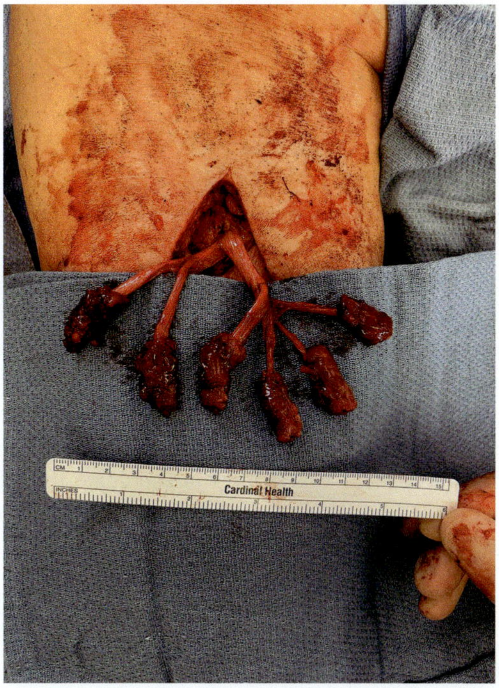

Fig. 25.12 Six RPNIs after wrapping around previously prepared group fascicular nerve stumps

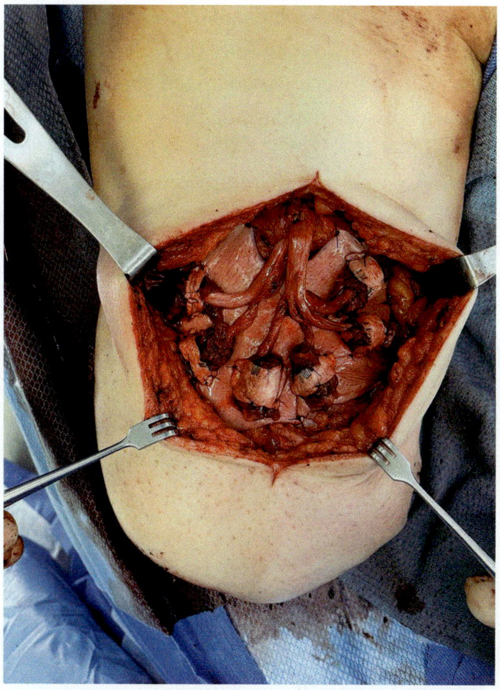

Fig. 25.13 Acellular dermal matrix base with prior six RPNIs secured within fascial layer of AKA wound prior to closure

isolation of the superficial and deep peroneal nerve components on the common peroneal nerve and random fascicular splits of the tibial nerve into four components (Fig. 25.11). Six 3 × 2 cm free muscle grafts were harvested from the residual gracilis muscle and were then affixed to the terminal ends of each of the isolated nerves in order to establish RPNIs (Fig. 25.12). These RPNIs were then individually affixed to an acellular dermal matrix platform in the suprafascial layer (Fig. 25.13). Following confirmation of reinnervation and restoration of discrete motor function, these RPNIs will be remobilized and coapted to establish regenerative agonist-antagonist myoneural interfaces (AMIs) to serve as EMG interfaces for osseointegrated prosthesis control.

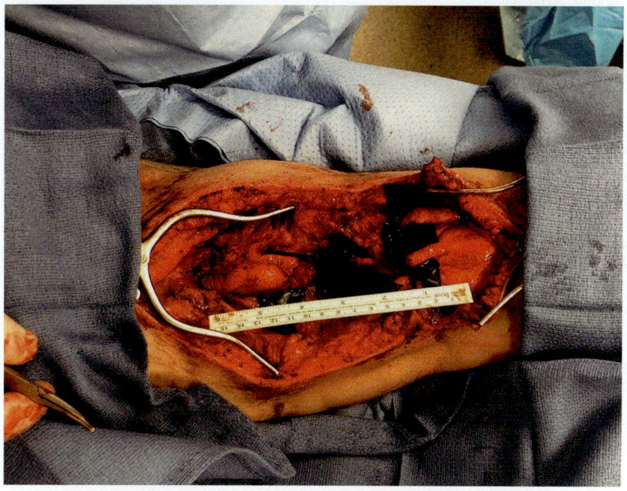

Fig. 25.14 Exposure of sciatic nerve segmental defect prior to proximal sciatic neuroma resection

Case 5: Sciatic Nerve Injury with Vascularized Sural Nerve Cable Grafting

Ian L. Valerio

Patient: A 30-year-old male sustained a nerve injury from propeller injury to his right posterior thigh resulting in a sizable sciatic nerve segmental defect. At the time of his initial injury, the wound was explored, but the sciatic nerve and its associated stumps were not identified by the referring surgical team. He was 6 months postinjury upon first evaluation and showed positive Tinel's sign over the sciatic nerve; sensory deficits of the tibial, peroneal (common and superficial), and sural nerves; had a drop foot; and had 0/5 motor function of the posterior, lateral, and anterior compartment muscles below the knee. His femoral, obturator, and saphenous nerves were intact with no sensory or motor deficits noted on initial exam.

Surgical Approach: With the patient positioned in a prone position, a longitudinal incision was made in the posterior aspect of the thigh over the site of prior scar and extended proximally and distally. Dissection was carried down to the underlying hamstring muscles, and the sciatic nerve and its large proximal and distal neuromatous stumps were identified and isolated. After preparation of the sciatic nerve with transection back to healthy fascicles, a 14 cm segmental defect was noted of the mixed motor and sensory nerve (Fig. 25.14). Dissection was carried distally to identify and obtain sural nerve autografts. The saphenous vein and sural artery to the proximal sural nerve was carefully dissected and preserved in order to perform a reverse vascularized sural nerve autograft. The nerve was dissected alongside the vascular structures and based proximally (Fig. 25.15). The vascularized nerve graft was then transposed and therefore reversed into the defect. Contralateral sural nerve was also harvested to perform non-vascularized cable grafting to supplement the vascularized neurovascular bundle (Fig. 25.16).

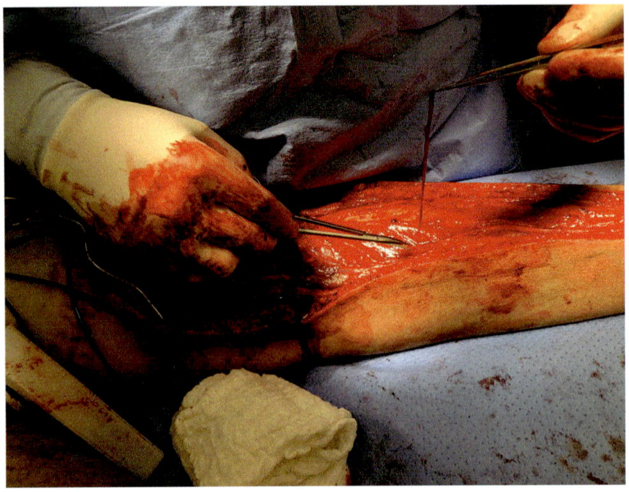

Fig. 25.15 Harvesting of ipsilateral sural nerve with proximal vascular inflow maintained

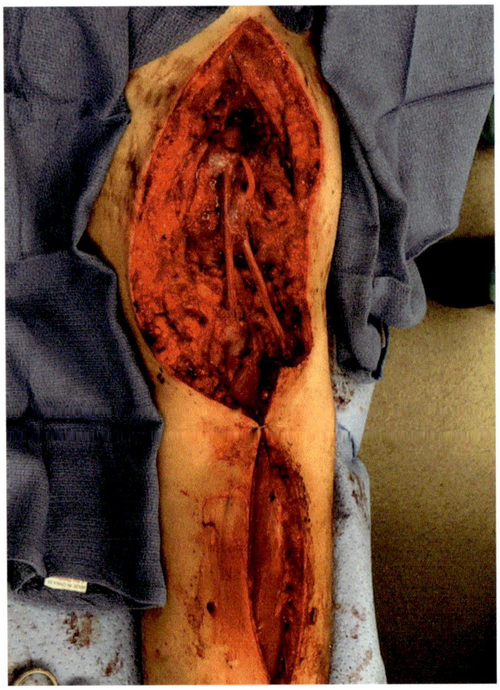

Fig. 25.16 Vascularized sural nerve grafting along with non-vascularized sural nerve autografting for sciatic nerve reconstruction including the tibial and common peroneal components

Below the Knee

Case 6: BKA TMR

Sean Figy

Patient: A 36-year-old female underwent a left below-the-knee amputation after failed revascularization of an acute ischemic limb. She experienced delayed wound healing from her initial BKA procedure and subsequently experienced chronic somatic and neuropathic pain after her BKA wound had healed. Therapeutic and diagnostic blocks of her common peroneal and tibial nerves were performed which significantly improved her neuropathic pain symptoms, and therefore the patient was deemed a candidate for selective targeted muscle reinnervation of these symptomatic neuromas and nerves.

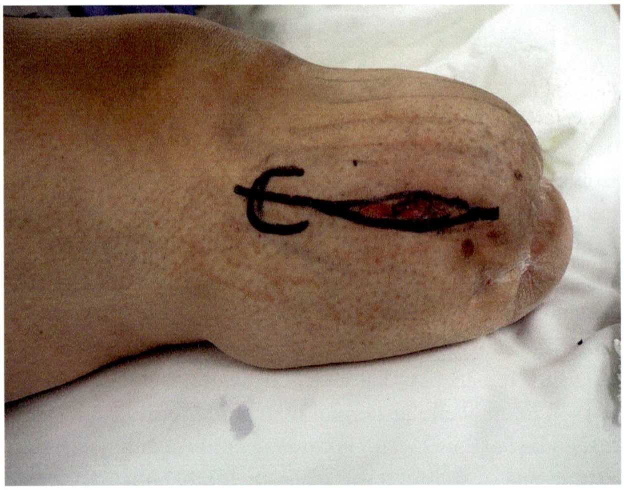

Fig. 25.17 Medial axial marking and incision placement left BKA

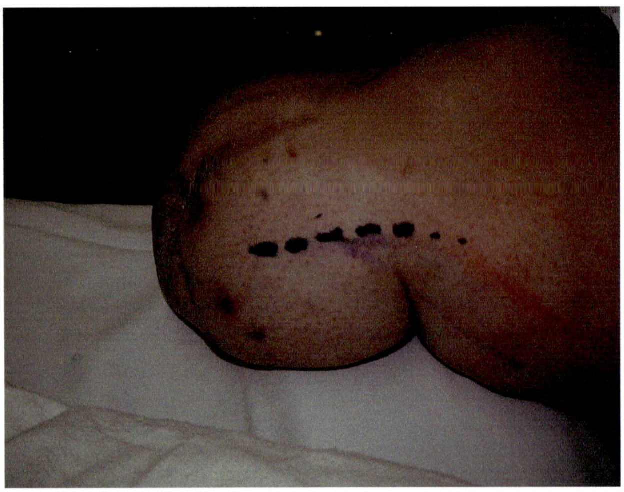

Fig. 25.18 Lateral axial marking and incision placement left BKA

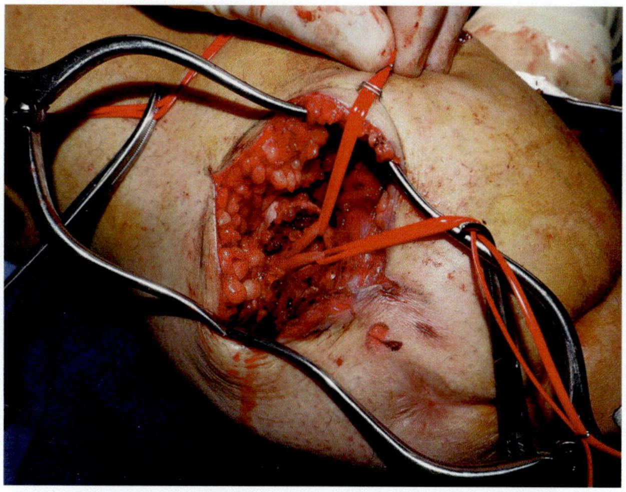

Fig. 25.19 Exposure of superficial and deep peroneal nerves via lateral axial approach left BKA

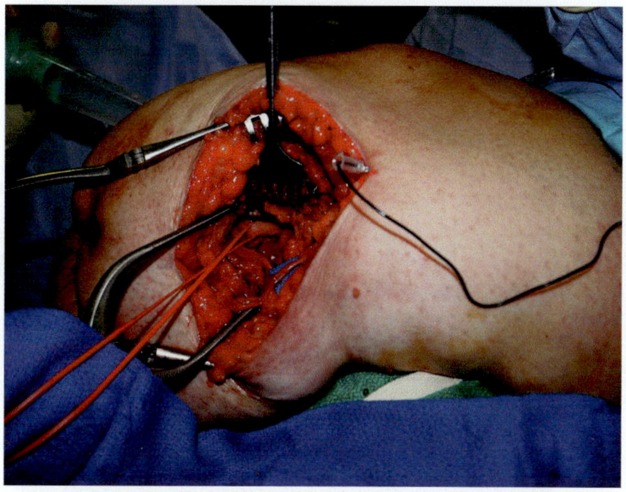

Fig. 25.20 Exposure of tibial nerve via medial axial approach left BKA

Surgical Approach: A medial axial (Fig. 25.17) and lateral axial (Fig. 25.18) approach to the peroneal and tibial nerves was chosen because of her previous incisions and poor wound healing history. Laterally, the superficial and deep peroneal nerves were identified using the head of the fibula as a landmark. The nerves were identified and dissection was carried distally to attain adequate length for a nerve pedicle transfer procedure (Fig. 25.19). Transfers were performed to nearby motor branches in the lateral compartment that were identified using a nerve stimulator. Medially, the tibial nerve was identified as it coursed with the popliteal artery. Dissection swept the gastrocnemius and soleus muscle posteriorly to gain access to the below-the-knee neurovascular bundle as it traversed the popliteal fossa. The saphenous nerve was encountered on the medial approach to the tibial nerve, and both of these nerve transfers were able to be completed through the same incision (Fig. 25.20 and 25.21).

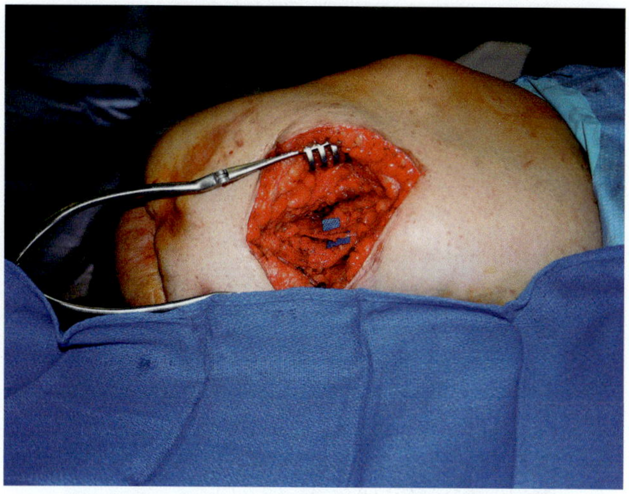

Fig. 25.21 Exposure of saphenous nerve via medial axial approach left BKA

Case 7: BKA TMR Via Single Incision for Failed RPNI Surgery

Matthew J. Carty

Patient: A 35-year-old male sustained severe injuries to his left lower extremity in the context of a motor vehicle accident, ultimately requiring a left below knee amputation. RPNIs were performed at the time of his BKA; nonetheless, he developed neuropathic pain localized to his medial sural, tibial, and saphenous nerve distributions through the course of his recovery.

Surgical Approach: With the patient in the prone position, a longitudinal incision was made just over the midline of the popliteal fossa. Dissection was carried down through the underlying fascia, and the medial sural nerve was immediately identified and isolated. Dissection was then carried into the deep fossa, where the tibial nerve was identified and isolated; subsequent fascicular dissection permitted isolation of discrete motor branches to the soleus, medial gastrocnemius, and deep posterior compartment residual musculature (Fig. 25.22). Dissection was then carried medially in the suprafascial plane, where the saphenous nerve was identified and isolated (Fig. 25.23). Ultimately, TMR transfers were performed from the saphenous nerve to the medial gastrocnemius motor branch, medial sural nerve to soleus motor branch, and distal tibial nerve to deep posterior muscle motor branch.

Case 8: BKA RPNI

Matthew J. Carty

Patient: A 38-year-old female sustained a traumatic right below-knee amputation in the setting of an industrial accident. She subsequently developed incessant neuropathic

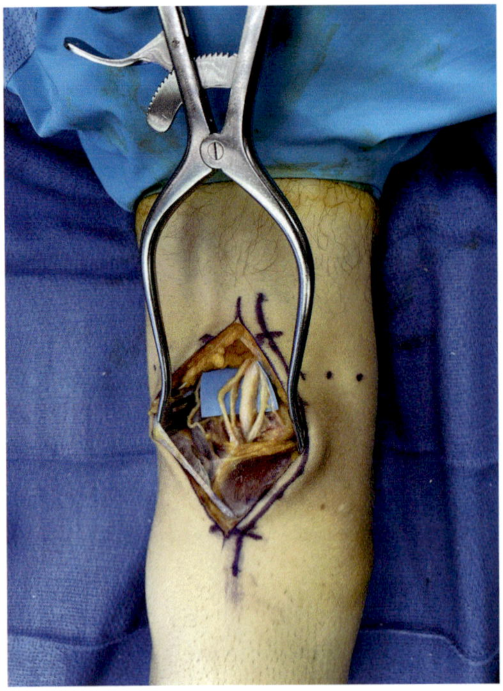

Fig. 25.22 Tibial nerve exposure with internal internal neurolysis to identify motor branches to the soleus, medial gastrocnemius, and posterior deep muscles

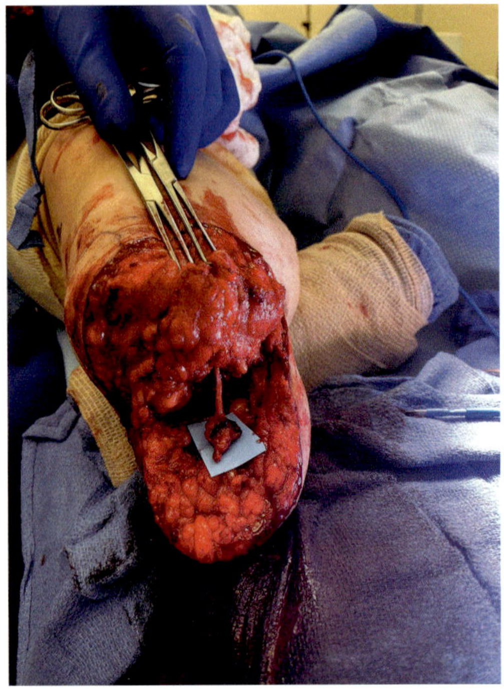

Fig. 25.24 Neuroma of the sural nerve after dissection and exposure

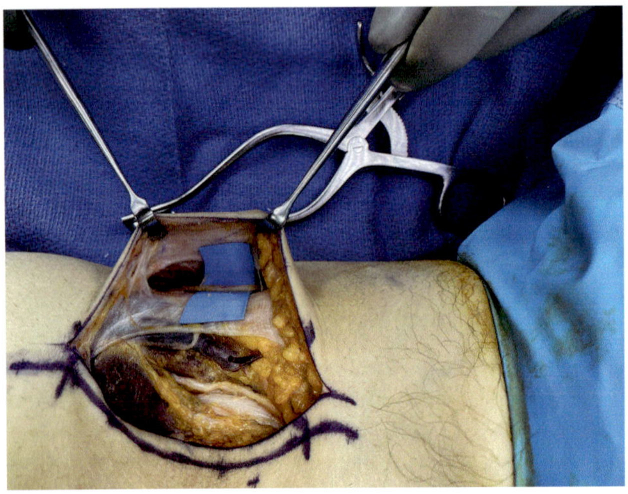

Fig. 25.23 Exposure of saphenous nerve

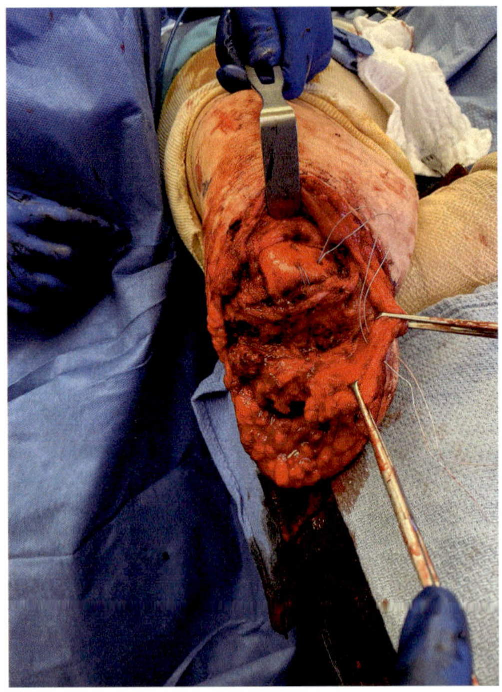

Fig. 25.25 Myodesis via suture anchors to the distal tibia

residual limb pain in her medial sural nerve distribution, as well as loss of integrity of her terminal myodesis.

Surgical Approach: With the patient in the supine position, a transversely oriented incision was made through the patient's prior BKA scar. Dissection was carried down to the underlying muscle envelope. The medial sural nerve was identified and isolated and was noted to demonstrate a large terminal neuroma (Fig. 25.24). The terminal neuroma was resected. A revision myodesis was then performed using multiple suture anchors (Fig. 25.25), followed by a revision myoplasty. A single 3 × 2 cm free muscle graft was harvested from the gracilis muscle via a separate access incision and was subsequently affixed to the terminal medial sural nerve as an RPNI (Fig. 25.26).

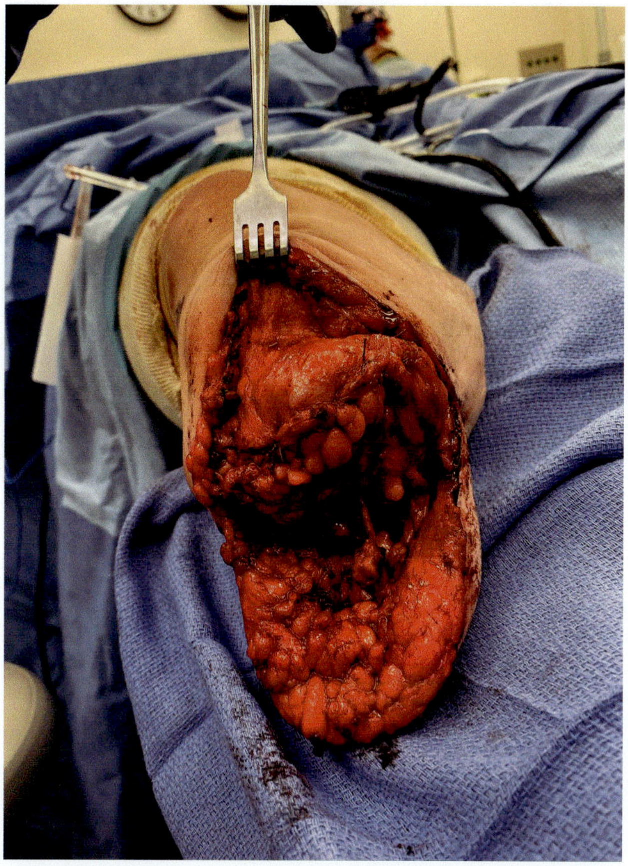

Fig. 25.26 RPNI example as a free muscle graft was wrapped around previously prepared distal sural nerve stump

Case 9: Sural Nerve Repair with Allograft - Non Amputee

Ian L. Valerio

Patient: A 42-year-old male sustained a sharp injury to the back of his leg with a wax scraper during refinishing flooring while at his workplace. He subsequently developed a sural neuroma that caused dense numbness in the sural distribution distal to the injury and severe neuropathic pain exacerbated when wearing work boots and workwear.

Surgical Approach: In the prone position, a curvilinear incision was made over the sural nerve (Fig. 25.27). Dissection of the nerve was undertaken to identify the sural neuroma as well as the proximal and distal nerve (Fig. 25.28). After excision of neuroma and preparation of nerve for repair, a 5 cm defect was noted (Fig. 25.29). A nerve allograft was used to span the gap in a tension-free fashion with a connector-assisted repair performed (Fig. 25.30). Perifascicular alignment and tension free closure are paramount for nerve healing and were performed with 9-0 nylon microsutures used for the epineural coaptations.

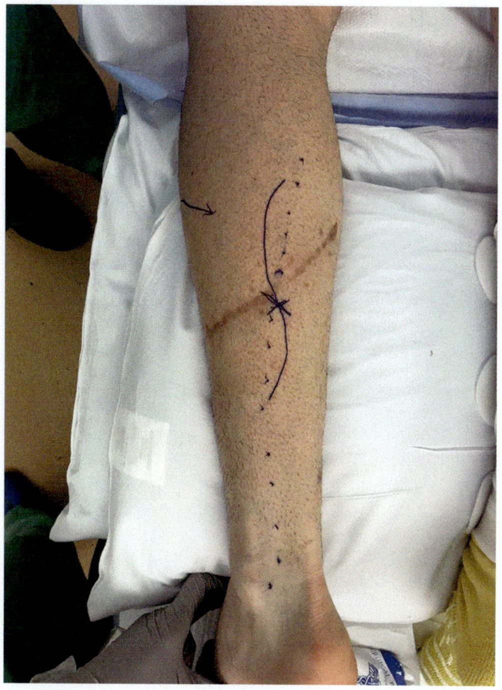

Fig. 25.27 Incision marking for planned sural nerve exposure

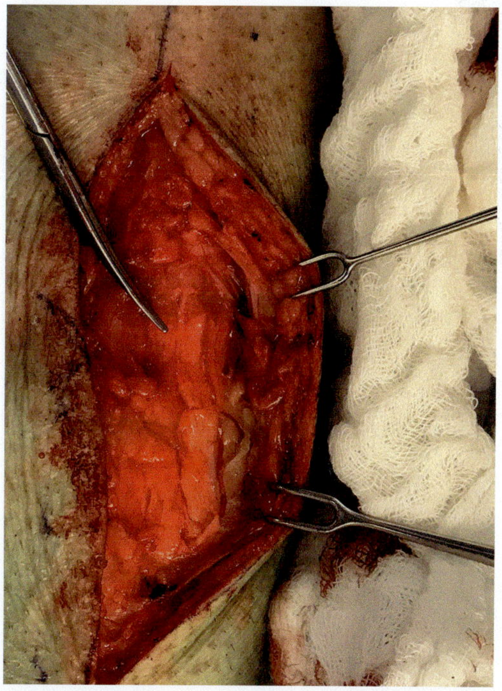

Fig. 25.28 Dissection of sural nerve through significant scar tissue

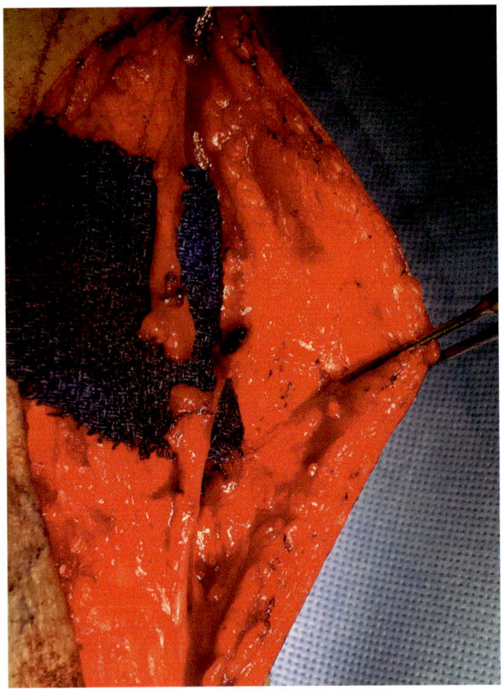

Fig. 25.29 Dissection of sural nerve showing proximal and distal endings of sural nerve prior to excisional preparation

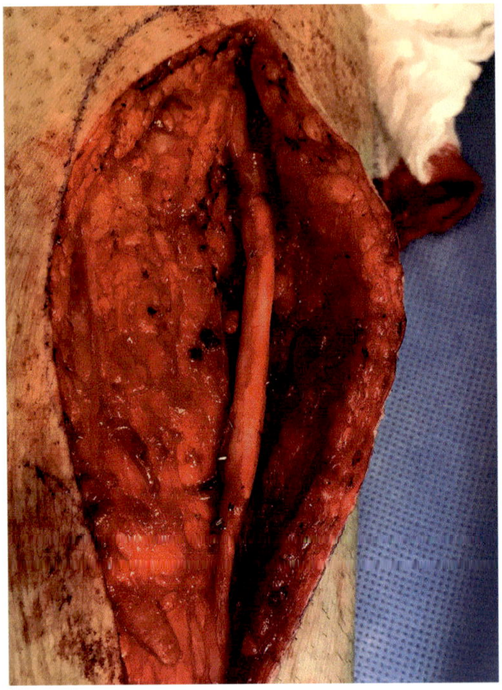

Fig. 25.30 Intercalary Nerve allograft repair of segmental sciatic nerve defect with proximal and distal nerve wrap placed over coaptations

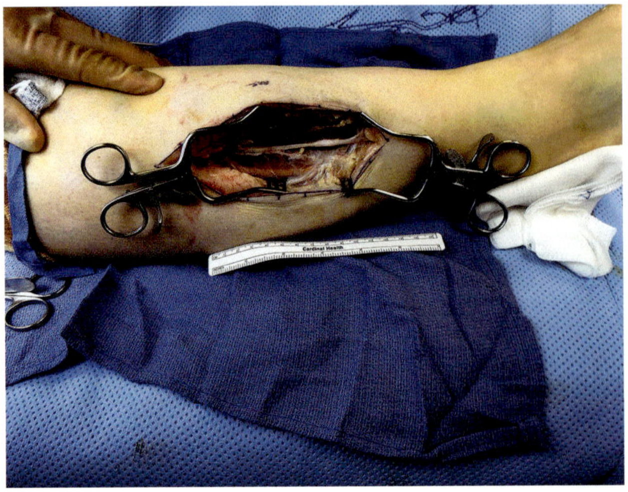

Fig. 25.31 Exposure of superficial peroneal nerve (SPN) illustrating distal neuroma-in-continuity and prior partial nerve transfer of lateral SPN into peroneus brevis muscle with neuroma

Case 10: Superficial Peroneal Sensory TMR - Non Amputee

Matthew J. Carty

Patient: A 22-year-old female sustained a crush injury to her right leg in the setting of an equestrian accident. She shortly thereafter developed incessant neuropathic pain in the superficial peroneal distribution of her foot. She underwent two attempts at nerve decompression via standard neurolysis, nerve transposition, and nerve wrapping by another provider, with little relief.

Surgical Approach: With the patient in the supine position, a longitudinal incision was made in the lateral aspect of the right lower extremity, incorporating the patient's prior surgical scar. The distal superficial peroneal nerve was noted to be encased in thick scar, and an extensive neurolysis was performed. The prior nerve transposition was identified in the peroneus brevis muscle and was noted to demonstrate a large terminal neuroma; in addition, the continuation of the superficial peroneal nerve was noted to demonstrate a neuroma in continuity (Fig. 25.31). The superficial peroneal nerve was then transected proximal to both of these neuromas (Fig. 25.32). Dissection was then carried proximally, and a motor branch to the peroneus longus was identified and isolated (Fig. 25.33). Transposition of the proximal superficial peroneal nerve to the peroneus longus motor branch was then completed (Fig. 25.34).

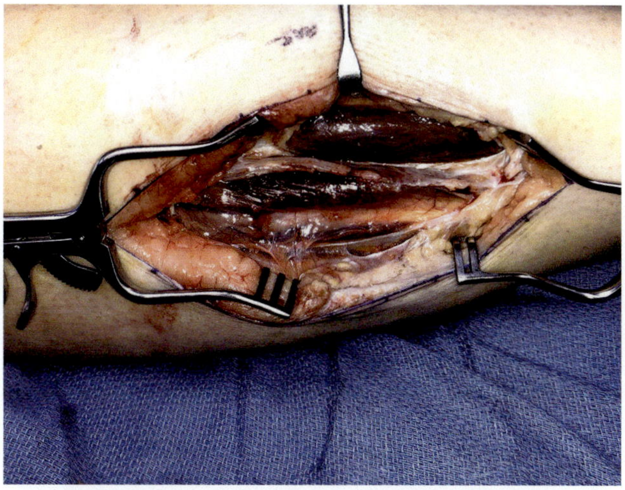

Fig. 25.32 Prepared superficial peroneal nerve after resection of neuromas

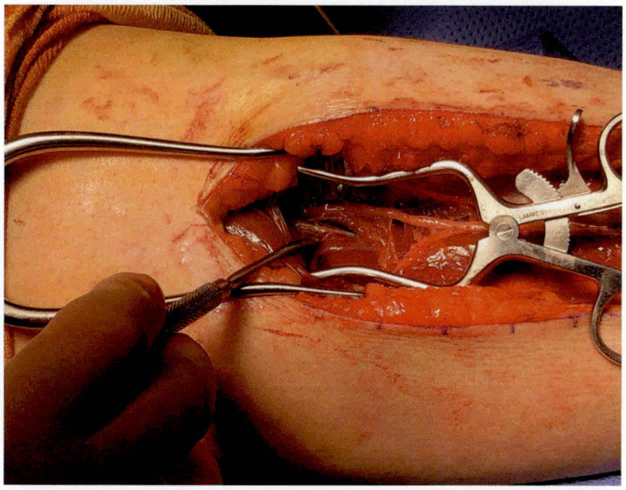

Fig. 25.33 Superficial peroneal nerve (superior) and a motor branch to peroneus longus muscle (inferior) as confirmed by intraoperative stimulation

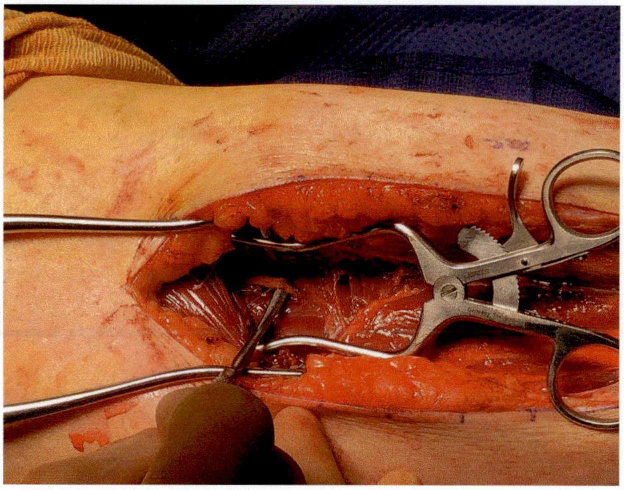

Fig. 25.34 Demonstration of nerve transfer (TMR) of SPN to the motor branch to peroneus longus muscle

Foot

Case 11: Superficial Peroneal of Dorsal Foot with Split Allograft TMR - Non Amputee

Ian L. Valerio

Patient: A 47-year-old female presented after two previous failed neuroma resections of her left dorsal foot. She initially sustained a sharp transection injury to her superficial peroneal nerve which prior surgical interventions by the referring foot and ankle surgeon failed to ameliorate her neuropathic pain. She could not wear a shoe secondary to neuropathic pain and sensitivity to her dorsal foot. She had undergone two previous neuroma excisions prior to presentation.

Surgical Approach: A curvilinear incision was made over the point of maximal tenderness in the line of the superficial peroneal nerve and the incision extended proximal to the ankle flexion crease (Fig. 25.35). Three SPN branches were identified as were two distal targets (Fig. 25.36). Two of the branches identified were repaired using allograft to span the 5 cm gap left after appropriate nerve preparation, and the third branch was targeted into a nearby motor branch for direct TMR (Fig. 25.37).

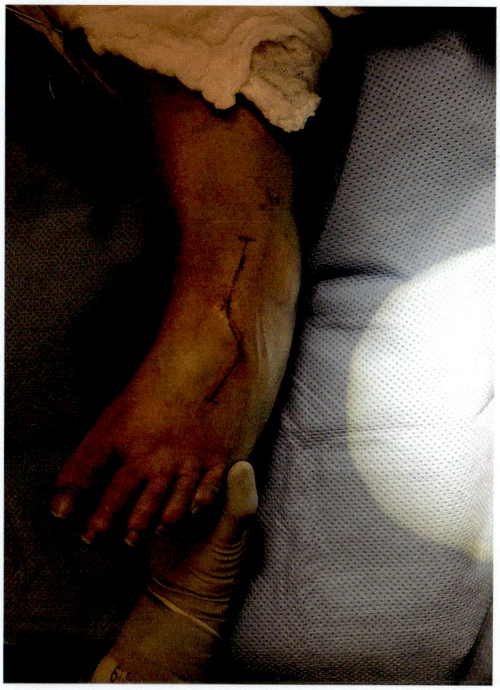

Fig. 25.35 Incision pattern for exposure of injured distal superficial peroneal nerve within the foot

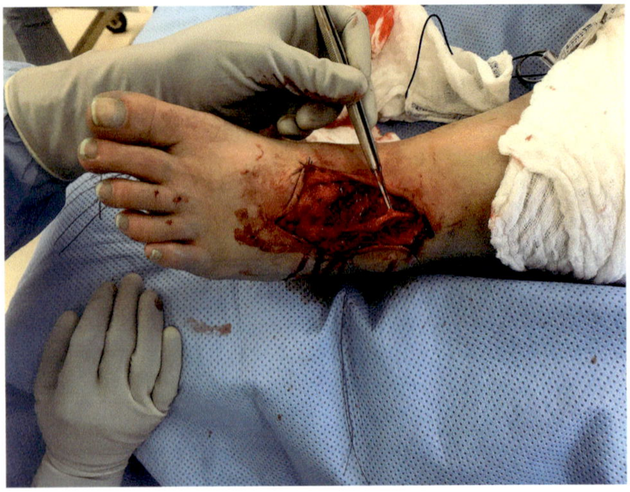

Fig. 25.36 Neurolysis of SPN within the scarred wound bed of dorsal foot

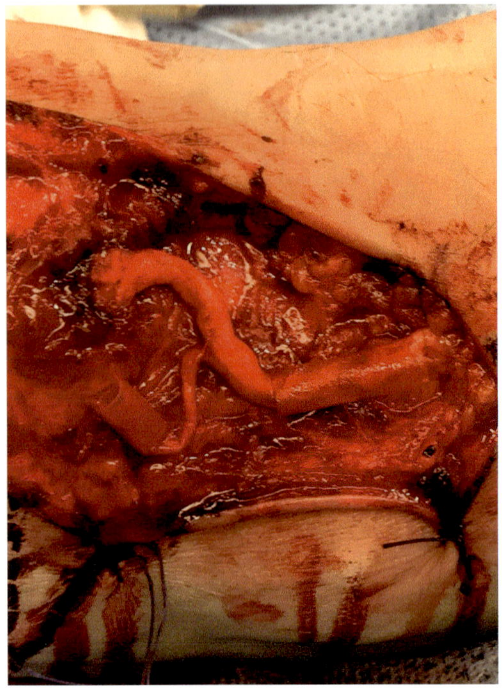

Fig. 25.37 SPN allograft reconstruction with distal split allograft segments to two distal sensory nerves of dorsal foot

Part VI

Future Directions for Symptomatic Neuroma Management

26 Scientific Pursuit of Neuroma Management

Jenna Lynn Senger, Stephen W. P. Kemp, and Hollie A. Power

Abbreviations

ANA	Acellular nerve allograft
CGRP	Calcitonin gene related peptide
C-RPNI	Composite regenerative peripheral nerve interface
DRG	Dorsal root ganglion
EMG	Electromyography
ETS	End-to-side
IRF5	Interferon regulatory factor 5
NF200	Neurofilament 200
RPNI	Regenerative peripheral nerve interface
TMR	Targeted muscle reinnervation

Background

Up to 75% of patients with major limb amputations suffer from residual limb pain, with symptomatic neuroma being a major source of this pain [1–3]. Despite decades of research, it remains difficult to predict which patients with neuromas will become symptomatic and how the patients that do are best managed [3, 4]. Over one hundred surgical strategies have been reported for the prevention and treatment of symptomatic neuromas [5, 6], highlighting the fact that there remains no consensus on optimal management. Few large comparative studies have been performed, and many existing studies are of low quality with limited standardization of reported outcomes [7]. Identification of specific risk factors and best-practice guidelines for managing this common sequela of nerve injury therefore remains an important area of investigation. Clinical trials investigating neuromas are challenging given the unpredictability of neuroma development, heterogenous patient and injury characteristics, and ethical considerations in developing randomized trials that may result in worsened pain outcomes for patients [7]. Animal research is therefore a key element in the scientific pursuit of neuroma management.

The Importance of Animal Research

From the identification of the anatomic structures involved in the ascending and descending pain pathways [8–10] to the discovery of the molecular pathways upregulated or downregulated by the acute and chronic phases of pain [11, 12], animal models have expanded our understanding of central and peripheral pain processing and modulation. These studies have been instrumental in developing surgical strategies to prevent and manage symptomatic neuroma [13–15].

Animal research allows generation of rapid results, which is not possible in the clinical setting. Clinical studies often require a large number of patients to reliably detect differences due to the heterogeneity in patient demographics, affected nerves, mechanism of injury, and duration from injury [7]. Challenges with recruiting sufficient numbers of patients in a reasonable period have led some investigators to prematurely terminate their studies [16]. By contrast, the number of subjects included in animal studies, type of injury, nerve involved, and treatment administered are under the strict control of the investigative team.

J. L. Senger
Division of Plastic & Reconstructive Surgery, University of British Columbia, Vancouver, BC, Canada
e-mail: jenna.senger@ubc.ca

S. W. P. Kemp
Section of Plastic Surgery, Department of Surgery, University of Michigan, Ann Arbor, MI, USA

Department of Biomedical Engineering, University of Michigan, Ann Arbor, MI, USA
e-mail: swpkemp@med.umich.edu

H. A. Power (✉)
Division of Plastic Surgery, Department of Surgery, University of Alberta, Edmonton, AB, Canada
e-mail: hpower@ualberta.ca

K. R. Eberlin et al. (eds.), *Contemporary Neuroma Management*, https://doi.org/10.1007/978-3-031-59758-9_26

Clinical trials often require a lengthy postoperative evaluation period, owing to the slow rate of nerve regeneration which may result in loss to follow-up, and hamper the rate at which new techniques can be integrated into clinical practice. Rodents have a small stature and rapid rate of nerve regeneration [17], such that neuroma formation is complete by 90 days following limb amputation [18]. Results can thus be generated in an expedient manner, allowing optimization of protocols and selection of only those interventions that merit the time and expense of a clinical trial.

Following intervention for a symptomatic neuroma, terminal outcomes can be obtained with the harvest of tissues including nerve, dorsal root ganglion (DRG), spinal column, and brain [15]. Markers of pain, regeneration, and injury provide insights into the molecular mechanisms underlying neuroma formation and pain development [13, 19, 20]. Identification of potential foundational genes, proteins, enzymes, or molecular pathways in the development of neuromas or the regulation of pain can further be evaluated using transgenic species [21, 22], or local delivery of agonists and antagonists to confirm or refute their significance [23–26], leading to the creation of targeted therapies.

Limitations in Animal Research

To date, a single surgical model to generate neuromas has not been universally accepted [5, 14, 15, 19, 27], which impairs comparison of results between studies. This reflects the inherent limitations of each model to consistently yield a painful neuroma and allow for investigation of the full spectrum of behavioral and histologic outcomes [14, 20, 28]. This is in keeping with numerous clinical studies which have found that neither the location, type, nor extent of injury are reliable predictors in the development of chronic pain [3, 4, 27].

The behavioral evaluation of pain in animals has several limitations compared to techniques used in humans [19, 29]. *Spinally mediated responses* to pain are commonly evaluated in rodents by quantifying reflexive withdrawal to mechanical or thermal stimulation [30]. The *supraspinal responses* to pain, however, are more challenging to assess in animals. An important component of the pain experience is the affective-motivational pathway [31]. The amygdala, hypothalamus, anterior cingulate cortex, and insular cortex are intimately involved in the ascending and descending regulation of pain in humans [31]. Whether or not these pathways are involved in an animal's central processing of pain remains unknown but may represent an important difference between animal and humans. Whereas humans can use language and communication skills to express the sensations experienced, we are dependent on surrogate markers to make inferences about higher-level processing of pain in animals [30].

Experimental Models

When developing an animal neuroma model, specific features that need to be considered include the species, sex and age of the animal, the targeted nerve, type of neuroma, and parameters evaluated (Table 26.1).

Table 26.1 Components of the animal models for symptomatic neuroma

Subject	Injury model	Evaluation
Species	**Target nerve**	**Behavioral:**
Strain	**Type of neuroma:**	*Reflexive (stimulus evoked)*
Mutant	*Terminal neuroma*	• Heat allodynia, e.g., Hargreaves
Sex	• Amputation	• Cold allodynia, e.g., acetone evaporation
Age	• Transection	• Tactile hyperalgesia, e.g., von Frey
Husbandry	• Laser	*Spontaneous (non-stimulus evoked)*
• Cage density	• Ligation	• Autotomy
• Diet	*Neuroma in continuity*	• Grimace scales
• Social factors	• Crush	• Posture
Testing environment	• Traction	• Directed behaviors, e.g., licking, burrowing
• Arousal	• Compression	• Gait[a], e.g., walking track, horizontal ladder, ground reaction forces
• Communication	• Combination of above	*Operant*
• Handling	**Time post-injury**	• Learned escape
• Restraint		• Place aversion
		• Reinforcement conflict
		Complex behaviors
		• Attention
		• Anxiety
		• Sleep
		Sociability
		Electrodiagnostic
		Histologic

Adapted with permission from Mogil JS. Animal models of pain: progress and challenges. *Nat Rev Neurosci*. 2009;10(4):283–294

[a] Gait may also be considered a reflexive test in models of symptomatic neuroma since ambulating on a painful limb may evoke a painful response

Animal Type

Numerous animal models have been employed in the quest to understand neuromas, including nonhuman primates [32, 33], rabbits [34–36], rats [15, 37–44], and mice [45, 46]. The rat is the most common experimental model, largely due to the similarities between the anatomy of the rat and human nervous systems [47]. Rodents have a rapid rate of nerve regeneration that allows for shorter experimental duration, rapid generation of results, and lower costs compared to large animal models. Unfortunately, the small nerve caliber makes surgical procedures technically challenging, particularly for distal branches. By contrast, the anatomical size of the nerves as well as the rate of regeneration in larger animals more closely emulates humans. These animals, however, are costly, difficult to obtain, and are ethically more challenging in the context of pain generation and evaluation [15].

Significant differences in anatomy and pain behaviors are described between strains of rats [15]. Whereas the sciatic nerve of Wistar rats receives equal contributions of both L4 and L5, it is predominately L5 in Sprague-Dawley rats [48]. This observation is of particular importance when cell body expression of markers of pain (e.g., calcitonin gene-related peptide, CGRP) are an outcome of interest. Anatomical variations have implications for tissue analysis, as evaluation of the wrong spinal level specific to the particular strain may significantly alter results [48]. Behaviorally, strain-dependent differences in mechanical and cold allodynia as well as spontaneous pain have been reported [49]. Similarly, tendencies toward autotomy in response to pain differ both between species and between lines within the same strain [49, 50]. Careful selection of rat strain is therefore imperative when considering evaluation of pain behaviors and treatments.

Target Nerve

The choice of target nerve for neuroma creation has a significant impact on the behavioral outcomes that can be assessed. The rat hindlimb is the most commonly selected model, and in particular, the sciatic nerve, due to its larger caliber, ease of surgical access, and well-described behavioral outcomes for assessment [14, 15, 30]. Other common targets include the tibial, sural, common peroneal, and saphenous nerves [15]. Forelimb nerve injury models are rare due to the small caliber of the nerves, more complicated surgical dissection, and a paucity of verified behavioral assessment tools [15].

Type of Neuroma

Terminal neuromas are Sunderland grade 5 nerve injuries [51] produced by complete nerve transection. Rodent sciatic nerve transection is the most common model [15]. In limb preservation models of neuroma, resection of the distal stump is often performed to prevent regeneration [52]. The length of distal stump resection directly affects neuroma formation; too short of a gap and the regenerating axons can find the distal stump and regenerate through it rather than form a neuroma, whereas in a long gap, the growth factors emitted from the distal stump no longer promote a vigorous regenerative response and neuroma formation is diminished [53, 54]. Other models of terminal neuroma include amputation, ligation, crush, or laser [15].

A *neuroma-in-continuity* is a Sunderland grade 4 injury [51] and is commonly created using crush, traction, partial transection, suture ligation, or a combination thereof [52, 55]. Alant et al. (2010) compared four models in the rat sciatic nerve—crush, crush with traction, compression with a malleus nipper, and a malleus nipper compression with traction—and concluded that both compression and traction are required to yield a neuroma-in-continuity that most closely resembles the human clinical lesion [55]. Traditionally, fewer studies have used neuroma-in-continuity models [15], because they are less reproducible than terminal neuromas and more challenging to evaluate clinically. This is due to difficulty with standardizing the injury. Since isolated crush injuries usually correspond to Sunderland grade 2 or 3 injuries [56], it is critical to ensure that sufficient injury is inflicted to avoid spontaneous recovery [57].

Sex Differences

The neuroscience literature traditionally suffers from a sex bias, with many investigations favoring male animals for inclusion, or failing to report sex altogether [58, 59]. However, males and females are known to differ in their sensitivity to pain and responsiveness to pharmacologic and nonpharmacologic interventions [15, 59]. Large population-based studies concluded that females more frequently report chronic pain and increased postprocedural pain scores compared to males [60, 61]. Experimentally, females had greater pain in response to mechanical, thermal, ischemic, and chemical stimuli [49]. The magnitude of this sexual dimorphism differs between studies [62] and has been attributed to variability in genetic, neural, neuroimmune, and environmental factors [59]. Females express more vigorous cellular and humoral immune responses than males [63]. RNA sequencing in rodents following a chronic sciatic constriction injury found that only 16% of the genes regulated by the injury were common to both sexes [64]. Similarly, among humans, sequencing of gene expression of the DRG of patients with axial spine pain secondary to a tumor identified significant differences in the transcriptomic signatures between males and females [65].

Spinal cord microglia play an important role in the sexual dimorphism of pain. Nerve injuries induce microgliosis in both sexes. Interferon regulatory factor-5 (IRF5) binds to the promoter region of *P2rx4* to upregulate this receptor, which plays a principal role in the pain response [66]. Among female rodents, however, IRF5 does not bind to the promoter region suggesting an alternative pathway to mediate pain [67]. T-cell regulation of pain has been hypothesized, with significantly higher infiltration of these cells into the DRG of female mice compared to males [68]. However, further investigation is needed to fully define the mechanisms.

Ultimately, differences in pain perception between sexes are hypothesized to be attributable to the effects of gonadal hormones, sex-linked gene expression, and differential immune responses [59]. However their precise pro- or anti-nociceptive effects require further investigation. In this context, it is conceivable that sex-specific treatments for symptomatic neuroma may be necessary for optimal outcomes.

Outcome Measures

Cardinal features of neuroma pain include hypersensitivity, allodynia, and hyperalgesia [69–71]. Pain is inherently subjective, rooted not only in the somatosensory system but with contribution of one's emotions, experiences, and beliefs. Numerous patient-reported outcome measures have been developed [72], including the Patient Reported Outcomes Measurement Information System (PROMIS) which has scales that address pain intensity, interference, quality, and behavior [73] and has been used in several clinical studies involving symptomatic neuroma [16, 74–78]. However, there remains no single method to precisely quantify a patient's pain, and thus self-reporting is the mainstay. This presents a particular challenge for outcome-based animal research, where the ability of subjects to communicate their experience is lost. As such, surrogate behavioral testing is required in which the animal's response to stimulation is inferred to quantify the degree of pain.

Reflexive Measures

The traditional methodology for assessing pain in rodents is based on reflexive actions of the animal as a marker of hyperalgesia and allodynia (Table 26.1) [30]. Evoked measures of pain such as von Frey (mechanical allodynia), Hargreaves testing (heat allodynia), and the acetone-evaporation test (cold allodynia) quantify the latency to withdraw from a mechanical or thermal stimulus (Fig. 26.1). In von Frey testing, the animal's footpad is probed with weighted monofilaments to quantify the stimulation required to induce a withdrawal reflex [30]. Similarly, Hargreaves testing quantifies the thermal stimulation required to elicit reflexive movements by directing a heated laser at the footpad [79]. In both, a shorter latency indicates a lower nociceptive threshold [27]. By contrast, prolonged response time to innocuous cooling in the acetone evaporation test signifies pain [30, 80]. Three limitations to these tests must be identified. First, endpoints that assess the animal's withdrawal to stimulation are a measure of their *response* to stimulation; the lack of withdrawal may be due to analgesia but may also indicate paralysis, sedation, or poor motivation [28]. Second, it is challenging to ascertain whether the animal is withdrawing due to a painful experience mediated by the spinothalamic pathway or whether withdrawal is in response to touch, conducted by the dorsal column medial lemniscus pathway [14]. Correlating responsiveness with the contralateral limb can be used to interpret whether the stimulation is activating nociceptors or touch receptors. Behaviors associated with pain, such as vocalizations or paw licking in response to stimuli, may further support the presence of a pain response. Finally, the stimulus is traditionally delivered to the plantar foot. Therefore, to assess primary hyperalgesia, the sciatic nerve or one of its branches supplying the plantar foot should be the target of neuroma formation. While testing the plantar foot can be performed for common peroneal or femoral neuromas, responsiveness is a marker of secondary hyperalgesia which is mediated by a separate pathway [14].

Hyperalgesia in the paw differs from neuroma tenderness at the site of nerve injury in the proximal thigh. A common complaint of patients with symptomatic neuromas is pain at the site of nerve injury from mechanical pressure or independent of stimulation, as ectopic activity [81]. Given the significant amount of soft tissue overlying the sciatic nerve at this level, point tenderness over the site of neuroma is challenging to assess in animals. The tibial neuroma transposition model (TNT) addresses this challenge by creating the site of neuroma specifically underneath the lateral malleolus, allowing for direct pain testing overlying the neuroma while still evaluating hyperalgesia on the plantar footpad [38]. This model has been used to evaluate the efficacy of swimming exercises on neuroma pain [41] as well as to evaluate the effects of opioids, gabapentin, and duloxetine on neuroma pain [39].

Spontaneous Measures

A major limitation in testing evoked measures of pain is the clinical applicability. Whereas *spontaneous pain* is identified in nearly all patients with symptomatic neuroma, only 15–50% of patients report evoked pain [4, 27, 70, 82]. Monitoring spontaneous pain is a challenge as animals, like humans, develop techniques to mask their pain [20]. Spontaneous pain can be assessed using nocifensive behav-

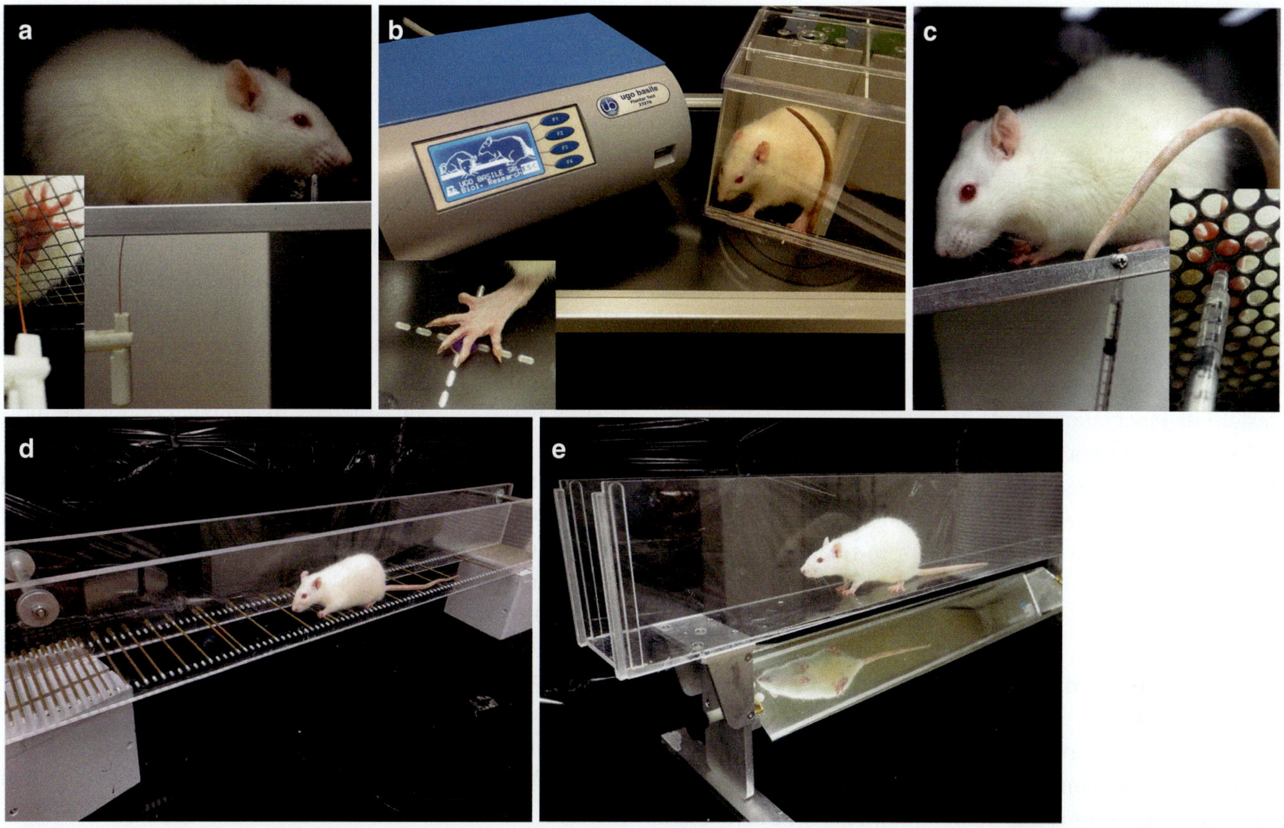

Fig. 26.1 Commonly employed behavioral outcome measures used in animals. (**a**) von Frey monofilaments are applied to the plantar surface of the foot to assess mechanical allodynia. (**b**) Hargreaves testing delivers a thermal stimulus to the footpad to assess heat allodynia. (**c**) Acetone is delivered to the footpad to assess cold allodynia. (**d**) Slips while crossing the elevated horizontal ladder measure motor dexterity and functional recovery. (**e**) A walking track with a rotating mirror to visualize pawprint allows assessment of gait kinetics and kinematics and calculation of the sciatic functional index

iors including autotomy, grimace, porphyrin staining, excessive grooming, or a decrease in normal behaviors including wheel running, nesting, feeding/drinking, and activity in their cages [28, 30, 83]. A well-reported methodology for evaluating unprovoked pain is quantifying animal autotomy, or the tendency for animals to self-mutilate an anesthetic limb [42]. Not all rodent strains exhibit this behavior (e.g., Lewis and Fischer 344 rats), and therefore autotomy can only be assessed in specific models [50].

Motor reinnervation can be evaluated using walking track analysis, horizontal ladder rung task, and ground reaction forces (Table 26.1; Fig. 26.1) [15]. As frequently used measures of nerve regeneration, these outcomes are useful for evaluating functional recovery following a neuroma-in-continuity. In terminal neuromas, these outcomes are evaluated based on the supposition that gait is differentially affected by a nerve injury versus a nerve injury with symptomatic neuroma [30].

Histologic Measures

Finally, animal studies allow evaluation of tissues including the muscle, skin, peripheral nerve, spinal cord, and brain. Morphologic evaluation of neuroma tissue sections is the most common objective method of assessing neuroma formation (reviewed in Chap. 7) [15, 84]. Histomorphometric analysis of tissues stained with hematoxylin & eosin and/or toluidine blue allows quantification of cross-sectional neuroma area, axonal sprouting, myelinated axon counts, and the G-ratio [15]. The ratio of connective tissue to nerve, or scar thickness, can be assessed with Masson-trichrome staining. Immunolabeling with S100 and neurofilament-200 (NF200) allows identification of Schwann cells and axons, respectively [84]. Markers of nerve regeneration and pain such as ciliary neurotrophic factor and CGRP can be evaluated with reverse transcription-polymerase chain reaction, or Western blot analysis [15].

Specific Neuroma Techniques

With the above considerations in mind, we will explore the scientific basis for commonly employed surgical treatments. Clinical applications are summarized in Chaps. 15, 16, 17, 18, and 19 of this textbook. Following peripheral nerve transection, the nerve undergoes a carefully orchestrated sequence of events including Wallerian degeneration, axonal regeneration, and target reinnervation [85]. Axons selectively grow into the empty endoneurial tubes of the distal nerve stump and reinnervate their end organ [86]. For this reason, when a target is available, it is usually preferable to restore its innervation (Table 26.2) [87]. In amputations, the distal targets are not available, and neuromas will inevitably form if not prevented. Nonphysiologic (passive) techniques attempt to blunt the innate regenerative response, whereas physiologic (active) approaches aim to reinnervate a distal target via *synaptogenesis* (Table 26.2) [87].

Ligation/Containment

Traditionally, traction neurectomy and suture ligation have been the most common approaches to nerve management at the time of major limb amputation [88]. This invariably leads to neuroma formation as axons attempt to reinnervate their targets. The prevalence of pain following major limb amputation [2, 82] suggests that ligation methods have not borne satisfying clinical outcomes. In a rat sciatic nerve transection model, neuroma formation was increased with whole nerve ligation compared to individual fascicle ligation aimed at leaving the perineurium intact [89]. An epineurial graft applied over the end of the cut sciatic nerve successfully limited axonal escape in a rodent model and was more successful than an epineurial ligature or flap [90, 91]. Pain outcomes have not been assessed in animal models using this technique, although a clinical study found reduced pain compared to ligation in patients with digital neuromas [92]. Containment of the nerve end has also been performed with alloplastic materials such as silastic, but this is primarily of historic interest and is no longer used clinically. These techniques fail to address nerve regeneration and thus a neuroma inevitably forms.

Nerve Grafting

Nerve grafting is a well-accepted option for symptomatic neuroma when a distal target is available [5, 7]. However, harvesting autograft risks creating pain and paresthesia at the donor site [93, 94]. Acellular nerve allografts (ANAs) were developed to bridge nerve gaps and reduce the need for harvesting nerve autograft, thereby minimizing donor site morbidity [95]. These decellularized cadaveric grafts retain their endoneurial microstructure but are dependent on Schwann cell proliferation from the host [96]. ANAs exceeding three centimeters in length in a rodent model failed to support axon regeneration to the end of the graft, due in part to accumulation of senescent Schwann cells [97] and delayed vascularization [98]. This apparent failure was reinterpreted as an opportunity, and long ANAs coapted to the end of a transected nerve were used to prevent neuroma formation. Indeed, rodent studies have shown that coaptation of an ANA at least 2.5 cm in length to the proximal stump limits axonal growth [99]. In a rodent study comparing traction neurectomy with a 5 cm ANA coapted to the proximal end of the transected sciatic nerve, axons failed to reach the end of the ANA by 5 months postoperative. Furthermore, genes associated with pain sensitization were downregulated, and this effect was not seen with traction neurectomy [100].

Transposition

Nerve transposition involves resecting the terminal neuroma and transposing the nerve into a protected location away from pressure and shear, such as muscle, bone, or vein [5]. In a nonhuman primate model, transposition of the radial sensory nerve into muscle demonstrated reduced neuroma formation histologically compared to transection alone, with no

Table 26.2 Surgical options for the treatment of neuroma

Nonphysiologic (passive) options	Physiologic (active) options	Distal nerve available	Distal nerve Not available
• Centro-central neurorrhaphy	• Autograft nerve	• Autograft nerve	• Containment/capping
• Containment/capping	• Allograft nerve	• Allograft nerve	• Centro-central neurorrhaphy
• Excision only	• Conduit	• Conduit	• End-to-side neurorrhaphy
• Fat grafting	• End-to-side neurorrhaphy		• Fat grafting
• Traction neurectomy	• RPNI		• RPNI
• Transposition (bone, muscle, vein)	• TMR		• Relocation nerve grafting
• Relocation nerve grafting			• TMR
			• Transposition (bone, muscle, vein)

Adapted with permission from Eberlin and Ducic. Surgical Algorithm for Neuroma Management. *Plastic Reconstr Surg - Global Open*. 2018;6(10):e1952 nerve ingrowth to the muscle [101]. Transposition of the ulnar nerve into the distal humerus of dogs resulted in smaller neuroma size compared to controls [102]. However, behavioral outcomes were not assessed. Transposition of nerve into the lumen of a vein is described in end-to-side (ETS) or end-to-end fashion. In a rodent model, transposition into a vein resulted in less neuroma formation than transposition into muscle or controls [103]. The major drawback of nerve transposition techniques is that they fail to address the pathophysiology of neuroma formation and neuromas will inevitably re-form (Fig. 26.2).

A variant of the transposition technique involves crushing the nerve proximal to the cut end to create a Sunderland second-degree injury, moving the regenerative front proximally and dwindling axon outgrowth [56, 104]. The nerve is then transposed proximally to a protected area. Pain outcomes have not been investigated in an animal model with this technique.

Nerve Conduits

Nerve conduits are most commonly used as an interposition for short nerve gaps following neuroma excision [87]. Numerous materials have been investigated including collagen, polyester, polyglycolic acid, vein, and others. Long con-

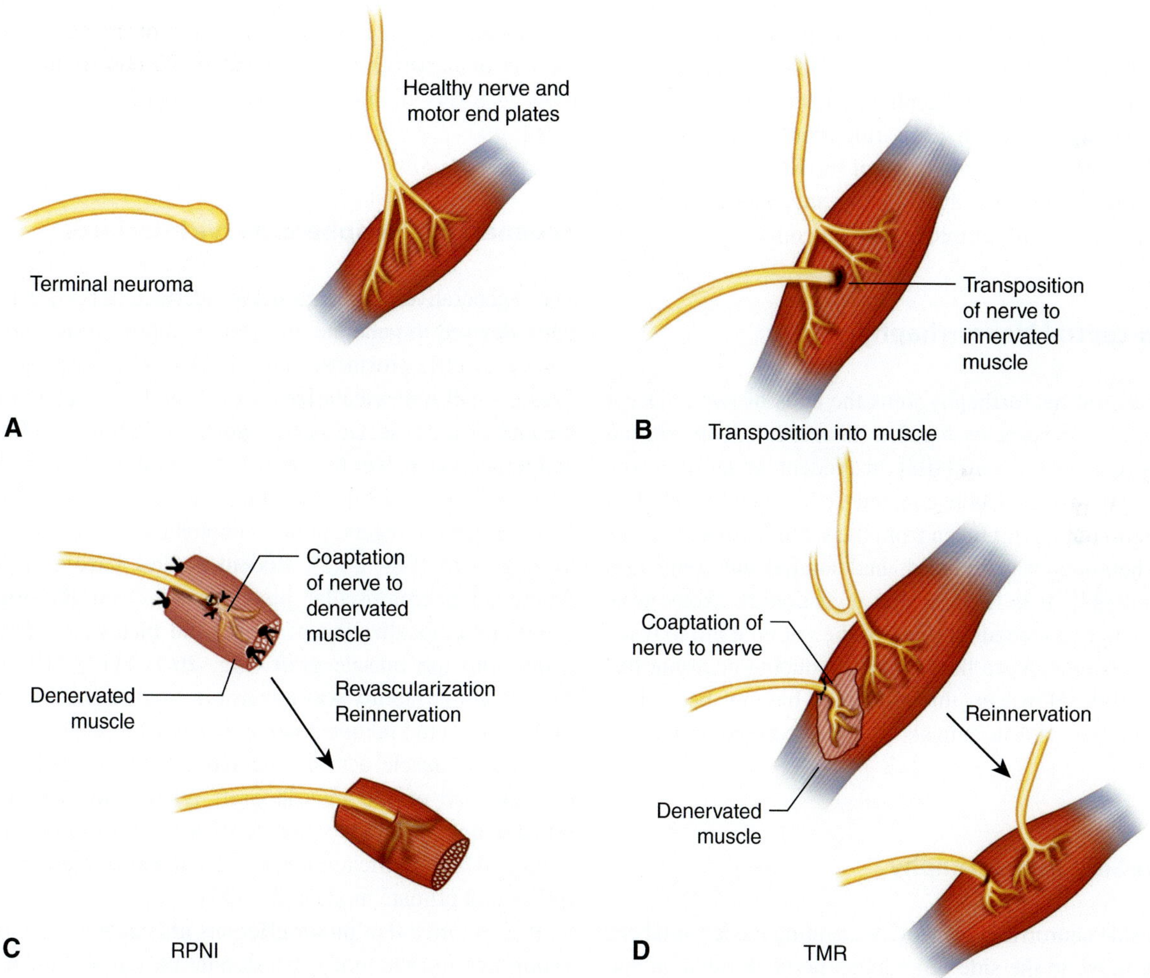

Fig. 26.2 Schematic representation of three common neuroma treatments. (**a**) A terminal neuroma and a healthy nerve and motor endplates. (**b**) When a neuroma is excised and transposed into innervated muscle, it will not be presented with any targets to reinnervate since it is already innervated by its native nerve. This technique primarily provides the neuroma with protection from mechanical pressure and shear. (**c**) A regenerative peripheral nerve interface (RPNI) is constructed from a denervated free muscle graft which slowly revascularizes and reinnervates over time, providing a physiologic target for the regenerating nerve. (**d**) In targeted muscle reinnervation (TMR), the target nerve is transected close to the motor endplate resulting in denervation of the supplied segment of muscle and providing a physiologic target for the regenerating nerve

duits have recently been used as dwindling or capping devices aimed at burning out regenerating axons. In rats, this technique decreased autotomy and neuropathic pain, with less histologic evidence of perineural scar and neuroinflammation compared to controls [43]. In this scenario, the recommended length of conduit was four times the diameter of the original nerve [43]. An aligned nanofiber conduit applied as a cap in a rodent sciatic nerve transection model reduced neuroma-like features of regeneration [105]. The mechanism underlying nerve growth attenuation in nerve capping is partly attributable to the RhoA/ROCK pathway [25]. Following peripheral nerve injury, this pathway acts as an intrinsic "braking system" for nerve regeneration, where inhibition increases nerve regeneration [23, 106]. Capping a transected nerve with a nanofiber conduit resulted in upregulation of myelin-associated glycoprotein (an inhibitor to nerve growth) and downregulation of NF200 (a promoter of nerve growth) [25]. When a ROCK inhibitor (Y-27632) was delivered within the conduit, neuroma formation was increased, suggesting that capping mediates this pathway to discourage nerve growth [25]. Importantly, other studies have demonstrated that inhibition of the RhoA/ROCK pathway improves cold hyperalgesia [107], suggesting these conduits may additionally improve pain outcomes.

Centro-central Neurorrhaphy

Centro-central neurorrhaphy joins the ends of two adjacent nerve trunks or fascicles together to create a loop with an interpositional nerve graft [108]. In a rodent model where the sciatic nerve fascicles were coapted to the tibial branch with interposition of a graft taken from the same fascicle, the size of the neuroma was reduced, and animal autotomy was improved [37]. It is thought that regenerating axons grow into the empty endoneurial tubes of the graft but fail to reach the contralateral suture line, thereby reducing neuroma formation [109]. However, this technique has not been thoroughly investigated in animals and is uncommonly used in humans.

End-to-Side Neurorrhaphy

End-to-side neurorrhaphy involves coapting the terminal end of a cut nerve to the side of an intact nerve through an epineurial window [110]. In a rodent model where the saphenous nerve was transected and coapted to the side of the tibial nerve, the axons of the proximal stump successfully penetrated the perineurial sheath and regenerated down the length of the recipient nerve rather than forming a neuroma [44]. ETS neurorrhaphy can be performed proximal or distal to the site of transection in the donor nerve [111], and to bypass a neuroma-in-continuity using nerve grafts, resulting in greater functional recovery and nerve regeneration [112]. Other studies, however, failed to show any difference in outcomes for ETS bypass grafting compared to neurolysis [113].

Fat Grafting

The use of fat grafting for neuropathic pain and symptomatic neuromas is based on the premise that adipose-derived stem cells may be induced to differentiate into Schwann cells, which enhance neurite growth and myelination with the secretion of neurotrophic, angiogenic, and immunomodulatory factors [114]. Improved pain was observed in rodent models of nerve crush [115] and nerve constriction, with reduced levels of inflammatory interleukins (IL-1β, IL-6) [116].

Regenerative Peripheral Nerve Interfaces

The regenerative peripheral nerve interface (RPNI) was initially devised to generate electromyography (EMG) signals for myoelectric prosthetic control [117]. This technique utilizes a small nonvascularized muscle graft wrapped around the end of a transected nerve, which is then revascularized and reinnervated over the course of several weeks to months (Fig. 26.3) [118–120]. Providing the nerve with a physiologic target for regeneration is thought to reduce aberrant axon growth (Fig. 26.2). Rodent studies have confirmed functional neuromuscular junctions on electrophysiologic exam and colocalization of motor end plates and terminal axons into the muscle graft (Fig. 26.3) [117, 119, 121]. Muscle graft viability was greatest in smaller grafts coapted to the transected peroneal nerve in rats with resultant larger compound muscle action potential amplitudes [122]. The optimal size of the muscle graft relative to axon count remains unknown. The absence of neuroma formation following RPNI fabrication has been demonstrated in both rodent and primate models [33, 119].

It is intuitive that motor efferents are capable of reinnervating free muscle grafts, but despite the early clinical success of RPNIs at reducing pain in sensory nerves, it remains unclear how sensory afferents interact with the muscle graft. Sensory nerves are capable of providing trophic support to denervated muscle through a phenomenon known as sensory

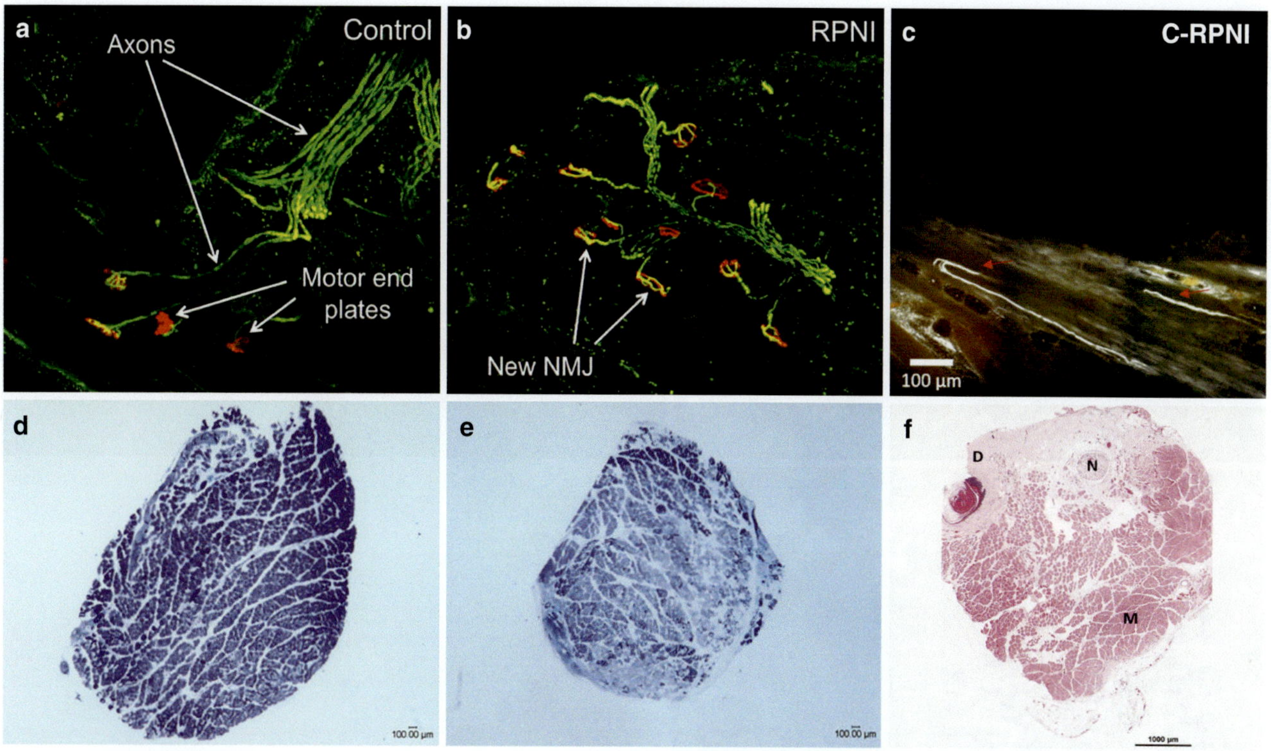

Fig. 26.3 Immunohistochemistry and histomorphometric analysis of regenerative peripheral nerve interfaces (RPNI) in a rodent model. Immunofluorescent images of a rodent extensor digitorum longus (EDL) demonstrates colocalization of terminal axons (green) and motor endplates (red) into the (**a**) normal EDL and into a (**b**) 6-month-old regenerative peripheral nerve interface (RPNI), confirming functional neuromuscular junctions (original magnification, ×200). (**c**) Immunostaining of a composite RPNI at 6 months with a representative iDISCO image focusing on the dermal junction. Red arrows mark sensory axons (white) entering the dermis. (**d**) Cross-sectional view from a normal EDL muscle stained with toluidine blue at 7 months after surgery on the contralateral leg (original magnification, x 16). (**e**) EDL RPNI at 7 months after implantation. Note the increased connective tissue and small ghost (unstained) muscle fibers. (**f**) Cross-sectional view of a composite RPNI with hematoxylin and eosin staining at 6 months after implantation. Muscle noted by (M), dermis (D), and nerve (N). Adapted with permission from Kung et al. Regenerative Peripheral Nerve Interface Viability and Signal Transduction with an Implanted Electrode. *Plast Reconstr Surg*. 2014;133(6):1380–1394 and Svientek et al. Fabrication of the Composite Regenerative Peripheral Nerve Interface (C-RPNI) in the Adult Rat. *J Vis Exp*. 2020;(156):e60841

protection [123, 124]. Synaptogenesis may also be occurring through reinnervation of sensory receptors within the muscle such as Golgi tendon organs and spindle cells [125].

Dermal sensory RPNIs (DS-RPNIs) have been developed for distal amputations where motor and sensory fascicles can be easily separated, and the transected sensory nerve is coapted to a deepithelialized segment of dermis [126–128]. The composite regenerative peripheral nerve interface (C-RPNI) was developed for proximal amputations, where the sensory and motor fascicles are more difficult to separate [129]. Here, segments of dermal and muscle autografts are combined to fabricate the C-RPNI. This relies on the concept of preferential target reinnervation to accurately direct sensory and motor axons to their appropriate end organ targets [130, 131]. In a rodent model, dermis and muscle were successfully reinnervated using the C-RPNI construct (Fig. 26.3) [129]. It remains unclear if the choice of donor muscle harvested impacts pain relief and whether a muscle graft, dermal graft, or C-RPNI is most effective at managing symptomatic neuroma.

Targeted Muscle Reinnervation

Targeted muscle reinnervation involves transfer of a transected nerve to an expendable motor nerve branch harvested near its motor entry point, resulting in reinnervation of that segment of muscle (Fig. 26.2) [132, 133]. The concept originated from research on rat skeletal muscle where transferred motor nerves were shown to be capable of hyper-reinnervating their target muscles [134] and creating discrete EMG signals under voluntary cortical control for prosthetic function [135].

Although the clinical results are promising [16, 74, 133], there have been few animal studies examining TMR to date.

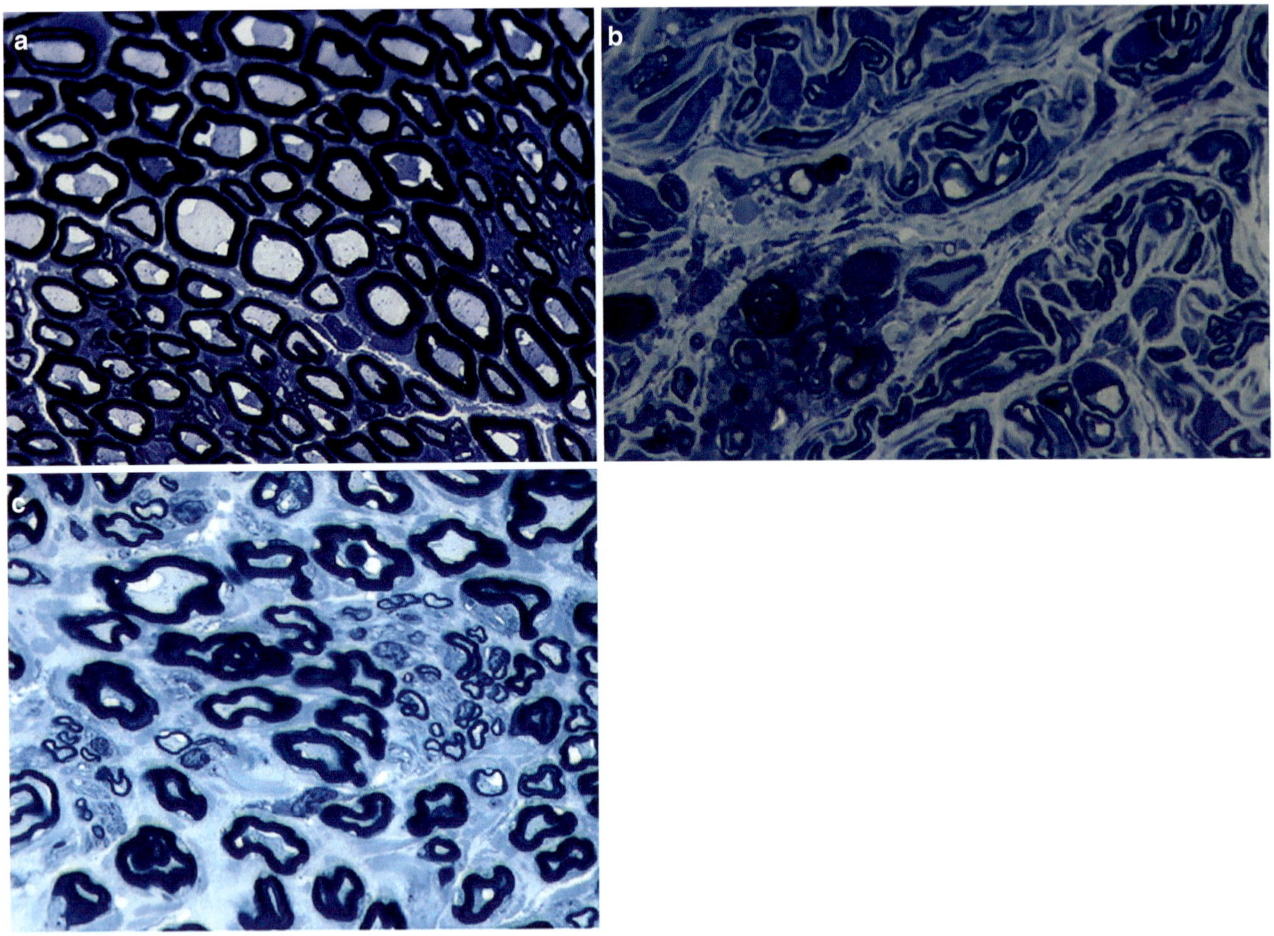

Fig. 26.4 Histomorphometric analysis of a single median nerve in a rabbit forelimb amputation targeted muscle reinnervation (TMR) model. (**a**) Before amputation, (**b**) 6 weeks after neuroma formation, and (**c**) 10 weeks after TMR to a pedicled rectus abdominus. This demonstrates a decrease in myelinated fiber density and an increase in the average myelinated fiber size which is closer to normal morphology. Original magnification, ×100. Used with permission from Kim et al. The Effects of Targeted Muscle Reinnervation on Neuromas in a Rabbit Rectus Abdominis Flap Model. *J Hand Surg*. 2012;37(8):1609–1616

In a rat model where the median nerve was transferred to a pectoralis major branch, EMG signals were successfully recorded from the reinnervated pectoralis, and regenerating nerve fibers were seen on histologic analysis [136]. A rabbit forelimb amputation model with transfer of the median, radial, and ulnar nerves to a pedicled rectus abdominus flap resulted in successful reinnervation of the rectus and generation of discrete EMG signals [36]. Histomorphometry demonstrated decreased myelinated fiber counts and increased diameter, suggesting that providing the nerve with a distal target resulted in structural changes toward the preinjury state (Fig. 26.4). Furthermore, this provided a proof of concept that a pedicled muscle flap could be used in patients with mangled extremities that lack local targets for TMR with discrete signal production possible from a single segmentally supplied muscle. Garg et al. (2018) developed a rat transfemoral hindlimb amputation model where the common peroneal nerve was transferred to a branch of biceps femoris and the tibial nerve was transferred to a branch of the semimembranosus [137]. These transfers are similar to the technique described in humans [138] and can be applied to future studies investigating behavioral, EMG, and histologic outcomes following TMR. Despite promising clinical outcomes, it remains unclear how TMR reduces pain in the setting of neuroma, and further basic science research is needed to elucidate these mechanisms.

Using the same concept as TMR, restoration of sensation has been accomplished using targeted sensory reinnervation where a transected sensory nerve is coapted to a cutaneous nerve branch. This technique has not been investigated in an animal model but has successfully restored touch, temperature, pain, and vibration in humans with upper extremity amputations in several case reports [139–141]. Although sensory feedback enhances embodiment and prosthetic performance [142], it is uncertain what impact targeted sensory reinnervation may have on residual and phantom limb pain.

Conclusions

Prevention and management of symptomatic neuromas pose a formidable clinical challenge, without a clear gold standard presently accepted. To better understand the pathophysiology of painful neuroma development and refine the surgical techniques used for neuroma control, it is crucial to develop standardized animal models that closely emulate the patient's clinical presentation. This includes behavioral outcomes that reliably assess pain and account for sexual dimorphisms. The current clinical investigations in many cases are limited by nonvalidated outcome measures, small sample sizes, a lack of control groups, and inadequate follow-up, which precludes robust comparisons [5]. RPNI and TMR are promising new surgical techniques that provide a physiologic target for nerve regeneration and generate signals that may be harnessed for prosthetic control, opening a new frontier of bionic limb restoration for persons with amputations. However, foundational animal data elucidating the mechanisms for reduced post-amputation pain are needed. Direct clinical comparisons of these techniques have yet to be reported and will be important in guiding patient management. Ongoing multidisciplinary collaboration between clinicians and neuroscientists remains essential in the scientific pursuit of neuroma management.

References

1. Mioton LM, Dumanian GA, Fracol ME, Apkarian AV, Valerio IL, Souza JM, et al. Benchmarking residual limb pain and phantom limb pain in amputees through a patient-reported outcomes survey. Plastic Reconstr Surg Global Open. 2020;8:e2977.
2. Ephraim PL, Wegener ST, MacKenzie EJ, Dillingham TR, Pezzin LE. Phantom pain, residual limb pain, and back pain in amputees: results of a national survey. Arch Phys Med Rehabil. 2005;86:1910–9.
3. Buchheit T, de Ven TV, Hsia HJ, McDuffie M, MacLeod DB, White W, et al. Pain phenotypes and associated clinical risk factors following traumatic amputation: results from veterans integrated pain evaluation research (VIPER). Pain Med. 2016;17:149–61.
4. Buch NS, Qerama E, Finnerup NB, Nikolajsen L. Neuromas and postamputation pain. Pain. 2020;161:147–55.
5. Ives GC, Kung TA, Nghiem BT, Ursu DC, Brown DL, Cederna PS, et al. Current state of the surgical treatment of terminal neuromas. Neurosurgery. 2017;83:354–64.
6. Peters BR, Russo SA, West JM, Moore AM, Schulz SA. Targeted muscle reinnervation for the management of pain in the setting of major limb amputation. Sage Open Med. 2020;8:1–7.
7. Poppler LH, Parikh RP, Bichanich MJ, Rebehn K, Bettlach CR, Mackinnon SE, et al. Surgical interventions for the treatment of painful neuroma: a comparative meta-analysis. Pain. 2018;159:214–23.
8. Felice MD, Sanoja R, Wang R, VeraPortocarrero L, Oyarzo J, King T, et al. Engagement of descending inhibition from the rostral ventromedial medulla protects against chronic neuropathic pain. Pain. 2011;152:2701–9.
9. Kim J, Ryu SB, Lee SE, Shin J, Jung HH, Kim SJ, et al. Motor cortex stimulation and neuropathic pain: how does motor cortex stimulation affect pain-signaling pathways? J Neurosurg. 2016;124:866–76.
10. Raver C, Uddin O, Ji Y, Li Y, Cramer N, Jenne C, et al. An amygdalo-parabrachial pathway regulates pain perception and chronic pain. J Neurosci. 2020;40:3424–42.
11. Guo J-R, Wang H, Jin X-J, Jia D-L, Zhou X, Tao Q. Effect and mechanism of inhibition of PI3K/Akt/mTOR signal pathway on chronic neuropathic pain and spinal microglia in a rat model of chronic constriction injury. Oncotarget. 2017;5:52923–34.
12. Um SW, Kim MJ, Leem JW, Bai SJ, Lee BH. Pain-relieving effects of mTOR inhibitor in the anterior cingulate cortex of neuropathic rats. Mol Neurobiol. 2019;56:2482–94.
13. Mogil JS, Davis KD, Derbyshire SW. The necessity of animal models in pain research. Pain. 2010;151:12–7.
14. Gregory NS, Harris AL, Robinson CR, Dougherty PM, Fuchs PN, Sluka KA. An overview of animal models of pain: disease models and outcome measures. J Pain. 2013;14:1255–69.
15. Toia F, Giesen T, Giovanoli P, Calcagni M. A systematic review of animal models for experimental neuroma. J Plastic Reconstr Aesthet Surg. 2015;68:1447–63.
16. Dumanian GA, Potter BK, Mioton LM, Ko JH, Cheesborough JE, Souza JM, et al. Targeted muscle reinnervation treats neuroma and phantom pain in major limb amputees: a randomized clinical trial. Ann Surg. 2019;270:238–46.
17. Brushart TM. Chapter 9: nerve regeneration. In: Brushart TM, editor. Nerve repair. New York, NY: Oxford University Press; 2011.
18. Oliveira KMC, Pindur L, Han Z, Bhavsar MB, Barker JH, Leppik L. Time course of traumatic neuroma development. PLoS One. 2018;13:e0200548.
19. Mogil JS. Animal models of pain: progress and challenges. Nat Rev Neurosci. 2009;10:283–94.
20. Larson CM, Wilcox GL, Fairbanks CA. The study of pain in rats and mice. Comp Med. 2019;69:555–70.
21. Chen L, Huang J, Zhao P, Persson A-K, Dib-Hajj FB, Cheng X, et al. Conditional knockout of NaV1.6 in adult mice ameliorates neuropathic pain. Sci Rep. 2018;8:3845.
22. Kotulska K, Larysz-Brysz M, LePecheur M, Marcol W, Olakowska E, Lewin-Kowalik J, et al. APP/SOD1 overexpressing mice present reduced neuropathic pain sensitivity. Brain Res Bull. 2011;85:321–8.
23. Chan KM, Gordon T, Zochodne DW, Power HA. Improving peripheral nerve regeneration: from molecular mechanisms to potential therapeutic targets. Exp Neurol. 2014;261:826–35.
24. Weng W, Zhao B, Lin D, Gao W, Li Z, Yan H. Significance of alpha smooth muscle actin expression in traumatic painful neuromas: a pilot study in rats. Sci Rep. 2016;6:23828.
25. Zhou X, Zhao B, Poonit K, Weng W, Yao C, Sun C, et al. An aligned nanofiber nerve conduit that inhibits painful traumatic neuroma formation through regulation of the RhoA/ROCK signaling pathway. J Neurosurg. 2020;132:837–46.
26. He F-L, Qiu S, Zou J-L, Gu F-B, Yao Z, Tu Z-H, et al. Covering the proximal nerve stump with chondroitin sulfate proteoglycans prevents traumatic painful neuroma formation by blocking axon regeneration after neurotomy in Sprague Dawley rats. J Neurosurg. 2020;134(5):1599–609.
27. Burma NE, Leduc-Pessah H, Fan CY, Trang T. Animal models of chronic pain: advances and challenges for clinical translation. J Neurosci Res. 2017;95:1242–56.
28. Tappe-Theodor A, King T, Morgan MM. Pros and cons of clinically relevant methods to assess pain in rodents. Neurosci Biobehav Rev. 2019;100:335–43.
29. Mohanty C, Bhat D, Bi D. Use of animal models in peripheral nerve surgery and research. Neurol India. 2019;67:S100–5.
30. Deuis JR, Dvorakova LS, Vetter I. Methods used to evaluate pain behaviors in rodents. Front Mol Neurosci. 2017;10:284.

31. Nicholls J, Martin R, Brown D, DIamond M, Wiesblat D, Fuchs A. Chapter 21: touch, pain, and texture sensation. From neuron to brain. Sunderland: Sinauer Associates; 2011. p. 433–52.
32. Meyer RA, Raja SN, Campbell JN, Mackinnon SE, Dellon AL. Neural activity originating from a neuroma in the baboon. Brain Res. 1985;325:255–60.
33. Irwin ZT, Schroeder KE, Vu PP, Tat DM, Bullard AJ, Woo SL, et al. Chronic recording of hand prosthesis control signals via a regenerative peripheral nerve interface in a rhesus macaque. J Neural Eng. 2016;13:046007.
34. Kim P, Ko J, O'Shaughnessy K, Kuiken T, Dumanian G. Novel model for end-neuroma formation in the amputated rabbit forelimb. J Brachial Plex Peripher Nerve Inj. 2010;5:e21–8.
35. Ko J, Kim P, O'Shaughnessy K, Ding X, Kuiken T, Dumanian G. A quantitative evaluation of gross versus histologic neuroma formation in a rabbit forelimb amputation model: potential implications for the operative treatment and study of neuromas. J Brachial Plexus Peripher Nerve Inj. 2011;6:e23–32.
36. Kim PS, Ko JH, O'Shaughnessy KK, Kuiken TA, Pohlmeyer EA, Dumanian GA. The effects of targeted muscle reinnervation on neuromas in a rabbit rectus abdominis flap model. J Hand Surg. 2012;37:1609–16.
37. González-Darder J, Barberá J, Abellán MJ, Mora A. Centrocentral anastomosis in the prevention and treatment of painful terminal neuroma: an experimental study in the rat. J Neurosurg. 1985;63:754–8.
38. Dorsi MJ, Chen L, Murinson BB, PogatzkiZahn EM, Meyer RA, Belzberg AJ. The tibial neuroma transposition (TNT) model of neuroma pain and hyperalgesia. Pain. 2008;134:320–34.
39. Miyazaki R, Yamamoto T. The efficacy of morphine, pregabalin, gabapentin, and duloxetine on mechanical allodynia is different from that on neuroma pain in the rat neuropathic pain model. Anesth Analg. 2012;115:182–8.
40. Chim H, Miller E, Gliniak C, Cohen ML, Guyuron B. The role of different methods of nerve ablation in prevention of neuroma. Plast Reconstr Surg. 2013;131:1004–12.
41. Sun L, Lv Y, Tian J, Yu T, Niu F, Zhang X, et al. Regular swimming exercise attenuated neuroma pain in rats: involvement of leptin and adiponectin. J Pain. 2019;20:1112–24.
42. Zeltser R, Beilin B-Z, Zaslansky R, Seltzer Z. Comparison of autotomy behavior induced in rats by various clinically-used neurectomy methods. Pain. 2000;89:19–24.
43. Onode E, Uemura T, Takamatsu K, Shintani K, Yokoi T, Okada M, et al. Nerve capping with a nerve conduit for the treatment of painful neuroma in the rat sciatic nerve. J Neurosurg. 2020;132:856–64.
44. Aszmann OC, Korak KJ, Rab M, Grünbeck M, Lassmann H, Frey M. Neuroma prevention by end-to-side neurorraphy: an experimental study in rats. J Hand Surg. 2003;28:1022–8.
45. Kotulska K, Larysz-Brysz M, Marcol W, Grajkowska W, Jóźwiak S, Lewin-Kowalik J. The role of trkB receptor in the formation of post-traumatic neuroma. Folia Neuropathol. 2006;44:221–7.
46. Minert A, Gabay E, Dominguez C, Wiesenfeld-Hallin Z, Devor M. Spontaneous pain following spinal nerve injury in mice. Exp Neurol. 2007;206:220–30.
47. Tos P, Ronchi G, Papalia I, Sallen V, Legagneux J, Geuna S, et al. Chapter 4 methods and protocols in peripheral nerve regeneration experimental research: part I—experimental models. Int Rev Neurobiol. 2009;87:47–79.
48. Rigaud M, Gemes G, Barabas M-E, Chernoff DI, Abram SE, Stucky CL, et al. Species and strain differences in rodent sciatic nerve anatomy: implications for studies of neuropathic pain. Pain. 2008;136:188–201.
49. Ziv-Sefer S, Raber P, Barbash S, Devor M. Unity vs. diversity of neuropathic pain mechanisms: allodynia and hyperalgesia in rats selected for heritable predisposition to spontaneous pain. Pain. 2009;146:148–57.
50. Carr MM, Best TJ, Mackinnon SE, Evans PJ. Strain differences in autotomy in rats undergoing sciatic nerve transection or repair. Ann Plast Surg. 1992;28:538–44.
51. Sunderland S. A classification of peripheral nerve injuries producing loss of function. Brain. 1951;74:491–516.
52. de Alant JD, Senjaya F, Ivanovic A, Forden J, Shakhbazau A, Midha R. The impact of motor axon misdirection and attrition on behavioral deficit following experimental nerve injuries. PLoS One. 2013;8:e82546.
53. Sinis N, Haerle M, Becker ST, Schulte-Eversum C, Vonthein R, Rösner H, et al. Neuroma formation in a rat median nerve model: influence of distal stump and muscular coating. Plast Reconstr Surg. 2007;119:960–6.
54. Lindenlaub T, Sommer C. Partial sciatic nerve transection as a model of neuropathic pain: a qualitative and quantitative neuropathological study. Pain. 2000;89:97–106.
55. Alant J, Kemp S, Webb A, Midha R. Traumatic neuroma in continuity injury model in rodents: a preliminary report. Evid Based Spine Care J. 2010;1:52–5.
56. Bridge PM, Ball DJ, Mackinnon SE, Nakao Y, Brandt K, Hunter DA, et al. Nerve crush injuries—A model for Axonotmesis. Exp Neurol. 1994;127:284–90.
57. de Alant JD, Kemp SWP, Khu KJOL, Kumar R, Webb AA, Midha R. Traumatic neuroma in continuity injury model in rodents. J Neurotrauma. 2012;29:1691–703.
58. Will TR, Proaño SB, Thomas AM, Kunz LM, Thompson KC, Ginnari LA, et al. Problems and progress regarding sex bias and omission in neuroscience research. eNeuro. 2017;4:0278–17.
59. Mogil JS. Qualitative sex differences in pain processing: emerging evidence of a biased literature. Nat Rev Neurosci. 2020;21:353–65.
60. Fillingim RB, King CD, Ribeiro-Dasilva MC, Rahim-Williams B, Riley JL. Sex, gender, and pain: a review of recent clinical and experimental findings. J Pain. 2009;10:447–85.
61. Bartley EJ, Fillingim RB. Sex differences in pain: a brief review of clinical and experimental findings. Br J Anaesth. 2013;111:52–8.
62. Mogil JS. Sex differences in pain and pain inhibition: multiple explanations of a controversial phenomenon. Nat Rev Neurosci. 2012;13:859–66.
63. Bouman A, Heineman MJ, Faas MM. Sex hormones and the immune response in humans. Hum Reprod Update. 2005;11:411–23.
64. Stephens KE, Zhou W, Ji Z, Chen Z, He S, Ji H, et al. Sex differences in gene regulation in the dorsal root ganglion after nerve injury. BMC Genomics. 2019;20:147.
65. North RY, Li Y, Ray P, Rhines LD, Tatsui CE, Rao G, et al. Electrophysiological and transcriptomic correlates of neuropathic pain in human dorsal root ganglion neurons. Brain. 2019;142:1215–26.
66. Inoue K. Role of the P2X4 receptor in neuropathic pain. Curr Opin Pharmacol. 2019;47:33–9.
67. Mapplebeck JCS, Dalgarno R, Tu Y, Moriarty O, Beggs S, Kwok CHT, et al. Microglial P2X4R-evoked pain hypersensitivity is sexually dimorphic in rats. Pain. 2018;159:1752–63.
68. Lopes DM, Malek N, Edye M, Jager SB, McMurray S, McMahon SB, et al. Sex differences in peripheral not central immune responses to pain-inducing injury. Sci Rep. 2017;7:16460.
69. Vernadakis AJ, Koch H, Mackinnon SE. Management of neuromas. Clin Plast Surg. 2003;30:247–68.
70. Nikolajsen L. Postamputation pain: studies on mechanisms. Dan Med J. 2012;59:B4527.
71. Buch NS, Ahlburg P, Haroutounian S, Andersen NT, Finnerup NB, Nikolajsen L. The role of afferent input in postamputation pain. Pain. 2019;160:1622–33.

72. Geisser ME, Kratz AL. How condition-specific do measures of pain intensity need to be? Pain. 2018;159:1001–2.
73. Cella D, Riley W, Stone A, Rothrock N, Reeve B, Yount S, et al. The patient-reported outcomes measurement information system (PROMIS) developed and tested its first wave of adult self-reported health outcome item banks: 2005–2008. J Clin Epidemiol. 2010;63:1179–94.
74. Valerio IL, Dumanian GA, Jordan SW, Mioton LM, Bowen JB, West JM, et al. Preemptive treatment of phantom and residual limb pain with targeted muscle reinnervation at the time of major limb amputation. J Am Coll Surg. 2019;228:217–26.
75. O'Brien AL, Jordan SW, West JM, Mioton LM, Dumanian GA, Valerio IL. Targeted muscle reinnervation at the time of upper-extremity amputation for the treatment of pain severity and symptoms. J Hand Surg Am. 2021;46(1):72.e1–72.e10.
76. Mioton LM, Dumanian GA, Shah N, Qiu CS, Ertl WJ, Potter BK, et al. Targeted muscle reinnervation improves residual limb pain, phantom limb pain, and limb function: a prospective study of 33 major limb amputees. Clin Orthop Relat Res. 2020;478:2161–7.
77. Anantavorasakul N, Lans J, Macken AA, Sood RF, Chen NC, Eberlin KR. Surgery for lower extremity symptomatic neuroma: long-term outcomes. J Plastic Reconstr Aesthetic Surg. 2020;73:1456–64.
78. Souza JM, Purnell CA, Cheesborough JE, Kelikian AS, Dumanian GA. Treatment of foot and ankle neuroma pain with processed nerve allografts. Foot Ankle Int. 2016;37:1098–105.
79. Hargreaves K, Dubner R, Brown F, Flores C, Joris J. A new and sensitive method for measuring thermal nociception in cutaneous hyperalgesia. Pain. 1988;32:77–88.
80. Yoon C, Wook YY, Sik NH, Ho KS, Mo CJ. Behavioral signs of ongoing pain and cold allodynia in a rat model of neuropathic pain. Pain. 1994;59:369–76.
81. Campbell JN, Meyer RA. Mechanisms of neuropathic pain. Neuron. 2006;52:77–92.
82. Cohen S, Hsu. Postamputation pain: epidemiology, mechanisms, and treatment. J Pain Res. 2013;6:121–36.
83. Sotocina SG, Sorge RE, Zaloum A, Tuttle AH, Martin LJ, Wieskopf JS, et al. The rat grimace scale: a partially automated method for quantifying pain in the laboratory rat via facial expressions. Mol Pain. 2011;7:55.
84. Raimondo S, Fornaro M, Scipio FD, Ronchi G, Giacobini-Robecchi MG, Geuna S. Chapter 5 methods and protocols in peripheral nerve regeneration experimental research part II—morphological techniques. Int Rev Neurobiol. 2009;87:81–103.
85. Gordon T. Chapter 61—The biology, limits, and promotion of peripheral nerve regeneration in rats and humans. In: Tubbs RS, Rizk E, Shoja MM, Loukas M, Barbaro N, Spinner RJ, editors. Nerves and nerve injuries. London: Academic Press; 2015. p. 993–1019.
86. Fu S, Gordon T. The cellular and molecular basis of peripheral nerve regeneration. Mol Neurobiol. 1997;141:67–116.
87. Eberlin KR, Ducic I. Surgical algorithm for neuroma management. Plastic Reconstr Surg. 2018;6:e1952.
88. Rasmussen S, Kehlet H. Management of nerves during leg amputation—a neglected area in our understanding of the pathogenesis of phantom limb pain. Acta Anaesth Scand. 2007;51:1115–6.
89. Battista A, Cravioto H. Neuroma formation and prevention by fascicle ligation in the rat. Neurosurgery. 1981;8:191–204.
90. Durak N, Yüksel F, Kislaoglu E. Effectiveness of epineural barriers as a flap and free graft in reducing neuroma formation in the rat following sciatic nerve severance. Eur J Plast Surg. 1995;18:272–5.
91. Muehleman C, Rahimi F. Effectiveness of an epineurial barrier in reducing axonal regeneration and neuroma formation in the rat. J Foot Surg. 1990;29:260–4.
92. Yuksel F, Kislaoglu E, Durak N, Ucar C, Karacaoglu E. Prevention of painful neuromas by epineural ligatures, flaps and grafts. Br J Plast Surg. 1997;50:182–5.
93. IJpma FFA, Nicolai J-P, Meek MF. Sural nerve donor-site morbidity. Ann Plas Surg. 2006;57:391–5.
94. Ducic I, Yoon J, Buncke G. Chronic postoperative complications and donor site morbidity after sural nerve autograft harvest or biopsy. Microsurgery. 2020;40:710–6.
95. Evans PJ, Mackinnon SE, Best TJ, Wade JA, Awerbuck DC, Makino AP, et al. Regeneration across preserved peripheral nerve grafts. Muscle Nerve. 1995;18:1128–38.
96. Moore AM, Macewan M, Santosa KB, Chenard KE, Ray WZ, Hunter DA, et al. Acellular nerve allografts in peripheral nerve regeneration: a comparative study. Muscle Nerve. 2011;44:221–34.
97. Poppler LH, Ee X, Schellhardt L, Hoben GM, Pan D, Hunter DA, et al. Axonal growth arrests after an increased accumulation of schwann cells expressing senescence markers and stromal cells in acellular nerve allografts. Tissue Eng Part A. 2016;22:949–61.
98. Farber SJ, Hoben GM, Hunter DA, Yan Y, Johnson PJ, Mackinnon SE, et al. Vascularization is delayed in long nerve constructs compared with nerve grafts. Muscle Nerve. 2016;54:319–21.
99. Hong T, Wood I, Hunter DA, Yan Y, Mackinnon SE, Wood MD, et al. Neuroma management: capping nerve injuries with an acellular nerve allograft can limit axon regeneration. Hand. 2019;16:157–63.
100. Pan D, Bichanich M, Wood IS, Hunter DA, Tintle SM, Davis TA, et al. Long acellular nerve allografts cap transected nerve to arrest axon regeneration and Alter upstream gene expression in a rat neuroma model. Plastic Reconstr Surg. 2021;148:32e–41e.
101. Mackinnon SE, Dellon AL, Hudson AR, Hunter DA. Alteration of neuroma formation by manipulation of its microenvironment. Plast Reconstr Surg. 1985;76:345–52.
102. Boldrey E. Amputation neuroma in nerves implanted in bone. Ann Surg. 1943;118:1052–7.
103. Prasetyono TOH, Permatasari E, Soetrisno E. Implantation of nerve stump inside a vein and a muscle: comparing neuroma formation in rat. Int Surg. 2014;99:807–11.
104. Domeshek LF, Krauss EM, Snyder-Warwick AK, Laurido-Soto O, Hasak JM, Skolnick GB, et al. Surgical treatment of neuromas improves patient-reported pain, depression, and quality of life. Plast Reconstr Surg. 2017;139:407–18.
105. Yan H, Zhang F, Wang C, Xia Z, Mo X, Fan C. The role of an aligned nanofiber conduit in the management of painful neuromas in rat sciatic nerves. Ann Plas Surg. 2015;74:454–61.
106. Cheng C, Webber CA, Wang J, Xu Y, Martinez JA, Liu WQ, et al. Activated RHOA and peripheral axon regeneration. Exp Neurol. 2008;212:358–69.
107. Ramer LM, Borisoff JF, Ramer MS. Rho-kinase inhibition enhances axonal plasticity and attenuates cold hyperalgesia after dorsal rhizotomy. J Neurosci. 2004;24:10796–805.
108. Gorkisch K, Boese-Landgraf J, Vaubel E. Treatment and prevention of amputation neuromas in hand surgery. Plast Reconstr Surg. 1984;73:293–6.
109. Gil-Salú JL, González-Darder JM. Study of nerve regeneration in centrocentral anastomosis. Acta Neurochir. 1990;105:39–43.
110. Isaacs JE, Cheatham S, Gagnon EB, Razavi A, McDowell CL. Reverse end-to-side neurotization in a regenerating nerve. J Reconstr Microsurg. 2008;24:489–96.
111. Ayan I, Bora A, Karakaplan M, Inan M, Bostan B, Germen B, et al. Effect of end-to-side repair of proximal nerve stumps of transected peripheral nerves on the development of neuroma (experimental study). Hand. 2007;2:199–205.
112. Tomita K, Kubo T, Matsuda K, Fujiwara T, Kawai K, Masuoka T, et al. Nerve bypass grafting for the treatment of neuroma-in-continuity: an experimental study on the rat. J Reconstr Microsurg. 2007;23:163–71.

113. Kerns JM, Sladek EH, Malushte TS, Bach H, Elhassan B, El-Hassan B, et al. End-to-side nerve grafting of the tibial nerve to bridge a neuroma-in-continuity. Microsurgery. 2005;25:155–66.
114. Dehdashtian A, Bratley JV, Svientek SR, Kung TA, Awan TM, Cederna PS, et al. Autologous fat grafting for nerve regeneration and neuropathic pain: current state from bench-to-bedside. Regen Med. 2020;15:2209–28.
115. Lee HY, Lee H-L, Yun Y, Kim J-S, Ha Y, Yoon DH, et al. Human adipose stem cells improve mechanical allodynia and enhance functional recovery in a rat model of neuropathic pain. Tissue Eng Part A. 2015;21:2044–52.
116. Mert T, Kurt AH, Altun İ, Celik A, Baran F, Gunay I. Pulsed magnetic field enhances therapeutic efficiency of mesenchymal stem cells in chronic neuropathic pain model. Bioelectromagnetics. 2017;38:255–64.
117. Ursu DC, Urbanchek MG, Nedic A, Cederna PS, Gillespie RB. In vivo characterization of regenerative peripheral nerve interface function. J Neural Eng. 2016;13:026012.
118. Cedars MG, Miller TA. A review of free muscle grafting. Plast Reconstr Surg. 1984;74:712–20.
119. Kung TA, Langhals NB, Martin DC, Johnson PJ, Cederna PS, Urbanchek MG. Regenerative peripheral nerve interface viability and signal transduction with an implanted electrode. Plast Reconstr Surg. 2014;133:1380–94.
120. Vu PP, Vaskov AK, Irwin ZT, Henning PT, Lueders DR, Laidlaw AT, et al. A regenerative peripheral nerve interface allows real-time control of an artificial hand in upper limb amputees. Sci Transl Med. 2020;12:eaay2857.
121. Kubiak CA, Svientek SR, Dehdashtian A, Lawera NG, Nadarajan V, Bratley JV, et al. Physiologic signaling and viability of the muscle cuff regenerative peripheral nerve interface (MC-RPNI) for intact peripheral nerves. J Neural Eng. 2021;18:0460d5.
122. Hu Y, Ursu DC, Sohasky RA, Sando IC, Ambani SLW, French ZP, et al. Regenerative peripheral nerve interface free muscle graft mass and function. Muscle Nerve. 2020;63:421–9.
123. Bain JR, Veltri KL, Chamberlain D, Fahnestock M. Improved functional recovery of denervated skeletal muscle after temporary sensory nerve innervation. Neuroscience. 2001;103:503–10.
124. Papakonstantinou KC, Kamin E, Terzis JK. Muscle preservation by prolonged sensory protection. J Reconstr Microsurg. 2002;18:173–82.
125. Elsohemy A, Butler R, Bain JR, Fahnestock M. Sensory protection of rat muscle spindles following peripheral nerve injury and reinnervation. Plast Reconstr Surg. 2009;124:1860–8.
126. Larson JV, Urbanchek MG, Moon JD, Hunter DA, Newton P, Johnson PJ, et al. Prototype sensory regenerative peripheral nerve Interface for artificial limb somatosensory feedback. Plast Reconstr Surg. 2014;133:26–7.
127. Hart SE, Brown DL. Dermatosensory peripheral nerve interfaces: prevention of pain recurrence following sensory neurectomy. Hand Clin. 2021;37:383–9.
128. Sando I, Adidharma W, Nedic A, Ursu D, Mays E, Yaxi H, et al. The dermal sensory interface (DSI) for re-establishing sensory nerve feedback via peripheral afferents. Plast Reconstr Surg. 2023;151(5):804e–13e.
129. Svientek SR, Ursu DC, Cederna PS, Kemp SWP. Fabrication of the composite regenerative peripheral nerve interface (C-RPNI) in the adult rat. J Vis Exp. 2020;156:e60841.
130. Brushart T. Preferential reinnervation of motor nerves by regenerating motor axons. J Neurosci. 1988;8:1026–31.
131. Brushart T. Motor axons preferentially reinnervate motor pathways. J Neurosci. 1993;13:2730–8.
132. Kuiken TA, Miller LA, Lipschutz RD, Lock BA, Stubblefield K, Marasco PD, et al. Targeted reinnervation for enhanced prosthetic arm function in a woman with a proximal amputation: a case study. Lancet. 2007;369:371–80.
133. Kuiken TA, Dumanian GA, Lipschutz RD, Miller LA, Stubblefield KA. The use of targeted muscle reinnervation for improved myoelectric prosthesis control in a bilateral shoulder disarticulation amputee. Prosthetics Orthot Int. 2004;28:245–53.
134. Kuiken TA, Childress DS, Rymer WZ. The hyper-reinnervation of rat skeletal muscle. Brain Res. 1995;676:113–23.
135. Lowery MM, Stoykov NS, Kuiken TA. Independence of myoelectric control signals examined using a surface EMG model. IEEE Trans Biomed Eng. 2003;50:789–93.
136. Zhou H, Wu F, Yang L, Zhang L, Guo H, Li G. A preliminary analysis of reconstructed nerve function using targeted muscle reinnervation in a rat model. 2013 6th International IEEE/EMBS Conference on Neural Engineering (NER). 2013;1602–1605.
137. Garg R, Uygur S, Cwykiel J, Siemionow M. Development of targeted muscle reinnervation model in hind limb amputated rats. J Reconstr Microsurg. 2018;34:509–13.
138. Souza JM, Fey NP, Cheesborough JE, Agnew SP, Hargrove LJ, Dumanian GA. Advances in transfemoral amputee rehabilitation: early experience with targeted muscle reinnervation. Curr Surg Rep. 2014;2:51.
139. Kuiken TA, Marasco PD, Lock BA, Harden RN, Dewald JPA. Redirection of cutaneous sensation from the hand to the chest skin of human amputees with targeted reinnervation. Proc Natl Acad Sci. 2007;104:20061–6.
140. Hebert JS, Olson JL, Morhart MJ, Dawson MR, Marasco PD, Kuiken TA, et al. Novel targeted sensory reinnervation technique to restore functional hand sensation after transhumeral amputation. IEEE Trans Neural Syst Rehabil Eng. 2014;22:765–73.
141. Hebert JS, Chan KM, Dawson MR. Cutaneous sensory outcomes from three transhumeral targeted reinnervation cases. Prosthetics Orthot Int. 2015;40:303–10.
142. Shehata AW, Rehani M, Jassat ZE, Hebert JS. Mechanotactile sensory feedback improves embodiment of a prosthetic hand during active use. Front Neurosci. 2020;14:263.

Future Directions in Neuroma Management

27

Kyle R. Eberlin and Ivica Ducic

This book has described the contemporary techniques for management of symptomatic neuromas. As a field, we have made substantial progress over the past decades in our understanding of the mechanisms, pathophysiology, and treatment options for this challenging clinical problem but still are far away from identifying an ideal solution for many patients. The current surgical treatment strategies such as targeted muscle reinnervation, regenerative peripheral nerve interfaces, allo- and autograft reconstruction, relocation nerve grafting, and nerve capping (among others) have expanded the surgical armamentarium and represent significant advances compared to prior techniques of the early twentieth century.

Management strategies to treat patients with symptomatic neuromas include nerve surgery as well as other multimodal treatments to affect the neural signaling pathways (such as pharmacotherapy, desensitization therapy, radiofrequency ablation, neuromodulation, and others). A combined approach is often employed, but a critical tenet of treatment is the need to address the root cause of the problem; that is, to identify the source of the neuropathic pain (often a recognized or unrecognized neuroma) and to address the core problem at the level of the peripheral nerve. Adjunctive/symptomatic treatments alone—without addressing the primary etiology within the involved peripheral nerve(s)—are unlikely to provide complete and/or durable benefit. An interdisciplinary combination of strategies should be utilized for most patients.

The surgical interventions proposed in this textbook comprise the most up-to-date treatments for symptomatic neuroma in 2024 but are not a panacea for all patients. Long-standing, centralized neuropathic pain can render some patients refractory to surgical intervention and poses a significant challenge for the peripheral nerve surgeon. Unfortunately, there are still some patients for whom surgical treatment of symptomatic neuromas is unsuccessful.

Regardless of which surgical technique is utilized, there are important surgical principles that must be followed to achieve a successful outcome for patients undergoing surgery for symptomatic neuromas:

- Establishing a proper diagnosis and confirming the anatomic presence of nerve injury/neuroma as the principal underlying cause of the patient's symptoms. The importance of this initial step is to ensure a proper starting point for individualized, patient-specific treatment. If symptomatic treatments are applied without establishing the anatomic cause of patients' symptoms, the outcome will likely be unsatisfactory.
- Once surgical intervention is deemed appropriate, an injury-specific surgical technique becomes imperative when striving to ensure an optimal outcome. We believe that the modern nerve surgeon's approach should not primarily depend on simple neuroma resection alone based on the high likelihood of symptomatic neuroma recurrence.

The surgeon's focus should not be only on removal of the injured nerve segment but also on the potential reconstruction of injured nerve, so lost function can be restored in addition to minimizing the chance of neuroma formation.

In this book, important technical details have been discussed during preparation and handling of the injured nerve endings, which are predicated on:

- Removing the painful segment of the nerve, either through direct neuroma excision or through proximal neurotomy with deafferentation of the signaling pathway. This should be performed to the level of a healthy fascicles prior to employing any of the aforementioned techniques.

K. R. Eberlin (✉)
Division of Plastic and Reconstructive Surgery, Massachusetts General Hospital, Harvard Medical School, Boston, MA, USA
e-mail: KEBERLIN@mgh.harvard.edu

I. Ducic
Washington Nerve Institute, McLean, VA, USA

K. R. Eberlin et al. (eds.), *Contemporary Neuroma Management*, https://doi.org/10.1007/978-3-031-59758-9_27

- A tension-free technique of nerve handling is paramount to success during neuroma surgery, as undue tension creates ischemia and will most likely result in recurrent neuroma and a suboptimal outcome.
- Avoidance of misalignment and fascicular escape, depending on the technique used, ensuring proper opposition of the nerve endings.
- The timing of intervention appears to impact the ultimate outcome, as chronic neuropathic pain can be recalcitrant and difficult to improve. The optimal timing for surgery for patients developing neuroma pain is still unknown, but earlier intervention appears to yield better patient outcomes.

As a field, it will be important to better understand which of the existing techniques are most appropriate for which specific patients. Should patients with different mechanisms of injury be treated in the same technical way, or should a different surgical technique be employed? We do not yet know the best way to decide on the operative technique for individual patients; the data supports efficacy of many different surgical strategies, but it is unknown if certain techniques are more appropriate for certain circumstances. This determination will be important to guide surgeons in the coming years, and we expect to see a growing amount of comparative data.

As you have seen in this book, the basic science and biology of neuroma management remain incompletely understood. As we gain greater scientific understanding of the pathophysiology of neuroma formation and its contribution to neuropathic pain, it is likely that basic scientific advances will shape neuroma treatment in the coming decades. The previous chapter nicely summarizes the current scientific understanding of neuroma pathophysiology, and future advances are likely to improve the ability of surgeons to prevent the formation of a symptomatic neuroma and/or treat it once established.

For example, might there be a way to "turn off" the regenerative capacity of the peripheral nerve, thereby preventing axonal regeneration and neuroma formation? This most likely would need to be achieved proximally at the level of the cell body, which introduces a higher level of complexity and could potentially result in collateral damage if retrograde manipulation is required to reach the appropriate proximal site. Moreover, might there be a way to intentionally dwindle nerve regeneration, hampering regeneration and minimizing pain, through the use of a novel technique or device? We suspect that these questions will be germane to the future of neuroma management. Yet in 2024, anatomic localization of the neuroma, removal of the injured nerve segment, and active management of the nerve endings remain the most promising approach aiming to resolve patient pain and functional deficits caused by nerve injury.

Given the growing interest in this topic, future developments for neuroma management will likely emerge over the coming years. Similar to the growth and utilization of TMR, RPNI, and nerve dwindling techniques, there will almost certainly be novel techniques or technologies that arise, designed to optimize "good" nerve regeneration but minimize "bad" nerve regeneration causing pain.

Developing techniques in the early twenty-first century still need to undergo rigorous prospective scientific studies to critically analyze and interpret the most appropriate patients for each technique. Rigorous comparative studies between techniques are lacking which makes it difficult to decide about the optimal technique for a given patient. The current data is mainly limited to case series of individual techniques, which is helpful but does not provide comparative data. As interest in this field increases, we are hopeful that multi-institutional studies will emerge and provide greater information for the field as a whole. This alone will improve our ability to manage symptomatic neuromas and will provide demonstrable benefit to patients.

Amplifying and utilizing current technology will most likely provide improved outcomes for neuroma surgery. Determining the utility of promising treatments such as FK506 and electrical stimulation, for example, could have utility in the perioperative and postoperative management of neuroma patients. Additionally, systemic or local therapeutics may be developed that downregulate the pathways of pain generation. Given our societal interest in managing pain without the sole use of narcotic pain medication, we expect growing and ongoing interest in the surgical treatment of neuromas and neuropathic pain. As increasing numbers of surgeons become appropriately trained in the workup and management of these problems, these techniques will be more widely available to all patients.

Finally, it is clear that the management of neuroma patients requires a multidisciplinary approach with support from physiatrists, psychiatrists, pain management physicians, physical and occupational therapists, neurologists, and general practitioners. Each provides a unique perspective and plays a critical role in the overall management of these patients. While we feel that current interdisciplinary approach to neuroma management is far from optimal, we expect greater collaboration between specialties, and greater understanding of the interplay between operative and nonoperative management of these problems. We also anticipate greater partnership between professional societies in order to devise a more algorithmic approach for this problem.

The present and future of neuroma management is bright, and we look forward to advances in treatment which will allow physicians to deliver optimal care to patients with this challenging problem.

Index

K. R. Eberlin et al. (eds.), *Contemporary Neuroma Management*, https://doi.org/10.1007/978-3-031-59758-9

O

P